Gott für die Welt

Peter Reifenberg/Anton van Hooff (Hg)

Gott für die Welt

**Henri de Lubac, Gustav Siewerth und
Hans Urs von Balthasar in ihren Grundanliegen**

Festschrift für Walter Seidel

Matthias-Grünewald-Verlag · Mainz

verlags gruppe engagement Der Matthias-Grünewald-Verlag ist Mitglied
der Verlagsgruppe engagement

Die Deutsche Bibliothek – CIP-Einheitsaufnahme
Ein Titeldatensatz für diese Publikation ist bei
Der Deutschen Bibliothek erhältlich

Umschlag: Kirsch & Buckel Grafik-Design, Wiesbaden
Druck und Bindung: WS-Druckerei, Bodenheim

ISBN 3-7867-2319-2

INHALT

III. GUSTAV SIEWERTH – DAS SEIN ALS GLEICHNIS GOTTES

A. BIOGRAPHISCHES

B. MIT SIEWERTH DENKEN

C. „NACH" SIEWERTH DENKEN

IV. HANS URS VON BALTHASAR – DAS GEHEIMNIS DES MENSCHEN

V. Ultimo

A. Weggenossenschaft mit Walter Seidel

I

EINLEITUNG

Der Mensch vor Gottes Angesicht: „L'homme devant Dieu"

Peter Reifenberg

„Warum hat der Geist, wenn er Gott gefunden hat, noch immer oder wiederum das Gefühl, ihn nicht gefunden zu haben? Warum stets diese lastende Ferne bis in die innerste Gegenwart hinein? Warum dieses unbesiegliche Dunkel Dessen, der ganz Licht ist? Warum dieses unübersteigbare Hindernis, diese unüberwindliche Ferne im Angesicht Dessen, der ganz Licht ist? Warum dieses unübersteigbare Hindernis, diese unüberwindliche Ferne im Angesicht Dessen, der alles durchdringt? Warum diese Mauer, diese gähnende Leere? Warum der Verrat all der Dinge, die uns, kaum haben sie uns Gott gezeigt, ihn abermals verbergen?

Versuchung, diesem Ärgernis zu erliegen, in einer um so größeren Verzweiflung, als wir zuvor geglaubt hatten, gefunden zu haben. ... Versuchung des Überdrusses, nach der Mühsal eines Menschen, der immer wieder zum Ausgangspunkt zurückführt. ... – Aber ebenso, für andere, die umgekehrte Versuchung ‹aller kurzschlüssigen Mittel›: die Illusion dessen, der sich einredet, er brauche nur einen leichten Schleier zu lüften, damit endlich die Gegenwart erscheine; hätte seinen Blick nur nach innen zu wenden, um den leuchtenden, alle seine Gedanken erhellenden Punkt anzublicken, um sich der Anschauung seines Gottes zu erfreuen; es genüge ihm zu sein, um das Sein zu besitzen ... Dies ist eine Unterschätzung des Hindernisses. Eine allzu schnell erworbene Abgeklärtheit. Eine Verwechslung der blassen Helle des Seins mit dem göttlichen Licht ...

Herr, warum soviel Doppelsinniges? Warum ein solches Hin und Her in der Seele, ein solcher Widerstreit? Warum so viele widersprüchliche und vergebliche Anläufe? ‹Warum das?› ... Cur hoc, Domine, cur hoc ..."[1].

I. Das anfängliche Fragen

Das Hindernis ist das Entscheidende, weil es zum entschiedenen Tun herausfordert. In der Frage liegt die Bewährung, sie hält das Suchverlangen wach. Im Hindernis nicht das Bedrohliche, sondern die Bedingung einer möglichen Suche zu erblicken, bedeutet es – theologisch gesehen – auf die Weise der „Mauer des Paradieses" zu deuten. Hier bricht alle Sinnes- und Begriffserkenntnis, selbst jedweder mystische Weg offenbar auf eine größere Erfahrung hinaus. Der Gott infrage stellende Zweifler, der Denker wie der sich Gottes bemächtigen wollende kleingläubige Mystiker: alle unterschätzen den unauslotbaren Grund des Geheimnisses. Die gemäße Existenzweise des Menschen bleibt offenbar die im Halbdunkel zwischen Ungewißheit und Wagnis, nicht agnostisch, nicht fideistisch, aber unsere Kategorien sprengend und vielleicht nur in der Praxis des Gebets der Alltagsbewährung erfahrbar:
„Gott, du mein Gott, dich suche ich" (Ps 63,2).

---

[1] De Lubac, Henri: Auf den Wegen Gottes. Freiburg 1992, 40f. (= Lubac, Auf den Wegen Gottes).

„Gott allein steht es zu, jenseits von Sinnen und Vernunft, die – hienieden immer bruchstückhaft und flüchtig bleibende – Synthese zu wirken. In der Nacht der Sinne und in der Nacht der Vernunft, in der Nacht, die Nacht bleibt, leuchtet dann die eine einzigartige Gegenwart auf". (Lubac, Auf den Wegen Gottes, 40).

Der handelnde und denkende Mensch steht als leibgewordene Frage mit dem ganzen Vermögen wie mit noch größerem Unvermögen vor dem doppelten Geheimnis, das er sich selbst ist und das für ihn Gott bleibt:

Gott – das bleibendes Geheimnis.

Doch: Das Vermögen des „Warum" der Frage ist in seiner Radikalität wie in seiner Hilflosigkeit bereits höchster Besitz, Ahndung und selbst Wissen. Denn nur auf den Wegen Gottes und auf die Weise der Frage läßt sich überhaupt erst das „Cur hoc, Domine" des Anselm finden. Im Sich-Entziehen, in der Ferne der radikalen Frage offenbar, dann im Ent-Fernen scheint sich dem Fragenden die größtmögliche Nähe des Geheimnisses zu zeigen. Das Angesicht Gottes leuchtet dem vor Ihm stehenden Menschen im Entzug und Sein Reden erfährt er im Schweigen. Zeichnet diese „condition humaine", die zur dynamischen „Haltung" wird, vielleicht gerade das Freiseinkönnen von Gott her und auf ihn hin aus? Der Mensch, der sich fragend dem verborgen Offenbaren nähert, hat die Zuversicht, daß die Begegnung mit Ihm gerade in der Verborgenheit stattfindet.

Doch wie steht es mit der Lichtung der Wahrheit des Seins, dann, wenn das Denken mit der lebendigen Lebenswirklichkeit selbst in Übereinstimmung kommen soll, die durch den Widerspruch des Ja oder Nein des Handelns hindurch vollzogen wird? Ereignet sich das Sein nicht gerade durch die überwindende Entscheidung durch die Seinsalternative hindurch? Denn erst durch die „option fondamentale" durchbricht der Mensch alles Phänomenhafte, kann Verantwortung im Alltäglichen übernehmen, die er aus seiner Letztbestimmung schöpft.

So birgt die lebendig durchlebte Frage die höchste Voraussetzung für die Lebensdialektik zwischen Denken und Tun. Sie entbirgt in der Lebensverwirklichung die zu verwirklichenden Möglichkeiten zu neuen Handlungssynthesen, welche die Bedingungen der Möglichkeiten gelingend zur Erfüllung bringen oder in das Scheitern, in die Beraubung von Sein hineinführen, die zugleich auch ein Verlust an möglicher Personalisierung bedeuten kann. Doch gerade auch in vergeblichen Lebensanläufen, in der Arbeit des Sisyphus, ja im Scheitern des Tuns bleibt der Mensch in seiner Ganzheit auf Gott hin ausgerichtet; er bleibt, was er ist, wenn er das ist, was er handelnd aus sich macht; dazu gehört auch das Scheitern: „Die Gewißheit ist ein abgründiger Bereich, wo das Denken sich allein durch das Tun erhält" (Lubac, Auf den Wegen Gottes, 42).

Doch voraussetzungslos läßt sich die Frage nach Sinn und Bestimmung des Lebens eben gar nicht erst stellen, sondern sie findet sich selbst schon als Synthese eines Apriori in verwirklichter Wirklichkeit vor, das a posteriori nach neuer Dynamik der Verwirklichung harrt. In diesen dynamisch auf Gott und die Welt hin offenen Koordinaten wohnt der Mensch, behaust Wirklichkeit und handelt sittlich.

Andererseits steht gerade die alles bedingende dunkle Voraussetzung für die „Nacht", in der die einzigartige Gegenwart überhaupt für uns aufleuchten kann. Worin besteht der Sinn von Sein und Zeit, wenn nicht im Da-Sein-für, in der Proexistenz: Gott für die Welt.

Aber wie zeigt Er sich konkret im „hic et nunc" der Situation? Wie erkenne ich, was Gott von mir will?

Gottes Zuwendung für das Ganze und das Konkrete zugleich erfährt der Suchende, verfällt er nicht in den abergläubischen Anspruch, Ihn – gleichsam von außen – „mit seinen menschlichen Kräften einzufangen und über ihn zu verfügen"[2], offenbar nur in der Andeutung, in der Entflüchtigung, in der lediglich streifenden Berührung. Sollen wir uns demnach mit einer undefinierbaren Ahndung vom Geheimnis zufrieden geben, als dürften wir keinerlei Hoffnung hegen, je denkend oder handelnd etwas von Ihm zu erfahren? Die Ahndung konkretisiert sich, je mehr der Mensch konkret handelnd das „desiderium naturale et intellectuale" in der Tat verleiblicht und spürt aus dem Innern heraus, daß unser Handeln uns jeweils übersteigt (vgl. A (388) 422/412): „Nicht schafft der Bildhauer ein Bildnis, Er nimmt nur weg, was es verbarg" (Lubac, Auf den Wegen Gottes, 66). Erlaubt die Konnaturalität des Erkennens und Tuns einen Analogieschluß des Menschen auf Gott hin? Wie zeigt sich uns Gott?

„Ohne seinen Namen und sein Wesen zu kennen, können wir sein Nahen ahnen und spüren, wie es uns anrührt – wie einer im Dunkel der Nacht die Schritte seines nahenden Freundes hört und seine Hand streift, und ihn doch nicht erkennt" (A (340) 374/366).

Welcher Platz kommt dem Menschen zu, wenn Gott für die Welt ist?

Um eine extrinsezistische „philosophie séparée" zu vermeiden, denkt Blondel den Menschen auf die Weise des „transnaturel", einen Neologismus, den er unter dem gleichnamigen Stichwort im „Vocabulaire Lalande" (1921) erstmals ausführte[3]. Für die Theologie de Lubacs wird dieser Ansatz wichtig werden, wenn er aus Blondel heraus jede extrinsezistische „théologie séparée" verwirft.

Für das *Menschenbild* Blondels läßt sich die Schlußfolgerung ziehen, daß die

---

[2] Blondel, Maurice: L' Action. Essai d'une critique de la vie et d'une science de la pratique . Paris (1893) (PUF [3]1973) (= erste Zahl in Klammern); jetzt: Oeuvres I: Les deux thèses. Texte établi et présenté par C. Troisfontaines. Paris (PUF) 1995 (= zweite Zahl). Dt. Die Aktion (1893) Versuch einer Kritik des Lebens und einer Wissenschaft der Praxis (Üb. R. Scherer) Freiburg (1965) (= dritte Zahl): (= A; vgl. A (314) 348/340).
[3] Blondel, Maurice: Observation „Sur Transnaturel", in: Lalande, André (Hg.): Vocabulaire technique et critique de la philosophie, Vol 2. Paris ([16]1988) (Quadrige) Paris [3]1993, 1151.1152.

dynamisch-anthropologische Faktizität des „transnaturel", wie er sie in Lalande erarbeitet, sich als Schnittpunktexistenz zwischen freiheitlicher und final-ursächlicher Vollendungsgestalt erweist. Als „transnaturel" lebt der Mensch in seiner faktischen Heilsdynamik auf das Übernatürliche hin, in einer zeitlich-überzeitlichen Realdialektik zwischen „Nochnicht" - „Nichtmehr" und „Immernoch".

In dem die Lebenskraft – nach dem Fall – stabilisierenden „état transnaturel" läßt sich dann auch eine unverzichtbare Schnittstelle zwischen der moral*philosophischen* und der moral*theologischen* Betrachtungsweise finden. Denn bleibt eine statische Umschreibung des „Wesens des Menschen" für Blondel zugunsten einer dynamischen Auslegung der menschlichen Wirklichkeit obsolet, so sieht er in ihm einerseits den Anknüpfungspunkt für das, was für den Menschen „absolut unmöglich und absolut notwendig ist"[4]; andererseits geschieht das dieser Bewegung von unten nach oben gegenläufige, unstillbare Unruhestreben zum Übernatürlichen hin: Hier ist auch der Ort, an dem die Moralitätsbewandtnis des „fait intérieur" offenbar wird und zwar auf die Weise der inneren Dynamik zum entschiedenen Handeln, das durch die geheimnisvoll-anonyme und doch aktive Gegenwart der übernatürlichen Gnade zu ihrer Verwirklichung gedrängt wird[5]. Im Vollendungsdrang selbst zeigt sich die Gnadengegenwart des Geheimnisses.

„On ne trouve le divin nulle part quand on le porte pas en soi" (A (316) 350/342).

Ohne die „philosophie de l'action" von Maurice Blondel wäre weder die „théologie ouverte" de Lubacs noch der gewaltige theologische Entwurf von Balthasars denkbar. Blondel ist ohne Zweifel die prägendste Gestalt der großen Theologie des 20. Jahrhunderts.

Der personale Gott wendet sich an die ganze Welt und jeden einzelnen Menschen. Sowohl de Lubac als auch Siewerth und von Balthasar gehen von einer unthematischen Sinnvorgabe aus, die im Alltäglichen entdeckt werden muß, bevor sie eingeholt werden kann. In diesem Einholungsprozeß liegt auch der zutiefst moralische Aspekt der Werke der drei großen Gestalten eingeborgen.

II. Die Frage nach Gott in lebendiger Gestalt

Der weite Horizont des Buchs „Gott für die Welt" ist durch das anfängliche Fragen aufgewiesen:
Henri de Lubac, Gustav Siewerth und Hans Urs von Balthasar in einem Band in ihren Grundanliegen gesprächsweise zusammenzuführen, um einen Denk- und Handlungsdialog anzustoßen, scheint einerseits vielleicht ein gewagtes

---

[4] Vgl. A (388) /422/412: „Absolument impossible et absolument nécessaire à l'homme, c'est là proprement la notion du surnaturel: l'action de l'homme passe l'homme".

[5] Ebd. „Attente cordiale du messie inconnu; baptême de désir, que la science humaine est impuissante à provoquer, parce que ce besoin est un don".

Unterfangen, andererseits jedoch eine fruchtbare Fortführung ihrer lebendigen Kontakte, zunächst im Lehrer-Schüler-Verhältnis (de Lubac - von Balthasar; Siewerth - von Balthasar) und später in persönlicher Freundschaft. De Lubac wie von Balthasar schöpften aus den Quellen der wirkmächtigen Philosophie Maurice Blondels (1861-1949), Siewerth dachte auf den Spuren des Aquinaten und des deutschen Idealismus dem Sein nach. Alle drei Denker haben die Philosophie wie die Theologie im 20. Jahrhundert wesentlich mitgeprägt. Es wird zu zeigen sein, daß die beiden Denkbewegungen sich berühren und das Denkgerüst wie die Theologie des Zweiten Vatikanums vorgaben (vgl. Tourpe). Theologen wie Bischof Karl Lehmann etwa konnten diese Einflüsse in Forschung und Lehre lebendig synthetisieren und dann in die Praxis ihres bischöflichen Dienstes überführen: Bischof Lehmann etwa philosophierte mit Gustav Siewerth in St. Blasien und stand in lebendigem freundschaftlichen Austausch mit von Balthasar (vgl. Text Bischof Lehmann).

Dabei macht nicht nur die Internationalität der Philosophen und Theologen einen besonderen Reiz des Sammelwerks aus, das durchaus als eine Ganzheit in verschiedenen Ausfaltungen gelesen und verstanden werden darf, sondern insbesondere auch das Faktum, daß junge und begabte Forscher (wie etwa Lambinet, Tourpe, Krenski, Disse u.a.) mit erfahrenen und bekannten älteren Wissenschaftlern eng zusammenarbeiten und ins Gespräch kommen (wie etwa Bischof Lehmann, Weihbischof Henrici, H. Ott, Tilliette u.a.).

1. Der Abenteurer Gottes: Henri Kardinal de Lubac (1896-1991)

Mit Henri Kardinal de Lubac verknüpft sich die Bezeichnung „nouvelle théologie", die zunächst als Schimpfwort verwendet, auf einen der fruchtbarsten und schöpferischsten theologischen Impulse des 20. Jahrhunderts hinwies. Zu dessen bedeutendsten Grundideen gehört die feste Überzeugung, daß nicht allein die Kirche als institutionalisierte Glaubensgemeinschaft das primäre Gegenüber zu Gott ist, sondern die von Gott geliebte ganze Welt. Die Kirche gibt es einzig und allein deswegen, weil Gott das Heil der ganzen Welt will. Gott für die Welt.

So führt der erste Teil des Buches über Henri de Lubac in das Lebenswerk des großen Theologen ein, indem er in verschiedenen Aspekten und Konsequenzen auch das Beziehungsgefüge zu anderen Großen der Geistesgeschichte herausstellt. Damit läßt sich etwas von jener Aufbruchsstimmung nachempfinden, die vor 40 Jahren viele Katholiken erfaßte und schließlich ins Zweite Vatikanische Konzil mündete, das nicht voraussetzungslos begann, sondern im Strom der Sinnvorgabe diesen entdeckte und in der neuen Synthese einzuholen in der Lage war.

Das Sammelwerk setzt demnach beim „Leben und Arbeiten auf den Wegen Gottes" an (vgl. Kuther) und damit leider auch bei der Unkenntnis heutiger Theologie-Treibender, wenn es um das Gesamte der theologischen und spirituellen Überlieferung der Kirche geht, der man sich genauso zu entledigen zu müssen glaubt wie des „ehrwürdigen Kenners und Repräsentaten der Tradition", Henri de Lubac, dessen über 40 Buchveröffentlichungen eine Unzahl von Vätertexten wie Belegen aus der Scholastik und der neueren Theologie enthalten: Eine wahre Fundgrube, gesammelt und auf die Höhe der Zeit gebracht durch den Genius eines Synthetikers, der „angeblich Veraltetes aus der Vergessenheit hervorholt, um seine Aktualität zu offenbaren ... und den alten Glanz unter dem Staub zum Leuchten bringt", ja „das Alte mit den Augen eines Jungen und Jüngsten anzublicken"[6] fähig ist. Der Ansatz beim Leben und Arbeiten de Lubacs bezeichnet ein Stück ambivalenter Theologie- und Kirchengeschichte des 20. Jahrhunderts und damit ebenso die bitteren Jahre eines in Treue zur Kirche gelebten Lebens, das gerade von Seiten eines „ekklesiologischen Rationalismus" und durch eine unfruchtbare rigide Neuscholastik „jahrzehntelang verleumdet, boykottiert, und in dem heute fast lächerlich erscheinenden Sturm um die angebliche ‹Nouvelle Théologie› zum schwarzen Schaf Nr. 1 gestempelt" wurde (Lubac, Geheimnis, 8.9). Die Rehabilitation erfolgte für den „*Abenteurer des Geistes*" (ebd.) nach bitteren Jahren erst im Zuge des Vatikanum II. Daß die spürsame, avantgardistische Lebendigkeit (vgl. ebd.) seiner Theologie bis heute nichts an Aktualität einbüßte, ja daß er gerade in der „heutigen Kirchenstunde" „unermüdlich zurückruft aus unfruchtbaren, verrannten Extremen in die einzig fruchtbare Mitte, wo in die Fülle der Wahrheit und der Liebe alles immerfort am Quellen bleibt" (ebd. 9), beweist den Weitblick einer vor allem aus der Philosophie Blondels gespeisten gegenwärtigen Theologie[7], die „im Paradox der Gleichzeitigkeit von Kühnheit und Klarheit, Ermutigung und Warnung" (ebd.) die Wege Gottes geht. Um so tragischer für unsere gegenwärtige Kirchenstunde, daß diese Stimme ungebrochener Lebendigkeit, die von Papst Johannes Paul II. in so überrreichem Maße geschätzt wird, gerade heute wiederum von den de Lubac schon zu Lebzeiten verleumdenden fundamentalistischen Kräften bedroht bleibt.

Gerade die Liebe zur Kirche, ja die „Naivität eines Bekenntnisses", welche zu einer Liebeserklärung ihr gegenüber in der Lage war, kennzeichnet die treue Aufrichtigkeit des Charakters P. Lubacs, der die Kirche als Prinzip des Mütterlichen, quer zur eigenen Erfahrung im Dennoch einer sich darlebenden Liebeserfahrung ansah. „Diese Naivität eines Bekenntnisses zur Mutter ist hier lauter Tiefsinn: Herzstück des Katholischen" (Lubac, Geheimnis, 10). Daß sie als Kirche ihren Charakter als missionarische Kirche zu erfüllen hat, erweist die Abhandlung „Die theologischen Grundlagen der Mission" (1945), die durch Bischof Olivier de Berranger von St. Denis/Paris bedacht wird. De Lubacs Ekklesiologie ist eng verbunden mit seinem Verständnis vom Grundakt der göttlichen Liebe, welche jedem missionarischen Tun Antrieb und Aus-

---

[6] Vgl. von Balthasar, Hans Urs: Vorwort, in: Henri de Lubac: Geheimnis aus dem wir leben. Einsiedeln-Freiburg ²1990. 7-11. (= Lubac, Geheimnis).

[7] Vgl. Henri Kardinal de Lubac, Meine Schriften im Rückblick. Einsiedeln-Freiburg 1996. (= Rückblick), insbes. Rückblick, 46-52.

richtung gibt. Insofern ist die Kirche auch der „mystische und ewige Leib Christi" und Heil für alle Menschen (vgl. Bischof de Berranger). Damit zusammenhängend ist die Katholizität als Weite zu bestimmen, wie Roman Siebenrock „Le Catholicisme" (1938) einer lesenswerten „Relecture" unterzieht. Wie wichtig und schwierig hierbei das ökumenische Verstehen, vor allem hinsichtlich der Sakramentalität ist, macht der Beitrag des schwedischen Lutheraners Peter Bexell anschaulich.

De Lubac erkannte weitsichtig die Bedrohungen des Glaubens in unserer Zeit und damit auch – prospektiv – die des beginnenden dritten Jahrtausends: Einerseits die Bedrohung durch einen Gnadenextrinsezismus, durch eine „théologie séparée", den ein neuscholastischer Dualismus zwischen Natur und Übernatur, zwischen Mensch und Gott aufrichtete. Damit trennte die Neuscholastik die eine Wirklichkeit durch zwei „Stockwerke" und konstruierte die rein abstrakte Theorie einer „natura pura". Somit gleitet auch die theologische Ethik in eine hypothetische Moral einer „natura pura" ab. Dadurch zerbricht auch in der Einheit des Handelns die Einheit des Wirklichen wie die Ganzheit des Konkreten (vgl. den konzisen Beitrag von Figura). Andererseits lauert aber die Bedrohung durch einen Immanentismus, deren existenzialistische Blüten sich in einer postmodernen Weise mutierten und unseren säkularisierten Alltag durchsetzt.

Der Grandseigneur einer aus dem Geiste Blondels und de Lubacs geschriebenen „Philosophischen Christologie", Xavier Tilliette SJ, nimmt sich im vorliegenden Werk in bekannter stilistischer Schärfe des „Dramas des atheistischen Humanismus", der „Tragödie des Humanismus ohne Gott" an, einer Erinnerung an die Berufung des Menschen angesichts der Entchristlichung der Welt, gerichtet an Gläubige wie Nichtgläubige. Diese ermahnende Erinnerung gipfelt im Ruf an das unzerstörbare Innerste des Menschen, das ihn als das nach Gott verlangende Wesen auszeichnet. Im Mikrokosmos des Menschen findet sich das einigende Band der Schöpfung (vgl. Tilliette).

Michael Figura führt in das Grundanliegen von „Surnaturel (1946)" ein und erarbeitet auch das Grundanliegen von „Petite catéchèse sur nature et grâce". Dabei weist er nicht nur die Realitätsferne der Hypothese der „natura pura" nach, sondern zeigt auf, wie dieses Problem einmal – negativ – mit dem Säkularismusproblem verbunden ist und wie die Entwicklung – positiv – zur Öffnung der Theologie als Auslegungsform des „Mysterium Salutis" führen konnte: Der Anruf der Gnade bleibt das freie Geschenk der Liebe Gottes. Gerade in der Beziehung zwischen Natur und Übernatürlichem bewährt sich der o.s. Hinweis auf Blondels Gedanke vom „transnaturel", der die „transformation" im Verhältnis der Gegenseitigkeit in der Einheit vermittelt.

Ein äußerst schwieriges und noch unbegangenes Feld betritt Jörg Disse in seinem – vom Menschlichen her leicht zugänglichen – vom sachlich Theologischen her – schwierigen Vermittlungsversuch zwischen den beiden Freunden de Lubac und Teilhard de Chardin: Geschichtlichkeit und Vollendungsgestalt sowie das Problem von Natur und Gnade bestimmen den Takt dieses Annäherungsversuchs.

2. Das „Löwengehirn": Gustav Siewerth (1903-1963)

Wie aber einem „Löwengehirn", in dem es Tag und Nacht fortdachte, einem nahezu vergessenen „Riesen" im Denken nachspüren, wenn auch schon das Thema „Das Schicksal der Metaphysik" (vgl. auch den weitsichtigen Text von Grätzel) so weit gespannt ist, daß bereits von hier aus kein Land in Sicht zu sein scheint, keine leichte Antwort auf den Lippen den Weg zur Sinnfrage erleichtert, die über die Metaphysik eines Gustav Siewerth (1903-1963) genommen, nur ein Weg über die Seinsfrage sein kann? Wie diesem „Löwengehirn und dem Kinderherzen, furchtbar im Philosophenzorn gegen die Seinsvergessenen"[8] nachdenken, wenn der Anlauf zu seinen Höhen für viele zu groß ist?

Mit ihm treffen wir einen der spekulativen und tiefen Geister, von dem die christliche Kultur sich getragen weiß und dies leider vergessen hat. Im Lichte seiner Arbeiten finden sich alle traditionellen Konzeptionen des Seinsdenkens, des Denkens des Wahren und Guten erneuert. Die Frage nach der Welt, nach dem Menschen und nach Gott erhalten in diesem unerbitterlichen Denken Antwort aus dem Blickfeld eines aktuellen und dynamischen Thomismus, den er loyal, aber ohne Konzessionen mit denen Hegels und Heideggers in eine enge Beziehung bringt.

Jeder Denkakt Siewerths – so der große Balthasar in seinem wortgewaltigen Nekrolog für seinen Freund, von dem er selbst her dachte und den er als Denk- und Weggenossen vereerte – sei „im Akt des Philosophierens selbst" – je auch ein Ereignis des Denkens selbst gewesen, das „ins Volle" weil aus der Fülle griff[9]. „Im Intuitus ruht alles", so Balthasar in der konzisen Dreischritt-Charakteristik eines im wahren Sinne umfassenden Denkens: „Sein und Wahrheit I.", „Der Thomismus als Identitätssystem II.", „Gott in der Geschichte III.", „Das Schicksal der Metaphysik von Thomas zu Heidegger IV.". Und dann: „Die Metaphysik der Kindheit", ein Durchbrechen der Klärung der transzendentalen Grundbestimmung des Seins durch das analoge Gefüge des „ens commune"? Nein, vielmehr eine Fortschreibung der Reflexion in die umfassend prospektive „action" hinein, ein aus seinem Leben sich ergebender „not-wendender" Inkarnationsschritt seiner Denkerkraft, die davon ausgeht, daß das menschliche Denken von transzendentalen Strukturen eines analogen Kompositionsgefüges des in Potenz und Akt differenzierten Seins durchstimmt ist (vgl. GW I, 28). Wer ist dieser Mann, von dem H. Verweyen, längst selbst Nestor der Fundamentaltheologie in Deutschland, sagt, daß er

---

[8] Von Balthasar, Hans Urs: Mein Werk. Durchblicke. Freiburg 1990, 72; vgl. auch in diesem Band auf der Rückseite das Bild Siewerth.
[9] Vgl. ausführlich in diesem Buch, 285f; ebenso die sehr persönliche Erinnerung von Irene Joekel-Siewerth an ihren Vater, 282f.

von ihm in „jenes ‚transzendentale' Philosophieren eingeführt wurde, das von Kant und dem deutschen Idealismus her thomistische Metaphysik neu zu begreifen suchte"[10]? Was macht eine Rückbesinnung auf diesen Großen der Ideengeschichte so schwierig und trotzdem längst überfällig? Ist es sein Blick vom neuzeitlichen Systemgedanken auf Thomas zurück, der für ihn Anfang und Höhe allen Denkens ist (GW I, 19)? Sind es die Fragen nach einer neuen Rückfrage nach der Bedeutung von forma, materia, potentia, causa, finis, unum, auf das ipsum esse subsistens? Haben wir mit seinem Versuch zu tun, die Erkenntnislehre als systematische Einheit vom Punkte der Problemdiskussion des deutschen Idealismus aus zu begreifen und zu entfalten (GW I, 20f.), so sind die Schwierigkeiten eines leichten Zugangs und Mitdenkens oft schier unüberwindbar, weil er an philosophischem Rüstzeug einfachhin zu viel „voraussetzt". Erscheint dann das Verständnis der apriorischen Bestimmtheit der menschlichen Vernunft als Ausgangspunkt einer Rückfrage nach der Wahrheit des Seins als dem Wesen des Erkennens als einfachhin überfrachtet? Ist es die vom „Intuitus" abkünftige und dennoch so präzise und scharfe Begrifflichkeit, die Form, die Kategorie, die uns Heutigen abhanden gekommen ist?

All dies – ein wenig zusammengenommen – ist zutreffend: Eine Klärung der transzendentalen Grundbestimmungen des Seins aus einem analogen Gefüge des „ens commune" als einer je schon begriffenen „Ratio" scheint heute nicht mehr leistbar, obschon die Grundfrage nach der Konstitution der möglichen Erkenntnis zugleich das Problembewußtsein der möglichen Einheit und Ganzheit des Seins die bleibende metaphysische Fragestellung ist: „Wie ist das innerste Sein der menschlichen Vernunft zu bestimmen, wenn ihr im Entwurf einer Wissenschaft vom Sein im Ganzen und Allgemeinen Gotteserkenntnis möglich ist" (GW I, 52), so fragt G. Siewerth jedoch auch heute noch gültig, wenn er nach der transzendentalen Allgemeinheit des Grundes der Erkenntnis und damit nach den apriorischen Strukturen einer wahren Vernunft fragt, die er ins Sein selbst einbirgt.

Werden somit schon einige Stimmen dieser „Orgel mit tausend Registern" angespielt, so versuchen die Autoren, sein Denken zur „quicken Gegenwart" werden zu lassen.

Drei Schritte helfen, ein schier unbewältigbares Pensum mit der Hilfe guter Helfer zu meistern, die das Persönliche um Siewerth wie um das hiervon nicht zu trennende Denkerische authentisch vertreten (1), um *mit* Siewerth (2), dann schließlich Siewerth *weiter* denken zu können (3).

Der erste biographische Akzent zeigt die bleibende philosophiegeschichtliche Bedeutung Siewerths auf; eine bleibende denkerische Aktualität und Herausforderung, die aus der Möglichkeit stammt, an Heideggers Werk Kritik zu üben, die notwendige Überwindung des Hegelschen Systems zu wagen wie

---

[10] Verweyen, Hansjürgen: Ontologische Voraussetzungen des Glaubensaktes. Düsseldorf 1969, 9; vgl. auch den Text von A. Wiercinski.

die Ausstrahlung von Balthasars vor allem in den neunziger Jahren, bringt – ungeahnt und überraschend – die Anliegen des Blondelismus und des transzendentalen Thomismus in eine spannungsreiche Nähe. Stehen wir – gerade auch mit den Forschungen im europäischen Ausland, besonders durch die Rezeption in Belgien, Frankreich und Italien vor einer Siewerth-Renaissance (vgl. den wichtigen Text von Tourpe)? Der renommierte Historiker und Heidegger-Biograph Hugo Ott nimmt in genialer Weise kontextmäßig die „Lebensfäden" Siewerths auf und zeichnet vor allem die tragische Linie dieses Lebens nach, das vom Faktum, daß die christliche Philosophie letztlich durch Heidegger selbst „zum Abschuß freigegeben" war, tief geprägt wurde. Doch auch dem wissenschaftlichen Werk Siewerths liegt dieser tragische Zug eingeboren:

Walter Neidl, selbst bedeutender Abkömmling der „Katholischen Heidegger-Schule", stellt die persönliche wie ideengeschichtliche Beziehung Siewerths zu Heidegger her und beurteilt den Versuch Siewerths, den Thomismus als Identitätsphilosophie mit Hilfe des Gedankenguts Hegels zu verstehen, durchaus kritisch. Denn: Läßt sich der Gedanke einer Summa in ein System verwandeln? Kann die Seinslehre des Aquinaten wirklich ein Korrektiv für die Geist-Lehre Hegels werden, ja rückt er nicht selbst von einer exakten Thomas-Deutung ab, wenn er den Gedanken der „causa exemplaris" zu sehr in den Mittelpunkt stellt? Siewerth läßt die Fülle des Seins als das Gleichnis Gottes aufleuchten, ohne daß das Sein Gott selbst sei (vgl. Neidl, Lambinet). Das zentrale Anliegen, das – übrigens ähnlich schon bei Blondel – auch de Lubac und Balthasar mit Siewerth verbindet, ist die Kritik an der Entleerung der (Wesens-) Metaphysik zu einer reinen Begriffsmetaphysik, die Degradierung einer Lebens-Logik zu einer reinen formal-abstrakten Logik, die Siewerth im Denken bei Duns Scotus und noch mehr bei Suarez grundgelegt sieht (vgl. Neidl, Tourpe, Grätzel), und damit verbunden eine Kritik der Subjektivität des Rationalismus als ein ideengeschichtlicher „Irrweg". Dann aber auch zugleich eine Kritik an der Neuscholastik, die in der Geschicklichkeit der Seinsvergessenheit denkt. Gerade auch im transzendentalen Thomismus Maréchals, der aus dem Streben zum absoluten Grund ein Sichsetzen aus dem Absoluten statuiert, sieht Siewerth die „totale Bodenlosigkeit der seinsvergessenen Logik", welche die Transzendentalphilosophie Kants und den metaphysischen Realismus zu versöhnen versuchte (vgl. den Siewerth im Kontext zum transzendentalen Thomismus ortenden Text Wiercinskis).

Bei allem Fortschritt der kritischen Vernunft geht es um deren Selbstbescheidung gegenüber einem selbstherrlichen und selbstgerechten Denken und gegenüber einem rationalistisch-realistischen Sich-Ermächtigen des Seins bei Hegel. Die Dimension des Seins als Gleichnis Gottes und des Menschen als Bild Gottes sind konsequent zu denken (vgl. Grätzel, Lambinet). Gleichnishaftigkeit besagt gerade nicht Gleichsein. Der junge Münchener Dogmatiker Michael Schulz erschließt Siewerths Seinsdeutung durch ein trinitarisches Wirklichkeitsverständnis und denkt es somit auch schon in Richtung der

Theologie von Balthasars fort. Freilich hat ein solches Verstehen von Wirklichkeit die faktische Offenbarung der Trinität zur Voraussetzung. Dennoch gehen die theologischen Linien von Siewerth im Sinne eines Nach-denkens seines Ansatzes aus: Das Endliche ist als Gleichnis des dreifaltigen Gottes auslegbar.

Das vermeintlich selbstevidente Faktische kann nicht zum Grunde stilisiert werden. Sein ist nicht mit „Selbstsubsistenz" gleichzusetzen. Der geschichtliche Fortschritt wird von Siewerth als „Einrücken in den Grund" gedeutet (vgl. Graf, Grätzel), ebenso das Erkennen selbst, welches Sein nicht „fest-stellt", sondern vielmehr *offen* hält. Sein und Freiheit gehören zusammen, damit erhält auch das Menschsein in seinen Seinsbezügen den Vorrang. Überhaupt: „Im Nachdenken über die Verendlichungsbewegung des Seins", also all das, was theologisch unter „Schöpfungswirklichkeit" verstanden wird, „und der sich aus ihr ergebenden Folgen für das Verständnis menschlicher Freiheit liegt der Schwerpunkt in Siewerths Werk" (vgl. Text Bieler). Doch berücksichtigt er hinreichend die gesellschaftspolitischen oder auch damit verbunden technischen Veränderungen mit seinem Denken, oder ist dieser Fehl nicht auch ein Grund dafür, daß sein Denken seither zu wenig rezipiert wurde?

Zumindest aber im entscheidenden Feld des Pädagogischen, der leibgewordenen Ausfaltung einer gelebten Metaphysik, bewähren sich die aus der Seinslehre gewonnenen Einsichten (vgl. Graf, Grätzel, Reiter). Denn in einer „Metaphysik der Kindheit" geschieht das Ernstnehmen der Bildhaftigkeit und damit auch eine Erziehung in ein offenes Seinsverstehen hinein, das mit dem „Homo abyssus" im Denken Ferdinand Ulrichs fortgeschrieben wurde (vgl. Reiter, Bieler, Schulz, Grätzel, Tourpe).

Wenn davon ausgegangen werden kann, daß die Sprache den Menschen verrät, dann gilt dies besonders für Gustav Siewerth: Pathetisch singt er das „hohe Lied erziehender Liebe", die Sprache selbst übernimmt eine humanisierende Aufgabe, schöpft bildhaft aus ihren Gründen und deutet jede Silbe aus. Das Kind als das Urbild wesentlicher Empfänglichkeit steht im Mittelpunkt: nicht geworfen, sondern empfangen ist es; ein deutlicher Rückstoß der existenzialistischen Deutung des Menschen. Wie es in der Metaphysik keinen „conceptus entis" gibt, sondern allenfalls eine „conceptio entis", eine Seinsempfängnis, so werden gleichnishaft auch die anthropologischen Grundeinsichten an der kindlichen Empfänglichkeit entwickelt: im Kinde wird die Liebe eigentlich erst thematisch (vgl. Bieler). „Wagnis und Bewahrung" lautet der Titel des pädagogischen Hauptwerks, das sich zwar – begrifflich – unzeitgemäß liest, idealisierend-normativ oder gar utopisch darstellt, für eine empirisch orientierte Pädagogik lediglich ein Fragezeichen abgeben kann, inhaltlich jedoch an Lebenstiefe über alle Zeit nichts einbüßt. Zusammen mit der „Metaphysik der Kindheit" deckt Siewerth quer zur Zeit das „Wesen und das Heil" des Kindseins als Grundparadigma des sich bildenden Menschseins überhaupt auf, deutet das Wohnen urterminologisch als Ethos, Mutter und Vater in „urbildlicher Tiefe" wie in der zeugenden Macht des Seins, die Familie als Gleichnis der Gottesfamilie, als Urgestalt der Menschenliebe, der Ort, an dem das Schöne und Gute werden und die Ehrfurcht reifen können (vgl. auch Bieler). Nur in der raumgebenden Entschlossenheit zum Guten kann auch das persönlich gestaltete und verantwortete Gewissen sich bilden und die persönliche Entscheidung im Konkreten Wirklichkeit werden. Deshalb ist auch der Beitrag des Freiburger Pädagogen und früheren Siewerth-Assistenten Ferdinand Graf im Gesamtgefüge des Buchs gegenüber einer entseelten und auf das reine Pragma hin ausgerichteten kritischen und emanzipatorischen Pädagogik so wichtig; in einer solchen sind „Huld, Sorge, Fügsamkeit, schützende Begrenzung" lediglich bedeutungslose Fremdwörter.

Das Ganze – um des Konkreten willen – hat Vorrang in der Weltdeutung Siewerths wie für die „Konstitution sinnhafter Entitäten". Ein der Wirklichkeit angemessenes Denken hat sich „im weitesten und ursprünglichsten Horizont" zu bewegen, sich im Raume des Sittlichen zu bewähren und in Treue auf das Absolute hin zu öffnen: *„Sich im Einfachsten und Ganzen zu halten ..."*. Mit den Worten Siewerths spannt Josef Reiter den Bogen um den Versuch einer denkerischen Verbeugung vor diesem Großen der Geistesgeschichte.

3. Der Ästhet des Gottesworts: Hans Urs von Balthasar (1905-1988)

Organisch verschränken sich der erste und der zweite Teil des Buches mit dem dritten, der von Balthasars wortgewaltige ästhetische Theologie und theologische Ästhetik in ihren Grundfesten, der Liebe, der Dialogik und der Berufung zu interpretieren versucht. Obwohl v. Balthasar, formal betrachtet, nie der Theologenzunft angehörte, sondern in Germanistik promoviert war, gilt sein Werk als vielleicht größte theologische Synthese des 20. Jahrhunderts, vor der man gewiß auch erschrecken kann (vgl. Text Bischof Lehmann). Der innerhalb der Fachtheologie theologische Einzelgänger besticht durch ein tiefgründiges und schier unauslotbares Wissen, durch einen geistigen Fundus, den er frei von jedweder einengenden Gruppenbildung in ein gewaltiges Lebenswerk unverkennbar eigener Prägung faßt. Wohl selten hat ein Theologe die Inkarnation des göttlichen Denkens bezüglich Beschaffenheit und theologischer Gestaltwerdung so ernst genommen. Hier wird nicht nur die gesamte Kultur aufgeboten, um die von der Offenbarung grundgelegte Gottesgelehrtheit zu reflektieren und bildhaft ins Wort zu fassen, sondern alles Menschliche wird am Horizont der göttlichen Selbstmitteilung betrachtet. Wer sich zu Gott wendet, darf den Menschen nicht übersehen; wer das Geheimnis des Menschen erforscht, muß auf Gottes heilsgeschichtlichen Umgang mit dem Menschen achten. Anthropologie befindet sich somit bei de Lubac wie von Balthasar im Zentrum einer praktischen Gottesgelehrtheit.

Beide leben aus der ignatianischen Spiritualität als Quellgrund ihres persönlichen Lebensvollzuges, die sich als Dramaturgie der menschlichen Existenz, als Spiel, als ‚action' ausspricht. Der Kreis schließt sich, denn auch Maurice Blondels Philosophie wurzelt in den Ignatianischen Exerzitien, ohne die eine

„option fondamentale" und somit der entscheidende vierte Teil von L'Action (1893) nicht denkbar gewesen wäre.

Im vorliegenden Sammelwerk kommt daher dem Beitrag „Ignatianische Spiritualität in ihrer anthropologischen Durchführung" des Sankt Georgener Jesuiten Erhard Kunz eine Schlüsselfunktion zu, denn die Geistlichen Übungen (= GÜ) binden das Werk gleichsam zusammen.Von Balthasar knüpft nicht nur an de Lubac und Blondel an, sondern alle leben und denken aus dem Geist der ignatianischen Exerzitien.

Und eine weitere, bisher in der Einleitung vielleicht vernachlässigte Dimension des Stehens vor Gottes Angesicht wird durch das Ernstnehmen dieses wichtigen Textes deutlich: „Desiderium, discretio und electio" geschehen im Selbstverständis des Menschen als eines zutiefst zwiespältigen Wesens, das in der Zerrissenheit, in den Spannungen und Gegensätzlichkeiten auch Gebrochenheit und zutiefst sündig vor Gottes Angesicht, „Aug' in Auge" (v. Balthasar) tritt. In dieser existenziellen Unmittelbarkeit zeigt sich die tiefe Diskrepanz zwischen der unverlierbaren Bestimmung des Menschen und der faktischen Wirklichkeit seines Tuns, das stets auf die „co-action" des göttlichen Willens angewiesen ist (vgl. A (214) 248ff / 240ff; vgl. Kunz). In der Sehnsucht des Menschen nach Gott, in der Gott selbst west (vgl. Kunz), birgt die göttliche Kenose ein und drückt sich als bittender „Schrei der Sehnsucht" aus: „Gib mir nur Deine Liebe und Gnade! Das ist genug" (GÜ 234).

Der Mensch bedarf um der eigenen Menschwerdung willen der „autoontologischen option", die je im Determinismus der ‚action' den Widerspruch des Ja oder Nein vollzieht und die tatsächliche, unüberbietbare Verantwortung Gottes gebiert: „Es kommt alles darauf an, daß Gott selbst in meine Seele legt, was ich ... tun soll' (GÜ 180; vgl. Kunz). Weil wir das Geheimnis, aus dem wir leben, dort verspüren, wo Grenzen sich auftun, werden vor allem Grenzsituationen ins Auge gefaßt. Angst und Furcht sind nicht nur psychologische Phänomene, sondern in ihnen enthüllen sich ebenso metaphysische Dimensionen der menschlichen Existenz, die als Bild und Gleichnis Gottes selbst „mysterialen Charakter" trägt und letztlich stets auf Gott als das bleibende Geheimnis zurückverweist (vgl. Splett; Kunz). Mit den drei großen Gestalten der abendländischen Geistesgeschichte werden wir auf Blondel und von diesem auf Ignatius zurückgeführt. Hier offenbart sich ein zumindest formaler Sinn von Geschichte, da die individuelle Lebenszeit in die Ewigkeit eingefaltet wird und dadurch der Tod seinen Stachel verliert. Wie ist Wirklichkeit im ganzen zu denken und zu gestalten, wenn sich nicht das Sein zuvörderst in der Gestalt des lebendigen Vollzugs und als Liebe zu erkennen gibt?

Die Frage, ob Hans Urs von Balthasar als „katholischer Kierkegaard" zu verstehen ist, stellt sich der Vetter des großen Theologen, selbst längst Nestor der deutschspachigen Blondel-Forschung und authentischer Exeget des Werks Balthasars: der langjährige Philosophieprofesor an der Gregoriana und Züricher Weihbischof sowie Generalvikar des Bistums Chur, Peter Henrici SJ, zeigt genial die Facetten dieses Fragezeichens auf, das quer zum derzeitigen theologischen Denken „wie Musik" klingt. Der Weg führt über die Dissertation von Balthasars, diesem „Riesenkind" der dreibändigen „Apokalypse der Seele" (³1998). Was ist es, was zwischen von Balthasar und Kierkegaard eine Seelenverwandtschaft begründet und Nietzsche gegenüber überlegen sein läßt? In drei „Schwertgängen" schildert von Balthasar das Ringen um das wahre Christentum: einmal als Ringen um die rechte Gestalt der Liebe, dann um die rechte Dialogik zwischen Mensch und Gott und schließlich um die eigene persönliche Berufung.

Jörg Splett nimmt den von Henrici gespielten Ball auf und knüpft die Beziehung von Balthasar zu Kierkegaard in einer assoziativen Relecture von „Der Christ und die Angst" (1951). Balthasar führt das fiebernde Problematisieren der modernen Seele auf die Grundfeste der Offenbarung zurück, untersucht zunächst das Wort Gottes im Alten und Neuen Bund unter der Hinsicht der Angst, um den Sieg über die Angst durch die Gnade des Kreuzes manifestiert zu wissen. Dann erst kann das „Wesen der Angst" eine philosophische Bestimmung erfahren (vgl. Splett).

Einen interessanten wie aufregenden Weg nimmt Thomas Krenski, wenn er die „Rolle zur Sendung" in Balthasars „Theodramatik" bestimmt, um sich der theodramatischen Anthropologie durch einen interdisziplinären (Um-) Weg zu nähern, den Krenski in der enzyklopädischen Breite von Balthasars selbst gerechtfertigt sieht. Dabei ist der Lohn des Weges durchaus groß: „Der Anspruch Gottes provoziert, personalisiert und identifiziert den Menschen". Person und Rolle fallen urbildhaft in Christus zusammen, in den alle Menschen eingefaltet sind (vgl. Krenski).

Der reformierte Kenner der katholischen Theologie, Martin Bieler, stellt mit von Balthasar die Frage, woraufhin wir sterben und setzt mit von Balthasars Beurteilung fernöstlicher Meditationsformen an. Das Christentum steht als der Weg in Geltung, der allein Immanenz und Transzendenz, vor allem aber durch Gottes Bewegung auf uns zu, in ein rechtes Gleichgewicht zu bringen vermag. Denn „Sterben heißt annehmen, daß wir in Christus bereits gestorben *sind*" (Bieler).

Der Evangelist Johannes bringt im 14. Kapitel eine Symbiose zwischen Person und Wahrheit zum Ausdruck, die Jörg Disse zum Anlaß nimmt, sich denkerisch mit von Balthasar auf den Weg zu machen, denn dieser lehnt sich an den biblischen Befund eng an und stellt den personalen Aspekt in den Mittelpunkt seiner Erwägungen. Disse gewinnt an der Schnittstelle zwischen Anthropologie und Erkenntnislehre eine theologische Anthropologie, die vor allen Dingen „das Verhältnis zur Wahrheit Gottes" in den Blick nimmt. Die Kritik der theoretischen Wahrheit mit der Möglichkeit einer Glaubenserkenntnis läßt nicht nur an Blondel erinnern, sondern auch an Siewerths Kritik der theoretischen Vernunft.

Ob Hans Urs von Balthasars theologischem Werk ein philosophischer Horizont innewohnt, untersucht Stephan Grätzel in seinem Beitrag „Wahrheit und Spiel". Er geht von der Kultur philosophischer Reflexion im Kampf gegen eine Versachlichung aus, die gerade eine Enthumanisierung begünstigt. Von Balthasar nimmt die Anregungen Blondels ernst und denkt das Leben von seiner Mitte, von der Handlung her und interpretiert den Menschen durch seine Konzeption der dramatischen Verfassung des Menschseins als einen „Spieler in einem Spiel". Balthasars Anthropologie will das „Was" durch das „Wer" bestimmt wissen.

III. Der Mensch unter Gottes Wort

Der Titel des vorliegenden Bandes „Gott für die Welt", der als Festgabe zum 75. Geburtstag hier in Dank und Respekt vorgelegt wird, bezeichnet auch in bester Weise Aufgabenstellung, Arbeitsweise und Inhalte der Katholischen Akademie des Bistums Mainz, Erbacher Hof, die in diesem theologisch-philosophischen wie kulturellen Anspruch wesentlich von Bischof Lehmann vorgegeben und vom Jubilar, Prälat Dr. theol. h.c. Walter Seidel letztverantwortet wird. Und so bleibt auch die lebendige Gottes-Botschaft allein, nicht etwa theologisch-philosophische Entwürfe oder gar Personen, der eigentliche Quell und Mittelpunkt dieser sich stets auch zutiefst pastoral verstehenden Arbeit.

Prälat Seidel läßt auch eine die Akademiearbeit vollendende theologische und philosophische Reflexion in Freiheit zu, selbst und gerade wenn „seine Theologie" sich mehr praktisch verkündigend als geschrieben und forschend im gesprochenen Wort ästhetisch ausspricht und in der Predigt direkt Verwirklichung findet: Mit Hans Urs von Balthasar freundschaftlich verbunden und im Geiste nah, mit Henri de Lubac über dessen Schriften vertraut und die Philosophie Gustav Siewerths bewundernd, weil sie neuscholastische Fesseln sprengt, aus dem Denken Karl Rahners und Romano Guardinis schöpfend und mit ihnen persönlich bekannt, repräsentiert Seidel somit ein Stück Geschichte der weitergegebenen, verkündigenden Theologie. Wenn eine wissenschaftliche Festschrift in ihrem wichtigen „Anhang" den Akademiedirektor, Ökumeniker und Priester ehrt (vgl. Texte Bischof Scheele; Weihbischof Rolly, Bischofsvikar Luley), so heißt dies doch gerade auch, daß sich die theologische Wissenschaft wie die für uns lebendige christliche Philosophie selbst unter Gottes letztgültiges Wort stellt. Weggenossenschaft und menschliche Freundschaft, die sich auch in kritischen Situationen bewährt, sind auf den Wegen Gottes unverzichtbar.

II

Henri de Lubac –
„Du bist aller Wesen Ziel"

Henri de Lubac (1896 – 1991)

Hymne an Gott

„O Du, Jenseitiger von allem – ist dies hier nicht alles, was man
von Dir singen kann?
Welcher Hymnus wird die Dir gemäße Sprache finden?
Kein Wort drückt dich aus.
Woran soll der Geist sich festhalten? Du überragst allen Ver-
stand.
Du allein bis unaussprechlich, denn alles, was aussagbar ist,
ist aus Dir hervorgegangen.
Du allein bist unerforschlich, denn alles, was sich denken
läßt, ist aus Dir hervorgegangen.
Alle Wesen, ob sie reden oder schweigen, bezeugen Dich.
Alle Wesen, ob sie denken oder nicht denken, erweisen Dir
Ehre.
Das Sehnen des Alls, das Seufzen des Alls, es steigt auf zu Dir.
Alles, was ist, betet zu Dir, und zu Dir läßt jedes Wesen, das
deine Welt denkt, einen Hymnus des Schweigens aufstei-
gen.
Alles, was bleibt, bleibt durch Dich; durch Dich dauert die
Bewegung des Alls.
Du bist aller Wesen Ziel; Du bist jedes Wesen, und doch bist
Du kein einziges davon.
Du bist kein einzelnes Seiendes, Du bist nicht ihre Gesamt-
heit.
Dir gebühren alle Namen, doch wie soll ich Dich nennen,
Du, den man nicht nennen kann?
Welcher himmlischer Geist vermag die Nebel zu durchdrin-
gen, die selbst den Himmel bedecken?
Hab Erbarmen
O Du, jenseits von allem – ist dies nicht alles, was man von
Dir singen kann?"

(Lubac, *Auf den Wegen Gottes, 166*)

Leben und Arbeiten auf den Wegen Gottes

Eine biographische Einführung in das Werk Henri de Lubacs

Ulrich Kuther

Am Ende des Jahrhunderts, mit dem sich die Lebensdaten de Lubacs (1896-1991) fast decken, scheint der französische Jesuit im durchschnittlichen deutschen Theologiestudium keine Rolle zu spielen. Fragt man eine Generation zurück diejenigen, die in den 60er Jahren ihr Theologiestudium absolvierten, so war Henri de Lubac damals eine bekannte Größe in den Vorlesungen. Hoffnungsvoll blickte man auf ihn und andere Vertreter der französischen Theologie wie Daniélou, Congar und Chénu, die doch zusammen mit der deutschen Theologie wesentlich zur Aufbruchsstimmung des Zweiten Vatikanischen Konzils beigetragen hatten.

Unterschiedliche Wahrnehmung von de Lubacs Werk vor und nach dem Konzil

Lange vor dem Konzil sind einige der Hauptwerke de Lubacs in deutscher Übersetzung leicht zugänglich[1]. Bahnbrechend ist 1943 sein „Katholizismus als Gemeinschaft" in der Übertragung Hans Urs von Balthasars. Dem bewundernswerten Stil seines Freundes und inspirierenden Schülers verdankt es de Lubac nach eigenen Worten, „daß ich in den Ländern deutscher Sprache auf dem besten Weg (bin), den Ruf eines Schriftstellers zu erlangen, was an Hochstapelei grenzt"[2]. De Lubac war des Deutschen nämlich nicht mächtig. Dank der Übersetzungsarbeit v. Balthasars, aber auch Robert Scherers und anderer kann de Lubacs Beitrag zur Erneuerung der Gnadentheologie und der Ekklesiologie, zur natürlichen Theologie und zur Wiederbelebung der Väterexegese auch im deutschen Sprachgebiet wahrgenommen werden.

---

[1] 1943 erscheint bei Benziger: Katholizismus als Gemeinschaft / H.U. v. Balthasar (Übers.); 1949 bei Herder: Vom Erkennen Gottes / R. Scherer (Übers.); 1950 bei Otto Müller: *Die Tragödie des Humanismus ohne Gott* / E. Steinacker (Übers.); 1951 im Johannes Verlag: Der geistige Sinn der Schrift / M. Gisi (Übers.); 1954 bei Styria: Betrachtung über die Kirche / G. Buxbaum (Übers.) und 1958 bei Herder: Über die Wege Gottes / R. Scherer (Übers.). Zur Bibliographie Henri de Lubacs vgl. K.-H. Neufeld; M. Sales: Bibliographie Henri de Lubac S.J. 1925-1974. Einsiedeln: Johannes Verlag, 1974; Ders.; Ders.: Bibliographie de Henri de Lubac (Corrections et compléments) 1942-1989. In: H. de Lubac: Theologie dans l'histoire II. : Questions disputées et résistance au nazisme. Paris: Desclée de Brouwer, 1990, 408-416; Ders.; Ders.: Ouvrages et études sur l'oeuvre et la personne du P. de Lubac. Ebd. 417-420; M. Sales: L'oeuvre du cardinal de Lubac: Éléments de bibliographie. In: Revue Catholique Internationale Communio 17 (1992) 133-137.
[2] Rückblick, 484.

Als Hans Urs von Balthasar nach dem Konzil eine neue Reihe von Überset-zungen[3] aus dem inzwischen imposant angewachsenen Werk de Lubacs auf den Weg bringt, weht ein anderer Wind. Im Symboljahr 1968 wird das Konzil in weiten Kreisen als Anfang einer neuen Entwicklung gewertet, bei deren Wegbereitern man sich nicht länger aufhalten will. De Lubac wird mehr und mehr zum Klassiker, den man vielleicht noch zitiert, den aber kaum mehr ei-ner liest. In den Augen der neuen theologischen Avantgarde zählt er zu den Gestrigen.

Unmittelbar vor dem Konzil war es umgekehrt. De Lubacs persönliches Schicksal in den 50er Jahren hat ihn für viele zur Symbolfigur einer heutigen Theologie gemacht: ein Vorkämpfer, der von den beharrenden Kräften ge-maßregelt wird, dann aber rehabilitiert seine Denkanstöße in den Strom eines verheißungsvollen Konzils einbringen kann.

Im Vorfeld der päpstlichen Enzyklika „Humani generis" im Jahr 1950 beur-laubt der Ordensgeneral der Jesuiten Henri de Lubac von seinem Lehrstuhl in Lyon. Vorausgegangen waren anschuldigende Verdächtigungen gegen de Lu-bac als angeblichen Kopf der „Nouvelle Théologie"[4], die sich den Vorwürfen nach zu sehr in historisch-organischem Denken bewege statt in gewohnter neuscholastischer Logik und Systematik. De Lubacs Bücher werden aus den Ordensbibliotheken und dem Handel entfernt und nicht mehr für Vorlesungen herangezogen. Die Anordnungen treffen ihn, der damals mit 54 Jahren in der Mitte seiner Schaffenskraft steht, wie ein Schlag.

Nachdem zehn Jahre ins Land gegangen sind, ein neues Pontifikat begonnen hat und überraschend das Konzil angekündigt worden ist, hat die Rehabilitie-rung Henri de Lubacs Signalwirkung. 1960 beruft ihn Papst Johannes XXIII. zum Berater der Vorbereitungskommission für das Zweite Vatikanische Kon-zil und 1962 zum Konzilsperitus der theologischen Kommission.

---

[3] Es handelt sich um die Neuauflagen von Die Kirche. Eine Betrachtung (1968), von Catholi-cisme unter dem neuen Titel Glauben aus der Liebe (1970) (=GaL), um das Origenesbuch Geist aus der Geschichte: Das Schriftverständnis des Origenes (1968), um Corpus mysticum: Kirche und Eucharistie im Mittelalter: Eine historische Studie (1969) und die gnadentheologi-schen Schriften unter dem Titel Freiheit der Gnade: Bd. 1: Das Erbe Augustins; Bd. 2: Das Paradox des Menschen (1971), alle im Johannes Verlag, Einsiedeln.

[4] Der Begriff „Nouvelle Théologie" ist in diesem Kontext negativ besetzt. Er wird von P. Parente bereits 1942 in einem Artikel gegen die Dominikanertheologen Chenu und Charlier verwendet (OR 82 n. 33,1). Am 17.9.1946 spricht Papst Pius XII. in seiner Rede an die Ge-sellschaft Jesu anläßlich derer Generalkongregation von der „nova theologia". Polemisch zugespitzt (Titel des Aufsatzes in Angelicum: La théologie nouvelle: où va-t-elle ?) gebraucht dann der römische Theologe M.-J. Garrigou-Lagrange den Begriff als kirchenpolitische Kampfansage an Veränderungen in der Theologie. De Lubac hat in Rückblick, 189-191; 220-232 die hinter dem Begriff stehende Affäre anhand seiner Tagebuchnotizen skizziert. Der Begriff erfährt bis zum Konzil eine positive Wendung im Sinne von Neuaufbruch, den die französische Theologie jener Jahre, eben die „Nouvelle Théologie" geleistet habe. Dagegen führt de Lubac selbst in Rückblick, 220f kritisch an: „Um 1970 hingegen konnte man nicht selten lesen oder hören, daß nach einer neuen Theologie für eine neue Kirche verlangt wer-de..."

Nach dem Konzil hätte für de Lubac, der so lange nur unter Auflagen und beargwöhnt arbeiten konnte, eine Zeit des befreiten Schreibens und der reichen Ernte einsetzen können. Aber der Wind hatte sich gedreht. Diejenigen, die die Kirche theokratisch zementieren wollten, waren von denen abgelöst, die sie soziologisch zu säkularisieren im Begriffe standen. De Lubac mit seinem Sinn für das so oder so unverfügbare Mysterium der Kirche steht abermals isoliert da. Wieder wird der jetzt allmählich ins Alter eintretende Mann verletzt. Dieses Mal durch ein ideologisches Gemiedenwerden im eigenen Orden, der sich andere Kirchenväter zu wählen schien als die, denen de Lubac die meiste Zeit seines Lebens gewidmet hatte. Als Papst Paul VI. ihm 1976 zum 80. Geburtstag einen langen Brief des Dankes und der Anerkennung schreibt, übergehen seine Oberen das mit Schweigen. Für spätes Tauwetter sorgt vielleicht noch die Erhebung Henri de Lubacs zum Kardinal, mit der Johannes Paul II. 1983 seinen langjährigen theologischen Weggenossen als großen Konzilstheologen würdigt.

Die Rezeption der Arbeiten de Lubacs in eine Phase vor und eine nach dem Konzil einzuteilen, heißt auch, sie in Abhängigkeit zur Wertung des Konzilsereignisses zu sehen. Die Deutung des Konzils entscheidet, wie sich die Kirche in ihrem Verhältnis zur Welt versteht, wie sich Theologie zu den säkularen Wissenschaften verhält und wie die kirchliche Lehre gegenüber neuzeitlichem Denken formuliert werden kann. Damit ist ein Thema angeschlagen, das sich durch das ganze Jahrhundert zieht, dessen wacher theologischer Zeitgenosse Henri de Lubac von seinen Lebensdaten her sein durfte. Wird es am Anfang des Jahrhunderts unter dem Stichwort „Modernistische Krise" verhandelt, so in der Mitte des Jahrhunderts unter dem der „Nouvelle Théologie", zur Zeit des Konzils als „Aggiornamento" und gegen Ende des Säkulums unter dem der „Postmoderne". Wir wollen der Frage nachgehen, wie sich das Leben und Arbeiten Henri de Lubacs mit den Fragen des Jahrhunderts verwoben hat[5].

---

[5] Im Deutschen liegt abgesehen von den einschlägigen Lexikonartikeln inzwischen eine Monographie vor: Voderholzer, Rudolf: Henri de Lubac begegnen. Augsburg: Sankt Ulrich Verlag, 1999. (= Voderholzer, Lubac begegnen (1999)). Nach wie vor mustergültig ist die Werkeinführung von Von Balthasar, Hans Urs: Henri de Lubac: Sein organisches Lebenswerk. Einsiedeln: Johannes Verlag, 1976. (= Balthasar, Henri de Lubac). Vgl. Rückblick. Für die ersten zwanzig Lebensjahre: Un inédit: Mémoire sur mes vingt premières années I. In: Bulletin de l'Association Internationale Cardinal Henri de Lubac 1 (1998) 7-31; Fortsetzung in: Bull. de l'Ass. Int. de Lubac 2 (1999) 6-28.

Anbruch des Jahrhunderts: Gottsuche in antimodernistischer Atmosphäre

Am 20. Februar 1896 geboren, beginnt Henri de Lubac in Lyon gerade seine Gymnasialzeit, als die französische Nationalversammlung und der Senat 1905 die Trennung von Staat und Kirche beschließen. Als Papst Pius X. 1907 mit dem Dekret „Lamentabili" und der Enzyklika „Pascendi" Kritik an der herrschenden Neuscholastik, die historisch-kritische Methode in Exegese und Dogmengeschichte sowie Immanentismus in der Philosophie und subjektive Glaubenserfahrung als Modernismus verurteilt, ist de Lubac 12 Jahre alt. Neben dem schulischen humanistischen Bildungsgang weiß er sich an der reichhaltigen Bibliothek im mütterlichen Schloß Beaurepaire zu nähren. 1910 werden alle kirchlichen Amtsträger durch ein Motu proprio zum Antimodernisteneid verpflichtet, der bis 1967 Bestand hat. Der vierzehnjährige de Lubac liest inzwischen mit Begeisterung Vergil sowie die Neuerscheinungen von Charles Péguy und Paul Claudel. Bald darauf wechselt er ans Jesuitenkolleg im benachbarten Villefranche-sur-Saône, das wenige Jahre zuvor Pierre Teilhard de Chardin besucht hat. Nach seinem Bakkalaureat schreibt sich de Lubac im Studienjahr 1912/13 für das Jurastudium ein. Dem Geist dieser katholischen Hochschule begegnet er bei der Eröffnungsrede des Rektors. Die Aufmerksamkeit des frischgebackenen Studenten gilt aber nicht deren antimodernistischem Inhalt, als vielmehr der schönen Melodie ihrer wohlgeformten lateinischen Satzperioden[6]. Im Folgejahr tritt de Lubac siebzehnjährig ins Noviziat der Jesuiten ein. Die Ausbildung des Ordens ist aufgrund der laizistischen Gesetzgebung in Frankreich nicht mehr möglich, so daß er das Noviziat im englischen Exil in St. Leonard-on-Sea (Sussex) erlebt. Im Noviziat lernt de Lubac u.a. Pierre Teilhard de Chardin kennen. Die Freundschaft wird beide bis zu dessen Tod 1955 verbinden, nach dem de Lubac in zahlreichen Veröffentlichungen das Werk Teilhards gegen Angriffe in Schutz nimmt[7]. Durch die Mobilmachung in Frankreich wird sein Noviziat abrupt unterbrochen. Von 1915 bis zum Kriegsende kämpft er als Infanterist auf den Schlachtfeldern um Verdun. Unter seinen Kriegskameraden befindet sich ein bekenntnisloser künftiger Lehrer, mit dem er lange Gespräche über den Glauben führt. Die

---

[6] Vgl. Rückblick, 23.
[7] Aus den zahlreichen Arbeiten, Kommentaren und Editionen de Lubacs zu Teilhard de Chardin seien exemplarisch genannt: De Lubac: La pensée religieuse du Père Teilhard de Chardin. Paris: Aubier-Montaigne, 1962; dt.: Teilhard de Chardins religiöse Welt / K. Bergner (Übers.). Freiburg: Herder, 1969; Ders.: La Prière du Père Teilhard de Chardin. Paris: Fayard, 1964; (= Lubac, Prière du Teilhard) dt.: Der Glaube des Teilhard de Chardin / O. Marbach (Übers.). Wien; München: Herold, 1968; Ders.: Teilhard, missionaire et apologiste. Toulouse: Prière et vie, 1966; dt.: Teilhard de Chardin: Missionar und Wegbereiter des Glaubens / K. Schmitz-Moormann (Übers.). Kevelaer: Butzon und Bercker, 1969; Ders.: L'éternel féminin: Étude sur un texte de Teilhard de Chardin: Suivi de Teilhard et notre temps. Paris: Aubier-Montaigne, 1968; dt.: P. Teilhard de Chardin: Hymne an das Ewig Weibliche / H. de Lubac (Komm.); H.U.v. Balthasar (Übers.). Einsiedeln: Johannes Verlag, 1968.

Schützengrabengespräche der beiden Zwanzigjährigen bilden die erste Keimzelle für das philosophisch-theologisches Florilegium, das nach dem Zweiten Weltkrieg zunächst unter dem Titel „Von der Gotteserkenntnis" und dann als „Über die Wege Gottes"[8] erscheint. Die Widmung greift die Erinnerung an jene Gespräche auf: „Meinen glaubenden Freunden, auch jenen, die glauben, nicht zu glauben"[9].

Am Allerheiligentag 1917 erleidet de Lubac seine schwerste Kriegsverletzung, deren Folgen er sein Leben lang zu tragen hat. Bleibende Kopf- und Ohrenschmerzen haben den empfindsamen Mann oft tage- oder gar wochenlang am Arbeiten gehindert.

20er Jahre: Erstarrte Theologie und prägende Lehrmeister

Nach Kriegsende kann de Lubac sein Noviziat beenden und das Studium aufnehmen. Von 1920 bis 1923 finden wir ihn auf der englischen Kanalinsel Jersey, auf der die Jesuiten aufgrund der gegebenen Gesetzeslage in Frankreich ihr Philosophiestudium durchführen. Dadurch erlebt er wiederum hautnah, wie wenig die Kirche ihren Platz in der modernen Gesellschaft findet oder gewährt bekommt. Die konkrete Erfahrung der radikalen Trennung von Staat und Kirche spiegelt sich für die Studenten wieder in der wissenschaftlichen Trennung von weltlicher bzw. atheistischer Philosophie einerseits und gläubiger Theologie andererseits. In der Trennung von Vernunft und Glaube ohne verbindende Wechselwirkung sehen sie die Wurzel der Säkularisierung mit ihren Folgen für Politik, Wissenschaft und Frömmigkeit. Um den Gottesglauben in einer individualistischen und liberalen Gesellschaft zu retten, setzen sie inhaltlich den Schwerpunkt auf die soziale Seite der Kirche, auf einen solidarischen Katholizismus. Was sie dafür in der eigenen kirchlichen Tradition oder in zeitgenössischen, lebensphilosophisch orientierten Strömungen suchen und finden, ist auch zu Beginn der 20er Jahre noch in den heftigen Strudel der Reaktion auf die Modernismuskrise hineingerissen. Viele der Professoren zeigen sich einer Assimilierung der Moderne gegenüber verschlossen. Die offizielle Lehre in den Studienhäusern ist eine Neuscholastik[10], die der Forde-

---

[8] De Lubac, Henri: De la connaissance de Dieu. Paris: Éditions du Témoignage chrétien, 1945; Ders.: Sur les chemins de Dieu. Paris: Aubier-Montaigne, 1956; Die Entstehungsgeschichte erzählt de Lubac selbst in Rückblick, 77 u. 307.

[9] Lubac, Auf den Wegen Gottes, 7.

[10] Genauer handelt es sich um eine suarezianische Scholastik, die in ihren Anfängen weniger auf die hochmittelalterliche Scholastik Thomas von Aquins zurückgeht als auf deren bereits neuzeitliche Überformung und Systematisierung durch Francesco Suarez SJ. In der ersten Hälfte des 20. Jahrhunderts wird diese „Neuscholastik" über die verschiedenen Handbücher als vermeintlich beste Grundlage den künftigen Theologen dargeboten. H. de Lubac (Hg.): Lettres de Monsieur Etienne Gilson au Père de Lubac. Paris: Éditions du Cerf, 1986, 115, Anm. 3 zitiert die Ausbildungsmaxime von P. Camille Bonnet: „Ce qu'il faut à nos scolastiques, c'est une bonne soupe suarézienne."

rung nach klarer Abgrenzung von der Moderne inhaltlich entsprach, die aber in ihrer formalen und methodischen Trennung von weltlich und geistlich, von natürlich und übernatürlich, von philosophisch und theologisch die Voraussetzungen derselben Moderne durch die Hintertür hereinließ und daran zu ersticken drohte.

Neben den offiziellen Professoren gibt es die eigentlichen und verborgenen Lehrmeister, die sich de Lubac über Freundschaften und private Lektüre erschließen kann. Unterscheiden lassen sich ein Kreis um den Philosophen Maurice Blondel und ein weiterer Kreis von Thomasforschern, mit denen die Studenten aus den Verformungen der Neuscholastik zu Thomas von Aquin selbst zurückfinden, namentlich Pierre Rousselot, Etienne Gilson und Joseph Maréchal[11]. Deren Bücher stehen in Jersey in einem verschlossenen Wandschrank, der sich nur an freien Tagen öffnet, oder aber sie kursieren unter der Hand in Kopien[12]. Zusammen mit seinen Studienfreunden Hamel und Fessard liest de Lubac die Werke Blondels. Der Grundelan von „L'Action" kommt den nach einer Spiritualität der Tat suchenden Jesuiten entgegen, die ihr Leben mit ihrem Arbeiten und ihre Gottsuche mit ihrer Philosophie in Verbindung bringen wollen. Neben Blondels Hauptwerk ist seine bibelhermeneutische Artikelreihe „Histoire et Dogme"[13] nicht weniger wichtig. Sie stellt Blondels direkte Antwort auf Alfred Loisys „L'Évangile et l'Église" dar, das 1902 in seinen historischen Rekonstruktionen und Reduktionen vielen als das Geburtsdatum des Modernismus galt. De Lubac lernt von Maurice Blondel, anders als der ungeschichtliche Dogmatismus der Neuscholastik von geschichtlichen Lebenszusammenhängen her zu denken, ohne wiederum einer historischen Wissenschaftlichkeit zu huldigen, die von eigenen Lebensvollzügen und Vorentscheidungen absieht. Immer wieder wird er auf die Tradition als das geschichtliche Lebensprinzip der Kirche zurückkommen.

Auch in der Theologie fühlen sich die Studenten von ihren derart denkenden Professoren im Stich gelassen. Diesen erscheint bereits der verdächtig, der statt der geltenden thomistischen Handbücher auf Thomas von Aquin im frischen Originalton zurückgreift, um von Augustinus, der de Lubac mehr und

---

[11] Die gewöhnlich als Maréchal-Schule titulierte neue Thomasrezeption sieht H. de Lubac: Die Freiheit der Gnade 2: Das Paradox des Menschen. Einsiedeln: Johannes Verlag, 1971, 253f durch das Werk zweier Theologen begründet: „Pierre Rousselot starb früh; er fiel während des Ersten Weltkrieges 1915; der andere, Joseph Maréchal, starb zu Beginn des Zweiten Weltkrieges. Rousselots These 'L'Intellectualisme de Saint Thomas', 1908, dann Maréchals Bände: 'Le point de départ de la métaphysique' zwischen 1922 und 1926 bleiben – so anfechtbar sie vielleicht in gewissen Aspekten sein mögen – als große, wahrhaft bahnbrechende Werke bestehen. ... Dank dem Anstoß dieser beiden Jesuiten kann man heute ... de nova periodo, regressus nempe ad antiquam doctrinam scholasticam, initiata reden."

[12] Vgl. Rückblick, 24, Anm. 6.

[13] Blondel, Maurice: Histoire et Dogme: Les lacunes philosophiques de l'exégèse moderne. In: Ders.: Oeuvres complètes 2: 1888-1913: La philosophie de l'action et la crise moderniste. Paris: Presses Universitaires de France, 1997, 390-453; dt.: Geschichte und Dogma. Mainz: Matthias-Grünewald, 1963.

mehr begeistert, ganz zu schweigen. Sowohl in Ore Place bei Hastings, wo de Lubac die Theologie 1924 bis 1926 beginnt, wie in Lyon, wo er sie bis 1928 nach erster gesellschaftlicher Entspannung in Frankreich abschließen kann, ist der Kreis der wirklich inspirierenden Lehrer weiter gesteckt. Zu ihnen gehört Léonce de Grandmaison, dessen Artikel „Jésus-Christ" im Dictionnaire d'Alès[14] de Lubac schon 1920 aufgesogen hat. In dessen Nachfolge ebenfalls eine Arbeit über Jesus Christus zu verfassen, wird ein Leben lang de Lubacs unerfüllter Traum bleiben[15]. Der Rousselot-Schüler Joseph Huby ist als weiterer Lichtblick jener Jahre sein Professor für Neues Testament. De Lubac profitiert von einer freien Studiengemeinschaft, die sich um Huby gruppiert. Die zehn befreundeten Studenten treffen sich jeden Sonntag und haben kein geringeres Ziel als eine Erneuerung der Theologie aus dem Denkens Blondels, an dem sie sich geschult hatten. In diesem Kreis soll de Lubac 1924 auf Anregung Hubys zum ersten Mal über die Geschichte der Lehre vom Übernatürlichen referieren, was 1946 zu seinem umstrittensten Buch „Surnaturel" führt[16].

30er Jahre: Lebendiger Austausch und grenzenlose Öffnung

Nach seiner Ausbildung und Priesterweihe wird de Lubac zum Dozenten an der theologischen Fakultät in Lyon bestimmt. 1929 übernimmt er den Lehrstuhl für Fundamentaltheologie, ein Jahr später zusätzlich den für Religionsgeschichte. Später wird er, nach der Bedeutung seiner Theologie gefragt, darauf hinweisen, daß seine Aufgaben und Schriften durch die jeweiligen Anlässe sich aufgedrängt hätten, denen er sich ohne Fachwissenschaftler zu sein, d.h. ohne vorbereitendes Spezialstudium gewidmet habe. Der Doktorgrad der Gregoriana, die er nie betreten hat, sei ihm zu Beginn der Lehrtätigkeit geradezu aufgedrängt worden[17]. Diese Darstellung zeugt von der schlichten Bescheidenheit de Lubacs, verbirgt allerdings, wie sehr die Grundanliegen seiner Theologie bereits zu Beginn seiner Lehrtätigkeit feststehen. Als Fundamentaltheologe und Apologet will er nicht mehr im Sinn eines platten Rationalismus Beweisgänge führen, zu denen dann jede Form von Deismus paßt. Er möchte Wege finden, Gott in seiner dreifaltigen Lebendigkeit darzustellen als den Herzensgrund allen menschlichen Strebens. Einer breiteren Öffentlichkeit wird sein Bemühen zugänglich, als er auf Drängen Yves Congars in dessen neuer theologischen Reihe sein Buch „Catholicisme: les aspects sociaux du

---

[14] Vgl. L. de Grandmaison: Jésus Christ. In: DAFC 2, Sp. 1288-1538. Von Léonce de Grandmaison (1868-1927), der zu den wichtigsten Fundamentaltheologen Anfang des Jahrhundert gezählt wird, erscheint posthum noch das zweibändige Werk Jésus-Christ. Paris, 1928.
[15] Vgl. Rückblick, 478f.
[16] Vgl. Rückblick, 66f. u. Anm. 37.
[17] Vgl. Rückblick, 472.

dogme"[18] veröffentlicht. Das Erstlingswerk gerät zum programmatischen Durchbruch. Nicht mehr gegen anderes wird das Katholische bestimmt, sondern von der inneren Fülle her als entgrenzend universal. Auf diese Weise möchte de Lubac das Wesen des Christentums beschreiben, das in seinem sozialen, seinem geschichtlichen und seinem innerlichen Aspekt die umfassende Antwort auf die Fragen der Zeit bereithält.

Von der ekklesiologischen Thematik, in der „Catholicisme" keineswegs aufgeht, sind ihm zwei andere Bücher zuzuordnen, die im Umfeld entstehen. Seine historische Studie „Corpus mysticum"[19], die durch die Kriegswirren erst 1944 erscheint, verhilft zur Klärung in der Diskussion um die Kirche als mystischer Leib Christi. Sie zeigt die Bedeutungsverschiebung und damit die Wechselwirkung der Begriffe für Eucharistie und Kirche im Mittelalter auf. De Lubac wird zum Vorreiter einer eucharistischen Ekklesiologie, die er in seiner „Méditation sur l'Église"[20] von 1953 prägnant beschreibt: „Die Kirche macht die Eucharistie" und „Die Eucharistie macht die Kirche"[21]. Man kann mit Recht sagen, daß „Méditation sur l'Église" aufgrund des Ziels, ein echtes „sentire in ecclesia" zu fördern, und aufgrund der Entstehungsgeschichte in Einkehrtagen für Priester „gleichsam die Spiritualität zur Theologie von 'Catholicisme'"[22] bietet.

Was de Lubac an katholischer Vision für eine auf die Welt hin geöffnete Kirche ohne Berührungsängste anbietet, das lebt und erlebt er bereits im intellektuell wie kulturell äußerst bewegten Lyon der 30er Jahre.

Während er an der theologischen Fakultät in der Stadt lehrt, wohnt er im Jesuitenkolleg auf dem Hügel Fourvière über Lyon. Bald kann ein gewisser Mythos von Fourvière[23] entstehen, weil auch die Studenten der dort ansässigen Jesuitenhochschule sich um ihn scharen. Es ist eine entschlossene Gruppe, die sich von de Lubacs befreiender Sicht einer die ganzen Menschheit umfassenden Kirche zur Schleifung der künstlichen kirchlichen Bastionen anregen läßt und die trostlose Enge der damaligen Theologie verläßt. Die unternehmungslustige Generation mit Jean Daniélou, Hans Urs von Balthasar, Henri Bouillard, François Varillon u.a. bekommt von ihrem älteren Freund die Welt der griechischen und lateinischen Väter wie auch die der zeitgenössi-

---

[18] De Lubac, Henri: Catholicisme: les aspects sociaux du dogme. Paris: Éditions du Cerf, 1938 (Unam Sanctam; 3); 7. Aufl. Paris: Éditions du Cerf, 1983 (Traditions chrétiennes; 13); (= C) dt. Gal.

[19] De Lubac, Henri: Corpus mysticum: l'Eucharistie et l'Église au Moyen Âge: Étude historique. Paris: Aubier-Montaigne, 1944 (Théologie; 3); dt. vgl. Anm. 3.

[20] De Lubac, Henri: Méditation sur l'Église. Paris: Aubier-Montaigne, 1953 (Théologie; 27); 4. Aufl. Paris: Desclée de Brouwer, 1985; dt. vgl. Anm. 1, 3 u. 22.

[21] De Lubac, Henri: Die Kirche: Eine Betrachtung. Einsiedeln: Joh. Verlag 1968, 127 u. 133.

[22] Balthasar, Henri de Lubac, 86.

[23] Klarstellung zu diesem Mythos, der sich mit dem von der „Nouvelle Théologie" vereinte, bietet De Lubac, Henri: Zwanzig Jahre danach: Ein Gespräch über Buchstabe und Geist des Zweiten Vatikanischen Konzils. München: Neue Stadt, 1985, 91-95. (= Zwanzig Jahre danach).

schen Literatur im „Renouveau Catholique" erschlossen, die philosophische Mystik Asiens ebenso wie die Grundströmungen des modernen Atheismus. In größerer Öffentlichkeit des regen Lyon lassen die Kreise und Initiativen, die von der „Chronique Social de Lyon" ins Leben gerufen werden, allmählich die Zerrbilder eines christlichen Heilsindividualismus vergessen. De Lubac nimmt an deren Leben ebenso teil wie an dem der christlichen Arbeiterjugend und den „Equipes sociales" des Robert Garric, die sich um die Nordafrikaner kümmern.

Einer missionarischen Kirche begegnet de Lubac in der Person von Jules Monchanin[24], der als Kenner von Hinduismus und Buddhismus ihm manche Hilfestellung für seine religionsgeschichtlichen Vorlesungen gab. Aus ihren Gesprächen erwächst Monchanins Entschluß, nach Indien aufzubrechen und dort einen christlichen Ashram zu gründen. De Lubacs drei Bücher über den Buddhismus[25], die in den 50er Jahren erscheinen, verdanken sich in ihrer Entstehung ebenfalls dieser Begegnung.

Seine universale Deutung des Katholischen kann auch dem ökumenischen Anliegen nicht verschlossen bleiben. Mit Abbé Paul Couturier trifft er in Lyon einen Pionier der ökumenischen Bewegung an[26]. Ebenso steht er im Austausch mit zwei Schweizer Pastoren, die im Begriff stehen, in der Nähe ein protestantisches Kloster zu gründen: Roger Schutz und Max Thurian, die ersten Brüder von Taizé[27].

40er Jahre (I): Geistiger Widerstand und geistige Exegese

Die Besetzung Frankreichs durch die deutsche Wehrmacht und der folgende Naziterror verändern die Situation grundlegend. Das auf Vichy-Gebiet liegen-

---

[24] Vgl. de Lubacs Kurzporträt von Jules Monchanin (1895-1957) in: Henri de Lubac: Théologie dans l'histoire: II. Questions disputées et résistance au nazisme. Paris: Desclée de Brouwer, 1990, 373-375 sowie das gleichermaßen persönliche wie literarische Lebensbild, H. de Lubac: Images de l'abbé Monchanin. Paris: Aubier-Montaigne, 1967.

[25] De Lubac, Henri: Aspects du Bouddhisme. Paris: Éditions du Seuil, 1951 (La sphère et la croix); Ders.: La Rencontre du Bouddhisme et de l'Occident. Paris: Aubier-Montaigne, 1952 (Théologie; 24); Ders.: Amida: Aspects du Bouddhisme II. Paris: Éditions du Seuil, 1955.

[26] Zu Paul-Irénée Couturier (1881-1953) vgl. das Kapitel: Oecuménisme lyonais: L'Abbé Couturier in: H.de Lubac: Images de l'abbé Monchanin, 29-37.

[27] Vgl. ebd. 31: „... ces réunions où nous vîmes, pour ainsi dire, naître Taizé." Und ebd. 31f., Anm. 3: „A la Trappe des Dombes, un grenier de l'hôtellerie servait de choeur aux deux premiers 'Frères de Taizé'. Leurs voix prophétique, alternées, semblaient déjà chacune appeler une multitude." Als die beiden 1966 ihren Kommentar zur Konzilskonstitution Dei Verbum herausgeben, steuert de Lubac ein Vorwort bei, vgl. H. de Lubac: Préface à R. Schutz; M. Thurian: La parole vivante au Concile. Presses de Taizé, 1966, 1-6, wiederaufgenommen in: H. de Lubac: La Révélation divine. 3. erw. Aufl. Paris: Éditions du Cerf, 1983, 180-184; dt.: Vorwort zu R. Schutz; M. Thurian: Das Wort Gottes auf dem Konzil: Die dogmatische Konstitution über die göttliche Offenbarung: Wortlaut und Kommentar. Freiburg: Herder, 1967, 11-18.

de Lyon wandelt sich von der Stadt der Vordenker zur Hauptstadt des geistigen Widerstandes. Henri de Lubac, der sich mehrfach vor der Gestapo verstecken muß, ist durch die Vorgänge ängstlich besorgt, aber weiß, welche Mittel gegen Totalitarismus und Antisemitismus zu wählen sind. Er engagiert sich in der Untergrundzeitschrift „Cahiers du Témoignage Chrétien"[28]. Seine Erinnerungen und Aufzeichnungen über die Zeit des Widerstandes hat er 1988, noch drei Jahre vor seinem Tod veröffentlicht[29]. Wenn 1946 unter dem harmlos klingenden Titel „le fondement théologique des missions"[30] zwei Beiträge de Lubacs erscheinen, so handelt es sich dabei um Vorträge, die er 1941 in Lyon gehalten hat und die in ihrem Bekenntnis zum christlichen Universalismus klar gegen den einschränkenden Rassismus Hitlers gerichtet sind.

Zur gleichen Zeit beschäftigt sich de Lubac wissenschaftlich mit einer Einführung in die Exegese des Origenes in der Reihe „Sources Chrétiennes"[31]. Diese patristische Sammlung gibt er ab 1941 zusammen mit Jean Daniélou heraus, um Forschende wie Suchende an die frischen Quellen der jungen Kirche zu führen. Vielleicht darf man das Nebeneinander von Sorge um das patristische Erbe und geistigem Kampf gegen den Antisemitismus hervorheben. Ein Schlüssel zum Verständnis der Exegese der Kirchenväter ist das Verhältnis von Altem und Neuem Testament. Sehr schnell beklagen heutige Exegeten eine vermeintliche Abwertung der jüdischen Bibel als Altes Testament und behaupten damit einen latenten Antisemitismus der Kirchenväter. Ganz anders de Lubac: er bezieht in der Nachfolge patristischer Exegese Altes und Neues Testament bleibend aufeinander als zwei Sinnebenen, die vor die Glaubensentscheidung führen und in ihr unterschieden werden können. So betont er, daß das christliche Evangelium ohne die Schriften Israels nicht zu verstehen ist und sich deswegen von seinen jüdischen Wurzeln niemals trennen kann. Er betont aber ebenso die Neuheit Christi als geschichtliches Wendeereignis. Nach dieser einzigartigen Neuheit müssen auch die Schriften Israels (aber sehr wohl auch die entstehenden Schriften der Kirche) in neuem Licht gelesen

---

[28] Eine limitierte Neuauflage besorgten R. Bédarida; A. Némoz (Hg.): Cahiers et Courriers clandestins du Témoignage chrétien 1941-1944: Réédition intégrale en facsimilé. 2 Bde. Paris, 1980. Zur Geschichte der Hefte vgl. R. Bédarida: Les Armes de l'Esprit: Témoignage chrétien 1941-1944. Paris: Éditions Ouvrières, 1977.

[29] De Lubac, Henri: Résistance chrétienne à l'antisémitisme: Souvenirs 1940-1944 / M. Sales (Vorw.). Paris: Fayard, 1988. Zur Rolle de Lubacs und anderer Jesuiten vgl. J. Prévotat: Quatre jésuites devant le totalitarisme nazi: G. Fessard, J. Lebreton, H. de Lubac, H. du Passage. In: P. Bolle; J. Godel (Hg.): Spiritualité, théologie et résistance. Grenoble: Presses universitaires de Grenoble, 1987, 98-120.

[30] Die Beiträge sind unter diesem Titel aufgenommen in die Aufsatzsammlung Henri de Lubac: Théologie dans l'histoire II.: Questions disputées et résistance au nazisme. Paris: Desclée de Brouwer, 1990. 159-219.

[31] Es handelt sich um die Einleitung zu Origène: Homélies sur la Génèse (SC 6) von 1943, dem 1947 die zu Origène: *Homélies sur Exode* (SC 16) folgt, die 1950 als Kapitel 1-3 bzw. 4 u. 6-8 in Lubacs Origenesbuch Histoire et Esprit eingehen. Zur Geschichte der „Sources Chrétiennes" vgl. É. Fouilloux: La collection „Sources Chrétiennes": Éditer les Pères de l'Église au XXe siècle. Paris: Éditiones du Cerf, 1995.

34

werden, um nicht zu veralten. Diesen Ansatz des geistigen Schriftverständnisses, der sowohl christologisch wie pneumatologisch verankert ist, wird de Lubac 1950 in seinem Origenes-Buch[32] vertiefen und in der vierbändigen „Éxégèse Médiévale"[33] zur Konzilszeit ausfalten. Vieles davon bleibt unbeachtet zu einer Zeit, da sich erst einmal die historisch-kritische Exegese ihr Heimatrecht in der katholischen Kirche erkämpfen muß[34].

40er Jahre (II): Atheistische oder übernatürliche Bestimmung des Menschen?

Es wundert kaum, daß in den Jahren der Diktatur und des Krieges ein Buch heranreifen konnte, das tiefgründig die geistesgeschichtlichen Strömungen ausschreitet, die zur entsetzlichen Zeit der Naziherrschaft geführt haben. Direkt nach Kriegsende kann de Lubac seine Auseinandersetzung mit Nietzsche als „Tragödie des atheistischen Humanismus"[35] herausgeben. Ein Jahr später

---

[32] De Lubac, Henri: Histoire et Esprit: l'Intelligence de l'Écriture d'après Origène. Paris: Aubier-Montaigne, 1950 (Théologie; 16); Nachdruck Paris: Éditions du Cerf; Desclée de Brouwer, 1981; dt. vgl. Anm. 3.

[33] De Lubac, Henri: Éxégèse Médiévale: les quatre sens de l'Écriture. 4 Bde., Paris: Aubier-Montaigne, 1959-1964 (Théologie; 41; 42; 59); Nachdruck, Paris: Éditions du Cerf; Desclée de Brouwer, 1993. Einen Auszug aus den ersten drei Bänden bietet: L'Écriture dans la Tradition. Paris: Aubier-Montaigne, 1966; dt.: Die Heilige Schrift in der Tradition der Kirche. In: Typologie - Allegorie - Geistiger Sinn: Studien zur Geschichte der christlichen Schriftauslegung / Voderholzer, R. (Übers.; Einl.). Einsiedeln; Freiburg: Johannes Verlag, 1999 (Theologia Romana XXIII), 1-261.

[34] Auf diesen Umstand ist es wohl zurückzuführen, daß der exegesegeschichtliche Teil des Werkes Henri de Lubacs trotz seines Umfanges nicht in dem Maße wie andere von den Theologen rezipiert wurde. Das gilt besonders für den deutschen Sprachraum. Hier steht das kleine, kostbare Bändchen Der geistige Sinn der Schrift von 1952, das eine Übertragung des Schlußkapitels von Histoire et Esprit nebst einem Artikel zum vierfachen Schriftsinn bietet, allein auf weiter Flur, bis sich 1968 Geist aus der Geschichte: Das Schriftverständnis des Origenes hinzugesellt. Erst 1999 erfolgt die deutsche Übersetzung der Vorstudien zur Éxégèse Médiévale und deren Quintessenz unter dem Titel Typologie, Allegorie, Geistiger Sinn: Studien zur Geschichte der christlichen Schriftauslegung; vgl. Anm. 34. Kein Wunder, wenn sich die Sekundärliteratur zur Schriftauslegung de Lubacs zunächst in den romanischen Ländern regt, vgl. A. Gracias: The Spiritual Sense of Scripture according to Henri de Lubac. Rom: Diss. Gregoriana, 1975. Für Nordamerika, wo ebenfalls eine Übersetzung der vierbändigen Éxégèse Médiévale existiert, vgl. M.G. D'Ambrosio: Henri de Lubac and The Recovery of the Traditional Hermeneutic. Washington, D.C.: Diss. Catholic University of America, 1991; S.K. Wood: Spiritual Exegesis and the Church in the Theology of Henri de Lubac. Grand Rapids (Michigan): Eerdmans Publishing, 1998. Inzwischen liegt die erste deutsche Dissertation zum Thema vor: R. Voderholzer: Die Einheit der Schrift und ihr geistiger Sinn: Der Beitrag Henri de Lubacs zur Erforschung von Geschichte und Systematik christlicher Bibelhermeneutik. Einsiedeln: Johannes Verlag, 1998. (= Voderholzer, Einheit der Schrift (1998)).

[35] De Lubac, Henri: Le Drame de l'humanisme athée. Paris: Éditions Spes, 1944; dt.: Über Gott hinaus: Tragödie des atheistischen Humanismus / H.U. v. Balthasar (Vorw.); E. Steinacker (Übers.). Einsiedeln: Johannes Verlag, 1984; vgl. Anm. 1 für die erste Ausgabe.

erscheint sein „Surnaturel"[36], das als historische Studie über das natürliche Gottverlangen des Menschen zunächst kaum die Signatur der Zeitgeschichte trägt. Das die Studie treibende Grundproblem ist aber ebenfalls der neuzeitliche Atheismus eines sich selbst absolut setzenden Menschen, den eine bestimmte Theologie ohne Welt- und Lebensbezug hilflos bestätigt. In die Theologie hatte sich im Laufe der Neuzeit die Überzeugung eingeschlichen, die sogenannte Naturordnung und eine vermeintlich rein innerweltliche Bestimmung des Menschen könne getrennt und ohne Verbindung zur sogenannten Gnadenordnung gesehen werden, die dem Menschen dann sein übernatürliches Ziel schenke. Für de Lubac steht solche Zwei-Stockwerke-Theologie nicht in Übereinstimmung mit dem Ganzen der christlichen Tradition. Deshalb greift er auf die Lehre des Thomas von Aquin vom natürlichen Verlangen nach der übernatürlichen Gottesschau zurück und auf die patristische Lehre, daß der Mensch nach dem Bild Gottes geschaffen sei, um vergöttlicht zu werden.

Der mit Surnaturel eingenommene Standpunkt gibt der Kirche als dem Medium, mit dem Gott den Menschen begnadigen will, ihren Platz in der Welt zurück, besser gesagt: er schafft der Welt in der Kirche den Raum für ihre Erlösung. Er gibt dem Menschen seine Bestimmung zurück, den Menschen um ein Unendliches zu übersteigen. Er gibt damit Antwort auf einige im Modernismusstreit aufgeworfenen Fragen und wird dafür in den Folgejahren als modernistisch verdächtigt. Niemals hat de Lubac eine neue Theologie treiben wollen. Ihm scheint eher die Neuscholastik als dahinsiechende Theologie der Neuzeit auf verhängnisvolle Weise die Theologie unter dem wenn auch umgekehrten Vorzeichen der Moderne zu sein. Doch jetzt trifft ihn selbst das Schlagwort von der „Nouvelle Théologie", das der römische Dominikaner Garrigou-Lagrange 1946 mit Erfolg lanciert. De Lubac, der deutlich auf ältere Traditionen zurückgreift als seine neuscholastischen Gegner, wird dafür als Kopf einer angeblichen „Neuen Theologie" denunziert. Die darauffolgenden schmerzenden Ereignisse von 1950 sind bereits erzählt. Als er 1965 die Neuauflage von „Surnaturel" und die Erweiterung um einen zweiten Band vorbereitet, ist de Lubac durch das Konzilsereignis rehabilitiert. Die Zwillingsbände[37] erregen kein Aufsehen mehr. Über achtzigjährig bündelt de Lubac 1980 seine Aussagen nochmals in der „Petite catéchèse sur Nature et Grâce"[38].

---

[36]De Lubac, Henri: Surnaturel: Études historiques. Paris. Aubier-Montaigne, 1946 (Théologie; 8); 2. Aufl. mit einem Vorwort von M. Sales, Paris: Desclée de Brouwer, 1991. (=Lubac, Surnaturel).
[37]De Lubac, Henri: Augustinisme et théologie moderne. Paris: Aubier-Montaigne, 1965 (Théologie; 63); Ders.: Le mystère du Surnaturel. Paris: Aubier-Montaigne, 1965 (Théologie; 64); dt. vgl. Anm. 3.
[38]De Lubac, Henri: Petite catéchèse sur Nature et Grâce. Paris: Fayard, 1980. (= Lubac, Petite Catéchèse).

60er Jahre: Konzil und „Para-Konzil"

Mit den skizzierten Werken und ihrer Entstehungsgeschichte mag deutlich geworden sein, warum de Lubac mit Recht am Platze ist, als es darum geht, die lebendige und unverkürzte Überlieferung des christlichen Glaubens in das Zweite Vatikanische Konzil einzubringen, das sich für die Fragen der Welt von heute geöffnet hatte. Ob es die Kirchenkonstitution „Lumen Gentium" mit ihrem Blick auf das Mysterium der Kirche ist, ob die Aussagen von „Gaudium et Spes" über die Kirche in der Welt von heute und namentlich das Atheismuskapitel darin,[39] ob es das Dekret über den Ökumenismus oder die Offenbarungskonstitution ist, Henri de Lubac ist für seine Mitarbeit vorbereitet und kann helfen, Bleibendes unter neuen Blickwinkeln zu sehen[40]. „Aggiornamento" hat de Lubac nie als Preisgabe der christlichen Überlieferung an die zeitgemäßen Trends gesehen. In der stets neuen Bemühung um die Überlieferung als den vitalen Blutstrom der Kirche sieht er die Kraft, damit die Kirche die von ihrer Sendung geforderte Öffnung auf die Welt hin auch unter anderen geschichtlichen Bedingungen erfüllen kann. Dabei befreit er sich allerdings von einer in sich verschlossenen Theologie, welche die verschlungenen Wege der Gottsuche des Menschen – oder soll man sagen: der Suche Gottes nach dem Menschen – mehr hinderte als förderte.

In seinem Rückblick äußert er sich über das Schicksal dieser Liebe zur Tradition, die zu seiner Freude zwar in vollem Maße eingegangen ist in das Konzil, gleichzeitig aber in der von ihm als „Para-Konzil"[41] bezeichneten kirchlichen Öffentlichkeit mehr und mehr verloren ging:

> „Was ich mehr als einmal bei erfahrenen konservativen Theologen in gehobener Stellung bedauert habe, war weniger, was andere beklagten, ihr Mangel an Aufgeschlossenheit gegenüber den heutigen Problemen und Denkströmungen als das Fehlen einer wahrhaft überlieferungsbewußten Geisteshaltung (was übrigens beides in Verbindung steht). ... Sie waren für mich „Moderne" im Sinne Péguys. Eine derartige in den herrschenden Kreisen zur Zeit der Konzilsvorbereitung weitverbreitete Geistesverfassung scheint mir die Quelle eines Mißverständnisses zu sein, das nicht ohne schwere Folgen blieb. Darin lag der Irrtum der Partei, die gehofft hatte, das Konzil zu lenken, um nicht zu sagen: für sich zu vereinnahmen. Sie ist von der ersten Sitzung an spektakulär besiegt worden. Aber als Folge

---

[39] Kardinal König hatte sich für die Behandlung des Atheismus eine Expertengruppe erbeten, die einen neuen Text erstellen sollte. In der Subkommission sitzen als Experten Jean Daniélou und Henri de Lubac, denen die Endgestalt des Textes im Wesentlichen zu verdanken ist, vgl. den Kommentar J. Ratzingers zum ersten Teil der Pastoralkonstitution in: LThK 14, 338. 1968 wird de Lubac das Atheismuskapitel von Gaudium et Spes selbst kommentieren, vgl. De Lubac, Henri: *Athéisme et sens de l'homme:* Une double requête de 'Gaudium et Spes'. Paris: Éditions du Cerf, 1968. Inzwischen hat Paul VI. ihn zum Konsultor des päpstlichen Sekretariate für die nichtchristlichen Religionen und die Nichtgläubigen berufen.
[40] Zum Anteil de Lubacs an der Entstehung der Konzilskonstitutionen vgl. K.H. Neufeld: Henri de Lubac S.J. als Konzilstheologe: Zur Vollendung seines 90. Lebensjahres. In: ThprQS 134 (1986) 149-159.
[41] Vgl. die Überschrift zum 2. Kapitel in: De Lubac, Henri: Autres Paradoxes. Namur: Culture et vérité, 1994, 43: „Para- et Post-Concile."

der eben erwähnten Verwirrung schien sie auch die Tradition in ihre Niederlage mitzurei-
ßen, während diese umgekehrt sich befreit fand. Es war eine notwendige Reaktion, die
Bedingung für die erwünschte 'Öffnung', die aber für revolutionär gehalten wurde, so daß
die kirchliche Tradition selbst mit all ihrem fruchtbaren, aber verkannten Reichtum in der
ziemlich schlecht aufgeklärten öffentlichen Meinung erledigt zu sein schien. Viele haben
danach nicht mehr auf die eigentliche Arbeit des Konzil geachtet, auf den Inhalt seiner
Weisungen und den Geist, der sich darin kundtat: für sie triumphierte eine neue, aufge-
regte, richtungslose „Modernität" über eine versteinerte"[42].

Henri de Lubac hat mehr als die erste Lebenshälfte im Kampf gegen eine versteinerte Modernität eingesetzt, dann aber auch einer aufgeregten Modernität
ein Koordinatensystem zur Orientierung in die Hand geben wollen, indem er
wieder und wieder auf die Schätze der lebendigen Tradition hinweist. So bietet noch der Fünfundachtzigjährige einen geistes- und traditionsgeschichtli-
chen Durchblick durch Mittelalter und Neuzeit in seinem zweibändigen Alterswerk „La postérité spirituelle de Joachim de Flore"[43]. Darin zeichnet er
den Kampf der irdischen Kontrastgesellschaft Kirche mit der Utopie eines
neuen Zeitalters des Geistes, indem er das Echo des „dritten Zeitalters" bei
Joachim von Fiore über Hegel und Marx bis in unsere Tage hinein verfolgt.
Ebenso hellwach für die aktuelle kirchliche Entwicklung meldet de Lubac sich
weiterhin zu Wort. So wird 1985 im Jahr der Bischofssynode anläßlich des
zwanzigjährigen Jubiläums des Zweiten Vatikanums ein Gespräch mit ihm
über Buchstabe und Geist des Konzils veröffentlicht[44].
Im Oktober 1986 lähmt ihn ein Schlaganfall halbseitig, läßt ihm aber für vier
weitere Jahre die geistigen Fähigkeiten, seine Erinnerungen zu ordnen und auf
Drängen der Mitbrüder zu veröffentlichen[45]. Die letzten 15 Monate seines
Lebens pflegen ihn die Petites Soeurs des Pauvres in Paris. Bei ihnen verstirbt
Henri de Lubac während der Komplet des 4. September 1991.

---

[42] Rückblick, 475.

[43] De Lubac, Henri: La Postérité spirituelle de Joachim de Flore I: De Joachim à Schelling.
Paris; Namur: Lethielleux, 1979; Ders.: La Postérité spirituelle de Joachim de Flore II: De
Saint-Simon à nos jours. Paris; Namur: Lethielleux, 1981.

[44] De Lubac, Henri: Entretien autour de Vatican II: Souvenirs et réflexions. Paris: Éditions du
Cerf; 1985; vgl. Anm. 24.

[45] Vgl. Anm. 29 seine Erinnerungen an die Zeit im Widerstand von 1988 sowie H. de Lubac:
Mémoire sur l'occasion de mes écrits. Namur: Culture et Vérité, 1989; 2. durchges. u. erw.
Aufl. 1992, dt. vgl. Anm. 2.

Natur und Gnade bei Henri de Lubac

Michael Figura

1. De Lubacs Arbeiten zum Übernatürlichen

In unserem Jahrhundert ist Henri de Lubac (1896-1991)[1] wohl der bedeutendste Theologe des Übernatürlichen. Diesem Thema hat er vier Arbeiten gewidmet: Surnaturel (1946), Augustinisme et théologie moderne (1965), Le Mystère du Surnaturel (1965)[2], Petite Catéchèse sur Nature et Grâce (1980). Eine kurze Zusammenfassung der Aussagen de Lubacs zu Natur und Übernatürlichem findet sich 1968 in Athéisme et sens de l'homme[3]. Wie de Lubac im Mémoire sur l'occasion de mes écrits berichtet, begann er bereits als Theologiestudent (1924-28) mit dem ersten Entwurf zum späteren Surnaturel. „Das Thema lag im Mittelpunkt der Reflexion der von mir bereits erwähnten Lehrmeister: Rousselot, Blondel, Maréchal ... P. Huby ... hatte mich lebhaft aufgefordert, nachzuforschen, ob die von Thomas vertretene Lehre über diesen wichtigen Punkt tatsächlich derjenigen entsprach, die ihm die gegen 1600 begründete, im 17. Jahrhundert kodifizierte und im 20. Jahrhundert mehr denn je sich profilierende thomistische Schule zuschrieb"[4].

Sein Anliegen war dabei, den Extrinsezismus zwischen der Natur und dem Übernatürlichen zu überwinden und – bei aller notwendigen Unterscheidung beider Ordnungen – die organische Verbindung zwischen Natur und Übernatürlichem herauszustellen. Dabei sind die drei entscheidenden Leitworte: Übernatürlich (Surnaturel), natürliches Verlangen nach der Gottesschau (desiderium naturale videndi Deum), reine Natur (natura pura). Im Mittelpunkt seiner Arbeiten zum Übernatürlichen steht die Ausrichtung der Natur des geschaffenen Geistes auf das übernatürliche Endziel: das desiderium naturale visionis Dei, wobei de Lubac zur Lehre des Thomas von Aquin, aber auch des Augustinus[5] zurückkehren wollte „gegen manche Verkomplizierungen der neuzeitlichen Scholastik"[6].

---

[1] Vgl. zu Leben und Werk de Lubacs A. Russo, Henri de Lubac, Milano: Edizioni San Paolo 1994.

[2] Die beiden Bände von 1965 hat H.U. von Balthasar 1971 im Johannes-Verlag Einsiedeln in einer mustergültigen Übersetzung unter dem Titel herausgebracht: Die Freiheit der Gnade. I. Bd.: Das Erbe Augustins; II. Bd.: Das Paradox des Menschen.

[3] Vgl. Athéisme et sens de l'homme. Une double requête de Gaudium et spes, Paris 1968, 96-112: Nature humaine et Surnaturel.

[4] Rückblick, 66f.

[5] Conf. I,1: fecisti nos ad te et inquietum est cor nostrum, donec requiescat in te.

[6] Zwanzig Jahre danach, 11.

Zu den leitenden Motiven der Beschäftigung mit dem Übernatürlichen schreibt de Lubac im Mémoire: „Wir stellten auch fest, daß dieses Thema auch im Zentrum der Auseinandersetzung mit der modernen Glaubenslosigkeit stand, ja den Kern eines christlichen Humanismus bildete"[7]. Durch seine theologiegeschichtlichen Arbeiten wollte de Lubac einen Beitrag leisten, den Dualismus oder – wie er lieber sagt – „die separatistische These" zwischen Natur und Übernatürlichem zu überwinden und dadurch die Problemstellung aus dem vorherrschenden neuscholastischen Extrinsezismus herauszuholen. Dazu hatte ihn vor allem das Studium des Philosophen Maurice Blondel (1861-1949) und des Theologen Pierre Rousselot SJ (1878-1915) angeregt.

Über Blondel schreibt de Lubac 1980: Obwohl sich sein Denken zunächst nicht auf die Fachtheologen ausgewirkt habe, sei er es doch gewesen, der der dualistischen Theorie den Todesstoß versetzt habe[8]. Blondel ging als Philosoph vom konkreten Menschen aus, zeigte das Ungenügen jeder natürlichen Ordnung auf und folgerte daraus die notwendige Hypothese eines Zuwachses (surcroît), die Idee des Übernatürlichen. So gelangt er in L'Action (1893) zu der berühmten und zugleich damals umstrittenen Aussage: „Absolument impossible et absolument nécessaire à l'homme, c'est là proprement la notion du surnaturel"(388). Da de Lubacs Grundeinstellung mehr von Blondel als von Rousselot bestimmt war, kann man auch sagen, daß er durch seine theologiegeschichtlichen Arbeiten Blondels Philosophie theologisch untermauern wollte.

Am 3. April 1932 hatte de Lubac einen ersten Entwurf von Surnaturel an Blondel geschickt. Dort schreibt er: „Ihr Werk war es nämlich, das mich vor nunmehr elf Jahren veranlaßt hat, über diese Probleme (des Übernatürlichen) nachzudenken, und ich glaube, daß ich seiner Inspiration treu geblieben bin"[9]. Im Brief vom 8. April 1932 an Blondel bedauert de Lubac, „daß sich kein Theologe fand, der hinreichend über die ganze Tradition auf dem laufenden gewesen wäre, um allen einsichtig zu machen, daß Sie noch tiefer im Recht waren, als dies gewisse Ihrer treuesten Schüler angenommen haben"[10]. „Die schon umfangreichen Dokumente, die ich nach und nach zusammengetragen habe, warten nur auf neue Kräfte, die mir die Vorsehung vielleicht nicht gewähren wird, um ergänzt und ausgewertet zu werden"[11].

Als Surnaturel 1946 erschien, schickte de Lubac sein Buch an Blondel und erhielt am 19. Dezember 1946 folgende Antwort des inzwischen erblindeten Philosophen: "... ich finde darin (Surnaturel) ein Licht, eine Kraft, eine Freude, für die ich Ihnen nicht genug danken kann, ohne die Dankbarkeit zu ver-

---

[7] A.a.O. (wie Anm. 3), 67.
[8] Vgl. Lubac, Petite Catéchèse, 29.
[9] A.a.O. (wie Anm. 3), 48.
[10] Ebd., 52.
[11] Ebd., 52 f.

gessen, die ich Ihnen für die Sorgfalt schulde, mit der Sie mich über die Mißverständnisse und Einwände hinausheben"[12].

Neben Blondel hat Pierre Rousselot (1878-1915) auf de Lubac eingewirkt.
Seine 1908 an der Sorbonne verteidigte philosophische Doktorarbeit trägt den
Titel: L'intellectualisme de saint Thomas.
Was ihn interessierte, waren die damals vieldiskutierten Fragen nach der beseligenden Anschauung Gottes. Seine Grundthese lautet dabei: „Der menschliche Intellekt ist wesentlich auf die Erkenntnis der Wirklichkeit ausgerichtet,
aber er ist dies nur, weil er auf die Erkenntnis Gottes ausgerichtet ist"[13]. Hier
wird das thomasische desiderium naturale visionis Dei nicht nur als letzte und
höchste Vollendung menschlichen Erkennens, sondern als seine Grundlegung
und Ermöglichung wiederentdeckt [14].

De Lubac erwähnt schließlich noch Joseph Maréchal (1878-1944), der ebenfalls von Blondel tief beeinflußt war. Maréchal beschäftigte sich zunächst mit
Studien über die Psychologie der Mystik. Schon bald mußte er jedoch erkennen, daß keinerlei psychologische Erklärung das „Gefühl der Gegenwart" zu
erhellen vermochte, das Maréchal als Kennzeichen echter mystischer Erfahrung entdeckt hatte. So mußte er das Problem auf einer tieferen Ebene angehen und sich mit der Fähigkeit des menschlichen Intellekts beschäftigen, dem
wirklichen Sein zu begegnen. Das war aber nicht nur ein erkenntnistheoreti-
sches Problem, sondern vor allem ein metaphysisches Problem. Die fünf Hefte
über den Ausgangspunkt der Metaphysik
(Le point de départ de la métaphysique, 1922-1947), in denen Maréchal die
Erkenntnislehre des Thomas von Aquin auf dem Hintergrund der neueren, vor
allem der kantischen Erkenntnislehre neu darstellt, lassen allerdings nichts
mehr von ihrer theologischen Herkunft ahnen. Doch bleibt die Ausrichtung
des menschlichen Intellekt auf die Gottesschau ihre spekulative Grundachse.

2. Das Verhältnis von Natur und Gnade bei de Lubac

2.1 Zwei sich ergänzende Perspektiven

Wenn wir auf de Lubacs Arbeiten zum Übernatürlichen bzw. der Gnade
schauen, so können wir zwei Perspektiven feststellen, unter denen er das
Thema behandelt. Sie können zwar unterschieden werden, sind aber in seinem
„organischen Lebenswerk" (H.U. von Balthasar) geeint. Es geht vielleicht
eher um zwei sich ergänzende Zugangswege zum Geheimnis des Übernatürlichen.

---

[12] Ebd., 53.
[13] P. Rousselot, L'intellectualisme de saint Thomas, Paris [3]1936, V. (= Rousselot,
L'intellectualisme).
[14] Vgl. P. Henrici, Die Bedeutung des Mysteriums für die Philosophie, in: IkaZ 22 (1993)
158f.

Auf der einen Seite steht Surnaturel mit seiner Aufnahme und Weiterführung in Augustinisme et théologie moderne und Le Mystère du Surnaturel, auf der anderen Seite Petite Catéchèse sur Nature et Grâce. Beide Perspektiven sind dadurch verbunden, daß sich in der Theologie des Übernatürlichen die ganze Anthropologie, d.h. das ganze Geheimnis Gottes und des Menschen eingeschlossen findet[15]. Auf diesen Punkt kommt de Lubac 1968 noch einmal zurück: „Je mehr sich die Kirche in den folgenden Jahren mit den Fragen beschäftigen wird, welche der zweite Teil unserer Konstitution (gemeint ist Gaudium et Spes) behandelt, um so mehr wird es darauf ankommen, daß die Theologie sich bemüht, dieses fundamentale Problem, welchen Namen man ihm auch geben mag, des Verhältnisses der Natur zum Übernatürlichen zu ergründen ..., die Theologie wird sich bemühen müssen, deutlich zu machen, daß die theologische Dimension unverzichtbar ist zur Konstitution des ganzen Menschen"[16].

In Surnaturel geht es de Lubac um das fundamentale Problem im Verhältnis von Natur und Gnade, denn es handelt sich um die ursprüngliche und ununterbrochene Beziehung des Menschen zu Gott, die im Wesen des Menschen begründet ist, der eine unstillbare Sehnsucht nach Gott von seinem Wesen her besitzt. Durch die Beschränkung auf einen einzigen Grundbegriff, den Begriff des Übernatürlichen, sind der Behandlung des Verhältnisses von Natur und Gnade Grenzen gesetzt, die de Lubac auch anerkennt. Ganz allgemein ergeben sich diese Grenzen aus zwei methodischen Einschränkungen. Surnaturel will bewußt keine vollständige Dogmengeschichte zum Begriff des Übernatürlichen sein, sondern es handelt sich um „ *études historiques* ", die bei Baius und Jansenius ansetzen und von einer theologisch-systematischen Idee geleitet sind: der Kritik am System der natura pura, dessen Überflüssigkeit durch das Zeugnis der Tradition erhärtet werden soll. Noch 1965 stellt de Lubac heraus, daß sich seine Reflexion über Natur und Gnade „auf dem Feld der formalen Ontologie" bewegt, „ohne den Versuch zu unternehmen, ihr einen konkreteren Inhalt zu geben. Somit hat er weder das Vokabular des „Bundes" noch das des „christlichen Mysteriums" beigezogen, hat es sich sogar versagt, in jenen Bereich vorzudringen, den die ergangene Gnadengabe und die freie Willensentscheidung eröffnen: hat also weder von den Verwandlungen der „naturhaften Begierde" noch von der Entrückung der Glückseligkeit gehandelt. Und ebensowenig hat er die Mittlerrolle des fleischgewordenen Wortes und den Eintritt der an Kindesstatt angenommenen Kreatur in die trinitarischen Beziehungen in die Untersuchung miteinbezogen"[17].

Zu dieser eher abstrakten Betrachtung des Verhältnisses von Natur und Übernatürlichem gesellt sich in der Petite Catéchèse sur Nature et Grâce eine konkretere Bestimmung, indem nun gefragt wird, wie sich die Gnade zur Freiheit und die Kirche zur Welt verhält.

---

[15] Vgl. Lubac, Surnaturel, 6.
[16] Athéisme et sens de l'homme (wie Anm. 2), 106 f.
[17] Le Mystère du Surnaturel 13 f/Das Paradox des Menschen 9 f.

2.2 Das Grundanliegen von Surnaturel

In Surnaturel sowie in Augustinisme et théologie moderne geht es um historische Untersuchungen, die aber ein systematisches Ziel verfolgen: das Aufdecken der Tendenzen zur Naturalisierung des Übernatürlichen, wie de Lubac es an den beiden „irregeleiteten Augustinern" Baius und Jansenius darstellt. H. U. von Balthasar beschreibt dieses Anliegen etwas poetischer: „Mit „Surnaturel" (1946, Imprimatur 1942) tritt ein junger David gegen den Goliath der neuzeitlichen Rationalisierung und Logisierung des christlichen Mysteriums an. Die Schleuder trifft tödlich, aber die Akolythen des Riesen bemächtigen sich des Helden und machen ihn auf lange Zeit mundtot. Nicht völlig zu Unrecht. Das Werk, aus mehreren und etwas disparaten Vorarbeiten zusammengestückt, ist nicht völlig rund geworden"[18]. De Lubac wendet sich gegen alle Bestrebungen, das Übernatürliche zum Gegenstand einer natürlichen oder ontologischen Forderung zu machen, denn für ihn ist „alle Gnade in jeder Hypothese und für jegliche Natur unnaturalisierbar ..., weil sie ihre Quelle im innerlich Göttlichen selbst hat"[19]. Für ihn gilt: „Die Idee des Übernatürlichen ist für das Christentum ebenso wesentlich, wie es zum Beispiel die Idee der Offenbarung oder der Menschwerdung oder des Sakraments sein kann"[20]. Vom innerlich göttlichen Charakter des Übernatürlichen her gilt das theologiegeschichtliche Bemühen de Lubacs dem genannten Anliegen, das Übernatürliche als nicht naturalisierbar herauszustellen und zugleich die Einheit in der Verschiedenheit von Natur und Übernatürlichem, von Natur und Gnade aufzuzeigen.

Die Theologie des Übernatürlichen, in der die gesamte Anthropologie sowie das Geheimnis des Menschen und Gottes eingeschlossen sind, wird vom 16. bis 18. Jahrhundert vorwiegend auf das Problem des Übernatürlichen konzentriert. Das Übernatürliche wird zu einem Problem, das deutlich von einer in sich vollendbaren Natur abgehoben werden muß. Im Gefolge des neuzeitlichen Rationalismus und der Aufklärung wird der menschliche Geist, der bisher als Bild Gottes bestimmt wurde, naturalisiert, und damit geht die innere Finalität der Geistkreatur auf den Gott der Gnade verloren. Man spricht von einem natürlichen und einem übernatürlichen Ziel des Menschen. Natur und Übernatürliches verhalten sich zueinander wie zwei Stockwerke, die sich möglichst wenig durchdringen. Das Verhältnis beider Ordnungen wird zum Extrinsezismus. „Der schlimmste Vorwurf, den unsere Zeit dieser Theologie macht, ist der Vorwurf des Extrinsezismus. Indem man die Gnadentheologie „vermenschlichen" wollte, war man gezwungen, den Begriff des „Übernatürlichen" und alle in ihm liegenden Wirklichkeiten wie die Kirche, die Sakra-

---

[18] Balthasar, Henri de Lubac, 52.
[19] Lubac, Surnaturel 154/Augustinisme et théologie moderne 280/Das Erbe Augustins 309.
[20] Lubac, Surnaturel 325.

mente, das geistliche Leben, das mystische Leben zu entmenschlichen"[21]. Um die Ungeschuldetheit und den übernatürlichen Charakter der Gnade zu wahren, wurde das Theologumenon von der reinen Natur (natura pura) herausgebildet, das sich dann zum System der natura pura verfestigte und der einfachen Gegenüberstellung von Natur und Übernatürlichem – das Übernatürliche wurde schließlich zur „Übernatur" – den Weg bereitete. Deshalb ist es nicht verwunderlich, daß noch in theologischen Schulbüchern der ersten Hälfte des 20. Jahrhunderts die Gnade/das Übernatürliche vorwiegend negativ dargestellt wird: *„Übernatürlich* ist dasjenige, was weder als Bestandteil zu der Natur gehört, noch notwendig oder zufällig aus ihr hervorgeht oder hervorgehen kann, noch zu ihrem Bestande, ihrer Entwicklung und Zielrichtung erforderlich ist, sondern *über die Ansprüche und Anlagen der Natur hinausliegt"*[22]. „Supernaturale est omne id, quod neque constitutive, neque consecutive, neque exigitive ad naturam pertinet"[23]. "Supernaturale est *donum naturae indebitum et superadditum"*[24]. In den von der Neuscholastik inspirierten Lehrbüchern treten zwei entscheidende Merkmale des Übernatürlichen hervor: es ist ungeschuldet (donum indebitum) und keine eigene Substanz, sondern ein Akzidens, das der Natur als superadditum hinzugefügt wird.

Theologiegeschichtlich ist es verständlich, daß Lehramt und Theologie nach Baius und Jansenius so stark die Ungeschuldetheit und das Akzidenssein des Übernatürlichen/der Gnade betonen und deshalb vorrangig auf den übernatürlichen Charakter der Gnade Wert legen. Doch damit ist die Gnade in ihrer ganzen Fülle noch nicht erfaßt, denn das Problem des Übernatürlichen, mit dem sich die Theologen vom 16. bis zur ersten Hälfte unseres Jahrhunderts auseinandergesetzt haben, ist nur *ein* Aspekt der Theologie des Übernatürlichen: „Mit dem übernatürlichen Charakter der Gnade weiß man noch nichts von dem neutestamentlichen Heilsmysterium selbst, noch nichts von Gnade als Gotteskindschaft, als göttlichem Licht und Leben, als Teilnahme an der göttlichen Natur"[25].

De Lubac will in seinen theologiegeschichtlichen Arbeiten aufzeigen, daß das System der natura pura nicht geeignet ist, das freie Geschenk der Gnade Gottes zu erklären. Aus den vielfältigen Gründen, die de Lubac zur Ablehnung der Theorie der natura pura führen[26], sei hier nur einer genannt, der darauf hinweist, daß er das Übernatürliche auch als ein spirituelles Thema betrachtet.

---

[21] P. Fransen, Dogmengeschichtliche Entfaltung der Gnadenlehre, in: J. Feiner u. M. Löhrer (Hg.), Mysterium Salutis. Grundriß heilsgeschichtlicher Dogmatik, Einsiedeln/Zürich/Köln 1973, 646.

[22] F. Diekamp/Kl. Jüssen, Katholische Dogmatik nach den Grundsätzen des hl. Thomas II, Münster [11/12]1959, 45.

[23] L. Lercher, Institutiones theologiae dogmaticae II, Innsbruck/Leipzig [3]1940, 345 (Nr. 593).

[24] M. Schmaus, Katholische Dogmatik II: Gott der Schöpfer und Erlöser, München [3/4]1949, 181.

[25] H. Volk, Gnade und Person, in: ders., Gesammelte Schriften I, Mainz [2]1967, 107.

[26] Vgl. dazu M. Figura, Der Anruf der Gnade. Über die Beziehung des Menschen zu Gott nach Henri de Lubac, Einsiedeln 1979, 172-211. (= Figura, Anruf der Gnade (1979)).

Nachdem de Lubac als Dogmenhistoriker auch den Nutzen der natura pura im Zusammenhang mit der Ungeschuldetheit der Gnade herausgestellt hat, fährt er fort: „Man wäre dessen sicherer, wenn man feststellen könnte, daß am Ursprung der Theorie ein bißchen mehr Kontemplation, ein bißchen weniger Kontroverse gestanden hätte..."[27]. Nach dieser Theorie der natura pura könnte man sich einen Menschen vorstellen, der weder der Gnade bedürfte noch irgendwie auf sie ausgerichtet wäre. Es handelt sich dabei um eine *Hypothese*, weil auch die Vertreter der natura pura, wie z.b. Robert Bellarmin (1542-1621), zugeben, daß ein solcher Mensch nie existiert hat. Im Zustand der reinen Natur wäre er niemals zur vollen Gemeinschaft mit Gott in der beseligenden Gottesschau aufgerufen. Mit dieser Hypothese soll die Freiheit Gottes dem Menschen gegenüber gewahrt werden. Gottes Geschenk ist nur dann frei und ungeschuldet, wenn auf seiten des Menschen nicht der geringste Anspruch auf die Gnade besteht. Hätte das Geschöpf eine natürliche Sehnsucht nach der Gottesschau, dann wäre der Schöpfer genötigt, sein Geschöpf zu vollenden, denn „desiderium naturale non potest esse inane" (ein natürliches Verlangen kann nicht vergeblich sein)[28].

Wie gelingt es de Lubac, ohne die Hilfskonstruktion einer natura pura die Freiheit der Gnade zu wahren? Dabei will er zwei Gefahren vermeiden, auf die wir noch zurückkommen werden: den Immanentismus, der die Gnade mit der Natur gleichsetzt, und den Säkularismus, der die Natur von der Gnade unabhängig macht. De Lubac will die Ungeschuldetheit des Übernatürlichen und seine Unterschiedenheit von der Natur herausstellen und zugleich das organische Band zwischen beiden Ordnungen aufzeigen, womit dem Extrinsezismus der Boden entzogen wird.

Die Verbindung zwischen Natur und übernatürlicher Gnade findet de Lubac im thomasischen Begriff des „desiderium naturale visionis Dei". Seit Thomas von Aquin versteht die Theologie unter diesem Begriff die Zielbezogenheit des geschaffenen Geistes auf die Anschauung Gottes. Die Lehre vom natürlichen Verlangen nach der Gottesschau ist eine der umstrittensten im Thomismus und in der gesamten Thomasinterpretation[29]. Die „crux interpretum" liegt einerseits darin, daß sich die Thomastexte über die visio beatifica in zwei Gruppen einteilen lassen: In einer Reihe von Texten beschreibt Thomas die Schau der göttlichen Wesenheit als die einzig wahre Seligkeit der Geistkreatur[30]. Dann gibt es eine Reihe von Texten, die davon sprechen, daß die übernatürliche Seligkeit die Forderungen und Kräfte der Geistkreatur absolut übersteigt. Diese Texte behandeln vor allem die Frage nach den Mitteln, um die Seligkeit[31] oder die Gnade[32] oder die Tugenden[33] zu erlangen. Diese beiden

---

[27] Lubac, Surnaturel 181/Augustinisme et théeologie moderne 327/Das Erbe Augustins 361.

[28] Thomas von Aquin, Summa theologiae I,12,1; I,75,6.

[29] Vgl. dazu W. Kluxen, Philosophische Ethik bei Thomas von Aquin, Hamburg ²1980, 138 f.

[30] Vgl. z.B. Sth I,12,1; I-II,3,8; S.c.G III,25-51; Compendium theologiae 104.

[31] Vgl. z.B. Sth I,12,4-5; I-II,5; S.c.G. III,52-53.

[32] Vgl. z.B. Sth I,62; I-II,109; De Veritate 27.

Reihen von Thomastexten haben zu zwei entgegengesetzten Interpretationen des natürlichen Verlangens nach der Gottesschau geführt. Die Autoren, die das Schwergewicht auf die visio beatifica als einzig wahres Ziel des Menschen legen, nehmen eine übernatürliche, in die Natur eingeschriebene ontologische Finalität des Menschen auf die Gottesschau an. Weit größer war aber zu der Zeit, als de Lubac Surnaturel ausarbeitete, die Zahl der Thomasinterpreten, die, um die Ungeschuldetheit der Gnade aufrechtzuerhalten, natürliche und übernatürliche Ordnung trennten (Gnadenextrinsezismus) und die Theorie der natura pura vertraten. Nur kurz sei erwähnt, daß es zwischen den beiden genannten gegensätzlichen Thomasinterpretationen auch einen Vermittlungsversuch, eine sogenannte „via media" gab[34].

Das entscheidende Problem beim natürlichen Verlangen nach dem Übernatürlichen liegt in der Bedeutung des Adjektivs *naturale*. De Lubac weist darauf hin, daß die antithetische Gegenüberstellung von Natürlich und Übernatürlich *der* Kontroverspunkt war, der seit dem 16. Jahrhundert die Theologie bestimmte: „Der Grund liegt darin, daß damals ... das Beiwort „natürlich" in den meisten Fällen noch zunächst die Idee des *Notwendigen* hervorrief, im Gegensatz zum frei Gewählten und Ethischen"[35]. Wenn im Begriff der Natur das Notwendige mitschwingt, dann stellt sich die Frage, wie sich mit der Lehre vom desiderium naturale die dogmatisch feststehende Gratuität der Gnade vereinbaren läßt.

Für de Lubac ist das natürliche Verlangen des Menschen, Gott zu schauen, ein absolutes Verlangen, das auf die konkrete und aktuelle Möglichkeit hinweist, von Gott durch Christus zu diesem Ziel geführt zu werden. Es ist aber zugleich ein aus sich unwirksames Verlangen, da es allein durch die Gnade wirksam wird. Schließlich ist es ein unbekanntes Verlangen, da nur im Licht der Offenbarung deutlich wird, auf welches Ziel dieses unbekannte Verlangen hingeordnet ist[36].

Am Ende von Surnaturel legt de Lubac auf 12 Seiten unter dem Titel „Exigence divine et désir naturel" seine damals umstrittene Deutung des desiderium naturale vor. Daraus sei ein auch spirituell ansprechender Text angeführt: „Der Geist ist also Verlangen nach Gott. Das ganze Problem des spirituellen Lebens wird darin bestehen, dieses Verlangen zu befreien und es dann umzuwandeln: radikale Umkehr, metanoia, ohne die es keinen Eintritt in das Reich (Gottes) gibt ... Der Geist verlangt nicht nach Gott wie das Tier nach seiner Beute. Er verlangt nach ihm als einem Geschenk. Er sucht keineswegs den Besitz eines unendlichen Objekts: er will die freie und ungeschuldete Mitteilung eines persönlichen Seins. Wenn er sich also, was unmöglich ist, seines höchsten Gutes bemächtigen könnte, dann wäre es schlagartig nicht mehr sein Gut. Will man noch von einer Forderung sprechen? In diesem Fall

---

[33] Vgl. z.B. Sth I-II,62; De virtutibus in communi 10.
[34] Vgl. dazu Figura, Anruf der Gnade (1979) 305.
[35] Lubac, Surnaturel, 432.
[36] Vgl. dazu ausführlich Figura, Anruf der Gnade (1979) 264-287.

46

wird man sagen müssen, daß die einzige Forderung des Geistes darin besteht, nichts zu fordern. Er fordert, daß Gott in seinem Angebot frei sei, wie er (in einem ganz anderen Sinn) fordert, selbst frei zu sein in der Annahme dieses Angebots. Er will ebensowenig ein Glück, dessen er sich bemächtigen könnte, wie ein Glück, das er nur zu empfangen hätte"[37].

In der Lehre vom desiderium naturale tritt für de Lubac am markantesten das Paradox des Menschen hervor. Gottes Gnadengeschenk ist freie, in jeder Hinsicht ungeschuldete Gabe und schließt deshalb auch die Möglichkeit ein, daß Gott sich dem Geschöpf hätte verweigern können. Doch der Mensch trägt ein unstillbares Verlangen nach diesem freien Gnadengeschenk in sich. Dieses Verlangen ist ihm so innerlich, fällt so sehr mit seinem Grundbestand als Geistwesen (absolutes Verlangen) zusammen, daß er in seinem Wesen tödlich getroffen wäre, wenn Gott diese gnadenhafte Begegnung verweigerte[38]. Dieses Paradox des Menschen läßt de Lubac stehen, denn es erwächst aus dem Geheimnis unserer übernatürlichen Bestimmung.

Halten wir de Lubacs Interpretation des desiderium naturale visionis Dei bei Thomas von Aquin fest: Die Schau des göttlichen Wesens ist für die Vollendung der menschlichen Natur einerseits notwendig, andererseits aber nur als ungeschuldete Gabe Gottes zu erlangen. Wir hören hier im Hintergrund wieder Blondels Bestimmung des Begriffs des Übernatürlichen: „absolument impossible et absolument nécessaire à l'homme".

In Surnaturel verfolgt de Lubac den Weg, wie spätere Theologengenerationen – angefangen mit Dionysius dem Kartäuser (gest. 1471) und Thomas de Vio Cajetan (1469-1534) – das Paradox des desiderium naturale durch den Begriff einer abstrakten Hörfähigkeit (potentia oboedientialis) ersetzt haben. Diese potentia oboedientialis, die gewöhnlich als Bindeglied zwischen Natur und Gnade angesehen wird, wurde aber eingeschränkt auf eine formale Nicht-Widersprüchlichkeit (non-repugnantia) der Natur gegenüber außerordentlichen, mirakelhaften Eingriffen Gottes. So sei die natürliche Gottesbeziehung des Menschen zu einem beliebigen Zusatz (superadditum) degradiert worden. Schließlich hielt in der Auseinandersetzung mit Baius und Jansenius der systematische Gedanke einer natura pura Einzug in die Theologie.

Wir können hier die Darstellung des Grundanliegens von Surnaturel abbrechen. Doch sei noch kurz erwähnt, daß de Lubacs Interpretation des natürlichen Verlangens nach der Gottesschau in der auf Surnaturel folgenden Diskussion einen umfangreichen Streitpunkt darstellt. De Lubacs Interpretation des thomasischen desiderium naturale im Vergleich mit anderen Auslegungen ist bisher noch nicht umfassend dargestellt worden[39]. Im Grund ist über die Auslegung des thomasischen desiderium naturale visionis Dei bisher kein befriedigender Konsens erzielt worden. Wahrscheinlich wurde deshalb aus

---

[37] Lubac, Surnaturel, 483.

[38] Vgl. Le Mystère du surnaturel 209/Das Paradox des Menschen 225.

[39] Vgl. zur ersten Orientierung Figura, Anruf der Gnade (1979) 303-312.

47

Ermüdung und Auswegslosigkeit die Kontroverse um das desiderium naturale in den fünfziger Jahren beiseite gelegt[40].

2.3 Das Geheimnis des Übernatürlichen

In diesem Abschnitt sollen de Lubacs Grundgedanken in Le Mystère du Surnaturel (1965) zusammengefaßt werden. Das Buch beruht auf dem gleichnamigen Artikel von 1949[41], in dem de Lubac die umstrittene Conclusion von Surnaturel überarbeitet und ergänzt hat. Das Geheimnis des Übernatürlichen ist das Geheimnis unserer göttlichen Bestimmung. Sie besteht darin, Gott von Angesicht zu Angesicht zu schauen, ihn zu kennen, wie er sich selbst kennt und dadurch mit ihm in eine Lebensgemeinschaft und Gegenseitigkeit der Liebe einzutreten. Das bleibt für den Verstand ein Geheimnis, das aber annehmbar ist, sobald die Idee eines persönlichen und transzendenten Gottes anerkannt wird. Die geoffenbarte Wahrheit kann zwar eingesehen, aber nie begriffen werden. Deswegen bleibt sie für uns ein Geheimnis. Beim Geheimnis unserer göttlichen Bestimmung geht es de Lubac um zwei Fragen, die wir bereits aus Surnaturel kennen: Die Ungeschuldetheit unserer faktischen Bestimmung zur Schau Gottes per essentiam und die Bestimmung des desiderium naturale, das auf die Schau Gottes als das Gute schlechthin zustrebt. Dabei geht de Lubac vom Erbe der Tradition aus, die von Irenäus über Augustinus zu Thomas von Aquin und Bonaventura zwei Behauptungen aufrecht erhält: Der Mensch kann nur durch die Schau Gottes leben. Diese Schau Gottes ist schlechthin vom göttlichen Wohlgefallen abhängig[42], deshalb kann sie in keinem Fall Gegenstand einer geschöpflichen Forderung sein[43]. Es geht de Lubac um die „gratuité réelle"[44].

Das Geheimnis des Übernatürlichen läßt sich letztlich nur in Paradoxen aussagen. Davon handelt Kapitel 6 bis 9 von „Le Mystère du Surnaturel". Der Mensch findet innerweltlich und aus eigenen Kräften keine letzte Vollendung, obwohl er danach strebt. Sie muß ihm von Gott als absolut ungeschuldetes und seinen Leistungen zuvorkommendes donum perfectum geschenkt werde. Um die wirkliche Ungeschuldetheit dieses donum perfectum einsichtig zu machen, zieht de Lubac die Analogie zwischen Schöpfung (datum optimum) und Begnadung/Vergöttlichung (donum perfectum) heran[45]. Die Hypothese einer natura pura ist dadurch überholt, daß Gott dem Menschen das Sein nicht hätte geben müssen (Ungeschuldetheit der Schöpfung) und ihn nicht zur be-

---

[40] Vgl. B. Hallensleben, Die Sehnsucht der Natur nach Gott. Was bleibt von Henri de Lubacs Werk „Surnaturel"?, in: Theologie und Glaube 83 (1993) 131-147, bes. 131.

[41] Le Mystère du Surnaturel, in: Recherches de Science Religieuse 36(1949) 80-121; wiederabgedruckt in: Théologie dans l'Histoire II, Paris 1990, 71-107.

[42] Vgl. Le Mystère du Surnaturel 223/Das Paradox des Menschen 241.

[43] Vgl. ebd., 102 f/111.

[44] Vgl. ebd., 79-103/85-112.

[45] Beide Begriffe sind Jak 1,14 entlehnt: „Jede gute Gabe (datum optimum) und jedes vollkommene Geschenk (donum perfectum) kommt von oben...".

seligenden Schau hätte berufen müssen (Ungeschuldetheit der Vergöttlichung). So bleibt für de Lubac Gottes souveräne Freiheit vor jedem kreatürlichen Anspruch bewahrt, ohne daß er dazu auf die Hypothese der natura pura zurückgreifen müßte, mit der Gottes Freiheit im Geschenk der Gnade gewahrt werden sollte.

De Lubac läßt das Geheimnis des Übernatürlichen einmünden in „den Anruf der Liebe"[46]. Der Anruf der göttlichen Liebe enthüllt dem Menschen erst die Tiefe seines Wesens als eine Offenheit, die nur von Gott erfüllt werden kann. Der Anruf, am göttlichen Leben teilzunehmen, ist mehr, als der Mensch sich auszudenken vermag. Die Erklärung für dieses überschwengliche Angebot, am Leben Gottes selbst teilzunehmen, liegt allein darin, daß Gott Liebe in Person ist. Da zur Person wesentlich die Freiheit gehört, muß der Anruf der Gnade freies Geschenk der Liebe Gottes sein. Danach verlangt der Geist, wie aus der Conclusion von Surnaturel hervorgeht[47].

Wenn auch die Zwei-Stockwerke-Theorie zwischen Natur und Gnade in der Schultheologie an ihr Ende gelangt ist, so sieht de Lubac nun einen neuen Dualismus heraufziehen. Neue Angriffe drohen dem Übernatürlichen, die sich vor allem auf dem Gebiet der Praxis zeigen. Er erwähnt den Laizismus, die Säkularisierung, die Naturalisierung des Übernatürlichen, die Immanenztheorien.

Zu Laizismus und Säkularisierung stellt er folgendes fest: „Im Bestreben, das Übernatürliche vor jeder Ansteckung zu bewahren, hatte man es in Wirklichkeit aus dem lebendigen geistigen wie sozialen Leben verbannt und damit das Feld dem eindringenden Laizismus preisgegeben. Heute drängt dieser Laizismus seinen Weg voran und ist im Begriff, sich auch des christlichen Bewußtseins zu bemächtigen. Man sucht Verständigung mit jedermann aufgrund eines Naturbegriffs, dem sowohl Deisten wie Atheisten zustimmen könnten: alles, was von Christus kommt und zu ihm hinführen soll, wird so sehr in den Schatten gedrängt, daß es Gefahr läuft, dort auf immer zu verschwinden. Das letzte Wort des christlichen Fortschritts und der Antritt der Mündigkeit würden somit in einer restlosen „Säkularisierung"

liegen, die Gott nicht nur aus dem öffentlichen Leben, sondern aus aller Kultur und sogar aus jedem Privatleben verstößt"[48].

Die Gefahren der Naturalisierung des Übernatürlichen und des Immanentismus sieht de Lubac im Versuch des Menschen, sich in sich selbst einzuschließen: „Heute ist es vor allem ein „historischer" Immanentismus, der allen Geist in die Geschichte verlegt und als Ende der Entwicklung eine „allgemeine Versöhnung" erwartet, die an sich und bezüglich ihrer Mittel alles Übernatürliche ausschlösse. Irreführend daran ist oft, daß der Immanentismus unserer Zeit mit

---

[46] Vgl. Le Mystère du Surnaturel 273-291/Das Paradox des Menschen 295-315.
[47] Vgl. Anm. 37.
[48] Le Mystère du Surnaturel 15/Das Paradox des Menschen 11.

Vorliebe innerhalb des Menschen selbst eine transzendierende Dialektik entwickelt"[49].

De Lubac hat diese neuen Angriffe gegenüber dem Übernatürlichen bereits
1965 klarsichtig herausgestellt. Die Folgezeit hat seiner Analyse im wesentlichen recht gegeben. Das Lebensgefühl vieler heutiger Menschen ist von einer
in sich geschlossenen Welt geprägt, „etsi Deus non daretur"[50]. Dagegen stellt
de Lubac fest: „Durch sämtliche   Umwälzungen der Kultur bleibt die
menschliche Kondition grundlegend die gleiche. Das Verhältnis des Menschen zu Gott, der ihn für sich geschaffen hat und ihn immerfort zu sich zieht,
bleibt wesentlich unverändert. Immer gibt es „in der ursprünglichen wie in der
geschichtlich sich entfaltenden Natur einen Quellbestand, eine lebendige Entsprechung, ein natürliches Verlangen, eine ‚Potenz‘, woran die ungeschuldete
Gnade geheimnisvoll anknüpfen kann ..."[51]. Die Frage nach der übernatürlichen Bestimmung unseres Lebens ist die entscheidende Frage, denn „es geht
um uns selbst und um unser Alles"[52].

Ans Ende des Vorworts von Le Mystère du Surnaturel setzt de Lubac das bereits erwähnte Augustinuswort: Fecisti nos ad Te, Deus. In einer Rezension
der beiden Bände de Lubacs von 1965 bezeichnet X. Tilliette sie als einen
„magnifique commentaire" des augustinischen Bekenntnisses[53].

3. Kleine Katechese über Natur und Gnade

De Lubacs Beschäftigung mit dem Übernatürlichen war 1965 nicht beendet.
Wie bereits erwähnt, hat er 1968[54] das Thema wieder aufgegriffen und nach
der eher abstrakten Betrachtung in Surnaturel, die bereits in Le Mystère du
Surnaturel gemildert wird, biblische Begriffe in die Verhältnisbestimmung
von Natur und Übernatürlichem eingebracht: Schöpfung, Bund, Christus als
Alpha und Omega der Schöpfungs- und Heilsordnung.

In der französischen Ausgabe der Internationalen Katholischen Zeitschrift
„Communio" erschien 1977 de Lubacs Artikel: Petite Catéchèse sur la „na-
ture" et la „grâce"[55]. Er beruht auf einer kurzen Note, die de Lubac für die
Internationale Theologenkommission angefertigt hatte. De Lubac hat diese
Note zu einem Buch ausgearbeitet, über das er im Mémoire folgendes mitteilt:

---

[49] Ebd./11. Vgl. Das Erbe Augustins 8 ff.

[50] Die Formel geht auf Hugo Grotius (1583-1645) zurück, der sein Naturrecht als Völkerrecht
aufstellt, das Gültigkeit hat, „auch wenn es keinen Gott gäbe". Vgl. D. Bonhoeffer, Widerstand und Ergebung. Briefe und Aufzeichnungen aus der Haft, hrsg. V. E. Bethge (Sieben-
stern-Taschenbuch 1), München/Hamburg ⁶1970, 176 ff.

[51] Le Mystère du Surnaturel 16/Das Paradox des Menschen 12 f. De Lubac zitiert hier M.-D.
Chenu, La Parole de Dieu. Bd.II: L'evangile dans le temps, Paris 1964, 676.

[52] Le Mystère du Surnaturel 16/Das Paradox des Menschen 12.

[53] Ètudes 323 (1965) 433; wiederabgedruckt in: Rückblick, 457.

[54] Vgl. Anm. 3.

[55] Vgl. Revue catholique internationale Communio 2 (1977) 11-23.

„Von 1977 an hatte die Zeitschrift „Communio" begonnen, eine Reihe von Arbeiten herauszugeben, in der 1980 meine *Petite Catéchèse sur Nature et Grâce* erschien. Mein Ziel war ein zweifaches: einerseits eine einfache und zeitgemäße Zusammenfassung der Lehre vom Übernatürlichen, wie sie sich aus meinen alten historischen Studien über das Thema ergibt, um die Folgen daraus zu ziehen; andererseits eine ergänzende Darlegung über die von der Sünde befreiende Gnade. Der eine wie der andere Teil, beide eng miteinander verbunden, scheinen mir tatsächlich von der gleichen absolut notwendigen und zeitgemäßen Bedeutung zu sein. Wobei ich nicht der Illusion verfiel, meine Stimme könnte ein mächtiges Echo erwecken. Meine Absicht war eine bescheidene; jeder hat zu leisten, was er vermag"[56].

In der Kleinen Katechese wird zunächst die Begrifflichkeit von Surnaturel und Le Mystère du Surnaturel aufgenommen und letztlich auf das „admirabile commercium" zurückgeführt. Dadurch gewinnt das bislang in de Lubacs Schriften zum Übernatürlichen vermißte christologische Moment seine Bedeutung, denn nun wird deutlich, daß die übernatürliche Bestimmung uns durch Christus offenbar wird, der für uns arm wurde, um uns reich zu machen[57].

Auch in diesem Buch dreht sich das Problem darum, ob Natur und Gnade, Welt und eschatologisches Gottesreich derselben Ordnung oder verschiedenen Ordnungen angehören.

De Lubac stellt auch hier die Einheit in der Unterscheidung heraus. Mit Jean Mouroux stellt er fest: „Wenn es im Universum auch verschiedene Ebenen der Analyse gibt (Schöpfung, Sünde, Erlösung), so gibt es doch nicht zwei verschiedene Ordnungen, sondern nur eine einzige, die des Bundes, dessen erste Zeit die Schöpfung ist, dessen Alpha und Omega, Anfang und Ende Christus ist; und diese Ordnung ist übernatürlich"[58]. Doch zugleich stellt er mit Pascal heraus, daß das Übernatürliche zu einer anderen Ordnung gehört („d'un autre ordre"): „Entscheidendes Wort, das die Forderung, das Übernatürliche im Namen des Fortschritts zu tilgen, zunichte macht"[59].

Die Beziehung zwischen Natur und Übernatürlichem beschreibt de Lubac in der Kleinen Katechese mit Teilhard de Chardin als „transformation" (Verwandlung)[60]. Bei der „transformation" geht es um ein Verhältnis der Gegenseitigkeit in der Einheit. Nach dem vollkommenen Vorbild der innertrinitarischen circumincessio/circuminsessio – der gegenseitigen Einwohnung der drei

---

[56] Rückblick, 513.
[57] Vgl. 2 Kor 8,9.
[58] Lubac, Petite Catéchèse, 135; vgl. Athéisme et sens de l'homme 100 f. De Lubac bezieht sich an beiden Stellen auf J. Mouroux, Sur la dignité de la personne humaine, in: L'Eglise dans le monde de ce temps, Paris 1967, 232.
[59] Lubac, Petite Catéchèse, 23.
[60] Vgl. ebd., 37.

göttlichen Personen ineinander – kann man auch von der gegenseitigen Durchdringung von Natur und Gnade sprechen[61].

Einheit zwischen Natur und Gnade bedeutet nicht ihre Identifikation, denn beide können nicht auf ein gemeinsames Maß zurückgeführt werden: „Begnügen wir uns für den Augenblick, zusammenfassend zu sagen, daß das Paar Natur-Übernatürlich, so wie es ausgelegt wird, zunächst in einer gegensätzlichen Beziehung erfaßt werden muß, d.h. geistliche Andersheit und unendlicher Abstand, doch es löst sich schließlich, wenn der Mensch dazu bereit ist, in eine Beziehung innigster Einigung"[62]. Als Alternative zum Extrinsezismus steht nun nicht mehr der von de Lubac abgelehnte Immanentismus, sondern in positivem Sinn die „transformation" oder die „Annahme an Kindesstatt" oder die „ neue Schöpfung".

Um dem Einbruch des Übernatürlichen in das menschliche Leben Raum zu geben, bedarf es der Demut, des Gespürs für das Geheimnis Gottes und seiner Transzendenz sowie der Askese[63]. Dabei ist der Mensch aber nicht auf sich allein gestellt, denn de Lubac erwähnt zugleich die Bedeutung der Kirche, deren erste Aufgabe darin bestehe, die Erinnerung an die übernatürliche Bestimmung des Menschen wachzuhalten und uns durch ihren Dienst den Keim des göttlichen Lebens zu vermitteln[64]. Damit leistet sie eine wichtige Aufgabe bei der Suche des Menschen nach dem Sinn seines Lebens und der Vollendung der Welt.

Wie Natur und Gnade, so sind auch Schöpfung und Erlösung zwar geeint, aber nicht identisch. Wo diese Unterscheidung ausfällt, wird Erlösung mit innerweltlicher Vollendung der Schöpfung und Fortschritt mit Heil gleichgesetzt. Daß es aber keinen bruchlosen Übergang von der Natur zur Gnade, von der Schöpfung zur Erlösung gibt, zeigt sich daran, daß Gnade auch Vergebung und Erbarmen beinhaltet: „Zwischen der sündigen menschlichen Natur und der göttlichen Gnade bestehen eine Andersheit, eine Heterogenität zweier Ordnungen, ein unendlicher Abstand, der vom Menschen allein unüberwindbar ist. Hier herrscht Antagonismus, heftiger Konflikt („*natura filii irae*" sagt Paulus)"[65]. Beim Verhältnis von Natur und Gnade geht es nicht nur um die Erhebung und Verwandlung der menschlichen Natur in die göttliche Gnade, sondern auch um Bekehrung, denn de Lubac stellt die menschliche Natur auch als durch die Erbsünde gefallene Natur heraus und das Übernatürliche als erlöste Natur. „In dieser neuen Sicht, die allein ganz konkret ist, wird man zusammenfassend sagen können: wenn die Einigung von Natur und Übernatürlichem im Prinzip durch das Geheimnis der Menschwerdung vollendet ist, so

---

[61] Vgl. ebd., 33.
[62] Ebd., 37.
[63] Vgl. ebd., 41-78.
[64] Vgl.ebd., 79-82.
[65] Ebd., 84 mit Verweis auf Eph 2,3.

kann die Einigung von Natur und Gnade nur durch das Geheimnis der Erlösung vollendet werden"[66].

Geheimnis der Erlösung meint für de Lubac, daß die Verhältnisbestimmung von Natur und Gnade, Schöpfung und Erlösung, Kirche und Welt ohne den Blick auf das Kreuz Jesu Christi unvollständig bleibt. Denn durch den Kreuzestod Jesu geschieht die neue Schöpfung, in der der alte Antagonismus zwischen Natur und Gnade nun zur Einigung beider Ordnungen (Synergie, Mitarbeit) wird[67]. Eine Kreuzestheologie zur Bestimmung von Natur und Gnade findet sich nur in Ansätzen in der Petite Catéchèse, doch sie kann ergänzt werden durch Athéisme et sens de l'homme, wo de Lubac im Rückgriff auf Teilhard de Chardin schreibt: „Das Kreuz Jesu ‚bedeutet für unseren Durst nach Glück, daß das Ziel der Schöpfung nicht in den zeitlichen Zonen unserer sichtbaren Welt zu suchen ist, sondern daß die von unserer Treue erwartete Anstrengung sich jenseits einer gänzlichen Veränderung unserer selbst und alles dessen, was uns umgibt, vollenden muß'"[68].

Die in der Petite Catéchèse im Vergleich mit Surnaturel und Le Mystère du Surnaturel konkreteren Aussagen zum Verhältnis von Natur und Übernatürlichem, von Natur und Gnade, von Schöpfung und Erlösung, von Kirche und Welt[69] beruhen darauf, daß de Lubac nun verstärkt die inkarnatorische, soteriologische und ekklesiologische Dimension der Gnade einbezieht. Denn die Diskussion um Surnaturel hatte neben anderem auch eine Lücke in der konkreten Verhältnisbestimmung von Natur und Gnade bei de Lubac aufgezeigt[70], die nun durch die Petite Catéchèse geschlossen wurde.

4. Die Aufnahme der Arbeiten de Lubacs zum Übernatürlichen

Mit Surnaturel hat de Lubac eine heftige Kontroverse ausgelöst, die erst im Vorfeld des Zweiten Vaticanum abklingt, ohne daß sie wirklich ausdiskutiert wurde[71]. Die Hauptkritik setzte dabei an, daß de Lubac die Ungeschuldetheit der Gnade bzw. der Anschauung Gottes gefährde, indem er die Hypothese einer natura pura fallenlasse. Ferner wird ihm vorgehalten, es gebe bei ihm keine faktische Unterscheidung von Natur und Gnade, da er eine unbedingte Hinordnung der Natur auf die Gnade behaupte. Schließlich bildet, wie bereits erwähnt, de Lubacs Interpretation der thomasischen Lehre vom desiderium naturale visionis Dei einen umfangreichen Streitpunkt.

---

[66] Ebd., 86.
[67] Vgl. ebd.
[68] Athéisme et sens de l'homme (wie Anm. 3), 132. Das Zitat stammt aus Le Milieu divin, 117f.
[69] Vgl. dazu S. Wood, The nature-grace problematic within Henri de Lubac's christological paradox, in: Communio. International Catholic Review 19 (1992) 389-403.
[70] Vgl. H. Bouillard, L'idée de surnaturel et le mystère chrétien, in: L'homme devant Dieu. Mélanges offerts au Père Henri de Lubac, III, Paris 1963/64, 153-166.
[71] Vgl. dazu Figura, Anruf der Gnade (1979), 328-353.

Auf dem Höhepunkt der Diskussionen um Surnaturel erschien am 12. August 1950 die Enzyklika *Humani generis*, in der Papst Pius XII. vor einigen falschen Meinungen warnt, die die Fundamente der katholischen Glaubenslehre zu untergraben drohten. Dort findet sich jener Satz, der von zahlreichen Theologen damals auf die sog. Théologie nouvelle und besonders auf Surnaturel bezogen wurde: „Andere machen die wahre „Gnadenhaftigkeit"der übernatürlichen Ordnung zunichte, da sie behaupten, Gott könne keine vernunftbegabten Wesen schaffen, ohne diese auf die seligmachende Schau hinzuordnen und dazu zu berufen"[72].

Als 1965 gegen Konzilsende de Lubacs „Zwillinge"[73] *Augustinisme et théologie moderne* und *Le Mystère du Surnaturel* erschienen, hat sich die leidenschaftliche Kontroverse der vierziger und fünfziger Jahre um Surnaturel nicht wiederholt, obwohl de Lubac die Grundthese von Surnaturel kompromißlos aufrecht erhält. Beide Bücher wurden wie selbstverständlich aufgenommen.

In den 19 Jahren, die zwischen Surnaturel (1946) und Le Mystère du Surnaturel (1965) liegen, begann langsam ein Umbruch in der Theologie. Die Neuscholastik, die im philosophisch-theologischen Lehrbetrieb vorherrschte und durchaus ihre Verdienste hat, verlor an Bedeutung. Das biblisch-heilsgeschichtliche Denken gewann an Bedeutung: Theologie als Auslegung des Mysterium Salutis.

Vor allem aber im Gefolge des Zweiten Vaticanum traten neue Fragen und Herausforderungen an die Theologie heran: Kirche und Welt, Ökumenismus, Religionsfreiheit, Laienapostolat, Theologie der Hoffnung, politische Theologie, Befreiungstheologie. Dazu kam noch als Intermezzo die sog. „Gott ist tot-Theologie", die jede übernatürliche Bestimmung des Menschen von vornherein überflüssig machte. So wurde es in der nachkonziliaren Zeit merkwürdig still um die Frage nach der theologischen Bestimmung des Verhältnisses von Natur und Gnade.

In diesem neuen Kontext fand Le Mystère du Surnaturel leider nicht die entsprechende Würdigung, die ihm eigentlich gebührt hätte. Doch auch in einem veränderten theologischen Kontext wurde das Buch rezipiert. Davon zeugen u.a. zahlreiche Übersetzungen in andere Sprachen.

Einen neuen Vorstoß, die unabgeschlossene Diskussion um de Lubacs Bestimmung des Verhältnisses von Natur und Gnade wiederaufzunehmen, unternahm in den frühen siebziger Jahren der spanische Jesuit Juan Alfaro[74],

---

[72] Denzinger-Hünermann, Enchiridion symbolorum, definitonum et declarationum de rebus fidei et morum, Freiburg i.Br. [37]1991, Nr. 3891.

[73] Vgl. Rückblick, 413-426.

[74] Vgl. J. Alfaro, Il problema teologico della trascendenza e dell'immanenza della grazia, in: ders., Cristologia e antropologia. Temi teologici attuali (ital. Übers. v. B. di Rosano), Assisi 1973, 256-397.

Professor für Dogmatik an der Gregoriana. Dann häufen sich die Dissertationen, die sich mit dem Werk de Lubacs beschäftigen[75].

Daß die Frage nach dem Verhältnis von Natur und Gnade auch nach de Lubacs wegweisenden Schriften zu diesem Thema noch nicht endgültig beantwortet ist, zeigt sich an gegenwärtigen Auseinandersetzungen mit seiner Position[76]. Dabei werden immer wieder die Grenzen herausgestellt, die de Lubacs Bestimmung des Verhältnisses von Natur und Gnade anhaften und auf die bereits hingewiesen wurde. In diesem Zusammenhang ist es erstaunlich, daß de Lubacs konkretere Aussagen in der Petite Catéchèse kaum in der gegenwärtigen Auseinandersetzung mit seiner Position berücksichtigt werden. De Lubacs Arbeiten zum Übernatürlichen haben die Gnadenlehre und die theologische Anthropologie wesentlich bereichert. Er hat die Grundfragen des Menschen aufgegriffen.

Diese Grundfragen sind gebündelt in einem Wort des Theodotos, das sich bei Clemens von Alexandrien (um 200 n. Chr.) in den „Auszügen aus Theodotos", einer Sammlung von Aussprüchen verschiedener gnostischer Lehrer, findet: „Wer waren wir? Was sind wir geworden? Wo waren wir? Wohinein sind wir geworfen? Wohin eilen wir? Wovon sind wir befreit? Was ist Geburt, was Wiedergeburt?"[77]. Aus diesem Fragenspektrum beschäftigt sich de Lubac mit der Frage nach Sinn und Ziel des menschlichen Lebens. Sie findet bei ihm eine von der Offenbarung her begründete Antwort, die sich im kirchlichen Glauben und in der Tradition auslegt.

De Lubacs Schriften zum Übernatürlichen sind nicht nur eine Bereicherung und eine Fundgrube für Fachtheologen, sondern zugleich eine Hilfe für Christen, die die gedankliche Anstrengung nicht scheuen, wenn sie nach dem Sinn des Lebens fragen. Denn aus dem gläubigen Hören auf das Wort Gottes und aus dem damit verbundenen Traditionsschatz der Kirche will de Lubac dem heutigen Menschen das christliche Paradox des Menschen nahebringen: Innerweltlich findet der Mensch keine letzte Vollendung, sie muß ihm vielmehr von Gott geschenkt werden. Doch im Menschen liegt ein natürliches Verlangen nach dieser letzten Vollendung.

---

[75] Vgl. nur aus letzter Zeit M. Lenk, Von der Gotteserkenntnis. Natürliche Theologie im Werk Henri de Lubacs, Frankfurt a.M. 1993; (= Lenk, Gotteserkenntnis (1993). P.F. Ryan, Moral Action and the Ultimate End of Man. The Significance of the Debate between de Lubac and his Critics, Rom 1996; P. Bexell, Kyrkan som Sakrament. Henri de Lubacs fundamentalecklesiologi, Stockholm/Stehag 1997; Voderholzer, Einheit der Schrift (1998).

[76] Vgl. z.B. R. Berzosa Martinez, La teologia del sobrenatural en los escritos de Henri de Lubac. Estudio histórico-teológico, Burgos 1991; B. Hallensleben (wie Anm. 40); J.-H. Nicolas, Les rapports entre la nature et le surnaturel dans les débats contemporains, in: Revue Thomiste 95 (1995) 399-416; A. Vanneste, Nature et grâce dans la théologie occidentale. Dialogue avec H. de Lubac, Leuven 1996, 251-292; G. Cottier, Désir naturel de voir Dieu, in: Gregorianum 78 (1997) 679-698.

[77] Excerpta ex Theodoto 78, 2 (Sources Chrétiennes 23, 202).

Identität als Weite. Die Idee der Katholizität nach Henri de Lubacs „Catholicisme" (1938) in einer ratlosen Zeit – eine Relecture

Roman A. Siebenrock

Ein Klassiker veraltet nicht. Er erneuert sich in jeder Generation, weil er immer neue Perspektiven, Aspekte und Welten eröffnet, indem er seine und unsere Situation zusammenbindet und das gemeinsame Tiefenanliegen der Menschen verschiedener Zeiten zum Ausdruck zu bringen vermag. Die „Relecture" eines Werkes – zumal des von Henri de Lubac - setzt die textkritische Kenntnis, historisch-situative Interpretation und wirkungsgeschichtliche Kenntnis voraus[1]. Mit dieser Orientierung schützt sie sich vor Willkür, bloßer Subjektivität und vor der steten Gefahr, die geschichtliche Distanz zu überspringen. Eine „Relecture", als lesende Aneignung eines Textes in einer veränderten Situation, will aber mehr. Im Ringen um das gemeinsame Thema möchte sie bleibende Anstöße sammeln, eigene Einseitigkeiten im ursprünglichen Licht des Anderen aufdecken, unzureichende Entwicklungen korrigieren und vernachlässigte Perspektiven erneuern. Ein Klassiker verpflichtet und weist zugleich ins Eigene. Eine „Relecture" liest den Text im eigenen Kontext, zieht ihn in das eigene Leben und Fragen hinein, und konfrontiert ihn mit der Not der eigenen und doch gemeinsamen Aufgabe. Daß sie deswegen unvermeidbar einseitig wird, ist dann kein Problem, wenn sie bereit bleibt, sich durch den Anderen in die Weite öffnen zu lassen.

Die Relecture von Kardinal de Lubacs „Catholicisme" unterliegt zwar auch der eben skizzierten Aufgabenstellung, hat aber einen eigentümlichen Charakter. Das frühe Werk, aus dessen einzelnen Kapiteln, „wie aus einem Stamm, die Äste der nachfolgenden Hauptwerke" hervorgehen[2], ist in vielfältiger Weise vom Autor selbst rezipiert worden. De Lubac hat es auch als

---

[1] Einen ersten Überblick über Biographie und Werk bietet der autobiographische Rückblick „Mémoire sur l'Occasion de mes Écrits. Namur 1989; 2. Auflage 1992 (Rückblick, 576-578; Aus der Literatur sei angeführt: Voderholzer, Lubac begegnen (1999); Internationale Katholische Zeitschrift „Communio" 22 (1993 / Heft 2) 99-163; Neufeld, K.-H., Herausgeforderter Katholizismus. Ansatz und Strukturen im Denken von Henri de Lubac, in: ThpQ 125 (1977) 262-271). Nützlich ist die Bibliographie: Karl Heinz Neufeld – Michel Sales, Bibliographie Henri de Lubac S.J. 1925-1974. Einsiedeln ²1974. Die Diskussion um die systematischen Grundlinien des Werkes im deutschen Sprachraum repräsentieren: Sales, M., Der Mensch und die Gottesidee bei Henri de Lubac. Einsiedeln 1978; Figura, Anruf der Gnade (1979); Meier, E., Einigung der Welt in Gott. Das Katholische bei Henri de Lubac. Einsiedeln 1983, (Sammlung Horizonte, Neue Folge 22); Lenk, Gotteserkenntnis (1993). Eine kurze Zusammenfassung von „Catholicisme" bietet: Balthasar, Henri de Lubac, 30-37.

[2] Balthasar, ebd., 30.

Textganzes immer wieder umgestaltet und erneuert[3]. Neben dieser werkimmanenten Wirkungsgeschichte ist es auch zu einem hintergründigen Grundbuch der Theologie vor dem Zweiten Vatikanischen Konzil geworden, das bis in die wörtliche Formulierung hinein auf Aussagen dieses Konzils gewirkt hat. Wenn festgestellt wird, daß das Zweite Vatikanische Konzil die Kirche des ersten Jahrtausends für das dritte rezipiert, dann ist de Lubacs Werk im allgemeinen und dieses Buch im besonderen ein hierfür überzeugender Beleg. Es muß aber festgestellt werden, daß es auch jenem Schicksal anheim gefallen ist, das es selber in der Erarbeitung seines Themas beklagt: Es ist vergessen worden. Dieser Befund scheint mir ein Indiz für einen Traditionsabbruch innerhalb der katholischen Theologie nach dem Konzil zu sein, dessen Konsequenzen und Bedeutung noch kaum wirklich bedacht worden sind. Solches Vergessen ist keineswegs ein rein wissenschaftsgeschichtliches Phänomen, sondern hat unmittelbare Auswirkungen auf das Verständnis des Zweiten Vatikanischen Konzils. Dessen Tiefe bleibt uns ohne die Kenntnis seiner inspirierenden Visionen, die das Milieu der Texte bestimmen, verborgen. Wenn ich also hier von meiner „Relecture" berichte, dann geht es entschieden um das bestimmende Thema dieses Werkes: Was heißt Katholizität, heute?

Unsere Situation ist vom Problemkontext Henri de Lubacs nicht so verschieden, eher hat sich das Programm verdreht. Der Individualismus, mit dem er als Vorwurf konfrontiert war, ist heute zum Programm geworden. Institution und Gemeinschaft gelten als überholungsbedürftig, reines Ermöglichungsfeld für die neuen Virtuositäten der Singles. Die expansive Entfaltung des getriebenen Ichs in immer neuen Erlebniswelten wird nicht nur zum gesellschaftlichen Konsens, sondern auch als Zukunftsaufgabe propagiert[4]. In dieser Situation scheint die römisch-katholische Kirche von lähmender Ratlosigkeit erfaßt zu sein. Einerseits, ich komme aus Österreich, hier hat sie genug mit sich selbst zu tun, andererseits hat sie jenes Thema verloren, das bei de Lubac angeschlagen und während des Konzils in aller Munde war: die Frage nach der angemessenen Form der Einheit der Menschheit. „Katholisch" hat heute einen Stallgeruch, und zwar keinen guten. In der öffentlichen Debatte wirkt der Hinweis, daß jemand ein Nahverhältnis zum Vatikan habe, als abqualifizierendes Argument. Das stimmt mit der gesellschaftlichen Großwetterlage überein, in der das Kreuz als Kabarettnummer verwendet wird, theologische Bücher gegen die Kirche mit Erfolg vermarktet werden, und man den Eindruck hat, nur schlechte Nachrichten aus der katholischen Welt sind als Nachrichten mitteilungswürdig. Wir werden Minderheit, stellt sich nur die Frage wie?

In dieser Situation ist der Blick auf „Catholicisme" von einer weiteren gemeinsamen gesellschaftlichen Voraussetzung getragen, weil der französische

---

[3] Siehe: Neufeld – Sales, Bibliographie 62f.

[4] Dazu kann auf die programmatischen Arbeiten von Ulrich Beck aus den letzten Jahren verwiesen werden (z.B. Kinder der Freiheit. Hg. Ulrich Beck. Frankfurt/M. [4]1998, [Edition zweite Moderne]). Zwar scheint es im sogenannten „Kommunitarismus" eine Gegenbewegung dazu zu geben, doch bei uns scheint er nicht richtig wirksam werden zu können.

Katholizismus zu jener Zeit eine ähnlich mißachtete Minderheit war. Seine gesellschaftliche Situation war durch die Staat-Kirchen-Trennung, die Volksfrontregierung Léon Blums ebenso geprägt wie durch eine katholische Erneuerung unter Schriftstellern und Intellektuellen. Die Fronten der Gesellschaft verhärteten sich, am Vorabend vor dem Zweiten Weltkrieg wagte das Buch jedoch eine Alternative: „Gegen Unverständnis forderte es Offenheit für alle, gegen Haß erinnerte es unmißverständlich an die Liebe, gegen Unterdrückung und Zerstörung proklamierte es das Recht auf Respekt und Menschenwürde, gegen die zynische Verkehrung der Werte betonte es die lebendige Kraft christlichen Erbes, gegen Trennung setzte es die Einheit, gegen die oberflächliche Äußerlichkeit die Kraft inneren Zusammenhangs"[5]. In dieser Situation entwarf Pater Henri de Lubac seine Vision von Katholizität. Bevor wir mit Einzelfragen beginnen, sollten auch wir fragen, welche Vision von Katholizität uns prägt. Ich stelle diese Frage auf dem Hintergrund einer durch Wissenschaft, Technik, Kommunikationsmedien und Markt globalisierten Menschheit: Bewegt uns noch eine andere Vorstellung der Einheit der Menschheit als die Einheit der Finanzmärkte, der Fernsehkonsumenten, der Bedrohung oder der vermarkteten Erlebnisse und Events? Wie lassen sich Einheit und Freiheit, unendliche Sehnsucht und Todesbegrenztheit, die unauslöschbare Suche nach gelingendem Leben und ewiges Heilsein miteinander versöhnen? Ist der Mensch nur ein sehr findiges, aber letztlich mißratenes Tier? In dieser Situation frage ich mit de Lubac: Was heißt Katholizität?[6]

1. Das Werk in seinem Kontext und seiner Wirkungsgeschichte. Eine Skizze

1938 erschien in der Reihe „Unam Sanctam" auf Bitten von P. Yves Congar unter dem Titel „Catholicisme"[7] eine Sammlung von Aufsätzen des Jesuiten Pater Henri de Lubac, der als Dozent für Fundamentaltheologie[8] am Institut

---

[5] Neufeld, Herausgeforderter Katholizismus (Anm. 1), 267. Während des Krieges wurde das Buch neu aufgelegt, diente als Orientierung und konnte in der Schweiz die deutsche Übersetzung erleben.

[6] Dieser kleine Aufsatz wird daher das Buch von diesem Thema her auslegen, nicht den Seiten nach interpretieren. Er wird deshalb auch viel zitieren, weil er auf die so notwendige Wiederentdeckung dieser Schrift hinarbeiten möchte. Wenn es ihm gelingt, daß die Schrift selber gelesen und neu rezipiert wird, dann ist sein Ziel mehr als erreicht. Dabei setze ich auf jene Kraft eines Klassikers, der in der eigenen Lektüre auch meine Verzerrungen erträgt und korrigiert.

[7] Paris 1938 (siehe: Voderholzer, Lubac begegnen (1999) 36f).

[8] Seine Antrittsvorlesung als Fundamentaltheologe hatte de Lubac mit Rückgriff auf Gedanken von Maurice Blondel gehalten (1929). Unter dem Titel „Apologétique et Théologie" (NRTh 57 [1930] 361-378; deutsch: In: ZkTh 98 [1976] 258-270) wurde sie publiziert. Darin beschreibt er die Aufgabenstellung des Faches nicht mehr als Verteidigung der eigenen Position, sondern als Verteidigung des Glaubens in einer Weise, die die Menschen zum Glauben ermutigt. Deshalb reflektiert er die Themen des Glaubens aus den Fragen der geistigen Situa-

Catholique von Lyon wirkte. 1943 ist dieses Buch von Hans Urs von Balthasar ins Deutsche übertragen und 1970 unter neuem Titel, „Glauben aus der Liebe", wiederaufgelegt worden[9]. Im französischen Sprachraum hatte das Buch auch verlegerisch Erfolg[10]. Mit der ihm eigenen Zurückhaltung beschreibt der Kardinal später sein Anliegen: „Mein erstes Buch war *Catholicisme* (1938). Es besteht aus zuvor selbständigen Stücken und Abschnitten, die ohne vorgefaßten Plan schlecht und recht in drei Teile zusammengefügt wurden" (Rückblick, 55)[11]. Die unterschiedlichen Anlässe und Veröffentlichungsorte zielen trotz der zurückhaltenden Beschreibung auf eine gemeinsame Mitte: „Vereinfachend könnte man sagen, die Arbeit möchte zugleich den sozialen, historischen und spirituellen Charakter des Christentums aufzeigen, denn dieses dreifache Kennzeichen verleiht ihm den universalen und ganzheitlichen Charakter, der im Wort „Katholizismus" am treffendsten zum Ausdruck kommt" (Rückblick, 55). Schon die knappen Beschreibungen des Autors zeigen, daß das Buch situativ entstand, nicht irgendeinem theologischen Traktat zugeordnet werden kann, und ebensowenig von etwas ganz Neuem berichten möchte[12]. Gewiß: Es steht für eine Entdeckung in einer Geschichte von Verengungen und Vergessen. Dann ist zu fragen, wofür es einsteht, woran es erinnert, und was es säen[13] möchte.

---

tion der Zeit heraus. „Catholicisme" darf deshalb als erste Frucht dieses fundamentaltheologischen Ansatzes verstanden werden.
[9] 3. Auflage Einsiedeln 1992. Nach dieser Ausgabe, die mit der zweiten Auflage der deutschen Übersetzung identisch ist, wird zitiert (abgekürzt im Text: „GaL").
[10] Zur Text- und Wirkungsgeschichte siehe: Neufeld–Sales, 62f. Eine Genese der einzelnen Abschnitt im Kontext findet sich bei K.H. Neufeld (Herausgeforderter Katholizismus. Ansatz und Strukturen im Denken von Henri de Lubac. In: ThpQ 125 [1977] 262-271). Bis zur vierten Auflage werden in der Übersicht die Umstellungen und Ergänzungen notiert. Eine 5. Auflage erschien 1952; als Taschenbuch fand es ein weite Leserschaft seit 1965 (davon verschieden ist die Chronologie bei Neufeld, a.a.O., 267, Anm. 11). Zur Entstehungsgeschichte des Buches siehe auch: Catholicisme[1] XII, Anm.1; GaL 18, Anm. 10; Rückblick, 55-57.
[11] Der Anhang, der sowohl in den verschiedenen französischen Auflagen variiert, als auch in der deutschen Übersetzung verändert und ergänzt worden ist, stellt einen vierten Teil dar. In ihm werden quer durch die christliche Denkgeschichte Zeugen angeführt. Aus der jüngeren Theologiegeschichte kommt zunächst allein John Henry Newman zur Sprache.
[12] Den Ausdruck „Neue Theologie" weist er ausdrücklich zurück (Rückblick, 488). Auch möchte er nicht allein auf die Väter festgelegt werden. Seine Absicht beschreibt er so: „Ich war im Gegenteil immer darauf bedacht, die Tradition der Kirche in dem bekanntzumachen, was sie an Universalstem, am wenigsten dem zeitlichen Wandel Unterworfenem bietet" (ebd.).
[13] „Sein Beruf ist es, wie wir selbst dankbar erfahren durften, ein großer und unbekümmerter Sämann zu sein" (Balthasar, H.U.v., Geleitwort zur deutschen Ausgabe. In: Lubac, H. de., Katholizismus als Gemeinschaft. Einsiedeln-Köln 1943, 5-7, hier 7). Daß es nicht hinreicht, das Buch von der Zeitsituation her auszulegen, dokumentieren die Vorworte des Übersetzers, Balthasar sieht in der ersten Auflage die Auseinandersetzung mit dem totalitären Gemeinschaftsdenken, in der zweiten Auflage bemerkt er eine konfessionelle Engführung des Begriffs.

Die Einleitung beschreibt auf dem Hintergrund der jüngeren französischen Kritik am Christentum die Intention des Untertitels, „Les aspects sociaux du dogme". Den Kritikern erscheinen die Christen als „Techniker des individuellen Heils" (GaL 14). Die Freude Jesu scheint eine rein individualistische Freude zu sein, weil sie mit der Rose in der Hand durch die Schlachten schreiten könne, heiter und unbekümmert vom Leid und Tod der anderen. Mit Jean Giono antwortet er, und formuliert zugleich die entscheidende Intention des Buches: „Wenn das Elend meine Türe belagert, kann ich mich nicht beruhigen beim Flüstern des Genius. Nur dann wird meine Freude dauern, wenn sie die Freude aller ist" (Jean Giono; nach GaL 13). Die Gemeinschaft aller Menschen, die das Evangelium aufzeigt und das Wesen der Kirche bestimmen soll, meint de Lubac mit dem Attribut „social". Sozial aber nicht einfach im caritativen, diakonischen, wir müßten heute auch hinzufügen, kommunitaristischen Sinne, sondern radikal aus theologischer Perspektive. „Katholizität" ist zuerst eine Vorgabe Gottes bevor sie zum Prinzip der Kirche wird[14]. „Sozial" bedeutet immer auch: universal ergreifend, heilshaft umgestaltend und alle Wirklichkeit auf Gott hin erneuernd und einbergend. Nur in einer solchen universalen Perspektive des Glaubens gliedern sich die Teile sinnvoll zueinander (GaL 18f)[15].

In der Orientierung an der Tradition, die er im Textanhang als Wolke der Zeugen für seine Perspektive vorstellt, findet de Lubac in der universalen Perspektive die wesentlichen und durchgehenden Punkte des Katholizismus, in der sich Geist und Glaube aus unterschiedlichen Zeiten und Kulturen treffen. In de Lubacs Sicht konvergieren die unterschiedlichen Schulen und oft gepflegten Antipoden in jenem gemeinsamen geistigen Milieu, das er „Catholicisme" nennt[16]. Nach ihm eröffnen sich die Denker der einen katholischen Tradition gegenseitig. Er wollte auf diese große Tradition der Kirche, die sich

---

[14] „Das Prädikat des Katholischen kommt nach dem Gesagten nicht primär der Kirche zu. Katholisch ist zuerst das trinitarische Leben Gottes selbst, das im Mysterium Jesu Christi die Welt umfängt und sich ihr in der Gemeinschaft der Glaubenden offenbart. Das Katholische ist zuerst das Prinzip der Kirche, bevor es auch ein kirchliches Prinzip wird" (Maier, Anm. 1., 234f).

[15] Teil I (Grundlegung) mit den Kapiteln: 1 Dogma (Credo); 2 Lebendige Verfassung (Kirche); 3 Sakrament; 4 Ziel der Hoffnung (ewiges Leben). Teil II (Glaube und Geschichte als Folgerungen) mit den Kapiteln: 5 Einzigartigkeit des Christentums (Christentum und Geschichte); 6 Schriftauslegung; 7 Heil der Ungläubigen: die Allein-seligmachende Kirche; 8 Heilsgeschichtlicher Plan und Inkarnation: Vorherbestimmung der Kirche und dem für uns zentralen Kapitel 9 Katholizität: Mission und Erneuerung des katholischen Geistes. Teil III (Theologische Deutung der Gegenwart und ihrer Weiterentwicklung) mit den Kapiteln: 10 Gegenwartssituation; 11 Person und Gemeinschaft und 12 Transzendenz (historisch und sozial; nicht: zeitlich/weltlich). Ein Anhang mit Texten, der in den verschiedenen Auflagen stark variiert, beschließt das Werk.

[16] Deshalb kritisiert er die Weise, wie der Thomismus in seinem Jahrhundert verzweckt worden ist (Rückblick, 473f). Dieser Aspekt ist ein deutliches Indiz für die ihm eigene Kritik der realen Verhältnisse in der Kirche. Die Entdeckung und Entfaltung der ihr entsprechenden Dimensionen stellen Defizite und Mißverhältnisse deutlicher in Frage als alle direkte Polemik.

in der Erfahrung sämtlicher christlichen Jahrhunderte entwickelt, verweisen. Das Buch will daher nicht universal oder katholisch in dem Sinne sein, daß es in irgendeinem Sinne vollständig sein möchte[17]. Es möchte vielmehr die Prinzipien der „Katholizität" entfalten[18]. Sein Anliegen erschließt sich einerseits durch seine Kritik an jenen Engführungen, die durch die Erinnerungslücken im Dogma (GaL 16), denen er mit seiner Schrift begegnen möchte, angezeigt werden, als auch in der Art und Weise, wie er mit den jeweiligen Autoren umgeht.

2. Katholizität

Die ursprüngliche Vision des Autors, die in gleicher Weise Programm, Herausforderung, kritischer Maßstab und immer neu anzustrebendes Ideal darstellt, eröffnet sich im zentralen, neunten Kapitel des Buches. Dort heißt es: „Der Katholizismus ist *die Religion*. Er ist die Form, die die Menschheit annehmen soll, um endlich sie selbst zu werden. Er ist die einzige Wirklichkeit, die, um zu sein, es nicht nötig hat, sich *entgegenzusetzen*, also alles andere als eine ‚geschlossene Gesellschaft'. ... Die Kirche ist überall zu Hause und jeder soll sich in der Kirche zu Hause fühlen können. So trägt der auferstandene Herr, wenn er sich seinen Freunden kundtut, das Gesicht aller Rassen, und jeder hört ihn in seiner eigenen Sprache ... Das ist die Kirche in ihrer echten Haltung." (GaL 263). Darum gilt für die Kirche: „Nichts wirklich Menschliches, woher es auch stamme, darf ihr fremd bleiben" (GaL 262). In ihr, als der Arche des Heils, soll sich „die ganze Vielgestalt des All-Menschlichen bergen" (GaL 261).

Katholizität besagt zunächst ganz oberflächlich, Identität ohne Negation. Darin aber ist jene Bejahung aller Wirklichkeit eröffnet, die Gottes Schöpfertat und Erlösungswille auszeichnet. Immer wieder wird de Lubac die verschiedenen Phänomene der Katholizität aus der Gott eigenen Weltbejahung

---

[17] Die Verwechslung seines Anliegens mit einem theologischen Traktat über die Kirche hat ihm immer wieder den Vorwurf eingetragen, das Papstamt nicht hinreichend entfaltet zu haben (Rückblick, 56).

[18] Balthasar, H.U. von, Vorwort zur zweiten deutschen Auflage. 5-7. Wie ungewöhnlich die anvisierte Perspektive selbst für den Schüler und Übersetzer war, zeigt seine Schwierigkeit, den Titel zu übersetzen. Hatte er noch den Titel „Katholizismus als Gemeinschaft" in der ersten Auflage gewählt, so schien ihm dieser Titel durch eine doppelte Belastung der Geschichte für die zweite Auflage nicht mehr geeignet zu sein. Der konfessionelle Beigeschmack des Begriffs „Katholizismus", konfessionelle Umklammerung nennt er es, könnte das Ziel der Schrift innerkirchlich engführen. Der Begriff „Gemeinschaft" stand ihm in der Gefahr, das Konfessionell-Kirchliche in allgemeine Brüderlichkeit zu entschränken. Aber auch der neue Titel „Glaube aus Liebe" schien dem Übersetzer nicht ganz passend. Deshalb bittet er, den Klang des französischen „Catholicisme" im Ohr zu behalten. Ich versuche diesem Hinweis insofern Rechnung zu tragen, als ich das Anliegen hier mit „Katholizität" wiedergebe. Diesen Begriff verwendet ohne den programmatischen Anspruch auch Voderholzer (Anm. 1, 41).

erschließen. Daher muß de Lubac die konfessionelle Engführung und die gegenreformatorische oder rein apologetische Entgegensetzung im Verständnis von „katholisch" als Unglück ansehen. „Es ist", so lautet ein weises Wort, „ein großes Unglück, den Katholizismus gegen jemanden gelernt zu haben" (GaL 275). „Wir haben unseren Katechismus allzusehr gegen Luther, gegen Baius, selbst gegen Loisy gelehrt ... zu welchen Entstellungen käme es nicht, wenn man z.B. den Antimodernisteneid nicht als Abwehrdokument, das er offensichtlich sein will, sondern als in sich ausgewogene theologische Synthese auffassen wollte? Ein verstärkter Abschnitt des Verteidigungswalles ist nicht die ganze Stadt" (GaL 276).

Damit ist Anliegen, Kontext und Vorgehensweise des Werkes angezeigt. Wenn wir nun den Perspektiven folgen, die es entwirft, können wir uns eine doppelte Frage stellen. Hätten wir ähnlich geplant und entworfen wie er? Und: Wo sind seine Perspektiven in der heutigen Situation unserer Kirche präsent, wo werden sie realisiert, wie werden sie als Alternative zum globalen Ausverkauf dem Bewußtsein unserer Mitmenschen näher gebracht? Wie auch immer Ihre eigene Antwort ausfallen mag: Hier tritt uns eine ganz ursprüngliche theologische Idee von Kirche und christlichem Glauben entgegen, der unsere Enge aufzurütteln vermag. Er bringt den Glaubenden in die Sicht der Welt, wie sie von Gott in der Erlösung in Christus eröffnet worden ist. Daher ist die universale Perspektive der Menschheit und des Humanen gewonnen aus der Kehre zur Heilssendung Christi in der Geschichte, die durch den Geist in der Kirche als dessen geschichtliches Zeichen und Sakrament Dauer und Fruchtbarkeit gewinnt.

2.1 Das Dogma: Die Einheit von Universalität und Personalität in Christus

De Lubac beginnt mit der Bestimmung des Dogmas, als kirchlich-reflektiertem Ausdruck der Vorgabe der Offenbarung, das den Christen auf seine ihm durch Gott eingestiftete und in Christus geschichtlich entworfene Sendung zurückruft. Zuerst aber sagt ihm das Dogma, wer er ist. Daher eröffnet der Ruf des Irenäus von Lyon nach der Würde des Getauften jeden Auftrag: „Agnosce christiane, dignitatem tuam" – Erkenne Christ Deine Würde! (GaL 23) Im ersten Satz des ersten Kapitels durchdringen sich Humanität und Gnade, Humanismus und Glaube, die Einheit des Leibes Christi und die Einheit des Menschengeschlechtes, Schöpfung und Heilsziel. Dieser Satz ist programmatisch gegen die Selbstvergessenheit der Christen geschrieben worden; – bereits bei Irenäus, dann bei de Lubac. Er gilt auch uns. Die Aspekte werden zwar unterschieden, dürfen aber niemals getrennt werden (siehe GaL 278). Diese tiefe Einheit wird gewirkt durch die geheimnisvolle Teilnahme aller an Gott, die die Einheit untereinander ermöglicht und wirkt (GaL 26).

Die Abkehr von Gott aber bewirkte nicht nur einen individuellen Riß im Innern, sondern auch einen Bruch in der Gemeinschaft: sie bewirkt eine Individualisation (GaL 30). Daher kann nur über die Wiederherstellung der übernatürlichen Einheit die Einheit der Menschen untereinander gewirkt werden (GaL 32). Diese Aufgabe ist das Amt des Sohnes, die Sendung Jesu von Nazareth. Jesus ist als Person potentiell universal: „Vom ersten Augenblick seines irdischen Daseins an trägt Christus potentiell alle Menschen in sich – *erat in Christo Jesu omnis homo*" (GaL 34). In der Menschwerdung geschieht eine doppelseitige Einbergung: Die Annahme der Menschheit durch Christus, und die Hineinnahme aller Menschen in ihn. Diese Einheit ist daher universal und personal in einer einzigen Bewegung; sie ist Kenosis und Heiligung. Diese „Uruniversalität" sieht de Lubac nicht unter griechisch-philosophischem Einfluß, sondern die griechischen und lateinischen Väter formulieren unter neuen Voraussetzungen die Aussagen von Paulus und Johannes, die die Universalität Christi unter verschiedenen Rücksichten aussagen. Von besonderer Bedeutung wird dabei der Satz: „Dieses Geheimnis des neuen Menschen ist recht eigentlich das Mysterium Christi" (GaL 42).

In streng dogmatisch-inkarnatorischer Grundlegung ergeben sich Konsequenzen, die im weiteren entfaltet werden. Zunächst muß der Weg der universalen Hineinnahme in dieses Mysterium des Neuen Menschen, der Christus ist, thematisiert werden: dem dienen die Kapitel zwei und drei. Die Einheit des Menschengeschlechtes von ihrem Ursprung und ihrem Ziel her entfaltet das vierte Kapitel. Daß dieser Weg sich nicht über den bloßen Geist, sondern im ganzen Menschen vollzieht, zeigt Kapitel fünf, das dem Weg der Geschichte gewidmet ist. Die biblische und exegetische Grundlage erhebt das Kapitel über die Heilige Schrift (6), während die Kapitel acht und neun die Vision grundsätzlich (9) und in Beziehung zum konkreten Weg und allen Menschen darlegen (8). Daß im Hintergrund aller dieser Ausführungen anthropologische Grundoptionen stehen, die gegen derzeitige Trends innerhalb und außerhalb der Kirche stehen (10), wird ausdrücklich ausgewiesen (11 und 12). Auch wenn de Lubac einen geplanten Plan von sich weist, hat seine Idee der Katholizität eine innere Kohärenz und Faszination, die sich auch strukturell stimmig im Werk entfaltet zeigt.

Man könnte Offenheit als Grundbestimmung von Katholizität als statistische Größe mißverstehen. Zwar schließt solche Offenheit niemanden aus. Katholischer Universalismus steht allen offen (GaL 48). Aber er meint keinen verschwommenen Kosmopolitismus. Was de Lubac als „Universalismus der Tiefe" (GaL 46) beschreibt, wird von einer christologischen Wurzel getragen. Daher stellt das Dogma das reflektierte Profil einer Bewegung dar, die weiß, auf wen sie hofft[19].

---

[19] Daher kann er von der latenten Dogmatik einer Bewegung sprechen (GaL 285).

2.2 Katholizität als Kirche: Konkretion der universalen Heilszusage in der Geschichte für den konkreten Menschen. Ekklesiologie als soteriologische Anthropologie

„Die Kirche, die nichts anderes ist als der verbreitete und mitgeteilte Christus" (GaL 44) steht in Kontinuität mit Christi Heilswerk. Die Dimensionen der Kirche werden durch die Sendung Jesu bestimmt, nicht umgekehrt. Daher ist Katholizität nicht Statistik oder Geographie. Der oben genannte Universalismus der Tiefe konkretisiert sich hier. Die Kirche wendet sich so an jeden Menschen, indem sie an den ganzen Menschen rührt (GaL 45). Eine wechselseitige Unendlichkeit zwischen Dogma und Anthropologie (zwischen der menschlichen Natur und dem Geheimnis). „So vermag die Kirche eben dadurch, daß sie an den Grund des Menschen rührt, alle Menschen zu erreichen" (GaL 45).

Das unterscheidet die Kirche von einer Sekte. Eine Sekte, so könnte man mit de Lubac in Unterscheidung von Troeltsch sagen, definiert sich nicht durch die Zahl, sondern durch ihre soteriologische und anthropologische Exklusivität. Richtet sie sich an den ganzen und damit an alle Menschen, und eröffnet sie das Geheimnis des Heils allen oder nur den durch sie erwählten? Daher gilt: „Mit ihrer Offenheit und gleichzeitigen Ausrichtung auf eine Mitte bietet sie dem Beobachter einen auf nichts anderes zurückführbaren Gesellschaftstyp" (GaL 56). Die Einheit von Erlösung und Kirchenwerdung bilden in Wahrheit das eine Werk Christi, keine Verdoppelung[20]. Daher beruft sie alle Menschen, um sie zum göttlichen Leben, zum ewigen Licht neu zu gebären (GaL 58). Damit aber muß zwischen Christenheit und Kirche ebenso unterschieden werden wie zwischen sichtbarer Kirche und Reich Gottes. Es muß ein engerer und ein weiterer Begriff unterschieden werden, ohne in den jeweiligen Extremismus einer bloß heiligen oder nur sichtbaren Kirche zu verfallen. Kirche ist untrennbar: *Sacramentum magnum, in Christo et in Ecclesia* (GaL 67). Daher ist die Kirche um der Menschen willen da. Mit Papst Pius XI. ruft er aus: „Die Menschen sind nicht für die Kirche, sondern die Kirche ist der Menschen wegen geschaffen: propter nos homines et propter nostram salutem"[21]. Als Mittel ist sie zwar notwendig und göttlich, aber wie jedes Mittel vorläufig.

2.3 Sakramente: Mittel des Heils zum gemeinsamen Heil

Die universale Perspektive hat sich entscheidend in der Interpretation der Sakramente zu entfalten, die in der gängigen Vorstellung vornehmlich als individuelle Heilswerkzeuge aufgefaßt worden sind. „Wie die Offenbarung und die Erlösung, die zwar an jede Seele unmittelbar gelangen, grundsätzlich doch nicht individuell, sondern sozial sind, so stellt auch die Gnade, die durch

---

[20] GaL 63, Anm. 71: Klemens von Alexandrien (Paedagogus, 1, 6).
[21] Rede vor den Fastenpredigten Roms vom 28.2.1927, zitiert in: GaL 63, Anm. 68.

die Sakramente bewirkt und erhalten wird, nicht eine rein private Beziehung zwischen der Seele und Gott oder Christus her, sondern jeder empfängt sie in dem Maß, wie er dem einzigen Organismus, in dem der befruchtende Lebenssaft kreist, sich anschließt" (GaL 74). Der sozial-universale Ansatz wird an verschiedenen Sakramenten expliziert, an Hand der Eucharistie als Sakrament der Einheit stellt er aber eine gravierende Verschiebung während des Mittelalters fest, die die Auffassung von „Leib" wesentlich verändert habe[22]. Hier plädiert er für die stärkste Entindividualisierung. „Die wahre eucharistische Frömmigkeit ist somit kein frommer Individualismus. ... Wie mit einer ungeheuren einhüllenden Gebärde umfängt sie in ihrem innersten Wollen das gesamte All" (GaL 98). Hier meint man die Perspektive Teilhard de Chardins in seiner „Messe über das All" vernehmen zu können[23].

Konsequent schließt sich der eucharistischen Dimension eine umfassende eschatologische Perspektive an. Den eingangs unterstellten Heilsindividualismus, der in dem bekannten Motto „Rette Deine Seele" sich in der Frömmigkeitsgeschichte ausgeprägt hat, konfrontiert de Lubac mit jenen Hauptbildern der Schrift, welche die eschatologische Vollendung ausdrücken. Es sind die gemeinschaftlichen Bilder der Stadt und des Mahls. Diese biblischen Bilder entlarven die Suche nach individueller Vollendung ohne Hoffnung für andere als Engführung. Auch die christliche Mystik ist nicht eine individuelle Einigung mit dem Absoluten, sondern selbst als Einheitsmystik immer Dreifaltigkeitsmystik (vgl. GaL 104). Deshalb ist auch die Katholizität von einer trinitarischen Struktur geprägt. Die Hoffnung des Glaubens sprengt jede anthropologische Verkürzung. „Das Ziel, in welches Paulus den Gang der menschlichen Geschichte münden sah, war nichts Geringeres als die Erlösung der gesamten Schöpfung, die endliche Erfüllung aller Dinge in der Einheit des unendlich vollendeten Leibes Christi. Die Hoffnung, die er in die Herzen der für Christus Gewonnenen legte, darf füglich eine kosmische genannt werden" (GaL 107).

Mit einem Hinweis auf Origines, der den himmlischen Christus in Heilssolidarität mit dem Kosmos sah, entwirft er ein Bild der Hoffnung für alle. Eine Hoffnung, die vom himmlischen Christus getragen ist: „... so wäre es immerhin doch möglich zu denken, daß ihm auch im Himmel, so lange das ihm vom Vater anvertraute Werk nicht vollendet ist, noch Raum für Hoffnung bliebe. Wie er noch in seinen irdischen Gliedern leidet, so könnte Christus doch auch in sich und in seinen himmlischen Gliedern noch hoffen" (GaL 116f). Solche Hoffnung ist aber jetzt nicht mehr allein jenseitig, sondern besagt, daß das Ziel der Menschheit in sie und in die Geschichte eingepflanzt ist. Gegen die Weltflucht menschlicher Heilsvorstellungen wendet er ein, daß das Ziel der

---

[22] Hier wird bereits die These des wirkungsgeschichtlich wichtigen Werkes „Corpus mysticum" angedeutet.

[23] Teilhard wird im Werk zweimal mit einer Zeitdiagnose zitiert. An einer Stelle wird ein Vergleich von ihm ohne Quellenangabe erwähnt (GaL 307). Es wäre zu fragen, ob de Lubac zu dieser Zeit die unveröffentlichten Arbeiten Teilhards kennt.

Welt von Gott nicht jenseits von ihr, sondern in sie hinein gestiftet wurde: die Menschheit selbst hat ein letztes Ziel. Die Geschichte selber ist der Erlösung nicht nur fähig, die Erlösung ist in die Geschichte inkarniert worden. Das unterscheidet seiner Ansicht nach das Christentum von allen anderen Religionen, die dem Wechsel der Geschichte keine soteriologische Qualität zuschreiben konnten und daher immer zu einem Heilsindividualismus jenseits der Geschichte optieren. „Von dieser allgemeinen Übereinstimmung weicht allein das Christentum ab, sofern es als einzige Religion gleichzeitig dem Menschen ein transzendentes und der Menschheit ein gemeinsames Ziel steckt" (GaL 124). Das hat Konsequenzen für das darin eröffnete Zeit- und Weltverständnis. „Da die Welt ein Ziel hat, hat sie einen *Sinn*, was zugleich Richtung und Bedeutung besagt" (GaL 125).

Sein kurzes Plädoyer für eine dieser biblischen Grundperspektive angemessenen exegetischen Methode hebt die Aspekte der Prophetie und Symboltheologie als „soziale Exegese" hervor[24]. Diese müsse typologisch arbeiten, weil nur in dieser Weise in einer Analogie des Glaubens die Verbindung zwischen Mensch, Geschichte und Dogma aufgezeigt werden könnte.

2.4 Katholizität als universale Heilszusage – Kirche als erneuerte Menschheit

De Lubac kennt kein „natürliches Heil". Immer entdeckt er eine ausdrückliche oder nicht ausdrückliche Dynamik auf Christus hin. „Außerhalb des Christentums kommt nichts zu seinem Ziel, dem einzigen Ziel, nach dem unbewußt alle menschlichen Wünsche, alle menschlichen Bemühungen streben: in die umfangenden Arme Gottes in Christo" (GaL 196). Das bedeutet aber keineswegs ein Heilsprivileg der Getauften, sondern stellt diese in den Dienst für andere. „Niemand ist Christ für sich allein" (GaL 214). Katholizität ist daher nur angemessen als Gabe für andere zu verstehen. „Alle Gnade ist *gratia gratis data*, d.h. nach dem ursprünglichen Sinn des Ausdrucks: im Hinblick auf die anderen geschenkt. Die Gnade des Katholizismus ist uns nicht um unser selbst willen gegeben worden, sondern mit Rücksicht auf jene, die sie nicht haben" (GaL 211). Erwählung ist niemals Privileg, sondern immer Sendung für andere. Denn auch im Geistigen besitzt man nur, was man schenkt. Das Vorrecht der Berufung heißt daher Sendung (nach: GaL 214). Kurz: „Niemand ist Christ für sich allein"[25].

Deshalb ist die Kirche in ihrer wahren Gestalt nicht hinreichend als soziologische oder institutionelle Größe verstanden. Sie gewinnt ihre Wahrheit aus der Sendung Gottes für die ganze Menschheit. „Denn die Kirche ist, in ihrem letzten Wesen betrachtet, nichts anderes als die Menschheit selbst, sofern sie der Geist Christi lebendig gemacht und geeinigt hat" (GaL 245). Daher hat die Kirche die Aufgabe, sich allem Menschlichen zuzuwenden. Das verlangt zunächst den unerläßlichen Versuch, das Verstehen nicht zu scheuen (GaL 256):

---

[24] Zur ganzen Fragestellung siehe: Voderholzer, Einheit der Schrift (1998).

[25] Augustinus, Sermo 115, 4, zitiert in: GaL 214, Anm. 61.

„Nichts wirklich Menschliches, woher es auch stamme, darf ihr fremd bleiben" (GaL 262). Als Werk der Angleichung bezeichnet de Lubac die Aufgabe der Kirche (GaL 265)[26]. Dabei darf die Kirche nicht sich selber als Ziel der Menschen ansehen: „Wir sollen die Seelen für Gott, nicht für uns gewinnen, und ihnen Gott schenken, statt uns selbst ihnen aufdrängen" (GaL 266). Auf diesem Hintergrund rezipiert er auf geniale Weise den universalen Humanismus der Kirchenväter (GaL 285). Dieser Humanismus muß aber tiefer graben als die zeitgenössischen Formen es meinen. De Lubacs Humanismus gewinnt erst dort seine Tiefe, wo der Mensch an die Tiefe Gottes grenzt oder hingeführt wird: „Er gräbt im Menschen neue Tiefen aus, die ihn den ‚Tiefen Gottes' anpassen und wirft ihn zugleich aus sich selbst hinaus bis hin an die Grenzen der Erde" (GaL 300f). Auf diese Weite hin ist der Mensch zurückzuführen. Die anthropologische Wende ruft den Menschen dadurch zu sich selbst zurück, indem er ihn weit über sich hinaus ruft: in die Sehnsucht nach dem neuen Menschen, zu seiner transzendenten Bestimmung. „Die Menschheit bedarf zuletzt eines Anderen, dem sie sich schenkt" (GaL 315). Daher fordert er: „Der christliche Humanismus muß ein bekehrter Humanismus sein" (GaL 329).

2.5 Katholizität als wechselseitige Verstärkung von Transzendenz und Immanenz oder das katholische „Und"

De Lubac erspart uns nicht das scheinbar Widersprechende des Glaubens, und damit auch die Zumutung des Dogmas. „Das ganze Dogma ist eine Folge von ‚Paradoxen'" (GaL 290)[27]. Auch wenn es den menschlichen Verstand die Demut vor dem für ihn Unbegreiflichen lehrt, und darin vollendet, ist es weder unverständlich noch unsinnig. Im Begriff „Paradox" faßt de Lubac die dem Dogma, d.h. der Wahrheit Gottes entsprechende Erkenntnisform des Menschen. Es ist eine Erkenntnis an der Grenze, im demütigen Verstehen des Unbegreiflichen. Das Dogma ruft den Menschen so vor Gott, daß der Mensch sich in seiner eigenen Tiefe zu begreifen vermag. „Der Glaube gräbt im Menschen neue Tiefen aus, die ihn den ‚Tiefen Gottes' anpassen und wirft ihn zugleich aus sich selbst hinaus an die Grenzen der Erde" (GaL 301). Und gerade weil es die Aufmerksamkeit für die eigenen Abgründe schult, öffnet der Glaube ihn für die Umgebung (GaL 302). „Die Wahrheit seines Wesens übersteigt das Wesen des Menschen" (GaL 319).
Hält aber der Mensch diesen Anspruch durch, aus dem seine ihm eigene Würde erwächst? Dies scheint fraglich. Damit gerät aber auch seine Immanenz in

---

[26] Im französischen lautet das Wort für Angleichung „assimilatrice" (Catholicisme [Anm. 8] 321). Es wäre zu untersuchen, ob de Lubacs Interpretation des Konzils und seines in „Gaudium et Spes" programmatisch durchgeführten „aggiornamento" von hierher auszulegen ist.
[27] Damit hat er auch hier einen seiner zentralen fundamentaltheologischen Grundbegriffe der theologischen Erkenntnislehre, die den Menschen vor dem Mysterium zu reflektieren versucht, formuliert (siehe: Voderholzer, Lubac begegnen (1999) 89-92).

Gefahr: „Die Transzendenz, die er leugnet, war die Gewähr seiner eigenen Immanenz" (GaL 320). Auf personaler Ebene bedeutet dies, „daß der Mensch nur dann er selbst ist und nur dann (schon heute!) für sich existiert, wenn er sich in Stille und Schweigen einen unberührten Bezirk wahrt, einen geheimnisvollen Hintergrund, zu dem der finstre oder sorglose, banale oder tragische Alltag keinen Zugang hat" (GaL 318). Und auf kollektiver Ebene besagt es, daß die Menschheit nur dann eine Einheit werden kann, wenn sie über sich selbst hinauszusehen vermag: „Die Menschheit wird sich nur dann zur Einheit zusammenschließen, wenn sie es aufgibt, in sich selbst das Endziel zu sehen" (GaL 328).

3. Wirkungsgeschichte als Rezeption und Vergessen

Dieses Werk ist nicht ohne Wirkung geblieben. Dennoch sollte nicht übersehen werden, daß es nach dem Konzil in der akademischen Kontinuität, und damit in der amtlichen Ausbildungstradition der Theologie nicht nur in unserem Sprachraum vergessen worden ist[28]. Deshalb sei hier in einigen eher willkürlichen Blitzlichtern darauf hingewiesen. Zunächst meine ich, hat es einen veränderten Stil der Apologetik ermöglicht, der als der Versuch umfassenden Verstehens begriffen werden kann. Nicht die ausschließliche Verteidigung der Burg, bei der die Angreifer blutige Köpfe sich holen sollten, stand in seiner Absicht, sondern eine Verteidigung des Glaubens, die als Einladung einzutreten aufgenommen werden konnte. Dabei warnte er aber bereits zu dieser Zeit vor Blauäugigkeit: „Wir dürfen aber bei der Verteidigung unseres Glaubens weder furchtsam noch blind sein" (GaL 313). Beide Aspekte hat daher die Apologetik zu beachten: die Wahrung des Glaubens und die Glaubensermöglichung für andere. Dabei sei auf einen Aspekt hingewiesen, der ihm auch im eigenen Schicksal völlig fremd war: Sich öffentlich auf Kosten der Kirche zu profilieren[29]. Dieser Aspekt wurde nicht nur vergessen, sondern bisweilen als unzumutbar zurückgewiesen. Katholizität der Theologie würde aber diesen Aspekt heute einfordern. Theologie in der Kirche zu verantworten und in der Theologie die Kirche in ihrer wahren Gestalt zum Ausdruck bringen. Nach de Lubac liegt darin reichlich Potential angemessener Selbstkritik (die Kirche und Theologie einschließt), aber gleichzeitig auch die Aufgabe apostolisch-missionarischen Zeugnisses.

Im Blick auf das Zweite Vatikanische Konzil sei nur an zwei Aspekte erinnert, die in die bestimmende Grundvision eingegangen sind[30]. De Lubac ver-

---

[28] Einige Beispiele bei: Voderholzer, Lubac begegnen (1999) 72-74.

[29] In seinem Rückblick (Rückblick) dokumentiert er unablässig seine Entwicklung, ohne jegliche Häme, aber auch ohne einen falschen Irenismus.

[30] Siehe: Neufeld, K.H., Henri de Lubac S.J. als Konzilstheologe. Zur Vollendung seines 90. Lebensjahres, in: ThpQ 134 (1986) 149-159; Voderholzer, Lubac begegnen (1999) 62-67. Zu

mittelt die Erlösung in Gott als Wiederherstellung der verlorenen Einheit der Menschheit untereinander: „als die Wiederherstellung der übernatürlichen Einheit des Menschen mit Gott, zugleich aber auch der Einheit der Menschen untereinander" (GaL 32). Das nimmt wörtlich die programmatischen Aussagen von „Lumen Gentium" 1 vorweg, in der die Kirche in Christus als Sakrament der Einheit mit Gott und der Menschen untereinander bestimmt wird. Es kann auch kein Zweifel daran bestehen, daß sein anthropologisch-christologischer Blick, der den Menschen im Blick Christi sieht, auf die Pastoralkonstitution, sicherlich im Einklang mit vielen Autoren, gewirkt hat. Er schreibt: „Dieses Geheimnis des neuen Menschen ist recht eigentlich das Mysterium Christi" (GaL 42). Hier gibt es wiederum wörtliche Übereinstimmung mit der Nummer 22, in der Christus als der neue Mensch beschrieben wird: „Tatsächlich klärt sich nur im Geheimnis des fleischgewordenen Wortes das Geheimnis des Menschen wahrhaft auf" („Gaudium et Spes").

Es ist nicht übertrieben, schon in diesem Werk von einer anthropologischen Wende in einer Einheit von Anthropologie und Christologie zu sprechen, die personal und gesellschaftlich zugleich ist. „Die Kirche wendet sich, in jedem Menschen, an den gesamten Menschen und erfaßt ihn gemäß seiner ganzen Natur" (GaL 45). Dies ist möglich, „weil zwischen dem Dogma, das sie in seinem ganzen Geheimnis aufrechterhält, und der menschlichen Natur, die ihrerseits eine geheimnisvolle Unendlichkeit enthält, eine tiefe Wechselbeziehung besteht. So vermag die Kirche eben dadurch, daß sie an den Grund des Menschen rührt, alle Menschen zu erreichen" (GaL 45). Der Mensch wird darin aber nicht isoliert, sondern zu seiner Umgebung geöffnet: „... durch die christliche Offenbarung wird nicht nur die Aufmerksamkeit des Menschen auf sich selbst vertieft, sondern auch die auf seine eigene Umgebung erweitert" (GaL 302). Und programmatisch formuliert er: „Vom ersten Augenblick seines irdischen Daseins an trägt Christus potentiell alle Menschen in sich – *erat in Christo Jesu omnis homo*" (GaL 34).

An eine merkwürdige Hintergrundswirkung sei abschließend deshalb erinnert, weil in einer theologischen Kontroverse de Lubac seine eigenen Formulierungen scheinbar nicht mehr in Erinnerung hatte. Der vielbeschworene Begriff Karl Rahners[31] „anonymer Christ" oder „anonymes oder implizites Christentum" hat nämlich in de Lubacs Werk einen wörtlichen Vorläufer.

---

de Lubacs Sicht des Konzils und der nachkonziliaren Entwicklung: Krise zum Heil? Berlin 1970; Zwanzig Jahre danach.

[31] Die Bedeutung der Mystik hat de Lubac in ähnlicher Weise formuliert wie später Rahner. Dabei bezieht er sich auf einen gemeinsamen Inspirator, der aber im deutschen Sprachraum fast nur als Philosoph, nicht als Kenner der spirituellen Tradition bekannt ist. In einem Hinweis auf Maréchal bemerkt de Lubac, daß dieser Philosoph nicht nur die Fragen nach der Metaphysik nach Kant durchgearbeitet habe, sondern einen wesentlichen Beitrag zur Erforschung der Mystik lieferte. So heißt es: „kurz, daß der vollkommene Mystiker gerade in dieser Eigenschaft der vollkommene Christ ist, und wir verstehen darunter einen Christen, den die höchsten göttlichen Gnadenerweise, nicht der Verbundenheit mit den Leiden und Taten der streitenden Kirche entreißen" (GaL 309). Rahners berühmtes Wort, das der Fromme von Mor-

Der Heilsuniversalismus führte bereits de Lubac zu erheblichen Konsequenzen, die sich in der Frage meldet: Wozu Kirche, wenn das Heil allen zugesprochen ist. Genauerhin formuliert er: „Wenn ein unausgesprochenes Christentum [„christianisme implicite"; Cath 163] zum Heile derer, die kein anderes kennen, genügt, warum dann noch nach einem ausgesprochenen [„christianisme explicite"] suchen? Kurz, wenn einer schon durch ein anonym besessenes Übernatürliches [„Bref, si tout homme peut être sauvé par un surnaturel anonymement possédé"] gerettet werden kann, wie läßt sich ihm dann die Pflicht klarmachen, dieses Übernatürliche durch das Bekenntnis zum christlichen Glauben und durch seine Unterwerfung unter die Kirche ausdrücklich anzuerkennen?" (GaL 193). Darauf habe die Kirche im Pilgerstand keine systematische Antwort (GaL 194). Auch wenn de Lubac die Aufgabenstellung als Frage entwirft, ist die Terminologie konsequent und mit der Karl Rahners in hohem Einklang[32]. Das scheint aber durchaus ein Erbstück der Ordenstradition zu sein, der ihnen bereits von den Jansenisten vorgeworfen wurde, weil „sie nämlich mit ihrem falschen Grundsatz von der Möglichkeit, sich in allen Religionen zu retten, das Jahrhundert dem Unglauben überantwortet hätten" (GaL 194).

---

gen ein Mystiker sein wird, nährt sich aus der gleichen Quelle (ders., Schriften zur Theologie. Bd. VII. Einsiedeln-Zürich-Köln 1966, 22).

[32] Im Nachwort zur dritten Auflage von Cordula setzt Balthasar de Lubac als Friedensstifter im Streit um den Ausdruck des anonymen Christentums ein. Er selber schreibt im Vorwort, daß die Theorie bei Rahner aufgrund des universalen übernatürlichen Existentials abgeschirmt sei (vgl. 125). Sein Versöhnungsvorschlag würde allen Seiten gerecht. Im angegebenen Beitrag de Lubacs (Die Kirchenväter und die nichtchristlichen Religionen. In: Geheimnis aus dem wir leben. Kriterien 6. Einsiedeln-Freiburg 1990, 131-154), der Rahner übrigens nicht erwähnt, verteidigt de Lubac den Ausdruck „anonyme Christen" (149-154), den Ausdruck „anonymes Christentum" lehnt er jedoch ab. Als Grund führt er die Einheit von Offenbarung und Erlösung, das Neue in der Geschichte und die Einheit von Christus als Quelle der Gnade und als objektives Licht der Wahrheit an. Dieser christologische Blickwinkel kann nun beim Empfänger dissoziiert sein. Daher gibt es gewiß Gnade außerhalb der Kirche, und somit auch Menschen, die als „anonyme Christen" benannt werden dürfen. Die Einsichten des Evangeliums könnten sie z.B. durch geheimnisvolles Wirken des Heiligen Geistes bekommen haben. Das Schema von „implizit und explizit", das das Neue verkennt, könnte aber so nicht angewendet werden. Denn so sind die Ausdrücke implizites oder anonymes Christentum unpassend. Eine solche Aussage vermische zwei sorgfältig zu unterscheidende Fragestellungen: die Bedeutung der unterschiedlichen Religionssysteme und die Frage nach dem Heil der Ungläubigen. Der existentielle Charakter und die Neuartigkeit des Evangeliums würde dadurch unterschlagen und die Forderung der Metanoia unterlaufen. „Nein, die namentliche christliche Offenbarung ist nicht bloß der reflexe positive, historisch objektivierte (und damit gewiß relative, veränderliche) Ausdruck der Offenbarung im Gewissen; durch die Menschwerdung des Wortes nähert sich Gott dem Menschen auf andere Weise als durch innere Entsprechung; sie bedeutet nach dem Wort Bonhoeffers: „Neuschöpfung der Existenz" (Nachfolge. München [6]1958, 17). Auf diese Gemeinsamkeit hat zuerst hingewiesen: Neufeld, Herausgeforderter Katholizismus 265f.

4. Katholizität: das uneingelöste Versprechen

Von diesen Perspektiven scheint in der öffentlichen Atmosphäre[33] heute wenig übrig geblieben zu sein. Es mag am eigentümlichen französischen Stil liegen, daß seine Theologie nie richtig heimisch bei uns geworden ist. Stärker scheint aber zu wirken, daß auch seine Person und sein Werk dem nachkonziliaren Streit um „progressiv" und „konservativ" nicht enthoben war und teilweise leichtfertig abqualifiziert wurde[34]. Das ist aber nicht unser Thema.

Vielmehr möchte ich abschließend seine Perspektive als uneingelöstes Versprechen reformulieren. Katholizität ist nicht einfach eine Tatsache. Die ihr entsprechende Haltung erscheint eher als eine Herausforderung oder gar als eine Zumutung. Wenn de Lubac ausdrücklich sagt, daß keiner an die Kirche glauben könne, „außer im Heiligen Geist" (GaL 67), und er abschließend hinzufügt, daß nichts verderblicher sei „als der Glaube, die wahre Katholizität sei mühelos zu verwirklichen" (GaL 305), dann beschreibt er in seinem Buch eine Haltung, die der dauernden Bekehrung bedarf. Sie besteht meiner Ansicht nach darin, aus dem Blick Christi die Welt anzusehen. In der klassischen Frömmigkeitstradition könnte vielleicht gesagt werden: mit dem Herzen Christi denken, in seiner Liebe aller Wirklichkeit begegnen. Dieses bedeutet, daß sich die Identität eines Christen nicht aus der Negation entwickelt, sondern aus der Beziehung zu Christus und der Kirche, in denen das Ja Gottes zur Welt die Geschichte geheiligt hat. Daher soll sich der Katholik nicht nur als Objekt einer Macht, sondern zuerst als Glied eines Leibes (vgl. GaL 69) sehen. In dieser Bejahung weist er eine bloße Negation der vergangenen Geschichte zurück und ist in gleicher Weise offen für das anbrechende Neue in ihr. Katholizität steht immer unter dem „Gesetz der Menschwerdung" (GaL 248). Daher ist nicht die Revolution, die Altes beseitigt, um Neues zu schaffen, und doch nur das Bestehende einer Illusion opfert, sondern die Anverwandlung, die eucharistische Grundhaltung die der Katholizität entsprechende Vorgangsweise: „Es gibt innerhalb unserer Welt nirgends, in keiner Ordnung, einen schlechthinnigen Neubeginn, und wenn man, was gar nicht möglich ist, alles niederreißen könnte, so wäre man danach erst recht nicht imstande, alles neu zu schaffen" (GaL 249).

De Lubacs Vision der Katholizität kommt heute, da der Mensch zwischen Konsum und industriellem Produkt eingeebnet wird, deshalb eine besonde-

---

[33] Es ist nie ganz zutreffend, generelle Aussagen zu treffen. Ich meine damit, daß in der Wahrnehmung und der öffentlichen Selbstrepräsentation der Kirche (und der Theologie!) die hier nachgezeichnete Vision kaum tragend ist.

[34] Wie sich die Rezeption nicht nur dieses Werkes, sondern auch seines Autors geändert hat, kann am Œuvre von Hans Küng abgelesen werden. Wird es noch in seinem Werk „Die Kirche" ([1967]. München ²1980, 353, Anm. 15) wie andere Werke angemerkt, so wird es in „Das Christentums" (Wesen und Geschichte. Die religiöse Situation der Zeit. München 1994) nicht mehr erwähnt. Die kirchliche Haltung des Autors grundsätzlich mit abfälliger Handbewegung notiert (ebd., 26).

re Bedeutung zu, weil die vorgängigen Perspektiven das Handeln des Menschen leiten. Kirche und Theologie haben die Aufgabe, dem Menschen seine Würde, die tagtäglich verraten wird, in Erinnerung zu rufen. Aber nicht ihm als Individuum, sondern ihm als Person als dem Adressaten der ganzen Menschheit. Daher verstehe ich eine kirchliche Theologie als Anwalt der Transzendenz auf dem Felde der Wissenschaft, die dem Menschen dadurch nicht gerecht wird, als sie ihn vor seinem „Paradox" dadurch zu „retten" versucht, indem sie ihn naturalistisch einebnet. Ein Programm, das nicht neu, sondern nur mit neuem Gewande den alten Materialismus auflegt. Gerettet wird der Mensch aber nicht dadurch, sondern indem er mit seiner Tiefe und Abgründigkeit in einer Weise konfrontiert wird, daß er beginnt, den Abgrund Gottes anzurufen. Daher kann eine der Wissenschaft verpflichtete Gesellschaft die Menschheit nur noch als eine Einheit der Bedrohung beschreiben, um sie dann sofort als Einheit des Konsums, der Medien oder der Events davon wieder abzulenken. In einer solchen Situation ist es Sendung des Glaubens, Widerspruch einzulegen. Zum industriell-technischen Umgang mit dem Leben und der funktionalen Nivellierung des Menschen und des Lebens muß Kirche und Theologie im Widerspruch stehen: um des Menschen willen!

Die Sicht des Glaubens, die de Lubac 1938 entwarf, kann uns noch heute dazu helfen, nicht zum findigen Tier zu degenerieren. Was wir Christen, ob wir Minderheit sind oder nicht, unseren Mitmenschen schulden, ist dieser aus dem Glauben entfaltete und gelebte Blick: „Die Einsicht, daß nach dem innersten Wesen des christlichen Glaubens die Menschheit nicht bloß eine äußerliche nachträgliche Summe von Einzelindividuen ist, von denen jedes für sich sein Heil wirkt. Die Menschheit ist vielmehr im ursprünglichen Plan der Heilsordnung, im Fall, in der Erlösung durch Jesus Christus, in der ganzen Heilsgeschichte von Adam bis zum Ende der Welt und selbst noch im ewigen Heil eine heilige Einheit in Christus und der Kirche"[35].

---

[35] Rahner, K., Rez. De Lubac, Catholicisme, in: ders., Sämtliche Werke. Bd. 4: Hörer des Wortes. Hg. Albert Raffelt. Düsseldorf - Freiburg i.Br. 1997, 484.

Atheistischer und christlicher Humanismus bei Henri de Lubac

Xavier Tilliette SJ

Um Henri de Lubacs christlichen Humanismus richtig verstehen zu können, muß man zuerst den atheistischen Humanismus als sein Gegenteil prüfen, dessen wachsender Schatten das 19. und 20. Jahrhundert verdunkelt. Diesem großen Ereignis der Moderne hat Henri de Lubac bekanntlich eines seiner ersten und berühmtesten Bücher gewidmet, nämlich *Die Tragödie des Humanismus ohne Gott*[1]. Es erschien 1945 nach der Befreiung Frankreichs und am Ende des Zweiten Weltkrieges. Mehrere unterschiedliche Ausgaben dieses Werkes liegen vor. Ursprünglich war es kein systematisches Werk, sondern eine Sammlung von Aufsätzen, die 1942 - 1943 in der Zeitschrift *Cité Nouvelle* in Lyon veröffentlicht worden sind. Allerdings sind es keine Gelegenheitsartikel, denn sie sind „gezielt", sie weisen alle auf ein einziges Riesenproblem hin, aber sie rechnen mit den Umständen ab. Die allgemeine Tendenz der Zeitschrift und ihres Leiters P. Desbuquois war eher konform mit dem Vichy-Regime, dennoch gedachten Henri de Lubac und andere Widerstandskämpfer der ersten Stunde in der Gesellschaft Jesu durch ihre Mitarbeit die Zensur zu überlisten und den Gang der Zeitschrift zu beeinflussen. In vollem Bewußtsein der zweideutigen Situation schreibt der Autor in den ersten Zeilen:

„Diesem Werk war es auferlegt, in der Zeit der Besetzung zu erscheinen. Bei seiner Abfassung wurde den von der Zensur auferlegten Notwendigkeiten Rechnung getragen, und es ging noch vor der Befreiung von Paris in Druck. Das ist die Erklärung dafür, daß manches besonders betont, manches andere mit Schweigen übergangen wurde. Wie es nun einmal ist, ist es ein Zeugnis"[2]. Es ist heute ziemlich schwer, das Nichtgesagte zu bezeichnen, hingegen sind die „Dringlichkeiten" offenbar, sie betreffen das Kapitel „Der geistige Kampf" mit dem Schluß „Der Geist des Christentums". Im allgemeinen lassen die Änderungen und Ergänzungen die Linie des Buches unversehrt. Ein größerer Unterschied zwischen Aufsätzen und Sammelband besteht in der Auswechslung Proudhons durch Auguste Comte. Allerdings wurde Proudhon einer anderen Veröffentlichung vorbehalten, nämlich *Proudhon et le christianisme*[3], wenige Monate später. Übrigens ist Proudhon ein Atheist mit Vorbe-

---

[1] De Lubac, Henri: Die Tragödie des Humanismus ohne Gott. Feuerbach - Nietzsche - Comte und Dostojewskij als Prophet. Aus dem Französischen von Eberhard Steinacker. Salzburg, Otto Müller Verlag, 1950. Titel der französischen Originalausgabe: Le Drame de l'Humanisme Athée.

[2] Ebd., 16.

[3] Editions du Seuil, Paris 1945.

halt, eher ein Antiklerikaler, oder wenn Atheist, dann „vom Wort Gottes triefend", um einen Ausdruck Charles Péguys , den er für Bernard Lazare geprägt hat, zu wiederholen. Hingegen stellte Auguste Comte das Paradigma eines humanitären Atheismus dar, einer gemäß der Gott-Menschheit wieder aufgebauten Gesellschaft - wie ein Nachäffen der festgegründeten „göttlichen Stadt". Seine typisch französische Utopie faßte ein halbes Jahrhundert von Sozialismus und Saint-Simonismus zusammen und beschrieb eine laisierte, streng immanente Religion. Sie bildete den Abschluß der von Feuerbach angestoßenen Bewegung, nämlich die der Übertragung der Gottheit auf den Menschen als Menschheit. Nicht das kümmerliche Dasein der positiven Kirche, sondern der freche Erfolg des Säkularismus zeugt für die Ausdauer der Comte'schen Idee.

P. de Lubac hat die positive Utopie ernst genommen. Er hätte gegen Auguste Comte die Waffe der Ironie ins Feld führen können, denn das Leben Auguste Comtes wimmelt von lächerlichen Zügen (und Henri Gouhier hat den Groß-Kophta nicht geschont)[4]. Hingegen behandelt ihn P. de Lubac nicht wie einen Verrückten, der er doch war, sondern als den Endpunkt einer dramatischen Entwicklung. Denn hinter allem Wahn stellt der Positivismus, gesellschaftlich betrachtet, das Ergebnis und den Ausgang des dramatischen Abgleitens des Menschen in den Ausschluß Gottes und die Autarkie dar. Comte ist kein Antitheist, er ist sogar auf seine Weise ein hartnäckiger Gläubiger, aber sein Glaube geht in die umgekehrte Richtung.

Am anderen Pol der (pseudo-)humanistischen Entwendung brüstet sich der hellsichtigste der Wahnsinnigen: Friedrich Nietzsche. Nietzsche ist der tragische Held des Abenteuers des Atheismus, er hat die Verneinung mit dem Verstand bezahlt, er hat aber die schrecklichen Unkosten der Hybris nicht verhehlt. Sein Atheismus ist kämpferisch. Was Auguste Comte vertuscht hat, die Zurückforderung, die Usurpation, erhält mit Nietzsche einen heftigen Klang. Er ist der Vertreter eines "postulatorischen Atheismus", nach der Bezeichnung Max Schelers: entweder Gott oder der Mensch, Gott wird erledigt und der Mensch nimmt seinen Platz ein. Nietzsche hat bis zum Äußersten eine Vor-Freudianische Aufruhr weit getrieben, nämlich die Rache der Söhne, den Vätermord. Schließlich gibt es weder Gott noch Menschen. Man empfängt erschrocken das elende Bild des Einsamen in Turin, auf dem Sofa zusammengeschrumpft, bevor er zur Irrenanstalt geführt wird. Gegenüber dem eilig angelaufenen Freund Overbeck beschwert er sich über die schwerste Aufgabe, die nun ihm zukommt, die Weltregierung. Er war das trostlose Sinnbild des Scheiterns im Übermenschen.

Seit dem letzten Weltkrieg hat man sehr viel über Feuerbach und Nietzsche geschrieben, dicke Bücher sogar. Manchmal werden sie als theologische Ratgeber angeführt. Dennoch sind die knappen gediegenen Ausführungen von P. de Lubac, die mit Anmerkungen und Hinweisen reichlich versehen sind, kaum

---

[4] In seiner kleinen Biographie von Auguste Comte.

veraltet. Der Autor, indem er neue Ausgaben zuließ, hat manches darin bemängelt und beanstandet. Zu Unrecht, meine ich, denn er hatte das Wesentliche erfaßt, und sein Zweck war nicht, eine Gelehrtenarbeit vorzulegen. Immerhin soll man nach seinem Hinweis die sogenannten „*affrontements mystiques*"[5] in Betracht ziehen, die die Auseinandersetzung mit Nietzsche weiter treiben.

Kierkegaard ist bloß eine flüchtige Erscheinung. Er ist der richtige Gegner Nietzsches, wie Jaspers ihn im Gegensatz zu Nietzsche als die andere Ausnahme dargestellt hat. Aber P. de Lubac, von Jean Wahl vielleicht zu sehr beeindruckt und trotz seiner Freundschaft mit Paul Petit[6], zeigt sich etwas schüchtern. Sein Kierkegaard wird von Nietzsche verdrängt und er führt einen einsamen Kampf, der wenig Erfolg verspricht. Anscheinend hält P. de Lubac größere Stücke auf Dostojewski, dem die Stärke der christlichen Erwiderung zukommt. Das Lob ist nicht gerade angemessen: „Kierkegaard ist ein mehr anregender als verläßlicher Autor", merkwürdigerweise schaut in der Umgebung eine Quasi-Rehabilitierung Hegels hervor. Immerhin ragt Kierkegaard als Zeuge des Glaubens und „Herold der Transzendenz" empor. Wenn man bedenkt, wie P. de Lubac damals das ganz Andere und die Transzendenz hochschätzte, ist das Urteil überaus günstig.

Aber es leuchtet ein, daß die Apologie des Christentums Dostojewski zuteil wird, in einer Reihe von zugleich nüchternen und doch schwingenden Kapiteln. Das Drama der Existenz hängt unaufhörlich mit der Tragödie des Atheismus zusammen. Die tiefe Empfindsamkeit P. de Lubacs, die sich zu seiner Hellsichtigkeit gesellt, hat ihm die Zugänge zu einer Tiefenpsychologie geöffnet, die den durchschnittlichen Leser verwirren kann. Hier hat er einen Stil der theologischen Kritik gefunden, die v. Balthasar in seiner Bernanos-Monographie fortsetzen wird. Sonst stützt sich seine Exegese auf die genialen Untersuchungen von Berdjajew, Erdokimow oder Guardini. Allerdings hätte er vielleicht die pathetische Gestalt des Iwan Karamazow ausführlicher behandeln können. Iwan, unvergeßliches Geschöpf, das den konventionellen Aliosch und das ergreifende Sühnopfer Dmitri weit überragt. Der „Dämon" oder „Besessene" unter den Dämonen und Besessenen, der teuflische Gottlose Starroguin, ist nicht mit romantischen Zügen geschildert. Dieser Fürst des Bösen und der Lüge begeht sogar aus purer Langeweile Verbrechen. Hingegen wurde P. de Lubac sowie Albert Camus vom Ingenieur Kirillow stark beeindruckt: ein Ritter der fixen Idee, durch die menschliche Freiheit behext und beängstigt, dessen Traum der „kaiserlichen Freiheit" jämmerlich scheitert. In diesem hat er, im Taumel der freien Handlung, den unaufhebbaren Grund von Religiosität entdeckt, der hinter gewissen Haltungen von Trotz und Verneinung steckt. Auf dem anderen Ufer hat ihm eine befremdende Person gewunken, Prinz Myschkin, der Idiot. In dem fein von Guardini beschriebenen entwaffnenden Wesen hat er das Emblem der Unschuldigen wahrgenommen,

---

[5] Mystische Konfrontationen.

[6] Übersetzer Kierkegaards, Widerstandskämpfer, in Köln enthauptet am Ende des Krieges.

denen der Eintritt ins Reich verheißen ist. Leider hat er sich mit einem bloßen Hinweis auf das Symbol Christi begnügt, dessen Bedeutung Guardini keinesfalls erschöpft hatte.

Im Paradezug der Atheisten Dostojewskis ragt der hohe Wuchs eines Greisen, der Großinquisitor, „die ergreifendste und wahrscheinlich die prophetischste Gestalt von allen denjenigen, die das Genie Dostojewski geboren hat" hervor. Der Kardinal von Sevilla ist zweimal ein Atheist: für sich und für die anderen. Er hat mit Satan einen Vertrag, einen Bund geschlossen. Er braucht nicht den Atheismus zu predigen und Propaganda gegen Gott zu treiben. Es genügt, der Menge Brot, Spiele und Zauber auszuteilen, um sie folgsam und feige zu machen, in ihr den religiösen Nerv zu betäuben, und die Herde langsam ins Nichts zu lenken. Den Großinquisitoren gehört, zusammen mit der Schadenfreude der Täuschung, das bittere Wissen des Nihilismus, das Europa wie ein Leichentuch bedeckt. Deshalb ist der eigentliche Feind des Kardinals kein nichtseiender Gott, sondern Christus, der Held der Freiheit. Er, der Greis, ist in Wirklichkeit der Antichrist oder einer seiner Vorläufer und Stellvertreter, von welchem die Geschichte einige entsetzliche Beispiele bietet. Gewiß ist die Prophetie des Inquisitors einer völlig entkernten Freiheit, noch zukünftig, doch schreitet sie unerbittlich fort, unter dem Mantel des Säkularismus. Diese Verkehrung und Verstellung des Guten wurde der untröstliche Schmerz des alternden de Lubac.

Alle von ihm ins Auge gefaßten Autoren haben auf die moderne Epoche und die Modernität mächtig gewirkt. Aber Dostojeweski ist der tiefsinnigste und der scharfsinnigste, weil er zugleich der „unterirdische Mensch" und der Rächer Gottes ist. In ihm hat sich alles das, was die Qual Gottes hervorbringt, herauskristallisiert: Haß und Vergebung, Verneinung und Anrufung. Hier hat P. de Lubac seine eigene Motivation enthüllt, zugleich seine Auffassung eines echten Humanismus. Der Rutengänger der Tradition, der er war, hat nie die Gelehrsamkeit um ihrer selbst willen betrieben. Sein einziges Ziel war die Übergabe solcher Schätze und Reichtümer, wie das Christentum sie gesammelt hat, an das christliche Volk, an die Menschen guten Willens. Vor allem wollte er angesichts der schleichenden Entchristianisierung der Welt den Menschen an sein Schicksal erinnern, d. h. an sein Wesen und seine Berufung. Nicht alle sind fähig zu lernen und zu studieren. Die Absicht P. de Lubacs war nicht bloß, die Intellektuellen mit einer geistigen Nahrung zu versehen, sondern den Einfältigen und Kleinen ihren Bezug zu Gott zu offenbaren. Seine mahnenden Worte gelten den Nichtgläubigen wie den Gläubigen. Er hat nie das Motto seines Lehrers Maurice Blondel vergessen: „etwas Gültiges sagen für den nicht Glaubenden" und a fortiori für den Gläubigen.

Die Tragödie des Humanismus ohne Gott, auch abgesehen von den Umständen seiner Erscheinung, ist eine ernste Mahnung gegen die Gefahren und Versuchungen, die den christlichen Glauben angreifen und in seinem Sog den Glauben an den Menschen. Abermals der Lehre Blondels getreu, hat P. de Lubac nie aufgehört, zwei Dinge einander gegenüberzustellen, nämlich einmal das christliche Mysterium als die Wahrheit, die sich selbst und die Finsternis erleuchtet und dann das Herz des Menschen in seiner Innigkeit, da wo das Bedürfnis nach Gott und Seiner Offenbarung insgeheim schwelt und brennt. Das Ineinanderpassen, die Angemessenheit, die beides verbindet, ist die Triebfeder einer modernen Apologetik. *Die Tragödie des Humanismus ohne Gott* ist ein Programm und eine Herausforderung, was sich etwa in der Wertschätzung Dostojewskijs zeigt: Dostojeweskij soll den Menschen das zurückgeben, was sie durch einen verfälschten Gebrauch der Vernunft verloren haben: die Ahnung des Geheimnisvollen, welches die wahre Heimat des Menschen ist. Dann werden die Menschen von ihren Philosophen verlangen, die Spur des Geheimnisvollen von der Vernunft selbst her wiederzufinden. Gott ist dem Menschen notwendig, Gott ist ihre Qual. Der Mensch ist ein theotropisches Wesen. Überall umstritten und bekämpft, ist der Glaube in seinem Herzen dennoch unzerstörbar. Nach P. de Lubac wird der abendländische Atheismus nur eine Weile dauern, denn der Mensch kann nicht ohne Gott leben. Daran hindert ihn das unwiderstehliche Streben der nach dem Bild Gottes geschaffenen Seele.

Ist diese Ansicht de Lubacs allzu optimistisch? Die Nacht der Gottlosigkeit wirft unaufhörlich immer längere Schatten auf die Erde, wie der wachsende Schatten des Buddha nach Nietzsche. Aber Gottes Mühlen mahlen langsam, und was Pater de Lubac damals schrieb, forderte keine Bestätigung von der Geschichte. Mitten in einem stets bedrohten Leben, im Widerstand aktiv eingesetzt, sah er Dinge und Ereignisse vom Standpunkt des Todes aus, er prägte ihnen das Siegel der Ewigkeit ein. Die metaphysische Erfahrung der Einmaligkeit des Todes richtete seine Weltanschauung aus, er hatte sich sozusagen den Blick seines Gefährten P. de Montcheuil angeeignet, den die Nazis kurz vor dem Zusammenbruch erschossen hatten.

Der atheistische Humanismus ist der verkehrte Spiegel eines etwas problematischen christlichen Humanismus, der seinen Adelsbrief während der Renaissance erhielt. Eine große jesuitische Tradition der Erziehung und Bildung knüpfte an diesen Humanismus an, in den dreißiger Jahren war eine Umfrage entstanden, die eine Debatte auslöste, in der der Dichter Paul Claudel sich durch dessen schroffe Ablehnung auszeichnete. Aber es kam eine andere Gelegenheit für P. de Lubac, seine Meinung deutlich auszusprechen: In seinen Alterstagen nämlich hat er sich, wie er selbst sagt, in einen jungen Mann verliebt, d. h. er hat Pico della Mirandola entdeckt, und achtzigjährig hat er ihm ein gelehrtes Buch gewidmet, das eine sonderbare Frische und Leidenschaft atmet[7]. Nun ist Pico ein Vertreter des „humanisme intégral" im Sinne von Maritain, eine Auffassung, die die Größe und Erhabenheit des Menschen hervorvorhebt[8], mehr als seine Absolutheit und Autonomie. In seiner wie immer ausladenden Studie macht P. de Lubac eine deutliche Unterscheidung zwi-

---

[7] Pic de la Mirandole. Etudes et discussions. Aubier-Montaigne, Paris 1974.
[8] Ebd. 132.

schen der Würde des Geschöpfes Gottes und dem Stolz des prometheischen Helden. Freilich stellte er die Neuforderung des Humanismus fest, wie sie in Sartres „Der Existenzialismus ist ein Humanismus" und Heideggers „Brief über den Humanismus" stattfand. In dem Zusammenhang verweist er auf zwei Aufsätze von P. de Montcheuil „L'humanisme chrétien" und L'idéal humaniste du chrétien". Aber auch der Marxismus hat sich das humanistische Label zueigen gemacht. Gegen eine ziemlich allgemeine Tendenz, den Humanismus als menschliche Autarkie zu stempeln, verteidigt P. de Lubac die Anschauung des Menschen als Mittlers zwischen Gott und Welt, Schöpfer und Schöpfung, also ein uraltes christliches Erbgut. Wenn ein Wort P. de Lubac aufgefallen ist, dann zeifelsohne das Irenäus-Wort: „*Gloria Dei vivens homo*", das er öfters zitiert. Grundlage des christlichen Humanismus ist der Gedanke, daß der Mensch der „Knoten" der Schöpfung ist[9], besser gesagt das Band. Er ist es durch seine Freiheit. Daß Pico der Erbe und Fortsetzer einer großen Anzahl von Zeugen ist, davon führt de Lubac sehr viele Belege an, es ist seine Art, die symphonische Wahrheit in einem Orchester von Zitaten und Hinweisen erklingen zu lassen. Aber das Thema bleibt einfach, immer vernehmbar „ so weit das Ohr, so weit das Auge reicht ...". Der junge Allwisser verliert nichts, indem er in eine lange Reihe von Genossen eingeschaltet wird, im Gegenteil; seine klare Stimme besticht im üppigen Chor. Das Bild des Proteus, das auf den Menschen oft angewandt wird, betrifft nur die äußere Erscheinung, die Schale. In Wirklichkeit ist der Mensch ein Umgreifendes, dessen Inhalt die Welt und dessen Kern die Freiheit ist. Es ist der alte Gedanke des Ganzen im Stückwerk.

Es ist also keine Überraschung, wenn P. de Lubac Maurice Blondel wie von selbst mitbringt: In der L'Action (1893) von Maurice Blondel sowie in Pico della Mirandola verbindet sich das Thema des Menschen als Mittelpunkt und Inbegriff der Welt mit dem herrschenden Thema der Freiheit und des Ernstes der Wahl (option)[10]. Und genau wie Blondel hat Pico nie die Grenzen der Orthodoxie überschritten, wenn er auch von einer „offenen Philosophie" (philosophie ouverte) träumt[11]. Es ist immer der Ruf nach mehr Verständnis, mehr Großzügigkeit. *Quando angustiantur vasa carnis, dilatantur spatia caritatis.* Sein Eros ist ein christlicher Eros[12]. Seine Gefährten sind weniger Ficinus und Polizian als Cusanus und Pascal[13]. Für sie sind der Jesus der Geschichte und der „kosmische Christus" ein und derselbe[14]. Die schöne Parallele, die de Lubac zwischen Pico und Pascal herstellt[15], verdient es, wenig-

---

[9] Ebd. 165.
[10] Ebd. 216.
[11] Ebd. 259.
[12] Ebd. 281.
[13] Ebd. 335 – 351.
[14] Ebd. 339.
[15] Ebd. 350 – 351.

stens in ihrem Ausklang zitiert zu werden: „Es war, als ob die Seele Picos in den Leib Pascals eingedrungen wäre"[16].

Es reicht. Der Schluß des Werkes ist ein Trauerlied für das Schicksal des Dreißigjährigen. Solche Verluste sind unermeßlich und lassen dem Bedauern einen weiten Raum. Hat seine Lehre ihn überlebt? Die Zeiten des religiösen Humanismus sind offenbar vorbei[17]. Dennoch dauert ein unsterblicher Hauch fort, der sogar die Luft des christlichen Humanismus anweht. Henri de Lubac kann nie fehlen, wenn es sich um seinen tiefsten, fortwährenden Gedanken handelt: „...wenn es wahr ist, wie P. Teilhard de Chardin heutzutage sehr stark betont hat, daß die Religion dem Menschen wesentlich ist und der Mensch den gelehrten Analysen, die ihn zu zerstückeln versuchen, immer widerstehen wird, kann wohl der religiöse Humanismus einige Finsternisse erleiden: unter neuen Gestalten wird er immer wieder geboren werden. *Fecisti nos ad Te Deus*: diese von Augustin geprägten Worte, um die tiefste menschliche Wirklichkeit auszudrücken, kein Ätzmittel wird je beizend genug sein, um sie zu tilgen. Diejenigen, die einmal einen solchen „Humanismus" zutiefst erlebt haben, werden immer eine Macht der Erweckung behalten. Teilhard sagte von der Zeit Picos: sie war „ein Versuch der unseren"[18].

Es würde viel zu weit führen, mit dem Alterswerk *La postérité spirituelle de Joachim de Fiore*[19] (2 Bände; *Die geistige Nachkommenschaft des Joachim von Fiore*) eine ähnliche Analyse vorzunehmen, wie mit dem Jugendwerk *Das Drama des atheistischen Humanismus*. Dort wendet sich die Kritik, in einer Nachfolge von Monographien, gegen die religiöse Utopie, die falsche Mystik, die Gnosis, die immer wieder den rechten Glauben zu ersticken droht. Im Vergleich mit dem trockenen Atheismus und Nihilismus, der eine Leere und einen Mangel aufweist, lösen die verschiedenen Joachismen die Lehre durch Träume ab. P. de Lubac war sehr aufmerksam auf diese Pseudomorphosen, die einen „frommen Betrug" verpflanzen und Gutgläubige verführen: Bilder und Geschöpfe der Übertreibung, die ein nicht minder verderbliches Gegenstück zur Verneinung ausmachen.

Aber in seiner Mannigfaltigkeit ist das Werk de Lubacs einheitlich. Sein theologischer Beitrag kreist mit immer festerem Willen um das Geheimnis des Übernatürlichen, d.h. der Gnade, und anschließend der Kirche. Der knappere philosophische Teil, der an sich eine natürliche Theologie ist, befaßt sich mit der Religion und den Religionen, aber vor allem mit dem Grund und Boden, d.h. dem unumstößlichen Hang zu Gott, dem Menschen als Abbild. Wie oft, in verschiedenen Formen und Gestalten, hat P. de Lubac den göttlichen Ursprung im Menschen eingehämmert! Diese unnatürliche Natur des Menschen, die er von Blondel und vor allem von den Kirchenvätern gelernt hat, ist die

---

[16] Ebd. 351.
[17] Ebd. 399.
[18] Ebd.
[19] Le Syclomore, Namur-Paris, 1980-1981.

Grundlage der unbezwingbaren Idee Gottes, die den Nerv der Apologetik bzw. Fundamentaltheologie darstellt. Pausenlos hat P. de Lubac an jene ungeborene und eingeborene Idee erinnert. Sie ist der Ariadnefaden des programmatischen Büchleins: *Von der Erkenntnis Gottes*. Es ist kein Zufall, daß er immer wieder dies Büchlein herausgegeben und ergänzt hat. Es ist ein ständiger Begleiter seines sechzigjährigen Strebens.

Der Mensch ist gezeichnet und er kann das Zeichen, das Siegel, nicht ausradieren. Die Seele ist ein geheimnisvoller Ursprung, *in interiore homine habitat veritas*, in der Innerlichkeit liegt die Wahrheit geborgen. *Auf den Wegen Gottes*[20] setzt mit einer herrlichen Ausrufung an:

„O Mensch, begreife deine Größe, indem du deine Abhängigkeit bekennst. Denk über die Pracht nach, die dir gegeben ist, aber maße dir nicht an, dessen Quelle zu sein. Lerne deine Wirklichkeit als Spiegel und Bild kennen. Lerne dich kennen, indem du deinen Gott erkennst. Fange an, soweit es einem Sterblichen möglich ist, Sein Antlitz zu betrachten, indem du dich in dir sammelst"[21].

Die unauslöschliche Spur des Fingers Gottes im Menschen ist die Idee, die Vernunft. Gottes Idee als Gehalt und Form und Inbegriff der Vernunft. Nachträglich dürfen wir die Übereinstimmung der Gedanken de Lubacs mit der schönen Enzyklika *Fides et Ratio* begrüßen, kein Grund zum Staunen, wenn man bedenkt, wie vertraut der Heilige Vater mit dem großen Theologen ist und war. Die Idee Gottes, deren Erörterung der sogenannte ontologische bzw. anselmianische Beweis darstellt, liegt allen anderen Beweisen zugrunde, eher allen anderen „Wegen", die den Geist zum Geheimnis emporheben:

„Der Gedanke des einzigen und transzendenten Gottes ... ist kein Ergebnis einer immanenten Dialektik, weder durch Synthesis erworben, als ob er dem empfundenen Bedürfnis, das zerstreute Heilige zu vereinigen, entsprechen würde, noch durch Antithesis, als ob sich der Mensch der Nichtigkeit seiner ehemaligen Götter bewußt geworden wäre. Kein Verfahren der Integrierung oder des Gegensatzes kann ihn erklären ... Der Gedanke des einzigen Gottes taucht von selbst mitten im Bewußtsein auf, durch eine Forderung der Vernunft oder eine übernatürliche Erleuchtung angeregt, und drängt sich dem Geist von selbst auf, kraft der eigenen Notwendigkeit"[22].

P. de Lubac spricht anschließend von einer „Ausstrahlung", die eine „Rückstrahlung" verursacht, d.h. das innere geheimnisvolle Licht wird reflexiv aufgenommen, in der Vernunft abgeblendet, auch indem die falschen Idole, Gespenster und Ungedanken verblassen und sich verflüchtigen[23]. Diese Erläuterung auf der Schwelle ist natürlich durch eine Anzahl Belege in den Anmerkungen unterstützt. Die Fortsetzung ist offenbar eine Abhandlung des christli-

---

[20] Sur les chemins de Dieu. Aubier-Montaigne 1956. De la connaissance de Dieu. Edit. du Témoignage chrétien 1945, 1948.

[21] Ebd. 16-17.

[22] Ebd. 40.

[23] Ebd. 40-41.

chen Humanismus nach den Grundlagen einer natürlichen Theologie oder Theodizee. Es fällt auf, daß P. de Lubac die frühere Widmung nicht wiederholt hat, die die ersten Ausgaben schmückte: „Meinen glaubenden Freunden und denjenigen die glauben, daß sie nicht glauben (qui croient ne pas croire)". Damit wollte er die unverwelkliche Signatur Gottes in jedem Menschen unterstreichen. Dazwischen kam der Streit um das anonyme Christentum, und de Lubac wollte jede Zweideutigkeit meiden, obwohl er gern Karl Rahner zitiert, den er als echten religiösen Mann anerkannte.

Ein anderer Ausdruck ist aus den neueren Fassungen verschwunden, nämlich: der Atheismus oder die Gottlosigkeit als Salz, „das verhindert, daß das menschliche Denken verdirbt"[24]. Es kann gut gemeint sein, in einem ersten Moment, d.h. gegen einen Gott, der nur Begriff wäre oder Gegenstand oder Idol. Aber für sich genommen, ist der Ausdruck furchtbar zweideutig. P. de Lubac hat also die Formel sorgfältig modifiziert: der Atheist trägt unbewußt und unwillig dazu bei, den Glauben zu „reinigen", *nolens, volens* bringt das Salz, das verhindert, daß der Gedanke Gottes erstarrt und verdirbt[25]. Was natürlich etwas ganz anderes ist als ein atheistisches Moment des Glaubens oder der Gottheit. Mehr denn je bestreitet de Lubac die große Täuschung, den „geschlossenen Humanismus", den „unmenschlichen Humanismus"[26]. Ein Humanismus, der Verweigerung Gottes und der göttlichen Wahrheit wäre, ist eine Entstellung der Menschheit[27]. Der Freund und Verteidiger Teilhards hat nichts vergessen von seinem Feldzug gegen den einseitigen Humanismus der Moderne. Eigentlich ist der Atheist kein Salz der Erde, eher sein Gegenteil. Der Heilige ist das Salz und deswegen der echte Gegensatz des Gottlosen. Er kommt von anderswo, er ist der Bote eines unbekannten Vaterlandes, und deshalb der Vorkämpfer des Geistes. Daher die merkwürdigen bzw. denkwürdigen Sätze: „Wenn es mehr Heilige in der Welt gäbe, wäre der geistige Kampf heftiger. Die gesteigerte Offenbarung des Reiches Gottes würde glühendere Zusagen hervorbringen, aber auch korrelativ einen gewaltigeren Widerspruch. Und wenn wir verhältnismäßig friedlich unter den Menschen leben, ist es wahrscheinlich, daß wir lau sind"[28].

In knappen Absätzen wird P. de Lubac nie müde, die zwei Sehnen seines Bogens zu spannen: Der Gedanke Gottes, ein Beweis wie harter Stahl, der mit der Vernunft identisch ist[29] - und darüber hinaus der Mensch als geschaffener Geist und Bild Gottes, ein einziges Streben zum Absoluten, untilgbare Würde und wesentliches Abzeichen, das keine Perversion entwurzeln kann[30]. Damit

---

[24] Ein Ausdruck Jules Lagneaus.
[25] Ebd. 220.
[26] Ebd. 219.
[27] Ebd. 224.
[28] Ebd. 183.
[29] Ebd. 77.
[30] Ebd. 65, 134.

hat er klare Linien für die Apologetik unserer Zeit gezogen und Blondel in der Theologie beheimatet.

Es erübrigt sich hinzuzufügen, daß diese herrliche „übernatürliche Anthropologie" auf eine leere Stelle in ihrem Mittelpunkt hinweist. P. Joseph Huby, der Lehrer und Freund, hat P. de Lubac darauf aufmerksam gemacht, der übrigens völlig einverstanden war. Denn Christus ist im Schatten geblieben, er wird lediglich durch die ersehnten Heiligen vertreten. Oder er erscheint erst im Konterfei und in der Verstellung der immanenten Ausbeutung: der „Raub der heiligen Dinge" hat das Geheimnis Christi erreicht, seine Menschwerdung, Leiden, Tod und Auferstehung[31]. Dies verachtet P. de Lubac, aber er gibt zu, daß das Ur- und Vorbild des Bildes fehlt - aus dem Grund des vorläufigen Charakters seiner Darstellung. Andererseits hat er keine Christologie und kein Leben Christi zu schreiben gewagt, vielleicht weil das Innigste in unserem Herzen unberührbar und unheimlich ist: Jedenfalls ist Jesus, leise aber unverkennbar, das Wasserzeichen seines Werkes - das Wenige, das er geäußert hat, im „Licht Christi"[32], in „affrontements mystiques, im Religiösen Denken des P. Teilhard de Chardin, zeugt von einer tiefen Andacht und intimen Kenntnis.

In seiner achtungsvollen Antwort auf P. Huby verweist Henri de Lubac auf seinen Titel: Auf den Wegen Gottes, eine Anspielung auf „den einzigen Weg, den lebendigen Weg, der Jesus Christus heißt"[33]. Es war auch selbstverständlich sein Weg. Er schreibt kurz vorher:

„Mehr noch, ein erster Widerschein der Herrlichkeit, welche die Jünger Christi auf seinem Antlitz betrachtet haben, erleuchtete insgeheim, hie und da, unseren Weg. Wie könnte man vermuten, daß es anders geschehen würde? Nicht mehr als jedweder konnten wir davon absehen, was die christliche Offenbarung in uns für immer gesetzt hat. Als Jesus Nathanael zur Wiedergeburt einlud, lud er auch gewissermaßen die Philosophie ein"[34].

Dieses Anliegen haben wir hoffentlich alle gemeinsam.

---

[31] Ebd. 210.
[32] Lumière du Christ.
[33] Sur les chemins de Dieu, 257.
[34] Ebd. 253. Nathanael ist wahrscheinlich ein lapsus für Nikodemus.

Die Katholizität der Kirche als Grundlage der Mission

Monseigneur Olivier de Berranger

Der Originaltitel der kleinen Abhandlung, um die es hier gehen soll, lautet: „Die theologischen Grundlagen der Mission". Wie P. de Lubac in der ungekürzten Veröffentlichung im Jahre 1945 erklärte, geht das Kernstück des Textes auf zwei Vorlesungen zurück, die er im Januar 1941 an dem von der *Propaganda Fide* gegründeten Lehrstuhl für Missiologie der katholischen Hochschule in Lyon gehalten hatte[1]. „Eigentlich sind darin nur die Grundzüge der Thematik abgehandelt, die der Titel ankündigt", schreibt er in seinem *Mémoire sur l'occasion de mes écrits*[2]. Obwohl dieser Text scheinbar von nur relativ geringer Bedeutung ist und unter die Kategorie der Werke fällt, die der Autor einmal als „Gelegenheitstheologie" bezeichnet hat, ist eine Beschäftigung damit aus mindestens zwei Gründen empfehlenswert. Wenn für P. de Lubacs „Gelegenheitsschriften" im allgemeinen gilt, daß es schon eines schwerwiegenden Anlasses bedurfte, um ihn dazu zu bewegen, in der aktuellen Diskussion Stellung zu beziehen, so trifft dies auf diesen Text in ganz besonderer Weise zu. Die zweite Vorlesung konnte sogar zum Zeitpunkt ihrer Abfassung nicht veröffentlicht werden, weil der Autor dort in zu offener Weise die rassistischen Thesen der Hitlerschen Propaganda angegriffen hatte. Darüber hinaus läßt die aufmerksame Lektüre der etwa fünfzig Seiten umfassenden Abhandlung nicht nur die erstaunliche Homogenität von P. de Lubacs Gesamtwerk erahnen, sondern stellt auch eine ausgezeichnete Einführung in das für ihn so wichtige Thema der Katholizität oder vielmehr der *Catholica*, d. h. der Kirche dar.

Die missionarische Idee der Kirche

„Die Mission der Kirche...". Dieser Ausdruck, dessen sich P. de Lubac vom Beginn seiner Ausführungen an bedient, hat ganz und gar nicht statischen oder gar institutionellen Charakter; vielmehr wird er in seinem ursprünglichen und somit dynamischen Sinn verwendet. Die „Mission" der Apostel ist die Folge der Mission Jesu und stellt die im Laufe der Geschichte unablässig wiederholte Antwort auf das Geheiß des Auferstandenen dar: „Geht hinaus in die ganze Welt und verkündet das Evangelium allen Geschöpfen" (Mk 16,15). Dieses Geheiß begründet die Kirche. „Das Missionswerk ist also keineswegs

---

[1] Théologie dans l'histoire II. Questions disputées et résistance au nazisme, Paris 1990, 159-219. Alle im Text eingeklammert angegebenen Seitenzahlen beziehen sich auf diese Ausgabe.
[2] Namur 1989, 41.

ein überflüssiger Luxus, der eine Randerscheinung im Wirken der Kirche darstellt [...] Ohne hier ein Wortspiel veranstalten zu wollen, stellt es *ihre Mission* dar" (160f.).

Die erste Vorlesung steht für P. de Lubac noch nicht im Zeichen einer möglichst raschen Widerlegung der immer wieder gegen die Berechtigung der
Mission vorgebrachten Einwände. Bei seiner Vorbereitung hatte er gewissen-
haft zahlreiche Nummern der Zeitschrift der *Union missionnaire du clergé*
und der dazugehörigen Supplementbände zu Rate gezogen. Als treues Mitglied der Gesellschaft Jesu hatte er dabei den Artikeln seiner Freunde Pierre
Charles und Yves de Montcheuil besondere Aufmerksamkeit geschenkt und
sich auch eingehend mit den Schriften Pius' XI. befaßt. Doch in dem Maße, in
dem die Ausarbeitung seines Manuskriptes und der Fortgang der Vorlesung
voranschreiten, macht der „Hinweis auf einige einfache Grundwahrheiten"
(160) zunehmend einer ganz persönlichen Reflexion Platz, in der P. de Lubac,
ganz erfüllt von der Idee der Kirche, seinen Ausführungen eine dementspre-
chende Ausrichtung gibt.

Diese Idee der Kirche hat missionarischen Charakter. Ihre Entstehung ist einer
„wunderbaren Einsicht" zu verdanken, die zuerst in Israel aufgedämmert ist
und mit dem Aufstieg des Monotheismus eine langsame und mühevolle, von
scheinbar unüberwindlichen Schwierigkeiten begleitete Entwicklung durch-
gemacht hat. Das auserwählte Volk ist sich bisweilen nicht sicher, ob es die
Heiden unterwerfen oder vernichten soll. Dann wieder ist es versucht, seine
Zuflucht zu einer rein eschatologischen „Verzweiflungslösung" zu nehmen,
falls es sich nicht damit begnügt, einer verschwindend geringen Minderheit
von „Gottesfürchtigen" sozusagen „einen Türspalt zu öffnen". Oder aber dieses „abgesonderte Volk" entscheidet sich für die völlige Trennung: Israel zieht
um sich herum den „Zaun des Gesetzes", muß damit aber auf seine Mission
verzichten. Nichtsdestoweniger taucht auf dem „Höhepunkt des Propheten-
tums", nämlich bei Jesaja, die geheimnisvolle Figur des Gottesknechtes auf, in
dem das Sendungsbewußtsein des Volkes Israel ein unerhörtes Ausmaß an
Universalität erreicht.

Es wäre zu kurz gedacht, wollte man meinen, P. de Lubac hätte diese Geschichte nur deshalb erwähnt, um sie einfach auf die Probleme und Fragestellungen der Kirche in seinem Jahrhundert zu übertragen. So beschränkt er sich
nicht darauf, seine Argumentation wie gewohnt durch die Hinzuziehung
wichtiger Autoren abzustützen, sondern versucht vielmehr, den „inneren Konflikt" (168) zwischen dem Einzelnen und dem Universalen spüren zu lassen,
der Israel in ganz besonderer Weise betrifft. Dieser Konflikt habe, so P. de
Lubac, Israel in eine Sackgasse geführt. Aber dennoch bleibe seine Geschichte
von dem Grundmotiv einer „wunderbaren Vorwegnahme" durchzogen, die
vor dem Hintergrund der Widersprüchlichkeiten seiner messianischen Hoff-

nungen nur um so heller hervorleuchte. P. de Lubac macht sich bei seiner Schriftdeutung ganz offensichtlich den patristischen Ansatz, vor allem den des Origenes, zu eigen. Anläßlich des Themas der Verbreitung der Kirche *per orbem terrae* bezieht er sich ausdrücklich auf dessen zweite Homilie über die Genesis (172); geht es doch in der ganzen Heiligen Schrift auf die eine oder andere Weise stets um die Kirche. Unter Hinweis darauf, daß selbst nach den bekannten Auseinandersetzungen der Exegeten die teils individuelle, teils kollektive Identität des Gottesknechtes nicht eindeutig geklärt sei, bemerkt er fast ein wenig schelmisch: „Vielleicht ist es gut, daß eine gewisse Doppeldeutigkeit verbleibt, ja vielleicht hat sie sogar einen tieferen Sinn: Wie hätte der prophetische Geist auch Christus von seiner Kirche trennen können?" (167).

P. de Lubac faßt seine Schlußfolgerung in folgender Kurzformel zusammen: „Jesus ist Israels Erbe und verwandelt es zugleich in die Kirche". Die Konsequenz, die er daraus für die Mission der Jünger zieht, ist freilich kühn. Der Auferstandene vertraut ihnen „die Sendung an, die er von seinem Vater empfangen und von seinem Volk geerbt hat. Als Sohn des missionarischen Israel kann er als dessen Fortsetzung auch nur eine Kirche gründen, die ebenfalls missionarisch ist" (171).

Unter dieser Voraussetzung wird verständlich, warum P. de Lubac von Anfang an die Auffassung vertreten hat, daß die Kirche sich erst dann „ihrer selbst bewußt geworden sei", als sie ihre universale Sendung begriffen habe (163). Dieser Stachel der Universalität ist paradoxerweise das ursprünglichste Charakteristikum des von ihr ererbten Schatzes. Sie trägt nunmehr die für Israel charakteristische Spannung zwischen dem Einzelnen und dem Universalen beständig in sich aus und ist damit in unwiderruflicher Weise auf die *oikoumenè* hin ausgerichtet. Ihre Katholizität „ist eigentlich nicht eine Sache, ein objektiver Sachverhalt oder eine in irgendeiner Weise materiell greifbare Wirklichkeit [...] Ihre Katholizität ist eine Berufung, die mit ihrem Sein zusammenfällt" (171). P. de Lubac beruft sich für dieses Verständnis der *Catholica* auf Augustinus, der im Streit mit den Donatisten ihnen nicht „die geringe Ausdehnung ihres Verbreitungsgebietes vorwirft", sondern „die Behauptung, sich damit zufriedenzugeben" (172). Eine Kirche, die ihren missionarischen Charakter verliert, hört auf, katholisch zu sein.

„Das Lied der universalen Liebe"

Im zweiten Teil dieser ersten Vorlesung, deren Methode, wie P. de Lubac betont, sich aus der „Analogie des Glaubens" ergibt und sich somit „auf ganz traditionellem Boden bewegt" (173), geht P. de Lubac kurz auf die Frage nach dem „Heil der Nichtglaubenden" ein, die schon in *Catholicisme* eine ausführliche Erörterung erfahren hatte.

Soll man sich für den Rigorismus oder den Laxismus entscheiden, so seine Frage. Wenn man verhindern will, in dasselbe Dilemma zu geraten wie Israel während gewisser Phasen seiner Geschichte, muß man den Begriff des Heils, der in der Frage allzu oft implizit mitschwingt, einer Kritik unterziehen. Als rein privative und negative Bezeichnung „macht er aus dem Heil das Erreichen eines gewissen, für alle gleichen Niveaus, dank dessen man der Verdammung entrinnt". In diesem Fall wäre das Christentum nur ein „bevorzugtes Mittel" zur Erlangung dieses Zieles. Aber, so fragt P. de Lubac, „ist es nicht vielmehr angemessener, die Begriffe umzukehren und unsere Vorstellung vom Heil der Idee des Christentums nachzubilden?" (176). Am Rande weist er dabei darauf hin, daß die Theologie eines Franz Xaver und seiner Gefährten in diesem Sinne vor allem von der privativen Auffassung geprägt gewesen sei, während Matteo Ricci in seiner Hochschätzung für die konfuzianische Ethik den Himmel in großzügiger Weise auch den Chinesen habe öffnen wollen. Jedoch, so fährt er fort, „gilt von beiden, daß sie, je mehr sie die Schönheit der ihnen von Gott bestimmten Seelen bewundern, um so mehr vor Sehnsucht brennen, ihnen das Licht Christi mitzuteilen, das diesen Seelen einen ungeahnten Aufstieg bescheren soll" (177).

Von da an werden auch die Leser dieser kleinen Abhandlung in einen wahren Aufstieg mit hineingenommen, so daß man sich wohl die Frage stellen mag, ob man es mit einer Schrift über Missiologie oder einem Traktat über Mystik zu tun hat. Insofern es um die Wirklichkeit der Kirche geht, ist daran jedoch nichts Verwunderliches. Das missionarische Apostolat ist ein Akt des Gehorsams dem Heiligen Geist gegenüber, der sich auf vielfältige Weise im Leben der Christen verwirklicht. „Wenn die Gaben des Geistes auch verschieden sind, so ist der Geist nur einer, und die Unterwerfung unter diesen Geist der Liebe befiehlt der Kirche, sich ihrer missionarischen Aufgabe zu widmen, ohne über Nutzen und Zweck dieser Tätigkeit Erwägungen anzustellen" (177f.).

Das Wort des Apostels: „Weh mir, wenn ich das Evangelium nicht verkünde" (1 Kor 9,16) kommentiert P. de Lubac wie folgt: „Wenn ich aufhöre, das Evangelium zu verkünden, dann heißt das, daß ich die Liebe nicht mehr habe. Wenn ich nicht mehr das Bedürfnis verspüre, die Flamme weiterzugeben, dann bedeutet das, daß sie bei mir selbst erloschen ist" (ebd.). Geist, Feuer, Liebe – all das bezieht sich auf die Kirche, denn P. de Lubac geht es hier nicht um die natürliche Sehnsucht nach Gott, sondern um die übernatürliche, die danach strebt, ihn überall zu verkünden, damit er überall geliebt werde. Seine Erwägungen über die Kirche gehen dabei Hand in Hand mit einem bestimmten Verständnis der Liebe. „Das Streben danach, sich überall auszubreiten, um überall das Feuer der göttlichen Liebe zu entzünden, stellt den eigentlichen Antrieb der Kirche dar, und der Christ fühlt in dem Maße diesen Wunsch in sich selbst entstehen und wachsen, als er an diesem Leben in immer intensiverer Weise teilnimmt, so daß nicht mehr er lebt, sondern die Kirche und damit Christus in ihm liebt, strebt und lebt" (ebd.). In dieser vermeintlich „weniger wichtigen" Schrift beschreibt P. de Lubac also ein weiteres Mal den *homo ecclesiasticus*, „das heißt denjenigen, in dem das Bewußtsein der Kirche in vollkommener Weise Gestalt annimmt" (180).

Wenn die göttliche Liebe den Antrieb des missionarischen Lebens darstellt, welche Einstellung soll die Kirche dann Personen, ethnischen Gruppen oder Nationen gegenüber an den Tag legen? Mit dieser Frage beginnt P. de Lubac die Überleitung zu seiner zweiten Vorlesung, ohne jedoch schon alle dafür nötigen Grundlagen gelegt zu haben. Da er es ablehnt, seine Darlegungen auf „Theorien" oder „Hypothesen" zu stützen und der missionarischen Tätigkeit ein „methodisch-wissenschaftliches Vorgehen" zu empfehlen, das beispielsweise darin bestände, den „zu Großem berufenen Völkern" den Vorzug zu geben oder die „Idee der Liebe" mit der des „Mitleids" zu verwechseln, entwirft er zwei Grundlinien einer Ekklesiologie, die sich im Lichte des Zweiten Vatikanums von erstaunlicher Tiefe und Aktualität erweist.

In seinem ersten Gedankengang beschränkt sich P. de Lubac darauf, öffentlich seine Zustimmung zu der Formulierung zu bekunden, die damals vom Lehramt und den Missionswissenschaften allgemein anerkannt war, heute aber bisweilen aus dem Blick geraten ist: „Das Hauptziel des missionarischen Apostolats" besteht darin, „die Kirche immer weiter Wurzeln schlagen zu lassen" (182). In Anknüpfung an das „stets neue Lied der universalen Liebe", mit dem er zuvor auf die Bewunderung des Augustinus für die *Catholica* abgehoben hatte (172), läßt der zweite ekklesiologische Grundgedanke, den er entwirft, die eigentliche Tiefendimension des soeben Gesagten erahnen. „Die Kirche", so schreibt er, „ist die leibgewordene Liebe auf Erden" (178). Deshalb darf man sie nicht nur als „ein Mittel, das große Mittel zur Erlangung des Heils betrachten [...], sondern sie ist auch selbst ein Ziel, das höchste Ziel der Schöpfung. Sie ist ein sichtbarer und vergänglicher Leib und zugleich der mystische und ewige Leib Christi. So wie Christus der Weg zum Leben ist, zugleich aber auch das Leben selbst, zu dem dieser Weg hinführt, so verhält es sich auch mit der Kirche, je nachdem, unter welchem Gesichtspunkt man sie betrachtet: Sie ist nicht nur der Weg zum Heil, sondern auch sein Ziel; sie ist jene geistliche Einheit, in der die Wirklichkeit des Heils besteht" (182f.).

Eine solche Ekklesiologie ist somit wesenhaft sakramentaler Natur. P. de Lubac kehrt damit erneut zu seinen Reflexionen über das Volk Israel zurück und schreibt, zwar ohne die Hermeneutik der Kirchenväter oder die des hl. Bernhard direkt zu zitieren, doch ganz in ihrem Geiste: „Die Kirche erscheint in der Bibel in Gestalt des Volkes Israel, und auf diese Weise stellt sich das auserwählte Volk selbst in seiner nationalen Sonderstellung als symbolische Vorwegnahme und Sakrament der heiligen Stadt dar, in der die Kirche einst ihre Vollendung finden soll" (184). P. de Lubac führt anschließend die großen Textstellen aus dem Propheten Jesaja an, insbesondere diejenigen, die am Fest der Erscheinung des Herrn gelesen werden, scheint sich aber plötzlich an die düstere Gegenwart zu erinnern, in der er lebt, und besinnt sich scheinbar eines Besseren: „Herrlichkeit der Stadt Gottes! Sind wir hier nicht mitten in einer utopischen Traumlandschaft? Hat nicht die harte und schreckliche Wirklichkeit des Krieges, der Zerstörung des Vaterlandes und der Zerstreuung seiner gefangenen Kinder diese süßen und herrlichen Traumgestalten im Geist der Seher Israels wachgerufen?". „Wahrscheinlich schon", so lautet seine Antwort. Aber „eine göttliche Kraft hat sie aus einer fernen Zukunft her am Horizont der Seelen aufsteigen lassen. [...] Ist ihre Ausrichtung nicht rein eschatologischer Natur? Nochmals: Ja. Aber die Kirche ist hier auf Erden in geheimnisvoller Weise die Gestalt der letzten, transzendenten Wirklichkeit; die Kirche, die die Menschen in der Einheit ihres Leibes vereint; die Kirche als wahres Jerusalem, in deren Schoß die gesamte Schöpfung des Menschen ihren Platz finden muß, um in ihr verklärt zu werden" (185).

Vielleicht kann man heute mehr noch als damals erkennen, von welch großer Aktualität und Dringlichkeit die Schlußfolgerung ist, die P. de Lubac am Ende dieser ersten Vorlesung zieht: „Es gibt kein größeres oder notwendigeres Werk", so schreibt er, „als inmitten aller Unordnung und aller Zerrissenheit der Welt an der Erbauung dieser Stadt zu arbeiten. Darin besteht die *Mission* der Kirche. Das ist das Werk ihrer *Missionen*" (ebd.).

Circumdata varietate

Da die Flamme der Liebe nie im Schutz eines „abgeschlossenen Herdfeuers" (178) bewahrt werden kann, sind die Hirten und Theologen, wenn sie nicht „die Kirche verraten wollen" (199), streng dazu verpflichtet, immer dann einzuschreiten, wenn eine „unsinnige Lehre" (191) oder auch nur die Gefahr einer Banalisierung oder eine eingeschränkte Sichtweise bei den Gläubigen die Grundlagen der Offenbarung zu untergraben drohen.

In seiner zweiten Vorlesung muß P. de Lubac folglich auf die unterschiedlichen Einwände eingehen, die vor allem seit dem 16. Jahrhundert gegen die Mission erhoben wurden. Aus dem in zahlreichen Nachweisen gesammelten Material wird ersichtlich, daß der Autor dabei keine Mühe gescheut hat. Er hat zunächst die Werke protestantischer Historiker zu Rate gezogen, um auf die theologischen Einwände der ersten Reformatoren Bezug nehmen zu können. P. de Lubac weist darauf hin, daß Luthers Weigerung, für Petrus und die übri-

gen Apostel die Idee der Sukzession anzuerkennen, zwangsläufig dazu habe
führen müssen, auch die Weisung Christi: „Geht ...“ als nur an die erste
Apostelgeneration gerichtet zu verstehen. Calvin habe seinerseits auf den
Moment gewartet, wo Gott die Stellung der Apostel und Evangelisten wieder-
herstellen würde ... P. de Lubac betont, daß er keinerlei polemischen Absichten hege, läßt es sich jedoch nicht nehmen, den von protestantischer Seite erhobenen Einwand auch aus außertheologischen Motiven heraus zu erklären:
Die Reformation hatte lange kämpfen müssen, um sich in Europa durchzuset-
zen, und die Länder, in denen sie zuerst Fuß fassen konnte, waren keine Kolo-
nialmächte. Doch beeilt er sich hinzuzufügen, daß diese Theorien und Beweg-
gründe für die späteren Generationen von Protestanten keine Geltung mehr
besessen hätten.

Der zweite Einwand ist völlig anderer Natur. P. de Lubac enthüllt in diesem
Zusammenhang die Grundlinien des Rassismus, dem der zweite Teil dieser
Vorlesung gewidmet ist. Seiner Ansicht nach handelt es sich um eine reine
Ideologie ohne irgendwelchen wissenschaftlichen Wert. Sie sei durch die
Nutznießer der Sklaverei verbreitet worden und habe aufgrund einiger „janse-
nistisch angehauchter Zirkel“ (191) bei den Katholiken verheerende Auswirkungen gehabt. Sie geistere noch immer, so betont er, in den Köpfen der Menschen herum, weshalb man sie auf das schärfste bekämpfen müsse. Die Ansicht, derzufolge es „verfluchte Völker gebe, bei denen die Evangelisierung
keinen Sinn habe“, stelle ein Vorurteil dar, das „außerdem den Grundsätzen
des Glaubens zuwider“ sei (190f.), und P. de Lubac führt als Beispiel die seit
langem verbreitete Auffassung an, derzufolge Noah über Cham und das Land
Kanaan eine Verfluchung ausgesprochen habe. Gegen solche verhängnisvol-
len Ansichten „lehrt die Kirche, daß es keine verfluchten Seelen gibt und daß
man bis zum letzten Augenblick alles daransetzen muß, um auch dem letzten
Menschen das Heil zuteil werden zu lassen. Um wieviel weniger kann man
dann von verfluchten Völkern sprechen! Dies auch nur in abgeschwächter
Form zuzugeben, hieße, das Christentum ins Herz treffen“ (191f.).

Der dritte Einwand ist spitzfindiger und nimmt zwei unterschiedliche Formen
an. P. de Lubac geht hier mit äußerster Vorsicht zu Werke, da er sich sehr
wohl der Tatsache bewußt ist, kein Mann der Praxis zu sein. Er erkennt an,
daß diese beiden Einwände „tausend Fragen bezüglich der apostolischen Praxis aufwerfen“, deren „heiklen und komplexen Charakter er nicht bestreiten“
wolle (192). Der erste Einwand besteht darin, der „aufdringlichen Glaubens-
verbreitung“ des Christentums das „nachsichtige und sanfte Wohlwollen des
Buddhismus“ gegenüberzustellen. Der zweite Typ von Einwänden ist, wie
man heute sagen würde, kultureller Art. So stellen einige der zitierten Autoren
die Frage, inwieweit die Missionare sich bei ihrer Verkündigung des Evangeliums in anderen Erdteilen der Tatsache bewußt seien, daß sie damit das
Gleichgewicht erprobter Gesellschaftsstrukturen in Gefahr brächten.

P. de Lubac bestreitet nicht die Gewichtigkeit dieser beiden Fragen. Mit einem gewissen humorvollen Unterton richtet er jedoch an die Bewunderer des Buddhismus die Frage, ob sie diesen auch aus der Nähe kennengelernt hätten und ob der an die Missionare gerichtete Vorwurf der Aggressivität nicht vielmehr daher komme, daß sie selbst es „sowohl in ihrer Liebe zur Wahrheit als auch in der Liebe zum Nächsten an etwas Wärme fehlen ließen". Was die „vorbeugenden Warnungen vor sozialen Umwälzungen" anbelangt, so bemerkt er, man müsse sicher sein, daß sie nicht „vom Wunsch getragen [seien], gewisse Völkerschaften in vollständiger Abhängigkeit zu halten!" (193).

Schließlich weist P. de Lubac noch auf den häufig vorgebrachten Einwand hin, demzufolge das Geschick des Christentums an das Geschick Europas bzw. des Abendlandes gekoppelt sei und daß der Versuch, es exportieren zu wollen, ein Ding der Unmöglichkeit darstelle. „Jedem Volk seine Götter, war das nicht schon der Wahlspruch zur Zeit von Celsus und Porphyrius?" (196).

Die umfassende Antwort P. de Lubacs auf all diese Zweifel bezüglich der Mission der Kirche eröffnet uns den Zugang zum Herzstück seines Glaubens und seiner Forschertätigkeit. „Alle Kulturen", so sagt er, „können christianisiert werden. [...] In der menschlichen Natur gibt es gleichsam einen gemeinsamen Boden oder eine gemeinsame Ebene, von der das Christentum ausgehen muß". Nachdem er den traditionalistischen Lösungsansatz einer „Uroffenbarung" beiseite gewischt hat, stößt er zum Kern seiner Überlegungen vor: „Die Religionsgeschichte legt uns nahe, daß die menschliche Natur in ihrer konkreten Verwirklichung nie gleichbleibt und daß, wenn sie sich immer und überall als religiös erweist, diese Religion nicht nur niemals ‚rein natürlich' ist, sondern ebenso wie die Natur, deren Ausdruck sie darstellt, sich in einer Reihe von Formen verwirklicht, die sich bis in ihre Wurzeln hinein voneinander unterscheiden. Doch wer die Dinge im Lichte des Göttlichen zu betrachten versteht, ist in der Lage, inmitten dieser objektiv so radikalen Verschiedenheit eine gemeinsame Grundströmung und eine gemeinsame Sehnsucht auszumachen, die hervorzubrechen versucht, ohne sich jedoch in gleichförmige Ansätze und Systeme fassen zu lassen" (196).

Dieser überaus dichte Absatz verdiente mindestens unter zweierlei Gesichtspunkten eine Analyse, erst in anthropologischer, dann in theologischer Hinsicht. Was den letztgenannten Aspekt anbelangt, so ist die innerste Überzeugung P. de Lubacs bezüglich der Frage nach dem „Übernatürlichen" unverkennbar, die seines Erachtens keine bloß scholastische Angelegenheit ist und sich folglich auch nicht in einem enggefaßten Kommentar der thomistischen Thesen erschöpfen kann. „Wenn das Christentum die Weltreligion sein soll, wenn es wirklich übernatürlich ist und alle menschlichen Bemühungen übersteigt, dann folgt daraus, daß es all die unterschiedlichen Formen in sich aufnehmen muß, die diese Bemühung angenommen hat. Das ist eine grundlegende Einsicht, die den missionarischen Einsatz der Kirche beflügelt. Die Kirche selbst weiß, daß sie bei weitem nicht nur ein Fragment dieser Bemühung darstellt, sondern die Aufgabe hat, sie als ganze in sich zu vereinen, zu reinigen, mit Leben zu erfüllen und sie schließlich kraft der ihr anvertrauten göttlichen Offenbarung ans Ziel gelangen zu lassen" (197). Wenn man heute diese Zeilen liest, wundert man sich nicht, sogar fast wortwörtlich darin die Lehre des Konzils wiederzuerkennen?[3].

Es ist nicht erstaunlich, daß in den unmittelbar darauffolgenden Zeilen eine Sichtweise zu erkennen ist, welche über das Konzil hinaus auch in der letzten Enzyklika Johannes Pauls II. über die Mission vorherrscht: „Die schlechthin universale Mission, die [die Kirche] nicht nur dadurch erfüllt, daß sie all dem, was weiterzubestehen verdient, mit einem Sinn für Gerechtigkeit gegenübertritt, sondern auch mit der festen Überzeugung, daß alle Rassen, alle Zeiten und alle Zentren der Kultur ihren Beitrag dazu leisten müssen, den Schatz der Kirche zur Geltung zu bringen" (197).

Zum Abschluß dieses Teils seiner Vorlesung zieht P. de Lubac noch zwei Schlußfolgerungen, von denen zumindest die erste seiner Hörerschaft an der katholischen Hochschule praxisnäher vorgekommen sein mag als die vorangegangenen Darlegungen. Unter Berufung auf seinen Freund in Lyon, Abbé Monchanin, erinnert er daran, daß die Missionen danach streben müssen, nicht „geistliche Kolonien", sondern „lebendige Kirchen" zu bilden. Ebenso hebt er hervor, daß die christliche Universalität nichts mit einem formlosen und diffusen „Kosmopolitentum" zu tun hat. Unter Anspielung auf einen von ihm besonders geschätzten Ausspruch des Augustinus, demzufolge die Kirche von Rechts wegen alle Sprachen spricht, zitiert er eine Formulierung von Fulbert von Chartres in einem Latein, das man nach seinem Vorbild wohl am besten unübersetzt läßt: *circumdata varietate*.

„Um die Kirche nicht zu verraten"

Damit war P. de Lubac an den Punkt gelangt, an dem er den heikelsten Teil seiner Vorlesung in Angriff nehmen mußte. Der rassistische Einwand war zwar in sich nicht schwer zu widerlegen, doch war er der bei weitem brutalste und damit mächtigste Gegner, der sich der Mission der Kirche entgegenstellte. Diesen Gegner nicht auf offenem Felde zu bekämpfen, wäre einem „Verrat" gegen die Kirche gleichgekommen. Ohne Zögern beginnt er mit einem Zitat aus einem Buch, das, wie er sagt, „den wohl größten Verkaufserfolg unserer Zeit darstellt". Jedoch, so fügt er hinzu, besitze das Buch nicht deswegen

---

[3] Vgl. insbesondere *Lumen gentium*, Nr. 17 und *Gaudium et spes*, Nr. 58, § 4. In einer Anmerkung zu Abbé Monchanin zitiert P. de Lubac einen Passus, in dem fast die gleichen Begriffe Verwendung finden: „annehmen, reinigen, verklären" (a.a.O., 198, Anm. 1, Nr. 25).

schon „einen inneren Wert", weil sein Autor seitdem bekanntlich eine steile Karriere gemacht habe. Das Buch trägt den Titel *Mein Kampf*.

Anschließend nimmt P. de Lubac nacheinander die Werke der von der Rassenideologie angeführten Autoren wie Rosenberg, Gobineau, Chamberlain usw. unter die Lupe, ganz offensichtlich, um seiner Hörerschaft die Perversität ihrer Ansichten bewußt zu machen. Greifen diese Autoren, die sich als Verteidiger Europas aufspielen, nicht das an, was sie die „altersschwache Lehre" der Kirche als der Erbin der für Israel typischen Universalität nennen? Rosenberg ist beispielsweise der Ansicht, die Kirche beziehe Stellung gegen Europa, und aus dieser Universalität schöpfe die Kirche den Antrieb ihres absurden missionarischen Unternehmens. Was sie in Wirklichkeit nicht ertragen könnten, sei, so P. de Lubac, die Tatsache, daß es nach der Lehre der Kirche „eine Gemeinschaft aller Getauften gibt" (202).

Wie andere Ideologien auch, so beruft sich die Rassenideologie natürlich auf die Wissenschaft. P. de Lubac begibt sich also auf dasselbe Terrain, um ihr die Positionen „wahrer Wissenschaftler" entgegenzustellen. So weist er darauf hin, daß die Wissenschaft die Frage nach dem Polygenismus nicht habe lösen können (wir befinden uns etwa zehn Jahre vor *Humani generis*...), und beruft sich im wesentlichen auf seinen Freund Teilhard de Chardin, dessen Arbeiten als Bestätigung für die von ihm vertretene These dienen, derzufolge sich dieselbe menschliche Natur in einzelnen, „heterogenen Formen" verwirklicht. Um seine Zuhörer davon zu überzeugen, daß die Rassentheorien nicht nur mangelhaft begründet, sondern falsch sind, unterzieht P. de Lubac insbesondere die von den Vordenkern des Nationalsozialismus gepflegte Herabwürdigung der Afrikaner einer scharfen Kritik. Dabei beruft er sich nicht nur auf Wissenschaftler, sondern beispielsweise auch auf den Kongregationsgründer und Afrikamissionar Libermann, der sich voller Bewunderung über die Intelligenz der afrikanischen Neubekehrten äußert.

Schließlich wiederholt P. de Lubac, daß die Lehre der Kirche die innerhalb der Menschheit bestehenden Unterschiede nicht leugnet, sondern im Gegenteil das Prinzip der Menschenwürde in den Mittelpunkt stellt. Dieses Prinzip ist nicht nur philosophischer, moralischer oder juristischer Natur, sondern gründet auf der im Menschen in einzigartiger Weise stattfindenden Offenbarung von Gottes Ebenbild, wie im ersten Kapitel von *Catholicisme* so großartig ausgeführt wird. „Selbst die Biologie scheint uns zu lehren, daß der Mensch nicht nur aus Biologischem besteht, und läßt uns erahnen, daß das Gesetz seines Handelns und die Bedingungen seines Fortschritts einer anderen Ordnung angehören" (209).

Es gibt also zwei einander völlig entgegengesetzte und durch keinen Kompromiß zu versöhnende Logiken: Einerseits die der Rassenideologen, die es „als absurd empfinden, mit der ganzen Menschheit ein Volk von Brüdern bilden zu wollen", und die, von der Teilhard schreibt: „Das einzige Klima, in dem der Mensch sich weiterentwickeln kann, besteht in der aus Brüderlichkeit geübten Hingabe und Aufopferung" (210). Doch für P. de Lubac wie für seinen Mitbruder fallen das höchst Christliche und das vollendet Menschliche zusammen. Damit gibt es eine Analogie zwischen „der Mission", die „eine Pflicht der Kirche sich selbst gegenüber" darstellt, und „der Pflicht", die „die Menschheit sich selbst gegenüber" erfüllt, „indem sie ihren geringsten Gliedern mit Achtung begegnet und ihnen dient" (ebd.).

Auf diesem Gipfelgrat beginnt sich bereits die innere Konvergenz von *Lumen Gentium* und *Gaudium et spes* abzuzeichnen. Wie man sieht, ist die erneute Lektüre dieses Textes dazu angetan, uns geistliche Nahrung und Aufmunterung für den Geist und die Tat zu spenden. Möge die Hundertjahrfeier des Geburtstages von P. de Lubac in uns eine immer größere Liebe zur Kirche erwecken, dieser „großen, majestätischen Mutter auf Knien, die uns alles gelehrt hat: die Menschenwürde, den Wert jeder einzelnen Seele und die allumfassende Brüderlichkeit" (215).

Henri de Lubac und Pierre Teilhard de Chardin. Eine Annäherung

Jörg Disse

Über das Verhältnis von Henri de Lubac und Pierre Teilhard de Chardin scheint es bisher noch keine genauere Untersuchung zu geben. Zwar wird in den verschiedenen Werken der Sekundärliteratur zu de Lubac dieses Thema immer wieder angesprochen und z.t. auch kurz entfaltet[1], nie jedoch so, daß auf die Frage eines inhaltlichen Vergleichs beider Denkansätze näher eingegangen würde. Ich betrete somit mit meinem heutigen Vortrag, in dem ich mir im Sinne einer ersten Annäherung genau dies zum Ziel setze, gewissermaßen theologiegeschichtliches Neuland[2].

1. Historische Bestandsaufnahme

Ich beginne mit einer Art historischer Bestandsaufnahme, was das Verhältnis beider Autoren betrifft. Henri de Lubac kannte Pierre Teilhard de Chardin (1881-1955) seit 1921 oder 1922, d.h. seit seinem Philosophiestudium an der Ausbildungsstätte der Gesellschaft Jesu, der Maison St.-Louis auf der Insel Jersey, wo sie sich begegnet waren. Der Austausch zwischen beiden sei, so de Lubac, von Anfang an von Vertrauen und völliger Einfachheit geprägt gewesen[3]. Dabei war Teilhard de Chardin 15 Jahre älter als de Lubac. Sie haben sich kennengelernt als de Lubac 25 und Teilhard 40 war. Die lebenslange Freundschaft wird dokumentiert durch einen Briefwechsel, eine Reihe von 24 Briefen zwischen 1930 und 1949 von Teilhard de Chardin an de Lubac (während die Briefe von de Lubac an Teilhard nicht mehr existieren, weil Teilhard an ihn gesandte Briefe prinzipiell nicht aufbewahrte). Dieser Briefwechsel ist in einem von de Lubac selbst herausgegebenen, wichtigen Band von Briefen von Teilhard de Chardin enthalten, den sogenannten „Lettres intimes", sicher einer der theologisch bemerkenswertesten Korrespondenzen unseres Jahrhunderts[4]. De Lubac hat auch einige von Teilhards Schriften begutachtet, insbesondere sein sogenanntes Hauptwerk „Le phénomène humain" (dt.: Der

---

[1] Vgl. Balthasar, Henri de Lubac, 69-74; Figura, Anruf der Gnade (1979) 98-101; Lenk, Gotteserkenntnis (1993) 57-64.

[2] Zu erwähnen ist allerdings, daß X. Tilliette bereits einmal einen (unveröffentlichten) Vortrag über das Verhältnis von Henri de Lubac und Teilhard de Chardin gehalten hat.

[3] De Lubac, Henri: La pensée religieuse du Père Teilhard de Chardin, Aubier 1962, 17 (dt.: Teilhard de Chardins religiöse Welt, Freiburg 1969, 15).

[4] De Chardin, Pierre Teilhard: Lettres intimes à Auguste Valensin, Bruno de Solages, Henri de Lubac, André Rivier, 1919-1955. Introduction et notes par Henri de Lubac, Aubier 1974.

Mensch im Kosmos), um den Forderungen der römischen Zensur zuvorzu-kommen.[5] Er erwähnt schließlich wiederholt ein langes, halbtägiges Ge-spräch[6], das er 1954, wenige Monate vor Teilhards Tod mit ihm geführt habe[7].

Als Teilhard de Chardin 1955 starb, wollte die Gesellschaft Jesu, so berichtet de Lubac, nur ausgewählte Texte von ihm herausgeben, und es sei jahrelang verboten gewesen, über ihn zu schreiben[8]. Doch plötzlich änderte sich die Situation. Im Sommer 1961, nachdem er wenige Wochen zuvor an das for-melle Schreibverbot bezüglich Teilhard noch einmal erinnert worden war, wurde er von seinem Ordensgeneral beauftragt, gegen Angriffe, Falschinfor-mationen und tendenziöse Interpretationen, die über Teilhards Werk kursier-ten, ein Zeugnis über ihn abzugeben. Hiermit beginnt für de Lubac eine lange, bis in die siebziger Jahre reichende Reihe von Schriften, in denen er vor allem bemüht ist, Teilhards Orthodoxie zu verteidigen, und die ein alles in allem recht umfassendes und wichtiges Kapitel in de Lubacs Wirken bilden.

Die erste und zugleich bedeutendste dieser Schriften, „La pensée religieuse du Père Teilhard de Chardin", ein immerhin fast 400 Seiten langes Werk, er-schien bereits im Frühjahr 1962, also weniger als ein Jahr nach der Inauftrag-gebung[9]. De Lubac hatte den Aufruf seines Ordensgenerals, sich zu beeilen, beim Wort genommen. Doch so schnell es erschienen war, berichtet de Lubac in seinem „Mémoire", so schnell habe es auch Aufregung verursacht. Seine Indizierung sei verlangt worden, Papst Johannes XXIII. aber hätte sich dage-gen ausgesprochen, so daß es nur zu milderen Maßnahmen im Sinne einer Ermahnung und einer kritischen Rezension im „Osservatore Romano" kam[10]. Jede Neuauflage und jede Übersetzung wurde allerdings untersagt, und de Lubac mußte sich gegen einige Angriffe verteidigen[11].

Das Verbot einer Neuauflage zwang ihn seiner eigenen Aussage nach dazu, noch andere Schriften über Teilhard zu veröffentlichen, um den verbreiteten Irrtümern über Teilhard entgegenzutreten[12]. So erschien 1964 „La prière de Teilhard de Chardin"[13]. Obwohl das Verbot in der Zwischenzeit aufgehoben wurde, folgten – die Existenz einer ganzen Anzahl von Aufsätzen zu Teilhard erwähne ich nur – noch weitere Teilhard-Schriften, so 1966 ein kleines Buch

---

[5] Wie vor allem aus dem Briefwechsel hervorgeht. Vgl. Lenk, Gotteserkenntis (1993) 58, Anm. 315; s. auch Henri de Lubac, Mémoire sur l'occasion de mes écrits, Culture et Vérité 1989, 105 (dt.: Rückblick, 356).

[6] De Lubac, Henri: Teilhard posthume. Réflexions et souvenirs, Fayard 1977, 17.

[7] Lettres intimes, 356; Teilhard posthume, 17.

[8] Henri Kardinal de Lubac, Mémoire, 104 (dt.: Rückblick, 354).

[9] Teilhard posthume, 18.

[10] Mémoire, 105f. (dt.: Rückblick, 357).

[11] Teilhard Posthume, 19.

[12] Ebd., 22. Vgl. Mémoire, 107ff. (dt.: Rückblick, 359ff.).

[13] Lubac, Prière du Teilhard (dt.: Der Glaube des Teilhard de Chardin, Wien 1968).

„Teilhard missionnaire et apologiste"[14],1968 ein Kommentar zu Teilhards Gedicht „L'éternel féminin"[15], 1977 schließlich ein Band „Teilhard posthume"[16]. Hinzu kommt 1963 die Veröffentlichung der Korrespondenz zwischen Blondel und Teilhard de Chardin[17], 1963 bis 1965 die Herausgabe zweier Briefsammlungen und eines Bandes bedeutender, im Krieg verfaßter Schriften Teilhards sowie der bereits angesprochene und besonders aufschlußreiche Band „Lettres intimes", der 1973 erschien[18]. Alle diese Schriften hat de Lubac sorgfältigst kommentiert.

Was nun aber überrascht, nachdem man diese ganze Produktion bezüglich seines Freundes durchgelesen hat, ist, daß de Lubac nirgends, aber wirklich nirgends auch nur ansatzweise versucht, seinen eigenen Denkansatz mit demjenigen von Teilhard direkt zu konfrontieren. Selbst bezüglich der Briefe von Teilhard, die in den „Lettres intimes" an ihn selbst gerichtet sind, enthält sein eigener Kommentar dazu keinerlei persönliche Stellungnahmen. De Lubac ergänzt nichts, macht nirgends deutlich, inwiefern das von Teilhard de Chardin Geschriebene an den nicht mehr vorhandenen Brief von de Lubac anknüpft, und versucht auch nicht die inhaltliche Kontroverse zwischen beiden, wo eine erkennbar wird, näher zu erklären. Er kommentiert die Briefe meist so, daß er auf Parallelen in Teilhards Werk verweist. Nicht anders aber verhält es sich mit den vielen Schriften de Lubacs *über* das Denken Teilhards. Er hält sich strikt an das Anliegen, die Orthodoxie seines Freundes zu verteidigen. Daß ihm dies gelungen ist, daß Teilhards Denken durch seine Verteidigung der Aspekt des Sensationellen und Skandalhaften genommen wurde, hält de Lubac in seinem „Mémoire" für einen Grund dafür, daß mit Anfang der 70er Jahre das Interesse an Teilhard wieder verloren ging[19]. Der Verteidigung der Orthodoxie Teilhards gehen zwar immer auch kritische Äußerungen zu ihm einher, wie von verschiedener Seite, insbesondere von Hans Urs von Balthasar hervorgehoben wurde[20], diese Kritik bezieht sich jedoch allein auf die Frage der Katholizität von Teilhards Denken, es findet keine Auseinandersetzung mit de Lubacs eigenem Denkansatz statt.

Man könnte daher vermuten, daß de Lubac und Teilhard sich in ihrer Theologie im Grunde genommen sehr fremd waren, und es von daher auch müßig ist,

---

[14] De Lubac, Henri: Teilhard missionnaire et apologiste, Toulouse 1966.
[15] De Lubac, Henri: L'éternel féminin. Etude sur un texte de Teilhard de Chardin: Suivi de Teilhard et notre temps, Aubier 1968.
[16] Siehe Anm. 6.
[17] M. Blondel - P. Teilhard de Chardin, Correspondance, hrsg. von Henri de Lubac, Beauchesne 1965 (dt.: Maurice Blondel - Pierre Teilhard de Chardin, Freiburg 1967).
[18] De Chardin, Pierre Teilhard: Lettres d'Egypte 1905-1908, Aubier 1963; de Chardin, Pierre Teilhard: Lettres d'Hastings et de Paris, Aubier 1965; Pierre Teilhard de Chardin, Ecrits du temps de la guerre (1916-1919); Grasset 1965.
[19] Mémoire, 109f. (dt.: Rückblick, 362f.).
[20] Balthasar, Henri de Lubac, 70 Anm. 82.

ihr Denken inhaltlich vergleichen zu wollen, wie ich es im folgenden vorhabe. Bestärkt wird man in dieser Auffassung, wenn man de Lubacs Aussage im „Mémoire" berücksichtigt, wo es am Ende der Aufzählung seiner vielen Arbeiten über Teilhard heißt: „Alle diese Arbeiten (...) hatte ich nicht aus Leidenschaft übernommen; sie nahmen mir während eines Dutzend von Jahren viel Zeit und bereiteten mir recht viel Ärger"[21]. War die Verteidigung Teilhards für de Lubac vielleicht nur eine unangenehme Aufgabe, die er im Gehorsam seinem Ordensgeneral gegenüber auf sich genommen hatte? Zu bestätigen scheint sich dieser Verdacht, wenn er zu Beginn von „La pensée religieuse" ausdrücklich bemerkt, man könne ihn nicht zu den Anhängern oder Jüngern Teilhards zählen[22].

2. Geschichtlichkeit

Trotz dieser für einen Vergleich scheinbar ungünstigen Bestandsaufnahme treffen sich beide Theologen, wie ich nun anhand von vier Punkten aufzeigen möchte, in zentralen Aspekten ihres Denkens. Zwar gibt es über deren inhaltlichen Gemeinsamkeiten keine schriftlichen Aussagen, weder von seiten de Lubacs noch von derjenigen Teilhards, in einem Brief von Teilhard an de Lubac von 1934 klingt jedoch die Wahlverwandtschaft durch, wenn es rein formal heißt: „Unser beider Denken und Ausrichtung konvergieren gewiß sehr stark"[23]. Dies könnte zwar immer noch allein die Meinung Teilhards sein. Die Frage ist berechtigt, ob auch de Lubac diese Auffassung geteilt hat. Was immer jedoch die Autoren selbst von ihrer inhaltlichen Gemeinsamkeit gedacht haben, naheliegend ist die Konvergenz von daher schon, und dies ist der erste Punkt, auf den ich zu sprechen komme, daß nicht umsonst in einem weiteren Sinne beide – nicht nur de Lubac, sondern auch Teilhard de Chardin – der sogenannten „nouvelle théologie" zuzurechnen sind.

Die „nouvelle théologie" ist keine theologische Schule sondern eine eher disparate theologische Strömung der 30er bis 50er Jahre in Frankreich, die wie bekannt im wesentlichen für die theologischen Positionen von de Lubac und einiger seiner Kollegen am Scholastikat der Gesellschaft Jesu von Lyon-Fourvière steht. Teilhard gehörte diesem Kreis zwar nicht unmittelbar an, dennoch kann er in einem weiteren Sinne der „nouvelle théologie" zugerechnet werden. In dem historisch wichtigen Aufsatz von Garrigou-Lagrange von 1946 jedenfalls, mit eben dem Titel „La nouvelle théologie, où va-t-elle?" (dt.: „Wohin bewegt sich die Neue Theologie?"), wird Teilhards damals le-

---

[21] Mémoire, 109 (dt.: Rückblick, 362).
[22] La Pensée religieuse, 16 (dt.: 15).
[23] Lettres intimes, lettre 76, 294.

diglich in Manuskripten kursierender Ansatz zugleich mit Autoren von Lyon-Fourvière wie de Lubac und Bouillard attackiert[24].

Eines der grundlegenden Themen der „nouvelle théologie" aber war das der Geschichtlichkeit. Die Veröffentlichung 1944 der Dissertation von Henri Bouillard „Conversion et grâce chez saint Thomas" (dt.: „Bekehrung und Gnade beim heiligen Thomas")[25] in der von den Professoren von Lyon-Fourvière herausgegebenen Reihe „Théologie" hatte eine Kontroverse ausgelöst, weil darin behauptet wurde, das Werk Thomas' von Aquin sei geschichtlich zu verstehen, d.h. es gebe, was die Frage des Verhältnisses von Bekehrung und göttlicher Gnade betrifft, bei Thomas drei zeitlich abfolgende und deutlich voneinander unterschiedene Auffassungen. Allgemeiner noch stellt Bouillard die These auf, daß die Theologie im Laufe der Zeit durchaus unterschiedliche Formen annehmen könne. Er richtet sich – und die gesamte „nouvelle théologie" mit ihm – gegen ein statisches Wahrheitsverständnis. Die Vertreter der thomistischen Orthodoxie von damals, für die Thomas ein für alle Mal die endgültige überzeitliche Wahrheit geäußert hat, sahen hierin gleich die Gefahr eines dogmatischen Relativismus. Die „nouvelle théologie" aber wollte auf die geschichtliche Bedingtheit und damit auch Revidierbarkeit theologischer Äußerungen aufmerksam machen, ohne die Überzeitlichkeit des Dogmas in Frage zu stellen.

Dieses für die „nouvelle théologie" zentrale Moment der Geschichtlichkeit aber verbindet de Lubac und Teilhard de Chardin, auf einer anderen Ebene allerdings als der eben dargestellten, indem nämlich für beide nicht so sehr die Frage der Geschichtlichkeit der Wahrheit im Vordergrund steht, als allgemeiner noch die Geschichtlichkeit der Wirklichkeit als solcher. Auch diese Auffassung widerspricht dem damals herrschenden Thomismus, für den die Wirklichkeit ein in ihrem Wesen gleichbleibendes Ganzes war, in dem Gott zwar interveniert, das sich aber nicht in sich dynamisch auf ein von Gott gewolltes Ziel hin verändert. Dabei ist für de Lubac und Teilhard de Chardin diese Geschichte immer als Heilsgeschichte zu verstehen. Gott bewirkt den weltlichen Prozeß, richtet ihn auf ein übernatürliches, endzeitliches Ziel aus und läßt ihn in der Geschichte sukzessive zur Entfaltung kommen.
De Lubac entfaltet diesen Aspekt bereits in seinem ersten grundlegenden Werk „Catholicisme" von 1938[26]. Es geht ihm darin, seiner eigenen Aussage nach, nicht nur um den sozialen Aspekt des Katholizismus, auf den ich gleich noch eingehe, sondern auch um den geschichtlichen[27]. Gott handle in der Geschichte, er offenbare sich in der Geschichte, Gott selber habe sich in die Ge-

---

[24] Garrigou-Lagrange, R.: „La nouvelle théologie, où va-t-elle?", in: Angelicum 23/1946, 126-145.
[25] Bouillard, H.: Conversion et grâce chez saint Thomas d'Aquin, Aubier 1944.
[26] C (dt.: GaL).
[27] C 308 (GaL: 312)

schichte eingegeben[28], von daher müssen wir, so de Lubac, den geschichtlichen Charakter der Wirklichkeit ernstnehmen. Dieser geschichtliche Charakter aber ist so zu verstehen, daß Gott selbst im Herzen aller geschichtlichen Entwicklung anwesend ist, sie bewegt und orientiert[29], genauer gesagt sie auf ein Zentrum, ein transzendentes, ein übernatürliches Zentrum hin konvergieren läßt[30]. Der Begriff des Konvergierens klingt bereits sehr nach Teilhard. Da de Lubac ihn 1938 schon lange kannte, ist hier ein direkter Einfluß naheliegend.

Bei Teilhard selbst kommt das Moment der Geschichtlichkeit auf der noch allgemeineren Ebene der von ihm angestrebten Synthese von christlicher Religion und Evolutionstheorie zum Ausdruck. Die Wirklichkeit überhaupt, das Universum als ganzes ist in einem Prozeß der Evolution begriffen, der über mehrere Stadien hinweg in einer Noogenese gipfelt, d.h. in dem Erscheinen des Denkens und damit des Menschen als dem Höhepunkt der Evolution. Dieser irreversible Prozeß aber macht beim Menschen, so wie er jetzt ist, nicht halt, sondern läuft auf den sogenannten Punkt Omega zu, d.h. auf Christus als das übernatürliche Ziel, in das hineingenomen der Mensch und die gesamte Schöpfung mit ihm erst zu ihrer Vollendung gelangen. Dieses übernatürliche Ziel aber ist wie auch bei de Lubac zugleich das zugrundeliegende Zentrum, das Haupt aller Mächte und Gewalten, wie es in Kol 2,10 heißt, d.h. der Motor, der diese Hineinnahme in Christus im Sinne einer sukzessiven Umwandlung des Kosmos in den Körper Christi bewirkt[31].

3. Natur und Übernatur

Von dieser gemeinsamen Grundlage aus, der Wirklichkeit als einem – so möchte ich es nennen – heilsdynamischen Geschehen, das bereits die geschaffene Wirklichkeit als solche auf das Eschaton, das letzte Ziel hin verändert, sollen nun die weiteren Punkte des Vergleichs entfaltet werden. D.h. es gilt zu fragen: Wie verstehen beide Autoren Ausgangspunkt und Ziel der eben skizzierten Heilsdynamik, und wie konzipiert Teilhard den Weg dahin bzw. wie wurde diese Konzeption von de Lubac rezipiert und beurteilt. Ich beginne mit der Frage nach dem Ausgangspunkt.

Mit dem Ausgangspunkt meine ich die grundsätzliche Ausgerichtetheit der geschaffenen Wirklichkeit als geschaffener auf deren übernatürliches Ziel. De

[28] C 133 (GaL: 145).
[29] C 317 (GaL.: 322).
[30] C 310 (GaL.: 315).
[31] Vgl. z. B. P. Teilhard de Chardin, Super-Humanité, Super-Christ, Super-Charité, in: Oeuvres, t.9 (Science et Christ), Seuil 1965, 193-218 (dt.: Super-Menschheit, Super-Christus, Super-Caritas, in: ders., Wissenschaft und Christus, Olten 1970, 202-229).

Lubac entfaltet dieses Moment vor allem in der Schrift „Surnaturel" (1946) sowie in dem nachfolgenden klärenden Aufsatz „Le mystère du surnaturel" (1949) bzw. dessen Ausarbeitung von 1965 zu einem gleichnamigen Buch[32]. In „Surnaturel" richtet de Lubac sich vor allem gegen ein Verständnis des Verhältnisses von Natur und Gnade, wie es sich in der Theologie der Neuzeit seit dem 16. Jahrhundert immer mehr durchgesetzt hatte und insbesondere in der ersten Hälfte des 20. Jahrhunderts zum praktisch unangefochtenen, ja fast nicht mehr hinterfragbaren Quasidogma entwickelt hatte. Dieses Verständnis zeichnet sich durch einen radikalen Dualismus von Natur und Gnade aus. Die Natur des Menschen wird als etwas völlig in sich Geschlossenes betrachtet, als eine 'natura pura', die zumindest der Möglichkeit nach der Gnade gegenüber völlig indifferent ist, so daß die Gnade zu einem der Natur von außen aufgesetzten Überbau wird. Natur und Gnade sind getrennte, selbständig existierende, auf den anderen nicht angewiesene, also vollständige Organismen, wie de Lubac es ausdrückt[33]. Dies bedeutet insbesondere, daß von einer Theorie der doppelten Glückseligkeit ausgegangen wird, dernach der Mensch als reine Natur gesehen nach einem rein natürlichen Endziel strebt, d.h. er wäre ohne eine von außen hinzukommende Gnade nicht auf die übernatürliche Wirklichkeit Gottes als dem höchsten aller Ziele ausgerichtet.

Der Grund, weswegen dieser sogenannte extrinsezistische Ansatz in der modernen scholastischen Theologie bis weit in unser Jahrhundert hinein vehement vertreten wurde, war der Versuch einer Abgrenzung gegenüber der kirchlich verurteilten Lehre von Baius aus dem 16. Jahrhundert. Baius war der Auffassung, der Mensch habe ein Recht auf Gnade, weil es im Wesen, in der Natur des Menschen liege, daß er zu seiner Vollgestalt der Gnade teilhaftig sein muß. Jemandem, der von Gott seinem Wesen nach auf Gnade angelegt ist, kann sie nicht sinnvoll verweigert werden, jedenfalls soweit man mit Aristoteles davon ausgeht, daß jedes Wesen in sich die Mittel hat, seine Anlagen zu verwirklichen. Dieser Auffassung gegenüber mußte die absolute Ungeschuldetheit der übernatürlichen Gnade gesichert werden[34], es mußte gewährleistet sein, „daß Gott niemals, durch keinerlei Anspruch dazu gezwungen werden kann, sich dem von ihm gebildeten Wesen persönlich zu schenken"[35]. Durch einen strengen Dualismus von Natur und Gnade ist dies zwar möglich. Das Wesen des Menschen wird von der Gnade so völlig getrennt, daß nicht einmal mehr der leiseste Gedanke aufkommen kann, er habe ein Anrecht auf sie. De Lubac jedoch, ohne die Ungeschuldetheit im geringsten in Frage stellen zu wollen, macht darauf aufmerksam, daß dieser radikale Dualismus dem

---

[32] Lubac, Surnaturel; „Le Mystère du Surnaturel", in: Revue de Sciences religieuses 36/1949, 80-121 (=M); Le Mystère du Surnaturel, Aubier 1965 (dt.: Die Freiheit als Gnade. II. Das Paradox des Menschen, Einsiedeln 1971; =MS).

[33] MS 61 (dt.: 62).

[34] M 90.

[35] MS 75f. (dt.: 78).

Natur-Gnade-Verständnis der katholischen Tradition bis einschließlich Thomas von Aquin nicht entspricht. Insbesondere bei Augustinus, aber eben auch bei Thomas selbst ist das Verhältnis vielmehr so zu verstehen, daß der Mensch von Natur aus nach der übernatürlichen Wirklichkeit Gottes strebt[36]. De Lubacs ganzes Anliegen aber besteht darin, diese alte Tradition der modern-scholastischen Auffassung gegenüber wieder geltend zu machen. Die kreatürliche Wirklichkeit des Menschen ist nicht etwas in sich Geschlossenes, sich selbst Genügendes, sondern Natur und Gnade greifen so ineinander, daß der Mensch in seinem natürlichen Sein immer schon auf die Gnadenwirklichkeit ausgerichtet ist, daß er sie als sein höchstes und alleiniges Endziel anstrebt, daß es somit ein natürliches Endziel neben dem übernatürlichen nicht gibt.

Dies bedeutet aber 1) nicht, „daß diese Natur schon in sich selbst und wie aus eigenem Bestand das geringste positiv übernatürliche Element in sich enthält"[37]. Der Grund der Seele ist zwar die 'capacitas' für das übernatürliche Sein, die Fähigkeit dazu, aber nicht auch schon beginnende oder entfernte Teilnahme an der übernatürlichen Wirklichkeit selbst, die man nur zu entwickeln oder anzureichern bräuchte[38]. D.h. „für sich betrachtet, statisch sozusagen, ist meine Natur oder meine Wesenheit nur, was sie ist. Es gibt in ihr (...) nicht das geringste übernatürliche Element ..."[39]. Das Einzigartige des Menschen gegenüber anderen Naturwesen ist somit nicht, daß das Übernatürliche als solches Konstituens seiner Natur ist, sondern daß der Mensch zur Erfüllung seiner selbst nur durch den Überstieg über seine eigene Natur hinaus gelangt. Das Verhältnis von Natur und Übernatur darf aber 2) auch nicht so verstanden werden, als rufe die Natur von sich aus nach dem Übernatürlichen, sondern der natürliche Drang zum Übernatürlichen ist als von Gott empfangen, als von Gott dem Menschen gegeben zu verstehen. Alle Initiative stammt von Gott und bleibt stets bei Gott[40]. Schließlich kann 3) die sich nach dem Übernatürlichen sehnende Natur diese Übernatur in keiner Weise von sich aus hervorbringen, sondern das Verlangen wird nur aus reiner Gnadengabe von seiten Gottes erfüllt[41]. De Lubac insistiert sogar, man müsse über Thomas hinaus die absolute Heterogenität des Übernatürlichen gegenüber der Natur in dem Sinne hervorheben, daß der Übergang zur übernatürlichen Ebene nicht ohne eine Art Tod vollzogen werden könne[42], daß – mit v. Balthasar gesagt, den de Lubac in diesem Zusammenhang zitiert – die übernatürliche

---

[36] Auch bei Thomas von Aquin heißt es immer wieder ausdrücklich: „Omnis intellectus naturaliter desiderat divinae substantiae visionem." (vgl. MS 28, dt.: 26).
[37] MS 55 (dt.: 55).
[38] MS 116 (dt.: 125).
[39] MS 128 (dt.: 138f.).
[40] MS 128 (dt.: 139).
[41] MS 209 (dt.: 225).
[42] Vgl. M 86.

Wirklichkeit „die Versuche des Menschen nur darum krönt und vollendet, weil sie sie vorerst zerstört und umkehrt"[43].

Dieses de Lubacs gesamte Theologie bestimmende Natur-Gnade-Verständnis nun findet sich, obwohl mit anderer Gewichtung, auch im Ansatz von Teilhard de Chardin wieder, ein Vergleichspunkt, den bereits Hans Urs von Balthasar ausdrücklich hervorgehoben hat[44]. Teilhard allerdings denkt die Ausrichtung der Natur auf das Übernatürliche von vornherein in kosmologischer Dimension. Es ist die gesamte geschaffene Wirklichkeit, die auf Christus als ihr übernatürliches Ziel zustrebt, bzw. auf die Integration in Christus als dessen Leib[45]. Christus kann heute, so Teilhard, in seinem Verhältnis zur geschaffenen Wirklichkeit nicht mehr auf seine historische Wirklichkeit von vor 2000 Jahren beschränkt gesehen werden, sondern er muß als kosmischer Christus gedacht werden, der sich das gesamte Universum zum Leib macht. Er ist als koextensiv mit der Welt zu denken[46], bzw. der vollständige Christus konstituiert sich im Sinne einer Christogenese sukzessive durch die Weltentwicklung hindurch[47], wobei auch Teilhard diese Entwicklung keinesfalls als bruchlose Einmündung in den Punkt Omega versteht[48], De Lubac übrigens hat diese kosmische Dimension des Heilsdynamismus niemals negiert. Auch er spricht in „Catholicisme" im Zusammenhang mit Paulus von der Vollendung der gesamten Schöpfung und nicht nur der menschlichen Sphäre in der Einheit des Leibes Christi[49], auch er spricht von einem Christus, der noch nicht vollständig ist. De Lubac beschränkt sich jedoch in seinen Ausführungen, womöglich im Gedanken an Teilhard, bewußt auf die menschliche Dimension[50].

Teilhard vertritt sein kosmologisches Verständnis des Verhältnisses von Natur und Übernatur bereits lange vor de Lubac. Hieraus darf allerdings nicht geschlossen werden, daß Teilhard de Lubac hierin beeinflußt habe. Aus der Korrespondenz zwischen de Lubac und Blondel geht eindeutig hervor, daß er dieses Thema Blondel verdankt[51]. Auch Teilhard jedoch ist in expliziter Abwendung vom neuscholastischen Natur-Gnade-Dualismus zu seiner Ansicht gelangt. Während er dem neuscholastischen Dualismus noch bis 1918 gefolgt zu sein scheint[52] – er war bis zu diesem Zeitpunkt von einem neben dem über-

---

[43] MS 51 (dt.: 51).
[44] Balthasar, Henri de Lubac, 74.
[45] P. Schellenbaum, Le Christ dans l'Energétique Teilhardienne. Etude génétique. Paris 1971, 175.
[46] Super-Humanité, 212 (dt.: 222).
[47] Ebd., 213 (dt.: 223).
[48] Vgl. M. Blondel - P. Teilhard de Chardin, Correspondance, 43 (dt.: 45f.).
[49] C 92 (dt.: 106f.).
[50] Ebd.
[51] Vgl. Russo, A. De Lubac, Henri: Teologia e dogma nella storia. L'influsso di Blondel. Roma 1990, 177ff.
[52] Schellenbaum, 236.

natürlichen unabhängig existierenden natürlichen Ziel ausgegangen –, nimmt er von dieser Auffassung nach dem ersten Weltkrieg in verschiedenen Schriften wiederholt Abstand. Bereits im selben Jahr, 1918, werden in der Schrift „Mon Univers" natürliches und übernatürliches Ziel nicht mehr als disparate Einheiten nebeneinander gestellt, sondern das übernatürliche als dem natürlichen so übergeordnet verstanden, daß die Natur letztlich allein die Übernatur als Endziel hat[53]. Weitergehend noch wird etwa in einer Schrift von 1943 betont, daß das Universum nicht zweierlei Häupter haben könne, d.h. daß kosmisches – sprich natürliches – Zentrum und christisches – sprich übernatürliches – Zentrum zusammenfallen[54]. Es gibt nur ein übernatürliches Zentrum. Damit besteht keinerlei Unabhängigkeit des Universums Christus gegenüber, sondern Christus ist das letzte Ziel, das zugleich die gesamte Entwicklung des Universums trägt. Als das finale Haupt der Schöpfung ist Christus wie gesagt zugleich der alleinige Motor der Weltwirklichkeit[55].

Der eigentliche Grund jedoch, vom Natur-Gnade-Dualismus Abstand zu nehmen, liegt für Teilhard darin, daß ihm die Auffassung eines statischen Universums zugrundeliegt[56]. So jedenfalls äußert er sich nicht nur in seinen Schriften, sondern auch in einem Brief von 1934 an de Lubac[57]. In diesem Brief kritisiert Teilhard ohne nähere Erklärungen einen „statischen Begriff von Natur"[58]. Gemeint sein kann nur, daß eine solche Natur nicht als sich intrinsezistisch auf ein göttliches Ziel hin verändernd gedacht werden kann. Die Natur wird nicht als von der Gnade wirklich durchdrungen und als durch sie transformierbar verstanden.

Das natürliche Streben aber kann, ein letzter gemeinsamer Punkt, den ich hervorheben möchte, wie bei de Lubac das übernatürliche Ziel nicht von sich aus erkennen[59]. Das Streben des niederen Lebens nach dem Bewußtsein, des Menschen nach Freiheit usw., all dies ist, so Teilhard, ein unerkanntes Streben nach Christus[60]. Christus weckt dieses natürliche Streben, und es ist die notwendige Voraussetzung für alles Erfülltwerden des Menschen von der übernatürlichen Gnadenwirklichkeit[61], aber erst die ausschließlich von Gott gewirkte Gnade führt zu der Erkenntnis, daß alles auf den Punkt Omega hin strebt.

---

[53] Mon Univers (1918), dans: Ecrits du temps de la guerre, Grasset 1965, 274f.
[54] Super-Humanité, 209 (dt.: 219).
[55] Ebd., 210f. (dt.: 220f.). Vgl. Schellenbaum, 175.
[56] Christologie et Evolution, in: Oeuvres t. 10 (Comment je crois), Seuil 1969, 96 (dt.: Mein Glaube, Olten 1972, 95).
[57] Lettres intimes, lettre 72, 277f.
[58] Ebd., 277.
[59] Forma Christi, dans: Ecrits du temps de la guerre, Grasset 1965, 340f. (dt.: Frühe Schriften, Freiburg 1968, 312f.).
[60] Ebd.
[61] Ebd.

Die Übereinstimmung bezüglich des Natur-Gnade-Verständnisses beider Autoren ist somit recht weitgehend, nur daß Teilhard dieser Frage nicht die Bedeutung beimißt, die sie für de Lubac hat. Sie wird von ihm gewissermaßen nur beiläufig behandelt.

4. Das eschatologische Ziel

Worin besteht das eschatologische Ziel des heilsdynamischen Geschehens? De Lubac befaßt sich mit diesem Aspekt in „Catholicisme". Wie aus der Einleitung dieses Werkes hervorgeht, richtet er sich vor allem gegen die Auffassung, Christen seien diejenigen, die sich von der menschlichen Gesellschaft zurückziehen, um sich allein um ihr individuelles Heil zu kümmern. Er versucht demgegenüber den eminent sozialen Aspekt des Katholizismus' hervorzuheben, genauer gesagt die eminent soziale Vorstellung des Zieles, auf das die Heilsgeschichte sich zubewegt. De Lubac ist auch hier lediglich bemüht, in der kirchlichen Tradition bereits Vorhandenes neu zur Geltung zur bringen, wobei er sich in diesem Fall wesentlich auf die Patristik stützt.

Daß die christliche Heilsdynamik nicht im Sinne eines individualistischen Heilsstrebens zu verstehen ist, macht die Patristik vor allem daran deutlich, daß sie die Erlösung durch Jesus Christus immer im Sinne einer Erlösung der ganzen Menschheit, bzw. des allgemeinen, die ganze Menschheit enthaltenden Wesens des Menschen versteht. Schon die Schöpfung Adams ist als Schöpfung dieser gesamten bzw. allgemeinen Menschheit zu verstehen[62]. Adam ist die allgemeine Menschheit, und er ist als solcher in jedem einzelnen Menschen anwesend. Die ursprüngliche Einheit der gesamten Menschheit in Adam aber ist durch die Sünde zerstört worden, ist durch sie in eine Vielheit zersprengt worden. Auch steht die Sünde Gottes Wirken entgegen, das darauf gerichtet ist, die ursprüngliche Einheit wiederherzustellen. Diese Einheit aber wird in Jesus Christus vollbracht, denn bei seiner Menschwerdung hat er nicht nur die Natur *eines* Menschen angenommen, sondern die allgemeine Menschen*natur*. Damit ist in Christus virtuell die gesamte Menschheit enthalten bzw. ist in ihm die ganze Menschheit zu seinem Körper geworden, den Christus der Erlösung zuführt[63]. Die Kirche aber hat zur Aufgabe, diese Einheit den Menschen zu vermitteln, sie wiederherzustellen und zu vollenden[64]. Auch eschatologisch gesehen ist damit nicht das Heil einzelner Menschen angestrebt, sondern eine endzeitliche Einheit, die Einheit der gesamten Menschheit in Christus, in Gott. Es gibt kein individuelles Heil, es sei denn im Rahmen des Heils aller. De Lubac geht hier so weit, auf Origenes Gedan-

---

[62] C 3 (dt.: 23).
[63] C 14ff. (dt.: 34ff.).
[64] C 29 (dt.: 48).

ken zu verweisen, demnach Christus die volle Glückseligkeit solange nicht genießen könne, wie eines seiner Glieder noch im Bösen bzw. im Leiden gefangen ist[65]. Er zitiert auch Bossuets Aussage, dernach Jesus Christus nicht eher vollständig sein wird, wie die Zahl der Heiligen vollständig sein wird[66]. Christus ist wie bei Teilhard, solange der Geschichtsprozeß voranschreitet, unvollständig.

Die angestrebte Einheit der Menschheit in Christus aber zeichnet sich vor allem durch zwei Merkmale aus. Sie ist 1) ein personifiziertes Ganzes, wie auch die Kirche in der Patristik als personifiziertes Ganzes im Sinne etwa der Braut Christi verstanden wurde[67]. D.h. die Menschheit als Ganze ist im eschatologischen Endzustand *eine* Person. Dies bedeutet aber 2) nicht, daß sich hiermit im Endzustand die einzelnen, die Menschheit konstituierenden Individuen in diese eine Person auflösen, sondern die eschatologische Einheit ist so zu verstehen, daß in ihr die Individualität jedes einzelnen Menschen gewahrt bleibt. So wie die Einheit Gottes zugleich die Unterschiedenheit der drei göttlichen Personen bedeutet[68], so ist auch die Einheit in Christus als eine Einheit bei Bewahrung der Differenz zu verstehen. Die Person Christi tritt nicht an die Stelle der einzelnen menschlichen Personen, sondern sie sind ohne Trennung aber in Unterschiedenheit voneinander in der einen Person Christi geeint[69].

In sehr ähnlicher Weise konzipiert auch Teilhard de Chardin den eschatologischen Endzustand. Die geschaffene Wirklichkeit ist auf Christus als auf ihr übernatürliches Ziel gerichtet zu verstehen. Der universale Christus selbst ist der Punkt Omega, der Konvergenzpunkt, auf den sich alles zubewegt. Die Bewegung auf diesen Konvergenzpunkt hin aber ist für Teilhard wie de Lubac die Überwindung einer disparaten Vielheit auf eine Einheit hin, die diese Vielheit nicht aufhebt, ihr aber den Aspekt des Getrenntseins nimmt. Der Weltprozeß ist anders gesagt ein Konzentrationsprozeß[70]. Es entwickeln sich immer zentriertere Wesen, d.h. auf jeder der Entwicklungsstufen entstehen Wesen, in der eine Vielheit in immer höherem Maße von einer Einheit bestimmt wird. D.h. genauer besehen: es konstituiert sich etwas Inneres, eine Psyche, die eine Vielheit immer mehr in einem einheitlichen Zentrum zusammenhält, bis hin zur menschlichen Person, dem Höhepunkt der Innerlichkeit, wo das psychische Zentrum über sich selbst zu reflektieren vermag[71]. Das Universum ist jedoch mit dem je einzelnen Menschen nicht an das Ende

---

[65] C 97 (dt.: 111f.)
[66] C 104 (dt.: 118).
[67] C 33 (dt.: 52).
[68] C 286 (dt.: 292).
[69] C 298 (dt.: 304).
[70] Esquisse d'un Univers Personnel, dans: Oeuvres t.6 (L'Energie humaine), Seuil 1962, 73 (dt.: Die menschliche Energie, Olten 1956, 75).
[71] Le phénomène humain (Oeuvres t. 1), Seuil 1955, 50ff. (dt.: Der Mensch im Kosmos, München 1959, 43ff.).

seiner Entwicklung gelangt, sondern es strebt noch darüber hinaus einer Einheit zu, die die Vielheit des gesamten Universums in sich zusammenfaßt, ganz im Sinne von Eph 1,10, wo es heißt, Gottes Wille sei es, in Christus alles zu vereinen, was im Himmel und auf Erden ist. Diese Entwicklung aber ist auch bei Teilhard so zu verstehen, daß die höhere Einheit die bereits gewonnene Einheit der menschlichen Person nicht aufheben kann. Die menschliche Person hat nicht zur Aufgabe, sich im Punkt Omega, d.h. in der einen Person Jesu Christi aufzuheben, sondern sich in ihr zu vollenden. Das Universum als ganzes wird am Ende personal, aber so, daß jede Einzelperson innerhalb dieses Ganzen eine für sich selbstbewußte Einheit bleibt[72]. Gott ist, so Teilhard, nicht anders definierbar, denn als Zentrum von Zentren[73].

Teilhard hat dieses Verständnis eines personalen Eschatons ebenfalls lange vor de Lubac entfaltet. Man kann es mindestens bis 1916 zurückverfolgen. Dieser Aspekt aber ist der einzige, bezüglich dessen de Lubac sich bereits in „Catholicisme" explizit auf Teilhard beruft und in der Textsammlung im Anhang sogar einen Text von ihm beifügt. Die Einheit in Christus ist, so de Lubac, weder Vermischung noch Trennung. Allheit und Person widersprechen sich nicht, sondern die Allheit ist – hier das Teilhard-Zitat – „der Pol der Person"[74]. Auch in der Korrespondenz zwischen de Lubac und Teilhard wird dieses Thema wiederholt angesprochen[75]. Die Gemeinsamkeit beider in diesem Punkt tritt noch deutlicher hervor als die Gemeinsamkeit bezüglich des Verhältnisses von Natur und Übernatur.

5. Der Heilsweg

Ich möchte nun noch auf einen letzten Punkt zu sprechen kommen, nämlich die Frage der Konzeption des Weges zwischen natürlichem Alpha und übernatürlichem Omega, zwischen Ausgangspunkt und Ziel, was das menschliche Handeln bzw. was die Spiritualität betrifft, aufgrund deren der Mensch als auf dieses Ziel hin handelnd zu verstehen ist. Während Teilhard sein evolutives Verständnis des Universums zugleich eng mit einer eigentümlichen Konzeption von Spiritualität verbindet, wird die Beantwortung dieser Frage in bezug auf de Lubac schwierig, weil bei de Lubac keine spezifisch spirituellen Schriften vorliegen, in denen es eine Antwort hierauf gibt. Es wird somit darum gehen, Teilhards Auffassung in ihren Grundzügen darzustellen, um anschließend zu fragen, ob und wie de Lubac zu dieser Auffassung Stellung genommen hat.

---

[72] Esquisse d'un Univers Personnel, 84 (dt.: 89).
[73] Ebd., 86 (dt.: 90).
[74] C 287 (dt.: 293).
[75] Vgl. Lettres intimes, lettres 63, 76.

Ich stütze mich im folgenden vor allem auf das 1928 erschienene Werk „Le Milieu divin". Teilhard geht es in dieser Schrift um eine Spiritualität, die die Heiligung des gesamten menschlichen Lebens in allen seinen Tätigkeiten zum Gegenstand hat. Was immer der Mensch tut, soll er im Namen des Herrn Jesus Christus tun, heißt es bei Paulus[76]. Diese Heiligung aber ist als ein Streben nach Vereinigung mit Christus selbst zu verstehen. Im Namen Jesu Christi handeln, bedeutet auch bei Paulus, Christus anziehen[77]. D.h. es gilt, das weltliche Handeln in die Wirklichkeit Gottes hinein zu verklären.

Dies aber setzt für Teilhard voraus, daß der Mensch sein weltliches Handeln ganz ernst nimmt, daß er sich auf sein Verhältnis zur Welt ganz einläßt. Die christliche Spiritualität kann mit anderen Worten nicht in der Lehre einer Loslösung von der Welt bestehen, dernach der Mensch um der Liebe zu Gott willen, von ihr möglichst unberührt bleiben soll. Einer solchen Spiritualität geht es im Extremfall, was den Bezug zur Welt betrifft, nur darum, die Dinge mit der richtigen inneren Absicht zu verrichten, während das, was man tut, materialiter gesehen keinerlei Bedeutung, keinerlei Wert hat, weil man der Ansicht ist, nichts von dieser Welt gehe mit in die neue Schöpfung ein. Der Umgang mit der Welt ist nur eine Art Übung, um die menschliche Innerlichkeit, den Geist und das Herz für Gott zu bereiten[78].

Im Gegenzug zu dieser Spiritualität der Weltverneinung macht Teilhard die geistige Dimension christlichen Handelns ganz an dem Beitrag fest, den der Mensch durch seine Mitwirkung am evolutiven bzw. heilsdynamischen Prozeß der Welt leistet. Schon indem sich die menschliche Seele am evolutiven Weltprozeß beteiligt, d.h. auf wie immer bescheidene Weise konstruktiv an ihm mitwirkt, ist sie ganz auf Christus als dem Punkt Omega dieses Prozesses gerichtet, und zwar auf Christus nicht allein als unerreichtes Ziel, sondern in ihrem Mitwirken am Weltprozeß wirkt sie mit am Wirken Christi selbst, an der Selbstvollendung Christi. Indem der Mensch auf diese Weise in der Welt, an der Welt arbeitet, ist er, so Teilhard, in seinem Herzen eins mit dem Herzen Gottes selbst[79]. Diese Form des Gottesverhältnisses aber ist seiner Auffassung nach zugleich die einzig mögliche. Gott ist durch unser weltliches Handeln hindurch erreichbar und nicht anders. Gott soll nicht jenseits der Welt gesucht werden, sondern er ist uns – Teilhard beruft sich auf das ignatianische „Gott in allen Dingen finden" – allein in unserem Umgang mit den Dingen gegeben. Gott will uns unsere Zuwendung zur Welt nicht nehmen, sondern belebt, bestärkt sie[80]. Die weltliche Aufgabe selbst ist der Weg der Heiligkeit.

---

[76] Le Milieu divin, Seuil 1957, 24 (dt.: Das göttliche Milieu, Olten 1962, 27).
[77] Vgl. Gal 3,27; Le Milieu divin, 24 (dt.: 27).
[78] Ebd., 29ff. (dt.: 32ff.).
[79] Ebd., 42 (dt.: 46).
[80] Ebd., 45 (dt.: 49f.).

Das Moment der Loslösung von der Welt aber, das auch Teilhard nicht einfach wegläßt, besteht für ihn in der Selbstüberwindung des an und in der Welt handelnden Menschen. D.h. die Abwendung von der Welt geschieht im Handeln an der Welt selbst, indem der geistliche Mensch im Handeln nicht sich selbst sucht, sondern das, was größer als er selbst ist. Er handelt nicht um seiner selbst willen, sondern versteht sich als ein Moment im Weltprozeß, dessen Funktion darin besteht, sie in Richtung auf Jesus Christus zu vergeistigen, zu vergöttlichen, zu verklären[81]. Diese Selbstüberwindung ist in sich schon der Kreuzesweg[82]. Askese ist ein Prozeß der Weltveränderung (transformation), nicht des Bruches mit der Welt[83].

In einem von de Lubac herausgegebenen Briefwechsel bzw. Gedankenaustausch zwischen Teilhard de Chardin und Maurice Blondel hat Blondel mit bemerkenswertem Gespür das Problem gesehen, das dieses Spiritualitätsverständnis aufwirft. Der kurze Austausch von jeweils zwei Briefen findet 1919 statt. Blondel signalisiert in den Briefen, die er an Teilhard richtet, sein grundlegendes Einverständnis mit ihm in mehrerer Hinsicht. In seiner Kritik aber lehnt er insbesondere ab, daß der Mensch Gott primär in und durch seinen Umgang mit der Welt finde, wie Teilhard dies sieht und Blondel gegenüber auch noch einmal bekräftigt. Auch Blondel lehrt keine Weltverachtung, auch er setzt sich für einen Prozeß der Vergeistlichung der Welt durch das christliche Handeln ein, dennoch besteht er darauf, daß „es nicht unsere Aufgabe ist, das Universum zu erobern, daß wir nicht Christus in der Natur finden müssen", vielmehr „müssen wir alles Geschaffene für die eine köstliche Perle weggeben, müssen wir der Welt sterben, um ein neues Leben zu leben (...). Teilhard de Chardin scheint anzunehmen, daß wir in Kommunion mit dem All (Christus inbegriffen) sein können, ohne zunächst und allein mit dem Einen, dem Transzendenten, dem menschgewordenen Wort in seiner konkreten Menschennatur vereinigt zu werden"[84]. Der Mensch kann nach Blondel die übernatürliche Gnade nicht anders finden, als indem er sie zunächst als außerhalb der Welt, als das ganz Andere erfährt. Er muß der Welt sterben, um zu Gott zu gelangen. Dieser Bruch mit der Welt ist die Voraussetzung für ein vergeistlichendes Wirken in der Welt. Einen Bruch gibt es auch für Teilhard, nur ist er für ihn kein Grund, auch die Spiritualität der einzelnen Menschen von diesem Bruch her zu verstehen. Für Teilhard handelt es sich vielmehr um einen Bruch im Weltprozeß als ganzem, um einen Bruch, der dem Übergang in den eschatologischen Endzustand voraufgeht[85]. Der einzelne Mensch aber gelangt zu Gott nicht durch einen Bruch mit der Welt, sondern allein durch die Welt hindurch.

---

[81] Ebd., 56 (dt.: 61).
[82] Ebd., 55 (dt.: 60f.).
[83] Siehe M. Blondel - P. Teilhard de Chardin, Correspondance, 28ff. (dt.: 31ff.)
[84] Ebd., 24 (dt.: 25f.).
[85] Ebd., 43 (dt.: 45f.).

Teilhard scheut sich nicht vor den Konsequenzen seiner Spiritualität. In einem Brief an de Lubac, wiederum aus dem Jahre 1934, kommt das Spannungsverhältnis, in dem Teilhard zur traditionellen Spiritualität steht, recht kraß zum Ausdruck. Dort heißt es: „Es ist mir unmöglich, der Formulierung zuzustimmen, daß die Mystik 'letztlich nicht darauf ausgerichtet ist, die Welt zu vollenden, sondern das Lob Gottes zu ermöglichen'"[86]. In einem Brief von 1933 an de Lubac richtet er sich in dem selben Sinne gegen eine Ineinssetzung der Religion mit der Ethik der Seligpreisungen: „Dem kann ich nicht mehr zustimmen. Die Ethik der Seligpreisungen ist etwas großartiges aber partielles. (...) Eine Religion der bloßen Wohltat, Sanftmut, Liebe zum Nächsten genügt mir nicht mehr"[87]. Warum genügt sie ihm nicht mehr? Hier läßt sich nur mutmaßend interpretieren: Weil sie lediglich bestehendes Leid lindert, weil sie zur Heilsdynamik im Sinne Teilhards nichts beiträgt bzw. zumindest die Beziehung zu ihr nicht erkennen läßt.

Die Frage ist nun, wie de Lubac sich zu diesem Aspekt von Teilhards Denken äußert? De Lubac hat nie davor zurückgeschreckt, in seinen Schriften über Teilhard ihm gegenüber Vorbehalte anzubringen. Unter den zahlreichen Vorbehalten aber wird der von Blondel hervorgehobene nicht angeführt! Hans Urs von Balthasar hat in seinem kleinen Buch über de Lubac eine ganze Liste solcher Vorbehalte aufgezählt: Teilhards Schöpfungsbegriff und sein Erbsündenverständnis bleibe unklar, es ist von einer Verhärtung der Positionen des späten Teilhard die Rede, von Vereinfachungen, Auslassungen, gefährlichem biologistischem Vokabular oder etwa einem Spiel mit dem Gedanken des Übermenschen[88]. Die Fragwürdigkeit seiner Spiritualität aber bleibt unerwähnt.

In de Lubacs Kommentar zur Korrespondenz zwischen Blondel und Teilhard de Chardin fällt zudem auf, daß er sichtlich bemüht ist, die Differenzen möglichst zu relativieren. Es gebe, so de Lubac, zwischen Blondel und Teilhard de Chardin lediglich Akzentunterschiede, keinen wirklichen Gegensatz[89]. Insbesondere was den Einwand Blondels gegen die Spiritualität Teilhards betrifft, der Mensch müsse – im geistlichen Sinne – der Welt sterben, um zu Gott zu gelangen, wird nicht explizit zugestimmt, sondern es wird auf vermeintliche Parallelstellen bei Teilhard verwiesen. Daß de Lubac einen grundsätzlichen Gegensatz zwischen Blondel und Teilhard gar nicht gesehen hat, bestätigt sich durch de Lubacs Aussage in „La pensée religieuse", Teilhards „Milieu divin" würde keine neue Spiritualität verkünden, sondern sich im Rahmen der traditionellen christlichen Spiritualität bewegen[90].

---

[86] Lettres intimes, lettre 71, 274.
[87] Ebd., lettre 63, 251.
[88] Balthasar, Henri de Lubac, 70 Anm. 82.
[89] M. Blondel - P. Teilhard de Chardin, Correspondance, 59 Anm. 12 (dt.: 67), 88 Anm. 9 (dt.: 102).
[90] La Pensée religieuse, 26 (dt.: 26).

Die sich hiermit abzeichnende Nichtabgrenzung von Teilhard, auch was diesen letzten Punkt betrifft, ist allerdings mit Vorsicht zu genießen. De Lubacs Haltung erweckt hier doch den Eindruck, als sei er sich nicht wirklich bewußt gewesen, was für eine Herausforderung Teilhards Spiritualität für die herkömmliche christliche Spiritualität eigentlich bedeutet. Angesichts der oben zitierten Aussagen aus Teilhards Briefen an de Lubac selbst erstaunt dies. Wo bleibt hier de Lubacs Einfühlungsvermögen für das kirchlich Denkbare, wo bleibt hier der „Genius der katholischen Synthese"[91]? Auch wenn man davon ausgeht, daß es de Lubac in bezug auf Teilhard allein um die Frage von dessen dogmatischer Orthodoxie ging, und er bezüglich aller weiteren Fragen zu „allen Konzessionen bereit war", wie es bei Balthasar heißt[92], bleibt sein implizites Einverständnis mit Teilhard in diesem Punkt doch etwas rätselhaft.

Wie immer de Lubacs Position Teilhards Spiritualität gegenüber zu deuten ist, scheint mir jedoch bereits anhand der drei ersten Aspekte eine grundsätzliche Nähe zwischen dem theologischen Ansatz de Lubacs und demjenigen Teilhards de Chardin erwiesen zu sein. Ich erhebe nicht den Anspruch, das Verhältnis beider vollständig ausgeleuchtet zu haben. Es ging mir um eine erste Annäherung. Diese Annäherung aber zeigt zumindest so viel, daß de Lubac sich nicht nur aus äußerlichen Gründen der Verteidigung des Werkes Teilhards angenommen hat, sondern daß dahinter auch eine gewisse Überzeugung gestanden haben muß, was den Wert und die Fruchtbarkeit von Teilhards Theologie betrifft. De Lubac hat Teilhard vielleicht hin und wieder zu unkritisch gelesen, wie ich anhand des letzten Punktes nahegelegt habe, er hat in ihm aber zugleich berechtigterweise mehr Positives gesehen als vielleicht einige derer eingestehen mögen, die sich gern auf de Lubac berufen.

---

[91] Der Ausdruck stammt von Bischof Prof. Dr. Kurt Koch. Quelle unbekannt.
[92] Balthasar, Henri de Lubac, 74.

Gott für die Welt –
eine ökumenische Betrachtung

Dr. Peter Bexell

I.

Die ökumenische Konferenz, die 1925 in Stockholm stattfand, betrachtet man allgemein als Geburtsstunde der ökumenischen Bewegung. Sie wurde von den Christen in den skandinavischen Ländern angeregt. Ihr führender Kopf war der schwedisch-lutherische Erzbischof Nathan Söderblom. Seitdem hat sich einiges geändert. In den lutherischen Kirchen in Skandinavien sieht man vor allem Nationalkirchen, die der Säkularisierung ihrer nationalen Kultur wehrlos ausgeliefert sind; die kulturelle Einheit in diesen Ländern ist in einen Auflösungsprozeß verstrickt. Die lutherischen Nationalkirchen suchen nach neuen Gesprächspartnern. Vor allem die Kontakte zu den anglikanischen Kirchen sind begehrt, da auch sie sich mit den heutigen Problemen einer Nationalkirche auseinandersetzen müssen. Solche Verbindungen herzustellen, ist nicht so schwer. Zwischen der schwedischen – die auch Finnland einschließt – und der anglikanischen Reformation gibt es historische Parallelen: Das Bischofsamt blieb erhalten; einige Sitten und Bräuche der vorreformatorischen katholischen Kirche wurden nicht aufgegeben. Seit 1921 gibt es die Vereinbarung zur Interkommunion; die sogenannte Porvoo-Erklärung stammt aus dem Jahre 1992. In diesem Zusammenhang ist noch zu erwähnen, daß es seit dem Zweiten Vatikanischen Konzil zu stets intensiveren Begegnungen mit der römisch-katholischen Kirche in Schweden gekommen ist. Der bilaterale ökumenische Dialog hat zu fünf größeren Abschlußtexten geführt: über Ehe, Taufe, Bischofsamt, und 1998 nochmals über die Ehe und schließlich über die Kirche als Sakrament[1].

Diese grob skizzierte Entwicklung in Schweden enthält drei Problembereiche, die wir mit de Lubacs Sicht auf das Verhältnis zwischen Kirche und Welt verknüpfen können: Gott für die Welt. Zum einen ist es nicht abwegig, die Stockholmer Konferenz (1925) als Beitrag zum Friedensprozeß zu betrachten, der sich zwischen den beiden Weltkriegen abspielte. Konferenzthema war „Life and Work"; die diesbezügliche Ekklesiologie widmete sich dem Verhältnis zwischen Menschheit und Kirche. Meines Erachtens zeigt sich hier

---

[1] *Kyrkan som sakrament. En rapport om kyrkosyn. Stockholms katolska stift och Svenska kyrkan.* Svenska kyrkans InformationsService 1999. Der Text umfaßt den Bericht (1998) der offiziellen Gesprächsgruppe zwischen der katholischen Diözese Stockholms und der schwedischen lutherischen Kirche.

bereits – d. h. im damaligen Ansatz der ökumenischen Bewegung und außerhalb der römisch-katholischen Kirche – die ökumenische Wichtigkeit jener Fragen, die bei de Lubac und überhaupt in der „nouvelle théologie" vorherrschen: „Gott für die Welt". Zum anderen können wir nicht verneinen, daß die Entwicklung im schwedischen Luthertum die Perspektive auch eingeschränkt hat. Schon in ihrem Ausgang sind die Kontakte zu der anglikanischen und nachher zu der römisch-katholischen Kirche durch die Probleme des Institutionellen bestimmt. Im Vordergrund steht die zunächst kirchenrechtliche Frage bezüglich der gegenseitigen Anerkennung des Amtes, sowohl des Bischofs als auch des Priesters. Somit gilt nur: „Gottes Wirken in der Kirche". Schließlich hat gerade diese Einschränkung das ökumenische Gespräch geprägt, wenn es sich mit dem Verhältnis zwischen Kirche und Welt befaßt. Oftmals ist es in engen und einengenden Fragen stecken geblieben: die Sichtbarkeit der Kirche, die Behauptung einer säkularisierten Welt für die Kirche: „Der Gott der Kirche für die Welt". Erschwerend ist hier noch der Umstand, daß in den etablierten Nationalkirchen die Kirche nicht so sehr als Volk Gottes, sondern vielmehr als Institution empfunden wird, gar als kirchliches Personal, das gesellschaftliche Entscheidungen zu treffen hat.

Studiert man als Lutheraner die katholische Ekklesiologie, läßt man sich ein auf Henri de Lubacs Ansicht von der Kirche als Sakrament – dies bezeichne ich als Fundamentalekklesiologie –, dann werden einem all diese Einschränkungen sehr bewußt. Trotzdem ist es dennoch möglich, bei Nathan Söderblom anknüpfend, unerwartete Zusammenhänge wahrzunehmen. Im Folgenden beabsichtige ich deshalb den ökumenischen Nutzen von de Lubacs Ekklesiologie darzustellen. Seine Denkstruktur kann uns behilflich sein, Söderbloms ökumenischen Ansatz auszuloten, die Problematik des neuesten schwedischen Dokuments über die Kirche als Sakrament aufzuzeigen und die Rechtfertigungserklärung aus dem Jahre 1999 besser zu verstehen.

II.

Nachfolgend einige zeitgeschichtliche Überlegungen. Die Theologie de Lubacs sowie die *nouvelle théologie* überhaupt gewinnt an Klarheit, wenn wir sie auf dem Hintergrund des Denkens von Maurice Blondel und Pierre Rousselot betrachten. Dabei sind die Fragen wichtig, die um die Wende zum 20. Jahrhundert im sogenannten Modernismusstreit diskutiert wurden. Zur Debatte stand das Verhältnis zwischen Kirche und Welt; damit verbunden waren ebenso die Fragen, die die Beziehung zwischen Geschichte, Vernunft, Offenbarung und Glaube betreffen. Eine gewisse Zuspitzung erhielten die Diskussionen in der Frage nach dem Wesen des Dogmas. Vielfach wurde Dogma der dogmatischen Aussage gleichgestellt und einseitig intellektualistisch abgehandelt; das implizierte Menschenbild war auf eine rationale *natura pura* eingeschränkt. De Lubac jedoch, wie vor ihm bereits J. H. Newman, unterscheidet zwischen dem Dogma und den Dogmen. Dogmenrezeption ist nicht Sache des einzelnen Individuums, sondern sie erreignet sich in der Kirche als geschichtlich lebendiger Gemeinschaft von Glaubenden. Im „Dogma" ist Kirche bereits impliziert; Dogma *geschieht*, wenn Gott seine Erlösung der Menschheit tatsächlich durchführt: „Gott für die Welt"[2].

Söderbloms Kirchenidee wirkte sich auf den Ansatz der Stockholmer Konferenz (1925) aus. Gerade dieser Gedanke spiegelt etwas von der Diskussion im Modernismusstreit wider. Söderblom war ursprünglich im traditionellen schwedischen Luthertum beheimatet. Bereits während seiner Studienzeit stieß er auf die Fragen, die die damalige Bibelkritik hervorrief. In den Jahren 1894 – 1901 wirkte er als Legationspfarrer in Paris. Dort lernte er verschiedene Modernisten, allen voran Alfred Loisy, kennen; dem protestantischen Religionsphilosophen Auguste Sabatier war er freundschaftlich verbunden. Eine Sammlung von Essays über das „Religionsproblem" veröffentlichte er 1910. Geprägt von einem starken „anti-römischen Affekt" stellte er dort die Idee der wichtigsten Modernisten dar[3]. Inzwischen arbeitete Söderblom, Professor für theologische Enzyklopädie, in Uppsala. Erzbischof in der lutherischen Staatskirche wurde er 1914; er starb 1932.

Söderblom ließ sich erst auf die liberale Theologie ein; seine Fragestellungen änderten sich aber, als er den Modernismus kennenlernte. Weil die neuscholastische Denkart und ihre Begrifflichkeit ihm fremd war, hegte er ebenso keinen rationalistischen Dogmenbegriff. Gerade deswegen finden sich bei ihm einige Gedanken, die im Vergleich zu de Lubac eine gewisse Ähnlichkeit aufweisen. Dies betrifft vor allem die Frage, wie Menschheit, Gemeinschaft und Individuum zu verstehen ist. Worin liegt überhaupt das Wesentliche des Menschen? Welches Verhältnis gibt es zwischen dem Menschen als Individuum (Personbegriff) und als Gemeinschaftswesen (Menschheitsidee)? Zu untersuchen sind einerseits de Lubacs Humanismusgedanke und andererseits Söderbloms Gemeinschaftsmystik. Bei beiden steht die Vorstellung von Kirche im Zusammenhang mit den Ideen Menschheit und Ganzheit. „Gott für die Kirche" ist nur deshalb gegeben, weil Gott sich je schon zu Welt verhält: „Gott für die Welt". Von diesem Punkt aus kämen sowohl das Band zwischen Schöpfung und Kirche bei de Lubac als auch Söderbloms theologische Absichten in den Blick, die Stockholmer Konferenz 1925 zu organisieren. In Schweden führten Söderbloms Grundgedanke zu einem universaleren Begriff von Kirche, der dann zwischen 1930 und 1980 die Erneuerung der Idee des Sakraments einleitete. Die Anregungen des Anglokatholizismus und der katholischen Erneuerungsbewegung auf dem europäischen Festland konnten so bewußt gesucht und umgesetzt werden.

---

[2] Vgl. Lubac, C, chapitre I: Le dogme.
[3] Söderblom, Nathan: *Religionsproblemet i katolicism och protenstantism*. Stockholm 1910.

In der protestantischen Theologie betrachtet man de Lubac als einen äußerst katholischen Theologen. Bei evangelischen Theologen hat er nicht den Ruf eines Ökumenikers. Deswegen bevorzugen sie andere katholische Theologen, deren Denken von protestantischer Seite aus gesehen, einen leichteren Zugang bietet. Sollte man sich in der Ökumene einzig mit Theologen beschäftigen, die zunächst wenig Gesprächsbarrieren aufweisen? Dies wäre eine ökumenische Schnellfahrspur, deren Ergebnisse nie richtig bis in die letzte Gemeinde vordringen können. Statt auf eilige und auch oberflächliche Übereinstimmungen zu setzen, sollten wir einen grundsätzlichen Konsens suchen und uns deshalb gerade mit solchen theologischen Entwürfen befassen, die konfessionstypisch und in ihrer eigenen Tradition tief verwurzelt sind. Gerade aus dieser Perspektive bietet die Theologie de Lubacs eine sehr fruchtbare Grundlage für das ökumenische Gespräch. Hervorzuheben sind seine grundlegenden Einsichten bezüglich des Glaubens und der Gnade, letztendlich auch sein Grundsatz, alles „von Gott her als dem Ziel, zu dem der Mensch gerufen ist", zu bedenken[4].

III.

Die ökumenische Fruchtbarkeit der Theologie de Lubacs läßt sich ebenfalls darstellen, wenn man seine Idee von der Kirche als Sakrament mit dem betreffenden ökumenischen Dokument vergleicht, das vor kurzem in Schweden veröffentlicht worden ist. Dieses Dokument weist den Einfluß Karl Rahners auf und zeigt auch Spuren der Kritik Eberhard Jüngels an Rahner. Jüngel behauptet, die katholischen Theologen, auch Rahner identifizieren Christus und die Kirche. Diese und ähnliche Kritik führte dazu, Christus als Ursakrament, die Kirche dagegen als Grundsakrament zu bezeichnen[5]. Auf solche Weise fragt man nach dem Ursprung des sakramentalen Geschehens aus der christologischen Perspektive: die Kooperation in Christus von göttlicher und menschlicher Natur. Damit scheinen wir auf den klassischen lutherischen Boden zurückgekehrt zu sein: Die Konkordienformel aus 1580 analysiert, und zwar in eucharistischem Blickwinkel, die *communicatio idiomatum*, d. h. den gegenseitigen Austausch der die beiden Naturen Christi auszeichnenden Wesenseigenschaften.

Dennoch bin ich der Auffassung, daß das schwedische Dokument sich in einer Sackgasse befindet. Als Lutheraner stehe ich Rahner und dem Grundgedanken

---

[4] Figura, Anruf der Gnade (1979) 115.
[5] Jüngel, Eberhard: „Die Kirche als Sakrament?" in: *Zeitschrift für Theologie und Kirche* 80 (1983) 432-457; Figura, M: „Die Kirche als umfassendes Sakrament des Heils", in: Internationale katholische Zeitschrift Communio 25 (1996) 349f. Siehe zu Rahners Entwicklung: Meyer zu Schlochtern, Josef: Sakrament Kirche. Wirken Gottes im Handeln der Menschen. Freiburg/Br. 1992, 202ff.

des genannten ökumenischen Textes kritisch gegenüber. Gerade deshalb möchte ich de Lubacs Kirchenbegriff in die Diskussion einbringen. Denn der Unterschied zwischen Ursakrament und Grundsakrament setzt meines Erachtens einen Strukturgedanken voraus, der einerseits nur bedingt christologisch ist und andererseits der lutherischen Theologie fremd ist. Unterscheidet man das kirchliche Grundsakrament von Christus als einzigem Ursakrament, folglich auch die Sakramentalität der Sakramente von der Sakramentalität der Kirche, dann müßte man – so in den Augen eines Lutheraners – eine Reihe von Vermittlungen zwischen Christus und den Christen annehmen. Die einfachste Erklärung, daß diese ‚typisch katholische' Vermittlungsstruktur in den ökumenischen Text hineingenommen ist, liegt wohl darin, daß man in Schweden unter den Theologen des Konzils und der Zeit danach eigentlich nur Karl Rahner und die sich auf ihn berufenden Theologen kennt. De Lubac ist jedoch unbekannt.

Spricht man von der Sakramentalität der Kirche, ohne grundsätzlich Christus mit Kirche zu identifizieren, dann gelangt man zu einem Sakramentsbegriff, der Vermittlung voraussetzt, nicht aber bis zur Umschließung vorstößt – und Umschließung ist meines Erachtens die strukturelle Grundidee der *communicatio idiomatum*. Bloße Vermittlung unterscheidet Christus von seiner Kirche. Sie impliziert einen bleibenden Unterschied zwischen Natur und Gnade; wahrscheinlich muß man dann eine unendliche Reihe von Vermittlungen einfügen. Eine solche Theologie der Sakramente geht nicht mehr vom Grundsatz aus *„unir pour distinguer"*, sondern von *„distinguer pour unir"*[6]. So verbleibt man innerhalb der Vermittlungstätigkeit der Sakramente und der Kirche. Gottes Handeln und Gottes Verheißungen, die für Luther die Mitte bilden, könnten dann als sekundär betrachtet werden. Es heißt dann: „Gott in der Kirche und dadurch in der Welt", nicht jedoch: „Gott für die Welt".

Um diesen Gedanken präziser darzustellen, sollte man auf de Lubacs Kritik am Vermittlungsgedanken zurückverweisen. Den Sakramentsbegriff erörtert de Lubac in seinem Buch *Méditation sur l'Église*. Wenn das Sakrament *signe* (Zeichen) ist, dann ist es vom Sinn dieses Zeichens ganz und gar durchtränkt. Auf solche Weise begründet er zusätzlich, die Sakramentalität inklusiv zu verstehen: *„il n'est pas intermédiaire mais médiateur"*[7]. Dabei spielt er gewiß auf Blondels Begriff von *médiation* sowie auf dessen Grundidee, das Sakrament und Christus im Sinne des *vinculum substantiale* zu verstehen. Bereits 1931 rezensiert de Lubac Blondels französische Neufassung des frühen Werkes über das *Vinculum*. Deutlich geht daraus hervor, daß de Lubac das menschliche Handeln, *l'action,* als Ausdruck *en exercise* eines christologisch-

---

[6] Die Überschrift „Unir pour distinguer" (C, 257 – 259) spielt in ablehnender Weise an auf ein Buch von Martain, J.: *Distinguer pour unir, ou les degrés du savoir*. Paris 1932.
[7] De Lubac, Henri: Méditation sur l'Eglise. Paris 1953³, 137ff.

eucharistischen *vinculum* sieht[8]. Das eucharistische Geschehen ist in dem Sinne *médiateur*, insofern es in sich selbst das *res-et-sacramentum*, d. h. Christus und den Empfänger des Sakramentes umfaßt. Hier weist de Lubac auf die Einheit von Eucharistie und Kirche in den *Corpus mysticum*-Texten voraus, die er einige Jahre später geschrieben hat.

Rahner betreibt eine Art von Vermittlungstheologie, die wir im lutherischen Umkreis als „Röhrentheologie" bezeichnen. Sie unterscheidet sich sowohl von de Lubacs sakramentaler Theologie als auch von der lutherischen Sicht auf Kirche und Sakramente[9]. Ich behaupte, daß ein Lutheraner nur von der Kirche als Sakrament sprechen kann, wenn die Kirche mit Christus identisch ist. Anders formuliert: *Eine sakramentale Ekklesiologie in lutherischer Sicht setzt eine radikal durchgeführte Corpus-Christi-Ekklesiologie voraus.* Luthers Ekklesiologie – wie ebenso die de Lubacs – gründet im augustinischen Gedanken des *Totus-Christus*, einer Art von „Panchristismus" nach dem Muster Blondels. Spricht de Lubac – vor allem in seinen früheren Schriften – von der Sichtbarkeit der Kirche, dann geht es um die Sichtbarkeit Christi. Gerade diese Auffassung macht mich als sakramental eingestellten Lutheraner betroffen. Somit ist de Lubacs sakramentale Ekklesiologie, seine Idee von Kirche als Christus für die Welt, „Gott für die Welt", eine interessante Gesprächsgrundlage.

IV.

Schließlich will ich die Aufmerksamkeit noch auf de Lubacs Anthropologie lenken. Zwischen der lutherischen und katholischen Anthropologie befinden sich manche Barrieren, aber dennoch ermöglicht de Lubac auch Öffnungen.

Der Ausgangspunkt der *Gemeinsamen Erklärung zur Rechtfertigungslehre* liegt in der lutherisch geprägten Frage: wie wird der Sünder gerechtfertigt?[10]. Dies besagt, daß Anthropologie gleichsam erst nach dem Sündenfall anfängt. Auf diese Weise vermeidet man jedoch eine grundsätzlichere Frage: was ist so wesentlich menschlich, daß es den Menschen auch vor dem Fall bestimmt?

De Lubac ist der Auffassung, daß wir den Menschen nicht als reine Natur (*natura pura*) denken dürfen, d. h. ohne dessen *desiderium naturale vivendi Deum*, das natürliche Gottverlangen. Der Mensch ist demnach ein Ewigkeits-

---

[8] De Lubac, Henri: „le vinculum substantiale", in: Théologies d'occasion. Paris 1984, 433-435, hier 435.
[9] Vgl. Stubenrach, Bertram: „Konsensus ohne Einigkeit? Versöhnungshilfen im neuentbrannten Streit um die Rechtfertigung, in: TrThZ 107 (1998) 230-242, hier 238ff.
[10] Veröffentlichung in: HK 51 (1997), 191-200. Siehe hier §11 und §19.

wesen, das von Gottes Gnadengabe bestimmt ist. Ähnlich wie Luther ist auch de Lubac nicht an aristotelischen Wesensbestimmungen interessiert. Ihm kommt es darauf an, nicht von einem hypothetischen, sondern vom faktischen Menschen zu sprechen (wie auch Blondel), nicht von einem Gott, den man sich vorstellt, sondern von dem Gott, der handelt. Der Mensch ist eine geistige Kreatur, die zugleich ihre Natur wesentlich übersteigt[11]. Seine Natur ist nur durch das erklärbar, was wir (etwas irreführend) „übernatürlich" nennen, die Absicht Gottes: *voulue pour lui*[12]. Bereits vor dem Sündenfall hatte Adam ein Verhältnis zu Gott, das wir als „begnadet" bezeichnen dürfen. Niemals ist Adam reine Natur. Wir können uns ihn nicht jenseits der Rechtfertigungsfrage vorstellen oder in einem Zustand, in dem er der Gnade Gottes nicht bedurfte. Auch vor dem Fall ist der Mensch von der Gnade bestimmt. Erlösung, Gnade, Geist – dies alles gibt es bereits vor dem Fall. Deswegen hat die Präexistenz Christi einen so wichtigen Platz in de Lubacs Christologie[13]. Bemerkenswert ist eine Ähnlichkeit zwischen de Lubac einerseits, Luther und der lutherischen Orthodoxie andererseits. Luther lehnte die Auffassung ab, die *iustitia originalis* wäre ein Zusatz zur menschlichen Natur. Sie ist vielmehr mitgeschaffen; sie gehört zum Menschlichen. Johann Andreas Quenstedt sagt diesbezüglich: *subjective, perfective und transitive*, aber weder *constitutive noch consecutive*[14]. Demnach bedeutet die Rechtfertigung des Sünders, daß der Mensch – und zwar mit Hilfe des Wortes Gottes – sein *imago Dei* wiederentdeckt, daß er wiederhergestellt ist[15]. *Imago* ist somit als *perfectio naturalis* anzusehen, hier jedoch als *donum supernaturale externum ac accessorium*[16], als Vervollständigung der Natur, nicht als übernatürliche und zusätzliche Gabe, die später noch dazu käme.

Luther folgert daraus, daß der Mensch, wenn er von *imago* spricht, von etwas Unbekanntem redet, das sein Intellekt inhaltlich nicht verstehen kann. De Lu-

---

[11] Vgl. de Lubac, Henri: Le mystère du surnaturel. Paris 1965, 137: „L'être spirituel [...] n'est pas complètement défini par sa forme naturelle, il la transcende d'une certain façon ..." (De Lubac zitiert in diesem Satz J. de Finance). de Lubac äußert im Aufsatz: "Le mystère du sur- naturel" in Théologie dans l'histoire II. Questions disputées et resistances au nazisme. *Paris 1984, 79:* „notre nature effective"; siehe auch 81ff.

[12] *Théologie dans l'histoire II,* 93. Der Hintergrund dieses Begriffs liegt bei Blondel.

[13] Hier liegt ein anderer Akzent vor als bei K. Rahner. Rahners „übernatürliches Existential" setzt im Grunde ein *natürliches* voraus; deshalb entrinnt Rahner nie der *natura pura*. Vgl. M. Seckler: „Potentia oboedientialis" bei Karl Rahner (1904 – 1984) und Henri de Lubac (1896 – 1991), in: Gregorianum 78 (1997) 699 – 718; Hansjürgen Verweyen: Wie wird Existential übernatürlich? Zu einem Grundproblem der Anthropologie Rahners, in: Trierer theologische Zeitschrift 95 (1986) 115 - 131.

[14] Hägglund, Bengt: De homine. Människouppfattningen i äldre luthersk tradition, Lund 1959, 89. Die Begrifflichkeit zur lutherischen Orthodoxie stellt dar: Schmid, Heinrich: Die Dogma- tik der evangelisch-lutherischen Kirche. Dargestellt und aus den Quellen belegt. Gütersloh. 1979[9], 150ff.

[15] Hägglund, 79.

[16] Schmid, 157.

bac drückt sich auf ähnliche Weise aus: Der Mensch strebt aus sich heraus nach der Fülle des Dogmas, aber er versteht nicht, welches dieses gesuchte Ganze ist[17]. Er fügt noch hinzu, daß die Suche, wenn sie sich von unten nach oben bewegt, unüberquerbaren Hindernissen begegnet. Erst wenn sie, gleichsam von oben nach unten, im Ganzen des Glaubens ansetzt, erreicht sie das Ziel: *„tout communique (...), dans cette ‚intelligence par la foi‘, on fait oeuvre de théologie"*[18]. Löst man diese Aussage aus ihrem Zusammenhang, dann könnte man sie als Ausdruck einer lutherischen Ansicht verstehen, die die Rolle des Glaubens im Gottesverhältnis, jenseits der moralischen Dimension im Rechtfertigungsvorgang betrifft. So öffnet sich bei de Lubac die Möglichkeit, sich dem Selbstverständnis des Menschen als einem Teil seines Gottverständnisses anzunähern[19].

Stimmt diese Formulierung mit Luthers dramatischer Auffassung des Erlösungswerkes überein? Denn die Soteriologie Luthers hebt doch im Sündenfall an, im zerbrochenen und zerschundenen *imago*. Der Theologe kennt einzig diesen Ausgangspunkt. Die Soteriologie setzt die Anthropologie des gefallenen, weil sündigen Menschen voraus. Luther markiert deutlich ein Vorher und ein Nachher; zwischen dem nicht-gerechtfertigten und dem gerechtfertigten Menschen unterscheidet er genau. Aus Luthers Sicht sind beide Formen sozusagen historisch feststellbar, obwohl er solche Konsquenzen mit dem problembeladenen Begriff *simul justus et peccator* abmildert.

Auch soteriologisch setzt de Lubac im Menschen als *imago Dei* an. Der Mensch ist imstande, den Sinn des *imago* und des *desiderium* wahrzunehmen, wenn schließlich die *„intellection de la foi"* sich in der *„intellection par la foi"* ereignet. Somit setzt de Lubac auf die Kooperation von Soteriologie und Anthropologie, von Göttlichem und Menschlichem. Die theologische Anthropologie versteht sich als angewandte Soteriologie; Soteriologie ist nur denkbar, wenn sie als Anthropologie durchgeführt wird.

All diese Gedanken stellen ein fundamentaltheologisches Problem dar, das zwischen Faktizität und Möglichkeitsbedingung oszilliert. In seinem Aufsatz *Nécessité des Missions* folgert de Lubac, daß zum einen die Erlösung der Welt von der Existenz der Kirche abhängt, daß zum anderen die Erlösung die Mitgliedschaft in der Kirche nicht voraussetzt, sondern vielmehr gewährt. Das Ereignis des Erlösungshandelns Gottes schafft somit neue Möglichkeiten[20].

---

[17] Vgl. de Lubac: "Apologétique et théologie", in: Théologies d'occasion, 108f.

[18] De Lubac, Henri: Théologies d'occasion, 110.

[19] Chapman, Mark E.: „De Lubac's Catholicism Through Lutheran Eyes: Appreciation, Application, Convergence", in: *One in Christ* 29 (1993) 286-301.

[20] De Lubac, Henri: Nécessité des Missions, tirée du rôle providentiel de l'Église visible pour le salut des âmes, in: L'Union Missionnaire du Clergé de France. Nouvelle série II:1 (1993) 46. Dazu Bexell, Peter: Kyrkan som sakrament. Henri de Lubacs fundamentalecklesiol. Stockholm 1997, 423.436-441.

Die erlösende Menschwerdung Christi ist das *novissimum*, das das ganze Weltall – auch das vor unserer Zeitrechnung – umfassend neu und endgültig ordnet: „omnem novitatem attulit semetipsum afferens"[21]. Indem Christus sich selbst darbietet, hat er jede Neuheit dargeboten – alles neu gemacht. In dieser Endgültigkeit Christi gründet – so de Lubac – die grenzenlose Offenheit der Erlösung: „Gott für die Welt". Anthropologie und Soteriologie betreffen grundsätzlich die ganze Schöpfung. Wenn beide zugleich sehr ekklesiologisch gedacht werden, dann bedeutet dies keine Einschränkung; die Ekklesiologie öffnet sich im Gegenteil auf die gesamte Schöpfung hin. Der Gott des Heils ist sozusagen wesentlich anthropologisch.

Die für das ökumenische Gespräch interessante Parallele zwischen Luther und de Lubac ist bis jetzt kaum wahrgenommen worden. Der Lutheraner Chapman hat als erster Luther und de Lubac miteinander verglichen. Manches ist ihm verborgen geblieben. Er versucht aus Luthers Genesisvorlesungen eine Anthropologie zu gewinnen, deren Plausibilität nicht einleuchtet. Ein anderer Lutheraner, David Yeago hat in der Zeischrift *The Thomist* auf parallele Gedanken hingewiesen. Er beschäftigt sich vor allem mit Luthers Ansicht des Gesetzes: eines Grundsatzes, der die Ordnung vor dem Sündenfall bestimmt.

Wenn man nicht ansetzt bei der Frage nach dem Menschen als Sünder, sondern beim faktischen Menschen als *imago Dei*, tun sich unerwartete Parallelen zwischen lutherischer und katholischer Anthropologie hervor. Es zeigt sich dann, daß je deutlicher die *gratia* mit der Schöpfung verknüpft ist, das Gnadengeschehen im Sinne von *sola gratia* klarer an den Tag tritt. Gerade aus diesem Grunde hat das Studium der Theologie de Lubacs mir geholfen, meine eigene lutherische Tradition tiefer zu verstehen. De Lubacs weltoffene Theologie („Gott für die Welt") stellt ein beträchtliches Potential für Ökumene und Ekklesiologie dar.

---

[21] Ireneus: *Adversus haereses* I. 4,34,1. De Lubac: *Catholicisme,* 228; de Lubac: *Histoire et esprit,* 446; zur Verwendung dieser Aussage siehe P. Bexell, 195f.

III

GUSTAV SIEWERTH –
DAS SEIN ALS GLEICHNIS GOTTES

Gustav Siewerth (1903 – 1963)

„Die vielen Freunde, deren Name ich jetzt verschweige, werden es mir nicht verübeln, wenn ich nur noch einen erwähne: Gustav Siewerth, den Mann mit dem Löwengehirn und dem Kinderherzen, furchtbar im Philosophenzorn gegen die Seinsvergessenen, um sonnig und sanft vom Herzgeheimnis der Wirklichkeit zu reden: vom Gott der Liebe, vom Herzen als Mitte des Menschen, vom Schmerz des Daseins, vom Kreuz des Kindes des Vaters. Ohne ihn hätte der dritte Band von Herrlichkeit seine Gestalt nicht bekommen. "

Hans Urs von Balthasar, Mein Werk. Durchblicke, Freiburg 1990, 72.

Gustav Siewerth – Leben im Kontext

Hugo Ott

Die Bilder des Webstuhls, des Webens und Verwebens – contextus –, hier: der Lebensfäden, sind mir thematisch aufgegeben worden – und ich lasse mich von diesen metaphorischen Vorgaben durchaus leiten, wenn ich im Folgenden versuche, die Strukturen eines anspruchsvollen Geflechts transparent zu machen und dabei Kette und Schluß zu präparieren und die Fügungen sichtbar zu machen, die eingeflochten worden sind, vielleicht auch Webfehler zu markieren.

Geradlinig jedenfalls ist der Kontext nicht hergestellt worden, weswegen nicht unbedingt das Kontinuum leitend sein kann.

Freilich kann es nur um Sektoren oder Segmente dieses Lebens gehen, um Sozialisation, schon deswegen, weil mir Informationen fehlen. Deshalb nur wenige Daten, immerhin: über die große Familie, in die Gustav Siewerth als siebtes Kind einer auf zehn Kinder anwachsenden Familie in Hofgeismar hineingeboren worden ist. Der Vater Eduard wurde als Zollbeamter wohl öfter versetzt – so besuchte Siewerth für vier Jahre die Volksschule in Carlshafen an der Weser, damals preußisches Gebiet, die Katholiken waren nur eine fünfprozentige Minderheit – und wechselte nach Frankfurt in die Brüder-Grimm-Mittelschule, von der er nach weiteren fünf Jahren in die Untersekunda des humanistischen Lessing-Gymnasiums überging und 1922 das Abitur an dieser Anstalt ablegte, 19 Jahre alt. Mit Stolz erwähnt er im Lebenslauf[1], den er dem Habilitationsgesuch beifügte, im Reifezeugnis sei besonders eine mit Auszeichnung gewertete, größere, freie Arbeit über Hebbels dramatische Theorie vermerkt – nach allem, was Freunde und Schüler Siewerths überliefern, verfügte er über eine hervorragende Begabung auf dem literarischen Feld und vermochte aus einem reichen Schatz zu zitieren und zu deklamieren, was noch im eindrucksvollen Nachruf von Hans Urs von Balthasar, des engen und sehr vertrauten Freundes, nachklingt „Sprach man ihn auf Homer an, so sprudelten fünfzig griechische Verse hervor, mit blitzendem Auge vorgetragen; erwähnte man Sophokles, so warens die Chorlieder der Antigone, mit Gestik des ganzen

---

[1] Er befindet sich in den Habilitationsakten von Gustav Siewerth im Universitätsarchiv der Universität Freiburg (Rektorat und Dekanat der Philosophischen Fakultät). Diese Archivalien werden in den folgenden Ausführungen immer wieder herangezogen, ohne daß besondere Anmerkungen gemacht werden. – Die Lebensdaten Siewerths sind knapp zusammengefaßt in: Behler, Wolfgang (Hg.): Gustav Siewerth zum Gedächtnis (=Schriftenreihe der Pädagogischen Hochschule Freiburg. Band 4. Freiburg 1989 = Gustav Siewerth zum Gedächtnis (1989)), dargestellt von Franz Anton Schwarz, entnommen aus dem Band 1 der Ausgabe Siewerth, Gustav: Sein und Wahrheit. Gesammelte Werke. Bd. 1. Düsseldorf 1975, 17 – 19 (= GW I – IV).

Körpers; er konnte aber auch Abende lang aus der Edda, aus Shakespeare und unerschöpflich aus Goethe vortragen, den er ob seiner Fülle und Welthaltigkeit besonders verehrte"[2]. Doch halten wir inne und suchen nach einem wohl entscheidenden Markstein in Siewerths Leben.

Die stille und tiefe Feierlichkeit, mit der Gustav Siewerth am 28. Mai 1963 die Vollendung des 60. Lebensjahres gestaltete, entließ den Jubilar zugleich in die Einsamkeit der Rückschau auf sein Leben, das sich nur wenige Monate nach dieser Wegmarke, am 5. Oktober 1963, in Trient vollenden sollte, als er noch mitten in der Vorbereitung für die Arbeit der Pädagogischen Sektion der Görres-Gesellschaft, die er seit fünf Jahren leitete, stand. Er hat die festliche Eröffnung dieser Jubiläumsveranstaltung – anläßlich des 400. Gedenkens des Abschlusses des Trienter Konzils 1563 war die Görresgesellschaft nach Trient gegangen – am Sonntag, 6. Oktober, im Dom von Trient nicht mehr schauen dürfen.

Eine knappe Zeitspanne nur war ihm als erstem Rektor der in den Rang einer wissenschaftlichen Hochschule erhobenen Pädagogischen Hochschule Freiburg vergönnt – endlich nach Freiburg 1961 heimgekehrt, angelangt in der Stadt und in der Landschaft seiner entscheidenden Studien- und Forschungsjahre von 1926 bis 1932, anschließend bis 1937 immer wieder besuchsweise, unterbrochen von Phasen längerer Abwesenheit. Er blieb der Stadt verbunden, war nie völlig absent, in dieser damals noch sehr gemütlichen Stadt, wo Siewerth an Allerheiligen 1926 in der unteren Wiehre (Reiterstraße 10) Quartier bezogen hatte[3] – es ist eines der besseren Viertel mit alten Bürgerhäusern aus der Gründerzeit –, nur wenige Schritte von der Wohnung Edmund Husserls entfernt, bequeme Wege zur Universität, die auch Husserl ging, nahe zum Lorettoberg, auf den auch Husserl fast täglich wanderte, einstmals mit seinen wissenschaftlichen Mitarbeitern Edith Stein und Martin Heidegger. Siewerth war in hoher Aufbruchstimmung und Erwartungshaltung nach den vier Semestern, die er in Fulda der Philosophie und Theologie am dortigen Priesterseminar gewidmet hatte – jetzt in Freiburg sich ganz konzentriert vor allem der Philosophie auszusetzen, bei Edmund Husserl, Martin Honecker und seit der Berufung Heideggers nach Freiburg 1928 bei diesem Stern am Philosophenhimmel, dem Autor von ‚Sein und Zeit', in dessen Bannkreis er geraten sollte, verzaubert und erschüttert zugleich, nahe und fern in einem.

Angekommen 1961 also wieder in Freiburg, freilich nicht an dem ihm eigentlich geziemenden Ort, nämlich aufgenommen in die Universität, wo er liebend gern gelehrt und vor allem philosophiert hätte – in der Art des symphilosophein mit Martin Heidegger, vielleicht auch mit Eugen Fink. Freilich schlug ihm nach seiner Ankunft in Freiburg eine überwiegend mißgünstige Stimmung von der Universitätsphilosophie entgegen in der Trias Robert Heiß

---

[2] Vgl. in diesem Band, 285f.

[3] Diese Auskunft verdanke ich dem Stadtarchiv Freiburg, wo die polizeiliche Anmeldung registriert ist. Im Verlauf des Jahres 1932 ist Siewerth polizeilich abgemeldet worden (unbekannt verzogen).

(Psychologie), Eugen Fink und vor allem von Bernhard Lakebrink, der 1961 die Nachfolge von Max Müller auf dem Lehrstuhl Philosophie II (Konkordatslehrstuhl) angetreten hatte – Siewerth hatte lange gehofft, selbst auf diese Lehrkanzel zu gelangen.

Tröstlich indes die räumliche Nähe zu Hans Urs von Balthasar in Basel[4]. So blieb ihm in jenen Maitagen 1963 nur, Bilanz zu ziehen, wie er dies etwa im ausführlichen Dankschreiben an den Jesuiten Johann Baptist Lotz[5] tat, an den nahezu gleichaltrigen, der wie er aus dem Hessischen stammt, den er spätestens aus der frühen Freiburger Zeit sehr gut kannte – Gustav Siewerth 1936 in der Endphase mit der von Martin Honecker betreuten Habilitation befaßt, Lotz kurz vor der philosophischen Promotion ebenfalls bei Martin Honecker stehend. Daß Martin Honecker die philosophische Dissertation von Karl Rahner, der mit Lotz 1934 von Innsbruck nach Freiburg geschickt worden war, ablehnte, ist bekannt und von mir anderwärts zureichend dokumentiert und dargestellt worden, eine heftige Diskussion auslösend[6]. Indes reichte die Bekanntschaft beider viel weiter zurück, war doch Siewerth im Herbst 1922, nachdem er zuvor ein Semester an der Frankfurter Universität Philosophie studiert hatte, in das Noviziat der Jesuiten eingetreten (vermutlich in Valkenburg), das er zu Anfang des Jahre 1924 wieder verließ. Johannes Lotz gehörte schon seit 1921 dem Noviziat der Gesellschaft Jesu an. Übrigens verlief die geistliche Karriere von Karl Rahner ab 1922 zeitgleich mit Gustav Siewerth – auf einer knappen Wegstrecke freilich[7]. Es war alles in allem ein bitteres Resümee, das Siewerth im Dankesbrief an Lotz Ende Mai 1963 formulierte: ja, wenn man ihm einen philosophischen Lehrstuhl ermöglicht hätte, dann könnten „wir heute in Deutschland eine maßgebliche Schule spekulativen Denkens haben". Statt dessen seien „die bedeutendsten Lehrstühle der Philosophie unfähigen Leuten ausgeliefert ..., die durch ihren Historismus oder positivistischen Formalismus – oder durch die Kraftlosigkeit ihres Denkens die Philosophie in Mißkredit bringen und den Enthusiasmus der besten Jugend in Skepsis umschlagen lassen oder sie in die Enge der Spezialwissenschaften bannen". Für Siewerth ein unabsehbarer Schaden. Wir können unschwer den Namen eines dieser nach Siewerths Meinung mediokren Ordinarien enträtseln: Bernhard Lakebrink, mit dem er auf der Jahresversammlung der Görres-Gesellschaft 1961 in Trier die Klingen gekreuzt hatte: Das Tagungsprogramm der Philosophischen Sektion stand unter dem Generalthema:

---

[4] Die Pädagogische Hochschule Freiburg hat früh durch die Einrichtung des Siewerth-Archivs für die Erschließung des Nachlasses gesorgt. So befinden sich dort auch die Briefe Siewerths an Hans Urs von Balthasar, mit dem er sich seit der Wiederkehr nach Freiburg fast wöchentlich traf. (Freundliche Auskunft von Ferdinand Graf, dem ich, unterstützt von Franz Anton Schwarz, Einsicht in die Unterlagen des Siewerth-Archivs verdanke).
[5] Aufbewahrt im Siewerth-Archiv.
[6] Ich verweise auf meine Studie „Die Weltanschauungsprofessuren (Philosophie und Geschichte) an der Universität Freiburg – besonders im Dritten Reich". Historisches Jahrbuch (1988) Bd. 108, 157 – 173.
[7] Die frühe Beziehung Siewerths zu Lotz und Rahner müßte gesondert untersucht werden.

„Die Situation der Metaphysik heute im Hinblick auf ihre Entwicklung von Augustinus und Thomas bis zu Heidegger", wozu auch Lakebrink („Geist und Arbeit im Denken Hegels") und Siewerth („Die Differenz im Hegelschen System") vortrugen[8]. Lakebrink habe sich auf der Trierer Görrestagung entsetzlich blamiert und habe sich in der Diskussion über ein pennälerhaftes Gefasel nicht zu erheben vermocht, schreibt er am 28.12.1961 an Hans Urs von Balthasar. Soweit zur Analyse der aktuellen Situation.

Nun hatte Siewerth mittlerweile seine aus der Studienzeit erwachsenen Personalakten in Freiburg und Stuttgart einsehen können – es ging vor allem um seine Wiedergutmachung, wofür er offiziell Akteneinsicht gefordert hatte –, und er schlägt jetzt den Bogen zurück in die Zeit, als er sich nach der Habilitation um eine Dozentur bewarb – er also nicht nur mit dem Dr. habil. von der Universität scheiden mußte –, welcher Antrag am 5. Juli 1938 vom Reichs- und Preußischen Minister für Wissenschaft, Erziehung und Volksbildung abschlägig beschieden worden ist. „Die Nationalsozialisten lehnten mich ab und verboten mein Wirken, weil ich, wie ich in meinen Universitätsakten las, ‚als Führer, Kämpfer und Erzieher durch meine wissenschaftliche Begabung unabsehbaren Schaden unter der deutschen Hochschuljugend anrichten werde'", läßt er Johannes Lotz wissen und meint dann weiter: „Dieses Urteil wäre ein schönes Lob, wenn es nicht nach 1946 ‚zur Verhinderung einer positiven Wirksamkeit' von anderen vollstreckt worden wäre". Nur Gott werde wissen, warum er sich mit Verwaltungs- und Organisationsarbeiten verschleißen müsse und ihm nur gestattet sei, „durch die Parerga meiner wissenschaftlichen Reflexionen zu wirken", wobei er nicht gering veranschlagt, daß er in den Jahren seiner Aachener Lehrtätigkeit ab 1946 bei seinen Schülern eine reiche und liebevolle Resonanz erfahren hatte. Lotz konnte vielleicht erahnen, welche Steine Gustav Siewerth nach 1945 in den wissenschaftlichen Weg gelegt worden waren.

Gustav Siewerth litt an den Wunden, die ihm in der Zeit des Nationalsozialismus und in den Nachkriegsjahren zugefügt worden waren – eigentlich ein paradoxes Geschick, mit dem er leben mußte. Jedenfalls gewaltige Traumata! Dabei hatten sich die politischen Faktoren aus der Zeit des Dritten Reiches in einem komplexen Bündel gegen seine wissenschaftliche Persönlichkeit regelrecht verschworen: am krudesten und krassesten zugleich kommt dies in der Beurteilung der Leiter des Gemeinschaftslagers und des Dozentenakademielehrgangs auf Schloß Tännich bei Rudolstadt/Thüringen zum Vorschein. Siewerth hatte vom 2. bis 29. September 1937 die von der Habilitationsordnung vorgeschriebene Prozedur hinter sich gebracht: er wurde in den Gruppengrad 4 eingestuft „abzulehnen, gefährlich, unbrauchbar" oder „gefährlich und undurchsichtig" und dies, obwohl Siewerth „rassisch eine vorzügliche Erscheinung und zweifellos einer der fähigsten Lagerteilnehmer" sei. Aber, so urteilten der Professor Dr. Wüst und der Obersturmbannführer Grundig, die von

---

[8] Vgl. Jahres- und Tagungsbericht der Görres-Gesellschaft 1961.

Siewerth vorgetragene Haltung sei wohl nicht echt, sondern sei einer klugen Berechnung auf Grund konfessionell starker Gebundenheit entsprungen. Nun muß man wissen, in welche personelle Konstellation Siewerth gelangt war: der nur wenig ältere Professor Wüst war Walther Wüst, seit 1935 Ordinarius für ‚Arische (Indo-Iranische) Kultur- und Sprachwissenschaft' an der Universität München, SS-Standartenführer, Kurator der Forschungs- und Lehrgemeinschaft ‚Ahnenerbe', später Rektor dieser Universität – ein fanatischer Nationalsozialist, dessen weltanschauliche Positionen durch eine Reihe von Reden (z. B. ‚Indogermanisches Bekenntnis. Sieben Reden') ganz im Sinne des ‚Ahnenerbe'-Niveaus klar waren[9]. Einen schärferen Gegensatz als zwischen Wüst und Siewerth kann man sich schwerlich vorstellen.

Darüber hinaus wurde als erschwerend angeführt, „daß Siewerth mehrere Jahre als Novize der SJ angehört hat und heute in keiner Gliederung der Bewegung steht". Also keine Frage: „Wir widerraten daher mit Nachdruck die Übertragung einer Dozentur an Siewerth". Dieses Votum bildete die Grundlage für die Ablehnung des Gesuchs um eine Dozentur durch das zuständige Reichsministerium. Gestützt wurde die Negativ-Beurteilung durch die Freiburger Führung des NS-Dozentenbundes: die frühere Zugehörigkeit Siewerths zur Gesellschaft Jesu müsse besonders ins Gewicht fallen und „von der nationalsozialistischen Weltanschauung trennt ihn eine Welt". Der jesuitische Hintergrund wurde ihm beständig vorgehalten.

Gebrandmarkt, ja stigmatisiert – auch und gerade von Martin Heidegger, den er so sehr verehrte und dessen Denken ihn zuinnerst anrührte, ja aufwühlte. Aber: Siewerth hatte sich letztlich nicht für Heidegger, sondern für Thomas von Aquin entschieden, schon im Kontext seiner Dissertation „Der metaphysische Charakter der Erkenntnis nach Thomas von Aquin, aufgewiesen am Wesen des sinnlichen Erkenntnisaktes" (3. März 1931), die mit der höchsten Note ‚egregie' bewertet worden ist und die, wie Siewerths Lehrer Martin Honecker bemerkte, in der Fachwelt mit Anerkennung besprochen worden ist. Bereits 1932 wissen wir von einem Versuch Siewerths, sich in Frankfurt mit dem Thema: „Die transzendentale, intellektuelle Anschauung bei Thomas von Aquin. Der Grund der Möglichkeit der Gotteserkenntnis" zu habilitieren, ohne daß klar ist, warum das Vorhaben scheiterte. Fünf Jahre später reichte Siewerth bei der Freiburger Fakultät die Habilitationsschrift „Die Apriorität der menschlichen Erkenntnis als Einheitsgrund der philosophischen Systematik des Thomas von Aquin" ein, mit welchem Thema er sich erst ab 1934 beschäftigt hatte, wieder befaßt hatte, sollte ich genauer sagen, die Linie der Dissertation fortsetzend. Denn nach der Promotion war zunächst eine größere Arbeit über den Gottesbegriff Hegels in Angriff genommen worden, gefördert durch ein Stipendium der Notgemeinschaft der deutschen Wissenschaft, das Siewerth von 1932 an mit einer Unterbrechung bis in den Oktober 1936 bezog und das ihm dem immer noch einschichtig lebenden Wissenschaftler ein be-

---

[9] Zum ‚Ahnenerbe' – Komplex vgl. Michael Kater, Das „Ahnenerbe" der SS 1935 – 1945. [2]1997.

scheidenes Auskommen ermöglichte. Den Studien über den deutschen Idealismus blieb er verbunden, auch nachdem er wieder in die scholastische Bahn eingeschwenkt war – und dies aus konkretem Anlaß, weil ihm nämlich 1934 eine Dozentur an der Braunsberger Hochschule in Aussicht gestellt wurde. Ich kann zu diesem Vorgang nicht viel beitragen, weil ich nicht weiter nachgeforscht habe – immerhin schreibt Martin Heidegger 1949[10] – wir machen also einen weiteren Zeitsprung – an Siewerth, er habe Anfang 1934 in einem Gespräch mit Braunsberger Philosophen und Theologen Karl Eschweiler, er erinnere sich sehr genau daran, vorgeschlagen, „Sie allen voran an erster Stelle auf die Liste zu bringen. Weil ich Prof. Eschweiler als einen weitblickenden und urteilsfähigen Mann immer geschätzt habe, sprach ich auch sehr eingehend mit ihm über Sie. Er versprach mir damals, im Sinne meines Vorschlags zu handeln". Daß die Braunsberger Berufung gescheitert sei, brachte Heidegger in Zusammenhang mit seinem Rücktritt vom Rektorat am Ende des Wintersemesters 1933/34. Seitdem seien seine Urteile und Empfehlungen bei den Ministerien und parteiamtlichen Stellen unerwünscht gewesen, also regelrecht kontraproduktiv. Ich habe diese ausführliche Notiz beigefügt, weil wir ja noch mitten in den dreißiger Jahren und mitten im Habilitationsverfahren Siewerths stehen und von der Verklärung Ende 1949 vorerst Abstand halten müssen. – Heidegger ist damals, also nach 1945, nicht müde geworden, Siewerth zu versichern, ihm sei unverständlich, „weshalb Sie heute noch nicht auf einen Lehrstuhl berufen seien, während doch Leute aufrücken, die bei weitem nicht die philosophische Begabung und wissenschaftliche Ausbildung haben, über die Sie verfügen". Ja, spätestens nach 1945 rechnete Martin Heidegger den einst in die katholische Ecke gestellten Siewerth zu seinen Schülern. Der ‚lieben Hannah‘ (Arendt) empfahl er im November 1973 Gustav Siewerths Textsammlung „Thomas von Aquin. Die menschliche Willensfreiheit" (Schwann. Düsseldorf. 1954), als sie nach Literatur zur Frage des ‚Willens‘ suchte: „Für die schwierige Frage nach dem ‚Willen‘ gibt immer noch das III. Buch von De anima des Aristoteles die erste Erleuchtung, von der die ganze nachfolgende Metaphysik zehrt. Gutes ‚Material‘ bringt das Buch eines Schülers von mir, Gustav Siewerth, der 1929/32 bei mir arbeitete"[11]. Wie dies, da Siewerth ganz auf der Honecker-Schiene gefahren ist! Heidegger also reklamiert nach dem Krieg Siewerth für sich, ja konnte sich auf Siewerth berufen, hatte gleichsam auch eine Vaterschaft zu beanspruchen, etwa wenn er an die gewaltige Kundgebung, an den Fackelzug dachte, den ihm die Freiburger Studentenschaft am 28. Mai 1930 darbrachte, nachdem Heidegger den Ruf nach Berlin abgelehnt hatte. Der cand. phil. Siewerth hatte die Festrede übernommen – es war übrigens sein 27. Geburtstag – ein großartiger Text: „Wir wissen, der Dank für Sie kann nur sein, daß das Vermächtnis hohen Geistes bewahrt und von neuem

---

[10] Dieser Brief wie die anderen Briefe Martin Heideggers, auf die im Folgenden Bezug genommen wird, befinden sich im Siewerth-Archiv der PH Freiburg.

[11] Vgl. Arendt, Hannah / Heidegger, Martin: Briefe 1925 bis 1975. Frankfurt/Main 1999, 246–249.

geboren werde, daß in unserer Zeit, die ihr Bestes und Letztes nicht mehr sehen mag, dem deutschen Volke das Erbe seiner Vergangenheit wieder geschenkt werde. ... Zu dieser Aufgabe bitten wir Sie, uns fernerhin aufzurufen und wachzuhalten, und dieser Abend soll Ihnen die innere Bereitschaft aller kund tun, diesem Werke die Kraft des Lebens zu weihen". Heideggers knappe Antwort gipfelte in dem Schlußsatz: „Wir müssen geben, indem wir fordern. Wir alle müssen voneinander und besonders ich von Ihnen und Sie von mir, fordern: sich zu halten inmitten des Daseins. Diese Forderung dauernd in sich lebendig zu halten bedeutet Kampf; *Sache der Jugend* aber ist *zu kämpfen!* Und wenn Sie nachher Ihre Fackeln zum Verlöschen bringen, so möge diese Forderung nicht in Ihnen erlöschen, sondern sich entzünden zu neuer Glut". Welch ein Ereignis damals am 28. Mai 1930 auf dem Rötebuck oberhalb von Zähringen[12]! Exakt drei Jahre später wird Heidegger als Rektor seine Rede halten „Die Selbstbehauptung der deutschen Universität", in der die Kampf-Metapher keine geringe Rolle einnahm. Gustav Siewerth also sein Schüler, so Martin Heidegger 1973 an Hannah Arendt, ihn als kompetente Quelle vorschlagend.

Diese Frau allerdings: „Der Siewerth ist stofflich wichtig; sonst natürlich dogmatisch", die eher schnoddrige Antwort von Hannah Arendt ein halbes Jahr später. „Sonst natürlich dogmatisch" – eine eigenartige, indes nicht zufällige Nähe zu den permanenten Charakterisierungen Siewerths in den Stellungnahmen der parteiamtlichen Größen: „ein Philosoph spekulativer Richtung, für den das katholische Dogma die feste, nicht zu diskutierende Grundlage seines Denkens bedeutet ... Die Philosophie des Thomas von Aquin hat für ihn zeitlose Gültigkeit". Es fehle ihm das geschichtliche Denken. Ebensowenig wisse er von seiner Spekulation her eine Verbindung zur Lebenswirklichkeit, zur Bewegung der Gegenwart oder zum Volk zu schlagen. (Der Leiter der Freiburger Dozentenschaft am 8. Februar 1938). Und Martin Heidegger? Er gab dem Habilitanden Siewerth 1937 keine nennenswerte Unterstützung, ließ den Kollegen Martin Honecker das Verfahren allein durchkämpfen – und das Ganze in einer Atmosphäre unverhüllter Feindseligkeit innerhalb der Fakultät – im Fall Siewerth wie parallel dazu in der Angelegenheit Max Müller. Die christliche Philosophie war zum Abschuß freigegeben. Die ausführlichen Gutachten Honeckers für beide Kandidaten, wohl abgewogen und kritisch zugleich, stehen in einem klaren Kontrast zu den knappen Sätzen der Korreferate Heideggers, eisig-sachlich: man werde dieser Arbeit nicht vorwerfen können, sie treibe voraussetzungslose Wissenschaft – „nur sind eben die Voraussetzungen eigener Art. Ihre wissenschaftliche Vertretung an der Universität ist durch das Konkordat sichergestellt". Hier hebt Heidegger auf die

---

[12] Diese Veranstaltung ist jetzt dokumentiert im Band 16 der Martin Heidegger Gesamtausgabe „Reden und andere Zeugnisse eines Lebensweges 1910 – 1976. Hg. von Hermann Heidegger. Frankfurt/Main 2000, Nr. 284 „Studenten ehren Professor Heidegger", 755 – 758. Vom Herausgeber ist in keiner Weise auf den Zusammenhang Heidegger ––Siewerth eingegangen, was dem Grund-Tenor entspricht. Wer Siewerth nicht kennt, bleibt ohne Informationen.

heftige Diskussion ab, die 1932 im Land Baden um das Badische Konkordat geführt worden ist – besonders an der Universität Freiburg[13]. Freilich gab es diese Lehrstühle schon längst, und der junge Heidegger selbst hatte sich 1915 f. große Hoffnungen auf die Berufung auf den damals vakanten Lehrstuhl Philosophie II gemacht. In der Situation des Jahres 1937, in der die katholische Kirche im Deutschen Reich in eine erste starke Gefährdung geraten war, konnte sich die antikirchliche Stimmung ungehindert breit machen. Siewerth versuche zwar eine spekulative Erörterung der Grundlagen des thomistischen Systems im festen Rahmen der katholischen Glaubenslehre, dabei Begriffe und Fragestellungen neuzeitlicher Denker verwertend, stets jedoch sei für deren begriffliche Prägung auch heute noch Thomas von Aquin mehr oder minder ausdrücklich richtunggebend. „Da jedoch eine ‚Wissenschaft‘ und die Philosophie erst recht sich bestimmt aus der Art der Auffassung des Seins überhaupt und des Wesens der Wahrheit und der Stellung des Menschen, und da diese ‚weltanschaulichen‘ Voraussetzungen nicht nur den Inhalt sondern ebenso die Behandlungsart einer Wissenschaft und erst recht der Philosophie vorgestalten, ergibt sich für die Beurteilung des vorliegenden Falles eine eindeutige Lage. Heidegger erklärt sich als nicht zuständig, da *nur* sein Kollege Honecker die Zuständigkeit besitze. Das müsse die Fakultät schon klar sehen: „ob die vorliegende Habilitationsschrift im Rahmen *ihrer* eigenen glaubensmäßigen Voraussetzungen *wissenschaftlich* zureicht, Honecker möge entscheiden, da sein Urteil nur *so* lauten könne: „*Wenn* solche Auslegungen und Darstellungen für zulässig erachtet und zur Verteidigung und Ausgestaltung des katholischen Glaubens als wertvoll angesehen werden, dann ist die vorgelegte Arbeit eine beachtenswerte Leistung". Aber das sei im Grund kein Urteil, „weil das Wesentliche daran, die tragenden Bedingungen, unter denen auch die wissenschaftliche Beurteilung der Arbeit steht, von mir nicht entscheidbar sind". Da tritt uns der ganze Heidegger entgegen, zerrissen, widersprüchlich, ja zwielichtig, voller Ressentiments, ambivalent, Verantwortung von sich weisend. Nach diesem Votum war Martin Honecker gezwungen, auf Wunsch der Fakultät sein Gutachten zu ergänzen und zu versichern, „daß ich Herrn Siewerth auf Grund seiner vorliegenden wissenschaftlichen Leistungen und auf Grund meiner Kenntnis seiner Persönlichkeit für geeignet halte, dermaleinst sowohl überhaupt als Kandidat für akademische Lehrstellen der Philosophie in Betracht zu kommen wie im besonderen auch für solche akademische Lehrstellen der Philosophie, deren Besetzung durch Katholiken vorgesehen ist". Eine klare Politik der Nadelstiche, und eine Fakultätspolitik, die nach dem jähen Tod von Martin Honecker – er starb am 20. Oktober 1941 im Alter von 53 Jahren – ins Ziel gelangte, nämlich den Lehrstuhl völkerrechtswidrig umzuwidmen in eine Professur für Psychologie. Gustav Siewerth war damals als Betriebskaufmann und Abschlußrevisor bei den Mannesmann-

---

[13] Vgl. Plück, Susanne: Das Badische Konkordat vom 12. Oktober 1932. (= Veröffentlichungen der Kommission für Zeitgeschichte. Reihe B. Band 41). Mainz 1984, in welcher Arbeit die ganzen Zusammenhänge dargestellt sind.

Röhrenwerken in Düsseldorf tätig mit den Aufgaben eines Wirtschaftsprüfers. Der Tod seines Lehrers rührte ihn zutiefst an und das Kondolenzschreiben an die Witwe, Frau Irmgard Honecker, zeugt von großer Menschlichkeit und eindringlicher Würdigung des toten Lehrers, der offen gewesen sei für die unterschiedlichen Wege des Philosophierens, keiner Arbeits- und Denkart Zwang antuend, die Schüler frei und großzügig zur Entfaltung kommen lassend. „Darum dürften sich die bei ihm eingereichten Arbeiten ebenso durch eine zuchtvolle Strenge der Entwicklung wie durch die Vielartigkeit des denkerischen Charakters auszeichnen", schrieb Siewerth, der durchaus feststellte, daß sie beide kein Hehl daraus gemacht hatten, daß ihre Art zu philosophieren sehr voneinander abwich[14]. Siewerth mußte sich damals mit Fragen einer Statistik des Weltdrahthandels und Weltdrahtverbandes beschäftigen, die er offenkundig mit großem Erfolg beantwortete. Was war ihm anders übrig geblieben, nachdem Martin Heidegger durch sein Gutachten zu Händen der Dozentenbundsführung 1938 festgelegt hatte: Siewerth erkläre zwar im Vorwort seiner Habilitationsschrift ,kein Thomist' zu sein. „Der Verfasser ist aber sehr wohl ,Thomist', sofern er die entscheidenden theologischen Fragestellungen, die hinter der ,Philosophie' stehen, im vorhinein festhält, nicht nur nicht in Frage stellt, sondern sie, in heutige Denkweise eingekleidet, zum Vortrag bringt. Wenn also in der Arbeit sehr viel von ,Problematik' die Rede ist, dann gilt das nur für den Bezirk einer selbst gar nicht ,problematischen' Dogmatik, in der die entscheidenden Fragen der Philosophie nicht gefragt sind, weil sie nicht gefragt werden können". Das ist die von Heidegger schon 1935 in der „Einführung in die Metaphysik" vorgegebene Linie: christliche Philosophie ist ein hölzernes Eisen[15]. Siewerth jedenfalls hatte unter den gegebenen politischen Rahmenbedingungen keine Chance auf eine akademische Laufbahn – Drahtstatistik statt Metaphysik. Von irgendetwas mußte er ja leben, zumal nach der Eheschließung, die er am 29. September 1939 in Düsseldorf mit Frl. Elisabeth Schäfer aus Mannheim vollzog. 1940 wurde die Tochter Irene geboren.

Nach der deutschen Katastrophe endlich schien der Weg frei zu sein. Wir haben eingangs erfahren, welche Blockaden verhängt worden sind, wenn auch die Blockierer nicht namentlich bekannt sind. Immerhin: die Professur für Philosophie und Pädagogik an der neugebildeten Pädagogischen Akademie in Aachen und die Direktion, alsbald das Rektorat ebendort. Aber das war ihm nicht genug, da er sich unglaublich eingeengt fühlte. Vielfache Bemühungen von seiner Seite bis hin zu untertänigen Bitten um Empfehlungen – wohin: für Salzburg, für München, für Freiburg. Es wurde ihm bedeutet, daß man in Salzburg einen Philosophen suche. „Wenn ich auch keine Chancen habe, so sollte man doch auch dort auf mich verweisen" – so in einem Brief an Hans Urs von Balthasar vom 4. August 1958. Ob der Freund eine Möglichkeit dazu

---

[14] Die Kenntnis dieses Briefes verdanke ich Herrn Dr. Raimund Honecker (Aachen), dem Sohn von Martin Honecker.

[15] Band 40 der Heidegger Gesamtausgabe.

habe. Es wäre für seine Position in NRW gut, wenn er einmal einen Ruf bekäme. Ihm gehe es in erster Linie um die konkreten Erleichterungen, endlich auf weite Sicht in Ruhe arbeiten zu können.

Dann seine beständige Suche nach der Nähe zu Heidegger, der ihn bereits 1949 wissen ließ, daß er ihm helfen wolle, ja er habe schon vor zwei Jahren mit dem in Freiburg lehrenden Max Müller zu seinen Gunsten gesprochen. Ob er da nicht auf das falsche Pferd gesetzt hat? „Sie wissen auch, daß ich bei jeder Gelegenheit, die sich bieten könnte, Ihren Aufgabenkreis an die Universität zu verlegen, an Sie denke. Erst neulich besprach ich mit Max Müller wieder diese Frage" – so in einem Brief vom 18. Dezember 1953. Auf das sehr spezifische, eher spannungsgeladene Verhältnis zwischen Siewerth und Müller kann hier nicht eingegangen werden, wie wichtig dieses Postulat auch wäre. Man möge immerhin die Ausführungen Müllers in seinem ausführlichen Diskussionsbeitrag anläßlich der Gedächtnisfeier der Pädagogischen Hochschule Freiburg nachlesen (wie Anmerkung 2). Beständig die Klage Siewerths, er könne nur Parerga schaffen, etwa als er im Juni 1956 Heidegger seine kleine Schrift „Die Sinne und das Wort" schickt: „Vielleicht kann es dem Leser für einen Augenblick Besinnung und Halt schenken im Bildungs- und Leistungsbetrieb unserer Zeit. Was ich schreibe und tue, ist ja doch nur ein Abseitiges und kaum Beachtetes – vielleicht deshalb, weil mir die Zeit nie vergönnt war, das mit 30 Jahren Erarbeitete fortzusetzen".

Die beiden bleiben im brieflichen Gespräch, gelegentliche Besuche, wenn Siewerth in den Schwarzwald kommt – nach St. Blasien in den Jägerhaushaldenweg – doch stets mühsam terminiert. Dank für Arbeiten, die Siewerth ihm schickt – so im März 1957 – immer grundsätzlich gehalten: „Es ist alles gedacht und gearbeitet. Im Felde des Denkens ist einer mit solchen Vorhaben alsbald allein. Oft während dieses Winters, da ich ein erfreuliches Seminar über Hegels Logik halten konnte, kam mir die einsame Größe dieses Werkes immer deutlicher vor den Blick. Es wird auf lange Zeit so bleiben, daß nur ein schmaler Pfad die Überlieferung des Denkens weiterführt. Um so nötiger ist, daß die, die es angeht, dabei ausharren".

Gerne hätte Siewerth für die 2. Auflage des LThK, für deren Bände er einige Stichworte bearbeitet hatte, den zentralen Artikel „Christliche Philosophie" verfaßt, war er doch existentiell betroffen. Dies wurde ihm versagt, weil Karl Rahner eine Konzeption vorzog, die sein Schüler Johann Baptist Metz erarbeitet hatte – aber da sind wir auf einem Feld, das ich nicht bestellen kann, weil erst nach den Quellen gegraben werden müßte, die diesen Acker bewässern könnten. Im Siewerth-Archiv wird ein Brief von Johann Baptist Metz aufbewahrt vom 24. Dezember 1958, der für sich genommen, wichtige Informationen, aber auch viele Rätsel enthält: „es mag Sie vielleicht verwundern, von mir einen Brief zu erhalten. Ich selbst denke freilich schon über ein Jahr daran, Ihnen einmal zu schreiben und Ihnen ganz persönlich zu danken für all die Impulse und Wegweisungen, die mir Ihre Arbeiten geschenkt haben". Metz versucht dann mit aller Vorsicht zu erklären, wie es zur Beauftragung für die Bearbeitung des Stichwortes „Christliche Philosophie" gekommen ist. „Ich wußte um die Situation, und alles war mir doppelt schmerzlich – zumal ich dann aus Ihrem Brief an P. Rahner entnehmen konnte, wie Sie in vielem mit meiner Konzeption nicht einverstanden zu sein schienen ..." Wie gesagt: Da müßte noch näher nachgeforscht werden.

Ich habe eingangs angemerkt, daß es nur um sektorales Tun gehen kann. Das Leben Siewerths ist zu früh abgebrochen worden. Ich darf hier eine persönliche Anmerkung machen: als damaliger Assistent von Clemens Bauer, der selbst zur Vollendung der 6. Auflage des Staatslexikons auf der Görrestagung in Trient einen der großen öffentlichen Vorträge hielt, nahm ich erstmals an einer Görres-Versammlung teil, und ich erlebte das dramatische und tragische Ende von Gustav Siewerth, den ich noch gar nicht kannte[16]. Er selbst verstand es meisterhaft, Trost zu spenden, wenn der Tod eines lieben Menschen zu beklagen war, etwa im Brief an Frau Honecker, in dem er einen entscheidenden Satz formuliert: „Möge Ihnen der Gedanke Trost bieten, daß soviel Güte und Menschlichkeit auch im Tode nicht von dieser Erde scheidet, sondern in den Innenräumen der Herzen und Seelen uns auf innere, neue und tiefere Weise zuwächst, und mit uns verbunden bleibt. Unser lieber Lehrer lebt ja nicht nur in einer ewigen Welt, er lebt nicht nur in unserer Erinnerung, sondern wird im Tode die nicht verlassen, die er liebte und die seiner bedürfen. Ich hoffe und wünsche, daß Ihnen in Ihrem Schmerz die Gnade, diese Nähe zu fühlen, geschenkt werde, auf daß Ihr Schmerz ein getrösteter sei". Andererseits möchte ich meinem Beitrag beschließen mit dem Trostbrief von Martin Heidegger an Frau Elisabeth Siewerth vom 20. Oktober 1963: „... unserer aufrichtigen Teilnahme mögen Sie gewiß sein. Die Kraft, dies Schwere zu tragen, fließt Ihnen aus der Quelle Ihres Glaubens zu. Gustav Siewerth lebte immer in seinem Denken und Wirken an der Grenze. Dies gab jedoch seiner Arbeit auch die Fülle seiner Erfolge. Er wußte aber auch, daß die mit ihm Strebenden seiner Generation von seinen Gedanken zehrten. Er hat es getragen ... Eines Tages wird seine Wirkung offenkundiger werden und *so* gewürdigt sein, wie sie es verdient. Meine lange Krankheit seit vorigen Herbst hat es leider verhindert, Gustav Siewerth hier in Freiburg wieder zu sprechen. Ich danke Ihnen für das Gedenkbild und grüße Sie zugleich im Namen meiner Frau mit unseren guten Wünschen für die schwere Zeit ..." Gustav Siewerth über Jahrzehnte in seiner philosophischen und pädagogischen Bedeutung verkannt und nahezu der *oblivio* anheimgegeben, tritt wieder in ein helles Licht.

---

[16] Im Jahres- und Tagungsbericht der Görres-Gesellschaft 1963 ist Bauers Vortrag publiziert (Das Staatslexikon. Zur Vollendung der 6. Auflage). Ebendort auch die knappe Anmerkung bei der Sektion für Pädagogik: „Die Sektionsveranstaltung war überschattet von dem plötzlichen Tod des Sektionsleiters, Herrn Professor Dr. Gustav Siewerth". Der Tagungsbericht für 1964 (die Jahresversammlung fand in Osnabrück statt) brachte die einfühlsame Würdigung Siewerths durch Franz Pöggeler.

Kritische Erwägungen zum metaphysischen Rezeptionshorizont bei Gustav Siewerth

Walter M. Neidl

1. Einleitung

Gustav Siewerth, der sicherlich bedeutendste Kopf der Katholischen Heideggerschule, ist am 5. Oktober 1963 bei einer Tagung der Görres-Gesellschaft, deren pädagogischer Sektion er vorstand, in Trient, einem Herzinfarkt erlegen. Die Pädagogische Akademie in Freiburg i.b., deren Gründungsrektor er war, organisierte ein Symposion, das anläßlich seines 20. Todestages am 29. und 30. Juni 1984 stattfand, und dessen Publikation, aus welchen Gründen auch immer, erst 1985 erfolgte.

Hier verdienen die beiden großen, inhaltlich sehr divergenten Podiumsdiskussionsbeiträge von Frau Alma von Stockhausen und von Max Müller höchste Beachtung. Beide besaßen ein philosophisches und menschliches Naheverhältnis zu Siewerth.

Im Grunde drehte sich die Kontroverse zwischen Alma von Stockhausen und Max Müller um die rechte Siewerth-Wertung, wobei Heideggers Position als Brennpunkt der ganzen Diskussion aufscheint.

Zunächst sei die Ansicht von Frau von Stockhausen wiedergegeben. Nach einem Hinweis auf die Apokalypsis, die atomare Schlacht, den Hegelschen Weltenbrand, die unerbittlich heraufzögen, sagt Frau von Stockhausen wörtlich:

> "Siewerth macht darauf aufmerksam, daß wir vielleicht gerade jetzt eine besondere Chance zur Umkehr haben. Den Widerspruch, die Schuld, das Böse, nicht im Sein selbst, im Strittigen des Seins selbst zu suchen, sondern bei uns. Nur im Bekenntnis der Schuld - so meint Siewerth - können wir dem Christlichen Gott entgegengehen. Siewerth hat Heidegger immer wieder gefragt, ob er seine Hinweise auf das Phänomen der Schuld als Ursache der Vergessenheit des Seins, die das Schicksal der Metaphysik beirrt, verstanden hätte. Siewerth hat vergeblich auf die Antwort seines Lehrers Heidegger bis zu seinem Tode gewartet. Ich habe den letzten Vortrag von Heidegger 'Zeit und Sein' in der Universität Freiburg Ende Januar 1962 mit Siewerth zusammen besucht. Wir sind nach dem Vortrag zu Fuß von der Universität nach Littenweiler gelaufen. Siewerth war zutiefst erschüttert und erklärte mir, daß ihm die Heideggersche Philosophie nun endgültig zerbrochen sei. Das Jahr, das uns noch gemeinsam hier an der Pädagogischen Hochschule vergönnt war, bis er 1963 starb, bot Gelegenheit genug, uns den Grund der endgültigen Absage an die Heideggersche Philosophie zu erklären. Kurz gefaßt: wenn Heidegger nicht bereit ist, die Schuld, die das Schicksal der Metaphysik beirrt, als eine persönliche Schuld zu verstehen, sondern, wenn er sie nach wie vor, trotz aller Anfragen des 'Thomismus als Identitätssystem' bzw.

des 'Seins als Gleichnis Gottes' oder des 'Schicksals der Metaphysik' im Strittigen des Seins selbst sieht, dann kann dieses Sein nicht verstanden werden als die Ankunftstätte des 'göttlichen Gottes'. Das Sein, dessen Wesen der Widerspruch ist, kann nicht als Vorbereitung, als Erwartung für den 'göttlichen Gott' dienen. Heidegger hat - so Siewerth - Hegel nur scheinbar überwunden. In Wirklichkeit stellt die ontologische Differenz, sosehr sie auch erfüllt ist von der Geschichte der schenkenden Huld, der gewährten Einheit von Sein und Seiendem, und scheinbar befreit aus der Verspannung der Hegelschen Widerspruchslogik, doch diese Widerspruchslogik Hegels, die den Widerspruch zum Wesen der Sache macht, in abgewandelter Weise wiederum dar. Auch Heidegger ontologisiert den Widerspruch anstatt ihn als Ausdruck der Schuld zu beklagen"[1].

Soweit das Zitat. Alma von Stockhausen vermag die Hegelsche Widerspruchslogik ganz und gar nur von der Triebhaftigkeit gesteuert zu erkennen. Max Müller, dem eine solche Triebsteuerung von Hegels Logik nicht zuzutreffen scheint, - sieht er doch, hier zu viel Freud in Hegel hineingetragen - wobei natürlich im Hintergrund die "Phänomenologie des Geistes bei Hegel" der Stein des Anstoßes sein dürfte - kommt darauf auf den springenden Punkt, der in Heideggers 'Zeit und Sein'-Vortrag für Siewerth zum Anstoß wurde, zu sprechen. Wörtlich bemerkt Max Müller:

"Das Sein ist nur als Vermittlung und die Zeit ist nur als Vermittlung. Wie sind sie aber als Vermittlung? Dies stellt nun Heidegger in diesem letzten Vortrag 'Zeit und Sein', der meiner Ansicht nach die Krönung des Lebenswerkes ist, dar; und nun hat Siewerth von Anfang an Heidegger, weil er ihn positiv ganz bei sich haben wollte, und die Größe dieses Denkens sofort sah, mißverstanden und hat darum diesen letzten Vortrag als einen Abfall Heideggers von sich selbst angesehen, und damit als eine Trennung vom 'frühen Heidegger'. Diese Trennung gibt es nicht. In Wirklichkeit war es so zwischen Heidegger und Siewerth: Heidegger hat Siewerth jederzeit anerkannt als einen, der zu dem gehört und in Größe zu dem gehört, von dem er Abschied nimmt und Abschied genommen hat, als von dieser Weise der Metaphysik, die gleichzeitig als große Metaphysik philosophische Theologie ist, und in der philosophischen Theologie den göttlichen Gott gar nicht zulassen kann, sondern die 'noesis noeseos' als den absoluten Geist allein zulassen kann; und der absolute Geist, das ist jener Gott bei Aristoteles, der sich um den Menschen nicht kümmert, der 'hos erumenon' (wie ein etwas Geliebtes N.) erstrebt und geliebt wird, aber selber nicht unser Partner ist. Denn, daß es ein göttliches 'Du' gibt, das ist geoffenbart und ermöglicht durch Jesus Christus" [2].

In der Tat kann kein Zweifel bestehen, daß Müller mit Recht darauf hinweist, Heidegger habe keineswegs im Vortrag 'Zeit und Sein' eine Kehre vollzogen, sondern vielmehr sein Denken nur auf die Spitze gebracht. Nicht von ungefähr bezieht sich dieser Vortrag auf sein epochemachendes Werk 'Sein und Zeit', wobei allerdings auch nicht der 'Humanismusbrief' aus dem Auge verloren werden darf. Dieser grundlegende Vortrag ist noch nicht in der Gesamtausgabe erschienen, sondern nur bei Max Niemeyer 1969 im Band zur 'Sache des Denkens' veröffentlicht. Auch hier ist es nicht unwichtig, den von Heidegger

---

[1] Gustav Siewerth zum Gedächtnis. (1989) 43f.
[2] Ebd. 48f.

zusätzlich zum bereits veröffentlichten Vortrag gegebenen Hinweis zu beachten. Wörtlich bemerkt er:

"Der Vortrag 'Zeit und Sein' wurde am 31. Januar 1962 in dem von Eugen Fink geleiteten Studium Generale der Universität Freiburg i. Br. gehalten. Der Titel 'Zeit und Sein' kennzeichnet im Aufriß der Abhandlung 'Sein und Zeit' (1927) S. 39 dessen dritten Abschnitt des ersten Teils der Abhandlung. Der Verfasser war damals einer zureichenden Ausarbeitung des im Titel 'Zeit und Sein' genannten Themas nicht gewachsen. Die Veröffentlichung von 'Sein und Zeit' wurde an dieser Stelle abgebrochen. Was der jetzt nach dreieinhalb Jahrzehnten verfaßte Text des Vortrags enthält, kann nicht mehr an den Text von 'Sein und Zeit' anschließen. Zwar ist die leitende Frage die selbe geblieben, was jedoch nur heißt: Die Frage ist noch fragwürdiger geworden und dem Zeitgeist noch fremder"[3].

Warum konnte diese Frage in 'Sein und Zeit' nicht zureichend gefragt werden? Heidegger mußte erkennen, daß die Art und Weise der Frage, nicht die Frage selbst, nicht transzendental-philosophisch angegangen werden konnte. Erst nachdem die Frage der ontologischen Differenz des Seins zu allem Seienden von ihm in den Blickpunkt gebracht war, war diese Frage fragwürdig geworden. Zur Erläuterung mag auch hier ein Statement, das Franz Anton Schwarz in dem genannten Buch 'Gustav Siewerth zum Gedächtnis' bringt, hilfreich sein. Er bemerkt: "Ich habe bei Heidegger noch das Heraklit-Seminar mitgemacht, das er zusammen mit Eugen Fink hielt. Heidegger hat die Teilnehmer einmal gefragt: Was ist das Anliegen von 'Sein und Zeit'? Keiner hat sich etwas in Kürze zu sagen getraut. Da hat Heidegger ein einziges Wort an die Tafel geschrieben: *Dasein*"[4].

Dieser Rückblick war notwendig, um die weitere Dimension, um die es uns hier geht, zu verdeutlichen. Kommen wir auf Alma von Stockhausens Ausführungen zurück! Was hat Siewerth so sehr an Heidegger gestört? Warum wollte er Heideggers 'Seinskonzeption' nicht als das 'Strittige' akzeptieren? Warum wartete er vergeblich auf eine Antwort von Heidegger auf Schuld, das Böse, das wir, wie er wähnte, nicht im Sein, sondern bei uns zu suchen hätten? Denn "nur im Bekenntnis der Schuld ... könnten wir dem christlichen Gott entgegengehen"[5]. Wie Frau von Stockhausen erwähnt, hat Siewerth Heidegger immer wieder gefragt, ob er seine Hinweise auf das Phänomen der Schuld als Ursache der Vergessenheit des Seins, die das Schicksal der Metaphysik beirrt, verstanden habe. Siewerth hatte vergeblich gewartet. Nun ist es in der Tat peinlich, daß Siewerth offensichtlich nicht gewahr wurde, daß Heidegger in der Tat gegenüber seinem Denkansatz einen Paradigmenwechsel vorgenommen hatte. Heideggers Seinsgeschichte baut zwar auf transzendentale Voraussetzungen, springt dann aber in der ontologischen Differenz in ein total vergeschichtlichtes Seinsverständnis. Das Problem der Metaphysik kann von ihm

---

[3] Heidegger, Martin: Zur Sache des Denkens, Tübingen 1969, 91 (Hinweise).
[4] Gustav Siewerth zum Gedächtnis (1989) 54.
[5] Ebd. 43.

her nicht mehr im Sinne einer Seinsmetaphysik versus Wesensmetaphysik aufgelichtet werden, was ja für das Denken Siewerths wesentlich ist. Heideggers Seinsbedenken hat eine solche Unterscheidung weit hinter sich gelassen. Aus diesem Grunde ist der Siewerthsche Versuch, die Seinsmetaphysik, die er im eigentlichen Sinne nur bei Thomas von Aquin vorzufinden vermag, gegenüber deren Verfall in der Wesensmetaphysik, - von dieser Sehweise ist das 'Schicksal der Metaphysik von Thomas zu Heidegger' zu verstehen - für Heidegger vollständig bedeutungslos. Es bleibt eine Tragik, daß Heidegger daher auch die Schuld in der Geschichte nicht mehr an Schuldigen festmachen kann, sondern, daß er sie als ein Seinsverhängnis wohl im Sinne des griechischen Moira-Verständnisses nur noch wahrzunehmen vermag. Kennzeichnend dafür bleibt die Anekdote, die Max Müller im Zusammentreffen Heideggers mit Bultmann bei einem Altmarburger Treffen bringt. Bultmann erzählte, daß Heidegger zu ihm nach Hause kam, und sagte, er habe nun eingesehen, wieviel er falsch begriffen und daraufhin, wie falsch er zugegriffen, und damit getan habe. Dann sagte Bultmann zu ihm: "Jetzt sage mir das nicht nur privat, sondern sage es ganz öffentlich". Da wäre dann gleichsam ein Vorhang über das Gesicht von Heidegger herunter gegangen und er sei kurz darauf weggegangen, ohne auf dieses Problem der persönlichen Schuld eingegangen zu sein[6].

Wie Heidegger Siewerth eingeschätzt hat, beleuchten folgende Worte Müllers: "Heidegger hat Siewerth der Begabung nach hochgeschätzt als einen bedeutenden spekulativen Denker"[7].

2. Der Thomismus als Identätsphilosophie Siewerths und seine Grenzen.

Um Siewerth beurteilen zu können, muß seine Stellung innerhalb der katholischen Heideggerschule bestimmt werden. Zweifelsohne war Siewerth nicht nur deren bedeutendster Kopf, sondern auch deren ingeniösester, den die Schule hervorgebracht hat. Gemeingut der Schule war es, daß man sich in besonderer Weise der Philosophie Thomas von Aquins verpflichtet wußte. Das war nicht zuletzt auf die Enzyklika "Aeterni patris" Leo's XIII. zurückzuführen, die das Denken des Aquinaten der Katholischen Philosophie und Theologie nachdrücklich anempfohlen hatte. Das charakteristische Merkmal der Schule bestand darin, mittels der Transzendentalphilosophie der stark logisch ausgerichteten Thomasdeutung der Zeit zu entkommen. Von Wichtigkeit war es, daß über das Aufkommen der Phänomenologie, die vor allem durch Max Scheler und Edmund Husserl geprägt war, eine Brücke zu den neueren Bestrebungen, die ich mit dem Aufkommen des Spätidealismus in Verbindung bringe, eingesetzt hat. Schulmäßig gesehen konnte sich Scheler

---

[6] Ebd. 46.
[7] Ebd. 47.

viel zu wenig durchsetzen, was wohl nicht zuletzt mit seinem Charakter zusammenhing. Husserl hingegen beherrschte das Terrain der Universität. Damit konnte Freiburg i.Br. zum Zentralpunkt auch der Christlichen Heideggerschule werden.

Siewerth als der Sensibelste wurde dadurch zum Führer, daß er das Gedankengut Hegels mit in die Thomasauseinandersetzung einzubringen versuchte. Er wollte mittels des Gedankenguts des Deutschen Idealismus, vorab Hegels, die Thomasdeutung aus der formallogischen Umklammerung befreien und eine transzendentallogische Auflichtung vornehmen. Dafür legt nicht zuletzt sein Werk „Der Thomismus als Identitätsphilosophie" Zeugnis ab. Angestoßen durch Husserls 'Ideen' richtete sich sein Blick vor allem auf die platonische Überlieferung. Aber auch bei seiner Berücksichtigung des Aristoteles zeigte sich platonische Überlieferung im Hintergrund. Die Peri-Psyches-Lehre des Stagiriten[8] mit ihrer intellectus-agens-Konzeption, der eine gewisse idealistische Tendenz innewohnt, konnte für die intellectus-Lehre des Thomas von eminenter Wichtigkeit werden. Was Wunder, wenn sich daher die katholische Heideggerschule auf die Aristoteles-Interpretation zu stürzen begann. Mit einem derartig verstandenen idealistischen Aristoteles im Rücken unternahm man eine transzendentale Thomasinterpretation und sah damit zugleich auch eine Brücke zum Geist-Verständnis Hegels. Bei Hegel aber sträubte man sich gegen die Vereinnahmung in den Immanentismusgedanken seines Systems. Die Seinslehre des Aquinaten sollte ein Korrektiv für die Geist-Lehre Hegels werden. Darin tat sich vor allem das Denken Gustav Siewerths hervor. Daß man gerade hier den Schöpfungsvollzugsgedanken besonders betonte, der sich im ipsum esse non subsistens in seinem Verhältnis zu den essentiae ausdrückte, war daher nicht weiter verwunderlich. Von allem Anfang an führte dieser Versuch jedoch zu einer unausgeglichenen Bewertung von esse und essentia. Gerade die Wesenheiten kamen in arge Not, weil deren begriffliche Fassung zu einer Depotenzierung ihres eigentlichen Charakters führen mußte. Natürlich durfte man nicht zulassen, sie ganz und gar in volle Begrifflichkeit aufzulösen, wie dies Hegel tat. Das ipsum esse non subsistens sollte eine gewisse Steuerungsfunktion übernehmen, insofern das ipsum esse non subsistens dort gewissermaßen zu einer quasi Subsistenz kommen sollte, so daß aller Augenmerk auf diese Wirklichkeit gesetzt werden mußte. Ohne es zu bemerken, gelangte man so in verführerische Nähe zum Neuplatonismus. Dieser lehrte einen zwangshaften Hervorgang aus dem göttlichen Hen in die vielen Usiai, und kaum mit ihnen in Verbindung gekommen, schickte er sich zu seinem Rückgang in das göttliche Hen an. Die Siewerthsche Fassung des Seins selbst und deren Vordringen in die konkreten Seienden, die daran partizipieren und damit zugleich eine Verengung des Seins selbst erleiden, wird in einem merkwürdigen 'In-über' so gestaltet, daß es trotzdem keine volle Verengung erfährt. Wegen seiner grenzenlosen Fülle begegnet uns das Sein selbst

---

[8] Besonders Peri Psyches Γ 3.

als das 'Gleichnis Gottes', ohne Gott selbst zu sein[9]. Diese Seinswirklichkeit konnte über diesen Entfremdungsvorgang einen Selbsterinnerungsprozeß erreichen. Siewerth sah genau darauf, daß dieses Sein selbst in seinem An-ihm-selbst keinen Subsistenzcharakter erhielt und auch weiter, daß es nicht in den Hegelschen Begriff des Begriffs überging. Denn gerade darin unterschied sich ja die Göttlichkeit des Gottes, daß dieser frei von jeder Bewegung das selige Ruhen in sich selbst bedeutete. Das 'Sein als Gleichnis Gottes', dieser Grundgedanke, der Siewerth so wichtig war, sollte sich eben darin ausdrücken, daß er trotz aller Nähe zur göttlichen Wirklichkeit eine gewissermaßen eigene Wirklichkeit in sich schlösse, die damit zum Gleichnis Gottes werden sollte. Mit Rückgriff auf die platonische Tradition innerhalb des geistigen christlichen Selbstverständnisses, hoffte man damit auch, eine innere Aussöhnung zwischen Augustinismus und thomasischem Aristotelismus zu erreichen. Was natürlich von Hegels Philosophie nicht gebraucht werden konnte, war dessen "Strittiges im Geiste". Der Selbstproduktionsgedanke des Geistes mußte von Siewerth unter allen Umständen von Gott ferngehalten werden. Insofern kann auch nur Gleichnischarakter dieser Seinswirklichkeit im Verhältnis zu Gott vorliegen.

Freilich hatte man hierin alle Schwierigkeiten, diesen Grundgedanken voll auf Thomas zu projizieren. Zuerst war schon einmal die causa exemplaris kein genuin thomasischer Topos. Sodann verhalf man sich weiter, den Principium-Principiatumsgedanken mit dem Causagedanken zu einer Deckungsgleichheit zu bringen. Der genuine Thomas aber unterschied grundlegend zwischen diesen beiden, weil er sich dem Problem einer vermittelten Unmittelbarkeit entziehen wollte. Er wußte zu genau, daß man sich dann der Notwendigkeit einer Entäußererung Gottes bzw. des Absoluten nicht mehr entschlagen konnte. Nach jüdisch-christlichem Verständnis läge dann für den Schöpfer eine Notwendigkeit zur Schöpfung vor. Um diese Annahme zu vermeiden, haben alle Mitglieder der katholischen Heideggerschule mit Entschiedenheit verfochten, daß es der Schöpfer nicht notwendig habe, auf aktuelle Weise im Geschöpf zu sein, schon vor allem gar nicht als dessen causa formalis, sondern in einer anderen Form. Dabei mußte es dieser dialektischen Konzeption äußerst schwer fallen, hier einen eindeutigen Unterschied auszumachen. Thomas weist nämlich immer wieder mit Entschiedenheit darauf hin, daß die Anwesenheit des Schöpfers im Geschöpf, die ja für das Geschöpf eine notwendige ist, für Gott als den Schöpfer nur eine virtuelle sein könne. Damit scheidet Thomas ganz entschieden aus, daß Gottes Anwesenheit eine aktuelle oder gar formale ist.

Der Thomismus als Identitätssystem ist also nur unter den angegebenen Bedingtheiten zu verstehen. Kein Zweifel besteht, daß der Siewerthsche Versöh-

---

[9] Lotz, Johann Baptist: Art Siewerth, in: Gott-Denker. Hg. Karl-Heinz Weger. (Herder-Bücherei 1393) Freiburg i.B. 1987, 341.

nungsversuch der Systeme Bestrickendes an sich hat, auch daß es eine faszinierende Versuchung bedeutet, das thomasische Denken aus seinem Summencharakter in einen Systemcharakter zu verwandeln; dennoch wird man damit dem Denken des Aquinaten nicht gerecht. Darauf hatte bereits Max Müller hingewiesen[10].

3. Philosophiegeschichtliche Voraussetzungen des Denkens Siewerths.

Durch die idealistischen Gedanken der Katholischen Heideggerschule angeregt, wollte ich selbst überprüfen, wie sich Thomas mit dem idealistischen Denken der Vergangenheit auseinandergesetzt hat. Ich habe mir aus diesem Grund die Thomas-Rezeption der Gedankengänge des Pseudo-Dionysius Areopagita zum Habilitationsthema gewählt. Als Ergebnis zeigte sich, daß Thomas dieses Denkkonzept ablehnt und die dort vorgeführte principium-principiatum-Lehre in die causa-effectus-Lehre umdeutet. Thomas macht klar, daß er wie sein großes Vorbild Aristoteles in der Metaphysik jedweden dialektischen Grundzug aus seiner Philosophie ausschaltet. Wenn ich Siewerth recht verstehe, so war es ja wohl seine Hoffnung, daß eben die durch Hegel nicht völlig ausräumbaren dialektischen Engführungen durch Heideggers Seinsdenken bereinigt werden könnten. Diese Hoffnung zerbrach ihm endgültig nach dem Vortrag von 'Zeit und Sein', wie zuvor bereits bemerkt wurde.

So beeindruckend und groß dimensioniert auch Siewerths 'Schicksal der Metaphysik von Thomas zu Heidegger' angelegt ist, so bleiben doch erhebliche Zweifel zurück hinsichtlich des "Beirrungsprozesses" der Wesensmetaphysik, die sich für Siewerth in zunehmendem Maße zur Begriffsmetaphysik entleert und damit den abendländischen Subjektivismus zur Vollendung gebracht habe.

Nicht zu Unrecht sieht er diese Grundtendenz des Denkens bei Scotus angelegt, insofern er dort wahrnimmt, daß hier das Seinsdenken als Vermittlungsdenken zwischen Gott dem Schöpfer und dem Geschöpf nicht mehr zum Tragen kommt. Der Gedanke steigert sich für Siewerth im Denken des Francisco Suarez, der nun als endgültiger Vollzieher dieses Verhängnisses gelten sollte. Zugegeben sei, daß sich Suarez nicht weniger als ein Vermittlungsdenker zwischen Scotus und Thomas, allerdings zu Lasten des Thomas, versteht, ähnlich wie Siewerth, der einerseits Thomas mit Hegel und andererseits Thomas mit Heidegger zu einer wechselseitigen Aussöhnung bringen wollte. Daß Suarez vornehmlich aus theologischen Gründen seine 'Disputationes metaphysicae' geschrieben hat, ist verbürgt, denn er selbst - offensichtlich im Verlauf der

---

[10] "Thomas hat aber nie ein System geschrieben. Thomas hat eine Summa oder vielmehr zwei Summae verfaßt. Aber die Summe ist immer ein Gegensatz zum System." Vgl. Gustav Siewerth zum Gedächtnis. (1989) 47f.

138

Ausarbeitung eines dogmatischen Traktates - wird sich dessen bewußt, daß er sich fortwährend einer philosophischen Terminologie bedient, ohne sich eine klare Rechenschaft abgelegt zu haben, mit welcher Begründung. Diesem Umstand verdankt dieses philosophisch ungeheuer einflußreiche Werk seine Existenz. Die Wirkgeschichte ist für die Philosophie der Neuzeit enorm groß. Dazu bemerkt Etienne Gilson: "Für Descartes war Suarez der Inbegriff der Scholastischen Philosophie, und das ist der Grund, weshalb er, als er mit dem Problem der Existenz konfrontiert wurde, ausdrücklich deren Unterscheidung von der Wesenheit leugnete"[11]. "Füglich, hierin, d.h. in der Leugnung der distinctio realis hielt zumindest Spinoza, Descartes so die Treue, wie Descartes selbst sie dem Suarez gehalten hat[12].. "Ich sage nicht, Suarez, Descartes und Spinoza haben dieselbe Metaphysik gelehrt. Mein einziger Punkt ist, daß ihre Stellung zur Existenz als solcher im Wesentlichen dieselbe ist[13].. Auch Leibniz erscheint in dieser Reihe. "Und dann zeugte Suarez Wolff"[14]. Auf diese Weise ist Wolff für Kant das geworden, was Suarez für Wolff selbst gewesen ist. Der Geist der Tiefgründigkeit, den Kant an der deutschen Philosophie rühmt, geht durch Wolff hindurch auf Suarez zurück"[15]. Siewerth hat nicht zu Unrecht im besonderen Suarez herausgestellt. Nur bleibt die Frage, die in diesem Rahmen nicht geklärt werden kann, ob die Eindimensionalisierung, wie sie Siewerth im "Schicksal der Metaphysik" vornimmt, mit Fug und Recht aufrechterhalten werden kann. Suarez als den Veruntreuer der Seinslehre zu sehen, ist zumindest ein zu umfassender Vorwurf. Ich habe in meinen Untersuchungen versucht, ein differenzierteres Suarez-Bild zu entwerfen. Zwar trieb er den Rationalismus ganz entschieden voran, so daß mit einer gewissen Notwendigkeit das Denken des René Descartes daraus folgte, zugleich bleibt aber in seinem Denken eine Fundamentalrealität, die sich keineswegs auf den bloßen Begrifflichkeitssektor reduzieren läßt. Sieht man nämlich genauer zu, so entwickelt Suarez einerseits den conceptus primus, der sich nicht voll in den conceptus secundus, der ja in der Tat ganz in der Begrifflichkeit aufzugehen scheint, der aber doch nur ein gewisses Hilfsmittel für ersteren bzw. für dessen Selbstartikulation zu sein hat. Dieser Bereich, der hier der fundamentalontologische genannt sei, geht nämlich keineswegs im conceptus secundus voll auf. Es bleibt eine fundamentale Restontologie, die zugegebenermaßen eine gewisse Eigenbereichlichkeit innerhalb des Naturalismus ausdrückt. Die Welt ist somit zerissen. Ob Gott, der Schöpfer dieses Restbereiches noch ist, bleibt äußerst fraglich. Wenn Sie so wollen, wird hier ein In-der-Welt-sein angedeutet, das in diesem Sinne schwerlich eine volle Welttranszendenz im jüdisch-christlichen Sinne mehr zuläßt. Suarez kann sogar die erstaunliche Behauptung wagen, die sicherlich als Hypothese nur

---

[11] Gilson, Etienne: Being and some Philosophers. Toronto 1952, 109.
[12] Ebd. 110.
[13] Ebd. 110.
[14] Ebd. 112.
[15] Ebd. 120.

angenommen wird, die aber dennoch aufhorchen läßt, wenn er sagt, angenommen, Gott würde sein aktuelles Bewußtsein verlieren, so bliebe dennoch die Wahrheit in den Dingen erhalten. Dazu bemerkt er: "Selbst dann, wenn der Intellekt jene unmögliche Hypothese als verwirklicht erfassen könnte, nämlich, daß jeder Intellekt - auch der göttliche - von der aktuellen Erfassung der Dinge (einmal) abließe, so würde trotzdem in den Dingen noch immer die Wahrheit fortbestehen"[16]. Diese Dimension sieht Siewerth überhaupt nicht; zu stark ist er mit dem rationalistischen Gedankengut des Suarez, das auf Totalverbegrifflichung drängt, beschäftigt. Man darf nicht vergessen, daß Suarez Gott nur noch als Aktualisator der Possibilien, die außerhalb der Wesenheit Gottes angesiedelt sind, zu erkennen vermag. Die jüdisch-christliche Transzendenzlehre zeigt sich bei ihm bereits wesentlich kraftloser. Dies hängt damit zusammen, daß Suarez in seiner Materie-Lehre für die prote Hyle bereits eine gewisse Vorgeformtheit in Anspruch nimmt. Dadurch wird wiederum deutlich, daß er im Gegensatz zu Thomas ein Materieverständnis bringt, das den Schöpfer wesentlich depotenziert. Demnach hat der averroistische Naturalismus in der Aristoteles-Deutung mächtig an Raum gewonnen hat. Damit soll freilich keineswegs gesagt sein, daß der Rationalismus, den Siewerth so sehr anprangert, auf weite Strecken federführend ist. Dennoch muß aber darauf hingewiesen werden, daß die unterströmige Wirkkraft ein gewisses Eigenleben zu führen vermag. Diese sich selbst bildende Kraft in der Natur findet erst später im Denken Spinozas und vor allem auch Schellings eine ausdrückliche Behandlung. Und gerade über diese Brücke wird die "Dialektik der Natur", wie sie der Schellingschüler Engels vertritt, erst voll fragwürdig.

4. Verkennen der Marxschen Hegelrezeption und Heideggers Marxrezeption.

Siewerths Anliegen bleibt die Geistphilosophie. Diese Beengung seines Fragehorizonts aber sperrt ihn und damit die ganze Schule in einen sehr beschränkten Horizont. Man ist zutiefst überzeugt, daß Dialektik, die im Denken Hegels ihre großartigste Gestalt seit Heraklit erlebt, nur im Bereich der Geistphilosophie und damit auch zugleich einer verkappten Pseudotheologie möglich ist.

Dies macht sich vor allem darin bemerkbar, daß Siewerth das Denken von Marx nicht mehr in dieses Konzept einbringen kann. Wörtlich bemerkt er: "Da in diesem Denken die theologischen Gründe, die den dialektischen Widerspruch und seine Bewegung hervortreiben, vergessen sind, ist die Dialektik

---

[16] Neidl, Walter M: Der Realitätsbegriff des Franz Suarez nach den Disputationes Metaphysicae (Münchener Universitäts-Schriften. Theologische Fakultät, II,33). München 1966, 44f. Zit. aus R.P. Francisci Suarez e societate Jeu opera omnia editio nova, a Carlo Berton Parisiis apud Ludovicum Vives Bd. 25/6. (Disputationes Metaphysicae) Paris 1877, VIII, 27.

des Marx ohne jede innere Begründung und Notwendigkeit. ... Ohne die absolute Einheit und die gleichursprüngliche Differenz des sich denkend setzenden Absoluten gibt es keine absolvierende Dialektik. Wird aber die Einheit der Gattung Mensch als notwendig gesetzt, und zwar so, daß in ihr Natur und Mensch, Objekt und Subjekt als "werdende Natur" in absoluter Kontrarietät geeint sind, so kann von einem Materialismus nicht mehr die Rede sein. Denn die materielle Zerstreutheit und Mannigfaltigkeit ist apriori von einer ideellen Einheit übergriffen und kann nur deshalb in sie aufgehoben werden. Wer von einem "dialektischen Materialismus" redet, faselt Gedankenlosigkeiten, die man zwar (um mit Schopenhauer zu reden) "maulen", die man aber nicht "hirnen kann". In der Übernahme der Hegelschen Methode entsteht deshalb notwendig eine uferlose Wirrnis, die eine Zumutung für den denkenden Menschen bedeutet und deshalb auch nur in solchen Räumen zur Anerkennung kommen konnte, die nie in der Zucht des philosophischen Gedankens standen"[17].

Schon aus dieser Feststellung, die ich im höchsten Maße nur als unqualifiziert bezeichnen kann, wird deutlich, in welcher Ideologisierungsdimension Siewerths Theologische Metaphysik sich bewegt. Ein solcher Standpunkt mußte ihn ja auch geradezu blind machen für das, was sich schon in seiner eigenen Zeit bewegte. Um der Gerechtigkeit willen muß gesagt werden, daß dieser mein Vorwurf im allgemeinen gesehen die gesamte Katholische Heidegger-Schule trifft. Das Wirken des Zeitgeistes, der bereits eine Wendung zur Gesellschaftsveränderung vorgenommen hatte, mußte bei einer solchen Standpunktbezogenheit völlig außer Acht bleiben. Die Frage der Gesellschaft und ihre Verankerung im immer brüchiger werdenden Zeitverständnis, das in den fünfziger Jahren vom Medium Film bereits signifikativ aufgenommen wurde, (man denke nur an das Filmschaffen der Italiener) fand in diesem Denken überhaupt keinen Platz. Es galt in dieser Schule geradezu als unfein, die Frage zu stellen, ob nicht auch eine ontologische Position eine gesellschaftskritische Implikation mit in sich trüge. Zu sehr war man in verkappte theologische (und wie wir Heutigen sagen müssen, in pseudotheologische) Gedankenzwänge eingesperrt. Das wirkmächtige Emporstreben der Frankfurter Schule, und zwar in seinen wesentlichen Häuptern Adorno und Horkheimer, war bereits im Gange und fand begierige Aufnahme der jungen studentischen Generation, die philosophisch interessiert war. Völlig außerstande, sich dem Problemkreis dieser Denker, die namhafte Vertretern der Katholischen Heidegger-Schule abschätzig als "bloße Literaten" abzuqualifizieren versuchten, auch nur zu nähern, blieb man völlig blind für möglicherweise auch berechtigte Anliegen dieser Denker. Hätte man auf die Hegel- bzw. Marxrezeption eines Adorno geachtet, so hätte man schon dadurch gewahr werden können, daß in dieser Schule ein ähnlicher Rezeptionsvorgang mit Hegel bzw. Marx vor sich ging,

---

[17] Siewerth, Gustav: Gesammelte Werke, IV. Das Schicksal der Metaphysik von Thomas zu Heidegger, Düsseldorf 1987, 386f. (= GW IV).

wie in der Katholischen Heideggerschule mit Thomas, Hegel und vielleicht auch mit Heidegger. Man braucht nur einmal die 'drei Studien zu Hegel', die Adorno verfaßt hat, in den Blick zu nehmen, so kann man erkennen, wie sehr Adorno an einem systembefreiten Hegel gelegen war. Der Weg hin zur "Negativen Dialektik" ist damit eindeutig beschritten. Natürlich konnte man sich in der Katholischen Heidegger-Schule immer darauf berufen, daß sich Heidegger selbst von einer soziologischen Deutung ferngehalten hat. Das mußte aber nicht unbedingt heißen, daß nicht auch Heideggers Denken selbst soziologische Implikationen besaß. Sie standen nur nicht im Vordergrund. Nur einmal, in seiner berühmten Rektoratsrede, hat er die gesellschaftspolitische Seite in den Vordergrund gekehrt. Freilich mit verheerenden Wirkungen. Die gemeinsame Wurzel der beiden Schulen war ja wohl auch in der Phänomenologie Husserls zu sehen. Jedenfalls klaffte ganz entschieden das Denken beider Schulen darin auseinander, daß die Frankfurter Schule ganz und gar auf den Rationalismus gesetzt hatte, wohingegen sich die Katholische Heidegger-Schule doch bemühte, die Subjektivität des Rationalismus als einen abendländischen Irrweg deutlich zu machen. Siewerths 'Schicksal der Metaphysik' mag hier als besonders markantes Beispiel gelten. Ich will keineswegs verschweigen, daß die Frankfurter Schule nur in ihren klügsten Köpfen das Zeitalter massiv zu beeinflussen vermochte. Das Gros der damals revoltierenden Studenten blieb deswegen auf der Strecke, weil man sich zu unkritisch das Schlagwort "Gesellschaftsveränderung" auf die Fahnen geschrieben hatte. Erstere jedoch hatten als zielführende Devise den "langen Marsch durch die Institutionen" ausgegeben und haben die Universität als Plattform ihres Ideologisierungsprogramms angesehen und sind auch damit weitgehend an ihr Ziel gekommen.

Ferner ist auf die Dominanz der Wirtschaft hinzuweisen. Sie geht von Amerika aus und hat mittlerweile alle Bereiche der Lebenswelt des Menschen erfaßt. Die große Schwäche der Katholischen Heidegger-Schule war es, allen voran auch Siewerths, daß sie nicht imstande war, den letzten und entscheidenden Schritt Martin Heideggers, der als markante Ausprägung seines Denkens das Wesen der Technik in den Vordergrund stellte, mitzuvollziehen. Als einzigem gelang es Jakob Hommes, der diese Wende ausdrücklich zu bedenken versuchte, und der die Verbindung des Denkers der Technik, Marx, und des Vollenders des Wesens dieses Denkens, Martin Heidegger, in seinem Werk "der technische Eros" voll auszudrücken. In diesem Zusammenhang scheint es mir nicht unwichtig zu sein, daß Heidegger offensichtlich im Zusammenhang mit dem Zünden der Atombombe über Hiroshima und Nagasaki erst ganz zum Treibenden seines Denkens fand. Wenn ich recht sehe, so war sein Hitlerismus noch auf weite Strecken geführt vom Gedanken der weltgeschichtlichen Individuen Hegels, deren letzte und wirkmächtigste Ausprägung er in Adolf Hitler zu erkennen glaubte. Diese Konzeption zerbrach ihm offensichtlich unter der Erfahrung dieser neuartigen und bislang unbekannten atomaren Katastrophe.

Sein Seinsdenken hatte damit wohl die höchste und entscheidende Aufgipfelung erfahren. In diesem Zusammenhang wurde ihm klar, wie entmächtigt der Mensch durch dieses Geschehen war. Als eigentliches Testament muß man daher sein nachgelassenes "Spiegel-Interview" ansehen, das der Herausgeber mit dem Titel "Nur ein Gott kann uns noch retten ..." vereinbarungsgemäß *nach seinem Tod* veröffentlicht hat. Aus ihm wird klar, daß die göttliche Dimension des Juden-Christengottes mit der von Heidegger erwähnten nichts Gemeinsames mehr hat.

Heidegger war klar geworden, daß das, was er in "Sein und Zeit" veröffentlicht hat, auch damals schon von einer Seinsdimension her geführt war, für die er damals noch nicht die gemäße Sprache fand. Jetzt erst konnte er erahnen, was zur Sprache kommen mußte, zugleich aber auch, was unsere Sprache nicht sagen kann. Einmal genau zugesehen, ging es jetzt nur noch darum, das Akt-Verhältnis als reines Vollzugsgeschehen zum Ausdruck zu bringen. Daß hier kein wie immer auch gearteter Grund, der dem Vollzugsakt als vorgefundener mehr wesen konnte, der dem Vollzugsakt als solchem gewissermaßen vorausliegen konnte, schien sich jetzt in aller Deutlichkeit zu lichten. Von hier aus wird deutlich, daß keine wie immer geartete Metaphysik, die nach dem Grunde allen Gründens fragt, mehr zureichend sein könne. Eine neue Wirklichkeitserfahrung kündigte sich an, der sich unsere derzeitige Sprache nicht gewachsen zeigt. Am ehesten noch im Wort des Dichters, der mehr Verweise gibt als er selber ausdrücken kann. Wenn man so will, kündigte sich hier eine Art Quantensprung an, der nach einem neuen Ausloten seiner Gesetze verlangte. Jedenfalls war klar, daß das nicht mehr in der Sprache der Metaphysik qua transzendentaler Logik geschehen konnte. Diesen Umstand konnte und wollte Gustav Siewerth nicht teilen. Und gerade aus dieser Perspektive wird es verständlich, warum es bei Siewerth zu einem Bruch mit dem Denken Heideggers kommen mußte. Wie mir Frau von Stockhausen mündlich mitteilte, habe Siewerth nach Heideggers Vortrag "Zeit und Sein" eine Revision des eigenen Denkens vorgenommen, habe auch das Ergebnis schriftlich niedergelegt; das Manuskript sei aber leider entwendet worden.

Hier ist es schwierig, eine Entscheidung zu treffen. Sollte dem wirklich so gewesen sein, so müßte zweifellos Siewerths Philosophie einer neuen Bewertung unterzogen werden, so daß das uns jetzt Vorliegende sozusagen nichts Endgültiges bedeutete. Hier ist der Rätsel noch kein Ende.

5. Rückblick

Wenn ich abschließend eine Bewertung des Denkens Siewerths, soweit ich es verstehe, vornehmen soll, so wird sein Ansatz einer Theologischen Metaphysik für mich problematisch. Allein die Frage, wie kommt der Gott in die Metaphysik, ist aus der Sicht des gläubigen Christen, dessen Glaube die jüdische

Überlieferung des Alten Testamentes voraussetzt, äußerst schwierig. Wie ja allgemein bekannt, erscheint der Gott der Philosophie als ho theos im Buche Lambda der Metaphysik des Aristoteles. Diesem Gott fehlen aber alle Eigenschaften, die dem jüdisch-christlichen Gott wesenseigen sind. Dieser Gott teilt sich nicht mit. Er tritt also nicht aus sich selbst heraus, um dem Menschen liebend zu begegnen oder gar zu erlösen. Ihm fehlt jede Spur von Personalität, so daß ein Begegnungsphänomen zwischen Gott und Mensch ausgeschlossen bleibt. Erst im Neuplatonismus, und dies dürfte nicht ohne die Begegnung mit der jüdisch-christlichen Offenbarung zustande gekommen sein, tritt der HEN-Gott aus sich heraus. Dies aber auf eine zwangshafte Weise. Also von Freiwilligkeit, wie dies in der Schöpfungs- und Erlösungsdimension des Judentums und des Christentums der Fall ist, kann nicht im Mindesten die Rede sein. Die platonische Formulierung bonum est diffusivum sui mag zwar die Antwort auf diesen jüdisch-christlichen Topos darstellen, ist jedoch aus einer ganz anderen Dimension erfahren. Aus diesem Grunde fordere ich eine jüdisch-christliche Philosophie ein; denn nur durch sie können die Mängel jeder bloßen Metaphysik wettgemacht werden. Bleibt man nämlich historisch orientiert hinsichtlich dessen, welche Gestaltungen Metaphysik in ihrer Geschichte durchmacht, so kann man sehr deutlich sehen, daß sie am Anfang des griechischen Denkens nicht gleichsam wie ein Deus ex machina dasteht. Sie ist vielmehr das Ergebnis einer Krisenerscheinung, das mit dem Aufkommen der sophistischen Aufklärung zutiefst verbunden ist. War dort die Entdeckung des Begriffs, aber zugleich auch dessen Instrumentalisierung, geglückt, so sollte durch Sokrates-Platon dieses Herrschaftsinstrument seiner Beliebigkeit entzogen werden und im Raume der Unbeliebigkeit ihren Platz finden. Metaphysik ist also unweigerlich mit dem Aufkommen des Begriffsdenkens verbunden. Dies bleibt ihr Signum bis in die späteste Zeit, in der der Begriff in seiner vollendetsten Gestalt im Begriff des Begriffs bei Hegel sich zeigt. Daß damit aber die Kraft des Begriffes noch nicht ihr Ende erreicht hat, mag man daraus ersehen, daß der Begriff selbst dann in sein rasendes Wesen im heutigen Wissenschaftsdenken und vor allem in der modernen Technik und Wirtschaft gelangt.

Dies ist auch der Gund, warum Heidegger sich nicht scheut, selbst modernstes Denken, das sich vom Begriff her voll und ganz leiten läßt, noch mit Metaphysik anzusprechen. Sieht man hier genau zu, so hängt zwar das Aufkommen des Begriffs mit dem Erfahren der Wirkmacht des Menschen zusammen, aber diese Dimension bleibt selbst dann noch bestimmend, wenn der Mensch sich seiner Begriffsmacht entschlagen muß, insofern er nun unter den Zwang einer ihn weithin übersteigenden Kraft in Technik und Industrie als neuer Begriffsmacht kommt. Auch dahingehend reicht noch die Hegelsche Selbstbewegung des Begriffs, die Heidegger unter bewußter Einbeziehung des Begriffsverständnisses von Marx mit in den Blick rückt.

Siewerth, der den 'Humanismusbrief' genau kannte, hätte wissen müssen, daß Heidegger ganz im Gegensatz zu ihm das Denken Marx', wenngleich er es auch noch der Metaphysik zuschlägt, als kennzeichnend und bestimmend für das Zeitverständnis erachtete. Hören wir Heidegger selbst, wie er sich zum Geschichtsverständnis Marxens verhält: "Weil Marx, indem er die Entfremdung erfährt, in eine wesentliche Dimension der Geschichte hineinreicht, deshalb ist die marxistische Anschauung von der Geschichte aller übrigen Historie überlegen. Weil aber weder Husserl, noch, soweit ich bisher sehe, Sartre die Wesentlichkeit des Geschichtlichen im Sein erkennen, deshalb kommt weder die Phänomenologie, noch der Existentialismus in diejenige Dimension, innerhalb deren erst ein produktives Gespräch mit dem Marxismus möglich wird"[18]. Soweit Heidegger. Auch das hätte Siewerth bedenken müssen, zumal Heidegger diese Sätze schon früh nach dem Zweiten Weltkrieg verfaßt hat.

Insofern liegt über dem wissenschaflichen Werk Siewerths eine Tragik. Das hohe Streben, die Vorgaben der Christlichen Offenbarung im Anschluß an das Denken des Aquinaten festzuhalten, und die fast magische Anziehung des Denkens Martin Heideggers, die diesem Offenbarunganspruch entfremdet war, und einen immanentistischen Weg eingeschlagen hatte, ließen sich dann nicht vermitteln. Der alte Gegensatz, den einige Theologen der Alten Kirche intuitiv bemerkt hatten, ließ sich nicht überwinden. Jerusalem und Athen gehen verschiedene Wege.

---

[18] Heidegger, Martin: Platons Lehre von der Wahrheit. Mit einem Brief über den "Humanismus", Bern 1947, 47.

«Actualité» et «potentialité» de Gustav Siewerth

Emmanuel Tourpe

Il est assez incommodant de penser d'un auteur qu'il fut un géant, l'un des meilleurs peut-être de sa génération, quand son nom ne figure même pas au dictionnaire et que son évocation suscite habituellement des mines interrogatives chez des interlocuteurs circonspects... Combien en avons-nous chacun rencontré, de ces enthousiastes qui s'enflamment pour un « génie méconnu » de second ou troisième ordre... Combien de pasonarias, éperdues d'admiration pour de creux rhéteurs, n'ont-elles pas cherché à nous persuader de leur « immense talent philosophique » injustement méprisé?

Tout cela rend malaisée à exprimer cette conviction par laquelle, au risque évident de jouer les Cassandre, nous souhaitons ouvrir les débats des présentes Journées d'étude : au fur et à mesure de nos travaux, Gustav Siewerth nous est toujours plus clairement apparu, avec Maurice Blondel et Xavier Zubiri, comme l'un des penseurs catholiques les plus essentiels du XXème siècle philosophique. Affirmation aggravante : cet auteur rarement cité et jadis oublié nous semble d'une stature spéculative comparable en hauteur à celles de titans adulés comme Hegel et Heidegger.

Un tel acte de foi semblera à beaucoup de ceux qui ont lu Siewerth un « *salto mortale* » un peu irrationnel et affectif : la densité excessive de l'écriture siewerthienne - son ésotérisme pourrait-on dire-, le « forçage » évident que cet auteur fait subir aux textes de saint Thomas, son refus obstiné du subjectivisme et sa dévotion parfois irréfléchie au penseur de la Forêt-Noire.. tout cela apparaît comme des faiblesses insurmontables, une sorte de stigmate ineffaçable qui explique l'oubli dans lequel Siewerth était presque tombé.

En effet, durant les années soixante-dix et quatre-vingt, le nom de Gustav Siewerth a presque complètement disparu du champ de la pensée, si l'on excepte l'un ou l'autre article tout à fait isolés[1] : Siewerth — telle Hélène dans le *Faust* de Goethe — s'est comme évaporé dans un voile évanescent.

Néanmoins, et tel sera l'objet du présent exposé en français, la résurgence du nom de Siewerth au tournant des années quatre-vingt dix dans le monde philosophique francophone était motivée par les éléments objectivement supérieurs de la pensée siewerthienne : tout se passe, pour reprendre une image de Hans Urs von Balthasar dans son « *Abschied von Gustav Siewerth* », comme si sa plénitude jaillissante devait impérieusement surgir « sous la pres-

---

[1] Cf. N.A. Corona: Ser y trascendencia segun Gustav Siewerth, Stromata, 37 (1981), 59-66; id.: Ser y verdad segun Gustav Siewerth, Stomata, 38 (1982) 75-96 ; Lotz, Johann Baptist: Das Sein als Gleichnis Gottes : Grundlinien der Ontologie und Gotteslehre von Gustav Siewerth, in ThPh., 60 (1985), 60-76.

sion invincible de sources chaudes salvatrices »[2]... Nous dirons quelles sont les raisons pour lesquelles le thomisme siewerthien a été rapatrié du « royaume des ombres sur la terre des vivants », et a pu apparaître à ses nouveaux lecteurs comme l'un des projets les plus prometteurs de la pensée catholique contemporaine, voire de la philosophie moderne. Il ne s'agira pas seulement de décrire le panorama des études récentes et leur motifs, mais également, en disciple critique, de désigner précisément le « potentiel » de la pensée siewerthienne, c'est-à-dire ce qui peut permettre de continuer Siewerth « après » Siewerth : un auteur n'est *fécond* que s'il *engendre* autre chose que lui-même — à la fois *sibi simile* et *sibi dissimile*.

Nous emploierons ici délibérément un style plus récitatif ou imagé que scientifique, érudit ou historique, comme il convient à une contribution introductive et familiarisatrice.

1. Gloire et misères du thomisme transcendantal

C'est un lieu commun : la pensée catholique s'est enrichie entre les années trente et cinquante de possibilités inédites qui ont préparé la révolution intellectuelle sous-jacente au Concile Vatican II. Cette « réforme de l'entendement » catholique a pris pour l'essentiel deux formes philosophiques : un blondélisme discipliné, mais non assujetti au thomisme ; un thomisme confinant au blondélisme, sans s'y perdre. Cette double voie, irréductible mais convergente, avait pour l'essentiel permis de poser nouvellement le problème de la relation de l'être et de l'esprit. D'un côté, avec le blondélisme métaphysiquement interprété, l'on tenait l'option pour l'être dans un dynamisme réfutant tout idéalisme ou spiritualisme abstrait. De l'autre, avec le thomisme transcendantal, l'on repensait les catégories ontologiques en des termes pratiques et subjectifs. Globalement, ces deux écoles concordaient dans l'idée d'une médiation *par l'action* du sujet et de l'objet : c'est l'action qui rapporte l'un à l'autre le sujet et ce qui le constitue normativement, c'est l'action qui relie l'être affirmé et le sujet jugeant. Cette intégration de l'homme dans la nature et de la nature dans l'homme, cette refondation dynamique du lien de l'être et de l'esprit, a présidé comme on sait aux vues des Pères conciliaires.

Traditionnelles et novatrices à la fois, ces deux positions avancées de la philosophie catholique jusqu'aux années soixante allaient à la fois triompher sous le baldaquin du Bernin et y connaître presque leur dernier éclat. Telles ces *supernovae* qui brillent d'une splendeur inégalée au moment de disparaître, le thomisme transcendantal et le blondélisme se sont comme exténués en passant dans la culture conciliaire. Ils explosent littéralement dans les années soixante, connaissant la gloire des débats publics, des chaires prestigieuses et de l'édition à succès — mais ce n'était qu'une forme d'adieu avant le déclin. Le

---

[2] von Balthasar, Hans Urs: Abschied von Gustav Siewerth, Hochland, 56 (1963) 182.

blondélisme en France, le thomisme transcendantal en Allemagne allaient se consumer au tournant des années soixante-dix, emportés par la fureur novatrice : philosophie du langage, dialogisme abstrait, structuralisme, marxisme, psychanalyse, sociologie allaient se substituer dans les séminaires et les universités catholiques à ces doctrines thomiste et blondélienne qui avaient si profondément renouvelé les vieux schèmes de pensée catholique

Le thomisme transcendantal surtout allait souffrir de ce Vent de Galerne. Entretenu par les milieux jésuites germanophones, cette école, dont les quartiers de noblesse remontent à P. Rousselot, bénéficiait à la fin des années soixante d'un prestige incomparable que résumaient à eux seuls les noms de K. Rahner, de J.B. Lotz et de G. Siewerth. Un discernement nouveau s'était d'ailleurs opéré au cours de cette brillante décennie : alors que K. Haag en 1960, ou qu'O. Muck, en 1964, évoquent à peine Siewerth parmi les écoles descendant de Maréchal[3], L.B. Puntel, L. Dümpelmann et H. Verweyen[4] reconnaissaient au contraire en 1969 une place prépondérante à ce thomiste original, devenu interlocuteur incontournable. Les souvenirs et études rassemblés après la mort de l'auteur par F. Pöggeler[5], puis les allusions non-voilées de Hans Urs von Balthasar à Siewerth dans *Herrlichkeit*, mais aussi le travail de fond de disciples comme F. Ulrich, H. Beck, L. Oeing-Hanhoff[6] commençaient à opérer : dans le panorama du thomisme transcendantal, que Siewerth prétend d'ailleurs dépasser par une interprétation hegelienne de Thomas, la silhouette de l'auteur du *Schicksal der Metaphysik von Thomas zu Heidegger* commençait à se détacher nettement par sa stature plus majestueuse et éloquente que bien d'autres. Au début des années soixante-dix, précisément au moment où le thomisme dialogal allait être effacé de la mémoire catholique, la puissance unique de Siewerth commençait tout juste à transpercer et à être pressentie. C'est l'époque où M. Cabada Castro rédige sa thèse sous l'autorité de Rahner avec l'intitulé : *Sein und Gott bei Gustav Siewerth*[7]. Ce frémissement, ce début de reconnaissance et d'autorité dans l'univers thomiste, n'allait pas durer : la frénésie anthropocentrique et relativiste se levait en même temps en tempête et n'allait pas tarder à abattre le thomisme étroit comme le thomisme dialogal, sans faire aucune distinction ni opérer aucun discernement.

---

[3] Haag, K.: Kritik der neueren Ontologie, Stuttgart, 1960; Muck, Otto: Die transzendantale Methode in der scholastischen Philosophie der Gegenwart, Innsbruck, 1964, 140ff.

[4] Puntel, L.-B.: Analogie und Geschichtlichkeit, I, Fribourg-Bâle-Vienne, 1969; Dümpelmann, L.: Kreation als ontisch-ontologisches Verhältnis, Fribourg-Munich, 1969;
Verweyen, Hansjürgen: Ontologische Voraussetzungen des Glaubensaktes, Düsseldorf, 1969.

[5] F. Pöggeler (éd.), Innerlichkeit und Erziehung. In memoriam Gustav Siewerth, Fribourg, 1964.

[6] Cf. Ulrich, Ferdinand: Homo Abyssus. Das Wagnis der Seinsfrage, Einsiedeln, 1961 (Freiburg [2]1998) (= Homo Abyssus); Beck, H.: Der Akt-Charakter des Seins, Munich, 1965; Oeing-Hanhoff, Ludger: Ens et unum convertuntur, Munster, 1953 ; id., Wesen und Formen der Abstraktion nach Thomas von Aquin, in :PhJ 71 (1963-64), 14-37.

[7] Cabada Castro, Manuel: Sein und Gott bei Gustav Siewerth, Patmos, 1971.

Une longue nuit allait tomber, une sorte d'hiver atomique allait plonger dans un silence glacial les grandes voix d'antan. Blondel et Thomas, *Dii consentes* tutélaires d'un Concile désormais invoqué pour les destituer, sombraient ensemble, Dioscures inséparables, dans le mutisme et la négligence. Néanmoins, il importe de le remarquer ici, la mémoire du thomisme transcendantal en général, et de Siewerth en particulier, allait être discrètement alimentée et conservée par des penseurs hispanophones souvent formés en Allemagne. Emboîtant le pas à Puntel et Cabada Castro, J. Teran-Dutari, C. Scanonne, N.A. Corona et E. Brito entretenaient en silence une lecture patiente des grands thomistes maréchaliens en général et de Siewerth en particulier... En attendant l'éclosion de ces fruits encore immatures, le nom de Siewerth allait rejoindre celui de tous les grands thomistes dialogaux : dans les nouveaux « Enfers » des bibliothèques progressistes. Ce n'étaient certes pas les rares thomistes résistant à l'impéritie ambiante des années soixante-dix qui allaient les en extirper : s'appuyant confortablement sur la radicale distinction entre analectique thomiste et dialectique hegelienne que C. Fabro et B. Lakebrink avaient soutenue avec autoritarisme[8], les thomistes classiques et traditionalistes n'étaient finalement pas fâchés de voir l'interprétation spéculative de saint Thomas « passer à la trappe ».

Au tournant des années quatre-vingt, l'oubli de Siewerth semblait consommé - sauf dans certains milieux prétendument siewerthiens, qui n'ont pas toujours su honorer un nom irréductible à toute option politique comme à toute forme réactionnaire de religion.

2. Le tournant des années quatre-vingt dix

L'intérêt que marquera le monde francophone catholique pour le thomisme transcendantal et pour Siewerth en particulier à la fin des années quatre-vingt a, selon nous, trois motivations principales : la nouvelle possibilité de critiquer Heidegger, la nécessité de dépasser la métaphysique hegelienne, le rayonnement de la théologie de Hans Urs von Balthasar.

Suite au double *collapsus*, fin des années soixante-dix, des thèses structuralistes et de l'anthropocentrisme outré, le début des années quatre-vingt se caractérise d'abord par une dévotion presque irraisonnée à la pensée heideggerienne : c'est l'époque où fleurissent même des traités de sacramentaire heideggeriens[9], où la question de Dieu est évacuée du domaine philosophique, et récupérée sur le plan seulement théologique avec J.L. Marion[10]. Au milieu des années quatre-vingt, le livre de V. Farias[11] sera dans ce contexte un véritable

---

[8] Fabro, C.: Participation et causalité selon S. Thomas d'Aquin, Paris-Louvain, 1961 (=Participation et causalité. (1961)); Lakebrink, Bernhard: Hegels dialektische Ontologie une die thomistiche Analektik, Ratingen, 1968.
[9] Chauvet, L.-M.:, Symbole et sacrement, Paris, 1987
[10] Marion, Jean-Luc: Dieu sans l'être, Paris, 1982.
[11] Farias, V.: Heidegger et le nazisme, Paris, 1987.

traumatisme : cet ouvrage mettait sous une lumière crue l'engagement nazi de Heidegger, et suggérait que celui-ci n'était pas sans lien avec son ontologie du *Grund* et du *Boden*. Ce livre a provoqué un véritable affolement de l'*intelligentsia* catholique heideggerienne, et ouvert la possibilité, enfin, de voies alternatives et nouvelles. C'est l'époque où, parallèlement à un culte déraisonnable à la pensée de E. Lévinas, l'on publie notamment la traduction française de grands traités de J.B. Lotz sous le titre *Martin Heidegger et Thomas d'Aquin*. Cette tendance culmine dans le récent et volumineux ouvrage de E. Brito consacré au « sacré » chez Heidegger, où Siewerth est cité parmi les critiques les plus remarquables du penseur de la Forêt-Noire[12].

Dans le même temps, l'école catholique hegelienne de C. Bruaire, de D. Dubarle, A. Chapelle, E. Brito et A. Léonard prenait davantage conscience, après un temps de fascination, des limites insurmontables d'une métaphysique logicisée et cherchait le plus souvent à renouer avec le thomisme. Cette relativisation de Hegel et cette réconciliation avec saint Thomas culmine en 1991 dans un ouvrage majeur d'E. Brito, représentant archétypique de ces hispanophones d'origine, gardiens de la mémoire néothomiste, dont nous parlions : *Dieu et l'être d'après Thomas d'Aquin et Hegel*[13]. Dans cet ouvrage, cet auteur très important qu'est le P. Brito restitue les grandes thèses, prononcées vingt ans auparavant, de L.B. Puntel dans son chef d'œuvre sur l'analogie. Le nom de Siewerth apparaît à de nombreuses reprises, à des endroits stratégiques, et les nombreux lecteurs de Brito le remarqueront.

Les années quatre-vingt se caractérisent aussi par la pénétration en force de la théologie balthasarienne dans les milieux, toujours plus influents, issus du renouveau spirituel insufflé à l'Eglise de France par les communautés nouvelles et par le Cardinal-archevêque de Paris. L'édition française de *Communio* va jouer dans la diffusion de la pensée balthasarienne un rôle non-négligeable, de même que les nombreuses traductions de Balthasar préparées par la province belge méridionale de la Compagnie de Jésus autour de l'Institut d'Etudes Théologiques de Bruxelles. La propagation de la théologie spirituelle de Hans Urs von Balthasar sera capitale pour la redécouverte de Gustav Siewerth, que le penseur suisse cite souvent et sur lequel il s'appuie nommément[14]. Ces références réitérées de Balthasar à un auteur méconnu et apparemment tenu en grande estime par lui (il invite par exemple publiquement Marion à lire Siewerth pour rectifier ses thèses[15]), ne seront pas sans intriguer des penseurs comme André Léonard : professeur de métaphysique à

---

[12] Brito, Emilio: Heidegger et l'hymne du sacré, Louvain, 263-274. Brito évoque successivement (pp. 261ss) les positions de M. Müller, J.-B. Lotz, B. Welte, E. Przywara, H.U. von Balthasar, J.-L. Marion, G. Siewerth, R. Bultmann, G. Ebeling, H. Ott, P. Ricoeur, E. Lévinas, et W. Weischedel.

[13] Brito, Emilio: Dieu et l'être d'après Thomas d'Aquin et Hegel, Paris, 1991.

[14] « Ohne ihn hätte der dritte Band von *Herrlichkeit* seine Gestalt nicht bekommen » (von Balthasar, Hans Urs: Mein Werk. Durchblicke, Einsiedeln 1990, 72)

[15] von Balthasar, Hans Urs: La théologique, II, Bruxelles, 1995, 146 n. 10.

Louvain avant sa nomination épiscopale à Namur, cet hegelien critique sera ainsi conduit par ses lectures assidues de Balthasar à la pensée de Siewerth, qu'il finit par considérer expressément dans ses cours comme *la seule capable de dépasser Hegel*[16]. Il faut se souvenir que Léonard a produit un commentaire intégral de *Logique* de 1830 pour évaluer à sa juste mesure l'importance de ce jugement[17]...

A la fin des années quatre-vingt et au début des années quatre-vingt dix, un tournant est donc amorcé : non seulement le thomisme transcendantal n'est plus hors-la-loi, mais la manière même dont il est réapproprié – c'est-à-dire à travers le triple prisme de Hegel, Heidegger et Balthasar – impose immédiatement le nom de Siewerth comme l'un des plus puissants thomistes de cette école. Cette conclusion, acquise dans le monde francophone, sera corroborée en Espagne grâce aux nouveaux travaux de Cabada Castro[18], devenu directeur de la prestigieuse revue *Pensamiento*, et par ceux de penseurs d'origine polonaise : C. Szczesny et surtout A. Wiercinski[19]. Il faut noter également l'importance relative qu'a prise l'édition en cours des *Gesammelte Werke*[20] dans ce processus de redécouverte de Siewerth.

Laissé insatisfait par les enseignements excessivement phénoménologiques et herméneutiques reçus à Paris, nous avons nous-mêmes rejoint en 1990 l'*Institut Supérieur de Philosophie* de Louvain-La-Neuve où nous avons suivi l'enseignement de A. Léonard. C'est en partie à son instigation que nous avons commencé des travaux sur Balthasar d'abord, puis sur Siewerth. Ayant traduit, en collaboration avec A. Chereau, la thèse de Cabada Castro en français[21], nous avons organisé en 1996 un séminaire de recherche sur la pensée de Siewerth, qui devait déboucher sur un numéro spécial de la Revue philosophique de Louvain entièrement consacré à la pensée siewerthienne[22]. Notre thèse de doctorat sur Siewerth fut publiée en 1998[23]. De nouveaux auteurs, tel

---

[16] Léonard, A.: Métaphysique, Louvain-La-Neuve, ²1985.

[17] Léonard, A.:Commentaire littéral de la Logique de Hegel, Paris-Louvain, 1974.

[18] Cabada Castro, Manuel: Ser y Dios, entre filosofia y teologia, en Heidegger y Siewerth, Pensamiento, 47 (1991), 3-35 ; id.,El problema de la culpa y del "otro" en Heidegger y Siewerth, Pensamiento, 47 (1991) 129-152 ; id., Rahner, K., Siewerth, G., Heidegger, M.: Una discutida relacion biografico-sistematica, Pensamiento, 52 (1996), 115-116. Cf. également le récent ouvrage de M. Cabada Castro, El Dios que da que pensar, Madrid, 1999.

[19] Szczesny, C.:Posredniczacarola bytu y poznaniu Boga y Gustawa Siewertha, Lublin, 1986; Wiercinski, Andrzej: Ueber die Differenz im Sein, Francfort s/Main-Berne-New York-Paris, 1989; id., Die scholastischen Vorbedingungen der Metaphysik Gustav Siewerths, Francfort s/Main-Berne-New York-Paris, 1991.

[20] GW I-IV (1975.1979.1971.1987).

[21] Cabada Castro, Manuel: L'être et Dieu chez Gustav Siewerth, Paris-Louvain, 1997.

[22] Tourpe, Emmanuel: (éd.), Gustav Siewerth et la métaphysique. Libres approches, Rev. Phil. Louv., 2 (1997), pp. 201-318.

[23] Tourpe, Emmauel: Siewerth «après» Siewerth, Paris-Louvain, 1998. (= Tourpe, Siewerth „après" Siewerth (1998)).

P. Dasseleer et J. Lambinet, ont déjà brillamment repris le flambeau[24]. Une version française de la *Métaphysique de l'enfance* (Th. Avalle) va bientôt paraître à Paris, et des traduction de Siewerth en castillan (Mn. Martinez Porcell) sont maintenant en cours. Il est heureux que les présentes Journées d'étude se déroulent à Mayence, car elles signent peut-être le début d'une forme de reconnaissance par les penseurs allemands eux-mêmes vis-à-vis de ce « fonds éternel pour la pensée allemande »[25] que constitue la pensée siewerthienne selon Balthasar. Les trois grands tomes de Coreth et de Neidl sur les philosophes chrétiens contemporains, qui réservent un chapitre à notre auteur[26], ont d'ailleurs largement préparé le terrain à une nouvelle réception en Allemagne de ces penseurs dont Siewerth est l'un des meilleurs représentants. Puisse l'Allemagne à venir profiter de ce que les contemporains de Siewerth ont laissé passer en ne lui reconnaissant pas la place qui lui était due ! : tel est le vœu, calqué sur une formule de Balthasar[27], que nous formons en ouverture des présentes Journées…

3. Le potentiel de la pensée siewerthienne

A l'heure présente, l'on peut dire que la situation des études siewerthiennes est dégagée. Siewerth n'est plus un anonyme. Au contraire, il est désormais reconnu comme l'un des plus grands descendants critiques de l'école maréchalienne[28], et les travaux sur sa pensée s'accroissent discrètement et sûrement[29]. Il n'y a peu de chances pour que cette pensée véritablement difficile connaisse jamais un véritable succès éditorial et académique, comme c'est le cas par exemple de celle, beaucoup plus accessible, de Hans Jonas actuellement. Néanmoins, il est certain qu'elle sera toujours plus respectée et approfondie, et que surtout elle portera du fruit.

Telle quelle, en effet, la pensée de Siewerth n'est pas sans ambiguïtés, et appelle certainement de nombreuses objections. Toutefois, son « actualité » suppose avant tout la « potentialité » immense de sa doctrine et de ses solutions. Si penser est bien, comme Ortega y Gasset le tire d'Aristote, toujours un re-

---

[24] Dasseleer, P.: L'Etre est-il solitaire? Méditation sur la subsistance plurale, in: Tourpe, Emmanuel (éd.), Penser l'être de l'action, Paris-Louvain, 2000, 249-266; Lambinet, Julien: Introduction au concept d'analogie de l'être chez Gustav Siewerth, Rev. Phil. Louv., 4 (1999), 522-549

[25] H.U. von Balthasar, « Abschied von Gustav Siewerth », art. cit, p. 184.

[26] Neidl,Walter: Art. Gustav Siewerth, in E. Coreth, W. Neidl, G. Pfilgersdorfer éd.), Christliche Philosophie im Katholischen Denken des XIX. Und XX. Jahrhunderts, III, Graz, 1990, 249-272. (= Neidl, Siewerth (1990)).

[27] von Balthasar, Hans Urs: Abschied von Gustav Siewerth, art. cit, 184.

[28] Brito, Emilio: La critique de Maréchal par Siewerth, in: P. Gilbert (éd.), Au point de départ. Joseph Maréchal entre la critique kantienne et l'ontologie thomiste, Bruxelles, 1999, 380-402.

[29] Une bibliographie constamment actualisée est disponible sur le site (Dr Raffelt, Friboug e. Br) : http://www.ub.uni-freiburg.de/referate/02/siewerth/siewerthliteratur.html

tour à ce qui est « en puissance » dans l'acte même de penser[30], il faut indiquer ces promesses dont est porteuse la réflexion siewerthienne et qu'elle-même peut-être n'était pas à même d'accomplir.

La métaphysique de Gustav Siewerth vaut donc plus, selon nous, par ce qu'elle est capable de susciter que par l'état déterminé dans lequel la mort prématurée de cet immense penseur l'a laissée. Elle est davantage une pierre philosophale qu'une statue de marbre, elle est plus inspiratrice que solutionnante. Bref : la supériorité de la philosophie siewerthienne se mesure davantage à la pertinence des chemins qu'elle ouvre qu'au parcours qu'elle a effectué. Siewerth « donne à penser », davantage sans doute que la plupart – et c'est pourquoi il est, à nous entendre, « un géant, l'un des meilleurs peut-être de sa génération »...

Pour le dire brièvement, l'intérêt majeur de la doctrine siewerthienne tient au fait qu'elle a ouvert l'ontologie thomiste à deux dimensions qui étaient jusqu'alors exclues de son champ. Sous l'effet de ses lectures hegeliennes, Siewerth a tenté en effet, par un effort herméneutique inégalé, de montrer comment le thomisme philosophique s'ouvrait à la fois « par en haut » et « par en bas ».

Là où les interprétations néothomistes, la plupart du temps suareziennes ou au contraire tirées de Cajetan et Jean de saint-Thomas, en étaient venues à oublier complètement l'interprétation de Sutton ou Bañez[31] et surtout les aspects néoplatoniciens de l'Aquinate[32], Siewerth est parvenu à rendre la dimension profondément *spirituelle* de l'être thomiste. L'œuvre de maturité de Siewerth comprend l'*actus essendi*, non comme existence (Gilson)[33], non comme idée participée (Fabro)[34], mais comme « amour exemplaire s'accomplissant dans sa différence la plus propre qui est la subsistance ». Cette thèse est malheureusement encore soumise à l'idéalité scotiste, puisque « l'être » exemplaire continue à être pensé par Siewerth comme un milieu idéal auto-scindé, et de ce fait seulement non-subsistant : ainsi, l'ontologie spirituelle de Siewerth peut-elle autoriser aussi bien une ontologie négative en détresse d'idéalité, qu'un idéalisme illusoirement effectué[35]. Mais la reconstruction spéculative du thomisme entreprise par Siewerth a définitivement ouvert le thomisme en direction d'une philosophie de l'identité entre Dieu et le monde (c'est l'ouverture « par en haut » à l'Absolu) et en direction d'une philosophie de l'intériorité spirituelle (c'est l'ouverture par « en bas » à

---

[30] Cf. Guy, A.:Ortega y Gasset, critique d'Aristote, Toulouse, 1963, 158-160.

[31] Cf. Prouvost, G.: Thomas d'Aquin et les thomismes, Paris, 1996; Cessario, R.:Le thomisme et les thomistes, Paris, 1999.

[32] Kremer, R.: Die neuplatonische Seinsphilosophie und ihre Wirkung auf Thomas von Aquin, Leiden, 1971.

[33] Gilson, E.:Le thomisme, Paris, ⁶1989.

[34] Participation et causalité (1961).

[35] Cf. Tourpe, Siewerth "après" Siewerth (1998) 373ff.

l'immanence).

La thèse que nous tenons dans nos travaux en cours est la suivante : pour continuer Siewerth « après » Siewerth, c'est-à-dire pour pénétrer plus avant dans les voies qu'il a désentravées, il faut penser à nouveaux frais cette double aperture du thomisme spéculatif « par en haut » et « par en bas ». Ce n'est pas la thèse siewerthienne de l'être exemplaire qui donne la solution définitive. Celle-ci doit être recherchée, non plus dans une confrontation – bienfaitrice au départ, mais embarrassante à terme – avec Hegel et en général avec la lignée scotiste, mais avec deux héritages distincts.

Pour *corriger* l'ouverture « par en haut » du thomisme à l'identité du fini et de l'infini, c'est un dialogue avec le boehmisme qu'il faut introduire. La théosophie boehmienne, telle qu'elle est pratiquée par Schelling dans sa période intermédiaire et surtout par F. von Baader, inscrit incomparablement la création dans la génération éternelle, sans confusion ni dénaturation. Une rencontre, tendue mais féconde, du thomisme avec le boehmisme, nous paraît le meilleur moyen de penser vraiment l'être comme *action, amour* et *génération* à partir de l'absolu, sans tomber dans le reste de scotisme dont souffre en dépit de ses efforts la doctrine siewerthienne[36]. Du point de vue boehmien, il est clair d'ailleurs que von Baader est le plus apte, par son attention expresse à saint Thomas, à dialoguer avec des disciples de l'Aquinate : Boehme lui-même, mais également Oetinger, Cl. de Saint-Martin ou le moyen Schelling représentent une interprétation beaucoup plus spiritualiste et moindrement réaliste que celle de von Baader.

Pour *continuer* l'ouverture « par en bas » à laquelle Siewerth a définitivement engagé le thomisme, il nous est apparu que le débat avec le réalisme spirituel français de Maine de Biran et surtout M. Blondel était essentiel. Penser l'être comme action, amour, désir ainsi que Siewerth le fait à la fin de sa vie, suppose inversement que l'action a un être et que dans le sujet agissant une dynamique ontologique se manifeste. Il n'y a pas là vraiment de rupture d'ordre avec la solution siewerthienne, mais plutôt une sorte de prolongement normal (à la différence du dialogue avec le boehmisme, qui suppose un certain égarement de Siewerth dans le refus qu'il en a exprimé[37]). De ce point de vue, nous nous rangeons globalement aux vues de F. Ulrich, récemment amplifiées par M. Bieler dans son beau livre *Freiheit als Gabe*[38], qui insistent si profondément sur une extension de la pensée siewerthienne dans la direction représentée en France par Blondel. Nous convenons évidemment avec les nombreux tho-

---

[36] Cf.Tourpe, Emmanuel: Genesis and present meaning of an trinitarian Ontology, à paraître in: Actes du Congrès Metafisica verso il terzo Millennio, Rome, 2001.

[37] Cf. G. Siewerth, Das Schicksal der Metaphysik von Thomas zu Heidegger, Einsiedeln, 1959, 196-210.

[38] Bieler, Martin: Freiheit als Gabe, Fribourg, 1990. Voir néanmoins nos remarques dans « La liberté comme don. A propos d'un ouvrage récent de M. Bieler », Lav. Théol. Phil., 2 (1998), 411-422

mistes blondéliens, de A. Forest à A. Hayen et Fr. Taymans d'Eypernon[39]. Complémentairement, du point de vue cette fois des études blondéliennes, nous insistons à la suite de M. Leclerc[40] sur la nécessité qu'il y a à interpréter Blondel métaphysiquement et ontologiquement, comme lui-même l'a fait dans sa Trilogie des années trente grâce à une méditation approfondie du point de vue thomiste.

Il nous semble, pour tout dire, que le réalisme spirituel d'un Blondel est comme une possibilité interne, quoiqu'irréductible à celui-ci, du réalisme ontologique d'un Thomas, ces deux ensemble se présentant à leur tour comme des possibilités internes du réalisme théosophique qui ne peut en même temps les réduire à soi. Ces trois : théosophie, ontologie, spiritualisme (« l'eau, le sang, l'esprit »...) sont en rapport dynamique et témoignent d'une méta-métaphysique de l'action, ou « Générative ». Chaque sphère est comme aspirée, et transformée par les deux autres : celle de Boehme vers l'interprétation de Baader, celle du Blondel de la jeunesse vers celle du Blondel de la maturité... Mais si l'on place avec Siewerth au seul plan de l'ontologie thomiste, la conséquence en est que celle-ci ne peut plus se définir sans s'ouvrir par en haut à la vie trinitaire, par en bas au dynamisme intérieur...

Nous nous permettons donc de poser deux conditions à la relecture du thomisme de Siewerth aujourd'hui, à savoir : une correction de sa doctrine de l'identité au profit d'un dialogue avec Baader et un prolongement de sa doctrine de l'immanence dans la direction de Blondel. Cette double suggestion, qui suppose une minimisation de l'influence hegelienne et une majoration de deux autres écoles de pensée catholique, pourrait être récapitulée dans un débat idéal de Siewerth avec F. Ravaisson. F. Ravaisson, en effet, est à la fois héritier de Schelling dans bien des aspects théosophiques de sa pensée du don divin, et en même temps est le précurseur immédiat de Blondel par sa théorisation de l'action au cœur du réel phénoménal. Malheureusement, Ravaisson a peu écrit et reste, pour la reprise du thomisme de Siewerth, plutôt une forme de « symbole » du double combat à mener plutôt qu'un interlocuteur véritable.

On le voit, être siewerthien n'a de sens selon nous que dans une dynamique de « post-siewerthianisme ». C'est par là, nous l'avons dit, que Siewerth nous apparaît comme un penseur exceptionnel - l'un des meilleurs que son siècle ait comptés : il est plus un « *daimon* » violemment inspirateur qu'un dieu pétrifié appelant vénération et incantation. L'on ne peut penser Siewerth qu'après Siewerth, c'est là lui rendre l'hommage véritable.

---

[39] Tourpe, Emmanuel: De l'acte à l'agir. Une introduction aux thomismes blondéliens, in: E. Tourpe (éd.), Penser l'être de l'action, op. cit., 267-296.
[40] Leclerc, Marc: L'union substantielle, I. Blondel et Leibniz, Bruxelles, 1991.

Aktualität und Zukunftsfähigkeit des Denkens Gustav Siewerths

(Lesehilfe für den französischen Text von Dr. Emmanuel Tourpe. Keine wörtliche Übersetzung!)

Es ist ziemlich unbequem an einen Autor zu denken, der ein Riese seiner Zeit war, einer der besten vielleicht seiner Generation, selbst wenn sein Name nicht im Dictionnaire zu finden ist und wenn die Nennung seines Namens nur betretene und fragende Minen hervorruft. Wie oft haben wir Enthusiasten getroffen, die sich für ein verkanntes Genie aus der zweiten und dritten Reihe begeistert haben. ...

Während unserer Beschäftigung mit Gustav Siewerth erschien es uns, daß er mit Maurice Blondel und Xavier Zubiri einer der größten und wesentlichsten katholischen Denker des 20. Jahrhunderts war. Das ist eine schwerwiegende Behauptung. Dieser Autor, der nur selten zitiert wird und nahezu vergessen war, erscheint uns als eine spekulative Gestalt vergleichbar mit den großen Titanen wie Hegel und Heidegger. Ein solcher Glaubensakt scheint uns als ein *„Saltomortale"*, ein wenig irrationaler und vielleicht auch ein emotionaler Saltomortale zu sein: Die exzessive Dichte des Siewerthschen Schreibens, seine esoterische Art und Weise, seine besondere Gabe zur Texthermeneutik, läßt uns an Texte des heiligen Thomas denken.

Die Texte des Thomas von Aquin deutet er in besonders tiefer Weise, sein nachdringliches Abweisen des Subjektivismus und seine manchmal etwas unreflektierte Bewunderung des Denkers des „Forêt-Noire" (Heidegger). All das erscheint uns als eine unüberwindbare Schwäche, als eine Art unauslöschbares Stigma, wodurch sich das Vergessen Siewerths nahezu erklärt.

Tatsächlich, während der siebziger und achtziger Jahre verschwand das Denken Siewerths nahezu aus dem Feld des Denkens, ausgenommen vereinzelte Artikel.

Das Wiederaufkommen der Philosophie Gustav Siewerths ist allerdings durch höhere und objektivierbare Fakten zu erklären, die sich aus dem Denken Siewerths erheben: All das, um ein Wort Hans Urs von Balthasars zu nennen, aus seinem *„Abschied von Gustav Siewerth"*: „Er war vor allem strömende Fülle, kein Brunnenrohr, sondern eine Fontäne, unter gewaltigem Druck heiße heilende Quellen aus unzugänglich inwendigem Herzbereich hervorpressend!"

Um die Gründe zu nennen, warum der Thomist Siewerth aus den Schatten wieder auf die Erde der Lebendigen wiedererstanden ist und seinen Lesern sich ein großartiges Projekt des gegenwärtigen katholischen Denkens auch für die Philosophie der Zukunft anbietet.

Auf die Weise eines kritischen Schülers versuchen wir das Potential des Sie-werthschen Denkens, und das heißt soviel wie Siewerth nach Siewerth zu denken, zu heben. Er ist ein sehr fruchtbarer Autor, der andere Gedanken in sich einbirgt und auch entbirgt. ... Wir versuchen, in einer freieren Weise und in einem mehr rezitativen als wissenschaftlichen Stil an diese Thematik etwas näher heranzuführen. ...

1. Höhen und Tiefen des transzendentalen Thomismus

Es ist ein Allgemeinplatz: Das katholische Denken ist in den dreißiger und fünfziger Jahren durch noch nie dagewesene Möglichkeiten hervorgetreten, die die darunterliegende intellektuelle Revolution des Zweiten Vatikanums vorbereitet haben. Diese „Reform der katholischen Vernunft" hat sich in zwei philosophischen Linien entwickelt: Zum einem in einem Blondelismus, der durch den Thomismus diszipliniert, ihm aber nicht unterworfen ist. Dieser doppelte, nicht ableitbare, aber konvergierende Weg hat im Wesentlichen er-laubt, aufs Neue das Problem der Verbindung zwischen dem Sein und dem Geist zu stellen. Einerseits hat man mit dem metaphysisch interpretierten Blondelismus die Option für das Sein besessen, in einem Dynamismus, der jedweden Idealismus oder Spiritualismus abweist. Andererseits in einen trans-zendentalen Thomismus, in dem man die ontologischen Kategorien wieder auf die Weise der praktischen und subjektiven Begriffe gedacht hat. Die ‚ac-tion' verbindet die beiden Schulen miteinander; das Subjekt und das, was es normativ begründet, das ist die ‚action', die das affirmierte Sein mit dem be-urteilenden Subjekt verbindet. Diese Integration des Menschen in der Natur und der Natur in dem Menschen, diese dynamische Wiederbegründung des Verbindenden zwischen dem Sein und dem Geist hat den Konzilsvätern vor-bildhaft vorgestanden. ....

Der Blondelismus in Frankreich und der transzendentale Thomismus in Deutschland haben sich in den siebziger Jahren gewissermaßen aufgelöst und wurden durch neue Geistesströmungen ersetzt: Die Sprachphilosophie, der abstrakte Dialogismus, der Strukturalismus, der Marxismus, die Psychoanaly-se, die Soziologie nehmen nun den Platz in den Seminaren der katholischen Universitäten ein und übernehmen die Rolle der Thomisten und Blondelisten, die von der Tiefe her die alten Schemata des katholischen Denkens erneuert hatten.
...
Der transzendentale Thomismus hat auch seine Gründe gefunden im Denken von Père Rousselot; dieses Denken fand weitere Ausprägungen mit Rahner, Johann Baptist Lotz oder mit dem Gustav Siewerths. Während K. Haag und Otto Muck Siewerth kaum würdigten, sind die Abkömmlinge von Maréchal, wie etwa L.B. Puntel, L. Dümpelmann und Hansjürgen Verweyen wieder auf den originellen Thomismus Siewerths aufmerksam geworden. Beispielhaft

hierfür sind auch zu nennen: Hans Urs von Balthasars *Herrlichkeit*, aber auch die gründliche Arbeit von Ferdinand Ulrich und L. Oeing-Hanhoff und anderen, die anfingen sich mit Siewerth zu beschäftigen. ...
Am Anfang der siebziger Jahre, genau um die Zeit als der dialogale Thomismus aus dem katholischen Denken verschwand, erblühte wieder das Denken Siewerths zu alter Kraft, und man erahnte die Sprengkraft seines Denkens. Das war die Zeit als M. Cabada Castro seine Doktorarbeit bei Karl Rahner mit dem Titel: *Sein und Gott bei Gustav Siewerth* schrieb. Dieses zart wachsende Pflänzlein, dieser Beginn einer Wieder-Anerkennung und einer werdenden Autorität in dem Universum des Thomismus dauerte allerdings nicht an. Das Erwachen des Anthropozentrismus und des Relativismus haben sich zur gleichen Zeit wie ein Sturm erhoben, es dauerte nicht lange, daß es den engen Thomismus wie den dialogalen Thomismus wegfegte, ohne Unterschiede nach der einen oder anderen Seite zu machen. Alles wurde platt gewälzt ohne irgendeine kritische Unterscheidung zu treffen. Eine lange Nacht ist eingetreten, eine Art und Weise eines atomaren Winters, in dem alle früheren Stimmen verstummten. ...
Trotz allem ging ein Wiedererwachen von den aus dem spanischen Sprachgebrauch stammenden Denkern aus, die in Deutschland ausgebildet wurden. Hier sind z. B. Puntel, Cabada-Castro, Scannone, Brito und andere zu nennen, die durch eine geduldige Lektüre die große Maréchal-Schule und Siewerth im besonderen in der Stille wiederentdeckt haben. ...
Um die Wende der achtziger Jahre schien das Vergessen von Siewerth seinen Höhepunkt erreicht zu haben, außer in einigen Siewerthschen Kreisen, die immer zu würdigen wußten, daß sein Name, weder durch eine politische Option, noch durch eine bestimmte reaktionäre Weise des Religiösen zu beugen ist.

2. Die Wende in den neunziger Jahren

Das Interesse, das die französisch-katholische Welt für den transzendentalen Thomismus wieder setzte und für Siewerth insbesondere, fand Ende der achtziger Jahre statt. Nach unserer Meinung hat dies drei Hauptgründe:
1. Die neue Möglichkeit Heidegger zu kritisieren.
2. Die Notwendigkeit, die Metaphysik Hegels zu überwinden und
3. Die Ausstrahlung der Theologie Hans Urs von Balthasars.

In den siebziger Jahren fand eine Gegenüberstellung statt zwischen den strukturalistischen sowie empörenden anthropozentristischen Thesen und dem Beginn der achtziger Jahre, der geprägt war von einer irrationalen Bewunderung des Heideggerischen Denkens.
Es war die Zeit, als das Gedankengut Heideggers wie ein „Sakramentale" angesehen wurde (traités de sacramentaire, (Chauvet)) und die Gottesfrage aus der Philosophie verschwand und nur auf der theologischen Ebene durch Jean-

Luc Marion wieder aufgenommen wurde. In der Mitte der achtziger Jahre wurde das Buch von V. Farias wie ein Trauma erlebt. Dieses Werk hat die Verstrickung Heideggers in die Nazi-Diktatur ganz offen gelegt und suggerierte, daß Heideggers Denken nicht ohne Verbindung zur Ontologie von *Grund* und *Boden* war. Dieses Buch brachte die von Heidegger begeisterte katholische Intelligenz in einen wahren Aufruhr und öffnete die Möglichkeit für alternative und neue Wege. Zur gleichen Zeit, wo parallel hierzu ein unvernünftiger Kult um das Denken von Emmanuel Levinas betrieben wurde, hat man die französische Übersetzung der großen Werke von Johannes Baptist Lotz unter dem Titel *Martin Heidegger und Thomas von Aquin* herausgegeben. Diese Tendenz findet jüngst ihren Höhepunkt in dem voluminösen Werk von E. Brito, das dem „Heiligen" bei Heidegger gewidmet ist, in dem Siewerth als einer der bemerkenswertesten der Denker unter den Kritikern von Heidegger benannt wird. ...

Zur gleichen Zeit wurde die katholisch-Hegelianische Schule von C. Bruaire, D. Dubarle, A. Chapelle, E. Brito und A. Léonard sich dessen mehr bewußt, nach einer Zeit der Faszination, um über die unüberwindbaren Grenzen einer logisierten Metaphysik zu springen, um mit dem Thomismus eine Wiederanknüpfung zu finden. Diese Relativierung der Hegelschen Philosophie und die Wiederversöhnung mit dem heiligen Thomas kulminierte 1991 in dem Werk von E. Brito, dem archetypischen Repräsentanten mit spanischem Ursprung, einem der Hüter des neuthomistischen Gedächtnisses, von denen wir gesprochen haben: *Dieu et l'être d'après Thomas d'Aquin et Hegel*. In diesem Werk gibt Brito die großen Thesen wieder, die in zwanzig Jahren vorher verkündet worden sind. Und zwar sind das die Thesen von Puntel in seinem Hauptwerk über die Analogie. Der Name Siewerths erscheint oft, an vielen Stellen, ja an strategischen Schlüsselstellen, und viele Leser von Brito werden es noch bemerken.

Die achtziger Jahre sind charakterisiert durch das kräftige Durchdringen der Balthasarschen Theologie, in den immer mehr Einfluß bekommenden Kreisen der französischen Kirche durch die neuen Gemeinschaften und durch den Kardinal von Paris, Lustiger. Die französischsprachige *Communio* spielt in der Verbreitung des Balthasarschen Denkens eine nicht wegzudenkende Rolle, genauso wie die vielen Übersetzungen der Balthasarschen Werke, die von der wallonischen Provinz der Jesuiten und dem „Institut d'Études Théologiques de Bruxelles" vorbereitet wurden.

Die Verbreitung der spirituellen Theologie Hans Urs von Balthasars wird entscheidend sein für die Wiederentdeckung von Gustav Siewerth, den der Schweizer Denker oft zitiert und auf den er sich namentlich stützt. .... Das dürfte einen Denker wie André Léonard stutzig gemacht haben. Metaphysik-Professor in Louvain, vor seiner Ernennung zum Bischof von Namur, wurde dieser kritische Hegelianer durch das beflissentliche Lesen der Werke Balthasars dazu bewogen, die Spur des Denkens Siewerths wieder aufzunehmen, das allein fähig war, Hegel zu überwinden.

Man muß sich dabei vor Augen halten, daß Léonard einen Gesamtkommentar der Hegelschen Logik von 1830 von einer großen Bedeutung geschrieben hat. Am Ende der achtziger und am Beginn der neunziger Jahre wird wieder eine Wende eingeleitet. Nicht nur, daß der transzendentale Thomismus wieder salonfähig wird, sondern auch die Weise wie man ihn wieder aufnimmt, d. h. im dreifachem Prisma von Hegel, Heidegger und Balthasar wird der Name von Gustav Siewerth wie einer von den wichtigsten Thomisten dieser Schule wieder hervorgehoben. Dieser Schluß wurde noch einmal bestätigt durch die Arbeiten Cabada-Castros in Spanien, der mittlerweile zum Direktor der angesehenen Zeitschrift *Pensamiento* geworden ist. Und durch Denker, polnischen Ursprungs, wie C. Szczesny und vor allen Dingen A. Wiercinski.[1]

Man muß zur gleichen Zeit auch die wichtige Rolle der Edition der gesammelten Werke in diesem Prozeß des Wiederentdeckens Siewerths benennen.

Tourpe: Zunächst war ich unbefriedigt durch die exzessiv phänomenologischen und hermeneutischen Forschungen, die ich in Paris bekommen habe, und ich habe das *Institut Supérieur de Philosophie* in Louvain-la-Neuve 1990 aufgesucht, wo ich den Unterricht von A. Léonard genießen konnten. Er ist derjenige, der mir die Aufnahme der Arbeiten von Balthasar nahegebracht hat und besonders die von Siewerth. Ich habe in Zusammenarbeit mit A. Chereau die These von Cabada Castro aus dem Spanischen ins Französische übersetzt, und ich habe 1996 ein Forschungsseminar zum Denken Siewerths organisiert, aus dem eine Spezialnummer der *Revue philosophique de Louvain* hervorgegangen ist, die ganz Siewerth gewidmet ist. Meine Doktorarbeit zum Denken Gustav Siewerths wurde 1998 veröffentlicht. Von den jüngeren Autoren hat P. Dasseleer und Julien Lambinet in ganz hervorragender Weise die Staffel wieder aufgenommen. Eine französische Fassung der *Metaphysik der Kindheit* wird bald in Paris erscheinen, und die Übersetzung der Siewerthschen Werke ins Catalanische ist bereits erfolgt.

Es ist sehr erfreulich, daß gerade in Mainz der Kongreß stattfindet, weil er der Beginn einer Wiederentdeckung Siewerths durch die Deutschen Denker selbst sein kann. In den drei großen von Emerich Coreth und Walter Neidl herausgegebenen Bände: *Das katholische Denken des 19. und 20. Jahrhunderts* ist auch ein Kapitel Siewerth gewidmet, ... und die übrigens den Boden für eine neue Rezeption in Deutschland für das Siewerthsche Denken bereiten. ...

3. Das Potential des Siewerthschen Denkens

... Man kann doch jetzt sagen, daß Siewerth zum gegenwärtigen Zeitpunkt nicht mehr anonym ist. Ganz im Gegenteil wird er wieder anerkannt, als einer der großen Abkömmlinge der Maréchal-Schule, und die Arbeiten über sein

---

[1] Wiercinski, A.: Ueber die Differenz im Sein, Frankfurt Bern-New York-Paris, 1989; id., Die scolastischen Vorbedingungen der Metaphysik Gustav Siewerths, Frankfurt-BerneNew York-Paris, 1991

Denken werden immer zahlreicher. Es wird unwahrscheinlich sein, daß Siewerth ein ähnlich verlegerischer Erfolg zuteil werden wird wie das etwa bei Hans Jonas der Fall ist. Nicht desto trotz ist es sicher, daß er in größerer Weise respektiert wird, und daß sein Denken immer größere Frucht bringt. Dabei ist das Siewerthsche Denken nicht ohne Zwiespalt. Man findet auch eine Reihe von Entgegnungen, es ruft einige kritische Stellungnahmen hervor, vor allen Dingen seine Aktualität setzen die immense Potentialität seiner Lehre und seiner Lösungen voraus. ...

Die Metaphysik Gustav Siewerths ist ein philosophischer Markstein, sie gibt mehr Inspirationen als Lösungen an die Hand. Kurz gesagt: .... Siewerth gibt zu denken auf. Das Hauptinteresse an der Lehre Siewerths zeigt sich dadurch, daß sie die thomistische Ontologie in zwei Dimensionen hin öffnet, die bisher verschlossen waren: Siewerth hat unter dem Einfluß seiner Hegelschen Lesefrüchte in der Tat gezeigt, wie dieser philosophische Thomismus sich *nach oben hin* und *von unten her* öffnete. Dort wo er neuthomistisch inspiriert war, dort wo die neuthomistischen Interpretationen – die meisten auf die Weise des Suarez, oder im Gegensatz dazu aus Cajetan und Jean de Saint Thomas genommen - war man soweit gekommen, daß man die Interpretation von Sutton oder Bañez vergessen hat, und vor allen Dingen die neuplatonischen Aspekte des Aquinaten vergessen hat. Ist Siewerth dahingekommen, eine neue tiefe spirituelle Dimension dem thomistischen Wesen wieder zurückzugeben? Die Spätwerke Siewerths verstehen den *actus essendi* nicht als Existenz (Gilson), auch nicht nach dem Teilhabegedanken (Fabro), sondern als die sich aussprechende Liebe. ...

Auf diese Weise ist die spirituelle Ontologie vielleicht dazu autorisiert, genauso wie die negative Ontologie die höchste Not der Idealität zum Ausdruck zu bringen. ... Aber als die spekulative Rekonstruktion des Thomismus durch Siewerth unternommen wurde und die tatsächlich den Thomismus in Richtung einer Philosophie, einer Identität zwischen Gott und der Welt öffnete (das ist die Öffnung von oben her, zum Absoluten hin) und die Richtung der Philosophie der inneren Spiritualität (das ist die Öffnung nach unten hin zur Immanenz). Die These, die wir im Verlauf unserer Arbeiten erheben heißt: wir wollen das Denken Siewerths nach Siewerth fortsetzen, das heißt, um noch mehr in seine Denkwege einzudringen, die Denkwege, die er freigelegt hat, müssen durch ein neues doppeltes Öffnen des spekulativen Thomismus von oben und von unten erschlossen werden. Das ist zwar nicht die These von Siewerth, des *l'être exemplaire*, die die definitive Lösung gibt, sie muß gefunden werden, nicht durch Konfrontation, die zwar anfangs ganz gut erscheint. Diese These muß mit Hegel und im allgemeinen mit der scotistischen Denkungsart wieder aufgenommen werden, und zwar nicht wie eine Konfrontation, die auf den ersten Blick wohltuend ist, sich allerdings später als sehr hinderlich erweist.

Um diese Öffnung nach oben hin des Thomismus zur Identität des Endlichen und Unendlichen zu korrigieren, muß man einen Dialog führen mit der Philo-

sophie Boehmes. Die Theosophie Boehmes, wie sie durch Schelling praktiziert wurde, war in einer Zwischenphase bestimmend, die besonders von
Franz von Baader praktiziert wurde, diese Theosophie, die Schöpfung im ewigen Werden hat sich in unvergleichlicher Weise eingeschrieben. Die Schöpfung wird im ewigen Werden festgemacht ohne wenn und aber. Eine schwierige aber fruchtbringende Begegnung zwischen dem Thomismus mit der Philosophie Boehmes erscheint uns als bestes Mittel, um in bester Weise das Sein
zu denken als *Action, Liebe und Werden*. Und zwar vom Absoluten aus ohne
in die Reste des Scotismus hineinzuverfallen, der Siewerth trotz allen Anstrengungen verfallen ist. ... Um weiter zu fahren in der Öffnung von unten
her, für die Siewerth den Thomismus im wahrsten Sinn des Wortes engagiert
hat, erscheint es uns, daß die Debatte mit dem französischen spirituellen Realismus Maine de Birans und vor allen Dingen Blondels besonders wesentlich
ist. Das Sein zu denken als Action, als Liebe, als Verlangen, genauso wie es
Siewerth am Ende seines Lebens gemacht hat, setzt im Gegensatz dazu voraus, daß die Action ein Sein hat, und daß dieses dynamische und handelnde
Subjekt sich ontologisch manifestiert. ...

Von diesem Standpunkt aus können wir uns der Blickrichtung Ferdinand
Ulrichs zuwenden, die sich jüngst verstärkt zeigt durch die Sehweise Martin
Bielers in seinem schönen Buch *Freiheit als Gabe* und die sehr insistierten auf
eine Erweiterung des Siewerthschen Denkens in der von Blondel in Frankreich vertretenen Richtung.

Wir stimmen mit den verschiedenen Blondelianischen Thomisten überein (A.
Hayen etc.) und ergänzend hierzu von der Blickrichtung der Blondel-Studien,
wie sie in der Folge von Marc Leclerc geschehen, bestehen wir darauf, auf die
Notwendigkeit, daß Blondel in einer metaphysischen und ontologischen Weise interpretiert werden muß, wie er es selbst getan hat in der Trilogie der dreißiger Jahre, dank einer tiefen Überlegung aus der Blickrichtung des Thomismus. Es scheint uns, daß der spirituelle Realismus eines Blondels eine interne
Möglichkeit ist, obwohl er auf den ontologischen Realismus eines Thomas
von Aquin nicht rückführbar ist. ...

Es geht hier um den theosophischen Realismus und den spirituellen Realismus, die nicht aufeinander rückführbar sind, obwohl sie sich beide ergänzen
können. Diese drei: Theosophie, Ontologie und Spiritualismus sind in einer
dynamischen Verbindung und bezeugen eine Meta-Metaphysik, eine Action.
Jede dieser Richtungen ist von der einen beeinflußt und von der anderen umgewandelt. ...

Zwei Bedingungen gibt es, wenn man heute den Thomismus von Siewerth
wieder liest. Und zwar eine Korrektur seiner Lehre von der Identität zugunsten eines Dialoges mit Baader und einer Erweiterung seiner Lehre von der
Immanenz in Richtung Blondels. Diese doppelte Voraussetzung bedingt eine
Minimierung des Hegelschen Einflusses und eine Maximierung der beiden
anderen katholischen Denk-Schulen. Man könnte auch Siewerth in einen Dialog führen mit F. Ravaisson, einem direkten Vorgänger von Blondel. ...

Man sieht, daß das Siewerthsche Sein nur einen Sinn hat, wenn es Siewerthianisch und Nach-Siewerthianisch gedacht wird. Dadurch erscheint uns Siewerth doch als ein ganz außergewöhnlicher Denker, der zu den Besten seines Jahrhunderts zählt.

Nach dem Text von Dr. Emmanuel Tourpe
Redaktion: Marie Madeleine Ewen, Monika Möglich, Dr. Peter Reifenberg

Annäherung an die Pädagogik Gustav Siewerths

Ferdinand Graf

I. Einleitung

Der Pädagogik Gustav Siewerths kann man sich auf verschiedene Weise nähern. Allen Zugängen, die seinem Denken gerecht werden wollen, wird gemeinsam sein, daß die Liebe die entscheidende Grundlage, ja sogar die tragende Grundkategorie darstellt.

Die Einleitung in das wohl bekannteste pädagogische Werk Siewerths „Wagnis und Bewahrung" beschreibt die „Erziehende und bildende Liebe"[1]. Siewerth steigert diesen Artikel bis zur pädagogischen Interpretation des Apostels Paulus: „Das «Hohe Lied» erziehender Liebe" „Unsterblich ist die Liebe, denn sie ist Gottes Heiliger Geist in unseren Herzen, tröstende Leuchte in dieser Zeit und ein kostbarer Schrein, in dem Gott selbst lebt und Wohnung hat"[2]. Damit sind wir mitten in Siewerths Denken, aber an einem Punkt seines Denkens und seiner Überzeugung, in dem er vielfach kritiert und heftig angegriffen wurde: 'Zu katholisch', 'normativ', 'religiös', 'keine Grundlage für Erziehungswissenschaft' u.a.m.

Die so denken, haben sich auf Siewerth nicht eingelassen, noch weniger haben sie ihn verstanden.

Siewerth wußte nur zu genau, wie diese Problematik in der modernen Erziehungswissenschaft anstoßen und manchen Vertreter abstoßen würde. Dazu trug bei, daß Gustav Siewerth sowohl gegen die Erziehungskonzepte von Humboldt, Dilthey, Spranger und Nohl und deren Menschenbilder als auch gegen eine nur technologisch ausgerichtete Pädagogik an verschiedenen Stellen seines Werkes Stellung bezogen hat.

Denn die Frage nach den "letzten Dingen" zu stellen, scheint außerhalb der Erziehung und Bildung unserer Tage zu stehen[3]. Glaubenslos sei unsere Zeit, stellt Eugen Fink fest. Da gerät die Pädagogik als Wissenschaft in Verlegenheit, denn sie hält sich von jeder weltanschaulichen Bindung frei, sie "verzichtet auf die Mitwirkung bei der Idealbildung des menschlichen Lebens, sie betrachtet Leitbilder, aber sie entwirft sie nicht..."[4]. Die Erziehungswissenschaft analysiert und systematisiert, kann oder will aber den zu betrachtenden

---

[1] Gustav Siewerth: Wagnis und Bewahrung. Zur metaphysischen Begründung des erzieherischen Auftrags. Einsiedeln ²1964. (=Wagnis und Bewahrung, 9 ff.).

[2] Wagnis und Bewahrung, 29-31.

[3] Siewerth, Gustav: Erziehung im Horizont der letzten Dinge, in: Die pädagogische Provinz, Frankfurt 1964. (= Erziehung im Horizont der letzten Dinge, 146 ff.).

[4] Fink, Eugen: Natur, Freiheit, Welt, Philosophie der Erziehung, Würzburg 1992. (=Natur, Freiheit, Welt, 36.)

Glauben nicht mitglauben. Eugen Fink geißelt diese Haltung: Sie analysieren Asche, haben aber von der Flamme keine Ahnung. Siewerth hat diese Flamme immer wieder neu entzündet, in Brand gehalten, sie weiter gegeben und weiter getragen.

Im Vordergrund stehen heute Qualifikationen, Leistungsfähigkeit und vielleicht noch Leistungsbereitschaft. Es gilt, die Jugend gesellschaftsfähig zu machen, d.h. sie in die moderne Gesellschaft dienstwillig zu disponieren, damit sie in unserer Zivilisation bestehen kann.
Den humanen Staatsbürger, die Persönlichkeit, die rational die Welt bewältigt, ist zu bilden. Aber "In Wahrheit wird mit den Umständlichkeiten «rationaler Systematik» das Kind aus der metaphysischen Ortschaft des Geistes und des Seins herausgetrieben"[5]. Dabei bleiben die "letzten Dinge" in einem fernen "Horizont", in "einer verdämmerten Verschwommenheit" gehalten. Damit wird auch der Tod verdrängt. Obwohl das Leben, das menschliche Dasein "wesenhaft im scharfen Widerstreit gegen das Todesgeschick ein Entwurf zu glückhafter Erfülltheit, zur "eudaimonia"... ein Wille zur Befriedung, zur Lust, zur Wonne und Seligkeit des Lebens und der Liebe" ist[6]. Menschliches Dasein ist "Wille zum Leben", dem Tod aber ist nicht auszuweichen. "Wo der Mensch nicht mehr feiernd bei sich selbst einkehrt und den Todesernst durch das Mysterium göttlicher und menschlicher Liebe aufhellt, verfällt er der Fron, der Irre und dem leeren Umtrieb"[7].

In diesen kurzen einleitenden Anmerkungen wird schon deutlich, daß Siewerth das menschliche Tun, sein Streben, Planen und Handeln, sein Denken, seine List, die Natur verfügbar zu machen, sein Wohnen und Lieben transzendierenden Charakter haben und ausgespannt sind über den rein weltlichen "Horizont". Durch sein Offensein hat der Mensch ein unruhiges Herz. Es geht dem Menschen um Glück, um Heil und somit um Vollendung.

Ganz natürlich geht Siewerth von der Geschöpflichkeit des Menschen und seiner Erlösung aus. Dies muß aber nicht immer der Ausgangspunkt seiner Analysen und Abhandlungen sein. Oft hat man bei der Lektüre Siewerths den Eindruck eines phänomenologischen Zugangs zum Thema, was sich beim Hören in seinen Lehrveranstaltungen noch viel stärker zeigte, da seine Studentinnen und Studenten zwar Philosophie und Theologie (bzw. Religionspädagogik u. Katechetik) belegt hatten, aber kaum Grundkenntnisse aus diesen Fächern bereit hatten. So waren seine Lehrveranstaltungen ausführlicher, von konkreten Beispielen ausgehend, erklärender und detaillierter als sein schrift-

---

[5] Siewerth, Gustav: Metaphysik der Kindheit. Einsiedeln (Johannes) 1957. (= Metaphysik der Kindheit, 58.)
[6] Erziehung im Horizont der letzten Dinge, 146. 147.
[7] Wagnis und Bewahrung, 401.

liches Werk. Siewerth beschreibt, analysiert, zeigt auf, und dringt in seiner Weise zum Wesen des Menschen und der Dinge vor.

In seinem Werk "Metaphysik der Kindheit" legt Gustav Siewerth sein methodisches Vorgehen anschaulich dar. Er zeigt, wie er zu seiner "Daseinsanalytik" kommt, die einerseits die Subjektivismen der Psychologie und der Anthropologie entlarvt, andererseits die Möglichkeit eröffnet, die Ergebnisse dieser Wissenschaften und deren vorgelegten systematisierten Phänomene zu deuten und zu entschlüsseln[8]. Er will die Betrachtung der wissenschaftlichen Ergebnisse aus aller fachlichen Enge herausführen in den "...weitesten und ursprünglichsten Horizont, aus dem her und auf den hin alles Menschsein sich ereignet, in welchem es, aufgelichtet durch das Sein als Sein, allein zur Wahrheit gelangen kann"[9].

Die Einzelwissenschaften beinhalten verborgene Philosophien, die sie selbst nicht kennen, diese Grundlagen sind von ihnen unreflektiert und bleiben unbekannt. Somit geraten sie in Gefahr, in ihrem Unwesen unkontrolliert als "Wille zur Macht" über Menschen und Dinge zu werden und das "mechanische Getriebe zu verabsolutieren"[10].

Die Einzelwissenschaften werden dadurch nicht mißachtet, überflüssig oder abgewertet. Wenn die Erhellung auf die tragenden Gründe hin geleistet wird, können die Ergebnisse der Einzelwissenschaften in diesem Licht neu erstrahlen, können auf den Grund zurückfließen und überfließen. Die Einzelwissenschaften werden "überflüssig" auf das Ganze hin. So wird der (notwendige) "Entschluß" der Einzelwissenschaft zur Spezialisierung und zur Sachbegrenzung "entschlüsselt" und "entgrenzt" aus der LETHE in die ALETHEIA geführt[11].

Die *Erkenntnisse*, die Siewerth vorlegt, sind (a) ein Enthüllen von Wesenszügen, (b) sie sind der metaphysischen Seinserhellung verpflichtet, wie sie uns (c) die Geschichte und die Sprache schenkt, (d) sie sind höchste geistige Akte, die in unsere Sprache kommen.

Der *Gegenstand* seines Denkens und Forschens ist Erziehung, Bildung, Kind und Menschsein des abendländischen Menschen, dem gegenwärtigen und dem christlichen Menschen verpflichtet.

Als *methodisches "Instrument"* dient Siewerth das Denken und Sprechen (a) in und aus dem pädagogischen, (b) in und aus dem philosophischen und (c) in und aus dem theologischen Bereich; (d) orientiert an den Grundlehren des

---

[8] Vgl. Metaphysik der Kindheit, 132.
[9] Metaphysik der Kindheit, 7.
[10] Siewerth, Gustav: Die Freiheit und das Gute. Freiburg 1959. (= Die Freiheit und das Gute, 50 f.).
[11] Vgl. Metaphysik der Kindheit, 9.

Thomas von Aquin, (e) an der Daseinsdeutung Martin Heideggers und (f) an der Erfahrung Maria Montessoris[12].
Was ausdrücklich für das Werk "Metaphysik der Kindheit" ausgewiesen wurde, kann mit unterschiedlichen Gewichtungen für das gesamte pädagogische Werk Siewerths gelten[13].
Wobei man beachten muß, daß zwar eine Orientierung an den Werken des Aquinaten durchgängig aufrecht erhalten wird, aber (das wäre ein interessantes Forschungsprojekt) das eigene Denken Siewerths doch weit über Thomas hinausgeht. Er achtet die Philosophie Heideggers, aber seine eigenen weiterführenden Daseinsanalysen bieten eine andere Grundlage seines Denkens und Forschens. Die Erfahrungen werden aus der gesamten Literatur, aus Berichten und aus eigenem Erleben gesammelt, interpretiert und analysiert.
Wenn das wissenschaftstheoretische Interesse aufgeteilt wird in ein "pragmatisches" Interesse der geisteswissenschaftlichen Hermeneutik, in ein "technisches" Interesse der empirisch orientierten Erziehungswissenschaften, in ein "emanzipatorisches" Interesse der kritischen Theorie (der Frankfurter Schule), so kann man Siewerth ein "anthropologisches - metaphysisches" Interesse zusprechen, - bei aller Vergröberung einer solchen Einteilung.
Zur Klärung der Einschätzung des methodischen Vorgehens sei der Schlußsatz aus "Metaphysik der Kindheit" zitiert:
"Wesen und Heil des Kindes enthüllen sich nicht in der Aufzeichnung noch so reichen Materials kindlichen Lebens und Verderbens, sondern nur einer hellsichtigen Liebe, die es waltend in die sittlich gefügte Ordnung eines Hauses verwurzelt, die reine Flamme seines Wesens aus göttlichen Gründen nährt und es in fürsorglicher, opfernder Huld in die Freiheit gesammelter Herzenstiefe führt"[14].

II. Das Wohnen des Menschen und die Erziehung

"Was der Mensch in Auftrag und Geschick ursprünglich besorgt und fugt, ist das Haus, der Urraum des Lebens"[15].

Das "Dasein" als "In-der-Welt-sein"[16] wird bei Gustav Siewerth im Wohnen konkretisiert.
(1.) Der Mensch ist in der Welt, auf sie hin und in sie geboren, er begegnet ihr liebend, da er in sie aufgenommen ist. Schon hier zeigt sich, daß Siewerth das "Geworfensein", das er von Heidegger übernimmt[17], stark relativiert. Nicht geworfen ist der Mensch, sondern empfangen, nicht ausgesetzt, sondern ge-

---

[12] Vgl. Metaphysik der Kindheit, 7.
[13] Vgl. Wagnis und Bewahrung, 137 ff, Methodische Besinnung in Lehre und Erziehung.
[14] Metaphysik der Kindheit, 135.
[15] Wagnis und Bewahrung, 83.
[16] Zur Erklärung des Begriffs 'Dasein' vgl. Metaphysik der Kindheit, 12, mit der Anm. 1.
[17] Vgl. Metaphysik der Kindheit, 8 und 14.

borgen und geboren, was mit der Wortwurzel Bahre (gebären) zusammen-
hängt. (Im naturverbundenen bäuerlichen Leben spricht man nur beim Tier
von einem Wurf.) "Wir können auch sagen, daß ein Dasein, das jenseits des
Wunderbaren des Aufgangs aus den Gründen des Seins sich *nur* als «Gewor-
fenes im Da der Faktizität» wüßte, in der Gefahr steht, aus dem Horizont des
Seins das unableitbare Zufällige und Tatsächliche der Existenz zu artikulieren
und das seinsbegründete Entspringen aus dem Ursprung nicht mehr zu bedenken"[18].
Der Mensch wohnt in der Natur, daher kann er (2.) aus den Dingen der Natur
sein Haus errichten, er muß es der Natur abringen und mühevoll in Freiheit
gestalten, sich und ihr Form geben, sein ETHOS, seinen Wohnsitz errichten.
Siewerth nennt diesen Vorgang Selbstauszeugung der menschlichen Existenz.
In diesem errichteten Haus (als Ursprungsort der Polis), das er aufgrund seiner
Freiheit und seiner   Gestaltungskraft seinem Wesen gemäß entfaltet,
gestaltet und gebaut hat, tritt der Mensch (3.) "im wesensbildenden Akt der
Liebe hervor"[19]. Die Familie wohnt in diesem Haus. Kein Mensch kann ohne
die Liebesgestalt der Familie gedacht werden. Jeder ist Sohn oder Tochter,
Bruder oder Schwester, Braut oder Bräutigam, Gattin oder Gatte, Vater oder
Mutter. So sind die Menschen in einer dieser Liebesgestalten aufeinander bezogen, außerhalb dieser Liebesgestalten gibt es keinen Menschen. Um seinet-
willen ist das Haus gebaut und gefügt, der Natur abgerungen. "Indem Gott
selbst die Urgestalten der Menschenliebe auf sein Urbild hin auflichtet, erhebt
er zugleich das Väterliche und Mütterliche, das Geschwisterhafte und Kind-
hafte ins begnadete Leben der Gottesfamilie und ermächtigt es zu göttlicher
Erzeugerschaft. Das ist die Vollendung aller Bildung"[20].
Dem Unheimlichen ist das Heim entgegengestellt, so kann der Mensch, da er
Heim und Heimat hat, sich ins Unheimische hinaus wagen, im Unheimlichen
heimisch werden, das Unheile heilen und das Unheilige heiligen. Das ist die
Aufgabe vom ETHOS des Menschen, ETHOS als gefügter Wohnsitz; dabei
scheidet sich klar Fug von Unfug. So gründet der wohnende Mensch Kultur
und besteht im "Stand-Halten" und im "Zu-stande-Bringen" sein Dasein im
Mitsein mit Gott und allen Wesen. So ist der Mensch immer auch dem Über-
mächtigen, dem "Ent-setzlichen" und dem "Ent-setzenden", dem Außerordentlichen und Unheimlichen ausgesetzt, aber er erfährt andererseits immer
auch das Wunderbare und den göttlichen Glanz aller Dinge und Wesen[21].
"Solchermaßen ist der Fug des Hauses als schützende Begrenzung wie als
errichtete Ordnung für das Kind eine Einweisung und Zurecht-weisung; es ist
eine verwehrende Eingrenzung, ein sichernder Halt und zugleich ein Anruf,
sich einzufügen und der fügenden Sorge und Huld und ihrer mehrenden Güte

---

[18] Metaphysik der Kindheit, 14. 15.
[19] Wagnis und Bewahrung, 57. 82 ff.
[20] Wagnis und Bewahrung, 60.
[21] Vgl. Siewerth, Gustav: Der Mensch und seine Kultur, in: Erziehung und Beruf, Heft 8,
November 1963. (= Der Mensch und seine Kultur, 283.)

teilhaft zu werden. Die *Fügsamkeit* ist daher ein Grundakt kindlichen Lebens"[22].

"Fügsamkeit" als pädagogischer Begriff wird neben den Begabungsbegriff gestellt. Diesen entwickelt Siewerth unter dem Titel: "Das leistungsschwache Kind" als Gabe zur Selbstbegabung. Zuerst muß die Gabe liebend gegeben werden, um dann geliebt angenommen werden zu können. "Grundsätzlich sollte erkannt sein, daß »Begabung« weniger oder niemals allein eine ursprüngliche Mitgift des Geistes ist, sondern durch ein liebendes Eindringen in einen Seins- und Lebensbereich erweckt wird"[23].

Der Mensch ist ausgespannt in die Natur, er ist mit seinen Sinnen bei den Dingen, "liebend zur Welt entrückt". Aus seinem Wohnort, aus seinem erbauten Haus kann der Mensch hinausgehen, kann so von den Dingen, von der Natur, von den Mitmenschen begeistert sein, sich begeistern lassen, so daß er "mögend sein Vermögen" gewinnt, in dem er "den Reichtum des ausgefalteten Seienden sich zueignet". Indem der Mensch die Dinge mag (und mögen kann) eignet er sie sich zu. (Siewerth vermeidet das Wort 'aneignen'). Zu diesem Mögen und Zueignen ermächtigen ihn die vernehmende Vernunft, der fügende Verstand, ebenso das Gedächtnis, die Einbildungskraft und die Sinne[24]. Dadurch ist der Mensch nicht nur bei und in sich, "sondern er ist in die Welt entrückt"[25].

Von daher weiß der Mensch immer schon, was gefügt und geordnet und gerichtet ist, kann Fug und Unfug unterscheiden. An diesem Ort wohnt der Mensch und gestaltet sein Leben. Hier ist seine Schlaf- und Heimstatt zur Ruhe und Erholung und der Liebe, hier hütet er das Feuer und bereitet das Mahl, hier schmiedet er das Schwert und richtet den Pflug. Hierher kehrt er zurück von der Arbeit. Er schützt das Haus und die Gemeinschaft der Bewohner; hier kehren Braut und Bräutigam ein und vermählen sich in Liebe. Das Kind wird vom Vater gezeugt, von der Mutter empfangen und von der Familie erwartet. "In Zeugung und Empfängnis des Lebendigen wird der Lebensakt selbst ekstatisch, ... Diese Selbstauszeugung des leiblichen Lebens ist das tiefste, offenbare Geheimnis der Schöpfung"[26]. Das Haus und der Wohnort ist die Stätte des Gedenkens der Ahnen und der Verehrung Gottes. Wohnen, so betont Siewerth, beinhaltet feiern, sich freuen und aneinander Gefallen finden und gesellig verweilen.

Wohnen und Wonne sind wortverwandt und ebenso der Name der Venus, der Name der Göttin der Liebe, was den ursprünglichen Sinn von Wohnen betont. Nur im Schutz dieses gefügten Hauses, dieses ETHOS vollzieht sich das inni-

---

[22] Metaphysik der Kindheit, 87.

[23] Wagnis und Bewahrung, 175.

[24] Siewerth, Gustav: Philosophie der Sprache. Einsiedeln 1962. (= Philosophie der Sprache, 39).

[25] Siewerth, Gustav: Der Mensch und sein Leib. Einsiedeln 1953. (= Der Mensch und sein Leib, 30).

[26] Der Mensch und sein Leib, 53. 54 und ähnlich 65. 66, Metaphysik der Kindheit, 15 ff.

ge und wonnige Wohnen. Von hier aus gibt es Nähe und Ferne, Nachbarschaft, Heimat und Fremde, die Gastfreundschaft und deren Verletzung.
"Nur hier erwächst das Leben verstehend ins Walten der Liebe, fügt sich ins Gesetz und erfährt Sinn und Feierfülle des Daseins, nur hier ist seine Freiheit »bestätigt«, indem ihr ihre Stätte zugewiesen wird"[27].
Dieses Walten der Liebe mit den aufgezeigten Ausfaltungen hat noch weitere und tiefere Wirkungen. Eltern sorgen sich nicht nur um das natürliche Leben der Kinder, sie besorgen gleichermaßen das "Gedeihen", das "reifende Erblühen", die "ermächtigende Begabung", die "Steigerung der Vermögen" und die "Gliedschaft" in die Familie, Volk und Menschheit. Dieses Heile und Ganze, das darin zum Vorschein kommt, ist das KALON, das mit und aufgrund seines Mögens und Vermögens dem AGATHON zugeneigt ist, von ihm wird der Geistwille weiter ins Streben gebracht. Dadurch kommt das Gute erst zum wirklichen Vollzug.
"Deshalb gehören das Kalon und das Agathon unscheidbar zueinander. In ihnen baut der Mensch in der geistigen Areté seiner Vermögen seine Politeia, wie er sich im Ganzen des Kosmos, dem Hause der Götter und ihrem Geheiß gemäß, seine Wohnstätte errichtet. So aber ergibt sich, daß der Todesernst der Daseinsfürsorge seine Tiefe gewinnt durch die Liebes- und Heilsfürsorge, in welcher sich das Dasein um das Ganz- und Heilsein, um die Unversehrtheit, um die letzte Erfüllung und Wesensvollendung der ihm anvertrauten Menschenfamilie müht. Diese Heilsfürsorge ist immer ‚eschatologisch' im genauen Verstande dieses Wortes, weil der Mensch dieses sein Kalon und Agathon nicht nur im Erblühen seiner Natur, sondern immer in einer dem Ganzen des Daseins und Seins geöffneten Transzendenz erfährt"[28].
Im Hause wohnen gibt Gelassenheit, und wer das Wohnen stört, nimmt dem Menschen die Gelassenheit, weil er ihn "aus dem Gelaß des Lebensgrundes" treibt. Noch mehr gilt dies für das Kind. Es wird entwurzelt und verliert die tragende Kraft seines Herkommens und seiner Vertrautheit; die Vertrautheit, die im Wohnen Heimat gibt. In der bewohnten Heimat lebt und fügt sich das Kind in die Gemeinde und in deren Kultur. Ohne Haus und ohne Gemeinde steht der Mensch alleine, ist er nicht "in Gewahrsam". Wenn das Bergende der Gemeinde und des Hauses erlischt, erlischt die heilige Flamme, die das Haus, das Leben erhellt und erwärmt, wo auch die Erinnerung daran und "wo selbst seine Spuren verwischt sind, ist alles Mühen um »Bildung« und »Erziehung« bodenlos und schal." Und warnend fährt Siewerth fort, daß wer sich nicht seiner Herkunft, der Liebe, seines Heiles erinnert, "und Gottes uneingedenk das Leben übernimmt, verfällt bei aller Tüchtigkeit und Brauchbarkeit ans Süchtige, ins ängstliche Betriebsame und ratlos Entschlossene des alles verzehrenden Planens"[29].

---

[27] Wagnis und Bewahrung , 86.
[28] Erziehung im Horizont der letzten Dinge, 148 f.
[29] Wagnis und Bewahrung, 93.

Unser Bildungsdenken ist über den Leistungsbegriff sehr stark mit dem Faktor Zeit und dem Planen verbunden; und selbst diese Leistung ist verstellt, wenn sie nur um der Noten willen erbracht werden soll. Nicht die Beherrschung eines Inhaltes eines Gebietes ist entscheidend, sondern die konforme Reproduktion; nicht selten verspannt in einen harten Konkurrenzkampf. Zuteilung der Chancen und Selektion wird als Ergebnis der Bildung den Schulen unterstellt, zugemutet und von ihnen gefordert.

In der Diskussion einiger Philosophen wird Bildung und Erziehung neuerdings in Zucht und Züchtung mit Selektionen von Eigenschaften in biologischen Utopien entworfen[30]. Damit ist aber der Sinn von Bildung in Sinnlosigkeit verkehrt.

Vielfach wird Bildung instrumentalisiert und kann bildungspolitisch nur noch von einem direkt verwertbaren Zweck her gerechtfertigt werden. Das hat gesellschaftlich sicher eine große Akzeptanz: Bildung für unsere Zeit, sagt man. Gegen solche Banalisierungen des menschlichen Phänomens Bildung kann man sich kaum wehren. "Wie Binsen am Sumpf, so wachsen Binsenwahrheiten am Sumpf der Gedankenträgheit. Das Einfache und Hohe verdunkelt sich allzuoft im Trivialen"[31].

Wir denken, reden und handeln in der Zeit, das führt dazu, daß wir, wie schon beim Leistungsbegriff angedeutet, zeitverhaftet sind und nur die vergängliche Gegenwart im Blick haben. Dabei bleibt das "Raumdenken" verschattet, es kommt kaum in das Blick- und Denkfeld. Bildung ist vor allem aber auch ein "Raumbegriff". Bildung ist Raumnehmen für sich und Raumgeben dem anderen. Dieser Raumbegriff darf nicht als bloß örtlich bestimmte Stelle in der Landschaft aufgefaßt werden, sondern vielmehr als Eröffnung eines Sinnraumes, als Möglichkeit und Verwirklichung einer Sinndimension. Raumnehmen setzt Raumgeben voraus. Dieses Raumnehmen ist beheimatet in der Schöpfung; es gibt uns Stelle, Sitz und Heimat, damit wir heimisch werden können im Unheimischen. Aus diesem Heimischsein kann dem anderen sein Platz zugestanden werden. Nur aus der eigenen Sicherheit heraus, aus der eigenen Identität nur, ist die des anderen gesichert. Im wirklichen Selbstverständnis werden wir erst unserer Weltlichkeit und Geschöpflichkeit und der des anderen inne.

Der Mensch hat nicht wie anderes Seiendes ruhend seine Stelle, er muß sich seinen Ort suchen und schaffen: Wohnung nehmen.

Der Mensch muß sich "verorten"; so wie ein Kapitän in der Navigation die Position seines Schiffes bestimmen und auf das Ziel hin gegen alle Strömungen und widrigen Winde ausrichten muß. "Wer «nach Hause» geht, entwirft sein äußeres «in der Landschaft-Stehen» gedenkend auf die ferne Heimat hin und

---

[30] Vgl. DIE ZEIT v. 16. Sept. 1999: Elmauer Rede von Peter Sloterdijk: "Regeln für den Menschenpark".

[31] Fink, Eugen: Grundphänomene des menschlichen Daseins. Freiburg [2]1995, 344.

ist sich erinnernd bei nichts anderem als den wirklichen, sich unmittelbar öffnenden Wegen"[32].

Siewerth mahnt aus seiner Einstellung heraus den Bildungsauftrag der Schule an. Wenn es nicht gelingt, so meint er, die Kinder und die Jugendlichen in und durch die Schule in dieser Welt zu "beheimaten", ist der Bildungsauftrag verfehlt, denn wenn die Kinder die Welt nicht wohnlich und wonniglich finden können, dann wird die Welt nicht zu ihrer Welt. Denn der Lebensraum des Kindes, das Leben aus dem Ursprünglichen hat immer teil am 'Wunderbaren des Anfänglichen'. "Daher gilt es die Bildung in diesem geheimnisverwobenen Lebensgrund, in das Zarte, Dichte, Verschwiegene und Ehrfürchtig-Große dieser Welt zu verwurzeln und den Bildungsvorgang vom Ursprung an zu einer sich verdichtenden und ausweitenden, schöpferischen Selbstbewegung des Kindes in seiner ...Welt zu machen"[33].

Das heißt nicht, daß alles Böse von den Kindern und Jugendlichen fern gehalten werden muß und kann, sondern daß sie Stellung beziehen können und Gut von Böse, Fug von Unfug unterscheiden lernen können[34]. Denn die angesprochene schöpferische Selbstbewegung ist nur in Freiheit anzuregen und begründet die Freiheit des Kindes mit.

Dafür haben die schulischen Fächer einen Beitrag zu leisten, so daß durch sie die Schüler lernen, sich in der Welt auszukennen, und diese nicht als fremd und bedrohlich erfahren wird. Ist nicht gerade hier die Gefahr, daß die sogenannte 'Stoffülle' als bedrohlich, als fremde äußere An- und Zumutung an die Kinder und Jugendlichen herangeführt wird, statt als Zugang zur und Umgang mit der Welt, mit der Schöpfung vermittelt wird?

Wenn es den Lehrenden gelingt über ihre Fächer das Wunderbare aufzuzeigen, und so Zugang und Eröffnung der Schöpfung zu vermitteln, wird die 'Stoffülle' nicht zum Problem.

"Das Wunderbare", so sagt Siewerth, "sei das Wesen der Bildung. Das Wort hat nur Sinn, wenn die bildgebenden Gründe ins Walten kommen. Also heißt Bildung auch, zur Ehrfurcht zu erwecken und das göttliche Geheimnis aller Dinge dem technischen Fügen und Verfügen, dem Gewöhnlichen und Gemeinen des Gebrauches und Genießens zu entziehen. Es gibt keinen anderen Weg als über das Wort Gottes, das Wort des Dichters, das Wort des Künstlers, über die Wesen der Natur und der Herzliebe des Menschen und des Erlösers. Könnten wir doch unsere Kinder dem Gewöhnlichen entreißen und dem Wunderbaren öffnen"[35]. Also würde ein rein stofflich orientierter, nur der rationalen Wissenschaft verpflichteter Unterricht am Auftrag der Erziehung vorbeigehen.

---

[32] Der Mensch und sein Leib, 33.

[33] Wagnis und Bewahrung, 146.

[34] Vgl. Metaphysik der Kindheit, 95 ff.

[35] Siewerth, Gustav: Hinführung zur exemplarischen Lehre. Freiburg, 1965. (= Hinführung zur exemplarischen Lehre, 79/80).

Für uns heute ist wissenschaftliche Kontrolle zu einem wichtigen Instrument geworden. Auch in unserem täglichen mitmenschlichen Leben ist Kontrolle zu einem entscheidenden Faktor geworden. Das steht liebender Hingabe entgegen. Kontrolle ist wichtiger und anerkannter als Hingabe in Liebe, das gilt für alle Bereiche, wie z. B. für den religiösen, für den geistigen und auch für den erotischen Bereich. So achtet der Intellekt eifersüchtig und kritisch darauf, daß ja nichts über seinen Rationalismus hinausgehe; ähnlich wie die römischen Soldaten den Stein vor dem Grab bewachten. Als dann doch das Unglaubliche, Unerklärbare geschah, wurde eine rational plausible Ausrede geboten, auf die sich gestandene Theologen eingelassen haben und der sie aufgesessen sind.

Eine grundsätzliche kritische Haltung geht einher mit einem immer stärker werdenden Subjektivismus. "Wer die kritische Subjektivität steigert, um die Verführbarkeit der Menschen zu steuern, steigert zugleich die zerrüttende Macht unseres Zeitalters"[36]. Gegenwärtig wird das Prinzip Zweifel - unwidersprochen - wiederholt von Günter Grass für die Pädagogik eingefordert[37]. Ein derartiger dem Subjekt entspringender Zweifel an allem läßt nichts mehr gelten außer seinem eigenen Zweifel, der nur schwer zu durchbrechen ist. Liebe hat hier keinen Platz.

Siewerth wendet sich vehement gegen das total Verrechenbare und Aufrechenbare, wie es so leicht in den schulischen Betrieb aufgenommen werden kann. An verschiedenen Stellen und aus unterschiedlichen Aspekten formuliert er eine Schulkritik.

"Je mehr die Schule zum »objektiven Institut«, zur »Anstalt« und rational gefügten Veranstaltung des Staates wird, desto mehr entfernt sie sich von den Ursprüngen des Lebens. Die pflichtige Leistung versachlicht die menschlichen Bereiche und Bezüge. Der in der geordneten Kühle ertüchtigte Mensch weiß bald nur noch um den geregelten, rational durchmessenen und gerecht zugerichteten Gang des Lebens, das sich rechnend errechnet. Je weniger die nach Leistung und Versagen immer wieder sachlich erfüllte Rechnung und Berechtigung im Leben ihre Erfüllung findet, und der Mensch weder auf seine Kosten noch zu seinem Rechte kommt, desto stärker drängt er auf einen gewaltsamen rationalen Ausgleich"[38]. Liegt hier mit ein Grund zur Gewaltbereitschaft unter dem mehr oder weniger rational gerechtfertigten Gedanken, daß einem eigentlich mehr zustehe?

Siewerth warnt vor den Folgen einer solchermaßen verschulten Bildung, die den rational versetzten und sich durchsetzenden Willen hervorbringen wird.

---

[36] Wagnis und Bewahrung, 158.

[37] Günter Grass bekennt, daß er "das 'Prinzip Zweifel' allen anderen Prinzipien, auch dem 'Prinzip Hoffnung' übergeordnet habe. Heute gehe ich noch einen Schritt weiter und empfehle allen Lehrerinnen und Lehrern das 'Prinzip Zweifel' als Grundwert." Günter Grass, Rede auf dem Kongreß "Gesamtschule - Tradition und Widerspruch", 13. Mai 1999 in Berlin, zit. nach DIE ZEIT vom 20. Mai 1999.

[38] Wagnis und Bewahrung, 93. 94.

Im Wohnraum der Familie wächst das Kind unter der mütterlichen und väterlichen Liebe heran, wird in die Welt und in die Gemeinschaft eingeführt, indem es durch Vorleben und Mitleben zu sich selbst erweckt und erzogen wird. Daher bedeutet Erziehung "freilassende Gewähr, bergende Ingewahrnahme, geteilte Herzlast und immer liebevoll besondere, weckende, rufende Fürsorge. An ihrem Wesen gemessen bedeutet die verplante Bildungsschulmeisterei des modernen «Verwaltungs- und Militärstaates» in ihrer öden Nivellierung und heillosen Verstofflichung einen wurzelerschütternden, herzverkrampfenden Sündenfall. Kein Wunder, daß die Problematik der verstörenden «modernen Erziehung» sich ins Uferlose verliert"[39].

Siewerth sieht durchaus die Veränderungen in unserer Welt; daß wir uns nicht mehr unwillkürlich "einwohnen", sondern daß die Welt heute vor allem durch "Entschluß" erschlossen wird und der Mensch planend sich einrichtet, daß durch den entschlossenen Menschen die technische Welt errichtet und eingerichtet wird. Denkend und vorstellend fügt und entwirft der moderne Mensch die Welt als sein Bild und versucht es, vom Ganzen her - je nachdem er es (noch) in den Blick bekommt - zu verstehen als sein Weltbild. Das messende und herstellende Planen ist auch das Ziel des neuzeitlichen Bildens wie im Bau des Hauses. Dies alles geschieht nicht mehr in der Intimität des häuslichen Wohnens, sondern öffentlich. Dieses Bilden, diese Erziehung ist öffentlich. "Der Mensch ist in das Offene der erstellten Welt gerufen, wo über ihn immer schon verfügt ist. Damit hat sich die ursprüngliche »Bildungsaufgabe« von Grund auf gewandelt"[40].

Dies muß in der Pädagogik beachtet und je neu bedacht werden. Dieses Bedenken, das dann zum Rat (zum Gerät) der Bewältigung werden soll, kann nur geleistet werden, wenn man die Ursprünge kennt und beachtet. Solchermaßen ist im Ratgeben die Freiheit des anderen, des Beratenen geachtet, es werden Möglichkeiten aufgezeigt, 'in freilassender Gewähr' kann dieser befolgt, angenommen, verändert oder verworfen werden. Wo der Rat aber nicht mehr von den Ursprüngen und Grundakten der Liebe getragen ist, wird er leicht zu einer vordergründigen Lösungsstrategie, wird ein Instrument der momentanen, zeitorientierten Lebenssicherung und verfällt somit in seiner Instrumentalisierung zum 'Gerät'. Der Mensch bildet sich dann nach seinen 'Gebilden' und nach seinen 'Gemächten'; er spannt sich 'ins Getriebe seiner Geräte'. So gerät die Sorge, auf die der Rat bezogen sein sollte, in die Ratlosigkeit des Kummers. ("Das Wort Kummer (Kumber) bezeichnet ursprünglich den Bauschutt, die Trümmer, die anfallen, wenn das Bauwerk mißlang und im eigenen Sturz sich begräbt".) Der 'Verrat der Zeit' verengt das Antlitz (Ant-litz, Auf-leuchten). "In das wesenlose Getriebe verstrickt, «verkümmert» es, d. h. es wird nichtig, leer, verzerrt und verdunkelt. Es fällt in Rat-losigkeit und Verratenheit, wenn es gewahrt, daß alles Machen vom Tod überholt ist. «Kummer» ist daher jene

---

[39] Der Mensch und sein Leib, 69.
[40] Wagnis und Bewahrung, 104.

Sorge, die im Besorgen eines Werkes in dessen Scheitern verstrickt ist"[41]. Jeder Rat muß daher am Guten orientiert sein. "Darum erstickt derjenige die Freiheit, der sie vom Guten löst, um sie an das Selbstsein des Menschen, an die schrankenlose Willkür der Individualität und ans unverbindliche Spiel der Ungebundenheit zu knüpfen"[42]. Denn Freiheit ist nach Siewerth "Entschlossenheit zum Guten".

Dieses Denken steht in Gefahr, als "Heile-Welt-Denken" als utopisch und weltfremd eingeschätzt und abgetan zu werden. Dabei muß die Frage erlaubt sein, ob gegensätzliche Auffassungen und Ansätze eher nicht menschenfreundlich, ja sogar menschenfeindlich und somit unmenschlich sind, da sie nicht am Menschen und seinem Ursprung orientiert sind. Siewerth will die Ursprünge des Lebens aufzeigen, hier am Beispiel des Wohnens im Haus, in der Wohnstatt, in der Familie und der Gemeinde.
"Die Ursprünge des Lebens zu vergegenwärtigen hat nicht den Sinn, ihr Schwinden zu beklagen; noch weniger bedeutet es ein »Idealbild« zu entwerfen, das von der »Wirklichkeit« Lügen gestraft wird. Auch im Schwund und Auswuchern des Lebens bleibt ihm der Ursprung nah".
Siewerth will aufzeigen, daß der Verfall und Abfall nur von seinem Urfall, von seinem Ursprung her wirkt, verstanden und bewältigt werden kann.
"So bleibt auch im Unheil das Heil, im Verfall der Urstand ... gegenwärtig"[43].

III. Gewissen und Gewissensbildung

"Daher ist es die *eigentliche Aufgabe des Gewissens*, die allgemeinen Erkenntnisse, Regeln und Gesetze in persönlicher Entscheidung mit gewissenhafter Sorgfalt und selbstursächlicher Verantwortung *anzuwenden* und *die Handlung* als gesetzlich geordnete wie persönlich gestaltete und verantwortete zugleich hervortreten zu lassen"[44].

Dieses Eingangszitat stellt klar und deutlich die Aufgabe des Gewissens und somit auch den Anspruch an eine Gewissensbildung heraus. Trotzdem kann man in der heutigen Gesellschaft für diese Auffassung kaum auf Verständnis hoffen. Ein unverbindliches Miteinander, auf möglichst niedrigem Niveau, soll einen wohltemperierten Umgang garantieren, der dem Einzelnen nicht zu nahe treten soll. Der pluralistische Mensch - was auch immer das heißen mag - ist gefragt; da hofft man auf den Pragmatiker und glaubt, den überzeugten Dogmatiker und den utopischen Idealisten überwunden zu haben; man hofft Glaubenskriege zu verhindern und Glaubensbekenntnisse überflüssig zu machen. Nur so sei der multikulturelle Mensch hervorzubingen, der für eine multikulturelle Gesellschaft geeignet ist. Alles wird als gleich gültig dar-

---

[41] Philosophie der Sprache, 154.
[42] Die Freiheit und das Gute, Freiburg 1959. (= Die Freiheit und das Gute,84.)
[43] Wagnis und Bewahrung, 99.
[44] Die Freiheit und das Gute, 65.

gestellt, darum ist alles gleichgültig - oder nicht gültig; denn nichts ist gültiger als etwas anderes, nichts ist absolut verbindlich.

Wenn wir so den "pluralistischen Menschen" erziehen, der heute dies und morgen jenes für richtig hält, halten soll, halten muß, dann haben wir für einen gewissensarmen, ja für einen vom Gewissen losgelösten Menschen die Voraussetzungen geschaffen. Dieser ist nicht nur seinen Launen, mehr noch den Tagesmoden, den Meinungen der Politik und der Medien hilf- und heillos ausgeliefert. "In den meisten Fällen haben wir es mit dem erblindeten und verblödeten Wuchern einer ins Äußerliche vergaffenden Sinnkraft zu tun, die, des Wesenhaften entwöhnt, sich dem Mannigfaltigen und im Wechsel der Erscheinungen dösend umtreibt und weder das Vernehmend-Gesammelte der Vernunft noch das Verwahrende der Einbildungs- und Gedächtniskraft mehr zu eigen hat"[45]. Was hier Siewerth schildert, ist die Verwahr-losung und die Desorientierung des modernen Massenmenschen, aus der die Maßlosigkeit entspringt, d. h. alle Möglichkeiten seines Seinskönnens auszuprobieren und auszuleben. Das ist die Grundlage der Unfreiheit, des Ausgeliefertseins an die Launenhaftigkeit. Freiheit ist da verwirklicht, wo ich gewählt habe, wo sich der Mensch ein Maß, eine Form gegeben hat. Da genügt nicht einfach eine humanistische Form, sondern hier geht es um eine göttliche, abbildliche Form, durch die die Möglichkeiten des biologischen Seinskönnens, die durchaus als Voraussetzung gelten, transzendiert, vergöttlicht werden.

Ein Gewissen kann sich nicht an einer Schnittmenge von Ethiken orientieren, so verdienstvoll es wissenschaftlich sein mag ein "Weltethos" aus allen möglichen Anschauungen und Sitten zusammenzustellen und zu analysieren, es bleibt Asche und hat vom Feuer der sittlichen Entscheidung keine Ahnung.

Wer eine Ethik - wie auch immer - entwirft, hat schon eine Ethik, wenn auch unausgesprochen, im Hintergrund.

Diese "Grundethik" ist schon mit dem Thema 'Wohnen' bei Siewerth vorformuliert. Weiterhin wurde ersichtlich, daß eine Gewissensbildung in der Familie grundgelegt wird.

Es gibt keine pädagogische Veröffentlichung Siewerths, in der nicht die Gewissens-problematik angesprochen wird.

Sowohl in seiner Lehre als auch in den Veröffentlichungen seines letzten Lebensjahres war für Siewerth die Gewissensbildung ein zentrales Anliegen.

Wenn hier nun eine Systematisierung seiner Gewissensauffassung versucht wird, werden Verkürzungen in Kauf genommen.

Siewerth unterscheidet zwischen dem Gewissen als sittlichem Urwissen "Syntheresis", und dem Gewissen als "Conscientia"[46]. Das Urgewissen (Syn-

---

[45] Philosophie der Sprache, 48 f.
[46] Vgl. Siewerth, Gustav: Das Gewissen als sittliches Urwissen (syntheresis) und seine Bildung, in: Die Kirche in der Welt, 10. Jg., 297 ff; und 11. Jg., 51 ff. Das Gewissen als „conscientia" und seine Bildung, in: Die Kirche in der Welt, I. Lfg. Nr 8, Münster 1960, 51-54. Vom Wesen des Kindes und der Bildung seines Gewissens, in: Pädagogische Rundschau,

theresis oder Syneidesis) ist der Weisheitsgrund und die naturhafte Neigung zum Guten, während das tätige Gewissen (Conscientia) die Urteilskraft ist, die zur Wahl der Entscheidung in konkreter Wirklichkeit befähigt. Man kann die Sprache zum Vergleich heranziehen: Jeder gesunde Mensch ist zur Sprache befähigt, hat die Gabe zu sprechen von Natur aus. Welche Sprache jedoch in der Wirklichkeit gesprochen wird, ist noch nicht festgelegt, die hängt von der Lebenssituation, von der Umgebung, von der Bildung, von der Familie ab. Goethe war bestimmt sprachbegabt. Hätte aber seine Mutter ihm nicht "die Lust des Fabulierens" vermittelt, wäre er nicht der große Dichter geworden. Aber alle Vermittlung wäre vergebens, wenn nicht die Urneigung gegeben wäre.

Jeder Mensch ist von Natur aus dem Guten zugeneigt. Aber für diesen Gewissensgrund ist die Erfahrung der Liebe und die daraus entspringende Liebesbefähigung entscheidend. Das bedeutet das Empfangen der Liebe und das Geben (Zeugen) von Liebe. Hier sind die Eltern entscheidend an der Entwicklung beteiligt. Rechtzeitig muß jedoch die 'Allmacht' der Eltern, wie sie das Kind sieht, in das rechte Verhältnis gesetzt werden, soll das Kind erleben, daß auch die Eltern in Abhängigkeit, im Glauben vor Gott stehen. So kann vom Kind auch ein Fehlverhalten der Eltern ohne zu große Enttäuschung eingeordnet werden. Im Leben der Familie soll das Kind das Gute erfahren. Wenn nun gesagt wird, daß das Kind in einem autoritär ausgerichteten Gewissen nur der Mutter folgsam sei, vielleicht aus Angst vor Liebesverlust, so ist hier nicht erkannt, daß die Mutter für das Kind Repräsentantin des Guten ist und nicht eine geheime Diktatorin. Natürlich gibt es hier Verfallsformen, aber es kommt darauf an, die Urform, das Wesentliche zu betrachten. In der Erfahrung des Guten, des Ergötzlichen wird das Urgewissen (Syntheresis) aufgebaut und eine geistige Natur entwickelt, die "das Streben zielgebend anreizt". Das Gewissen, das in der konkreten Wirklichkeit das Handeln durch die Wahl der Entscheidung bestimmt (Conscientia), bedarf "einer gründlichen Lebenserfahrung und der Entwicklung der sogenannten 'praktischen Klugheit'"[47]. Diese 'praktische Klugheit' entwickelt sich in der Lebenserfahrung, denn die konkrete Wirklichkeit ist nicht von allgemeinen Regeln und Gesetzen allein zu ordnen und zu bewältigen, es bedarf schon eines kreativen Entschlusses und eines Wagnisses, das durchgehalten werden muß. Es ist einsichtig, daß hier nicht nur eine Pädagogik der Bewahrung angebracht ist. Aber das Wagnis ('Stand-Halten' und 'Zu-stande-Bringen' s.o.) kann nur aus einer gewissen Sicherheit heraus angegangen und durchgehalten werden. Diese 'Sicherheit'

1963, Heft 3/4, 193-207; Wagnis und Bewahrung, insbes., 201-246; Metaphysik der Kindheit, Die Freiheit und das Gute. Der Mensch und sein Leib. Das Gewissen und seine Bildung, in: Gerner, B.: (Hg.) Personale Erziehung, Beiträge zur Pädagogik der Gegenwart, Darmstadt 1965, 355-367.

[47] Vom Wesen des Kindes und der Bildung seines Gewissens, in: Pädagogische Rundschau, Heft 3 / 4 1963. (= Vom Wesen des Kindes und der Bildung seines Gewissens, 193).

kommt aus der Orientierung am Guten. Was ist das Gute, zu dem Vernunft und Willen „naturhaft" hingeneigt sind - nur ein abstrakter Begriff? Nicolai Hartmann sagt in seiner „Ethik": „Wir wissen noch nicht, was das Gute ist; weder die positive Moral weiß es, noch die philosophische Ethik." So leitet Siewerth sein kleines aber sehr inhaltsschweres Werk, „Die Freiheit und das Gute" ein. Er erhebt den Anspruch aufzuzeigen, was das Gute in seinem Wesen ist. Trotz der Verborgenheit in der Geschichte ist das Gute im Dasein anwesend, und er meint, daß es keinen unverdorbenen Menschen gebe, „der nicht irgendwie weiß, was das Gute ist"[48]. Denn jeder Mensch handelt nach einem Ziel, das seine Entscheidungen und Handlungen „auflichtet"; und dieses zeigt sich im Gewissensgrunde an.

Zur Klärung des Begriffs und des Inhaltes vom Guten bezieht sich Siewerth auf Thomas von Aquin. Die konkreten Interpretationen sind m. E. Ausfaltungen von Gustav Siewerth, die zwar von Thomas ausgehen, aber dann alsbald in seine eigenen Gedanken münden.

Nach Thomas - so Siewerth - ist die Antwort in dreifacher Weise zu geben: Das Gute im Allgemeinen, das angemessene Gute und das Gute als letztes Ziel.

Das Gute im Allgemeinen meint, daß die Dinge gut sind, das Gute liegt in den Dingen (wie das Wahre im Geiste). Es ist das Kostbare, das zu einem Ziel anreizt, es ist die Eröffnung der Wirklichkeit, der guten Dinge wie Sterne und Sonne, Steine, Pflanzen, Tiere, Menschen, Vater, Mutter, Geschwister, Institutionen und Gott, diese als Wirklichkeit zu erfahren; man kann sich beschenken lassen, um sie in einer „schlichten Bejahung als gut"[49] zu erfassen.

Das angemessene Gute ist vielfach gegliedert, den differenzierten Neigungen entsprechend, die naturhaft angestrebt und begehrt werden, und all das, was dem menschlichen Vermögen entgegenkommt, wie z. B. Nahrung, Ergötzung, Liebe, Freundschaft , das Wissen, Besitz und Gebrauch der Dinge, der Raum, der Schutz und die Innigkeit des Hauses, das Erquickende des Atems, alles Liebenswürdige, Bewegung, Spiel, Freiheit und die Musik. Die Vielfalt des Guten zeigt schon, wie das Kind das Gute erfahren kann, wie es all das dankbar aufnehmen kann. Hier darf ich an das Wunderbare erinnern, das Siewerth als Grundlage der Bildung und somit auch jeder Gewissensbildung sieht (vgl. Anm. 31 u. 34). Hier hat eine moralische Engführung keinen Platz.

Eine Schülerin im dritten Schuljahr gab mir einmal auf die Frage nach dem Gewissen die Antwort: „Wenn ich ein gutes Gewissen habe, bin ich froh und heiter, dann kann ich tun und lassen was ich will, dann ist es immer gut." So kann die „schöpferische Selbstbewegung des Kindes", von der Siewerth spricht, zum Vorschein kommen.

---

[48] Die Freiheit und das Gute, 7.
[49] Vom Wesen des Kindes und der Bildung seines Gewissens, 194.

Die beiden Weisen des Guten (das Gute im Allgemeinen und das angemessene Gute) verweisen auf etwas noch Ursprünglicheres hin; auf Seligkeit, auf
das Gute als letztes Ziel, „das für den Geistwillen so heraufgeht, daß er ‚sie
nicht nicht wollen kann'„. Kein gesunder Mensch kann die Seligkeit, das Gute
nicht wollen. Erst dadurch wird der „Geistwille" erweckt. Dies setzt die Ver-
kostung und Erfahrung dessen voraus, was den Menschen in der Strebetiefe
seiner Natur erfüllt. Im Streben nach dem Guten geht es um die innere, bele-
bende und vollendete Einheit wirklicher Wesen, folglich um das Letzte und
Höchste seines Seinskönnens, seiner Daseinserfüllung. Da diese Vollkommenheit von uns Menschen nicht erreicht wird, bleibt die strebende Spannung
auf das noch nicht Erreichte, auf das Ferne, das doch als nahe erlebt werden
kann. So kann gesagt werden, daß jeder Mensch in diesem seinen Streben
„Gott auf unentfaltete Weise" anstrebt.

Trotz der Nähe des Anfänglichen empfinden wir die ausstehende Ferne als
schmerzenden Ausstand, und erleben den Entzug und bangen um die Gefährdung des Friedens, der Wonne, der Vollendung[50]. Das Streben des EROS hat
hier seinen Grund, das Bewußtsein eines Mangels, etwas das zur Ergänzung
fehlt zur Seligkeit, zur Beatitudo.

„Nur dann hat ‚das Gute' als ‚letztes Ziel' und als nicht verneinbare ‚Seligkeit' die Macht, den Geistwillen und das Herz des Menschen in ihrem Nei-
gungsgrunde zu erwecken und zugleich ins Äußerste auszuspannen, wenn
dem Kind in der Urerfahrung der Liebe im endlichen Daseinsvollzug und in
der Gefahr wie im Schwinden der Zeit sich ein Ewiges und Göttliches entbirgt, das zugleich als das Ferne und Hohe der waltenden Seinsgründe erscheint"[51].

Und so kann sich der Weisheitsgrund des Gewissens zu sich erwecken und
sich entwickeln, wenn in der „sittlich bewegten Existenz" die Grundweisen
des Guten als „bonum delectabile" als „bonum utile" auf das „bonum ho-
nestum" („beatitudo") hin erfahren wird.

Wenn in dieser Weise das Gute erfahren wird, dann bleibt eine Ethik oder
eine Moral, eine Wertlehre oder ein Gesetzeswerk weit hinter dem sittlichen
Anspruch, der hier formuliert wird. Denn das Streben nach dem Guten vermögen nur wirkliche Wesen zu bewirken, „keine «Ideen», «Gesetze», «Werte», «Geltungen», «Tugenden», die samt und sonders, wenn sie nicht reine
Schimären sind, nur in einem abgeleiteten und vermittelten Sinn gut genannt
werden können"[52]. Durchaus hat das Gesetz die Funktion einer verwehrenden
Grenze, aber da das Gute in den Dingen liegt, und die Strebeakte des Guten
Leben an Leben bindet, das Gute austeilende Liebe ist, die Liebe eine Bewegung von Person zu Person, eine Bewegung zwischen Menschen und Gott ist,
kann diese Liebesbewegung und Liebesbegegnung nicht in formalen Sätzen
einer Ethik oder eines Gesetzes als einer Abstraktion vom Guten unterworfen

---

[50] Vgl. Vom Wesen des Kindes und der Bildung seines Gewissens, 194.
[51] Vom Wesen des Kindes und der Bildung seines Gewissens, 194-195.
[52] Wagnis und Bewahrung, 202.

werden. Und doch hat das Gesetz innerhalb eines Volkes, innerhalb der Kirche eine Aufgabe, aber nur, wenn es eine Verweisung auf das Universum, auf die göttliche Ordnung enthält, der sich der Mensch dann dienend und liebend einfügen kann. Siewerth sieht den *Segen und die Gefahr des Gesetzes*[53]. Der Segen besteht darin, dem Guten zu dienen, seine Gefahr in der Verleitung zu hohler Förmlichkeit und zum berechnenden Minimalismus. „Das Wesentliche ist nicht die Einhaltung des Gesetzes, sondern seine Erfüllung in persönlicher Entscheidung und Konkretion"[54]. Daß hier eine sehr schwierige Aufgabe für die Erziehung vorliegt, ist jedem ersichtlich, der sich einmal mit dem „Geschäft der Erziehung" konkret auseinander setzen mußte. Zum großen Teil liegt aber die Schwierigkeit nicht in der Erziehung oder beim Kinde, sondern bei den Erwachsenen, die sich - vielleicht durch ihre eigene Erziehung, vielleicht auch aus Bequemlichkeit - der eigenen sittlichen Entscheidung nicht stellen und sich mit der Entscheidung des Kindes zu wenig auseinandersetzen, denn das Kind strebt irgendwie das Gute an. Katechetisch sei das ein unlösbares Problem, meint Siewerth. Es ist nur zu lösen durch liebevollen Rat und Unterweisung, in der das Gewissen des Kindes ernst genommen und von den Eltern in ihrer ‚Auctoritas' mit übernommen wird, „in ihrem pflegendführenden Vollzug in der Familie liegt ein wachsender Faktor echter sittlicher Menschwerdung"[55]. Dabei darf es nicht zu Zuweisungen von Schuld kommen. „Sie ist allein Gottes Sache"[56]. Die Bereitung des Weges zur Buße, ist die Hilfe beim Versagen oder nach einem Vergehen. Wenn wir auf die Sprache hören, so gibt sie uns einen wichtigen Hinweis. Buße ist eine mittelalterliche adverbiale Steigerungsform von gut, heißt also 'besser'; Buße tun heißt dann: etwas nicht nur wieder gut, sondern besser machen. Das „Bessermachen" kann dann auch stellvertretend und beispielhaft geschehen. Das bedeutet, nicht nach einer „Gesetzeslage" den Schuldigen zu suchen, sondern nach dem „Besseren" nach dem Guten zu handeln. Ein Lehrer z. B., der bei einer Unordnung im Klassenzimmer statt einer umständlichen Untersuchung nach dem Verursacher einfach die Ordnung wieder herstellt, hat nicht nur der Ordnung, dem Ästhetischen „die Ehre erwiesen", sondern beispielhaft gezeigt, was besser ist. Die Ordnung muß natürlich sinnvoll sein und nicht wie viele Schulordnungen einfach formal in Geltung stehen.

Ich erinnere mich noch gut, wie Gustav Siewerth in einer Lehrveranstaltung dieses Thema behandelte: „Wir verhalten uns nach Gesetzen, nach Verboten und schauen, daß wir ja keines verletzen". Er führte seinen Finger an der Kante des Rednerpultes entlang, und fuhr fort: „wir sind mit unserem Denken und Streben ängstlich immer an der negativen Grenze und achten darauf, ja nicht über die Kante zu fallen. Kein Wunder, daß wir unseren Kopf wie eine Blindschleiche im Staub und Dreck bewegen, uns am Verbot orientieren, statt

---

[53] So die Überschrift eines Kapitels in Wagnis und Bewahrung, 209.
[54] Wagnis und Bewahrung, 208.
[55] Wagnis und Bewahrung, 237.
[56] Wagnis und Bewahrung, 246.

daß wir das Haupt erheben und dem Aufruf zum Guten folgen. Durch unsere Erziehung sind wir zu moralischen Blindschleichen erzogen worden, hebt endlich eure Häupter zum Guten!"

Siewerth ist davon überzeugt, und belegt es aus der Literatur der Dichter und großer Pädagogen, daß Kinder in ihrem Gewissen einen ursprünglichen Zugang zum Guten haben. Siewerth zitiert Nietzsche und sagt, das Kind sei wesenhaft „ein Neubeginn, ein aussichrollendes Rad, ein heiliges Jasagen"[57]. Jedes dieser Worte wird im Text ausführlich, fast emphatisch interpretiert. Dabei bezeichnet er das „Jasagen", das er in seinem Werk „Metaphysik der Kindheit" das „Gutheißen" nennt, als ein Grundexistential des Kindes. Für das gute und liebreiche Tun hat das Kind einen tiefen Sinn, zu dem es durch die Erfahrung der Liebe erweckt wurde und die „gutheißende Empfängnis" erfahren hat. Es handelt danach feinsinnig und erfinderisch zur Freude der Mitmenschen, und es erfährt schmerzhaft, wie böse und unheilvoll es sein kann, das Gute und die Liebe zu verletzen. „Solchermaßen ist die Liebe in der Wachheit ihres Ernstes und in ihrem erfinderischen Walten auch Maßgrund für das zarte Gewissen. Sie macht feinsinnig und klug, sie gibt den Mut zu wählen und zu entscheiden, sie macht entschieden zum Einsatz, bereit zum Opfer, treu im Durchhalten"[58].

---

[57] Vom Wesen des Kindes und der Bildung seines Gewissens, 195.
[58] Vom Wesen des Kindes und der Bildung seines Gewissens, 206.

Das Sein als Gleichnis und der Mensch als Bildnis Gottes

Julien Lambinet

„Hat das menschliche Leben einen Sinn und der Mensch eine Letztbestimmung?"[1] Diese Frage, welche L'Action (1893) von Maurice Blondel eröffnet und auch sicher für das Wagnis des Denkens von Siewerth gelten kann, insofern sie als existenzielle, d.h. als aus dem Sein unserer Subsistenz entsprungene, sich stellt, ist die entscheidende und wirklich metaphysische. Diese Frage könnte alle Handlungen des Menschen begleiten. Warum wohnt, baut, liebt und denkt der Mensch in der Natur?

Die Bestimmung unseres konkreten menschlichen Lebens in der Welt, bringt Siewerth von der geheimnisvollen Seinsfrage her ans Licht, d.h. daß Siewerth als Philosoph seine Aufgabe in der Erklärung des praktischen und konkreten Lebens durch die Enthüllung des richtigen Sinnes des Seins sieht. Dieser Sinn des Seins wird in seinem Geheimnis geschichtlich verborgen. Seit Suarez hat die philosophische Tradition langsam den wirklichen Sinn des Grundes verloren und am Ende das Denken zur Abwesenheit dieses Grundes geführt. Diese Abtrennung seines Grundes könnte nur der Mensch zum Abgrund der Verzweiflung bringen. Nur von der Einheit der Realität als Ganze her, kann ein wirklicher fruchtbarer Sinn für den Menschen ins Licht kommen. In dieser Suche nach dem ursprünglichen Geheimnis des Seins bleibt Siewerth ein Thomist. In der Geschichte der Philosophie hielt nur das Denken von Thomas von Aquin sich „im ursprünglich Offenbaren des Seins als Sein und des Seins des Seienden"[2].

In dieser kurzen Vorstellung des metaphysischen Denkens von Gustav Siewerth werden wir also von seinem Versuch, das Geheimnis des Seins zu enthüllen, anfangen. Danach werden wir die Folgen dieses metaphysischen Systems in ihrer konkreteren und personaleren Weise entwickeln. Diese Folgen werden in der siewerthschen Interpretation des Menschen als Bildnis Gottes zur Vollendung kommen.

I. Das Sein als Gleichnis Gottes

a) Die „Logisierung" der Metaphysik und die philosophische Tradition

In einem Beitrag zum Thema „*Franz Suarez und die neuzeitliche Metaphysik*" stellt Siewerth vier wesenhafte Differenzen fest, die die Definitionen der Me-

---

[1] Blondel, M., *Œuvres complètes,* Bd. 1, P. U. F., Paris, 1995, 15.
[2] Siewerth, G., *Das Sein als Gleichnis Gottes,* Kerle Verlag, Heidelberg, 1958a, 14.

taphysik nach Thomas von Aquin und Suarez unterscheiden. Zuerst ist das Sein bei Suarez „das der menschlichen ratio ‚adäquate Objekt', d.h. die Vernunft entspricht durch ihre formelle Aktualität und ihre Potentialität dem Sein als Sein, was insofern gerechtfertigt ist, als bei Suarez die ‚res' als ‚Natur' das Sein einschließt. Bei Thomas aber wird das ens vom einfachen Akt her ausgesagt, wodurch sich ergibt, daß es sich um ein ‚Einfacheres' handelt als es der Menschengeist selber ist, so daß der terminus ‚objectum adaequatum' dem Sachverhalt hier nicht entspricht. Deshalb muß die formelle Potenz nach Thomas innerlich durch ein von Gott deriviertes Licht oder ein ‚impressio primae veritatis' zur Seinserkenntnis eigens aktualisiert werden"[3].

Zweitens muß nach Suarez das adäquate Objekt dieser Wissenschaft Gott und die nicht-materiellen Substanzen umfassen. „Also steht Gott von vornherein im adäquaten Objektfeld der Metaphysik"[4]. Metaphysik ist nicht „wie bei Thomas eigentlich und primär auf das ens commune als einer höchsten Gattung der seienden (anwesenden) Dinge gerichtet, von dem her sie die Ursachen nur in einem analogen ‚pertingere ad finem' anstrebt, ohne die letzte überhaupt im Wesen zu erreichen (was dem ursprünglichen Wortsinn ‚philosophia' entspricht), sondern sie ist ‚vollendete natürliche Weisheit', die offenbar an ihr Ziel gekommen ist und irgendwie in ihm ruht"[5].

„Die dritte Differenz liegt darin, daß Suarez die Metaphysik radikaler von den materiellen Dingen abtrennt als Thomas"[6]. Einerseits gibt es nach Thomas eine Abtrennung der Seinsfrage von der Materie, insofern die Materie reine Potenz und Grund des Nichtintelligibilität ist; andererseits bleibt dennoch die Materie im Feld der Metaphysik, weil „die materiellen Dinge als auch die Materie ‚Weisen' des Seins sind und metaphysisch vom Sein und Seienden her in ihrem Wesen aufgehellt werden müssen"[7]. Im Gegenteil sind bei Suarez die Materie und die Form zwei wesenhaft unterschiedene Seinsbereiche. Nach Suarez ist die Form durch sich selbst individuiert und hat die Materie „einen eigenen positiven Wirklichkeits(akt)charakter"[8].

Der vierte und entscheidende Unterschied „liegt jedoch in der zusammenfassenden Kategorie des Seins, die bei Thomas ‚ens commune', bei Suarez ‚ens ut sic' genannt wird. Im Hinblick auf dieses ‚ens' sagt Suarez, daß es ‚ein objektives Konzept des Seins' gäbe gemäß einer ratio, die von der Substanz und dem Akzidenz abstrahiert werden kann"[9]. Dieses *ens ut sic* oder Sein als Sein schließt jedes Sein und Seienden ein, Gott einbegriffen. Also ist das Sein die höchste Gattung, die univok von allen Dingen prädizierbar ist, und zugleich „von allen Dingen abstrahiert als ratio simpliciter simplex in der menschli-

---

[3] Siewerth, G., Gott in der Geschichte, Patmos Verlag, Düsseldorf, 1971, 52.
[4] Ebd.
[5] Ebd., 52-53.
[6] Ebd., 53.
[7] Ebd., 54.
[8] Ebd.
[9] Ebd.

chen Vernunft als intentio intellecta und als ein prior gegenüber aller Wirklichkeit gegeben ist. Das *ens ut sic* ist also als abstrakte präzise ratio das erste und höchste Produkt der Vernunft, die es in ihrem eigenen Schoße (zwar von den Dingen her) konzipiert, aber doch in dieser inneren Begriffsbildung alle Wirklichkeit übersteigt"[10]. Die Abstraktion hat bei Thomas einen ganz anderen Charakter. „Das Sein wird nicht von der Substanz und dem Akzidenz als eine allgemeine Gattung abstrahiert, sondern bedeutet ein tieferes Eindringen in den Substanzgrund, dessen entscheidender Charakter, das ‚In-sich-sein' oder die Substanz, im Abstrahieren nicht überstiegen wird, während das ‚Akzidenz' dabei völlig als ein Modus von Nichtsein (= Nicht per se sein) aus dem Blick rückt. (...) Soweit dabei die endliche Substanz als *Form* überstiegen wird, fällt auch sie wie das Akzidenz dem ‚Nichtsein anheim und wird zur Potenz', die durch den Akt des Seins in die Wirklichkeit überführt wird"[11]. *Siewerth hebt deutlich hervor, daß es keine weitere Abstraktion über das Sein als Akt gibt.* Suarez führte das Denken zu einer Begriffslogik, die es in die reine Gültigkeit des Abstrakten nötigte. „Dieses ‚Abstrakte' ist nicht mehr eine verdeutlichende Hervorhebung des Wirklichen und seiner konstituierenden Gründe, die das Wirklichsein der Dinge ermöglichen und durchwalten. Es ist nicht von einem Wirklichen, dessen der Denkende von seinen Prinzipen her urteilend versichert ist, abgezogen, sondern von den in der philosophischen und theologischen Lehrtradition vorliegenden Bedeutungs- und Sinngehalten. So aber ist es ein Begriff von Begriffen, eine Abstraktion vom Abstrakten, ein reiner Bedeutungsgehalt, ein Allgemeines, eine ratio, ein Verstandesblickpunkt, schließlich eine einsinnige Gattung, die einerseits die Mannigfaltigkeit des Wirklichen hinter sich hat und es nicht mehr berührt, andererseits aber kraft seiner Allgemeinheit ‚logisch' von allen Gegebenheiten ‚ausgesagt' oder ‚prädiziert' wird"[12]. Also wird Metaphysik zu einer Logik oder einer Demonstration von der Gültigkeit der Begriffe und der Beziehungen dieser Begriffe zueinander. Und weiter, diese Definition der Metaphysik führt zu diesem neuzeitlichen Problem: „zu erweisen, wie das in seinen selbstgeschaffenen Begriffen, in seinen überabstrakten Gattungen befangene Verstandessubjekt die Wirklichkeit der an sich selbst seienden Wesen denkend erreichen könne. Daher bewegte sich notwendig alles um die Frage nach der Gewißheit und Selbstversicherung des menschlichen Bewußtseins oder nach der ‚Objektivität' des Denkens, d.h. nach der Gültigkeit des dem reinen Bewußtsein Ansichtigen und Gegebenen"[13].
Die philosophische Neuzeitlichkeit schloß das Denken in zwei einseitige Wege ein. Der erste Weg fängt unbedingt beim Subjekt an. Entweder ist die objektive Erkenntnis im Begriff von Gott, von Vollkommenheit, Unendlichkeit, oder Ganzheit gegründet. Oder die formale Logik zeigt die letzten Regeln und

---

[10] Ebd., 55.
[11] Ebd.
[12] Siewerth, G., 1958a, 8.
[13] Ebd., 9.

die allgemeinsten Gesetze auf, die Wahrheit und Gewißheit verbürgen. Der zweite Weg erkennt weder eine solche göttliche Idee noch den objektiven Inhalt der allgemeinen Regeln der Vernunft. Also setzt dieser Weg bei der empirischen Erfahrung an und kann nur Regeln mit beschränkter Gültigkeit formulieren, oder er hat „die ‚Objektivität' als eine Synthesis aus allgemeinen kategorialen Verstandesformen und den Erscheinungen eines sinnlichen Bewußtsein zu begreifen"[14].

Die formale Allgemeinheit des suarezischen *ens ut sic* und seine neuzeitliche Form wird von aller Wirklichkeit, vom *Ding an sich*, oder von dem *Akt des Seins* abgelöst und kann nur das Möglichsein der Wesenheiten bezeichnen[15]. Nach Siewerth – so auch bei Thomas – ist das Sein „in keinem Betracht ein einsinniger Gattungsbegriff, der sich über die Differenzen der Seinsweisen erhebt"[16].

b) Sein und Identitätssystem

Zu dem Zwecke, beide Einseitigkeiten (die subjektivistische und die empiristische) und also die Folgen der suarezischen *Logisierung* der Metaphysik aufzuheben, versucht Siewerth, die Lehre vom Sein als Akt an die spekulative Differenzlehre von Hegel anzufügen. Eine erste Stufe dieser Aufhebung kann man in *Der Thomismus als Identitätssystem* finden.

Den Grund für dieses Denken, das Identität und Differenz *im* Sein artikuliert, muß man mit Siewerth im Kausalgesetz finden. Das Kausalgesetz „bedeutet die ursprünglichste spekulative Entfaltung des Seinsinnes. Wie aber das erste Begreifen von Sein überhaupt, nämlich der einfachen Positivität, dadurch sich vollzieht, daß diese sich der einfachen Möglichkeit oder dem Nichts, das ‚die Vernunft in sich selbst erfasst', widersetzt und sich als Einheit erhält (Widerspruchsatz), so vollzieht sich die intelligibele Enthüllung des Ent-standes oder des Gewirktseins des Seienden und die Forderung seines absoluten produktiven Grundes (Transzendenz) aus dem Widerspruch, der aus der ursprünglichsten Differenz des Seins selbst entspringt, wenn es nach Möglichkeit und Wirklichkeit, nach Sein und Wesen auseinandergeht und doch an der ersten einfachen Identität und Positivität der Realität gemessen wird"[17]. Daher ist das Kausalgesetz das „spekulative Widerspruchgesetz", das gegenüber dem bloßen logischen Widerspruchgesetz steht[18]. Wird das Sein einseitig als höchste Gattung begriffen, dann gilt das Widerspruchgesetz auch für das höchste Seiende, d.h. Gott. Aber werden nicht jedes logisches Gesetz und jeder Begriff vielmehr durch die Realität, auf welche sie verweisen, begründet?

---

[14] Ebd., 10.

[15] Vgl. Siewerth, G., Die Abstraktion und das Sein, Otto Müller Verlag, Salzburg, 1958b, 11.

[16] Ebd., 26.

[17] Siewerth, G., Der Thomismus als Identitätssystem, Verlag Schulte-Bulmke, Frankfurt am Main, 1961, 196.

[18] Vgl. ebd.

Die Frage Siewerths ist hier: Wie kann man die Beziehung Gottes zu seiner Schöpfung bezeichnen? Ist nicht die Vollkommenheit Gottes selbstgenügend? Nach Siewerth ist jedes Verursachte ein Gleichnis seiner Ursache, insofern das Verursachte aus der Einheit seines Grundes entäußert ist. Das Sein als schöpferisches Handeln Gottes ist nichts anderes als seine identitäre Entäußerung. Also will der schöpferische Gott nichts anderes als sich selbst. Wie kann dann eine wirkliche Andersheit existieren? Gott will seine Andersheit, insofern Er sich selbst will. Die Schöpfung ist nichts anderes als eine Bewegung zur Perfektion der Realität des Seins, d.h. zum Gleichnis der vollkommensten Vollkommenheit, d.h. Gott. Wenn Gott sich nur auf sein eigenes Wesen bezieht, dann kann das Endliche überhaupt kein notwendiger Grund für die Schöpfung sein. Gott schafft „grundlos"[19]. Die Schöpfung ist ein reines, liebendes Handeln Gottes.

Siewerth versucht, diese differenzierte Beziehung zwischen Gott und seiner Schöpfung von der Unterscheidung von Sein und Wesen her zu betrachten. Das Sein ist die Aktualität aller Akte, die Wirklichkeit aller Wirklichkeiten oder die Vollendung aller Vollkommenheiten[20]. Und jedes Ding erreicht seine eigene Vollendung und Wirklichkeit durch sein Sein. Jedes Ding *ist* durch sein Sein. Aber die Verwirklichung der verschiedenen Seienden verlangt die Kontraktion und die Division dieses Seins. Wird das Sein das Vollkommenste, kann ihm ja nichts äußerlich hinzugefügt werden. Das Sein als allgemeinste Einheit muß *in sich selbst* geschieden werden. Es kontrahiert sich, dividiert sich und teilt sich an die verschiedenen Naturen mit. Die Kontraktion des Seins ist eine „innerliche Entfaltung", wie ein Akt durch seine Möglichkeit das, was er immer schon ist[21], wird.

Einerseits ist der Seinsakt überwesentlich, weil er der Grund der Wirklichkeit und der Vollendung der Wesenheiten ist. Das Sein ist wegen seiner allgemeinsten Einheit, die sich in jedes Wesen begrenzt, ja überwesentlich. Andererseits ist diese Einheit des Seins als Realität, „sofern sie in der Andersheit verselbigt und ‚zusammengedrängt' wurde"[22]. Wesen und Sein, wie Potenz und Akt, sind „einer Herkunft, eines Ursprungs, eines Werdens und eines Seins. Das Sein ist daher als Aktualität ursprünglich immer irgendwie schon das, was es durch seine Essenz werden kann, nämlich selbige Einheit (...) Die Differenz ist daher nichts denn die Einigung des Aktes zu dem, was er als Einheit ist"[23]. Die Differenz ist dem Sein wesentlich. Das Sein ist sich selbst als Sein durch die Differenz. Diese Auffassung der Beziehung von Einheit und Differenz bestimmt das ganze metaphysische System von Siewerth. In *Das Schicksal der Metaphysik* erklärt er noch: „durch die Entäußerung, die

---

[19] Vgl. Siewerth, G., Grundfragen der Philosophie im Horizont der Seinsdifferenz, Verlag L. Schwann, Düsseldorf, 1963, 239-242.
[20] Vgl. Siewerth, G., 1961, 61.
[21] Vgl. ebd., 9.
[22] Ebd., 101.
[23] Ebd., 105.

Potenz, die Andersheit, das Nichtsein, die Verendlichung hindurch waltet das Positive einer unendlichen Bewegung des Seins zur Realität, die als solche nicht aus der Form her kommt, sondern im Innern des Seins selbst sich ereignet"[24].

Das Sein als Allgemeinheit schließt alle Seienden und jede Ordnung einer Ursache mit seiner Wirkung ein. Aber das Sein kann als reine Allgemeinheit vorgestellt werden, insofern die urteilende Prädikation den Akt im voraus meint. Die Einheit von Ursache und Wirkung ist durch die Ursächlichkeit des Seinsaktes vermittelt, der zugleich Prinzip der Sache und Prinzip des Seins (actus essendi) ist. Sofern das Sein von seinem Akt her betrachtbar ist, ist es als bloßes mögliches und allgemeinstes Sein ursprünglich auf ein verursachendes Prinzip bezogen. Daher werden im Seinsakt das bloße Sein und das Sein der Sache erfaßt, insofern sie aus ihrem verursachenden Grund erwirkt werden.

Das Sein als Ordnung der Ursache und des Verursachten wird als Idee bezeichnet. Das heißt, daß das Sein als Idealität „von sich her nicht so mit Gott identisch ist, wie dieser es auf sich selbst zurückbezieht und es in gewisser Weise selber ist"[25]. Von Gott her gesehen ist die „Weise seiner Äußerlichkeit" nur eine Bestimmung seiner Innerlichkeit und geht in dieser auf[26]. Das Sein ist für sich selbst nur eine ideelle Allgemeinheit, die keine reale Wirklichkeit hat. Wird es als Andersheit von Gott betrachtet, ist es nicht wirklich. *Es offenbart sich selbst in sein Sein oder als begründender Akt aller Wirklichkeiten nur, sofern sein subsistierender Grund, d.h. Gott, es auf sich selbst zurückbezieht.* Es kann mit Thomas gesagt werden, daß das Handeln Gottes seine Substanz ist[27], so daß „es kein Mittleres gibt zwischen dem Geschöpf und dem Schöpfer"[28]. Als reine, einfache Allgemeinheit ist das Sein daher keine Realität neben Gott, sondern es ist notwendig eine „Idee, deren Wirklichkeit in das göttliche Denken und in die göttliche Macht fällt"[29]. Das Sein als Idee ist „eine durch keine Bestimmung beschränkbare Flüssigkeit"[30], die aus Gott entspringt und strömt. Ist das Verursachte verschieden von seiner Ursache, wird es trotzdem aus seinem Grund her erwirkt. Bei Siewerth wird das Andere mit dem Charakter eines Entäußerten gesetzt, so daß notwendig *nichts aus dem Einen hervorgehen kann, das nicht von der Selbigkeit des Einen bestimmt ist.*

Also ist das Seiende nur außer sich selbst. Es hat sein eigenes Sein in einem überwesentlichen Grund, der nur als Handeln Gottes wirklich ist. Der Unterschied zwischen Gott und dem endlichen Seienden ist durch das Sein als Idee vermittelt. Dieses Sein, das ideal alle Seienden (Gott und das Geschöpf) ein-

---

[24] Siewerth, G., Das Schicksal der Metaphysik von Thomas zu Heidegger, Johannes Verlag, Einsiedeln, 1959, 391.

[25] Siewerth, G., 1961, 68.

[26] Vgl.ebd.

[27] Vgl. Thomas von Aquin, de Potentiae, 7, 10.

[28] Thomas von Aquin, de Veritate, 8, 17.

[29] Siewerth, G., 1961, 81.

[30] Ebd.

schließt, hat seinen Grund in der Subsistenz der Seienden (endlich oder unendlich), das allein es wirklich machen kann. Deswegen ist das Sein als Sein, als erste Wirkung Gottes, nur als verweisendes Gleichnis Gottes. *Das Sein des Seins ist nichts anderes, als sich selbst nach dem Grund der Wirklichkeit und aller Realität zu transzendieren.*

c) Sein und Differenz

Wenn der *Thomismus als Identitätssystem* die ersten Schritte der Positivität der Differenz vorstellt, d.h. einer Differenz, die durch Einheit durchwaltet ist, wird in diesem Buch die Differenz nur von der Perspektive des Unterschieds von Sein und Wesen her erklärt. Daher ist die absolut Einheit Gottes bewahrt. Aber im *Identitätssystem* sind Aktualität und Realität nicht ausdrücklich genug in ihrer Differenz bedacht. Der größte Unterschied zwischen dem *Identitätssystem* und dem *Schicksal der Metaphysik* besteht sicher in dem neuen Akzent, der auf die Differenzen in der reinen Einheit des Seins einerseits und in der absoluten innerlichen Einheit Gottes andererseits gelegt wird. Die Differenz von Sein und Wesen war im *Identitätssystem* vorgestellt worden, um hauptsächlich das endliche Seiende als *Entäußerung* des Seins Gottes zu erklären. Der vertikale Unterschied von Sein und Wesen stellte die ontologische Ordnung der Realität fest. Später, in *Das Schicksal der Metaphysik*, stellt Siewerth die Differenz ursprünglich im Sein und ursprünglicher in Gott vor. „Das Sein ist nicht das ‚Eine‘, sondern ‚das Sein des Seienden‘, in welchem die Differenz so ursprünglich lichtet wie das Sein. Also ist die Seinsdifferenz von Grund aus im *Sein* zu denken, wie das Sein in der *Differenz* "[31].
Die Differenz im Sein wird als wesenhafte und unaufhebbare Bestimmung der Analogie des Seins bezeichnet. „Denn ‚Analogie‘ besagt, daß die Einheit selbst durch ein Unaufhebbares an Differenz bestimmt ist und daß jede Weise der Einigung auch eine Offenbarung der je größeren Differenz bedeutet. Also west das metaphysische Denken in der Tiefe eines offenbaren Mysteriums. Wäre Gott nur der unbewegte, transzendente oder der rastlos verspannte Eine, dann erreichte ihn entweder keine Differenz oder sie verschlänge ihn ins Heillose ihrer Zerklüftung"[32].
Diese ursprünglichste Differenz ist weder der Unterschied vom Sein als Einheit in der Mannigfaltigkeit des Seienden noch der Unterschied vom Sein als Akt mit dem endlichen Wesen, sondern die durchwaltende Differenz zwischen dem Sein als Akt und dem Sein als Subsistenz. „Damit weist Siewerth auf eine ursprüngliche Differenz hin, die Grund der Möglichkeit aller anderen Differenzen ist und zugleich in sich selbst von jeder Weise von Verspannung und Verendlichung frei ist, die in anderen Weisen der Differenz zu denken wären. (...) Im Urgrund des Seins selbst, in Gott, waltet schon diese Differenz, die Ihn weder verendlicht noch nötigt, sondern sein Sein selber ist. Dadurch

---

[31] Siewerth, G., 1959, 497.
[32] Ebd., 498.

ist alle Differenz schon ursprünglich seinshaft bestimmt und von jeder nötigenden und verspannenden Äußerlichkeit befreit»[33]. Sein als Akt kann nicht für sich selbst, sondern nur in der Verschiedenheit der Seienden subsistieren. Aber wenn die Subsistenz die „Rückkehr des Seins zu sich selbst" vollendet, kann man sie „Person" nennen. Daher kann man erklären, wie die Differenz von Akt und Subsistenz einerseits von der Nichtsubsistenz des Seins, andererseits von der Trinitätslehre herausgebildet wird. „Der Unterschied von Akt und Subsistenz wiederspiegelt ,in seiner Struktur die Differenz der göttlichen Personen und ihre Selbigkeit mit dem Wesen Gottes'[34]»[35].

In dieser Differenz zwischen dem Akt und der Subsistenz wird auch durch die siewerthsche Kritik des Gedankens der Differenz bei Hegel und Heidegger, die Lehre des Thomas von Aquin zur Vollendung kommen. Wenn die Andersheit in Hegels System nur als widersprüchliches und notwendiges Gesetz des Absoluten gesetzt wird, *ist im Gegenteil die Differenz von Akt und Subsistenz nach Siewerth keine Begrenzung des Seins, sondern sein freier positiver und selbiger Ausdruck.* Wenn das Sein als Liebe ausgesprochen ist, wird im Hinblick auf seine Flüssigkeit und seine Nichtsubsistenz als entäußerter Differenz Gottes, der Charakter seiner freien Ursächlichkeit und Wirklichkeit gegeben, d.h. der positive Charakter der unendlichen Wahrheit und Güte des Seins Gottes, der zur Vollendung in die differenzierte Relation der gegenseitigen Liebe zwischen Gott und seiner Schöpfung kommt. Nach Siewerth führt Hegels Logik das Denken in eine absolute Identität, die das Unendliche notwendig in die Ketten des Endlichen legt.

Mit der Zeit wird auch Siewerth die Grenze des Gedankens von M. Heidegger konstatieren. Heidegger, der nicht mehr vom Sein der Dinge, d.h. von der Physik her denkt, sondern von der Fülle des Seins selbst, enthüllt das Sein in seinem Geheimnis. Also genügt die philosophische Sprache nicht, um das Sein zu sagen[36] und deshalb kann das begrenzte menschliche Denken, das durch das Geheimnis des Seins überfordert ist, nicht theistisch oder a-theistisch sein. Aber man kann zuerst fragen, ob es gerechtfertigt ist, die Selbstoffenbarung der Wahrheit des Seins solchermaßen zu begrenzen. Gibt es von vornherein keine Möglichkeit im Sein, um Gott zu denken? Kann dabei wirklich dieses Sein bodenlos sein oder nicht mehr aus der Realität des Seienden entspringen? *Waltet nicht die Einheit durch alle Differenzen, die Differenz von Sein und Gott inbegriffen?* Bei Thomas ist *die Differenz* zwischen den natürlichen und den übernatürlichen Realitäten nur durch das Handeln Gottes in der Schöpfung, in Glauben und Gnade, *aufgehoben.* Impliziert nicht das Warten und die Frage nach Gott etwa einen Glauben? „Woher kommt also der Glaube an den göttlicheren Gott angesichts der furchtbaren

---

[33] Cabada Castro, M., Sein und Gott bei Gustav Siewerth, Patmos Verlag, Düsseldorf, 1971, 292.
[34] Siewerth, G., 1963, 175.
[35] Cabada Castro, M., 1971, 291.
[36] Vgl. Siewerth, G., 1971, 171.

Ungöttlichkeit seiner gnadenlosen Verweigerung? Ist es nicht noch dies, daß das ‚Seinsgeschick' der Menschheit auf der Höhe seiner sich abgründig verdunkelnden Voll-endung einst durch Gottes Menschwerdung und sein Kreuz ins Heil gewendet wurde? Wird er daher nicht auch als ‚Geist', wie einst als ‚Wort', derjenige sein, der die Menschheit auf dem Gipfel ihrer Selbstentfremdung und ihres usurpierten Mißbrauchs der göttlichen Offenbarung, auf der Höhe ihrer satanischen Gottlosigkeit durch seine Freiheit und Nähe zu sich heimführt? Ist also dieses ahnende Denken etwas anderes als die fortwaltende Gnade des Glaubens, dem das Denken sich durch das Unübersteigbare und Undurchdringliche des Seins enthoben glaubte? Läßt sich aber das ‚Sein' geschichtlich als ‚Ereignis' wie als ‚Verweigerung' denken, ohne es zugleich als den Raum einer göttlichen Offenbarung zu eröffnen, die sich im Vorschein des ‚Heiligen' wenigstens dem andächtig ahnenden Denken als Möglichkeit anzeigt?"[37]

d) Das Sein als Gleichnis Gottes und die Analogie des Seins

Das Sein ist Gleichnis Gottes als Entäußerung Gottes. Es ist die Nachahmbarkeit Gottes und der Ausdruck der Ursächlichkeit Gottes nach der Weise der Intelligenz. „Gott ist das Sein des Seienden nur, sofern er seine ‚Nachahmbarkeit' denkt'. Indem er diese denkt, denkt er freilich nichts als seine Wesenheit, aber er denkt sie nicht in ihrer selbigen Einfachheit, (...) sondern er denkt sie in der Möglichkeit einer Unterscheidung, sofern sich ‚die Anderen nicht auf dieselbe Weise zum Medium seiner Erkenntnis (nämlich seiner Wesenheit) verhalten wie er selbst'"[38]. Das Sein ist als Innerlichkeit Gottes nur wirklich, insofern Gott es auf sich zurückbezieht, das endliche Seiende andererseits verhält sich zum Sein als etwas, das seinen Grund außer sich selbst hat und sich selbst hinsichtlich dieses Grundes selbst zu transzendieren versucht. Die Analogie bedeutet, daß Gott und das Ding in der Einheit eines vermittelnden Begriffs ideell aufeinander bezogen sind. Und weil die Vermittlung als solche die Einheit vor der Differenz setzt, sind Gott und das Ding in einem Ausdruck „Sein" geeinigt[39].

Aber unsere Erkenntnis Gottes ist ja begrenzt. „Denn das Sein als einfacher ‚Akt' und ‚Positivität' ist weder Gott noch ist es das Geschöpf. In Gott ist es ein immanenter uns völlig unzugänglicher Ausstrom seines schöpferischen Willens und deshalb in seinem Wesen uns völlig verborgen, da wir Gott selbst nicht in dem erkennen, was er ist, und in ihm jede (ideelle) Differenz in der Einheit seines Wesens aufgehoben ist"[40].

Ist der Seinsakt die Entäußerung und Andersheit Gottes, wird er als Nichtigkeit bestimmt. „Sofern also das Sein als Akt ‚nichtig' ist, ist die attributive

---

[37] Siewerth, G., 1963, 258.
[38] Siewerth, G., 1961, 67.
[39] Vgl. ebd., 71-72.
[40] Siewerth, G., 1959, 335.

Aussage: ‚Gott ist Sein' zugleich negativ, d.h. sie negiert in sich alles das, was im Sein modus significandi (Begriff, Bedeutung und Aussage, Moment der Entäußerung) ist, und stößt sich dabei um so mehr kraft der Positivität des Seins von sich ab in ein anderes ihrer selbst"[41]. Also kann die *Logisierung* des Seins aufgehoben sein.

Eine auf dem verweisenden Charakter des Seins begründete Erkenntnis Gottes, d.h. die Lehre der Analogie des Seins, gewinnt durch die Differenz von Akt und Subsistenz einen reellen Daseinscharakter, der *jede Seinslogik als leere Form hinter sich läßt, und zwar dadurch, daß die Bewegung des Seins die Subsistenz verlangt.* Subsistieren besagt für das reine Sein, durch eine Weise von begrenzter Einheit in sich selbst und bei sich selbst sein. Also kommt das Sein zur Einigung und zu sich selbst durch die Differenz. Diese Differenz, die durch jede Einheit waltet und die die eigenste Positivität dieser Einheit ist, kann als *Relation* charakterisiert werden. Die Relation ist immer Differenz und Einheit zugleich. In der Relation ist jeder in sich selbst geeinigte Punkt unterschieden von den anderen. Und alle diese Punkte bilden zusammen eine neue Einheit, die die Wahrheit des Ganzen ist. In der Relation wächst die Einheit in demselben Maße wie die Differenz.

Wenn die Person das Sein als vollendete Subsistenz bezeichnet, kann das verweisende Wesen des Seins, d.h. die Analogie des Seins, *nur durch die reale Tiefe der Freiheit und der Geistigkeit, die alle Gattungen übersteigen,* zur Vollendung kommen. „Über das Sein als Akt hinaus gibt es keine weitere Abstraktion. (...) Als solches und dem Seinsein gemäß, das wesenhaft Akt und Subsistenz zugleich besagt, weist es als begründender Akt alles Wirklichen über sich hinaus in die reine subsistierende Realität, in den Grund des aktuierend gründenden Seins, d.h. in Gott. Dieser wird jedoch, da das Sein als Akt nicht mehr überstiegen werden kann, nur ‚analog' angezielt, d.h. das esse ipsum ist als der metaphysisch abtrennbare Akt aller Dinge nur ein verweisendes Gleichnis Gottes, das sein Wesen nirgends auf ‚absolute Weise' entfaltet. Die Philosophie ist nicht sapientia perfectissima, sondern ‚spekulatives', spiegelndes Streben nach vollendeter Enthüllung des Göttlichen, das allein durch Gott erfüllt werden kann"[42].

Indem das Sein zur Subsistenz und Vollendung in die Substanzen kommt, muß die Analogie von der konkreten Bewegung der Realität her bedacht werden. Eine erste Stufe dieser Analogie, die von der Subsistenz her bedacht wird, besteht darin, daß „so wie der Akt wesenhaft und notwendig in die Subsistenz und damit zu sich selbst kommt, so ist analog die göttliche Einfachheit subsistierender, in sich reflektierter Akt. In der attributiven Transzendenz lichtet daher zugleich ein ‚proportionales Bild' Gottes, das jede Aussage im Untergang ins Andere Gottes in der Helle eines vollendeten Gleichnisses hält"[43]. *Die vollendetste Stufe dieser Analogie muß man von der „Personie-*

---

[41] Ebd., 336.
[42] Siewerth, G., 1971, 55-56.
[43] Siewerth, G., 1959, 336.

rung" des Seins her denken, d.h. von Gott und vom Menschen her. In diesem wirklichsten und vollkommensten Sinn der Analogie findet sich der Sinn des Philosophierens Gustav Siewerths.

II. Der Mensch als Bildnis Gottes

a) Die moderne Trennung von Geist und Natur

Der Prozeß der *Logisierung* des Seins und der *Vergessenheit* seines Wesens wird durch die absolute Mathematisierung und Mechanisierung der Natur begleitet. Mit Suarez hat die Materie eine einzige Solidität bekommen. Materie ist eine selbständige Entität geworden, die der Form entgegengesetzt wird. Mit Descartes ist diese Entität der Materie das einzige Prinzip der Natur als Mechanik geworden und wird als *res extensa* bestimmt. Solche Trennung der Realität führt zu zwei Lösungen. Entweder sind beide Bereiche parallel und ihre Harmonie ist nur durch die Absicht Gottes gerechtfertigt. Oder diese Trennung führt zur Aufwertung eines Bereichs zum Nachteil des anderen. In diesem letzten Fall wird der Leib entweder ein Produkt der Vernunft oder im Gegenteil der Grund des Geistes. Die Naturwissenschaften bekommen daher das Recht, alles zu regulieren, ja alles kommt durch mathematische Gesetze ins Licht. „Der Wesens- und Seinserkenntnis entwöhnt, verfällt der Geist rasch den errechenbaren Zusammenhängen, den technischen Funktionen sowie dem Gewoge seiner unausgewiesenen Vorstellungen, deren Gegebenheiten er phantastisch seinen naiv und gläubig hingenommenen materiellen Naturgründen aufpfropft"[44]. Geist und Leib werden getrennt, und damit hat der Mensch den geheimnisvollen Grund seines Wesens sowie das Geheimnis der Natur, die ihn trägt, vergessen.

Gegenüber dieser Trennung, die den Menschen zur Verzweiflung der Abwesenheit eines Grundes führt, könnte man mit Thomas die Seele als Form eines Leibes denken, so daß *nur der Zusammenhang beider Prinzipen die Einheit eines Seienden bilden könnten.* Philosophie selbst ist, wie jedes menschliche Phänomen (etwa Traurigkeit, Angst, Freude oder Tod), eigentlich menschlich, sofern sie *die Übereinstimmung des Leibes und des Geistes* impliziert.

b) Der Mensch als Kind der einigenden Liebe

Auf der untersten Stufe in der Ordnung des Geistes, „steht ein Wesen ohne innere Eigenwirklichkeit und ohne göttlichen Bildzustrom. Es ist ein Wesen, dessen Sein gleichsam nur ‚in Möglichkeit' existiert, das von sich aus nicht in Tätigkeit ausgehen kann, weil es kein innerlich vollendetes Eigenleben hat; es ist wie eine ‚Tafel, auf der nichts geschrieben steht'. Weil es solchermaßen

---

[44] Siewerth, G., Der Mensch und sein Leib, Johannes Verlag, Einsiedeln, 1953, 8-9.

unvollendet ist und nicht zu sich selbst zurückzugehen vermag, bedarf es der Einwirkung von außen, um zu Bewegung und Fülle zu kommen. Dieses Wesen ist der Mensch, in der Ordnung der Geistformen die niedrigste Form. (...) Der Mensch ist (...) eine abfallende Wesens- und Seinsminderung, ein durch und durch nichtiges Wesen, das sich in allem, was es ist oder sein soll und wird, erst ermöglichen muß und zugleich bei jedem Schritt auf anderes, als es selbst ist, angewiesen ist. Also ist es nach außen gekehrt, so sehr, daß es am Ursprung seiner selbst nicht inne ist und anderes eher erkennt als sich selbst"[45].

Insofern der Mensch durch Empfängnis charakterisiert wird, ist nach Siewerth die Kindheit „der begründende Ausgang" wie die „wesenhafte Auszeichnung des menschlichen Daseins überhaupt". „Ihre Erhellung lichtet den exemplarischen und ekstatischen Charakter des Daseins auf, in dem die sittliche wie die religiöse Existenz wurzelt"[46]. Am Anfang entspringt das menschliche Dasein durch die Zeugung aus seiner Mutter. Sein Leben ist eine Gabe zeugender Liebe. Bevor das neugeborene Kind sein eigenes Gedenken und Leben übernimmt, erfährt es die durchwaltende besorgende Liebe seiner Mutter. In dieser Empfängnis einer endlosen Liebe kann das Kind keinen Unterschied zwischen dem Unendlichen und seinem endlichen Abbild machen.

Unsere Gotteserkenntnis und unser Streben zu Ihm sind in dieser Identifizierung von Urbild und Abbild gegründet, die exemplarische Identität intuitiv erfährt. Wegen der Erfahrung der Armut und des Unvermögens der Menschheit begreift das Kind später den Unterschied zwischen seinen Eltern und dem Unendlichen. Es begreift die Endlichkeit seines Leben von der urbildlichen Erinnerung der Unendlichkeit her. Was demnach das geistige Leben des Daseins charakterisiert, ist die Sehnsucht nach dem Unendlichen, das als transzendent jetzt erscheint. Das endliche und differenzierte Abbild des Grundes erscheint nur aus dem ursprünglichen Begreifen der Einheit her. Das Sein als geeinigte Idee vermittelt und ermöglicht das Entspringen der Andersheit nach der Weise der Einheit, d.h. als Entäußerung des einigenden Grundes. Das Verhältnis von Gott und dem Endlichen wird durch das verweisende Gleichnis des Seins vermittelt, das zum Grunde transzendiert.

c) Der Mensch und die Ermöglichung seiner Geschichte

Der Mensch ist der Ort „der Einigung aller ontologischen Seinsgründe", d.h. das durch Geistigkeit und Leiblichkeit ausgezeichnete Wesen[47]. Der Mensch ist nicht geschickt, um etwas anderes zu werden. Er ist wesentlich ein Zusammenhang von Form und Materie. „Was da ist, ist immer der Mensch, und dieses Wirkliche kann man nicht nachträglich wieder auflösen und zur uneigentlichen Phase eines reinen Geistaufschwunges machen. Wenn der Mensch

---

[45] Ebd., 16-17.
[46] Siewerth, G., Metaphysik der Kindheit, Johannes Verlag, Einsiedeln, 1957, 133.
[47] Vgl. Siewerth, G., 1953, 26.

Heimat, Boden und Wurzel preisgibt, mißrät ihm sein Denken wie seine Tat, und das Geheimnis seines und Gottes Wesens verflüchtigt sich ins Leere und Allgemeine"[48].

Siewerth thematisiert die Andersheit der Materie als eine *Weise des Seins* selbst in seiner Bewegung zu sich selbst. In der Materie als das „letzte dem Sein Entsprungene", „Abfall und Ausfall der Wirklichkeit", waltet „das Geheimnis des Seins in seiner allerletzten Erstreckung und Tiefe. Als das seinsentsprungene Andere alles Seienden ist es in seiner Abwendigkeit und Andersheit doch noch durchzittert vom Sein, ein ‚Hin zum Sein', eine Möglichkeit zum Sein, in dem sich seiende Wesen, die in sich selbst keinen Stand haben, zum Insichsein erkräftigen können. In dieser durchdringenden Einigung ‚empfängt' dieses Mütterlich-harrende die sich in ihm erweckende Form, die ihr Leben und Dasein gewinnt im Abgrund des Formlosen und des Anderen. Indem sie sich in ihm erwirkt, stellt sich sich in einem Ausgekehrten, Zerstreuten und doch Einig-Selbigen her, sie entäußert sich in ihm. Indem sie sich aber sich entäußernd aus der Zerstreuung sammelt und einigt, kommt sie nicht nur zu sich selbst, sondern sie stellt sich her und dar und geht in die nach außen wirkende und scheinende Erscheinung über. So ist der Ungrund der Materie in ihrer Selbigkeit und Zerstreutheit der Grund der Erscheinung aller Seienden im Offenen der Welt und so der eigentliche Weltgrund"[49].

Materie ist auch das Prinzip der Rezeptivität, dazu fähig, alle natürlichen Formen anzunehmen. Der Abgrund der Materialität entspringt aus dem Sein selbst und bleibt daher auf es bezogen. Deswegen wird die Materie als „empfänglicher Grund" zugleich als „Dynamis des Seins selbst" bestimmt. So hat sie eine „strebende Tiefe", d.h. ein „Hin zum Seiendsein". Die Materie als „appetitus ad esse" nimmt an der „Güte des Seins"[50] teil.

Die Wesen zeugen sich in der Materie aus. Auch entspringen sie aus einem immer bewegenden Grund, der in vielen Möglichkeiten auf vieles Seiende hin ist. Materie „ist der Grund der Möglichkeit der zeugenden Ursächlichkeit des Seienden"[51]. Deswegen beinhaltet sie eine Werdepotenz, die eine fortschreitende Disponierung, d.h. eine je komplexere Organisation des natürlichen Lebens ermöglicht. Dadurch daß alle Dinge in der materiellen Welt im Offenen erscheinen, sind sie in die Auseinandersetzung und ins Erleiden geworfen. Die Empfänglichkeit aller natürlichen Seienden harrt der „Einwandlungskraft" anderer Wesen. „Solchermaßen sind alle Naturwesen dem Erleiden und der Austreibung ausgesetzt"[52]. „Kraft dieses ‚Stirb und Werde' ist die Materie der zum Leben in den verschiedensten Formen erweckte Ab-grund des des Nichtseins mächtigen Seins, die dauernde Verwandlungs- und Ersterbestätte des Seienden, d.h. die in der unbeschränkten Flüssigkeit des Nicht-seins einge-

---

[48] Ebd., 47.
[49] Ebd, 47-48.
[50] Siewerth, G., 1963, 162-163.
[51] Ebd., 163.
[52] Siewerth, G., 1953, 48.

wurzelte Tiefe alles Lebens, das aus dem Muttergrund der materiellen Erde in immer neuer Ermöglichung im Ereignis der Lebens- und Geistgeschichte zu sich selbst als strebende Liebe heraufgeht"[53].
Also hat das Wesen seine Seinsfülle *zeitgeschichtlich* auszubreiten. Die Materie als *appetitus ad esse,* die mitteilende Tiefe des Seins beansprucht und das Hervortreten neuer Formen heraufführt. Also endet der Werdegang des Lebens nicht im Untergang, sondern „gemäß dem ‚appetitus ad esse' jedes Seienden im ‚Kairos' der Lebensgeschichte die formenschwangere Tiefe des Seins zu neuer und höherer Information anregt"[54]. Leben bereichert und organisiert sich, aber „zu solcher extremen Gestalt, daß es sich zugleich gefährdet, sofern die Artform der im materiellen Grund sich ereignenden Empfängnisse und der sich steigernden Dynamik der Lebensanforderung nicht mehr gewachsen ist. Sie gelangt an das Ende ihres einigenden Vermögens und müßte an der Steigerung des Lebens zugrunde gehen, wenn nicht eine neue Information erfolgte. Diese könnte nur aus Gottes Schöpfermacht geschehen, wenn man nicht annähme, daß in der ‚einmaligen Schöpfung' die ‚Idee der Ideen' als entäußerter partizipierter Seinsgrund in seiner entspringen lassenden Tiefe zum Hervorgang neuer Formen ‚begabt' und ‚geneigt' wäre"[55].
Wenn wir jetzt genauer die geistliche „Personierung" des Seins in Beziehung zur Lehre der Materie von Siewerth betrachten, kommen wir zum Herzstück des Philosophierens Gustav Siewerths, nämlich dort, wo der Sinn dieses Philosophierens als menschliche Handlung erscheint. „Nur im ‚Schosse der Vernunft' kann das Sein seine Reflexion zu sich selbst gewinnen und als subsistierende ‚Person' ins Dasein treten. Diese ‚Personalität' gewinnt dann ihre höchste, alle Differenzen versammelnde und ins Wahrsein eröffnende Tiefe, wenn sie zugleich dem ganzen Kosmos der Wesenheiten bis in die materiellen, d.h. in die eingeschränktesten Empfängnisse der sich ermöglichenden Seienden hinein geöffnet ist und alles erkennend, strebend und liebend dem Sein (aus dessen ereignender Macht und Helle) zurückbringt"[56]. Nur durch personale Intelligenz und Liebe ist das Sein bei sich selbst. Das Sein als Aufhebung seiner Idealität, d.h. als Vermittlung der Realität zur Realität, ist Liebe. Es ist, einerseits seinem Grund gemäß, liebende und erschaffende Entäußerung und Gabe, andererseits, dem endlichen Seienden gemäß, liebendes Streben zur Transzendenz. Die Liebe offenbart den spiegelhaften Charakter des Seins, das zu sich selbst durch sein Abbild zurückkommt. Das höchste Gleichnis Gottes wird erscheinen, „wo das Sein in seiner ganzen Dimension, d.h. in der ‚Teilhabe' an seiner aktuierenden Einfachheit wie an seiner letzten Diversifikation und Zerstreuung sich verwirklicht. Dieses Zentrum ist der zur Natur verleiblichte Geist: der Mensch"[57].

---

[53] Siewerth G., 1963, 163-164.
[54] Ebd., 164.
[55] Ebd.
[56] Ebd., 161-162.
[57] Siewerth, G., 1959, 398.

d) Der Mensch als imago dei

Die Negativität der Materie ist als letzte Entäußerung des Seins noch von ihm bestimmt. So können wir von einer *Positivität der Materie* sprechen. Wegen ihres Empfängnischarakters bekommt sie neue Formen. Als *vom-Sein-Her* und *zum-Sein-Hin* ist die Materie ein Prinzip der Vollendung des Seins. Also kann man die Materie in ihrem Bezug zu ihrem Ursprung als Dranggrund der Natur bezeichnen. Solchermaßen ist die Natur „auf ein Höchstes und Letztes hingerichtet, in welchem alles zur Einheit kommt". Und insofern das Sein nur in der Person zur Vollendung kommt, „ist die ganze Natur auf den Menschen als ‚Urbild' hin entworfen und gerichtet, so daß die ganze Dimension des Seins im Menschen zur ‚Verwirklichung' und ‚Einheit' gelangt. ‚Der Mensch ist das Ziel des gesamten Werdens in der Natur'. Also ist der Mensch, wie er das ‚Zu-sich-Kommen' und das ‚Ereignis' des Seins ist, das Abbild Gottes, König, Urbild und Kind der Natur, in welcher er als zeugender und hegender, als schaffender und bauender, vernehmend, bekundend und strebend, vom Sein ermächtigt, den ganzen Prozeß seines Hervorgangs aus der Natur und seiner geschichtlichen Ermöglichung in Freiheit vollzieht"[58]. Wenn der Mensch zur materiellen Welt gehört, dann ist er wesenhaft zur Andersheit bestimmt. Aber die unaufhebbare Differenz des menschlichen Wesens kann als Relation mit der Natur bestimmt werden. Der Mensch ist Empfängnis und Handeln. Er vollendet sein Wesen durch seine Erstreckung in der Natur. Er ist „solchermaßen die Blüte und Krone aller Natur, aus deren unermeßlichem Opfer- und Lebenswerk er sein Seinskönnen erhält, ja, er ist die Natur selbst, weil er ihre gesamte Potentialität und Aktuierungsmacht in sich einschließt. Er ist das aus Opfern und lebendigen Steinen gebaute Haus. Aus der Natur ermächtigt bricht er auf wie in sein Eigentum als der ‚Unheimliche' und ‚Versetzende' (Heidegger), um alles in der Natur Ausgesetzte in Gefangenschaft und Dienst, in die Ordnung des Menschenwerkes zu stellen. So ist er der königliche Herrscher des Naturreiches, sein Hirt, der Pflüger, Pfleger und Bebauer der Erde"[59].

Wenn der Mensch Handeln in der Natur ist, ist trotzdem seine Vernunft eine leere Potenz, die *nur durch das Sein zu sich selbst und zur Wahrheit ermächtigt ist*[60]. Der menschliche Geist wurzelt im Sein. So wie das Kind zuerst durch Empfängnis der mütterlichen Liebe und danach durch die Sehnsucht der Unendlichkeit charakterisiert ist. Gleicherweise hat der Geist des Menschen die Fähigkeit, sein endliches Wesen zu transzendieren, weil Gott sich ihm irgendwie offenbart hat. „Der Geist selbst ist nur wahrhaft er selbst in Entäußerung und waltender Erstreckung. Wort und Sprache werden solchermaßen zu einem undurchdringlichen, göttlichen Geheimnis. In ihnen wird der Geist

---

[58] Ebd., 400.
[59] Siewerth., G., 1953, 51-52.
[60] Vgl. Siewerth, G., 1957, 52.

,Welt‶[61]. Wenn die Sprache die Erstreckung des Geistes als „Personierung" des Seins ist, dann ist sie die Erstreckung eines Verweisens auf das Sein. Also ist die Sprache immer in Gefahr, das Sein äußerlich, d.h. durch eine reine Logik zu verbergen. Die Sprache, als differenzierte Erstreckung in der Natur und identitäre Entäußerung des Seins von der Realität her zur Realität hin, hat sich immer ihres *natürlichen Ursprung zu erinnern*. Bei Siewerth bekommt also die Dichtung eine hohe Wichtigkeit im analogischen Ausdruck des Seins. „Weil der Dichter von Gott her begeistert ist, kann er die Wesens- und Seinstiefe im spiegelnd-schwingenden Wort selbst in die Aussage bringen. Die dichterische Kundgabe ist durchleuchtet von der Wahrheit des Seins, wenn das Wort im spiegelnden Bedenken seine durchreissende und rückspiegelnd lichtende Macht gewann"[62].

Der Mensch ist König des natürliches Lebens. Er *ist* das natürliche Leben. In der Natur, in welcher er baut, spricht und immer neue Informationen schafft, schafft er sich selbst zurück. Aber früher haben wir gesagt, daß die extreme Bereicherung des Lebens eine Gefahr sein könnte. Am Ende seines einigenden Vermögens, d.h. seiner immer neueren Information, negiert das Leben sich selbst, negiert die Natur sich selbst. Das Leben hat dann sich selbst zu übersteigen. Diese Aufhebung des Lebens kann nur vom Seinsakt her bedacht werden. „Das Sein im Schaffen Gottes als Akt aller Wesen einerseits mit noch nicht aktuierten Formen begabt ist, wie es andererseits durch die Partizipation der verwirklichten Wesen und Arten zu informierender Aktuierung materieller Potenzen beansprucht werden kann, weil es nämlich wesenhaft auf diesen Kairos der Daseinserhaltung und Lebensverwandlung hingeordnet ist"[63]. Diese Macht des *appetitus ad esse* oder des Strebens nach Leben „kann nicht ohne eine innere Zuordnung verstanden werden, die, göttlichen Ursprungs, das Sein des Seienden als entspringen lassenden Grund der Formen mit der sich im Werden substantiell disponierenden Geschichte des materiellen Seienden in verborgener Weise verknüpft. Das Universum des ausgefalteten Seins hat daher nicht nur eine wesensräumliche, sondern eine zeitgeschichtliche Dimension"[64].

Also kann der Mensch als Bildnis Gottes bezeichnet werden. Im Menschen kommt das Sein zur Vollendung, d.h. zur personalen geistlichen Subsistenz, aber es kommt auch die Natur zu ihrer Vollendung. In der Beziehung von Gott und Mensch wird das Sein als *wirkliche Relation* bezeichnet, d.h. als Identität und Differenz. Wie die Identität analog ist, weil der Mensch auch ein geistliches Wesen ist, ist auch die Differenz analog, weil der Mensch sich wie Gott entäußert. Der Mensch entäußert sich in der Natur wie Gott sich in der *liebenden* Schöpfung entäußert. Beide schaffen die Geschichte der Welt. Diese analoge Beziehung kommt ja zur Vollendung auch durch die Zeugung. Durch

---

[61] Siewerth, G., 1953, 43.
[62] Siewerth., G., Philosophie der Sprache, Johannes Verlag, Einsiedeln, 1962, 34.
[63] Siewerth, G., 1963, 165.
[64] Ebd.

die *liebende* Entäußerung der Zeugung kommt der Mensch in der Einheit der species und des Seins zurück, dadurch bekommt die Einheit des Seins eine geheimnisvolle Bereicherung.

Jetzt erklärt sich ein bißchen mehr der Sinn des Lebens und des Philosophierens nach Siewerth. „,Das vollkommenste in jedem Wesen ist seine vollkommenste Tätigkeit', in der er aus allen seinen Wirkgründen, der Wesensweite seiner Gattung gemäß, in Freiheit und Wonne das ihm Gemäße ergreift und wirkt und auf das höchste Ziel hin durchstrebt[65],[66]. Die Verwirklichung des substanziellen Daseins und die Suche nach einem Sinn des Lebens sind nichts anderes als *der Ausdruck einer verborgenen Mächtigkeit*, die metaphysisch durch die Entäußerung Gottes zur Perfektion der Schöpfung ausgedrückt ist. Die Logisierung des Seins, der Ausschluß von Gott aus dem Objektfeld der Philosophie, wie die Technisierung der Natur, alle diese entspringen aus einer absolute Scheidung der wirkliche Einheit der Realität. Erstens wird das Sein als Begriff von den wirklichen Individualitäten der Realität getrennt. Zweitens wird das Sein selbst von seinem real und subsistierenden Grund abgelöst. Drittens wird die Materie als eine selbständige Wirklichkeit gegenüber der Form begriffen. Im Gegenteil *entspringt die Seinsfrage G. Siewerths aus dem Ganzen der Realität und begrenzt sich nie auf einen einzelnen Bereich*. Deshalb ist sie fähig, jede Innerlichkeit, den Glauben inbegriffen, als eine *Begeisterung* und als *eine Verweisung der Transzendenz* zu begreifen. Die Seinsfrage Siewerths entspringt aus der Natur, deshalb ist sie wirklich und *geschichtlich*, und deshalb kann sie mit der *Entwicklung der Materie* und der Natur *geschichtlich zur Vollendung kommen*.

---

[65] Thomas von Aquin, S.c.G., 1, 100.
[66] Siewerth, G., 1959, 401.

Das Schicksal der Metaphysik und seine Deutung durch Gustav Siewerth

Stephan Grätzel

1. Entdeckung und Bedeutung einer Geschichte der Metaphysik

Ein Großteil der wissenschaftlichen Aufgaben der Philosophie ist der Beschäftigung mit ihrer eigenen Geschichte gewidmet. Aussagen, die aus den Anfängen der abendländischen Philosophie stammen, sind heute nicht ohne weiteres bloß historisch geworden, sondern bleiben wichtige und grundlegende Beiträge zu einem von den Fragestellungen her klar zu definierenden Problembereich. Im Unterschied zu den Naturwissenschaften, in denen es einen sichtbaren Fortschritt im Wissen gibt, der zu einem Veralten von Theorien führt, ist für die Philosophie eine alte Lehre nicht überholt und damit vergangen, sondern Teil ihrer Aussage und ihrer Wahrheit geworden. Die Geschichte der Philosophie ist damit ein gleichsam lebendiges und organisches Gebilde, das analog zur individuellen Lebensgeschichte und zur gesellschaftlich-politischen Geschichte gesehen werden kann.

Entsprechend einer Lebens- und Zeitgeschichte hat die Philosophie auch ein Schicksal. Im 18. und vor allem dann im 19. Jahrhundert trat in der Philosophie erstmals ein Bewußtsein von der eigenen Geschichte hervor und leitete damit auch die Schicksalsfrage, die Frage nach dem ‚Woher?‘, ‚Wohin?‘ und ‚Warum?‘ dieser Geschichte selber ein. Diese Auseinandersetzung mit der Bedeutung der Geschichte der Philosophie wurde dabei nicht nur eine spezifische Angelegenheit des Faches, sondern auch als Herzstück der Geschichte der Kultur gesehen und damit letztlich auch der Zeitgeschichte. Die Fortschritte in der Philosophie konnten für die Fortschritte der Kultur selbst angesehen werden. Diese Bedeutung der Denkgeschichte für die Geschichte überhaupt kann als eine Folge der Aufklärung gesehen werden, die nach Kant die Herausführung des Menschen aus seiner selbstverschuldeten Unmündigkeit ist. Die Entdeckung der Vernunft als eine kritische Instanz, die nicht an Autoritäten, sondern an ihre innere Gesetzgebung gebunden ist, ließ die Philosophie politisch werden und brachte so ihre Geschichte in engsten Zusammenhang mit der Zeitgeschichte.

Zu einer Grundfrage der kritischen Philosophie der Aufklärung gehört somit die Frage nach dem ständigen Fortschritt des Denkens aus der Unmündigkeit heraus. In einer 1791 von der Königlichen Akademie der Wissenschaften zu Berlin ausgesetzten Preisfrage, *Welches sind die wirklichen Fortschritte, die die Metaphysik seit Leibnizens und Wolffs Zeiten in Deutschland gemacht hat?*, zeigt Kant in einer posthum erschienenen Abhandlung eine Entwicklung des Denkens vom Dogmatismus über den Skeptizismus zum Kritizismus auf.

Das kritische Denken führt dabei aus dem Skeptizismus heraus, in dem die Vernunft, wie er sagt, „stillsteht" (*Fortschritte*, Königsberg 1804, 14), sich also nicht weiterbewegt. Zu einer Weiterbewegung kommt es nach ihm erst durch die kritische Erkenntnis, daß das Denken sich in den Widersprüchen, in die es angesichts seiner unlösbaren, aber auch unabwendbaren Fragen nach Gott, Unsterblichkeit und Freiheit gerät, nicht verfängt, also weder behauptet noch skeptisch ist, sondern sie als dialektische Widersprüche stehen lassen kann.

Für Kant war die kritische Philosophie keineswegs die Ablösung der Metaphysik überhaupt, vielmehr ging es ihm, wie auch die *Prolegomena zu einer jeden künftigen Metaphysik, die als Wissenschaft wird dienen können* zeigen, um eine Neubegründung der Metaphysik als kritische Wissenschaft. Im Unterschied zu der vorkritischen Philosophie soll dabei der dem menschlichen Verstand und der Vernunft angemessene Umgang mit den höchsten Fragen zu der Existenz Gottes, der Unsterblichkeit der Seele, der menschlichen Freiheit und anderer theoretischer Überlegungen über die Welt geführt werden. Keine dieser Fragen läßt sich ausschließlich als Sachfrage behandeln. Würden sie so behandelt, und dies war nach Kant der Fehler der alten Metaphysik, dann betreibt sie das sinnlose Geschäft bloßer Spekulation. Die Lösung Kants, die höchsten und letzten Fragen nicht als Sachproblem des Verstandes, der nur kombinieren und rechnen kann, sondern als Angelegenheiten der Vernunft zu behandeln, war also nur auf dem Wege der Dialektik möglich. Dialektik hat das Zugeständnis an die Unlösbarkeit der Fragen zur Folge. Das bedeutet nicht, sie als sinnlose Fragen abzulehnen, wie z.B. eine Richtung der Philosophie gegenwärtig fordert, sondern im Gegenteil, sie gerade wegen ihrer Unentscheidbarkeit als ernst zu nehmende Angelegenheiten des Menschen und seiner Vernunft zu behandeln. Dabei bleibt als Frage offen, worin Kant den Eigenanspruch der Vernunft gegenüber dem Verstand, der nur assoziiert und kombiniert, geltend gemacht hat. In diesem Eigenanspruch hat sich Kant gegen Hume gestellt, der den menschlichen Geist auf die bloße Verstandestätigkeit reduziert hatte. In einem berühmt gewordenen Bekenntnis Kants bringt er zum Ausdruck, wie Hume ihn aus seinem „dogmatischen Schlummer" (*Prolegomena*, Vorrede) geweckt habe. Dieses Wachwerden beinhaltet auch ein Betroffensein Kants in doppelter Hinsicht. Erstens sagt Hume offenbar etwas Richtiges, zweitens ist mit dieser richtigen Aussage der Mensch in seiner Würde verletzt. Richtig ist die Aussage, und hier schließt sich Kant an Hume an, weil der Verstand über spekulative Fragen nicht abschließend befinden kann, und verletzend ist die Aussage, weil die Würde des Menschen fordert, mehr als nur ein organisches Bündel zu sein, das nur reagieren und assoziieren kann. Die Reduktion des Menschen auf wissenschaftlich erkennbare Eigenschaften ist genauso wahr wie kurzschlüssig, da der Mensch mehr ist als nur ein Naturwesen. Die Natur hat den Menschen, wie Kant in seiner praktischen Philosophie ausführt, von seinen Anlagen her viel zu gering ausgestattet, deshalb ist es nicht der Instinkt, sondern die Vernunft, die ihn durch das

Leben leitet. Sein Status ist nicht nur ein natürlicher, sondern ein moralischer und rechtlicher. Von seiner natürlichen Ausstattung wäre er nicht fähig zur Gemeinschaftsbildung und könnte deshalb schon gar nicht überleben. Ohne das moralische Gesetz, den kategorischen Imperativ: „Handle so, daß die Maxime deines Willens zugleich das Prinzip einer allgemeinen Gesetzgebung sein könnte" würde der Mensch ausschließlich aus egoistischen Gründen handeln, die er aber nie so durchkalkulieren könnte, daß sie ihm letztlich nicht doch fundamental schaden würden. Da der Mensch aber nicht nur ‚Verstand' hat, mit dem allein er nicht überleben würde, sondern auch ‚Vernunft', da er also nicht nur trieb- und interessengesteuert ist, sondern auch die Möglichkeit hat, die sich von der Vernunft her als Pflicht zeigt, seine Handlungen dahingehend zu prüfen, daß sie allgemeingültig sind, ist ihm hierin sein eigentliches Menschsein und damit auch seine Würde gegeben. Die Würde ist zugleich die Verpflichtung, vernünftig zu sein und sich dieser würdig zu verhalten.

Der Fortschritt, den Kant in der kritischen Philosophie sowohl in theoretischer, wie in praktischer Hinsicht gesehen hat, lag in der für die Erkenntnis und das Handeln gewonnenen Freiheit, unabhängig von den sinnlichen und sittlichen Gegebenheiten, die natürlich nicht geleugnet werden, in einer der Vernunft und damit dem Menschen eigenen Art erkennen und entscheiden zu können und auch zu müssen. Trotz seiner leiblichen und geschichtlichen Bestimmtheit, die den Menschen an seine Umgebung und seine Zeit bindet, hat er die Verpflichtung, seine Freiheit zu gebrauchen und auf diese Weise seiner Würde gerecht zu werden.

Für die schicksalhafte Bedeutung der Geschichte der Philosophie stellt sich nun die Frage, wie aus dieser kritischen Einstellung Kants in unmittelbarer Folge die Philosophie Hegels hervorgehen konnte, die nicht nur in das dogmatische Denken zurückfiel, sondern dabei eine bisher noch nicht existierende Form des dogmatischen Denkens begründete, indem sie den Nerv des kritischen Denkens, die dialektische Vernunft, nicht als Errungenschaft des kritischen Denkens, sondern zum permanenten Motor der Geistesgeschichte machte. Hegel erkannte in der Dialektik das Prinzip der Vernunft schlechthin und erhob sie zum Prinzip der Geschichte des Fortschrittes. Nach ihm besteht Geschichte nicht in der Ablösung von Ereignissen, sondern in dem dialektischen Prozeß des Aufhebens als Bewahrens von Widersprüchen. Was Kant für eine prinzipielle Lösung der kritischen Vernunft ansah, wurde zum Prinzip der kulturellen Entwicklung und des geistigen Fortschrittes erklärt, wobei die wirkliche Geschichte, die Zeitgeschichte, eine Erscheinung jener inneren Entwicklung des Geistes ist, an deren Ende die Selbsteinsicht, die Selbsterkenntnis des Geistes steht. Dieses Sich-Erfassen des Geistes ist für Hegel zugleich Ende und Prinzip der Wirklichkeit.

Mit Hegel beginnt eine Philosophie der Geschichte ganzheitlicher Art mit den entsprechenden weltanschaulichen und politischen Konsequenzen. Der Fortschrittsglaube ist nun nicht einfach der Glaube an die Bedeutung der kritischen Vernunft und ihrer Überlegenheit gegenüber Dogmatismus und Skeptizismus, sondern die zusätzliche Überzeugung, daß mit der Selbsteinsicht der Vernunft der Abschluß aller möglichen Entwicklungen erreicht worden ist. Die klare Unterscheidung zwischen lösbaren Fragen, die der Verstand behandelt und unlösbaren, mit denen sich die Vernunft auseinandersetzt in dem Bewußtsein, die Unlösbarkeit nicht als Makel zu sehen, sondern als Zeichen einer ernst zu nehmenden und kritischen Vernunft, ist von Hegel nicht mehr vorgenommen worden. Die Selbsterkenntnis der kritischen Vernunft ist einer Selbstermächtigung gewichen, alles Wirkliche für vernünftig und alles Vernünftige für wirklich zu halten. Die Frage ist also, wie das kritische Denken unmittelbar in ein dogmatisches Denken umschlagen konnte, eine Frage, die angesichts der politischen Auswirkungen solchen Denkens im 19. und vor allem dann im 20. Jahrhundert, nicht bloß von philosophiegeschichtlichem und höchstens kulturgeschichtlichem Interesse ist.

2. Siewerths Deutung des Schicksals der Metaphysik

Gustav Siewerth hat mit seiner kritischen Einschätzung der Denkgeschichte, vor allem in seinem Buch *Das Schicksal der Metaphysik von Thomas zu Heidegger* (Einsiedeln 1959) diese folgenreiche Wendung zum dogmatischen Denken bei Hegel im Sinn der »Ermächtigung« des Denkens gedeutet. Die Ermächtigung kommt aber nicht erst an diesem Punkt der Geschichte zum Ausdruck, sondern ist immer schon das Prinzip des zur Seinserkenntnis ermächtigten Denkens, das sich an diesem Punkt der Geschichte selbst erkannt hat. Dieses zur Seinserkenntnis ermächtigte Denken steht aber in der Gefahr, das hier erkannte Sein für ein Eigenes zu halten. Die Tatsache, daß ich Sein als »je-meines« erkenne, heißt noch nicht, daß es dies auch ist. In der Seinserkenntnis liegt für Siewerth eine Tendenz zur Identifikation mit dem Erkannten. Darin liegt nun die Gefahr einer Ideologisierung dieser Erkenntnis in den Proklamationen der Autonomie, der Selbstgerechtigkeit und nicht zuletzt der Selbstherrlichkeit der sich erkennenden Vernunft. In diesen Proklamationen, die das erkannte Sein auch vereinnahmen, werden alle Errungenschaften der Selbsterkenntnis wieder verspielt. Dies zeigt sich nun gerade bei Hegel, für den die Denkgeschichte ein fortschreitendes Wiedererkennen der Vernunft und der Wirklichkeit ist mit dem Ergebnis des Zusammenfalls und der damit vollzogenen Verherrlichung des Wirklichen als vernünftig und des Vernünftigen als wirklich.
Am Ende des 20. Jahrhunderts ist von dem, was man das postmoderne Denken nennt, wiederholt die Frage nach den Möglichkeiten der Wiedergewinnung der Differenzen und der Pluralität des Denkens gestellt worden, wobei eine Besinnung über das Ausmaß des sog. logozentrischen und eurozentrischen Denkens in Anbetracht einer in blutiger Konsequenz endenden Selbstermächtigung des Denkens erfolgt. In diesen immer noch anhaltenden Bemühungen um ein Denken in der Pluralität der Diskurse wird die Bedeutung von

Siewerths Untersuchungen deutlich. Zwar ist sein Denken nur im Bereich der Religionsphilosophie und Fundamentaltheologie wirksam gewesen - hier allerdings von großem Ausmaß -, doch wird seine Wirkung mittelbar von Bedeutung sein, zu bestimmen, welchen Beitrag die Religionsphilosophie und Fundamentaltheologie in der ja zumeist religiös motivierten Auseinandersetzung der Kulturen leistet.

Es geht also um die Frage, wie das Denken trotz seines Fortschrittes in kritischer Hinsicht, als kritische Vernunft, bescheiden bleibt und nicht der Selbstgerechtigkeit und Selbstherrlichkeit anheim fällt. Für die Beantwortung dieser Frage hat Siewerth einen wichtigen Beitrag geleistet, der es nicht nur verdient, sondern fordert, immer wieder genannt zu werden.

Siewerth hat in seiner Darstellung des *Schicksals der Metaphysik* einerseits schonungslos die Ermächtigung des Denkens innerhalb der Geschichte aufgezeigt, andererseits aber diesen Gang des Denkens nicht verurteilt, sondern ihn auch in seiner extremsten Veräußerlichung und Verfallenheit an die Wirklichkeit in Materialismus und Totalitarismus als für die Umkehr ermächtigt und damit für Gnade erreichbar ansieht. Das Denken löst sich also auch in seinen extremistischen Formen nicht von seinem Ursprung vollständig ab, es bleibt als Denken des Seienden immer auch Ausdruck des Seins und damit zugleich Ausdruck eines höchsten Gleichnisses, das das Sein als Gleichnis Gottes ist. Die Ermächtigung, die das Denken hieraus erfährt, betrifft das Verstehenkönnen überhaupt, das immer Seinsverständnis ist, nicht das konkrete Verstehen des Seienden. Die entscheidende Differenz liegt für Siewerth nicht zwischen dem Sein und dem Seienden, sondern zwischen dem im Seienden immer verstandenen Sein und dem, wofür dieses Verstehen Gleichnis ist.

Den entscheidenden Hinweis für diese Form der Differenz findet Siewerth bei Thomas von Aquin und dessen Lehre vom Sein. Thomas habe das Sein nicht von den Dingen abgelöst und als selbständig, subsistent, angesehen. Trotz dieser scheinbaren Unvollkommenheit ist das Sein aber für Thomas einfach und vollkommen, eben als Gleichnis. Dieser – mit den Worten Siewerths – „unerhörte Gegensatz" (*Das Schicksal der Metaphysik* (1959), 385), daß das Sein einfach und vollkommen ist und doch nicht subsistiert, sich also selbst nicht trägt und sich auch nicht selbst unterstellt, ist trotz seiner Vollendung – wie Thomas am Anfang der *Quaestiones de Potentia* zum Ausdruck gebracht hat – die Dialektik von Ermächtigtsein und Verfügung des Seinsverstehens. In der Erkenntnis der Nicht-Subsistenz ist das Denken in die Bescheidenheit gestellt, es erkennt im Sein die abschließende Erkenntnis alles Seienden, ohne dabei das Sein zum Grund alles Seienden zu machen. Dabei wird zugleich deutlich, daß in der Begründung des Seienden durch das Sein gerade die Versuchung des Denkens liegt. Das Denken, das nicht nur Seiendes denkt, sondern dabei immer auch das Sein mitweiß, ist durch dieses Mitwissen ermächtigt, Sein zu verstehen, aber nicht als Grund, sondern nur als Gleichnis. Der rationalistische und realistische Übergriff geschieht aber genau an diesem Punkt, das Sein in seiner Wirklichkeit als verstandenes Sein für das Selbstverstehen zu vereinnahmen. In der Ermächtigung, Sein zu verstehen, liegt, gleichsam geblendet durch diese Ermächtigung, die Gefahr, Sein als bloß Faktisches mißzuverstehen. Die Folge daraus ist ein Realismus, der alles für das hält, was es ist, ohne zu sehen, daß dieser Glaube an die Faktizität den Übergriff, die übergreifende Ermächtigung voraussetzt, das Sein als Grund zu verstehen und damit mißzuverstehen. Indem das Faktische als selbstevident angesehen wird, ist es zum Grund gemacht. Tatsächlich ist das Sein auch faktisch und real, aber nicht im Sinne der Selbstbegründung, der Selbsterzeugung, eben der Selbstsubsistenz. Wenn wir heute von wissenschaftlichen Fakten reden, dann glauben wir zumeist an die Selbstsubsistenz des Faktischen und unterliegen damit der Versuchung der Selbstgenügsamkeit, die sich z.B. im Zugeständnis an die normative Kraft des Faktischen zeigt. In Siewerths Interpretation geht es nicht darum, dem Faktischen die Wahrheit abzusprechen. Es geht nicht um die Wahrheit oder Unwahrheit des Faktischen, sondern um die Tragweite der Ermächtigung im Seinsverstehen. Führt man diesen Gedanken Siewerths weiter, dann spricht – entgegen dem Sprichwort, daß das Faktische für sich spräche – das Faktische eben nicht für sich, sondern zeugt als Faktum von seiner Unselbständigkeit, womit nicht seine Vollendetheit und Einfachheit in Zweifel gezogen ist. An sich und für sich ist das Faktische nichts, doch in dieser Nichtigkeit steht es in der Zeugenschaft für die Wahrheit – so ist das Seinsverstehen ermächtigt. An sich und für sich ist es nicht wahr, aber in dieser Unwahrheit zeugt es für die Wahrheit. Indem Hegel nun das An-sich und Für-sich zur Form der wahrhaften Zuordnung gemacht hat, hat er aus der Zeugenschaft des Faktischen die Selbstherrlichkeit des Faktischen gemacht. Wie für Siewerth ist schon für Meister Eckehart und Cusanus, aber ohne die Zuspitzung der Dialektik zum System der Selbstermächtigung, hier die Wirklichkeit das an- und für sich Zeugende und damit Vernunft geworden.

Der Unterschied, der zwischen Kant und Hegel in dieser Frage hervortritt, zeigt nun den entscheidenden und ausschlaggebenden Schritt der Vernunft im Gang ihrer Ermächtigung. Die Vernunft ist in ihrer Selbstgewißheit, die sie in der kritischen Position errungen hat, nun auch durch den geschichtlichen Fortschritt bezeugt, der nichts anderes als dieses „Einrücken in den Grund" (*Das Schicksal der Metaphysik* (1959), 263) darstellt. Der transzendentale Bezug der Vernunft zu ihren Wahrheiten, die sich in der zurückhaltenden Art des Zugriffes auf den Grund in Form von Postulaten, regulativen Ideen und dem grundsätzlichen ›Als ob‹ aller Wahrheiten ausdrückt, wird in der Dialektik der Geschichte zum Moment eines Wissens gemacht, dem die letzte Einsicht in den Gang dieser Geschichte selbst noch fehlt. Mit Hegel ist das Sein vollständig in die Verfügbarkeit der Vernunft gebracht und hat damit den Status des Bild-seins der Transzendenz völlig abgelegt. Der damit entstandene Realismus ist ein ganz und gar diesseitiger, Seinsverständnis ist ein Verständnis des ‚es ist‘, das ausschließlich die Vorhandenheit der Sachen bestätigt, wobei die Begründung, ob durch den Geist oder durch die Sache selbst, dann eher nebensächlich ist. Schon in Kants ,*Widerlegung des ontologischen Gottesbeweises* ', der darauf fußt, daß 100 gedachte Taler noch lange keine 100 wirklichen Taler seien und ein gedachter und im Denken bewiesener Gott noch lange kein wirklicher (KrV B 620ff), bedient sich Kant in Siewerths Augen eines realistischen Seinsverständnisses, das bereits von der Höhe der transzendentalen Argumentation abfällt (*Das Schicksal der Metaphysik* (1959), 494f). Indem für Hegel dann alles Vernünftige wirklich ist, ist der Schritt zum Seinsrealismus vollständig gemacht und eine Wirklichkeit, die nicht durch Vernunft begriffen und umgriffen ist, schlechtweg ausgeschlossen. Alles Weltverstehen ist damit ein Sich-Verstehen der Vernunft geworden. Es macht dann auch keinen Unterschied mehr, wenn Karl Marx diese für ihn auf dem Kopf stehende Position Hegels auf die Füße stellen will. In diesem Seinsrealismus Hegelscher Provenienz gibt es kein Oben und Unten mehr, sondern nur die vollständige Ermächtigung, alles Wirkliche als durch sich begründet verausgaben zu können.

Es ist zweifellos ein Verdienst von Siewerth, den Realismus, sei er spekulativ oder materialistisch, aus dem Seinsverständnis und dem hier ermächtigten Übergriff abgeleitet zu haben. Wie immer dieser Realismus gedreht wird, ob die Wirklichkeit geistig und vernünftig oder materiell und nicht-geistig ist, für die Art des Seinsverstehens spielt das letztlich keine Rolle mehr. Das Sein ist in das als Realität Gedeutetsein eingegangen - wenngleich nicht ganz. Wie für einige Vertreter des schon erwähnten postmodernen Denkens, z.B. Lyotard oder Derrida, gibt es auch für Siewerth eine Spur, durch die auch nach allem Verlust des Bildseins, die Differenz gewahrt bleibt. Mit diesen Denkern hat Siewerth gemeinsam, für „das Nicht-darstellbare zu zeugen" und die „Differenzen zu aktivieren"[1]. Es geht hier ebenfalls darum, das Andere der Vernunft vernünftig zu erfassen, ohne es zu vereinnahmen. Siewerths moderne und aktuelle Bedeutung liegt darin, das Schicksal der Metaphysik, das auch zu einem Schicksal der gesamten Zeitgeschichte geworden ist, in der zur Ideologie werdenden Ermächtigung des Seinsdenken erkannt zu haben.

Der Fortschritt der Metaphysik seit Leibnizens und Wollfs konnte von Kant noch positiv bewertet werden, weil er das dogmatische Denken durch das kritische überwunden sah. Was Kant noch nicht einschätzen konnte, war die durch das kritische Denken erfolgte Ermächtigung, die ein dogmatisches Denken totalitärer Art zur Folge hatte. Hier hat Siewerth mit seiner Ausleuchtung der Motive des Wissens, die die Ermächtigung des Wissens zu einem Seinsbewußtsein deutlich machen, eine wichtige Erkenntnis gebracht. Es ist die Erkenntnis, daß Wissen nicht einfach positives Wissen, Ansammlung von Information ist, sondern immer schon geleitet ist von Seinsbewußtsein, also dem Mitwissen, mit jeder konkreten Aussage und konkreter Erkenntnis über die Welt eine Feststellung des Seins vorzunehmen. Der Fortschritt des Wissens hat damit zwei Seiten, die beide Ausdruck der Ermächtigung sind, die

---

[1] Lyotard: Beantwortung der Frage, was ist postmodern, 1987. In: Postmoderne und Dekonstruktion, hg. v. P. Engelmann, Stuttgart 1990, 48.

aber die Macht in unterschiedlicher Auswirkung zeigen. Einerseits wird Selbstgewißheit der kritischen Vernunft zur Basis des Wirklichkeitsbewußtseins, zum maßgeblichen Kriterium für die Unterscheidung von Sein und Nichtsein, von dem, was ist und dem, was nicht ist. Hieraus folge die klare Grenzziehung zwischen dem Wißbaren und dem Nicht-Wißbaren, die Kant in seiner kritischen Philosophie, vor allem der *Kritik der reinen Vernunft* gezogen hat. Doch mit diesem neuen Bewußtsein eines Seins im Sinne dessen, was wirklich und was nicht-wirklich ist, erfolgt die letzte und gründlichste »Einrückung in den Grund« in dem Bewußtsein, über den Grund transzendental zu verfügen. Indem aus dem ontologischen ein gnoseologisches Prinzip geworden ist, hat sich der Grund in ein Begründenkönnen, in ein »Vermögen« aufgelöst. Das Einrücken in den Grund ist aber damit nicht nur die Ermächtigung des Wissens zu seinem Vermögen, es ist zugleich auch ein Verzicht auf die Darstellung dessen, wofür das Sein, das ja selbst nur Bild ist, steht. Ein festgestelltes Sein ist kein bildhaftes und offenes Sein mehr, kein Sein, das als Zeichen für etwas anderes steht. Damit ist aber dem Bewußtsein sein dramatischer Aspekt genommen, der gerade darin liegt, den Gleichnischarakter des Seins auszuspielen, ihn in der Bildlichkeit der Sprache und dem Drama der persönlichen Existenz umzusetzen.

Sehr eindrucksvoll hat Siewerth diesen dramatischen Aspekt in seiner *Metaphysik der Kindheit* (Einsiedeln 1957) an der Bedeutung des Kindseins dargestellt. Das Kind ist im besonderen Maße der Sorge und „Huld" überlassen. Dabei fällt den Eltern die Verantwortung zu, dem Kind als Stellvertreter des Urbildes, das sie für das Kind sind, die Bildhaftigkeit dieser Rolle zu vermitteln, also nicht die Macht auszuspielen, die ihnen von dieser Rolle her zukommt. Im Kindsein veranschaulicht sich das Hervortreten des Nichtseins als Potenz, die sich nicht verwirklicht, wenn das Kind ganz auf sich selbst gestellt bleibt, wenn es im Für-sich und An-sich verharrt, weil ihm hier die bloße Bildhaftigkeit der Stellvertreter nicht zugespielt werden kann. Die Erziehung verwirklicht das Sein als nicht subsistente, nicht aus sich selbst hervorgehende Ermächtigung des Bildseins zur Wirklichkeit nur dann, wenn die bloße Stellvertreterschaft des Seins in allen Autoritäten und Wirklichkeiten gewahrt bleibt. Sein wird übertragen, nicht besessen, und dieses Übertragen als Geben und Nehmen ist in primärer Hinsicht ein Verwalten des Seins im Verstehen als Sich-Wissen und Mit-Wissen. Den Eltern fällt deshalb in der Erziehung die Rolle des Vorbildes zu, ohne dabei Sein zu werden, also Gott zu spielen. Sie tragen die Verantwortung der Stellvertreterschaft, die sie dann an die Kinder weitergeben. Sie bleiben Vorbilder, wenn sie diese Autorität, zu der sie ermächtigt sind, nicht mißbrauchen, das heißt, wenn sie selbst ihr Kindsein bewahren und offen bleiben für das Empfangen. Der Lernprozeß des Kindes, die Vorbilder nicht zu Idolen zu machen, die Bilder nicht zu Realitäten zu verfestigen, vollzieht sich das ganze Leben und bestimmt den persönlichen Kern jedes Einzelnen. Auch der erwachsene Mensch bleibt in dieser Hinsicht Kind, er bleibt in der Abhängigkeit von der Stellvertreterschaft des Seins, dessen Autorität er überschätzt, sobald das Bildsein zu Realitäten und damit zu Idolen ermächtigt ist.

Wie das Schicksal der Metaphysik in der Neuzeit zeigt, handelt es sich hier auch um einen Prozeß der Erziehung des Menschen in seinem Seinsverständnis. Der kindliche Glaube an die Realität gesetzter Wirklichkeiten wird zwar durch das kritische Denken hinterfragt, wofür Kants Begriff der Erscheinung maßgeblich ist, jedoch um den Preis neuer Idole, die jetzt aus der Selbstsicherheit dieses Denkens stammen. So bleibt nach der Analyse dieses Ganges der Metaphysik die Frage an Siewerth, ob und wie es eine Rückkehr aus diesem Dogmatismus, ob es eine Erlösung aus der suchtartigen Versessenheit in den Realismus gibt. Der zentrale Satz von Thomas von Aquin aus *De potentia*, der die Einfachheit und Vollendetheit des Seins nennt, das sich nicht selbst hält und erhält, weist den Gleichnischarakter des Seins auf. Das Sein ist für Siewerth Gleichnis Gottes. Gleichnis heißt aber nicht gleich-sein, sondern ähnlich-sein. Zwischen Gleichsein und Ähnlichsein liegen die Möglichkeiten der Auslegung, des Verstehens und des Mißverstehens. Auch wenn das Sein im Gleich-sein mißverstanden wird, weil die Realität für Gott gehalten wird, und weil aus diesem Verstehen heraus der Mensch in die Irre läuft, ist auch hier ein Rest des Gleichnisseins geblieben, den das Bewußtsein als Wissen des Ursprunges behält. Für Siewerth bleibt in allem positiven Wissen das Mitwissen um das Gleichnissein erhalten, und sei es als Spur. Das Bewußtsein, mit dem sich der Verstand und die Vernunft die Dinge wirklich macht, vergegenwärtigt, ist selbst nur Gleichnis, nicht durch sich autorisiert, sondern durch seinen Grund, von dem es als Wissen herkommt. Diese Herkunft gerät nicht ganz in Vergessenheit. Das Bewußtsein ist selbst Gleichnis, es ist selbst, als Verstand und Vernunft, Abbild und damit an einem Vorbild orientiert.

Eine solche Einordnung des Wissens und Wissenkönnens ist angesichts der gegenwärtig sehr angeregten, im Zusammenhang mit den Ereignissen aus der Hirnforschung geführten Debatte um den Ursprung unseres Bewußtseins von einiger Bedeutung. Siewerths Denken erzieht zu einer Haltung, die zu dem rein naturwissenschaftlichen Standpunkt Zugang schafft und ihn einzuordnen versteht. Indem Siewerth das Schicksal der Metaphysik der Anlage und Versuchung des Seinsbewußtseins selbst zuschreibt, nicht den aktuellen Umständen, bezieht er eine Position, die die metaphysische Bedeutung der Aussage, auch wenn sie nicht metaphysisch sein will, im Auge behält. Wie immer Bewußtsein gedeutet wird, ob aus Gehirnströmungen oder aus einem funktionellen Reiz-Reaktions-Kreis, ist für den Inhalt des Bewußtseins und seiner Aufgabe, Gleichnis zu sein, unerheblich. Nicht unerheblich dagegen ist der Anspruch einer Theorie des Bewußtseins, ihre weltanschauliche Implikation. Von Siewerth erfahren wir, daß nur eines Not ist, der »beirrenden Macht des Seins« nicht zu verfallen. Insofern spielt es keine Rolle, wie die Abhängigkeitsverhältnisse etwa des Geistes vom Körper formuliert werden, weil jede Position auf ihrem Realismus beharrt. Ob das Bewußtsein das Sein oder das Sein das Bewußtsein bestimmt - ein folgenreicher Unterschied zwischen Hegel und Marx, der bis in die jüngste Vergangenheit hinein blutig umstritten war - ist keine grundsätzliche Frage, weil beide Positionen unterschiedslos in der letzten Ermächtigung der Selbstgewißheit des Seins stehen. Entscheidend ist die metaphysische Fragestellung, wie weit das Wissen in seinem Fortschreiten sich auch zur Subsistenz ermächtigt hat und dabei sein Gleichnissein aufgibt. Wie weit ist sich das Wissen in seinem Bild-sein dieses Bildseins nicht mehr bewußt und wird in dieser Bewußtlosigkeit über den Einfluß der Macht in die Irre geleitet? Dies ist insgesamt die Frage, wie weit das Denken seiner Versuchung erliegt, das Sein, das es im Weltsein und als Selbstgewißheit erfährt, für die Wahrheit, im Grunde aber für Gott zu halten.

Diese Versuchung des Denkens, der dann der bedeutende Schüler von Siewerth, Ferdinand Ulrich, im einzelnen nachgegangen ist, liegt in dem Zugriff auf die Vergegenständlichungen, die sich das Denken geschaffen hat, seien sie nun spirituell oder materiell. Wie Ulrich, im Weiterdenken von Siewerths Ansatz dann zeigt, führt dieser Zugriff zu einer „Vergreisung" der Selbstgewißheit, infolge der substantiellen und subsistenten Ausdeutung der Zukunft (*Homo abyssus*. Einsiedeln [2]1989, S. 8). Für ein ermächtigtes Denken gibt es keine Zukunft mehr, alles hat sich in der Statik eines selbstgewissen, gegenwärtigen Seins, sei es das Sein des absoluten Geistes bei Hegel oder das Sein der klassenlosen Gesellschaft bei Marx, aufgelöst.

Die gefährliche Abgeklärtheit dieser Theorien findet sich heute nicht mehr in den gesellschaftsphilosophischen Auseinandersetzungen, sondern eher in der weltweit einheitlich werdenden Überzeugung einer genetischen Ausdeutung des Menschen. Die Zuversicht, die wir aus Siewerths Werk angesichts solcher totalen Ausdeutungen des Menschen und seines Geschicks bekommen, liegt darin, daß in diesen Ideologien das Bildsein des Menschen nicht verloren geht, daß allenfalls der Spiegel etwas trüb wird. Sein Werk ermuntert heute noch, sich für die Freiheit, die dieses Gleichnissein bedeutet, einzusetzen und sich nicht auf Identifikationen einzulassen, die das Gleichnis-sein in Gleichsein überführen. Das Schicksal der Metaphysik wird sich wenden, wenn wir nicht nur für die „Differenzen" zeugen, wie Lyotard in dem oben genannten Aufsatz sagt, sondern vor allem für die Seinsdifferenz, für die Differenz zwischen Sein und Grund, zwischen Urbild und Abbild einstehen.. Mit der Seinsdifferenz zeugen wir für die Bildlichkeit des Seins. Zu Zeugen, nicht zu Schöpfern des Geschehens sind wir ermächtigt. In dieser Zeugenschaft erkennen wir uns selbst, indem wir uns als bewußte Wesen erfassen, als Bild und das endliche und vergängliche Seiende, wie Goethe in der Schlußstrophe des *Faust* sagt, als Gleichnis. Diese Erkenntnis und ihre Zuversicht ist aber nicht einfach gegeben, sie muß errungen oder, in Anlehnung an Siewerths Begriff der Kindheit, erzogen werden.

Der Mensch ist dieses, den Ursprung sichtbar machende ‚Bild' nur, sofern er durch das Sein als Sein seinshaft und in seinem Vermögen ‚aktuiert' ist, so daß die Ausfaltung des Seins als des ‚höchstens Gleichnisses' zur personalen Subsistenz die ‚Ebenbildlichkeit' mit dem subsistierenden Geistgrund heraufführt. Wo solche Rückkehr des Seins zu sich selbst, im Sinne der Personalität nicht stattfindet, gibt es kein ‚Abbild' Gottes, sondern nur eine sich verlaufende ‚Spur'.

(*Das Schicksal der Metaphysik* (1959), 391)

Diese Bedeutung der Rückkehr erinnert an Bonaventuras Aufstieg der Seele zu Gott im *Itinerarium mentis in Deum*, dem Weg und Pilgerweg des Geistes zu Gott. Der Pilgerweg ist kein Fortschritt, sondern die Rückkehr, die mit dem Erlernen des Spurenlesens beginnt. Siewerths Beitrag zum Spurenlesen liegt darin beschlossen, den Gang der Metaphysik und ihren Verfall für diesen Rückweg dienstbar zu machen. Mag in dieser Sichtweise Siewerths Wissen in Glauben übergehen, so bleibt auch für den nicht Glaubenden und nur Wissenwollenden die Erkenntnis, daß im Wissen etwas liegt, was über das bloße Wissen hinausgeht und Realität beansprucht - die Macht des Wissens. Wissen ist Macht, weil es zu Selbstverstehen und Seinsverstehen ermächtigtes Wissen ist. In dieser Ermächtigung liegt alle Kreativität, aber auch die Gefahr des Wissens, nicht zuletzt aber der Grund, warum Wissen selbst ein Schicksal hat.

Gustav Siewerth und der
transzendentale Thomismus

Andrzej Wiercinski

Mit Gustav Siewerth zu denken verlangt, daß man die Gedanken anderer Philosophen zuerst einmal nachvollzieht, um dann mit ihm das Sein komplexer zu denken. Nur zusammen, und um der Sache des Philosophierens selbst willen, können wir uns dem uns Zum-Denken-Gegebenen zuwenden. Im Hinblick auf Gustav Siewerths Beziehung zum transzendentalen Thomismus werden nachfolgend die einzelnen Fragen des transzendentalen Thomismus und die Siewerthsche Kritik dieser Positionen, besonders seine direkte Auseinandersetzung mit Maréchal behandelt. Abschließend stellt sich die Frage, inwieweit sich Siewerth tatsächlich von den transzendentalen Thomisten unterscheidet und ob sich seine Kritik gleicherweise auf alle Vertreter dieser Denkrichtung beziehen kann.

I. *Joseph Maréchal und Gustav Siewerth*

Gustav Siewerth würdigt in der Einleitung zu seiner Geschichte der Metaphysik, *Das Schicksal der Metaphysik von Thomas zu Heidegger* (GW I), die philosophischen Überlegungen der Neo-Scholastiker, die ihm von exemplarischer Bedeutung zu sein schienen. Überzeugt von der Geschichtlichkeit des Denkens im Hinblick auf die Tiefe des Seins, plaziert er das neo-scholastische Denken in der Geschicklichkeit der Seinsvergessenheit. Es geht ihm darum, das Wahre ans Licht zu bringen, auch wenn er davon ausgeht, daß es „keine Erhellung eines Irrtums geben kann, ohne daß die implikativ gebundene Fülle der *consequentia entis* differenzierter und geeigneter zugleich hervortritt und das Denken tiefer zu Wahrheit ermächtigt"[1]. Die Ansätze der Neo-Scholastiker, „durchaus beachtliche, wenn nicht bewundernswerte", versuchten "das begrifflich entwirklichte Sein durch eine *Teilhabe an Gottes Idealität* durch das *unendliche objektivierende Streben*, durch eine *seinsvermittelnde, seinskonstitutive, apriorische Urteilssynthese* oder durch eine *Komposition aus logischen Begriffsbestimmungen* zu überwinden"[2].
Siewerth widmet seiner direkten Auseinandersetzung mit der Neo-Scholastik das zwölfte Kapitel von *Schicksal der Metaphysik*[3]; dort beruft er sich auf den fünften Band von Maréchals *Le point de départ de la métaphysique: leçons sur le développement historique et théorique du problème de la connaissance,*

---

[1] GW IV, 45.
[2] GW IV, 45.
[3] Vgl. das zwölfte Kapitel im Teil B, Von Thomas zu Heidegger: Entwicklung in der neuesten Scholastik, GW IV, 300-338.

der *Thomisme devant la philosophie critique* betitelt ist[4]. Maréchal stellt in seinem Hauptwerk die kritische Frage nach dem "Ausgangspunkt" des Philosophierens[5] und erweist sich damit - trotz seiner Verbundenheit mit der scholastischen Tradition - als "moderner" Denker. Siewerth fängt an mit der Aufzeichnung des scholastischen Apriorismus von Rosmini, mit seinem Konzept des Seins als Inbegriff von Möglichkeiten, das in der suaresianischen Tradition wurzelt[6]. Die Umkehrung der Metaphysik in die logische Synthesis ist das Schicksal, das den Apriorismus befällt[7]. Seit Platon wurde behauptet, daß die menschliche Erkenntnis in Vernunftprinzipien und Vernunftwahrheiten eine solide Grundlage hat. Die Vernunftprinzipien und Vernunftwahrheiten gehen der Sinneserfahrung voraus (*a priori*) und sind von ihr unabhängig. Wenn nur das Sein *a priori* gegeben wird, und das geistige Sein, das Nichts, erst *a posteriori* gebildet wird, dann ist das erste Urteil nicht eine eingeborene, sondern eine erworbene Sache. Die Schwierigkeit besteht darin, daß die intelligible Erfassung des Nichtseins notwendig durch das Sein vermittelt werden muß und deswegen ein Widerspruch entsteht, indem der apriorischen Idee des Seins auch das Nichtsein entspricht, dessen Idee aber nur *a posteriori* erworben wurde. Mit der apriorischen Seinsidee wird das Sein in wesende Möglichkeit umgewandelt, und das Sein selbst zur reinen Potenz, zu einem determinierbaren Empfängnisraum. Wenn die Vernunft nur Konzepte (Wahrheiten) empfängt, muß sie sich primär in der Dimension der *Erscheinungen* und der *Möglichkeitsentwürfe* aufhalten. Die Realität (die nicht-subjektive Objektivität) wird aus dem Subjektgrunde apriorisch hergeleitet. Folglich wird diese Position zur apriorisch zu setzenden Partizipation an der göttlichen Idealität führen.

Siewerth spricht von einer Möglichkeit, die Vernunftpotenz selbst zu aktualisieren. Die Potenz ist nicht nur Empfänglichkeit, sondern auch strebende Dy-

---

[4] Maréchal, Joseph: Le point de départ de la métaphysique: leçons sur le développement historique et théorique du problème de la connaissance. Bruges: Charles Beyaert, 1922. Bd. 1. De l'antiquité à la fin du moyen age: la critique ancienne de la connaissance. Bd. 2. Le conflit du rationalisme et de l'empirisme dans la philosophie moderne, avant Kant. Bd. 3. La critique de Kant. Bd. 4. Le système idéaliste chez Kant et les postkantiennes. Bd. 5. Thomisme devant la philosophie critique. Weitere Kommentare zu Maréchal: Denis J.M. Bradley: Transcendental Critique and Realist Metaphysics. Washington, D.C.: Thomist Press, 1975.; Au point de départ: Joseph Maréchal, entre la critique kantienne et l'ontologie thomiste. Hg.: Paul Gilbert. Bruxelles: Lessius, 2000.
[5] "La métaphysique, si elle est possible, a nécessairement pour point de départ une affirmation objective absolue: rencontrons-nous, dans nos contenus de conscience, une pareille affirmation, entourée de toutes les garanties réclamées par la critique la plus exigeante?" (*Cah.* I 11).
[6] Siewerth widmet Rosmini das ganze elfte Kapitel *von Das Schicksal der Metaphysik, betitelt: Begriffsrationalismus und Ontologismus.* GW IV, 283-299.
[7] Nach dem radikalen Apriorismus von Platon führt die Sinneswahrnehmung zu keiner wahren Erkenntnis, die allein auf der Vernunft beruht. Nach Kant dagegen spielt die Erfahrung eine konstitutive Rolle. Sie muß jedoch von der Vernunft durch synthetische Grundsätze ergänzt werden, die die Bedingungen der Möglichkeit einer Wirklichkeitserfahrung sind.

namis. Siewerth versteht die Bedeutung Maréchals (wie auch Rosminis) in der Auseinandersetzung mit Kant, bzw. der Überwindung von Kant, den er ebenfalls in der scholastischen Tradition einwurzelt. Maréchal heftet, wie Kant, die noumenale Eröffnung der Realität an das strebende (praktische) Subjekt. Der abstrakte Begriff des Seins ist einer *représentation formelle* zugeordnet und stellt nur die letzte Dimension der förmlichen Allgemeinheit dar. Auf dieser allgemeinsten begrifflichen Möglichkeit läßt sich offensichtlich keine Sacherkenntnis gründen. In Siewerths Auslegung verlegt Maréchal den Strebewillen in die theoretische Vernunft, indem er das Zielstreben des Willens mit dem Erkenntnisstreben der Vernunft identifiziert. Wie auch Fichte, verbindet Maréchal die Methoden der *ersten* und der *zweiten Kritik*, die transzendentale Herleitung der Bedingungsmöglichkeiten des Erkennens, und die Analyse des inbegriffenen Endziels der moralischen Handlung. Diese Methode basiert auf der identischen Intention von Vernunft und Willen: Beide, die Vernunft und der Wille, sind apriorisch dem einen Ziel zugewandt, also dem Besitz von absolutem Sein, absoluter Wahrheit, Güte und Intelligibilität. Jegliche Erkenntnis wird am implizierten gewollten Maximum an realer Seinsfülle gemessen. Siewerth spricht auch weiterhin Fichte gegen Kant recht und versteht sich selber in dieser Tradition[8]. Damit meint er seinen Ansatz zu rechtfertigen, "im rein transzendentalen Problem des Gegenstandes als solchen dem formalen Gesichtspunkt den dynamischen einzupflanzen"[9]. Darin sieht er auch die Richtigkeit für die aristotelisch-thomistische Metaphysik des Gelingens der Wiedereinführung des aktiven Zielstrebens ins Herz der gegenständlichen Erkenntnis.

Indem Maréchal den dynamischen Akt der Erkenntnis selbst transzendental analysiert, legt er die Phänomenologie des Erkennens als spontane Handlung des Subjekts vor. Sein kritischer metaphysischer Realismus gewinnt hiermit die aristotelische Analyse der Erkenntnis wieder und widerlegt dadurch die Intuition als berechtigten erkenntnistheoretischen Maßstab. Maréchals phänomenologische Re-Interpretation des *intellectus agens* macht diesen zu einer Bedingung der Möglichkeit des Erkennens[10].

---

[8] Bei Fichte, Schelling und Hegel existieren die apriorischen Prinzipien in einem spekulativen Sinn: Wenn man apriorisch zeigen kann, daß etwas nicht anders gedacht werden kann, dann muß es notwendigerweise in Wirklichkeit auch so sein, und nicht nur bloß in unseren Gedanken.

[9] GW IV, 302.

[10] Nach Thomas von Aquin ist das Erkennen eines Begriffs die Kenntnis der "Natur" oder des "Wesens" eines Dinges. Diese Natur ist vielen Dingen gemein; daher ist das individuelle "*concretum*" als Einzelwesen davon ausgeschlossen, mit Absicht ein Objekt des *intellectus agens* (das Wesen abstrahierend) oder des *intellectus possibilis* (das Wesen erkennend) zu sein. Vgl. *STh* I, Q. 86, a. 1: "Unde intellectus noster directe non est cognoscitivus nisi universalium." Es ist diese innere Fakultät des Wahrnehmens, die den Vernunftsakt daraufhin beeinflußt, daß keine Konfusion zwischen einem Einzelwesen und dem Mitglied einer "Gat-

In seiner transzendentalen Überlegung erkennt Maréchal ein Subjekt, das im epistemologischen Vorgang aktiv ist, sich auf Sinnesverhalte verläßt und sich praktisch um die Feststellung dessen, was es kennt, bemüht. Er erweitert die Anwendbarkeit der Analyse der Endgültigkeit subjektiver Tätigkeit, die von Kant für die *zweite Kritik* vorgemerkt wurde, auf das Denken ganz allgemein.

Maréchal setzt direkte Konzepte (eine einfache Apprehension) an den Ursprung der menschlichen Erkenntnis[11]. Er gründet die Erkenntnis der objektiven Realität auf die Spontaneität der intellektuellen Affirmation und ihre unendlich strebende Dynamis. Doch wenn die Seinssetzung in der endlichen Subjektivität beheimatet und dadurch beschränkt wird, wird das Sein ein abstrakter Horizont, der nur durch das unendliche Streben des denkenden und wollenden Geistes transzendiert werden kann. Wenn das Sein als unendliches Streben verstanden wird, dann "[entsteht] aus dem Streben zum absoluten Grund ... das Sichsetzen aus dem absoluten Grund, das selbst wieder ein Streben zum absoluten Grunde ist"[12]. Darin sieht Siewerth die totale Bodenlosigkeit der seinsvergessenen Logik. Nach Maréchal ist das Urteil der Realität ein spontaner Akt eines Subjekts, der auf einem apriorischen Verständnis des allgemeinen Seinswesens basiert (und nicht eine Folgerung, die auf einer aposteriorischen Intuition der Existenz gründet und von ihr abhängig ist). Maréchal bekennt sich zur diskursiven, Folgerungen ziehenden Vernunft, die durch einen folgernden Vorgang zur Existenz gelangt[13]. Die Erfassung der Realität erfolgt durch das Streben der Vernunft (und nicht durch den Intuitus der Seinsprinzipien). Infolgedessen werden Erfassung und Urteil nicht mehr wesenhaft unterschieden. Indem der Erkenntnisakt selber das Streben der Vernunft ist, wird ein Wirkliches in der strebenden Erfassung oder als deren Produkt erkannt. Der transzendentale Seinsbegriff Maréchals hellt das Streben der Vernunft durch seine innere Unbegrenztheit zu sich selbst auf. Die Unend-

---

tung" geschieht. Das bedeutet nicht, daß dies eine Erkenntnis der "Natur" oder des "Wesens" ist. Es ist einfach die Rolle der ersten gewollten Erkenntnis des *intellectus possibilis*.

[11] Das direkte Konzept ist ein vollzogenes Urteil (exercité), kein ausgefaltetes, sondern ein gelebtes Urteil (jugement vécu). GW, 304.

[12] GW, 337. Hier zitiert Siewerth „Urteil und Sein" von Lotz.

[13] M. Vertin erwähnt sechs Stufen in Maréchals Werdegang des Erkennens: 1. Transzendentale Bejahung des Seins als *telos* der Vernunft, vor jeglichem Erkenntnisakt; 2. Ein Begreifen der Sinne (*Sensing*), wo das denkende Begreifen von Sinnesverhalte und deren Organisation in ein einheitliches Phantasma vor sich geschieht; 3. Ein begriffliches Sich-vorstellen (*Conceiving*) - die Abstraktion des Universellen vom Phantasma; 4. Umkehrung zum Phantasma - die Rückbeziehung des abgesonderten Universellen zum Phantasma; 5. Bejahung - die Prädikation des Universellen eines erkannten Objekts und das Urteil über dessen Existenz innerhalb des Horizonts der absoluten Existenz; 6. Beurteilung - die Reflexion im strikten Sinne, die vollkommene Umkehr auf sich selbst und auf die vorangehende Erkenntnistätigkeit und deren Voraussetzungen. Die ersten fünf Stufen sind implizit, die sechste ist explizit. Sie ist das reflexive Umwandeln dessen, was implizit ist, zum Expliziten. M. Vertin. Maréchal, Lonergan and the Phenomenology of Knowing, in: Matthew Lamb, (Hg.): Creativity and Method. Milwaukee: Marquette Univ. Press, 1981, 413-415.

lichkeit der Naturneigung sättigt sich an der Form des Seins und gleicht sich dieser an[14]. Das erste Urteil ist bei Maréchal eine Synthesis *a priori*. Diese apriorische Synthese ist nach Siewerth "eine formale Komposition der Gegenstände, deren partikuläre Erscheinung vom subjektiven Vermögen her aus dessen vorgängig eröffneter (formaler und universaler) *capacitas* her determiniert und objektiviert wird"[15].

Siewerth deutet das Problematische der dynamischen Transzendenz Maréchals und findet deren notwendige Fundierung in Gott. Sowohl in Hinblick auf das Streben der Vernunft als auch auf den Gegenstand dieser strebenden Dynamis wird es notwendig zu bejahen, daß Gott möglich ist. In der thomistischen Psychologie wird das geistige Vermögen der Vernunft durch das Sein mit einem formellen Objekt bedacht. Maréchal stellte diese Beziehung zwischen Vernunft und Sein auf dramatische Weise dar. Er verstand den menschlichen Geist als strebendes Verlangen nach dem Sein, unruhig und außerstande, im urteilenden Verstehen jeglicher Einzelheit oder begrenzten, kontingenten Realität Befriedigung zu finden. Das Verstehen dieser Person oder jener Begebenheit hinterläßt nur Unzufriedenheit in der menschlichen Vernunft, wie er meinte. Letztere sucht spontan nach größerem Wissen, verschiedenartigen Einsichten, anderen Wahrheiten. Und diese vermeintliche Tatsache lehrt uns, daß wenn die Vernunft nach dem Sein dürstet, sie dann eigentlich nach dem absoluten Sein, der unendlichen Wahrheit, nach Gott dürstet. Mehr noch, sie dürstet nicht nach irgendeiner leeren Idee von Gott, sondern nach der lebendigen Wirklichkeit selbst. Und da die Vernunft überdies den Willen mit den Objekten des geistigen Verlangens versieht, quillt das Verlangen nach dem Göttlichen ganz natürlich im geistigen Vermögen von Vernunft und Willen auf. Dieses Verlangen ist nicht ganz spontan, da der Natur die Möglichkeiten der Erfüllung aus sich selbst fehlen, und doch entstammt es der Natur des Menschen. Daher genierte sich Maréchal (mit dem Segen des Aquinaten) nicht, in jeder menschlichen Psyche ein natürliches Verlangen für die *visio beatifica* zu entdecken. Dazu bemerkte er, daß dieses natürliche Begehren Erfüllung erfordert, selbst wenn diese Erfüllung durch einen Akt göttlicher Gnade bewirkt werden soll. Für Maréchal ist der apriorische Zustand unserer Antizipation des Seins eine implizite Affirmation der Existenz des absoluten Seins. Wir können nicht die Wirklichkeit des Seins auf begrenzte Weise bejahen, ohne die absolute Wirklichkeit des Seins zu bestätigen. Somit ist eine Bejahung der Sache implizit auch die Bejahung der Form, also der Wirklichkeit der Sache; eine Bejahung des Wesentlichen ist implizit die Bejahung des Seins, des Wesensaktes; und eine Bejahung des endlichen Seins ist implizit die Bejahung des unendlichen Seins. Siewerth sagt mit Maréchal, daß es heißt, "rein und schlechthin [zu] bejahen, daß Gott existiert, da seine Existenz

---

[14] Vgl. GW IV, 307.
[15] GW IV, 317.

die Bedingung von jeder Möglichkeit ist"[16]. Sollte aber dieses unendliche Streben seinen Grund der Möglichkeit in Gott haben, dann wäre der Gotteserweis ein bloßes Postulat.

Maréchal argumentiert, daß die thomistische Erkenntnistheorie die von Kant aufgeführten Probleme vorwegnimmt, und veranschaulicht die Ungültigkeit von Kants Versuch, die Gottesidee zu einem leeren, unbeweisbaren philosophischen Begriff herabzusetzen. In seiner Analyse der apriorischen Strukturen der Erkenntnis irrte Kant, so meint Maréchal, indem er bei der Beschreibung des menschlichen Erkennens seine Analyse auf die Beziehung zwischen konkreten Sinnesvorstellungen und abstrakten Universalideen beschränkt. Dabei hatte Kant aber, nach Maréchal, eine fundamentalere apriorische Struktur übersehen, die Struktur des Bewußtseins, die aber von der thomistischen Erkenntnistheorie geliefert wird. Denn der Aquinate war vorgedrungen zum Grund, warum wir den Dingen, die wir sehen, hören, schmecken, berühren und riechen, abstrakte begriffliche Namen geben. Wir tun dies, um sie beurteilen zu können. Und unsere Urteile begreifen die Wirklichkeit, das Sein, die Wahrheit. Für den menschlichen Intellekt, so glaubte Maréchal, ist die wahre Kapazität, endlos Fragen über viele Dinge zu stellen und darüber endlos Urteile zu fällen eine Belehrung, daß der menschliche Geist, ganz seinem Wesen nach unerschöpflich nach Wahrheit dürstet, nach Wirklichkeit, nach dem Sein selbst.

Siewerths Kritik an Maréchal beginnt zugleich mit der Aufdeckung von Maréchals Thomasdeutung. Siewerth zeigt, daß das natürliche Begehren der Erkenntnis durch die Erkenntnis des Seins und der Seinsgründe erweckt wird. Die Unendlichkeit der Seinsgründe aktiviert den Geist in seinem Begehren nach Gott. Der Geist wird nicht aus sich selbst alleine, sondern durch Gottes Gnade zu Gott erhoben. Maréchals umstrittener *appetitus absolutus* wird von Siewerth wesentlich anders ausgelegt, besonders in dessen Anlehnung an Artikel 57 des 3. Buches der *Summa contra Gentiles*[17].

Für Siewerth, der sich ebenso auf Thomas beruft, gilt es, daß das *ens* ein Etwas ist, das allererst von der Vernunft konzipiert wird, und zwar immer als ein Seiendes, nicht aber ein unbestimmtes inhaltloses Sein[18]. Dieses Seiende ist am Ursprung ein *unum*, und als ein Erkanntes ein *verum*. Die erste Tätig-

---

[16] GW IV, 309.

[17] S.c.G. III, 57: dieser Artikel besagt, daß jede Intelligenz an der Schau Gottes teilhaben kann. Thomas schreibt: "Jede Intelligenz hat den natürlichen Wunsch, die göttliche Substanz zu schauen. Doch kann ein natürlicher Wunsch nicht umsonst gewünscht werden. Also kann jegliche und eine jede geschaffene Intelligenz zur Schau der göttlichen Substanz kommen; und eine minderwertige Natur ist dabei kein Hindernis."

[18] Siewerth hat die Grundprinzipien der Seinslehre in seiner Schrift Die Abstraktion und das Sein nach der Lehre des Thomas von Aquin (Gustav Siewerth. Sein und Wahrheit. Bearbeitet und eingeleitet von Franz-Anton Schwarz mit einem Nachwort von Walter Warnach, in: GW I, 581-619) dargelegt.

keit des Intellektes ist ein urteilendes Begreifen, eine *conceptio intellectus*, und nicht die abstrakte *simplex apprehensio* des *ens*. "Das erste der begrifflichen Wirklichkeiten sind daher intuitive Urteile, in welchen die transzendentalen Apprehensionen *statim* sich zur Einsicht (zum *intellectus*) vollenden, auf Grund welcher alle reflexiv isolierbaren *intentiones* bereits in die Wahrheit der in sich seienden Wirklichkeit oder des substantialen Insichseins, eben eines *ens* transzendiert sind"[19]. Aus dieser Wahrheitsvollendung sieht Siewerth erst die Möglichkeit, "reflexiv und abstraktiv in die logischen und metaphysischen Teile dieses Einigen und Ganzen (des *verum* und *ens*) und in das *esse* vorzudringen"[20]. Das *ens* ist vom Akt des *esse* genommen. Urteilendes Denken ist in der Substanz und im Sein des Seienden terminiert.

Siewerth sieht den Widerspruch im Denken Maréchals insbesondere in der dynamischen Transzendenz, in der Umkehrung und Vertauschung von Akt und Potenz. Das Sein ist nur ein abstrakter Begriff, der Inbegriff aller möglichen Begriffe. Siewerth meint, daß Maréchal die Unmöglichkeit verkennt, eine unendliche Potenz zu erkennen, ohne daß der ihr entsprechende Akt sie aktualisiere. Maréchal sieht auch nicht, daß mit dem möglichen Sein als Gattung noch nichts gesagt ist vom absoluten Gott. Das objektive und sachhaltige Denken kann nur von einer ontologischen Idealität ermöglicht werden. "Der mögliche, absolute Gott ist durch sich selbst wirklich, und seine Wesensmöglichkeit, die das Wirklichsein impliziert, wird in der Möglichkeit der Begriffe und des unendlichen Strebens offenbar"[21]. Ontologistischer Idealismus oder nicht überwindbare Möglichkeitsdimension sind die Konsequenzen von Maréchals metaphysischem Ansatz.

Eine weitere Kritik von Maréchals Position kommt von Etienne Gilson. Im fünften Kapitel seines *Réalisme thomiste et critique de la connaissance*[22] untersucht er kritisch Maréchals Versuch, die transzendentale Philosophie von Kant und den metaphysischen Realismus synthetisch zu vereinen. Nach Gilson ist der Anfang immer bei einer aposteriorischen urteilenden Intuition des Seins. Das Sein wird zuerst in der Erkenntnis angetroffen, und nicht (wie bei Maréchal) im Urteilen hervorgerufen. Die unumgängliche Tatsache einer Intuition der Existenz ist, in Wahrheit, das eigentliche Fundament der thomistischen Erkenntnistheorie. Eine transzendentale Philosophie, die auf dem Trugschluß basiert, daß das Sein apriorisch erkannt werden kann, hebt ein ontologisches Urteilsdenken auf, indem es sich an das Subjekt hält, um das Apriorische der Erkenntnis zu untersuchen; dies aber eliminiert die Möglichkeit, zur ontologischen Wahrheit durchzustoßen. Gilson kritisiert Maréchal

---

[19] GW IV, 327.
[20] GW IV, 327.
[21] GW IV, 311.
[22] Gilson. E.: Réalisme thomiste et critique de la connaissance. Librairie philosophique J. Vrin: Paris, 1939.

wegen seinem Versuch, Kants Methodologie der *ersten* mit der der *zweiten* *Kritik* zu vereinen, der auch ein Versuch ist, Kants Agnostizismus zu überwinden, indem er die Möglichkeitsbedingungen des Denkens als Möglichkeitsbedingungen der Dinge darstellt und die dynamische Absichtlichkeit des Denkens hervorhebt. Nach Gilson ist Maréchal weder ein Kantianer, da er das erste Prinzip von Kants Lehre übertritt, wodurch apriorische ontologische Urteile nicht möglich sind, noch ein Realist, da er nicht eine ursprüngliche Intuition des Seins vorsieht[23]. Für Gilson ist eine Philosophie, die mit der Subjektivität und nicht mit dem Sein beginnt, dazu erkoren, im Idealismus zu landen. Weil das Sein *a posteriori* ist, kann keine Metaphysik aus der Beschreibung des Subjekts entstehen. Der Realismus muß mit dem Sein als seiner absoluten Voraussetzung anfangen. Dadurch wird der Realismus eine Art von rationellem Glauben an die Intelligibilität der Welt, bedeutet also eine Position, zu der sich Gilson gerne bekennt.

Eine durchaus interessante Kritik des transzendentalen Thomismus von Maréchal kam von Jacques Maritain[24]. Maréchal behauptet in seiner Epistemologie (denn das Hauptthema seines *The Point of Departure of Metaphysics* ist eben Epistemologie), daß die Wissenschaft unseres Realitätserkennens dasselbe

---

[23] Es ist interessant die Tatsache zu analysieren, wie Thomas von Aquin seine Ontologie zuerst aufbaut, und dann erst folgen seine Philosophie der Vernunft und seine Epistemologie auf der Basis dieser bereits gebauten ontologischen Analyse. Thomas baut also nicht sein philosophisches System rund um eine Erkenntnistheorie, sondern seine Epistemologie auf der Basis, die von seiner Metaphysik her bereits dasteht. Unser Wissen um die Außenwelt ist der Anfangspunkt der philosophischen Reflexion. Dessen Funktion ist es, dieses Wissen aufzuhellen, nicht es zu rechtfertigen. Thomas greift nicht erst zur *transzendentalen Wende*, um epistemologische Kriterien zu begründen. Siehe Scott MacDonald. *Theory of Knowledge.* In: Norman Kretzmann and Eleonore Stump: *The Cambridge Companion to Aquinas.* Cambridge: Cambridge University Press, 1993, 160; Haldane: *Insight, Inference and Intellection.* In: *Proceedings of the American Catholic Philosophical Association, Insight and Inference,* Bd. 75, 1999. Bronx, NY: Fordham University, 2000, 43; auch eine englische Übersetzung von Jean-Pierre Torrell: *St Thomas Aquinas: The Person and His Work.* Washington, DC: The Catholic University of America Press, 1996.

[24] Vgl. die erhellende Beschreibung der Kritik an Maréchals transzendentalem Thomismus von Jacques Maritain: Ronald McCamy: Out of a Kantian Chrysalis?: *A Maritainian Critique of Fr. Maréchal.* New York: Peter Lang, 1998. Während Vatikan II und wegen der damaligen Entwicklung des Thomismus wurden die "Epistemologie des Begriffs" von Jacques Maritain abgelehnt und statt dessen Darstellungen eines transzendentalen Thomismus in der Form einer "Epistemologie des Urteils" angenommen. Diese Problematik wurde vor kurzem von Emmanuel Tourpe behandelt: Le débat de Maritain avec Blondel sur l'intelligence. Vers une solution. In: Maritain Studies/Etudes maritainiennes 1:1997, 19-57; ders.: De l'intention intellectuelle à la communication de l'être. Un disciple critique du Père Maréchal: André Hayen, in: Paul Gilbert (Hg.) Au point de départ. Joseph Maréchal entre la critique kantienne et l'ontologie thomiste. Lessius, Bruxelles, 2000, 359-379; ders.: La dynamique chez Maréchal et l'action chez Blondel. Les apprêts d'une Générative, in Ebd., 218-238.

wie Metaphysik sei, also die Wissenschaft von der Realität schlechthin[25]. Indem er transzendentale Philosophie mit dem Realismus in Einklang bringt, nimmt Maréchal, wie auch Descartes, das Denken - die Idee - als Anfangspunkt und baut eine Brücke zu den Dingen. Die menschliche Vernunft, auf natürliche Weise nach Wahrheit und dem Absoluten strebend, kann die Realität nicht im Begriff finden, sondern erreicht diese im Urteil. Aus Maritains Sicht, wie auch aus der des Aquinaten, kann das Urteil, dessen Grundbestandteil auch Begriffe umfaßt, nie zur Wahrheit kommen, wenn der Begriff nicht zur Realität kommen kann. In Bezug auf Maréchals Versuch, weder den Empirismus noch den Intuitionismus in den Vorgang der Erkenntnis der abstraktiven Tätigkeit des Intellekts hereinzulassen, sieht Maritain diese Position als eine, die die "transzendentale Kritik" mit der „metaphysischen Kritik" in die Konvergenz führt. Maritain selber lehnt alle Arten der „transzendentalen Kritik" als von Anfang an falsch ab.

II. *Maréchal, Rahner, Lotz, Coreth und Lonergan*

Obgleich Maréchal, Rahner, Lotz, Coreth und Lonergan sich voneinander doch genügend unterscheiden, daß ein Forscher der Meinung ist, Lonergan sei *nicht* ein transzendentaler Thomist[26], versuchen sie doch alle, den Skeptizismus von Kant auf gleiche Weise zu überwinden[27]. Wo aber Rahner und Coreth unter dem direkten Einfluß von Maréchal standen, entwickelte Lonergan seine Bewußtseinstheorie unabhängig von der Maréchal-Schule. Während er in den vierziger Jahren an der Gregoriana in Rom Theologie lehrte, schrieb Lonergan eine Artikelserie, in der er sich mit der *Verbum*-Theorie des Aquinaten als Muster für die menschliche Erkenntnis befaßte. Für *Insight* entwickelte er dies 1957 zu einer Subjektivitäts-Theorie weiter. Später dann, als er die Ähnlichkeiten zwischen seiner Arbeit und der Maréchal-Schule erkannte, schrieb er dies einer Art „Osmose" zu, da er wohl durch sei-

---

[25] Thomas von Aquin fragt, in *Sth* I, 84, 6, "ob das Wissen der Vernunft von sinnlich erfaßten Dingen käme." "Nach der Meinung [von Aristoteles], also, und von Phantasmen herrührend, ist Vernunftswissen durch die Sinne hervorgerufen. Aber da die Phantasmen nicht aus sich selber den *intellectus possibilis* unwandelbar machen können, sondern den *intellectus agens* dazu brauchen, selbst intelligibel zu werden, kann man nicht behaupten, daß Sinneserkenntnis der gesamte und vollkommene Grund für die intellektuelle Erkenntnis ist, sondern muß sagen, daß sie in gewisser Hinsicht der Gegenstand des Grundes ist". Maréchal interpretiert den Aquinaten in Kants Art und Weise. Für Kant ist das 'Ding-in-sich', das durch die Sinne dem Intellekt gegenwärtig ist, der Gegenstand dessen was wir erkennen; doch daß die Form dessen was wir wissen erst vom Intellekt dazu geliefert wird.

[26] Vertin, M.: Maréchal, Lonergan and the Phenomenology of Knowing. In: Creativity and Method. Matthew Lamb (Hg.). Milwaukee: Marquette Univ. Press, 1981.

[27] Die deutschsprachige Maréchal-Schule wird von Otto Muck ausführlich in seinem Beitrag Die deutschsprachige Maréchal-Schule - Transzendentalphilosophie als Metaphysik: J.B. Lotz, K. Rahner, W. Brugger, E. Coreth u.a. besprochen. In: Christliche Philosophie im katholischen Denken des 19. und 20. Jahrhunderts. Hg. von Emerich Coreth SJ, Walter M. Neidel, Georg Pfligersdorffer. Bd. II. Graz-Wien-Köln: Styria, 1988, 590-622.

ne europäischen Studenten an der Gregoriana die allgemeine Richtung der Lehren Maréchals assimiliert habe.

Dem transzendentalen Thomismus nach, liegt die erste Begegnung mit der Wirklichkeit nicht im Begriff, sondern im Urteil. Dies ist besonders deutlich bei Lonergan. Während für Rahner und Coreth die apriorische Struktur der Erkenntnis in der menschlichen Erfahrung der Wirklichkeit zu Tage kommt, gründet für Lonergan die Struktur des Erkennens innerhalb der Wirklichkeitserfahrung. Er versteht die Vernunft als apriorisch zum Sein geführt, so daß die Struktur der Wirklichkeit urbildlich in der Struktur der menschlichen Subjektivität waltet.

Coreth kritisiert Maréchal, daß er bei der transzendentalphilosophischen Selbstbegründung der Metaphysik von der Analyse des Urteils ausgehe. Dieses sei jedoch kein fragloser Anfang der Metaphysik. Coreth postuliert, daß die Frage nach dem Anfang der Analyse des Urteils vorausgehen müsse, denn jedes Urteil setze das im Urteil behauptete Wissen voraus. Coreth beginnt die systematischen Untersuchungen seiner *Metaphysik* mit der Aussage: „Am Anfang der Metaphysik muß nach ihrem Anfang gefragt werden. Dieser Frage ist nicht zu entgehen." Diese Aussage Coreths ist allerdings selbst ein Urteil, das sich sachlich aber mit der im universalen (methodischen) Zweifel enthaltenen Setzung deckt. Dagegen hätte Maréchal geantwortet, daß ein schon als wahr und gewiß erwiesenes Urteil an den Anfang gesetzt werden muß, damit man von einer Möglichkeit, bzw. Notwendigkeit zu urteilen sprechen könne[28].

Wie Maréchal, so hat auch Lotz für seine Philosophie einen transzendentalen Ausgangspunkt gewählt. Das *factum primordiale* sei die *unio inter subiectum et obiectum in actu cognitionis humanae*, da diese die unmittelbare phänomenologische Ausgangsgegebenheit für die Reflexion über unser Erkennen sei. Aus seinen Hauptwerken geht eindeutig hervor, daß dieser transzendentale Ausgangspunkt das Urteil als den eigentlichen Ort der Wahrheit setzt, wo das Seiende in seinem Sein hervortritt. Nur von hierher könne sich der transzendentale Rückgang auf das subsistierende Sein als der letzten Möglichkeitsbedingung der Erkenntnis (wie des letzten Grundes des Seienden) eröffnen. In *Das Urteil und das Sein* geht Lotz „von der Tatsache des urteilenden Erkennens" aus. Die Berechtigung zu urteilen scheint dabei vorausgesetzt. Diesen faktischen Ausgangspunkt der Überlegungen hat Lotz vor allem in seiner Erwiderung auf die Vorwürfe Siewerths noch einmal unterstrichen: „Meine Untersuchung ... setzt bei dem ursprünglichen Seinsverständnis mit seiner ganzen Fülle, wie es dem alltäglichen Urteil innewohnt, an." In *Metaphysica operati-*

---

[28] Vgl. Coreth, Emerich: Metaphysik. Eine methodisch-systematische Grundlegung. Innsbruck: Tyrolia, 1980. bes. 83; ders. Metaphysik als Aufgabe, in: Aufgaben der Philosophie. Drei Versuche von E. Coreth S.J. O. Muck S.J., J. Schasching S.J. Hg. Von Emerich Coreth. Innsbruck: Rauch, 1958, 51.

onis humanae versucht Lotz die absolute Geltung des Urteilens als Ausgangspunkt einer transzendentalen und kritischen Philosophie sicherzustellen: erstens durch den Verweis auf die Ergebnisse der Erkenntniskritik, zweitens durch Hinweis auf unzweifelbare Erfahrung, drittens durch Retorsion des Zweifels bzw. der Negation auf die in ihnen vollzogene Setzung einer absoluten Geltung. Lotz spricht in diesem Zusammenhang von der „absoluten Geltung" des Urteils, nicht nur vom Anspruch auf absolute Geltung, der im Urteilen enthalten ist.

Von Heideggers Ontologie beeinflußt, ist für Rahner und Coreth die apriorische Idee des Seins ein transzendentaler Vorgriff für das Erkennen, das dann in Erkenntnisakten deutlich hervortritt. Für Heidegger[29] wird jegliche Frage durch eine Handlung ausgelöst, deren Teilelemente offengelegt werden, bis die Analyse die tiefliegende Struktur des vor-theoretischen vor-kategorialen Verstehens des Seins, wie es in der Vorhabe vorgefunden wird, heraushebt. Heidegger benennt den menschlichen Fragesteller mit „Da-sein"; Da-sein ist „Existenz", das konkrete Verständnis des Seins, ein „Da" im Horizont des Seins[30]. Das Nachfragen erwacht, wenn das Da-sein eine gezielte Frage stellt (Vorsicht), die, wie alle gezielt gestellten Fragen bereits implizit eine Such- und Offenbarungsstrategie im Entwurfsstadium enthält, zusammen mit der angezielten Lösung. Eine so konstruierte Frage ist noch nicht in aussprechbarer Form; erst später wird sie, der Frage einigermaßen gerecht, ausgesprochen werden können (was die Wissenschaftsphilosophen eine „Erklärung" nennen). Hierauf folgt ein lebhafter Dialog zwischen Vorsicht und Vorhabe, von Tätigkeiten begleitet, in der Hoffnung der praktischen Erfüllung, im Bewußtsein, daß das gesuchte Verständnis (die Sache selbst) hervorgetreten ist und sich dem Nachfrager offenbart hat (Vorgriff). Wenn beim ersten Versuch das gesuchte Verständnis aber fehlt, ist doch dabei etwas gelernt worden; und die Suche geht weiter, immer wieder in die vorhandenen Reichtümer von Vorhabe, Vorsicht and Vorgriff greifend. Diese hermeneutisch kreisende Nachfrage wird wiederholt, bis sich aus der neuen kulturellen Praxis in der Vorhabe eine Antwort herausschälen läßt. Erst dann wird es auch gut sein, die Antwort sprachlich in der Form einer Klärung darzubieten.

Maréchal, Rahner, Lotz, Coreth und Lonergan, sie alle fühlten sich vom aristotelischen Prinzip angezogen, demnach die Vernunft im Akt mit dem Erkennbaren (Intelligiblen) im Akt identisch ist, um die Kantische Idee zu wi-

---

[29] Heidegger, Martin: Sein und Zeit. Tübingen: Niemeyer, 1993. bes. 150-151.

[30] Man kann dies mit Hilfe eines hermeneutischen Prinzips ausdrücken: Das Sein des Erkennens ist das Erkennen des Seins. Die Sache selbst - das Objekt des Erkennens - gehört notwendig zum Sein. Man kann dies als die hermeneutische Verbindung einer Bewegung nach oben, der Suche nach der Vorhabe, und einer Bewegung nach unten, der Sache selbst sehen, was zur Selbst-Offenbarung (Selbst-Kundgebung) der Sache selbst führt, wie sie ausgesprochen ist (Vorsicht) und in der Erfahrung gegeben ist (Vorgriff).

derlegen, wonach das Bewußtsein nie das Ding-an-sich erkennt, da es nur eine Welt kennt, die speziell für sie geartet ist. Sie sahen Kant als jemanden, der mit einer irrtümlichen Vorstellung der Erkenntnis arbeitet, d. h. der Erkenntnis als einer Intuition eines bereits realen intelligiblen Objekts. Kants Meinungen, sofern sie hier in Frage stehen, drehen sich um seine „transzendentale Kritik". Und bei Kant ist das Hauptproblem der Epistemologie nicht, *wie* die Vernunft Wahrheit erkennt, sondern *ob* sie Wahrheit erkennen kann. In Übereinstimmung mit Descartes – „Ich bin, also denke ich" - ist die erste Gewißheit für Kant die Existenz des Denkens. Descartes hatte mit seinem berühmten Wort vergeblich versucht, eine „Brücke zwischen Ideen und Dingen" zu schlagen und nahm schließlich Zuflucht zu der Behauptung, Gott würde uns nicht in unserer Meinung belassen, daß wir die Dinge erkennen, wie sie sind, wenn uns dies in die Irre führen würde. Die Erwiderung liegt nahe, daß in diesem Falle eine Berufung auf Gott die Frage unbeantwortet lasse, wie man denn wissen könne, daß Gott als eine Realität außerhalb des Denkens überhaupt existiere. Kant, für welchen die Dinge aber wirklich existieren, sagte nur, daß sie „in sich selber" unerkennbar seien, da die Vernunft dem, was ihr die Sinne zuführen, ihre eigene Form auferlege. Demnach ist für Kant die Erkenntnis etwas, das Objekte wesentlich umkehrt.

Nach der aristotelisch-thomistischen Darstellung wird aber Erkenntnis nicht einer bereits existierenden Intelligibilität gegenübergestellt; sie ist eine Vollkommenheit an Subjektivität, die Sinnesdaten und Bewußtseinsdaten intuiert, sowie universelle Strukturen abstrahiert, aus denen jene Angaben intelligibel werden. Diese Strukturen sind dem Subjekt nicht innerlich angeheftet, noch sind sie äußerlich: sie entspringen der Begegnung eines potentiell erkennenden Subjekts mit potentiell erkennbaren Dingen. Wenn die tätige Vernunft als die tätige Intelligibilität verstanden wird, dann stellt sich heraus, daß der Gedanke einer Welt-in-sich-selbst, die nur dann erkannt wird, wenn man die Subjektivität und deren apriorische Formen der Erkenntnis zurückläßt, falsch ist. Man erreicht das Wirkliche, wenn das Subjekt das erfahrene Objekt hinreichend erkennt. Man braucht keine trans-subjektive Intuition, um subjektive Handlungen zu bestätigen. Das Wirkliche ist weder etwas, das der Subjektivität äußerlich anhängt, dem man nur nahekommen könnte, indem der Abgrund zwischen Subjektivität und Sein überbrückt würde (naiver Realismus), noch ist es etwas, das innerhalb der Subjektivität west und projiziert wird (Idealismus), sondern es ist eine Vollendung der Subjektivität, die sich in der Erfahrung spiegelt. Deshalb benutzen die transzendentalen Thomisten den Ausdruck „kritischer Realismus", wenn sie beschreiben wollen, wie die aristotelisch-thomistische Lehre die Dichotomie Realismus/Idealismus bewältigt. Die Konklusion liegt nahe, daß eine echte Kritik der Subjektivität eine Metaphysik hervorbringen kann. Lonergan spricht vom „Isomorphismus" des Erkenners und des Erkannten; weil die tätige Vernunft mit dem tätigen Intelligiblen identisch ist, stellt die Analyse des menschlichen Erkenntnisvermögens auf heuristische Weise und in großen Zügen dar, wie die Grundstruktur der Realität aussieht.

Wenn die Vorstellung von Gott aus dem natürlichen Wunsch, Ihn zu sehen herrührt und apriorisch transzendental ist, dann ist die Beweisführung für die Existenz Gottes auch apriorisch, weil es ein notwendiger Abschluß des natürlichen Wunsches der Menschen ist, Gott zu sehen. Jegliche Erkenntnis entspringt gewissen apriorischen Prinzipien à la Kant. Dieser Dynamismus wird im natürlichen Willensentschluß für das Gute und in der notwendigen Erfüllungsmöglichkeit des Guten ausgesprochen. Es liegt in der Intuition dieser apriorischen Voraussetzung und der schwachen Erfüllungsmöglichkeit, daß es eine Basis für die Darstellung der Notwendigkeit des absoluten Seins gibt. Der Beweis für dieses absolute Sein bewirkt die Objektivität des Erkennens.

Diese Position bringt einige offensichtliche Probleme mit sich. Thomas sagt, daß das Wissen mit den Sinnen beginnt und daß Schlußfolgerungen in Bezug auf unkörperliche Dinge in der Philosophie aposteriorisch sind. Sogar die in der Theologie angewandten Vorstellungen von Gott werden von wahrnehmbaren Dingen hergeleitet. Außerdem bezieht sich der natürliche Wunsch, Gott zu sehen, nicht auf den Ursprung des Wissens, einen transzendentalen *a priori* Zustand für das Erkennen der Wahrheit, sondern auf die Kraft der Vernunft bis zu ihrer größten Vollkommenheit. Es scheint etwas eigenartig, wenn gesagt wird, man müsse die größte Vollkommenheit ausüben können, bevor man die kleinste Unvollkommenheit ausüben dürfe. Der Anblick Gottes ist die höchste Vollkommenheit des Intellekts in zweiter Stufe: Er kann nicht für die ersten Prinzipien des Wissens einstehen. Vom *quia* Gottes zu wissen, ist nicht eine Voraussetzung dafür, daß die Vernunft wissend handle, da sie die Wahrheit der materiellen Dinge kennt, z. B. Form und Materie, Akt und Möglichkeit, Sein und Werden, Entwicklung und Verfall, usw. Das *quia* Gottes ist eine Folgerung dieser Wahrheiten, nicht deren Ursache für uns. Man könnte sagen, diese Position mache das Wissen um die Existenz Gottes zur „wirkenden Ursache" für jegliches Wissen, nicht zur letzten Ursache, zum „Urgrund aller Dinge". Dies steht in direktem Gegensatz zu klar ausgesprochenen Texten des Thomas von Aquin. Es kann sein, daß in der Theologie die Reihenfolge anders laufen müßte, weil diese mit dem beginnt, was am ehesten in-sich-selbst erkennbar ist, was von unserem Standpunkt aus am besten erkennbar ist.

Rahner versucht, einen Ausgangspunkt seiner transzendentalen Philosophie in der Notwendigkeit des Fragens zu sichern, die darin gründet, daß dem Menschen das Sein überhaupt nur als etwas Fragbares erschlossen ist. Die Frage nach dem Sein im Ganzen ist die einzige Frage, die der Mensch stellen muß, um in dieser Frage allein das Sein im Ganzen (und damit auch sein eigenes Dasein) zu erschließen. Diese Notwendigkeit des Fragens im menschlichen

Dasein beinhaltet ihre eigene ontologische Wendung in sich und erfaßt den Menschen schließlich als die Seinsfrage. In *Hörer des Wortes* zeigt Rahner, daß eine metaphysische Enthaltung gegenüber der Seinsantwort deshalb nicht möglich ist, weil zum Dasein des Menschen ständig und notwendig die Seinsfrage gehört. Der Mensch selbst setzt die Antwort auf die Seinsfrage in seinem Dasein[31]. Die Notwendigkeit der Seinsfrage ist für Rahner eine Wesensaussage.

Rahner charakterisiert die menschliche Person als „Geist in Welt". Der menschliche Geist west durch den spontanen Dynamismus der Vernunft und des Willens vom ersten Moment seiner Existenz an im Seinshorizont. Diese spontane Orientierung bringt das Wesen des Geistes zum Ausdruck und begabt ihn mit einer „transzendentalen" Ausrichtung, die die überweltliche Realität Gottes mit einbegreift. Zahlreiche Rahner-Forscher betonen, wie wichtig die „transzendentale Wende" für Rahners Theologie ist. Karl-Heinz Weger weist auf die „transzendental-anthropologische Methode" hin, als das „Instrument oder Hauptmittel", dessen sich Rahners Denken bedient[32]. Johann B. Metz beschreibt Rahners „anthropo-logisch orientierte Theologie" als die „verinnerlichte Form" seines theologischen Ansatzes[33]. Karl Lehmann spricht vom „transzendentalen Befragen" als dem philosophischen und theologischen „Anfangspunkt" für ein Verstehen von Rahners speziellen Themen und Bedenken[34]. Doch existiert der menschliche Geist in der Welt auch, weil er durch die gegenseitige Beeinflussung durch räumlich-zeitliche Wirklichkeiten in verkörperter Form, seiner transzendentalen Dimension bewußt wird. Jene führen ihm die Worte und Kategorien zu, die er braucht, um deutlich zum Selbstbewußtsein zu kommen. Deshalb lebt der Geist, seiner Natur angemessen, in dynamischer Offenheit gegenüber einem Gott, dessen historische

---

[31] Rahner, Karl: Hörer des Wortes. Zur Grundlegung einer Religionsphilosophie. Neu bearbeitet von J. B. Metz. München: Kösel, 1985. Vgl. Michael Schulz: Karl Rahner begegnen. Augsburg: Sankt Ulrich, 1999, bes. 108-128; ders.: Sein und Trinität. Systematische Erörterungen zur Religionsphilosophie G.W.F. Hegels im ontologiegeschichtlichen Rückblick auf J. Duns Scotus und I. Kant und die Hegel-Rezeption in der Seinsauslegung und Trinitätstheologie bei W. Panenberg, E. Jüngel, K. Rahner und H.U. von Balthasar. St. Ottilien: EOS Verlag, 1997, bes. 587-638 (= Schulz, Sein und Trinität (1997)).
[32] Weger, Karl-Heinz: Rahner, Karl. Eine Einführung in sein theologisches Denken. Freiburg: Herder, 1978, 20. Die englische Übersetzung spricht, etwas unbeholfen, über die transzendentale Methode als dem "Apparat", auf dem Rahners Denken beruht, oder auf dem er es aufbaut: (Karl Rahner: An Introduction to His Theology. New York: Crossroad/Seabury, 1980, 11).
[33] J. B. Metz: Karl Rahner, in: Tendenzen der Theologie im 20. Jahrhundert: Eine Geschichte in Porträts. Hg. Hans Jürgen Schultz. Stuttgart: Kreuz-Verlag, 1966, 517. Vgl. auch J. B. Metz, Karl Rahner - Widmung und Würdigung. In: Gott in Welt: Festgabe für Karl Rahner, Bd. 1, Hg. J. B. Metz, W. Kern, A. Darlap, und H. Vorgrimler. Freiburg, Basel, Wien: Herder, 1964, 8.
[34] Lehmann, Karl: Karl Rahner, in: Bilanz der Theologie im 20. Jahrhundert: Bahnbrechende Theologen. Hg. H. Vorgrimler und R. Van der Gucht. Freiburg, Basel, Wien: Herder, 158f.

selbst-offenbarende Worte und Taten den Menschen mit Kategorien versorgt, die er benötigt, um seine apriorische Offenheit zur unendlichen, geheimnisvollen und unaussprechlichen Realität Gottes zu fassen.

Rahners Bestätigung der Hauptthesen einer thomistischen Erkenntnistheorie wird noch augenscheinlicher, wo er den transzendentalen Horizont des geistigen Selbstbewußtseins, also das dynamische „Vor-erkennen" des Seins der menschlichen Vernunft, mit dem formalen Objekt des Vernunftsvermögens, dem *intellectus agens,* identifiziert. Dieses Vermögen, auch Seelenkraft genannt, soll zwischen den transzendentalen und den kategorialen Dimensionen des menschlichen Geistes vermitteln. In seinem dynamischen „Vor-erkennen" jeglicher Realität begabt der *intellectus agens* den menschlichen Geist mit wesentlicher Offenheit auf geschaffenes sowie ungeschaffenes Sein. Indem der *intellectus agens* zu gleicher Zeit die Begriffe von der Sinneskenntnis und der schöpferischen Kenntnis abstrahiert, die die Vernunft braucht, um sich selbst und die Welt begreifen zu können, versorgt er den menschlichen Geist mit den Kategorien, die dieser braucht, um offen zur Selbstkenntnis durchzudringen, so daß er das Verlangen nach Gott auch thematisieren kann.

III. *Resümee*

Der innere Kern der Ausführungen verdichtete sich im Problem des Bezugs von Sein und Denken in Siewerths Metaphysik und insbesondere, wie sich dieser in seiner Auseinandersetzung mit dem transzendentalen Thomismus zeigt. Das Sein ist für Siewerth immer der erste und fundamentale Begriff, in dem das Denken wurzelt, wobei eine enge Beziehung zwischen Sein und Denken besteht. Siewerths *conceptio entis* (und nicht die Verbegrifflichung des Seins in einen logizistischen *conceptus entis*) drückt die Dynamik des Seins aus[35].

Die Seinsphilosophie Gustav Siewerths ist sicherlich einer der wichtigsten Versuche in der kreativen Entfaltung der Metaphysik des Aquinaten. Die Größe seines Denkens zeigt sich vor allem und gerade in seiner kritischen Auseinandersetzung mit dem Deutschen Idealismus, insbesondere aber mit der transzendentalen Kritik von Kant. Hansjürgen Verweyen würdigt Siewerths Werk in seinem Buch *Ontologische Voraussetzungen des Glaubensaktes* (1969), dem er seine Einführung in das transzendentale Philosophieren zuschreibt. Für den eigenen philosophischen Weg erklärte er den Gegensatz zwischen Siewerth einerseits, und anderseits Maréchal und seiner Schule, zu der er Rahner, Lotz, Coreth und Lonergan zählt, als weitgehend bestimmend. Verweyen setzt sich auch mit Siewerth kritisch auseinander, indem er dessen „positiven" Ansatz als „zu unvermittelt" darstellt. Er sieht in Siewerth einen

---

[35] Näheres zu Siewerths Seinsdeutung, besonders eine Kritik der Siewerthschen Thomasinterpretation bietet Walter M. Neidl. Neidl, Siewerth (1990), 249-272.

Philosophen, der als erster und von der scholastischen Tradition ausgehend, einen transzendental-philosophischen Entwurf der „Erkenntnismetaphysik" vorlegt. Auch wenn Verweyen, im Gegensatz zu Siewerth, nicht bei der „exemplarischen Identität" von Vernunft und Seiendem im Lichte des Seins ansetzt, sondern die Wirklichkeit einer solchen Identität zunächst als Möglichkeitsbedingung auch des gegenüber der Realität am meisten entfremdeten Denkens, des Zweifels, aufweist, um von dorther erst den Rückgang auf eine ontologisch frühere Helle des Denkens zu vollziehen, erklärt er seinen eigenen Versuch als nicht nur ein „methodisch-kritisches" oder gar „pädagogisches" Unternehmen. Die von der Fülle sinnlich vermittelter Wahrheit entfernte, „wirklichkeitsfremde" Weise des Denkens ist doch eine Weise des Seins selbst[36], und es ist nicht damit getan, das *Schicksal der Metaphysik* als einen tatsächlichen Abfall der Vernunft, als „Irre" aufzuweisen. Verweyen betont seinen Unterschied zu Siewerth: „So sehr auch die Frage nach der Dunkelheit der faktischen Vernunft in das rational unergründbare Geheimnis der Freiheit und letztlich in das *mysterium iniquitatis* weist, lassen sich vielleicht doch mehr, als dies bei Siewerth zum Tragen kommt, bereits aus der Offenbarkeit des begegnenden anderen selbst, d. h. aus seinem Sein, Gründe für das 'Selbstverlieren' der Vernunft in ein objektivierendes, verfügenwollendes Denken ableiten, das damit zwar gegenüber einer ursprünglichen Helle 'entfremdet', nichtsdestoweniger aber 'seinsgerecht' ist"[37].

Für Siewerth ist die metaphysische Beziehung zwischen Gott und der Welt eine „exemplarische Identität", in der die ursprüngliche ontologische Differenz als eine göttliche hervortrat, bevor sie sich als ein geschaffenes Charakteristikum von größter Wichtigkeit gab. Siewerth spricht die fundamentale erkenntnistheoretische Frage aus: Wie können wir den epistemologischen Zusammenhang zwischen endlicher Wirklichkeit und unendlicher Gottheit aufstellen? Die onto-theologische „Urdifferenz" zwischen dem göttlichen Subjekt und dem *actus essendi* ist der Ur-grund für die *distinctio realis* zwischen *esse* und *ens*. Auf diese Weise wird es möglich, zwei Dinge begrifflich und ohne Widerspruch zusammen zu denken, einerseits eine exemplarische Einheit zwischen Gott und der Welt, und anderseits die ontologische Differenz, zu der auch der Mensch (als *substantia potentialis*) gehört, der aus dem Sein hervortritt und wieder zum Sein zurückkehrt. Die ursprüngliche Erfahrung Gottes wird dann erst möglich, und die Erkenntnis ist damit eine transzendentale Erkenntnis.

Aus dem Vorhergehenden ergeben sich zwei spezielle Fragen:
(1) Die erste Frage betrifft *Siewerths Beurteilung des transzendentalen Thomismus.*

---

[36] Nach Siewerth bedeutet das Erkennen eine ausgezeichnete Weise des Seins selbst und ist daher in der Frage nach dem Sein als solchem schon immer mitbefragt.
[37] Verweyen, Ontologische Voraussetzungen (1969) 4.

Siewerth äußert sich bezüglich des transzendentalen Thomismus ohne Vorbehalt in seinem Werk *Das Sein als Gleichnis Gottes.* „Also gibt es vom Ursprung unseres Denkens keinen Seinsbegriff, sondern nur ein urteilendes Seinsbegreifen (*conceptio entis*)"[38].
Dies bedeutet eine klare Widerlegung von Maréchals dynamischer *a priori* Intention des Seins. Maréchal setzt voraus, daß die Vernunft bereits bevor sie irgendein reales Seiendes antrifft, sich positiv für das Sein entscheidet, vom impliziten Voraus-Wissen des Seins angeregt. Für Siewerth ist aber diese Voraussetzung gleichbedeutend damit, daß der Grundgedanke der Metaphysik immer schon im Idealismus verstrickt sein muß und auch bleiben wird. Nach Siewerth ist der Anfang aller Erkenntnis und alles Fragens, das Vorausgehende jedes Erkenntniswillens, eine Begegnung mit dem *ens.*

Einerseits scheint, von Siewerths Standpunkt aus gesehen, der transzendentale thomistische Ansatz hermeneutisch angebracht, als eine Art, Thomas zu verstehen, die innerhalb der von modernen Fragen aufgeworfenen Perspektiven funktioniert. Andererseits aber ist die Verstrickung in den Idealismus unvermeidlich, wenn man nicht die Priorität des *ens* in der menschlichen Erkenntnis anerkennt. Die Position Lonergans ist in dieser Hinsicht weniger als eindeutig. Der Dynamismus der Vernunft ist nicht ein apriorischer Begriff des Seins. Die Erkenntnis des Seins kommt nur im Urteil, daß ein bestimmtes Seiendes *ist.* Vor diesem ihrem Urteil hat die Vernunft keine Erkenntnis des Seins. Und doch sieht Lonergan die Vernunft ähnlich wie Maréchal, als ein dynamisches Verlangen nach Sein. Der Unterschied zwischen ihnen scheint nur zu sein, daß dieses Verlangen nicht so geistig, sondern mehr wie das Verlangen eines leeren Magens ist: er „weiß" wenig von dem, was er sucht. Für Maréchal und seine Schule ist die Erkenntnis des Seins, wie sie in Urteilen entsteht, ein Deutlichwerden unserer apriorischen Erkenntnis des Seins. Der Unterschied besteht also zwischen der Erkenntnis des Seins als einer Objektivierung des Impliziten (Maréchal u.a.m.), und der Erkenntnis des Seins als der Leistung einer urteilenden Vernunft (Lonergan).

(2) Die zweite Frage bezieht sich auf das *Verständnis vom Sein des Seienden.* Wenn das Sein des Seienden für die transzendentalen Thomisten Gott ist, dann ist dies der Ort, wo Siewerth sich von ihnen wesentlich trennt.
Für Maréchal, Coreth, Rahner und Lonergan ist Gott das *telos* menschlicher apriorischer intellektueller Intentionalität. Dies ist eine transzendentale Interpretation des natürlichen Verlangens des Menschen nach Gott. Doch ist für Maréchal, Coreth und Rahner die Möglichkeitsbedingung für dieses Ziel *eine vor-theoretische Gotteserfahrung.* Rahner sagt, daß die tranzendentale Perspektive alles Denkens, d. h. die Möglichkeitsbedingung jeglichen existentiellen Urteils, eine vor-theoretische Gotteserfahrung ist. Daraus folgt, daß

---

[38] Siewerth, Gustav: Das Sein als Gleichnis Gottes. Bd. I, 660.

jeder Gottesbeweis die Objektivierung einer nicht-objektiven Gotteserfahrung ist. Damit wird es für Rahner wahr, daß das Sein des Seienden, zum mindesten wenn es in diesem transzendentalen Sinn verstanden wird, Gott ist. Dagegen ist für Siewerth das Sein des Seienden nicht Gott. Aus dem Sein des Seienden Gott zu machen bedeutet, im absoluten Idealismus abzusinken und Gott so weit zu zähmen, daß er ein eigentliches Vernunftsobjekt wird.

> „Da wir aber nach Thomas Gott nicht unmittelbar erkennen, so kann das „Sein des Seienden", das wir unmittelbar irgendwie mit den Dingen erfassen und befragen, auch nicht Gott selber sein. Deshalb ist das Sein notwendig etwas in den geschaffenen Dingen, oder besser in der unmittelbar offenbaren Wirklichkeit des Seienden, da wir ja am Anfang des Denkens nicht wissen und sagen können, daß die Dinge ‚geschaffen' sind"[39].

Es ist schwer, Lonergan zu beschuldigen, er habe aus dem Sein des Seienden Gott gemacht, denn in seiner Philosophie ist kein implizites Vor-Wissen von Gott zu finden. Siewerths Kritik des transzendentalen Thomismus scheint daher *nicht* auf Lonergan zuzutreffen, wohingegen sie bei Maréchal, Coreth und Rahner ihre Anwendung findet.

In seinem Buch *Siewerth „après" Siewerth. Le lien idéal de l'amour dans le thomisme spéculatif de Gustav Siewerth et la visée d'un réalisme transcendental* (1998), macht Tourpe darauf aufmerksam, daß das Herz des Thomismus in der wirklichen Unterscheidung zwischen Wesen und Existenz liegt, was die wirkliche Unterscheidung zwischen dem Idealen und dem Realen bedeutet. Daher ist der Thomismus immer unvereinbar mit jeglichem Idealismus[40]. Im Gegensatz zur scotistischen Meinung, daß das Sein ein *a priori* sei, ist der Thomismus der Ansicht, daß das *ens* als erstes von der Vernunft erfaßt wird. Das *esse* wird deshalb erst durch unsere aposteriorische Erkenntnis des *ens* erfaßt. Diese Priorität des *ens* ist möglich durch die wirkliche Unterscheidung zwischen Wesen und Existenz.

Das Hauptproblem für den Thomismus ist immer schon die Bestimmung gewesen, was für eine Art die Einheit zwischen Wesen und Existenz in den Dingen sei. Ist sie ideal (im Verstand)? Oder real (im Ding)? Tourpe ist sich diesbezüglich zweier Interpretationsrichtungen bewußt, des „thomisme du lien formel" (Thomismus der formellen Bezüglichkeit) und des „thomisme de la médiation idéale" (Thomismus der ideellen Vermittlung). Während in der ersten Richtung die Einheit zwischen Wesen und Existenz durch eine formelle Beziehung erreicht wird - Wesen und Existenz werden dabei als zwei Ordnungen des Seins interpretiert, die im existierenden Ding zusammenkommen -, hält die zweite Richtung (wozu Tourpe Maréchal und die transzendentalen Thomisten zählt) daran fest, daß die Verbindung eine teleologische ist, also das Produkt einer *intentio*.

---

[39] Ebd. 656.
[40] Tourpe, Siewerth „après" Siewerth (1998), 5-12.

Zum Vorhaben des transzendentalen Thomismus gehört es, durch die Kritik der Subjektivität zur Metaphysik zu gelangen. Für transzendentale Thomisten ist jede metaphysische Struktur eine Folgerung aus subjektiven Intentionen: *ens, esse, essentia* und *existentia*. *Existentia* ist verstanden als das *telos* vom Idealen. Tourpe argumentiert zu Recht, daß diese Position, die dem Idealismus sehr nahe kommt, die Priorität des *ens* im Denken vernachlässigt. Die Voraussetzung bleibt, daß die Erkenntnis des Seins unabhängig von einer a-posteriorischen Begegnung mit dem *ens* ist, und daß diese Erkenntnis auf transzendentale Weise durch eine Analyse des Intellekts hergeleitet werden kann, bevor dieser überhaupt etwas erkennt. Der bloße Gedanke, daß die Seinserkenntnis durch eine Kritik des Subjekts erreicht werden könnte, tut dem thomistischen Prinzip Gewalt an, daß der Akt der Potenz vorangeht, und daß Potenzen nur verstanden werden können im Sinne von Akten, deren Potenz sie sind.

Tourpe ist der Meinung, daß Siewerth ein besonderes Gefühl für diese „Unruhe des Realen" hat, für diese Entäußerung des Idealen im Realen, und deshalb auch zutiefst für die nicht-ideale Natur des Realen. Siewerths Philosophie kreist um das nicht-abstrakte Wesen des Seins. Seine Unterscheidung zwischen *esse* und Gott macht die transzendentale Deduktion Gottes als Bedingungsmöglichkeit der Erkenntnis unmöglich. Sollte aber die transzendentale Deduktion möglich sein, könnte sie sowieso nur *esse ipsum non subsistens* erreichen. Es bedeutet aber nicht, daß Siewerth die transzendentale Deduktion Kants oder sogar Heideggers (von *Sein und Zeit*) nicht mit ihnen teilt.

Wie Maréchal erkennt Siewerth, daß der Thomismus dem Sein einen Dynamismus des Intellekts zugesteht, der dem Verlangen nach Gott gleichkommt. Der Intellekt ist durch den Willen der Vernunft determiniert, dessen *telos* das Sein ist. Maréchal bietet einen Ausweg aus dem Essenzialismus, der seit Scotus alles Denken beherrscht. Die Idee, das wirkliche Sein mit einem intellektuellen Dynamismus zu bedenken, bedeutet ein Abweichen vom Essenzialimus. Was Siewerth in der Ontologie einführt, wenn er von der Veräußerung des Idealen im Realen spricht, ist gerade der Dynamismus. Und Maréchal erkennt richtig, daß jeglicher Begriff, der den Vernunftswillen erreicht, zugleich auch durch diesen verneint wird, da der Intellekt nach dem Unendlichen verlangt. Jeder Begriff beinhaltet eine innere ihm zugehörige Tendenz zum Unendlichen. Man darf Maréchal dafür loben, daß er Bewegung und Leben in die Gedanken über das Sein gebracht hat; trotzdem, so meint Siewerth, bleibt er im Essenzialismus gefangen. Maréchals dynamischer Intellekt, der die Dinge als innerhalb der Dimension des Unendlichen erkennt, hat das thomistische Prinzip wiedergewonnen, daß wir das Endliche nicht ohne das Unendliche denken können. Doch hat er zugleich die Einheit zwischen Sein und Geist verkannt. Das Sein in seiner Einfachheit konstituiert die Einheit, Wirklichkeit und Objektivität aller Erkenntnis. Alle Dinge „sind" kraft des Seins Gottes. Daraus folgt, daß sie nur in Bezug auf Gott verstanden werden können. Siewerth meint, diese Idee in Kants Gedankengängen über das Ideale der Vernunft zu erkennen, das die Möglichkeitsbedingung des Denkens als solches ist. Vielleicht ist dieses, was Tourpe im Sinne hat, wenn er von Siewerth als einem *transzendentalen Realisten* spricht.

Letzten Endes findet Maréchal die Möglichkeit des Seins nur in der dynamischen Intention, nicht im wirklichen Sein (was vermutlich niemals durch das Subjekt erlangt werden kann, insofern es für sich und von seinem richtigen Objekt abgetrennt gedacht wird). Warum sollte man diesen Dynamismus nicht als Illusion bewerten, als ein absurdes Verlangen? Nach Siewerth gibt es nichts in Maréchals Erwägungen, das einem solchen Urteil im Wege stehen würde, und daß es das Geschick der Metaphysik selber sei, sich auf diese Weise umkehren zu lassen. Zusammengefaßt, erscheint Maréchals Dynamismus des Intellekts, welcher die Unzulänglichkeit jedes endlichen Objekts und die Offenheit jedes Begriffs gegenüber dem Unendlichen hervorhebt, ein wahrer Erfolg. Dennoch bleibt jede Analyse der *intentio*, die nicht mit dem *ens* beginnt, im Bereich des Nur-Möglichen stecken.

IV. Abschließende Bemerkung

Die Siewerthsche Kritik des transzendentalen Thomismus geht in zwei Hauptrichtungen und beruht auf zwei thomistischen Prinzipien.

Das *erste Prinzip*: die Priorität des *ens*. Potenzen werden in Bezug auf ihre Akten bestimmt, und Akten in Bezug auf ihre eigentlichen Objekte. Der Verstand ist eine Potenz für das Erkennen von Seienden. Deshalb kann er nur in Bezug auf das Seiende, das er erkennt, bestimmt werden. Er kann nicht vom Seienden abstrahiert verstanden werden. Man kann nie zum *esse* durch den *intellectus* kommen, genauso wenig wie man einen Akt durch seine Potenz verstehen kann. Maréchal, Coreth, Rahner and Lonergan: Sie alle versuchen Kant zu überwinden, indem sie zum Sein durch eine Kritik des Subjekts kommen. In diesem Sinne machen sie sich alle der Verletzung dieses Prinzips schuldig. Die reale Unterscheidung zwischen Wesen und Existenz setzt die Priorität des *ens* in der Erkenntnis voraus. Das bedeutet, daß die Metaphysik nie das Subjekt als Anfangspunkt haben kann, sondern immer „das Ding an sich" haben muß.

Das *zweite Prinzip*: Gott kann nie in und an sich erkannt werden. Daher ist Gott kein eigentliches Objekt für den Intellekt. Das Sein ist ein eigentliches Objekt für den Intellekt. Daher ist auch Gott nicht das Sein des Seienden. Maréchal, Coreth und Rahner verletzen dieses Prinzip, mit ihren Ansätzen über eine vor-theoretische Gotteserfahrung, die in der dynamischen *intentio* des Verstandes einbegriffen sein soll. Lonergan jedoch denkt, daß die dynamische Absicht eine unbestimmte Offenheit zur Erkenntnis darstellt, nicht ein vor-theoretisches, doch impliziertes Erkennen Gottes. Die Gotteserkenntnis ist immer aposteriorisch, für Lonergan, und es ist auch immer nur ein Wissen, *daß* Gott existiert, nie ein Wissen, *wer* Gott ist.

Die Aufhebung dieser beiden thomistischen Prinzipien hat zur Folge, daß man in die Gedankengänge des Idealismus verfällt. Siewerth versteht die „Apriorität" der Wahrheit aus dem Ganzen der Wirklichkeitsbegegnung[41]. Im Denken der Maréchal-Schule bleibt das Apriorische der Wahrheit letztlich doch im Raum der Subjektivität stecken. Der behauptete Zusammenschluß von Idealität und Realität im Lichte des Seins benötigt aber eine tragfähige Begründung. Das bedeutet, daß Maréchal, Coreth und Rahner alle im Idealismus enden. Man kann Lonergan nicht mit all den transzendentalen Thomisten in einem Atemzug nennen, ohne seiner Position Unrecht zu tun. Für Lonergan ist die apriorische Idee des Seins nicht Wissen, sondern nur eine *intentio*, ein Vorhaben, ein natürliches Streben, das seine Erfüllung in der Erfahrung finden muß. Trotzdem scheint sein ganzer Ansatz, der die Metaphysik auf der Subjektivität aufbaut, durch Siewerths dringliche Behauptung verworfen, daß die Priorität des *ens* die Hauptsache sei.

---

[41] Die grundlegenden Ausführungen findet man vor allem in Siewerth Aufsätzen: Die Apriorität der menschlichen Erkenntnis nach Thomas von Aquin, in: GWI, 363-438. Die Analogie des Seienden, vgl. GW I, 451-520; Die transzendentale Selbigkeit und Verschiedenheit des ens und des verum bei Thomas von Aquin. GW I, 621-635.

Freiheit und Schöpfung bei Gustav Siewerth

Martin Bieler

1. Freiheitsthematik und Seinsfrage

Die Urerfahrung biblischer Tradition, die sich von Abraham bis zu den Begegnungen mit dem Auferstandenen hindurchzieht und den Sinn allen Menschseins erhellt, ist Erwählung als das liebende Angesprochenwerden des Menschen durch den rettenden Gott. Gott erwählt den Menschen, indem er diesen bei dessen Namen ruft: „Fürchte dich nicht, denn ich erlöse dich; ich rufe dich bei deinem Namen, mein bist du" (Jes 43,1). Von daher ist alles wirkliche Leben mit Martin Buber als Begegnung zu charakterisieren[1]: Der freie Gott bezieht sich auf den freien Menschen, und dieser sich antwortend auf jenen. Das impliziert sowohl die Personalität Gottes als auch die Personalität des Menschen, die gewiß nicht einfach gleichgesetzt werden können, aber doch von Gott her begründet analog sind. Wenn es wahr ist, „daß die Metaphysik immer Schwierigkeiten gehabt hat, das absolute Eine als personal und mithin überhaupt als ‚Gott' zu denken", wie W. Pannenberg bemerkt[2], dann scheint eine Verbindung von Metaphysik und biblischer Tradition hochproblematisch zu sein, weil Metaphysik der genannten Urerfahrung nicht gerecht wird. Tatsächlich ist eine Metaphysik, die nicht Ausdruck dafür sein kann, daß der freie Gott auf den freien Menschen zielt, heute obsolet geworden. Inwiefern die neuzeitliche Metaphysik an der Aufgabe gescheitert ist, die biblische Urerfahrung zu bedenken, ist das Thema von G. Siewerths „Das Schicksal der Metaphysik von Thomas zu Heidegger" (1959). Die Frage ist nur, ob das Scheitern der neuzeitlichen Metaphysik, das bereits Kierkegaard und Nietzsche auf je eigene Weise gründlich konstatiert haben, jegliche Form der Metaphysik fragwürdig macht. Wenn das so wäre, dann müßte die ganze dogmengeschichtliche Entwicklung auf die biblischen Ursprünge hin aufgelöst werden. Aber waren nicht schon Paulus und Johannes metaphysisch infiziert, und waren sie es nicht *notgedrungen*, wenn sie sich angemessen auf den auferstanden Gekreuzigten beziehen wollten?[3] Im Verlaufe der Kirchengeschichte hat sich ein Denken entwickelt, das engstens mit der theologischen Reflexion verbunden war und nicht automatisch in den Aporien neuzeitlicher Metaphy-

[1] Buber, Martin: Das dialogische Prinzip, Heidelberg ⁵1984, 15.
[2] Metaphysik und Gottesgedanke, Göttingen 1988, 18.
[3] Vgl. Thüsing, W: Die neutestamentlichen Theologien und Jesus Christus. Grundlegung einer Theologie des Neuen Testaments, Bd. III: Einzigkeit Gottes und Jesus-Christus-Ereignis, Münster 1999.

sik enden muß. W. Löser hat es „Metaphysik der Liebe" genannt[4]. Die Entwicklung dieser Metaphysik, die einen ihrer Höhepunkte in Thomas von Aquin hatte und noch keineswegs abgeschlossen ist, zeigt, daß Metaphysik nicht nur im Dienste der Freiheit Gottes, sondern ebensosehr im Dienste der Freiheit des Menschen in seiner Welt stehen kann und zur heutigen Konkretisierung der biblischen Botschaft ganz Wesentliches beizutragen hat. Einer der Protagonisten dieser Metaphysik ist Gustav Siewerth.

In einer Selbstbesprechung seines Werkes „Der Thomismus als Identitätssystem" und in dessen zweitem Vorwort zitiert Siewerth nicht unbescheiden, aber auch nicht unberechtigt seinen Kollegen Bernhard Rosenmöller, der das betreffende Werk als einen „Schritt in der Philosophie" bezeichnet[5]. Dieser Schritt läßt sich zweifellos im Versuch sehen, das „summarische Denken" des Thomas im Gespräch mit neuzeitlichen Denkern wie Hegel, Kant und Heidegger in spekulative Systematik zu überführen. Siewerth ist allerdings klar, daß er dabei auf das thomanische Denken zurückverwiesen bleibt[6]. Es mag zwar mißverständlich sein, Thomas als summarischen Denker zu charakterisieren, denn sein Denken weist einen so hohen Ordnungs- und Organisationsgrad auf, daß er als einer der ganz großen Systematiker gelten darf[7]. Sicher ist aber, daß es heute angesichts zeitgenössischer Themen und Problemstellungen einen Explikationsbedarf im Hinblick auf die thomanische Metaphysik gibt, deren Rang sich gerade darin erweist, daß es bei ihr aufgrund ihrer gedanklichen Stringenz und ihrer „phänomenologische[n] ‚Sättigung'", wie Siewerth formuliert[8], viel zu entdecken gibt[9]. Auf dem Weg einer systematisierenden Explikation hat Siewerth einen wichtigen Schritt getan, der nicht ignoriert werden sollte. Es hat über Siewerth hinaus weitere Schritte gegeben[10], und es bleiben weitere Schritte zu tun. Aber vorher lohnt es sich, zuerst einmal den Schritt Siewerths nachzuvollziehen.

Der Schritt, den Siewerth getan hat, ist eng mit der Freiheitsthematik verbunden, die in der neuzeitlichen Philosophie bekanntlich eine zentrale Stellung

---

[4] Trinitätstheologie heute. Ansätze und Entwürfe, in: Trinität. Aktuelle Perspektiven der Theologie, hrsg. von W. Breuning, Freiburg-Basel-Wien 1984, 36.

[5] GW II, 285.

[6] Ebd. 14-15.

[7] „Sapientis est ordinare": Thomas von Aquin, ScG I,1 (2).

[8] Thomas von Aquin: Die menschliche Willensfreiheit, Düsseldorf 1954, 17.

[9] „Im methodisch ‚Summarischen' der Wahrheitsentfaltung ist es des weiteren begründet, daß Thomas, so wenig er das Sein des Seienden systematisch zur Einheit durchdachte, auch dann vom Sein her ermächtigte Existenz in der differenten Ausfaltung der Vermögen stehen ließ und die metaphysisch immer mitgedachte Einheit des personalen Seinsgrundes, ferner die Einheit des Substanz- und Herzensgrundes, sowie das metaphysisch gedachte Ganze der Existenz nicht in dem ihnen eigenen Gewicht hervortreten ließ": Das Schicksal der Metaphysik, Einsiedeln 1959, 118.

[10] Ich denke hierbei vor allem an die Arbeiten von F. Ulrich. Vgl. dazu meine Einleitung zur 2. Auflage von F. Ulrichs „Homo abyssus", Freiburg i.Br. [2]1998, XIII-LIV.

einnimmt. Die Besonderheit Siewerths ist die enge Verbindung der Freiheitsthematik mit der Seinsfrage, die ihrerseits zum Schöpfungsthema führt. Wie W. Warnach treffend formuliert hat, wird in der doppelten Frontstellung Siewerths zu Hegel und Heidegger deutlich, „daß der innerste Antrieb des Siewerthschen Denkens die Entschlossenheit war, Sein und Freiheit ineins, d.h. das eine als das andere ermöglichend und zugleich vollendend zu denken"[11]. Während bei Hegel eine Tendenz besteht, die Substanz letztlich ins Subjekt zu absorbieren[12], besteht nach Warnach bei Heidegger die Gefahr, die Freiheit ins umgreifende Sein aufzulösen. Wie sehr aber beide, Sein und Freiheit, ohne Einseitigkeit zusammengedacht werden müssen, zeigt sich an der Substanz, in der das Sein „zu sich selbst kommt", wie Siewerth sagt[13]: im Menschen, der wesentlich auf das Gute bezogen ist, weil er durch das Sein seine Freiheit als Gabe empfängt[14]. Die Bedeutung der Einheit von Sein und Freiheit für den Menschen erschließt sich von der Liebe Gottes her, die die Macht besitzt, geschöpfliche Freiheit durch Teilgabe am Leben Gottes zu ermöglichen. Das Zentrum der Philosophie Siewerths ist deshalb die Liebe als „das 'Transzendentale schlechthin'"[15], wie es sich im Gabecharakter menschlicher Freiheit zeigt, die nicht nur ihr eigenes Sein und mit ihm eine ganze Welt, sondern darüber hinaus im Heiligen Geist das innere Leben Gottes selbst empfängt. Im Thema der Einheit von Sein und Freiheit geht es also letztlich um die Liebe, als deren Geschöpf sich der Mensch versteht, wenn er sich in seinem Sein so als geschenkt erfährt, daß er sich selbst in Freiheit übernehmen kann und sich dabei zugleich als Geheimnis entzogen bleibt, weil sein Sein unlöslich das Siegel einer Herkunft an sich trägt, die über die Begrenztheit des Geschaffenen hinausgeht. Gerade in diesem uneinholbaren Überschuß des Seins zeigt sich die Würde, die jedem Menschen übereignet ist.

Näherhin geht es Siewerth darum, zu zeigen, daß „der Mensch in seinem Sein eine geheimnistiefe Einheit von Freiheit und Empfängnis"[16] ist. Die Verbindung der Frage nach dem Sein mit der Frage nach dem Menschen, die schon Heidegger postuliert[17] und Thomas praktiziert hat, macht Siewerth zu einem eminent zukunftsgerichteten Denker, denn die Seinsfrage ist keineswegs nur eine Angelegenheit für fehlgeleitete Heidegger-Adepten und antiquierte Kirchenleute. Vielleicht geht uns das heute wieder im Gespräch mit östlichen Traditionen auf. Es geht aber insbesondere um das Christliche selbst. Wer über die Mysterien des Christlichen wie die Trinität nachdenkt, kommt früher

---

[11] GW I, 691.

[12] Vgl. Kern, W.: Das Verhältnis von Erkenntnis und Liebe als philosophisches Grundproblem bei Hegel und Thomas von Aquin, in: Scholastik 34 (1959), 394-427.

[13] Das Schicksal der Metaphysik (1959) 396.

[14] Die Freiheit und das Gute, Freiburg i.Br. 1959.

[15] Metaphysik der Kindheit, 63. „Das Sein ist deshalb in seinem letzten Wesen, Liebe'": Das Schicksal der Metaphysik, 397.

[16] Metaphysik der Kindheit, 17.

[17] Heidegger, Martin: Identität und Differenz, Pfullingen [6]1978, 19.

oder später nicht darum herum, in ähnlicher Weise wie Thomas nach dem Sein zu fragen, worauf z. B. H. U. von Balthasar immer wieder zu Recht hingewiesen hat[18]. Vor allem aber verdient zur Kenntnis genommen zu werden, wie sehr das Seinsdenken Siewerths im Dienste der Freiheit steht, einer Freiheit, die uns die Augen für die Schönheit der Schöpfung öffnet und uns erkennen läßt, „daß alle Seienden in ihrem Substanzgrund *frei* sind", wie Siewerth formuliert hat[19]. Der heutige Affekt gegen das Substanzdenken, bei dem man immer schon zu wissen scheint, um was es sich genau handelt, ist weniger von Sachkenntnis als von Klischees und schlimmen Vereinfachungen geleitet[20]. Vieles an Siewerths Ausführungen zum Seinsdenken könnte hier klärend wirken.

In seiner wichtigen Arbeit über die Willensfreiheit bei Thomas von Aquin stellt Siewerth fest, daß die Freiheit Gottes und des Menschen in der Mitte der christlichen Offenbarung steht[21]. Das bedeutet aber nicht, daß die Beziehung zwischen Schöpfer und Geschöpf nur ein theologisches Thema wäre. Vielmehr ist die Philosophie zur Klärung dieses Verhältnisses von eminenter Bedeutung. Nur im Miteinander von Theologie und Philosophie läßt sich angemessen über Schöpfung nachdenken, weil dies dem Gabecharakter menschlicher Freiheit entspricht[22]. Wer theologisch über die Schöpfung nachdenken will, indem er das philosophische Thema der Seinsgabe beiseite läßt, steht in Gefahr, das von Siewerth kritisierte Vorrücken „gegen die Gründe" zu praktizieren[23], das unter Überspringung der Gabe Aussagen über den Geber machen will und dabei den Schöpfer als solchen depotenziert[24]. Das muß früher oder später auch Auswirkungen auf die Gotteslehre haben. Die ganze neuere Theologie- und Philosophiegeschichte ist von dieser Depotenzierung geprägt, wie u.a. M.-J. Le Guillou eindrücklich gezeigt hat[25]. Umgekehrt ist aber auch die Philosophie auf die Theologie angewiesen. So kann Thomas feststellen, daß Schöpfung ein philosophisches Thema sei[26] und zugleich betonen, daß es zum vollen Verständnis von Schöpfung des Wissens um die Trinität bedarf[27],

---

[18] Vgl. Bieler, Martin: The Future of the Philosophy of Being, in: Communio. International Catholic Review 26 (1999) 455-485.

[19] Thomas von Aquin: Die menschliche Willensfreiheit, 21-22.

[20] In Auseinandersetzung mit G. Ebeling hat E. Schockenhoff dazu das Wesentlichste gesagt: Personsein und Menschenwürde bei Thomas von Aquin und Martin Luther, in: ThPh 65 (1990), 481-512.

[21] Thomas von Aquin: Die menschliche Willensfreiheit,12.

[22] Vgl. Bieler, Martin: Freiheit als Gabe. Ein schöpfungstheologischer Entwurf, Freiburg-Basel-Wien 1991, 87 ff.

[23] Das Schicksal der Metaphysik (1959) 88. 263.

[24] „Detrahere ergo perfectioni creaturarum est detrahere perfectioni divinae virtutis": Thomas von Aquin, ScG III,69 (2445).

[25] Das Mysterium des Vaters, Einsiedeln, 1974.

[26] 2 Sent 1,1,2; De Pot 3,5.

[27] STh I,32,1 ad 3.

die uns nur durch Offenbarung zugänglich wird. So befruchten sich Theologie und Philosophie gegenseitig. Weil falsche Vorstellungen zur Schöpfung zu falschen Vorstellungen von Gott führen[28], muß die Theologie dringend daran interessiert sein, zu erfahren, was Philosophen wie Siewerth, die sich der christlichen Tradition verpflichtet wissen, zur Schöpfungsthematik zu sagen haben.

Nach Thomas von Aquin ist Schöpfung Seinsmitteilung: „Creare autem est dare esse"[29]. Genau dem versucht Siewerth nachzudenken, wenn er vom „Sich-verendlichen" des Seinsaktes[30] spricht. Im Nachdenken über die Verendlichungsbewegung des Seins und der sich aus ihr ergebenden Folgen für das Verständnis menschlicher Freiheit liegt der Schwerpunkt in Siewerths Werk. Das Sein als „schöpferische Wirkhand Gottes"[31] und als *vermittelnde Mitte* zwischen Gott und den seienden Dingen"[32] ist die Mitte des Siewerthschen Denkens. Im Kontext der Zusammengehörigkeit von Sein und Freiheit muß sachgemäß die Frage nach dem Menschen in seinem Seinsbezug Vorrang erhalten[33]. Der Mensch und das Sein gehören tatsächlich zusammen: „Beide erst sind, in der metaphysischen Einheit ihres Hervortretens, das ‚reine Gleichnis Gottes', das eine als aktuierender Grund und das andere als die den Grund *aus ihm* und *auf ihn hin* durchschwingende Potenz ..."[34]. Allerdings ist zu betonen, daß das Sein nicht als *incompletum* erst im Menschen zu sich selbst käme. Die Nicht-Subsistenz des Seins ist nicht gegen die Vollständigkeit und Einfachheit des Seins auszuspielen und steht nicht im Widerspruch dazu. Man kann also nicht vom „Widerspruch im Sein selbst" sprechen, wie dies Siewerth tut[35]. Das Sein als vermittelnde Mitte verweist einerseits auf die absolute Freiheit des trinitarischen Gottes und andererseits auf den freien Menschen. Was aber Freiheit bedeutet, kann uns nur in der Begegnung mit dem Mitmenschen aufgehen, wie wir sie uranfänglich als Kind erfahren.

2. Das Kind in seiner Macht und Ohnmacht als Zugang zum Thema

Das Anliegen der Einheit von Sein und Freiheit, das Siewerth in seinen gro-ßen philosophischen Werken breit entfaltet, bringt er in seinem schönen Buch „Metaphysik der Kindheit" anschaulich auf den Punkt. So beleuchtet er mit einer eindrücklichen Anekdote einen zentralen Aspekt seiner Metaphysik. Ein

---

[28] ScG II,3 (869).
[29] 1 Sent 37,1,1. Vgl. In Joh 1,5 (133).
[30] GW II, 132. Vgl. aber SM, 390.
[31] Das Schicksal der Metaphysik (1959) 184, 395.
[32] GW I, 668.
[33] Ebd. 59.
[34] Das Schicksal der Metaphysik (1959) 396-397.
[35] GW I, 615.

kanadischer Minister habe die folgende Begebenheit in einer öffentlichen Rede mitgeteilt: „Ein Vater nimmt seinen kleinen Sohn mit auf einen Abendspaziergang und zeigt ihm die untergehende Sonne, ihn mehrfach hinweisend auf das flammende Farbenspiel des abendlichen Himmels. Als die Dämmerung hereinbricht, sagt das Kind plötzlich: ‚Vater, mach das noch einmal!'"[36] Offensichtlich hat der Vater für das Kind geradezu göttliche Macht. Es scheint im Belieben des Vaters zu stehen, die Sonne auf- und untergehen zu lassen. Das ist keineswegs ein bloßer Irrtum, denn in seiner „Seinsintuition" unterscheidet das Kind noch nicht zwischen Urbild und Abbild, „so daß Vater und Mutter in urbildlicher Tiefe und Hoheit erscheinen". In ihnen geht deshalb die „zeugende Macht des Seins" auf[37].

Mit dem Nicht-Unterscheiden zwischen Urbild und Abbild wird der grundlegende Gedanke der „exemplarischen Einheit" angesprochen, den Siewerth bereits in „Der Thomismus als Identitätssystem" erörtert hat[38]. Im Sein des Menschen scheint etwas Absolutes auf, denn die Substanz kennt im Hinblick auf den actus primus kein mehr oder weniger, wie Thomas lehrt[39]. Darüber hinaus kann er sogar sagen, dem Seienden käme es nicht zu, von einem anderen verursacht zu sein, insofern es ein Seiendes ist[40]. Im Anschluß daran formuliert Siewerth: „Unter dieser Rücksicht kann gesagt werden, daß die Dinge nur dadurch Wirkungen und Abbilder des absoluten Grundes genannt werden können, *weil sie auch als Geschaffene das Siegel des Ungeschaffenen tragen und ursprünglich auf dieses hin ausgesprochen werden*. Darum sind sie nicht als Seiende, wohl aber *als Sein gerade dadurch ‚ungeschaffen', daß sie geschaffen sind*"[41]. Es ist diese Unbedingtheit des Seins, die Gegenwart des Gebers, der das subsistierende Sein selbst ist, die den Menschen angesichts der Begrenztheit des Geschaffenen dazu nötigt, nach dem Schöpfer zu fragen[42]. Die vom Geber unterschiedene Gabe evoziert die Frage nach dem Geber, der sich in ihr vergegenwärtigt. Deshalb kann Siewerth auch „*das absolut Positive der Differenz*" betonen[43], durch die die Endlichkeit des Geschaffenen nicht im Widerspruch zur exemplarischen Identität steht, sondern vielmehr die Bedingung der Möglichkeit dafür ist, daß die Identität eine *exemplarische* sein kann, d.h. Resultat einer Mitteilung.

Im Kind kommt die wesentliche Empfänglichkeit des Menschen zum Ausdruck, die mit dieser Endlichkeit des Menschen verbunden ist. Im Bild des

---

[36] Metaphysik der Kindheit, 57.
[37] Ebd. 55. Die Eltern werden aber auch in ihrer Endlichkeit wahrgenommen: Ebd. 107.
[38] GW II, 220 ff.
[39] Vgl. dazu Bieler, M.: Freiheit als Gabe, 229-234.
[40] ScG II,52 (1277).
[41] GW II, 125.
[42] Ebd. 224 ff.
[43] Ebd. 146. Vgl. dazu von Balthasar, H. U.: TL II, 165-170.

Kindes gewinnt die Endlichkeit eine positive Bedeutung: „Wer sagt, daß der Mensch am Ursprung Gottes, des Menschen und der Erde Kind ist, sagt zugleich, daß er nicht nur ‚geworfen‘, sondern vorab ‚empfangen‘, nicht ‚ausgesetzt‘, sondern ‚geborgen‘ sei. Er widersagt darin zugleich notwendig allen modernen Anthropologismen, die den Menschen aus dem geschichtlichen Verfall an seinen Naturgrund deuten"[44]. In dieser wesentlichen Empfänglichkeit ist die Kindheit „keine Phase, der man einfachhin entwachsen könnte"[45].

In den Eltern erlebt das Kind das Sein als schützende, lebensfördernde Macht, als Autorität, die ursprüngliche „Mehrerschaft" des Daseins ist[46]. Auch das gehört zum Menschsein, die Verantwortung der Elternschaft – nicht nur in Bezug auf die eigenen Kinder, sondern sogar auf sich selbst, weil jeder Mensch in gewissem Sinn sein eigener Vater und seine eigene Mutter ist[47]. Bereits der Sachverhalt, daß wir die wesentliche Empfänglichkeit des Kindes nicht einfach als Phase hinter uns zurücklassen können, zeigt, daß Macht und Ohnmacht nicht einseitig auf die Eltern einerseits und das Kind andererseits verteilt sind. Nicht nur die Eltern kennen in ihrer Macht nach wie vor die Empfänglichkeit, sondern auch das Kind ist durch Macht und Empfänglichkeit zugleich ausgezeichnet. Gerade das empfangende Kind tritt als „machtvolles Wesen"[48] in Erscheinung, das die Liebe der Eltern zu wecken vermag: „Das Kind selber tritt, kommend aus göttlichen und menschheitlichen Tiefen, mit Recht und Anspruch seiner Seins– und Wesensgründe ins Dasein. Man sagt, es trete als metaphysische und rechtliche Person ins Leben, und zwar schon am Ursprung seiner Empfängnis im Schoß der Mutter. Diese ‚Personalität‘ ist nicht das Für-sich-sein der Individualität oder eines sich wissenden oder fühlenden Bewußtseins, sondern nach den Aussagen einer theologisch geführten Metaphysik das denkend zu sich selbst kommende Insichsein eines gründenden Seins- und Wesensaktes (Subsistentia)"[49]. Für den Pädagogen Siewerth bedeutet diese von allem Anfang gegebene Seinsmächtigkeit konkret, daß ein Kind nie nur passiver Befehlsempfänger sein kann[50].

Im Phänomen des Kindseins werden sowohl das Geben wie das Empfangen, der Reichtum und die Armut als notwendige Momente der Liebe thematisch. Im Hinblick auf das Sein ist der ursprünglich Gebende Gott selbst und der Empfangende der Mensch, aber Gott teilt sich dem Menschen in der Einheit von Leben und Tod, Reichtum und Armut mit, so daß die Armut menschlichen Empfangens immer schon durch den Reichtum der Liebe ausgezeichnet

[44] Metaphysik der Kindheit, 14.
[45] Ebd. 133.
[46] Ebd. 18.
[47] von Balthasar, H. U.: TD II,1, 199.
[48] Metaphysik der Kindheit, 23.
[49] Ebd. 22. Vgl. Das Schicksal der Metaphysik (1959) 470!
[50] Vgl. z.B.: Wagnis und Bewahrung, 137-159.

ist. Das Verständnis des Seins, durch dessen Mitteilung der Mensch geschaffen wird, hängt vom Verständnis des Gebenden, mithin vom Verständnis des durch die Offenbarung in Christus erschlossenen Lebens des trinitarischen Gottes, und vom Verständnis des freien Menschen ab. Am Verständnis des terminus a quo und des terminus ad quem der Verendlichungsbewegung des Seins hängt das richtige Verständnis des Seins als reine Vermittlung.

3. Sein und Mensch

Wir erkennen das Sein nicht direkt, denn es ist keine über den Seienden schwebende Kugel oder Hypostase[51]. Wir erkennen es nur in den Seienden. Wir erkennen es als das, in dem alle Seienden geeint sind, als das, was den Seienden in deren Begrenztheit durch deren Wesen ein Moment von Unbegrenztheit verleiht[52]. Wie das Licht wird es nicht direkt gesehen, sondern nur in den Farben der Vielfalt des Geschaffenen in seiner Einfachheit mitgesehen[53]. Das Sein ist „überwesenhaft", wie Siewerth betont[54]. Es entzieht sich deshalb jedem verbegrifflichenden Zugriff. Es gibt keinen conceptus entis, sondern nur eine conceptio entis, eine Seinsempfängnis[55]. Weil sich das überwesenhafte Sein dem verbegrifflichenden Zugriff entzieht, ist der Mensch als Teilhaber am Sein, als ein esse habens[56], je mehr als er selbst[57] und bleibt für sich selbst und andere ein auf den absoluten Geber hin offenes Geheimnis. Mit seiner Seinsmetaphysik, die natürlich in die Theologie eingebettet ist, ist Thomas nicht nur ein Verehrer des Geheimnisses Gottes, sondern wird auch in hohem Masse der menschlichen Freiheit gerecht.

Es ist festgestellt worden, daß Thomas in seiner Schrift De potentia, in der er vom Sein spricht, persönlich wird, weil er offensichtlich eine entscheidende Einsicht aussprechen will, die das Ureigenste seiner Metaphysik betrifft[58]: „Das, was ich Sein nenne, ist die actualitas omnium actuum, und deswegen ist es die perfectio omnium perfectionum" (De Pot 7,2 ad 9). Dieses Sein ist nicht das Sein Gottes (ebd. ad 4 und ad 6). Es subsistiert nicht, sondern inhaeriert den Dingen (ebd. ad 7). So kann Thomas das Sein zusammenfassend als

---

[51] GW II, 123.

[52] Vgl. Oeing-Hanhoff, Ludger: Ens et unum convertuntur. Stellung und Gehalt des Grundsatzes in der Philosophie des hl. Thomas von Aquin, Münster 1953, 24-66.

[53] In Boeth De Trin 1,3 ad 1 (72-73).

[54] GW II, 225.

[55] GW I, 582 ff.

[56] In Metaphys 12,1 (2419). Vgl. dazu J.F.X. Knasas, The Preface to Thomistic Metaphysics. A Contribution to the Neo-Thomist Debate on the Start of Metaphysics, New York 1990.

[57] H. U. von Balthasar, H III,2,2, 397; vgl. auch TL I, 112, 156.

[58] Elders, L.J.: Die Metaphysik des Thomas von Aquin in historischer Perspektive, I. Teil, Salzburg-München 1985, 160.

„completum et simplex, sed non subsistens" bezeichnen[59]. Mit dem completum et simplex ist das Sein als perfectio und actualitas angesprochen, mit dem non subsistens die Tatsache, daß das esse commune keine Hypostase neben Gott oder den Seienden ist. Wie soll man sich das aber vorstellen? Das esse commune ist so einmalig wie die Beziehung zwischen Schöpfer und Geschöpf und muß entsprechend charakterisiert werden. Wenn Thomas das Sein als Gleichnis göttlicher Güte bezeichnet, dann versteht er das Sein als gute Gabe Gottes, die als solche keineswegs defizient ist.

In einer frühen Phase seines Denkens, in der ersten Auflage von „Der Thomismus als Identitätssystem" vollzieht sich nach Siewerth die Verendlichungsbewegung des Seins zwischen Idealität und Realität. Was Idealität bedeutet wird von Siewerth später gut in einer Charakterisierung der vermittelnden Idee des Geschaffenen wiedergegeben: „1. Die ‚Urbildung‘, sofern sich die Idee von Gott her als ‚Nachahmung‘ und als Ausdruck der göttlichen Freiheit konstituiert; 2. das ‚Urbild‘, sofern jedes Einzelwesen durch den Prozeß der Urbildung unmittelbar auf Gott und das Ganze des Seins innerlich bezogen ist; 3. das ‚Vorbild‘, sofern das Einzelding in seiner Individualität unmittelbar in der schöpferischen Idee enthalten ist. Diese drei Bestimmungen machen zusammen das unteilbare Wesen der Idee aus"[60]. Siewerth sieht nun vier Möglichkeiten, wie die Konstitution der geschaffenen Dinge gefaßt werden könnte. Denkbar wäre eine unmittelbare Setzung der einzelnen Dinge. Die Wirklichkeit wäre dann aber in eine Vielzahl von untereinander unverbundenen Monaden zersplittert. Eine weitere Möglichkeit wäre die direkte Kontinuation des Göttlichen ins andere, das dann aber damit seinerseits göttlich wäre. Die Schöpfung könnte die Setzung der konstitutiven Prinzipien sein. Das würde die Schwierigkeit nach sich ziehen, die Substanzkonstitution nach Art des Komponentenklebers verstehen zu müssen, der aus verschiedenen Substanzen zusammengemischt ist. So bleibt als vierte Möglichkeit, die „Schöpfung als Setzung der ‚Realität‘. Dies bedeutet die eigentliche Lösung der Frage. Denn in der Realität wird nicht nur das ganze Ding, sondern es werden zugleich die Gründe im Modus der Realität gesetzt, d.h. nicht nur als einfache Teile, sondern so, wie sie konstituierend immer schon das Ganze sind und verkörpern"[61]. Oder um es mit den Worten des Aquinaten zu sagen: Die Prinzipien des Seienden sind eher *mitgeschaffen* als geschaffen[62].

Das Wesen, das das Sein in den einzelnen Seienden zusammenzieht, einschränkt und limitiert[63], ohne daß deswegen das Sein von den Seienden in

---

[59] De Pot 1,1.
[60] GW II,365-366.
[61] Ebd. 366.
[62] STh I,45,4.
[63] De Spirit Creat 1c und ad 15; STh I,7,2; 50,2 ad 4.

Teilen partizipiert würde[64], stammt aus dem Sein selbst, aber so, daß deutlich ist, daß Wesen Subsistenz voraussetzt, und zwar in der Weise der Fähigkeit des Denkens und Wollens[65]. Das bedeutet aber, daß nicht das Sein das Wesen setzt, sondern, daß dieses von Gott her durch das Sein gesetzt ist, das sich in seiner Nicht-Subsistenz von der durch das Wesen umgrenzten *Substanz*, in der Sein und Wesen immer schon geeint sind, empfangen läßt[66]. Das bedeutet weiterhin, daß der Seinsakt in sich selbst different ist, ohne deswegen seine Vollständigkeit und Einfachheit zu verlieren. Die Frage ist nun, wie diese Nicht-Subsistenz des Seinsaktes zu bewerten ist. Bei Siewerth, der verschiedentlich vom Widerspruch im Sein spricht, besteht die Tendenz, die Nicht-Subsistenz des Seins als etwas zu verstehen, was eigentlich dem Sein nicht gemäß ist, weil das Sein das Nicht-Sein ausschließt[67]. Das führt dazu, daß dieser Widerspruch für Siewerth zu einer Auflösung drängt - einerseits zu Gott hin, der das subsistierende Sein selbst ist, anderseits zu den Seienden hin, die zwar durch ihre Wesensgestalt limitiert sind aber subsistieren. Es ist zwar richtig, daß der Seinsakt in seiner Nicht-Subsistenz auf Gott und die Seienden verweist, aber das ist keineswegs ein Manko. Es ist keine Peinlichkeit, die gegen die Einfachheit und Vollkommenheit des Seins stünde, sondern vielmehr selber eine Vollkommenheit, ohne die das Sein nicht Gleichnis der göttlichen Güte sein könnte.

Walter Neidl hat in seinem Beitrag über Gustav Siewerth im dritten Band des Werkes „Christliche Philosophie im katholischen Denken des 19. und 20. Jahrhunderts" Gustav Siewerth ziemlich heftig kritisiert. Neidl wird Siewerth möglicherweise nicht ganz gerecht, aber er hat tatsächlich Schwachstellen der Siewerthschen Konzeption aufgedeckt. Neidl geht von der Beobachtung aus, daß Siewerth das Sein (esse commune) zum höchsten und reinsten Gleichnis Gottes im Sinne von similitudo und imago stilisiert, während der Aquinate in De Ver 22,2 ad 2 keineswegs von imago spreche, sondern nur von similitudo[68]. Aus der Theologiegeschichte ist dieses Begriffspaar im Zusammenhang mit der Diskussion über die Gottebenbildlichkeit des Menschen bestens bekannt, und es mutet tatsächlich eigenartig an, daß Siewerth diese Begrifflichkeit auf das Sein überträgt. Nach Neidl ist dies ein Indiz dafür, wie sehr Siewerth in der platonisch-neuplatonischen Tradition steht, in der es zwischen dem Einen und den Vielen der vermittelnden Zwischeninstanzen bedarf: „Der Seinsakt Gottes im Hinblick auf seinen Schöpfungsakt und das ‚esse creatum', erste Schöpfung, geraten zu einem unentwirrbaren Seins-Verhältnis miteinander. Der göttliche Schöpfungsvollzug bleibt nämlich im geschöpflichen Seinsakt in vermittelter Unmittelbarkeit mit anwesend und verhilft ihm da-

---

[64] STh I,75,5 ad 1.
[65] GS II, 181 ff.
[66] ScG II,55 (1298 und 1301).
[67] De Pot 7,2 ad 9.
[68] Neidl, Siewerth (1990) 251. Vgl. Siewerth, GW I, 669.

durch zur Seinsweise der exemplarischen Identität, wodurch der geschöpfliche Seinsakt einerseits zwar in Identität und andererseits doch in Differenz zu ihm west"[69]. Neidl wirft Siewerth vor, daß er dem geschaffenen Sein (esse commune) einen Quasi-Subsistenzmodus zubillige, gesteht ihm aber zu, daß Thomas das Sein in seiner Nicht-Subsistenz vom „Nichtsein des Gar-Nichts" abgrenze und das Sein bei Thomas tatsächlich „den Charakter einer endlichen Unendlichkeit" gewinne[70]. Wenn diese Zugeständnisse stimmen, dann ist grundsätzlich gegen den Gedanken einer exemplarischen Identität nichts einzuwenden, der die Gegenwart des Gebers in seiner Gabe ausdrückt. Insofern wird Neidl Siewerth nicht gerecht. Thomas verarbeitet ja in seinem Dionysius-Kommentar, auf den sich Neidl beruft[71], das neuplatonische Anliegen, indem er den Partizipationsgedanken vom Schöpfungsgedanken her neu faßt[72]. Thomas kann deshalb dort das Sein nicht nur als Gleichnis, sondern auch als „quaedam participatio Dei" bezeichnen (In De Div Nom 5,2 [660])[73], und auf diesen Sachverhalt kann sich Siewerth zu Recht berufen. Aber die Beobachtung Neidls, daß wir es bei Siewerth mit einem „gewissermaßen dynamischen Seinsgeschehen zu tun haben", das „aus seiner Einheit in einem wohl unendlichen Drang nach Subsistenz Vielheit entläßt, um sich dadurch in seiner einheitsdynamischen Grundhaftigkeit quasi-subsistenzhaft zur Darstellung zu bringen" trifft den neuralgischen Punkt bei Siewerth[74].

Wenn er weiter bei Siewerth die Wesenheit nur als Mittel zum Zweck sieht, die dazu dient, daß der Seinsakt „er selbst, also seine einfache Einheit sein könne"[75], dann liegt das auf der Linie dieser Beobachtung eines Subsistenz-

---

[69] Ebd. 252.
[70] Ebd. 253-254.
[71] Vgl. auch Neidl, W. M.: Thearchia. Die Frage nach dem Sinn von Gott bei Pseudo-Dionysius Areopagita und Thomas von Aquin, Regensburg 1976. Die spekulativ tiefdringende Arbeit Neidls hätte eine bessere Aufnahme in der Forschung verdient!
[72] Thomas ist ja keineswegs nur „Aristoteliker", sondern ebensosehr „Neuplatoniker". Seine Originalität besteht bekanntlich in der Verbindung beider Traditionen in einer neuen Synthese. Vgl. M. Seckler, Das Heil in der Geschichte. Geschichtstheologisches Denken bei Thomas von Aquin, München 1964, und jüngst: F. O'Rourke, Pseudo-Dionysius and the Metaphysics of Aquinas, Leiden 1992.
[73] Thomas betont allerdings, daß das *Wesen* Gottes vom Geschöpf *nicht* partizipiert wird (In De Div Nom 2,3 [158]). Gott bleibt Gott, der streng vom Geschöpf geschieden ist. Zugleich muß aber die Möglichkeit geschöpflicher Existenz vor Gott geklärt werden. Das Sein erhellt als „Abgrund und Brücke" (J. Pieper, Die Wirklichkeit und das Gute, München [7]1963, 27) die Möglichkeit, daß Schöpfer und Geschöpf streng voneinander geschieden bleiben, ohne daß dabei das Geschöpf aus dem Bereich Gottes fällt. Man kann sagen, daß das Geschöpf durch die Partizipation an der Partizipation (esse) am Sein Gottes partizipiert, so daß dadurch tatsächlich eine Ähnlichkeit zwischen Schöpfer und Geschöpf besteht: „Quia inquantum sunt, divinae bonitatis similitudinem gerunt": ScG III,65 (2398). Diese Zusammenhänge hat auch Siewerth im Blick: GW II, 175, 224.
[74] Neidl, l.c., 254.
[75] GW II, 145.

dranges des Seins bei Siewerth[76]. Auch hier kann zu Gunsten Siewerths eingewendet werden, daß er mit seinen Erörterungen in „Der Thomismus als Identitätsystem", auf die sich Neidl bezieht, zum Ausdruck bringen will, daß mit der Differenz von Sein und Wesen letzteres nicht aus dem Sein herausfällt. Komplettiert wird die Kritik von Neidl mit einem Hinweis auf das Analogieverständnis Siewerths und der Bemerkung, daß bei Siewerth das Sein im Durchhalten der Idealität fortwährend an sich hält, um durch die Seienden auf sich selbst zurückzuspringen. Er zitiert dazu Siewerth: „Das Sein subsistiert nur in den Wesen, um durch sie zu sich selbst zu kommen, d.h. um das Gleichnis Gottes in Fülle zu sein"[77]. Wörtlich genommen ist dieser Satz tatsächlich nicht akzeptabel. Neidl zieht aus dem Gedanken Siewerths, das Sein „personiere" im Menschen, den Schluß: „Der Mensch ist bei dieser Prozedur offensichtlich nur Durchgangsstation"[78]. Hier zeigt sich wieder, wie eng Seinsverständnis und Freiheitsverständnis miteinander verbunden sind. Für Neidl muß die Siewerthsche Konzeption letztlich vielleicht sogar zu einer „Aufgabe einer vollen Zweitursächlichkeit der je konkreten Seienden" führen[79]. Liest man Siewerths Schrift über die menschliche Willensfreiheit möchte man ihm diese Absicht nicht unterschieben, aber es bestehen hier zweifellos Gefahren.

Angesichts der Kritik Neidls kann wiederum für Siewerth geltend gemacht werden, daß Sein und Mensch zusammengehören und daß es dem Sein gemäß ist, in der Subsistenz des Menschen zu terminieren. Siewerth hat recht, wenn er sagt, erst im Menschen trete der Charakter des Seins zureichend zu Tage, denn der *Mensch* sei ja schließlich „Gleichnis und Abbild Gottes"[80]. Und wenn Neidl den von Siewerth gebrauchten Begriff der „Resultation" kritisch erwähnt, dann kann Siewerth für sich beanspruchen, die Terminologie des Thomas aufzunehmen, der lehrt, daß das Sein der Substanz aus den Prinzipien des Wesens resultiert[81]. Aber Neidl ist zuzustimmen, daß der Mensch nicht um des Seins willen existiert, sondern um seiner selbst willen von Gott gemeint und geschaffen ist.

Was Siewerth offensichtlich Mühe bereitet, ist das Verständnis der Nicht-Subsistenz des Seins, die er irgendwo doch als Phase versteht, die zu Gunsten des reinen Seins hinter sich zu lassen ist. Wenn er in „Das Schicksal der Metaphysik" die Nicht-Subsistenz des Seins „nicht *nur*" als „Anzeige der Endlichkeit" verstanden wissen will, sondern ihr den „positiven Charakter des ‚Seins selbst' als reiner Wirklichkeit" zugesteht, „sofern diese nur durch Aus-

---

[76] Neidl, l.c., 255.
[77] Ebd. 256. Vgl. GW I, 679.
[78] Ebd.
[79] Ebd. 254.
[80] GW I, 680.
[81] 3 Sent 6,2,2: De Pot 7,2 ad 10; In Metaphys 4,2 (558).

zeugung und liebende Durchdringung wahrhaft ist"[82], dann weist dies in die richtige Richtung, aber es ist trotzdem nicht klar, ob diese Entäußerung des Seins in die Seienden hinein nur ein Mittel ist, um sich als Sein in den Seienden zu gewinnen. Wenn das Sein als „prima rerum creatarum"[83] alles Nachfolgende in sich vorausenthält[84], dann ist die Nicht-Subsistenz als nicht an sich haltende Fülle, als sich nicht zur Hypostase aufstauende Aktualität reines Verströmen aus Reichtum, der sich in keiner Weise erst zu gewinnen braucht. Die Nicht-Subsistenz des Seins im thomanischen Sinn ist so letztlich selber als Reichtum zu verstehen. Es läßt sich geradezu sagen, daß das Sein als Akt unvollkommen wäre, wenn er als Hypostase oder auch nur als Quasi-Hypostase verstanden werden müßte. Nur vom Sein als einem bereits „Vollständigen" kann gesagt werden, daß es im Menschen zu sich selbst kommt.

Wenn die Nicht-Subsistenz dergestalt als Moment der Vollkommenheit des Seins gefaßt werden muß, dann bedeutet dies, daß die Verendlichungsbewegung des Seins auf den Menschen *um dessen selbst willen* gehen kann und entsprechend den Menschen als freies Wesen meint, das *von sich aus* zum Geschehen der Schöpfung Stellung nimmt. Wenn Thomas sagt, die Substanz sei um ihrer Tätigkeit willen da[85], dann ist das damit gemeint. Der Zielpunkt der Schöpfung ist also nicht einfach die Realität, wie Siewerth dies in seinem frühen Werk „Der Thomismus als Identitätssystem" entwickelt, sondern die *Subsistenz* des freien Menschen, d. h. des Menschen in seinem gelingenden Freiheitsvollzug, durch den er als Substanz, die rein dadurch, daß sie ist, nur in bestimmter Hinsicht gut ist, *einfachhin* gut wird[86]. Daß dies etwas mit Geschichtlichkeit zu tun hat, dürfte offenkundig sein.

In seinen späteren Werken hat Siewerth immer wieder auf die „bisher nirgends beachtete Differenz von Akt und Subsistenz" verwiesen[87], die Warnach als den Höhepunkt der Siewerthschen Seinsdeutung betrachtet[88]. Nur wenn die Subsistenz Zielpunkt der Schöpfung ist, kann die Schöpfung als Ereignis freigebender Liebe betrachtet werden. Aus der Differenz von Akt und Subsistenz folgert Siewerth: „Damit aber ergibt sich, daß die Subsistenz des Seins in der Endlichkeit nur durch eine intelligente und strebende Geistform gedacht werden kann. Sofern solche geistige Subsistenz aber die Personalität kennzeichnet, so muß man folgern, daß das Sein in allen Formen zwar substantiell sich verwirklicht, daß es aber als Sein nur in personaler Subsistenz im eigentlichen Sinne ‚zu sich selbst zurückkommt'. Also ist die wesenhafte Verwirkli-

---

[82] Das Schicksal der Metaphysik (1959) 390-391.
[83] In De Caus 4.
[84] STh I-II,2,5 ad 2.
[85] STh I,105,5c.
[86] STh I,5,1 ad 1.
[87] GW II, 18.
[88] GW I, 691-692.

chung des Seins und die Vollendung seiner Subsistenz zugleich seine ‚Wahrheit' und seine ‚Güte'"[89] Ob es angemessen ist, in diesem Zusammenhang von
der „Verwirklichung" des Seins zu sprechen, ist angesichts des oben Gesagten
fraglich. Aber daß der Sinn des Seins in der Subsistenz des Menschen ausdrücklich werden muß, ist gewiß richtig. Diese Einsicht ist aber in dieser positiven Form nicht die genuine Einsicht Siewerths, sondern die Ferdinand Ulrichs[90], und Siewerth wußte das. In „Das Schicksal der Metaphysik" zitiert
Siewerth am Rande – ohne Jahresangabe - „die ausgezeichnete Dissertation
von F. Ulrich: Über die Konstruktion des Materiebegriffs bei Thomas, Duns
Scotus und Suarez".[91]

In dieser *1955* geschriebenen Arbeit Ulrichs konnte Siewerth nachlesen, es
bedürfe über die Momente der Idealität und der Realität hinaus des dritten
Momentes der Bonität, um den Sinn der Verendlichungsbewegung zureichend
zu verstehen: „Und doch liegt in der Konstruktion der Substanzkonstitution
bei Thomas das Moment der existentiellen: d. h. substantialen Perfektion,
dieses radikale Anliegen des ‚subsistere' über diesen beiden Momenten hinaus
in einem eigenen Moment ... im Moment der Perfektion des Seins. Er sagt
selbst in der Summa Theologica in der Quaestio ‚De Bono': Bonum dicit ra-
tionem perfecti. So sei es uns erlaubt, diesem Anliegen der substantialen Perfektion bei Thomas seinen eigentlichen Ort im Moment der Bonität zuzuwei-
sen: von woher die beiden anderen Momente Realität und Idealität wiederum
in ihrer Fülle entfaltet werden können" (101-102). Vom gelungenen menschlichen Freiheitsvollzug als Liebe in der Einheit von Geben und Empfangen,
Armut und Reichtum her, wie sie exemplarisch in der Begegnung zwischen
Eltern und Kind thematisiert worden ist und letztgültig in Jesus von Nazareth
erkennbar wird, erweist sich die Nicht-Subsistenz des Seins als Moment der
Perfektion, weil sie auf die Freiheit Gottes hin transparent wird. Die Nicht-
Subsistenz des Seins zeigt sich als „die Tat der Selbstmitteilung ursprüngli-
cher Freiheit", wie G. Pöltner feststellt[92]. Ja, näherhin wird erkennbar, daß das
Sein „in seiner Nichtigkeit und Nichtsubsistenz durchleuchtet ist von der
Freiheit des schaffenden Grundes als grundloser Liebe"[93].

Von da aus wäre es konsequent gewesen, wenn Siewerth als „archimedischen
Punkt" für das Gespräch mit Hegel nicht die Differenz zwischen Akt und
Subsistenz gewählt hätte, die auf die innertrinitrische Differenz zwischen den
Personen als principium quod und dem gemeinsamen Wesen als principium

---

[89] Das Schicksal der Metaphysik (1959) 388.
[90] Vgl. Bieler, Freiheit als Gabe, 261-266.
[91] Das Schicksal der Metaphysik (1959) 159, Anm. 2.
[92] Pöltner, Günther: Schönheit. Eine Untersuchung zum Ursprung des Denkens bei Thomas
von Aquin, Wien 1978, 201.
[93] Balthasar, H III,1, 366.

quo abhebt[94]. Denn es stellt sich sofort die Frage, welche *personale* Valenz diese Differenz haben soll. Näherliegend wäre die *vom zeugenden Vater ausgehende* Differenz zwischen Vater und Sohn – in der gemeinsamen fruchtbaren Öffnung auf den einenden Geist hin - als Vollzug gegenseitiger Liebe gewesen. Nur in *dieser* Differenz, die Siewerth durchaus auch erwähnt, wird die Differenz zwischen principium quod und principium quo als notwendiges Moment sich selbst verschenkender Liebe sichtbar[95]. Was das Zusammenfallen von Sein und Freiheit als Liebe in letzter Konsequenz heißt, läßt sich somit im Blick auf den Vater Jesu Christi erahnen: „Sein und Freiheit fallen in der Tat am höchsten Punkt, beim Vater, zusammen, der der notwendige Ursprung der wesensgleichen Trinität und die freie Quelle ihres Heilsplans ist"[96]. Von diesem Vater her wird vollends deutlich, daß ich durch mein staunenswertes Sein[97] zutiefst als Person angesprochen und gemeint bin. Die Seinsgabe ist eine Vorform dessen, was neutestamentlich „Sendung" genannt wird. Ohne rückgängig gemacht zu werden findet jene in dieser ihre Vollendung, denn die Gnade kommt auf dem Weg des Seins[98], weil sie jeden Menschen *im Besonderen* meint: „Ich rufe dich bei deinem Namen..."

---

[94] Das Schicksal der Metaphysik (1959) 289, 390; GW II, 214; GW III, 122, 143.
[95] Bieler, Freiheit als Gabe, 204-208.
[96] Le Guillou, Das Mysterium des Vaters, 120.
[97] V.E. von Gebsattel, Imago hominis, Salzburg ²1968, 308 ff.
[98] Ulrich, Homo abyssus, 333.

Sein, Welt und Mensch als Gleichnisse des dreieinen Gottes

Trinitätsontologische und offenbarungstheoretische Überlegungen im Anschluß an Gustav Siewerth

Michael Schulz

Ein erstes Ziel dieses Beitrags ist es, Aspekte des trinitarischen Wirklichkeitsverständnisses zu skizzieren, das Gustav Siewerths (1903–1963) Seinsdeutung erschließt. Darüber hinaus sollen zweitens Überlegungen anderer Autoren zu einer trinitarischen Wirklichkeitssicht angesprochen werden, die sich von Siewerth inspiriert wissen. Schließlich wird ein drittes Ziel anvisiert: Alle Ausführungen werden auf die Frage nach der Möglichkeit einer endgültigen Offenbarung Gottes in der Geschichte hin zugespitzt. Wäre nämlich eine Offenbarung des dreifaltigen Gottes in der Geschichte überhaupt nicht möglich, könnte man auch kein trinitarisches Wirklichkeitsverständnis entfalten. Da bereits zur Zeit der Aufklärung die Möglichkeit der Offenbarung Gottes in der Geschichte bestritten wurde, ist es notwendig, diese Frage zu stellen und mitzubedenken.

Es ist allerdings zu beachten, daß die trinitarische Deutung der Wirklichkeit erkenntnistheoretisch bereits das Ereignis der Trinitätsoffenbarung voraussetzt und die trinitarische Wirklichkeit Gottes nicht auf einem philosophischen Weg allein bewiesen werden kann[1]. Dadurch scheint sich eine schlechte Zirkularität der Begründungszusammenhänge zu ergeben: Die Trinitätsoffenbarung ermöglicht die trinitarische Wirklichkeitssicht, diese wiederum begründet die theoretische Möglichkeit der Trinitätsoffenbarung. Um dieser Schwierigkeit auszuweichen, müssen die Basisannahmen der trinitarischen Wirklichkeitsdeutung, nämlich die Positivität des Seins und die Positivität der Diffe-

---

[1] In der Frühscholastik ging man von der rationalen Beweisbarkeit des Trinitätsmysteriums aus. Seit Albertus Magnus (†1280) und Thomas von Aquin (†1274) änderte sich diese Einschätzung. Die früher vorgetragenen *rationes necessariae* für die Wahrheit des Trinitätsdogmas wurden in der Hochscholastik als Konvenienzgründe betrachtet, die - *Trinitate posita* - zur Erhellung des Glaubens an die Dreifaltigkeit herangezogen werden können. In diesem Sinn versteht Thomas von Aquin beispielsweise den von Richard von Sankt Viktor (†1173) entwickelten Gedankengang, nach dem die Liebe die Zweiheit, die vollkommene Liebe aber die Dreiheit erfordere, so daß Gott – als Ereignis höchster Liebe – dreifaltig sein muß: S.th. I 32, 1 ad 2. Zur Diskussion über die philosophische Beweisbarkeit der Trinität vgl. Schulz, Michael: Sein und Trinität. Systematische Erörterungen zur Religionsphilosophie G.W.F. Hegels im ontologiegeschichtlichen Rückblick auf J. Duns Scotus und I. Kant und die HegelRezeption in der Seinsauslegung und Trinitätstheologie bei W. Pannenberg, E. Jüngel, K. Rahner und H.U. v. Balthasar (MThSt II/53), St. Ottilien 1997, 358-371 (= Schulz, Sein und Trinität (1997)).

renz, auch auf philosophischem Weg erreicht werden, ohne daß die trinitarische Tiefendimension dieser Annahmen erkennbar werden muß.

Alle Überlegungen dieses Beitrags haben zum Ziel, die Wahrheit der christlichen Wirklichkeitsauffassung plausibel zu machen.

1. Ontologische Differenz und Trinität

Haben Christen andere Augen? Sehen sie die Welt anders? Gustav Siewerth war davon überzeugt, daß es eine trinitarische Weltsicht gibt. Er betrachtete das Sein nicht allein als Gleichnis Gottes, sondern insbesondere auch als Gleichnis des *dreifaltigen* Gottes[2]. Angeregt durch Martin Heideggers (1889–1976) Rede von der ontologischen Differenz, von der Differenz zwischen Sein und Seiendem[3], bemüht sich Siewerth, diese Differenz, die er allerdings anders versteht als Heidegger, als das trinitarische Urgleichnis schlechthin zu entschlüsseln.

Zunächst: Im Unterschied zu Heidegger, aber auf der Linie des Thomas von Aquin versteht Siewerth das Sein des Seienden als den wirklichkeitsverleihenden Akt (*actus essendi*) der Dinge[4]. Denn ohne das Sein ist nichts wirklich, ist nur nichts. Das Sein beschränkt sich aber nicht darauf, der Akt der Dinge zu sein. Es bezeichnet außerdem deren Realität. Das bedeutet aber auch umgekehrt: Das Sein ist nur real als Seiendes; es *subsistiert* nur als Seiendes, wie Siewerth sagt[5]. Das Sein selbst aber, obwohl es den Dingen Realität und Subsistenz schenkt, existiert nicht für sich selbst. Hier bricht im Sein ein merkwürdiger Widerspruch auf: Es verleiht Realität, ist aber selber nicht real. Die Auflösung dieses Widerspruchs begreift Siewerth als Vollzug eines Gottesbeweises[6]. Das für sich selbst nicht reale, aber allem Realität gewährende Sein muß auf etwas anderes als es selbst zurückgeführt werden: auf eine absolute Realität, aus der es als Akt der Dinge hervorgeht. Diese absolute Realität ist Gott. Gott ist der Grund aller Realität; und das Sein gewissermaßen

---

[2] Vgl. dazu Siewerth, Gustav: Das Sein als Gleichnis Gottes, in: GW I, 651–685; ders.: Das Schicksal der Metaphysik von Thomas zu Heidegger (GW IV), 472–474. u. Anm. 9.

[3] Vgl. Heidegger, Martin: Vom Wesen des Grundes, in: ders.: Wegmarken (Gesamtausgabe Bd. 9), Frankfurt / M, ²1978, 123: „Die ontologische Differenz ist das Nicht zwischen Seiendem und Sein."

[4] Vgl. GW II, 1979, 115–123; GW I, 668ff, 673, 675f, 679. Heidegger versteht das Sein als eine nicht fixierbare Größe, in deren Fügung und Walten alles steht, auch die Nähe und Ferne Gottes. Siewerth hoffte, daß sich Heidegger seiner Seinsdeutung und vor allem der Gotteserkenntnis zuwenden würde. Als diese Hoffnung enttäuscht wurde, distanzierte sich Siewerth von Heidegger. Siewerth sieht Heidegger durchaus im Geschick der Seinsvergessenheit verfangen, weil dieser das Sein faktisch hypostasiere und divinisiere, indem er es nicht in seiner Nichtsubsistenz begreife und auf Gott beziehe. Vgl. dazu G. Siewerth: Martin Heidegger und die Gotteserkenntnis, in: GW III, 282f, 289–293.

[5] Vgl. GW II, 184ff u.ö.; GW 4, 478.

[6] Vgl. GW I, 665ff; GW II, 240-259.

seine „Wirkhand", so Siewerth, mit der Gott Seiendes erschafft[7]. Mit seiner Seinsauslegung versucht Siewerth die ontologische Aussage des Thomas von Aquin zu vertiefen: „esse significat aliquid completum et simplex, sed non subsistens"[8].

In diesem Sein, das allem Realität verleiht, aber doch für sich selber nicht existiert, sieht Siewerth ein Gleichnis der Dreifaltigkeit[9]. Auch das göttliche Sein, das mit Gottes Wesen identisch ist, existiert oder subsistiert nicht einfach für sich. Real, subsistent sind in Gott nur die göttlichen Personen. Die göttlichen Personen allein bezeichnen die drei Subsistenzweisen des göttlichen Seins. Die göttlichen Personen vergleicht Siewerth daher mit der Subsistenz oder Realität, die dem Sein zukommt in Gestalt des endlichen Seienden[10]. Würde das göttliche Sein für sich, unabhängig von den göttlichen Personen subsistieren, so gäbe es in Gott vier Subsistenzweisen: vier Personen. Das aber ist nach dem Glaubensbekenntnis der Kirche unmöglich. Nicht weniger unmöglich ist es, das Sein als eigene Realität zwischen Gott und dem Seienden zu postieren. Der viele Jahre in Mainz dozierende und Siewerths Ontologie rezipierende Philosophieprofessor Josef Stallmach (1917-1995) bezeichnete das Sein daher als „Wirksein"[11], als bloßen, nicht für sich realen Übergang von Gott zur endlichen Realität.

Gott ist allem Geschaffenen also nicht mittelbar nahe durch ein eigenständiges Drittes. Der dreifaltige Gott ist dem Seienden unmittelbar nahe durch das für sich nicht reale Sein[12]. Andererseits gibt es außerhalb des Seins ebensowenig eine Nähe zu Gott. Denn ‚außerhalb' oder ‚jenseits' des Seins ist nur nichts. Daraus folgt, daß auch Gottes definitive Nähe durch seine Offenbarung im menschgewordenen Logos und ausgegossenen Geist sich nicht jenseits des Seins ereignet. Die Offenbarung ist eben etwas Reales. Sie ist also *des* Seins, gehört zum Sein. Die Offenbarung ist nicht überseinshaft oder seinsjenseitig; sie sei „ein Er–eignis im Seinsgeschick des Denkens"[13]. Weil das Denken für

---

[7] GW IV, 478.

[8] Thomas von Aquin: De pot. 1, 1. Vgl. GW I, 665f, 673f; GW II, 125, 311; GW IV, 477 u.ö. u. Anm. 38.

[9] Vgl. GW III, 114f, 122ff, 143.

[10] „... ein origineller Gedanke von Siewerth" sei nach Johannes B. Lotz: Das Sein als Gleichnis Gottes. Grundlinien der Ontologie und Gotteslehre von Gustav Siewerth, in: ThPh 60 (1985) 74, die von Siewerth aufgezeigte Proportionalitätsanalogie zwischen göttlichem Sein und göttlichen Personen einerseits und Seinsakt und endlicher Realität/Subsistenz andererseits.

[11] Stallmach, Josef: Seinsdenken bei Thomas von Aquin und Martin Heidegger, in: Hochland 60 (1967) 6. Mit „Wirksein" übersetzt Stallmach den thomasischen Begriff *actus essendi*.

[12] Vgl. Thomas von Aquin: S.th. I 8, 1: „Quamdiu igitur res habet esse, tamdiu oportet quod Deus adsit ei secundum modum quo esse habet. Esse autem est id quod est magis intimum cuilibet, et quod profundius omnibus inest: cum sit formale respectu omnium quae in re sunt ... Unde oportet quod Deus sit in omnibus rebus, et intime." Vgl. GW IV, 463f.

[13] GW IV, 608. Vgl. in diesem Sinn auch Ferdinand Ulrich: *Homo Abyssus*. Das Wagnis der Seins–Frage (Horizonte 8), Einsiedeln 1961, 105, der über die Gnade sagt, daß auch sie „auf dem ‚Weg des Seins' kommen muß".

alles Sein und insofern für das Ereignis der Offenbarung offen steht, kann der Mensch die Offenbarung im Denken erfassen und im Glauben annehmen. Die Theologie als Wissenschaft ist demnach nicht nur im Wort Gottes, sondern auch im Sein des Seienden begründet[14].

Die trinitarische und für die Offenbarungstheorie des Christentums relevante Seinsdeutung Siewerths regte verschiedene Philosophen und Theologen an, ein ebenfalls trinitarisches Seinsverständnis zu entwickeln. Zu nennen sind beispielsweise Clemens Kaliba, Ferdinand Ulrich, Max Müller, Klaus Hemmerle, Manuel Cabada Castro, Karl Rahner, Hans Urs von Balthasar, Karl Lehmann, Hansjürgen Verweyen, Piero Coda, Claude Bruaire, Emmanuel Tourpe u.a.

2. Die Positivität der Differenz

Ausdrücklich oder indirekt verweisen alle trinitätsontologischen Denkansätze der genannten Autoren auf das Revolutionierende im christlichen Seinsverständnis: auf die „Positivität der Differenz", so Siewerth[15]. Weil es in Gott Differenz gibt, nämlich einmal die *reale–relationale* Differenz zwischen den göttlichen Personen und zum anderen die *formale* Differenz zwischen dem nicht für sich selbst realen, *absoluten* göttlichen Sein und den aufeinander bezogenen *relationalen* Subsistenzweisen dieses Seins, Vater, Sohn und Geist[16], können verschiedene Differenzen außerhalb von Gott und Gott ge-

---

[14] Vgl. Cabada Castro, Manuel: Sein und Gott bei Gustav Siewerth (Themen und Thesen der Theologie), Düsseldorf 1971, 304, der im Sinne Siewerths formuliert: „Weil das Sein das Denken schenkt, und nicht umgekehrt, kann keine Enthüllung des Seins, auch nicht jene der Offenbarung (die, obwohl ‚übernatürlich', nicht ‚überseinshaft' sein kann), das Denken überfordern oder zerstören." Offensichtlich denkt Cabada Castro bei der Formel *übernatürlich, nicht überseinshaft* an folgende Aussage Siewerths: Das „Mit- und Ineinander von Philosophie und Offenbarung" ... „ist die augustinische Einheit des partizipierten und eingegossenen ‚göttlichen Lichtes', das sich weder vom Sein her noch vom Licht des tätigen Geistes in ein ‚natürliches' und ‚übernatürliches' (als ein ‚seinshaftes' und ‚überseinshaftes') Medium in re et actu aufspalten läßt, ohne zu Ungereimtheiten zu führen." GW IV, 142f.

[15] GW II, 146. In seiner ontologiehistorischen Studie Die Transformation des klassischen Seinsverständnisses. Studien zur Vorgeschichte des neuzeitlichen Seinsbegriffs im Mittelalter (QSP 21), Berlin – New York 1986, 74–94, eruiert Rolf Schönberger, daß das trinitarisch denkende Christentum in der Tat ein neues Seinsdenken initiiert hat, da es die Bonität des Geschaffenen, dessen Vielfalt und Bezogenheit aufeinander, als Gleichnis der Gutheit des Schöpfers zu verstehen gibt. Zu Siewerths Verständnis der Differenz in systematischer und philosophiegeschichtlicher Perspektive vgl. Andrzej Wierciński: Über die Differenz im Sein. Metaphysische Überlegungen zu Gustav Siewerths Werk, Frankfurt / M u.a. 1989.

[16] Die Differenz zwischen Gottes Sein bzw. Wesen und den göttlichen Personen ist nur als eine *formale Nichtidentität* zu verstehen. Damit ist gesagt, daß der Begriff des *absoluten* Wesens nicht den Begriff des *Relationalen* mit einschließt, durch das jedoch die *reale* (und nicht nur formale) Persondifferenz von Vater, Sohn und Geist konstituiert ist. Den Begriff der formalen Nichtidentität in der Trinitätslehre hat insbesondere Johannes Duns Scotus (†1308) geprägt: Vgl. dazu Wetter, Friedrich: Die Trinitätslehre des Johannes Duns Scotus (BGPhMA

genüber als Abbilder und Gleichnisse der innergöttlichen Differenzen begriffen werden.

Das gnostische und neuplatonische Denken sah in der endlichen Vielheit eher eine defiziente Form des Seins[17]. Der Hervorgang des Vielen aus dem göttlichen Ureinen wurde als Abfall und Seinsminderung betrachtet. In der Materie war von der Ausstrahlung des Ureinen nichts mehr zu finden, ebensowenig etwas Gutes. Ziel des Menschen mußte es deshalb sein, aus der Pluralität der Weltdinge auszubrechen und durch Kontemplation des Ureinen zu ihm zurückzukehren. Auch das asiatische Denken sieht in dieser Welt und in ihrer inneren Differenziertheit etwas Uneigentliches, einen Schein, den es zu durchschauen gilt[18].

Richtig ist an dieser Einsicht, daß nichts Endliches einen letzten Halt zu bieten vermag – daß alles Begrenzte einen herbstlichen Charakter trägt, wie Hans Urs von Balthasar (1905–1988) bemerkt[19]: Es verwelkt in seiner Begrenztheit und fällt aus seiner Existenz heraus wie das verdorrte Blatt vom Baum. Diese melancholisch stimmende Einsicht in die Hinfälligkeit alles Endlichen kann dazu geneigt machen, bereits die Differenz zwischen Gott, dem Ewigen, und der vergänglichen, verwehenden Welt als Übel aller Übel zu definieren, so daß man am Ende denken mag: Es wäre besser, entweder Gott selbst zu sein[20] oder überhaupt nicht zu existieren. Man kann der endlichen Welt offenbar ihre eigene Endlichkeit zum Vorwurf machen.

41/5), Münster 1967, 61-67. Es ist möglich, eine formale Unterscheidung bei gleichzeitiger Realidentität (Gottes Sein und Personen sind real identisch) anzunehmen, wenn zwei Sachverhalten (göttliches Sein/Wesen – göttliche Personen) ein jeweils eigenes *quid* zukommt, das in einem eigenen Begriff (*conceptus proprius*) ausgedrückt werden kann. So sind beispielsweise Farbesein und Weißsein real identisch – wie Gottes Sein (Wesen) und Vater, Sohn und Geist. Dennoch ist das, wodurch die Farbe Farbe (Gottes Sein/Wesen) und das, wodurch sie weiß (Relationen/Person/Subsistenz) ist, voneinander zu unterscheiden. Es liegen zwei verschiedene Formalitäten (absolutes Wesen und relational konstituierte Personen) vor, obgleich beide Bestimmungen eine einzige Sache (einen einzigen Gott) darstellen. Vgl. J. Duns Scotus: Lect. I d. 2 p. 2 q. 4 n. 274: Vat XVI 216. Vgl. GW III, 122f, 143; s. dazu Cabada Castro: Sein und Gott bei G. Siewerth, 294. Nicht zutreffend ist darum L. Bruno Puntels Kritik an Siewerths These von der Differenz zwischen Akt und Subsistenz, nach der diese Differenz zwei Schichten in Gott etabliere: „die Ebene der Einheit und dann die Ebene der dreifaltigen Subsistenz": Puntel, L. Bruno: Analogie und Geschichtlichkeit I: Philosophiegeschichtlich-kritischer Versuch über das Grundproblem der Metaphysik (PhE 4), Freiburg u.a. 1969, 450. Die Ebene des göttlichen Seins existiert eben nicht für sich als fixe Größe ‚vor' den göttlichen Personen und diesen gegenüber. Ohne die Annahme eines Unterschieds zwischen Wesen/Substanz/Sein/Akt und Subsistenz/Relation/Person kommt man außerdem weder in der Trinitätstheologie noch in der Christologie, auch nicht in der Anthropologie aus.

[17] Vgl. dazu Hirschberger, Johannes: Geschichte der Philosophie 1: Altertum und Mittelalter, Freiburg [11]1979, 302–314.

[18] Vgl. Brüll, Lydia: Die japanische Philosophie. Eine Einführung, Darmstadt [2]1993, 14f.

[19] Vgl. von Balthasar, Hans Urs: Theologik I: Wahrheit der Welt, Einsiedeln 1985, 161, bes. 269.

[20] Vgl. Nietzsche, Friedrich: Also sprach Zarathustra (Werke II, hrsg. v. K. Schlechta) Darmstadt 1994, 344: „... *wenn* es Götter gäbe, wie hielte ich's aus, kein Gott zu sein!"

Das trinitarische Christentum bietet dazu eine alternative Perspektive: Danach ist die Differenz gut und wohltuend. Sie ist göttlich und nicht nur endlich. Sie ist unendlich, weil ein größerer Unterschied als der zwischen Gott und Gott gar nicht zu denken ist: Vater und Sohn unterscheiden sich unendlich voneinander. In diesem Unterschied ist nach Siewerth der Unterschied zwischen Gott und Welt zu denken[21]. Siewerth erkennt im Nicht–Vatersein des Sohnes und im Nicht–Sohnsein des Vaters die innergöttliche Ermöglichung dafür, daß etwas, was nicht Gott ist, aus Gott hervorgehen kann: die Welt, die eben nicht Gott ist[22].

In ihrer Andersheit gegenüber Gott ist die Welt ein Bild des Sohnes, der der Andere gegenüber dem Vater ist. Der Sohn ist das Urbild von Andersheit überhaupt, von Differenz und Verschiedenheit. Darum sagt das Neue Testament nicht zufällig, daß Gott, der Vater, die Welt durch den Sohn, den Logos erschaffen hat (Joh 1,3; Kol 1,16; Hebr 1,2). Die trinitätstheologische Verortung der Schöpfung in Gott ist mitzuhören, wenn Paulus den Einwohnern von Athen predigt: „In Gott leben wir, bewegen wir uns und sind wir." (Apg 17,28)

Siewerth spricht gerne davon, daß Welt und Mensch ungeschaffen sind[23], um hervorzuheben, daß das Geschaffene geradezu ein analoges „‚Gleich'-nis"[24] Gottes ist. Die seinsvermittelte Ungeschaffenheit des Menschen sollte dem Menschen ein Hinweis auf seine Berufung zum unvergänglichen Leben sein[25]. Der Herbst des Lebens ist von Gott zugelassen, damit Anderes, Vergängliches, sich auf ihn hin, das unvergängliche Sein, in freier Entscheidung beziehen und in diesem seine Vollendung finden kann.

Nur weil der Mensch selbst ein Gleichnis der göttlichen Ungeschaffenheit und Unvergänglichkeit ist, kann sich auch Gott durch einen Menschen als ewiges Leben offenbaren – ist Auferstehung denkbar.

3. Die Sünde als Un–*gleich*–nis

Man könnte zu der Auffassung kommen, daß die Sünde die Differenz des Geschaffenen von Gott noch steigert, ist die Sünde doch das Gegenteil von Gott, also die Andersheit schlechthin.

---

[21] Vgl. GW III, 122–127; von Balthasar, Hans Urs: Theodramatik IV: Das Endspiel, Einsiedeln 1983, 52–57.

[22] GW III, 123.

[23] GW II, 125, 166.

[24] GW II, 310. Durch diese Schreibweise des Wortes „*Gleich*–nis" macht Siewerth sehr pointiert auf die „*Gleich*heit" des Geschaffenen und Ungeschaffenen aufmerksam; er beabsichtigt dadurch jedoch nicht, die je größere Unähnlichkeiten und Ungleichheit zwischen beiden einzuebnen.

[25] Vgl. Weish 2,23: Gott hat den Menschen zur Unvergänglichkeit erschaffen und ihn zum Bild seines eigenen Wesens gemacht.

Genauer betrachtet, mindert die Sünde aber die positive Differenz des geschaffenen Menschen gegenüber Gott. Denn die Sünde nimmt dem Menschen etwas von der Aktualität seines Selbstandes. Der menschliche Selbstand bezeichnet jedoch das Fundament, das den Unterschied des Menschen zu Gott begründet. Je mehr jemand er selbst ist, desto markanter, unterscheidbarer, identifizierbarer ist er, um so mehr hebt er sich von Anderen und anderem ab. Durch die Sünde büßt der Mensch von der Kraft ein, er selbst zu sein und sich positiv von anderem zu unterscheiden. Die Sünde löst Konturen auf, macht grau und farblos. Der Sünder versinkt im Einerlei, im Differenz– und Unterschiedslosen. Darum unterscheidet sich der Sünder auch weniger von Gott als der Heilige. Freilich: diese geschrumpfte Unterscheidungsfähigkeit des Sünders läßt ihn Gott nicht näher stehen als ein heiliger Mensch. Der Sünder entfernt sich in seiner Kraftlosigkeit, einen positiven Unterschied zu setzen, von Gott. Weil die Sünde positive Differenzen zerstört, ist sie das Ungleichnis Gottes schlechthin.

Aber dieses Ungleichnis vermag Gott kraft seines innergöttlichen Unterschieds zu überwinden. Denn aus der unendlichen Andersheit und Differenz des Sohnes dem Vater gegenüber kann niemand und nichts herausfallen: auch kein Sünder. Gott hat in sich (der Möglichkeit nach) immer schon jede endliche Differenz in unendlichem Maß überholt, betont Hans Urs von Balthasar[26]. Menschwerdend taucht der Sohn – in seiner positiven Differenz auf den Vater bezogen –, in die negative Differenz der Sünde ein, um dort, am Ort der Sünde, am Ort tödlicher Beziehungslosigkeit, Beziehung neu zu stiften und zu einer positiven Differenz der Beziehung und des Lebens zu ermächtigen.

4. Geist–Einheit und Postmoderne

Bislang war vor allem von Vater und Sohn die Rede und vom Unterschied zwischen beiden. Doch wer vom Unterschied spricht, spricht auch bereits von der Einheit und vom Heiligen Geist, der die Einheit von Vater und Sohn in personaler Weise darstellt. Grundsätzlich macht Siewerth deutlich: jede Rede von Differenz und Unterschied setzt Einheit voraus[27]. Nur in bezug auf eine Einheit kann ein Unterschied überhaupt wahrgenommen werden. Auch der Unterschied zwischen Vater und Sohn dient allein der Einheit, der Beziehung zwischen beiden, die fruchtbar ist. Ihr gegenseitiges Einvernehmen und Füreinanderdasein stellen Vater und Sohn in einem Dritten dar: in der Person des Heiligen Geistes.

Man kann das Sein als Gleichnis dieses Dritten in Gott betrachten, weil es alles mit allem verbindet. Im Sein kommt alles überein. Diese Übereinkunft bewirkt das Sein, indem es allem Realität gibt. Daß also die Welt eine Einheit bildet, der Kosmos nicht in beziehungslose Teile auseinanderbricht, daß alles

---

[26] Vgl. von Balthasar, Hans Urs: Theodramatik III: Die Handlung, Einsiedeln 1980, 301.
[27] GW II, 190ff.

Leben in einem Zusammenhang steht, daß alles Denken des Menschen auf eine Einheit bezogen ist und nicht in bloßer Pluralität zersplittert – all dies gründet in der einheitsstiftenden Macht des Seins, das sich darin als Spur des Heiligen Geist, der Einheit in Person, zu erkennen gibt. Wie aber der Heilige Geist die Verschiedenheit von Vater und Sohn voraussetzt und niemals auflöst, so gibt auch das Sein in seiner Einheit der Differenz und Verschiedenheit des Seienden Raum.

Es ist leicht erkennbar, daß sich aus diesen Überlegungen die Eckdaten für einen christlich–trinitarischen Pluralismus ableiten lassen. Karl Rahner (1904–1984) beispielsweise hat sich darum bemüht[28]. Dieser christlich–trinitarische Pluralismus wäre auch eine Antwort auf den Pluralismus der Postmoderne. Wolfgang Welsch und andere wollen die Postmoderne gerade vor dem Verdacht retten, sie würde alles Gemeinsame und Verbindende – nach dem Slogan Paul Feyerabends (1924–1994) „anything goes"[29] – in einer Beliebigkeit des Meinens und Denkens auflösen und Wahrheit in nur noch nebeneinanderher bestehende, beziehungslose, ganz regionalisierte Plausibilitäten aufspalten[30].

Der Heilige Geist und sein Gleichnis, das Sein, zeigen an, daß Formen der Einheit möglich sind, die verbinden und Beziehung stiften und gerade so dem Unterschied und der Differenz Raum geben. Dem Heiligen Geist und seinem Gleichnis, dem Sein, ist die von der Postmoderne bekämpfte uniforme–univoke, alles gleichschaltende Gestalt der Einheit fern.

Aber das Sein rettet nicht weniger aus der Beziehungslosigkeit bloßer Meinungen. Denn es ist das eine Sein, das jeden menschlichen Verstand bestimmt, ihn logisch ordnet und auf Wahrheit bezieht.

Weil Sein eben Sein und nicht Nichts bedeutet, deshalb begründet das Sein das Nichtwiderspruchsprinzip, nach dem Etwas, das ist oder wahr ist, nicht zugleich nicht sein oder unwahr sein kann. Diese Grundregel des Denkens ermöglicht erst jeden Dialog und jede Auseinandersetzung. Denkt man *Sein* sozusagen zu Ende, dann denkt man, wie erläutert, das Sein Gottes. Gottes Sein ist der letzte Garant dafür, daß Sein immer Sein und nie Nichts wird. Gott ist in dieser Hinsicht darum der Letztgrund für logisches Denken, für Dialog und Auseinandersetzung. Logisches Denken ist demnach ein Gleichnis des göttlichen Seins.

Doch diese wahrheitstheoretischen Gedanken sollen nicht weiter verfolgt werden. Die Aufmerksamkeit gilt im Folgenden Siewerths Rede von der Ent-

---

[28] Vgl. Rahner, Karl: Zur Theologie des Symbols, in: ders.: Schriften zur Theologie IV, Einsiedeln u.a. ^{5}1967, 281–284.

[29] Vgl. Feyerabend, Paul: Wider den Methodenzwang, Frankfurt / M. 1983, 11. Welsch, Wolfgang: Unsere postmoderne Moderne, Berlin ^{4}1993, 135 Anm. 1, konstatiert, daß Feyerabend mit diesem Wort ursprünglich die Reaktion seiner Gegner auf seine Analysen der sehr unterschiedlichen philosophischen Konzeptionen in der Gegenwart charakterisieren wollte.

[30] Vgl. Welsch, W: Unsere postmoderne Moderne, 295–318. Zum Verhältnis zwischen Postmoderne und Siewerths systemkritischem Bedenken der Differenz vgl. den Siewerth-Beitrag von Stephan Grätzel in diesem Band.

äußerung des Seins und der Rezeption dieses Gedankens des Philosophen Ferdinand Ulrich und Hans Urs von Balthasar[31].

5. Die Seinskenose

Siewerth spricht von der Seinsentäußerung. Er meint damit, daß das Sein sozusagen aus Gott hervortritt, ein Äußeres wird, damit Seiendes real sei[32]. In seinen späteren Schriften versteht er das Sein zudem als sich entäußernde Liebe, das Seiendem Subsistenz gibt und den Menschen durch Menschen zu sich und zu einer Erfahrung Gottes bringt[33]. Den Sinn des Wortes *Entäußerung* loten Ulrich und Balthasar zunächst tiefer aus, um sodann die Entäußerung des Seins klarer zu erfassen und das Sein als selbstlos sich gebende Liebe begreiflich zu machen.

Beiden erschließt sich der Sinn des Wortes *Entäußerung* durch einen Vers aus dem Philipperbrief. Paulus zitiert in diesem Brief einen Hymnus, in dem der gepriesen wird, der, in der Gestalt Gottes seiend, nicht gierig daran festhielt, Gott gleich zu sein, sondern sich entäußerte, Sklavendasein annehmend, und der so den Menschen gleich wurde (Phil 2, 6–7).

Zwischen der in diesem Hymnus besungenen Entäußerung des gottgleichen Sohnes und Siewerths Rede von der Entäußerung des Seins stellen Ulrich und Balthasar eine systematische Verbindung her. Ihrer Meinung nach kommt Gottes Selbstoffenbarung zu ihrem Höhepunkt in der Entäußerung des Sohnes im Tod am Kreuz. Um zu wissen, wer Gott ist, muß man ans Kreuz schauen. Da sieht man: Gott ist selbstlose, sich entäußernde Liebe. Folglich ist auch Gottes Sein reine Entäußerung. So versteht Balthasar den Hervorgang des Sohnes aus dem Vater als einen Akt der Entäußerung: Der Vater hält nicht „gierig" an seinem Gottsein fest, sondern er entäußert sich, indem er den Sohn zeugt. Von der innergöttlichen Kenose spricht Balthasar[34]. Der Sohn ist ebenso nichts anderes als reine, selbstlose Beziehung zum Vater. In ihrer gegenseitigen Selbstlosigkeit hauchen Vater und Sohn den Heiligen Geist, der folglich die Selbstlosigkeit in Person ist. Nur weil Gott schon in sich das Ereignis reiner Selbstlosigkeit oder reiner Selbstentäußerung ist, kann er sich auch nach außen, auf den Menschen hin entäußern: kann der Vater zum Heil der

---

[31] Den Gedanken der Seinsentäußerung greift ebenso Kaliba, Clemens: Die Welt als Gleichnis des dreieinigen Gottes. Entwurf zu einer trinitarischen Ontologie, Salzburg 1952, auf.

[32] GW II, 151, 154, 171, 174f, u.ö.

[33] GW IV, 480; Siewerth, Gustav: Metaphysik der Kindheit (Horizonte 3), Einsiedeln (1957) ²1963, 63. Die Bedeutung der Ausführungen Siewerths über die durch die Eltern vermittelte Erfahrung Gottes und des Seins als Liebe für die Gottesfrage in der Gegenwart stellt heraus Cabada Castro, Manuel: El Dios que da que pensar. Acceso filosófico-antropológico a la divinidad, Madrid 1999, 339ff.

[34] Vgl. von Balthasar, Hans Urs: Mysterium Paschale, in: Mysterium Salutis III: Das Christusereignis 2, hrsg. v. J. Feiner u. M. Löhrer, Einsiedeln u.a. 1969, 143–154; ders.: Theodramatik III: 300 u.ö. S. Vgl. Schulz, Sein und Trinität (1997) 766–778.

Welt den Sohn dahingeben, kann der Sohn sich am Kreuz entäußern und kann der Geist sich in die Herzen der Menschen hineinvergeben, um mit der am Kreuz offenbargewordenen Liebe zu verbinden. Wenn nun Gottes Sein und Offenbarung die Signatur der Entäußerung tragen, dann sicherlich auch das Sein, das aus Gott hervorgeht, damit Seiendes existiere. Omne agens agit sibi similie – ein scholastischer Grundsatz, den Siewerth gerne zitiert[35], spricht dafür. So wirkt auch die Dreifaltigkeit das Sein, das ihr ähnlich ist. Ist der dreieine Gott in sich reine Entäußerung, so auch das Sein. Auch das Sein hält nicht „gierig" an sich selbst fest. Es will sozusagen nicht für sich real sein, sondern es entäußert sich, macht sich dem Seienden gleich, damit dieses real werde.

Ulrich vergleicht das Sein, angeregt durch die Psalmenauslegung des Thomas von Aquin, mit dem Licht. „Esse ad lucem pertinet", sagt Thomas[36]. Wie das Licht nicht an sich hält, nicht selber sichtbar ist, sondern sich selbstlos hingibt, damit anderes in seiner Farbigkeit hervortrete, so ist auch das Sein reine Selbstlosigkeit und Entäußerung, die ganz der Realität des Seienden dient. Gott ist gewissermaßen die Sonne, aus der das Sein als Licht entströmt, damit eine lichte, helle Welt sei.

Um das Sein vom Seienden zu unterscheiden, hat Martin Heidegger in seinem Aufsatz *Zur Seinsfrage* (1955) das Wort *Sein* zugleich in Form eines Andreaskreuzes durchgestrichen[37]. Mit der Durchstreichung will Heidegger gegen die Gewohnheit opponieren, sich das Sein wie einen Gegenstand vorzustellen. Diesen Hinweis greift Ulrich auf[38]. In der Tat, das Sein trägt die Signatur des Kreuzes: Es ist nicht für sich selbst, sondern streicht sich gewissermaßen selber durch, indem es sich hingibt wie auch der Sohn am Kreuz. Balthasar sieht in diesem kenotischen Sein die Voraussetzung dafür, daß Gott sich in dieser Welt überhaupt am Kreuz offenbaren, und daß der Mensch diese Offenbarung verstehen kann[39]. Unter dem Stichwort *Kenosis* verbindet Balthasar Trinitätstheologie, Schöpfungslehre, Ontologie, Christologie und Soteriologie miteinander. So prägt er den Begriff *Schöpfungskenose*[40] und weiß freilich auch um die Brisanz dieser Redeweise. Denn von Entäußerung und Kreuz spricht

---

[35] Vgl. GW I, 668f.

[36] Enarrat. Sup. Ps. 7, 19; Ulrich, Ferdinand: Atheismus und Menschwerdung (Kriterien 1), Einsiedeln ²1975, 23; von Balthasar, Hans Urs: Herrlichkeit. Eine theologische Ästhetik III/1: Im Raum der Metaphysik, Einsiedeln 1965, 953. Vgl. auch GW 4, 464ff: Das Sein und das Licht.

[37] Vgl Heidegger, . Martin: Zur Seinsfrage, in: ders.: Wegmarken, a.a.O., 379, 405f.

[38] Vgl. Homo Abyssus, 102f. Vgl. auch ebd., 69–95, bes. 87. Das sich durchstreichende, nicht für sich reale Sein thematisiert nach Ulrich bereits Thomas von Aquin, der, wie gesehen, das Sein (*qua actus essendi*) als etwas Vollkommenes und Einfaches begreift, das aber nicht für sich selbst subsistiert. S.o. Anm. 8.

[39] Wegen seiner Entäußerungsgestalt ist das Sein „das für Gott adäquate Schöpfungsmedium", in welches er „sein Wort von Kreuz und Herrlichkeit hineinzusprechen und es als seinen Sohn zu Tod und Auferstehung hineinzusenden" vermag: Balthasar, H.U.v.: Herrlichkeit III/1, 961.

[40] Vgl. Balthasar, H.U.v.: Theodramatik III, 305–309.

man primär wegen der Sünde. Der Widerstand der Sünde erzwingt die Entäußerungs– und Kreuzesform der Liebe Gottes. Liebe, die sich in eine Zone hinein entäußert, in der Haß und Feindschaft herrschen, wird angegriffen und gekreuzigt, wenn keine Umkehr der in Sünde und Haß Verstockten erfolgt. Die Liebe verdankt sich aber in ihrer Größe und Vollkommenheit nicht innerlich (oder formal) dem Widerstand der Sünde – nach dem Motto: viel Feind, viel Ehr'. Gerade weil die Liebe ihre ‚eigene Ehre' von sich aus mitbringt und von sich aus überhaupt nichts mit der Sünde zu tun hat, kann sie sich in ihr Gegenteil entäußern, die Sünde bekämpfen und innerlich auflösen. Deshalb wird es aber auch schwierig, den Begriff der Entäußerung, der durch den Kontext der Sünde mitbestimmt ist, direkt auf Gottes Sein zu übertragen. Balthasar hat darum darauf aufmerksam gemacht, daß man auf die Anführungszeichen achten solle, in die er das Wort *Kenose* setzt, sobald er es zur Kennzeichnung der Selbstlosigkeit verwendet, mit der der Vater den Sohn hervorbringt[41]. Die Anführungszeichen sollen die uneigentliche Redeweise betonen, in der von einer innergöttlichen Entäußerung gesprochen wird. Im eigentlichen Sinn kann man von *Entäußerung* eben nur die Rede sein, wenn die göttliche Liebe in die Lieblosigkeit der Sünde eintaucht. Ähnliche Differenzierungen sind auch im Blick auf die Rede von der Schöpfungskenose oder der Selbstentäußerung des Seins zu machen.

Um das Sein zu geben, muß sich Gott weder gegen Widerstände durchsetzen, noch muß er sich in diese hinein entäußern. Er muß nicht mühevoll gegen das Nichts oder ein parallel zu ihm existierendes Chaos ankämpfen. Als problematisch ist darum die Definition des göttlichen Seins zu betrachten, die Eberhard Jüngel formuliert. Danach sei Gott ein unentwegtes Nichten des Nichts, ein ens *a se in nihilum ek–sistere*, ein gegen das Nichts An– und Hineinexistieren[42]. Träfe dies in der Tat zu, so würde sich Gott durch die Selbstentäußerung in sein Gegenteil gewinnen. Man würde Gott von seinem Gegenteil abhängig machen und ihn durch sein Gegenteil definieren: durch das Nichts oder die Sünde. Gott ist aber durch sich selbst definiert. Darum ist Gott Gott, und darum ist Gottes Schöpfung die souveräne Gabe des Seins.

Bei der Verwendung des Ausdrucks *Seinsentäußerung* ist zu beachten, daß das Sein, das sich entäußernd gibt und nicht an sich hält, sondern Seiendes „wirklicht", über gar kein Sich oder Selbst verfügt, das auf sich verzichten könnte. Das Sein subsistiert eben nicht als eigene subjektartige Größe zwischen Gott und Seiendem. Darum kann *sich* das Sein auch nicht im eigentli-

---

[41] So Balthasar in einem Brief vom 19.02.1987 an Krenski, Thomas R.: ders.: Passio Caritatis. Trinitarische Passiologie im Werk Hans Urs von Balthasars (Sammlung Horizonte N.F. 28), Einsiedeln 1990, 140f. In dieser wichtigen Arbeit erörtert Krenski die Möglichkeit, von einem Leiden der göttlichen Liebe zu sprechen.

[42] Vgl. Jüngel, Eberhard: Gott als Geheimnis der Welt. Zur Begründung der Theologie des Gekreuzigten im Streit zwischen Theismus und Atheismus, Tübingen ⁶1992, 303. Jüngels Definition Gottes verdankt sich Heideggers Deutung des menschlichen Daseins als „Hineingehaltenheit ins Nichts": Heidegger, Martin: Was ist Metaphysik?, in: ders.: Wegmarken, 114.

chen Sinne *geben*. Man kann nur sagen: Gott gibt das Sein, aber das Sein gibt sich nicht selbst. Das Sein ist reines Geben, ohne selber Geber zu sein. Als reines Geben versteht das Sein etwa auch der 1994 verstorbene Bischof von Aachen, Klaus Hemmerle[43], oder der italienische Theologe Piero Coda[44]. Als reines Geben verweist das Sein jedoch immer auf einen Geber: auf Gott. So gibt sich ebenfalls nicht das Sein bzw. Wesen Gottes von sich aus in den Hervorgängen von Sohn und Geist. Handlungen setzen auch in Gott immer *supposita* voraus: das *Sich* der göttlichen Personen. Darum muß man sagen, daß sich der Vater kraft des göttlichen Seins – das Geben ist – in der Zeugung des Sohnes selbstlos gibt, ohne dadurch sein Selbst einzubüßen, ohne andererseits den Sohn zum Instrument seiner Selbstwerdung herabzusetzen und ohne dem Sohn unmittelbar das Vatersein mitzuteilen. Im Mithauchen des vom Vater ursprünglich gehauchten Geistes allerdings realisiert der Sohn auf seine Weise einen Aspekt des Vaterseins.

Wenn man auf die notwendigen Differenzierungen bei der Rede von der gottimmanenten Entäußerung sowie der Schöpfungs–, Seins– und Kreuzeskenose achtet, so kann man auf diese Weise durchaus zum Ausdruck bringen, daß alle Wirklichkeit im Kern von Selbstlosigkeit und Liebe bestimmt ist. Das Sein hat man vor allem dann als Gleichnis Gottes verstanden, wenn man es als Lebens– und Liebesgabe eines Gottes versteht, der für sich und in sich als gegenseitiges Geben und Empfangen existiert. Lebensgabe und Lebensempfang als Ausdrucks– und Vollzugsformen menschlicher Liebe sind darum Gleichnisse Gottes.

6. Was man von Hegel lernen kann und wo Distanz not tut

Der kurz angesprochene Versuch, nicht nur das Sein, sondern auch das Nichts in die Definition Gottes hineinzunehmen, verweist weiter auf das Denken Georg Wilhelm Friedrich Hegels (1770–1831); er erhebt das Nichts zu einem Gleichnis und zu einer Definition Gottes[45]. Hegels Überlegungen seien im Folgenden erläutert, da Siewerths Denken durch die Auseinandersetzung mit Hegels Bestimmung von Sein und Nichts entscheidend mitgeprägt ist. Am Ende unserer Ausführungen steht die Einsicht in die Positivität des Seins als Maßstab jeder Rede von Gott und als Ermöglichungs– und Verstehensgrund für eine Offenbarung Gottes in der Geschichte.

---

[43] Vgl. Hemmerle, Klaus: Thesen zu einer trinitarischen Ontologie (Kriterien 40), Einsiedeln ²1992, 38, 47, 50, 54.

[44] Vgl. Coda, Piero: Dono e abbandono: con Heidegger sulle tracce dell'Essere, in: ders.: u.a.: La Trinità e il pensare. Figure – percorsi – prosettive (Collana di Teologia 32) Roma 1997, 123–159.

[45] Vgl. zum Ganzen ausführlich mit entsprechenden Belegen Schulz, Sein und Trinität (1997) 301–422.

In seinen vier religionsphilosophischen Vorlesungen, die Hegel zwischen 1821 und 1831 in Berlin hielt, deutet er den göttlichen Sohn als eine religiöse Vorstellung von der allgemeinen philosophischen Einsicht, nach der man den Begriff des Seins – wie jeden Begriff, z.b. den Begriff der Identität oder Notwendigkeit – nur zusammen mit dem Begriff des jeweiligen Gegenteils bestimmen kann. Das Sein bestimmt sich durch sein Gegenteil: das Nichts; eine Identität erfaßt sich dadurch, was sie nicht ist: durch Differenz; die Notwendigkeit kommt durch den Zufall zu sich. Der Sohn in Gott steht für die Urdifferenz oder das Nichts, für Gott in seinem Gegenteil. Gottes Sein, Identität, Absolutheit und Notwendigkeit, für die zunächst der Vater steht, werden nur gewahrt, wenn Gott in der Tat alles in allem sein kann, also auch sein Gegenteil: Nichts, Nichtidentität, Relativität, Zufälligkeit. Und Gott ist nur Gott, wenn er in seinem Gegenteil immer nur bei sich ankommt, sich in seinem Gegenteil also nicht verliert. Der Heilige Geist steht nach Hegel dafür, daß Gott auch in seinem Gegenteil stets bei sich ankommt. Der Heilige Geist ist die Synthese der Gegensätze, von Sein und Nichts, von Identität und Differenz.

Das Beeindruckende an der Konzeption Hegels ist, daß er im Gegenzug zur Kritik der Aufklärung am angeblich widersprüchlichen, unlogischen Trinitätsdogma eben dieses Dogma wieder unverblümt ins Zentrum des Christentums stellt und *als Philosoph* zu zeigen versucht, daß man Gott gar nicht anders denken kann denn als trinitarischen Gott. Zugleich demonstriert Hegel wiederum im Gegenzug zur Aufklärung, daß Gott sich auch in der Geschichte zu manifestieren vermag, sogar im Tod eines Menschen. Stellt man Gott die Geschichte als etwas gegenüber, in dem er nicht vorzukommen vermag – weil man die Geschichte sozusagen als das Eldorado des Zufälligen und Relativen definiert, das für Gottes Absolutheit nicht transparent sein kann – so zieht man Gott gewissermaßen eine Grenze, die er selber nicht zu überschreiten imstande ist. Ein durch Grenzen eingeschränkter Gott ist aber begrenzt – begrenzt wie etwas Endliches. Gott aus der Geschichte ausgrenzen heißt also, Gott begrenzen und eingrenzen, heißt, Gott nicht mehr als unendlichen, absoluten Gott denken. Der Absolutheit Gottes widerspricht es also zu sagen, Gott passe in den Lauf geschichtlicher Zufälle und Relativitäten nicht hinein, könne sich dort nicht offenbaren. Um unbegrenzt von Gott zu denken, muß man Gott seines Gegenteils mächtig denken, mehr noch: Man muß in Gott bereits sein Gegenteil und die versöhnte Einheit mit diesem Gegenteil annehmen, d.h. für Hegel, man muß Gott trinitarisch denken. Weil es den Sohn in Gott gibt, das Urbild für Differenz und Nichtgöttliches, also auch für Zeit und Zufall, darum kann Gott überhaupt die Welt als etwas Nichtgöttliches erschaffen und sich zugleich in Zeit und Geschichte manifestieren. Sein und Zeit, Geschichte und Zufall, Nichts und Tod sind Gleichnisse eines trinitarischen Gottes allein. Und in dem, was Gott gleichnishaft gleicht, kann er sich offenbaren.

Nicht nur Siewerths Seinsauslegung und Gottesverständnis verdanken sich über weite Strecken diesen Überlegungen Hegels. Auch die Theologie des 20.

Jahrhunderts geht gerne bei Hegel in die Schule. Ziel des Schulbesuchs ist es, Wege auszukundschaften, auf denen sich das Gottesverständnis der Aufklärung überwinden läßt, das nach wie vor das Bewußtsein vieler Menschen bestimmt.

Nach diesem Gottesverständnis wird die Existenz Gottes zwar nicht bestritten. Als höchstes Wesen und als Weltbaumeister existiert Gott irgendwo jenseits von Zeit und Raum, vor dem Urknall und vielleicht nochmals jenseits der Todesschwelle. Aber in Zeit und Geschichte hat das höchste Wesen nichts verloren, vor allem in der eigenen Lebensgeschichte nicht. Religionen sind darum nur zufällige Ausgestaltungen eines allgemeinmenschlichen Bezugs auf Gott. Sie enthalten aber keine Wahrheit, weil Gott sich in der Geschichte nicht sehen lassen kann. Ein menschgewordener Gottessohn ist darum genauso ein Unding wie ein von Gott auserwähltes Volk oder das islamische Bekenntnis, nach dem Gottes Wort in einem Buch enthalten sein soll.

Um gegen diesen religiösen Relativismus und Skeptizismus Front zu machen, um die geschichtlich begründete Offenbarungswahrheit des Christentums behaupten zu können, hat Hegel Gott sozusagen wieder geschichts- und offenbarungsfähig gemacht, und er hat die Geschichte wieder in ihrer gleichnishaften Offenheit für Gott erschlossen. Christliche Philosophen wie Siewerth und evangelische wie katholische Theologen rezipieren dieses geradezu apologetische Anliegen Hegels, obgleich sie auch zu seiner Philosophie auf Distanz gehen.

Distanzieren müssen sie sich u.a. von Hegels Versuch, die *Notwendigkeit* aufzuzeigen, mit der Gott die Welt als sein Anderes erschaffen und sich in der Geschichte offenbaren *muß*. Distanzieren müssen sie sich von der Vorstellung, daß der Sohn in Gott ein Synonym ist für Nichts und negative Differenz, die erst in Sünde und Tod ihre größte Zuspitzung und Verwirklichung erlangt. Der Tod ist Hegel zufolge das notwendige und zutreffende Gleichnis des Sohnes, der durch ihn zu sich selbst in seine volle Wirklichkeit kommt.

Demgegenüber ist festzuhalten: Der Sohn ist in der Tat der Andere in Gott und damit Urbild aller Andersheit. Aber er ist dies nicht für die negative Andersheit oder die Differenz der Sünde, weil er in Gott positive Andersheit ist[46]. Wie erläutert, schmälert die Sünde das Anderssein des Menschen und seine positive Differenz zu Gott. Erst recht steigert die Sünde nicht die Andersheit des Sohnes. Wurde von Denkern der Aufklärung Gott aus der Geschichte ausgegrenzt, so wird von Hegel Gott derart mit der Geschichte *verspannt*, wie Siewerth sagt[47], daß Gott nicht mehr ohne die Geschichte, auch nicht ohne die Geschichte des Unheils zu sich in seine trinitarische Wirklichkeit kommt. Welt und Geschichte sind so sehr Gleichnisse Gottes, daß Gott ohne sie sich nicht mehr selber gleicht.

Hinter dieser behaupteten *Not*-wendigkeit der Geschichte für Gottes Wirklichkeit steht das Seinsverständnis Hegels. In seiner seit 1812 publizierten

---

[46] Vgl. von Balthasar, Hans Urs: Theologik II: Wahrheit Gottes, Einsiedeln 1985, 40.
[47] Vgl. GW IV, 574ff.

Wissenschaft der Logik entfaltet er die Grundbestimmungen, Kategorien, des Denkens wie auch aller Wirklichkeit[48]. Die erste aller Kategorien kann nur die Kategorie sein, die nichts voraussetzt; andernfalls wäre sie nicht die erste aller Kategorien. Diese erste Kategorie darf sich auch von nichts unterscheiden. Denn jeder Unterschied setzt bereits einen Bezug zu dem voraus, von dem man sich unterscheidet. Darum ist diese erste aller Kategorien *ununterschieden* von allem. Folglich muß sie auch ganz unbestimmt sein, denn Bestimmtheit setzt Unterschiede zu anderem und zu dessen Bestimmtsein voraus.

Diese erste, voraussetzungslose Kategorie nennt Hegel *Sein*. Es bezeichnet den reinen Anfang des Denkens und aller Wirklichkeit, ein bloßes Da des Anfangens, ohne jede Bestimmung. Aus dieser ersten Unbestimmtheit will Hegel alle weiteren Bestimmtheiten des Denkens und der Wirklichkeit ableiten. Dies geschieht dadurch, daß das bestimmungslose Sein gedacht wird. Man begreift es *als* reine Unbestimmtheit. Aber was hat man da begriffen? Was ist reine, beziehungslose Unbestimmtheit? Reine Unbestimmtheit und völlige Leere an bestimmtem Inhalt gleichen dem Nichts. Das begriffene unbestimmte Sein geht also über in die zweite Kategorie: in das Nichts. Sein wird anfanghaft durch das Nichts bestimmt, aber auch das Nichts durch Sein: Das Nichts anschauen und denken, bedeute jedoch etwas: das Nichts *ist* im Anschauen und Denken, wenngleich in völliger Unbestimmtheit und Leere – wie das Sein. Die Kategorien *Sein* und *Nichts* gehen demnach ineinander über. Sie stellen folglich eine wechselseitige Bewegung dar. Denkt man diese Bewegung, ergibt sich die dritte Kategorie: das *Werden*.

Weiterhin: Weil die Kategorie *Sein* weder etwas anderes voraussetzt, noch sich auf anderes bezieht, also auch nicht durch den Bezug auf anderes begrenzt ist, deshalb erkennt Hegel in der Kategorie *Sein* eine absolute, unbegrenzte Größe. *Sein* ist daher die erste Definition des Absoluten, das, wie Sein, nichts voraussetzt, weder von etwas abhängig noch von anderem begrenzt wird. Religiös gesprochen bedeutet dies: *Sein* ist die erste Definition Gottes. Die zweite Definition Gottes ist das *Nichts*. Damit ist angezeigt, daß das Absolute in seiner Unbestimmtheit auch seines ersten, allgemeinen Gegenteils, des Bestimmtseins, fähig ist. In diesem Gegenteil kommt das Absolute bei sich an, *wird* es es selbst. Das *Werden* ist die dritte Definition Gottes.

In seiner Religionsphilosophie identifiziert Hegel darum das Sein mit Gott, dem Vater, das Nichts mit dem Sohn, und den Gott, der *werdend* zu sich kommt, mit dem Heiligen Geist. Hegel begreift die Trinität als einen Fortbestimmungsprozeß des göttlichen Seins, das zunächst unbestimmt ist und durch Ausdifferenzierung seine Bestimmtheit erlangt. Mit dem Hervorgang des Heiligen Geistes ist dieser Fortbestimmungsprozeß aber noch nicht abgeschlossen. Gott muß sich nicht nur intern, er muß sich auch extern fort-

---

[48] Vgl. Hegel, Georg Wilhelm Friedrich: Wissenschaft der Logik I 5 (Werke in zwanzig Bänden, hrsg v. E. Moldenhauer u. K.M. Michel), Frankfurt / M 1981, 67–75, 82f. Zum Ganzen s. ausführlich Schulz, Sein und Trinität (1997) 173–300.

bestimmen: durch sein Geist-Werden in Schöpfung, Sündenfall und Menschwerdung, durch Kirche und Staat.

Alles dient der Überwindung der anfänglichen Unbestimmtheit des göttlichen Seins. Die anfängliche ‚Bestimmungsarmut' des göttlichen Seins ist der Motor für die notwendige Selbstwerdung Gottes durch Zeit und Raum, durch Sünde und Tod. Wie steht es dann aber um die menschliche Freiheit? Wird auch sie zwecks Selbstbestimmung Gottes gebraucht – verbraucht?

Siewerth hat in seiner Hegelkritik darauf insistiert, daß Sein nicht ursprüngliche Unbestimmtheit oder Inhaltsarmut besagt. Sein bedeute vielmehr nur Sein und habe ursprünglich mit Nichtsein nichts zu tun[49]. Sein ist reine Positivität, sagt er[50] mit Blick auf „die dialektisch nicht bewegbare Positivität des Seienden"[51], das ursprünglich es selbst ist und sich nicht erst durch eine negative Bezogenheit auf sein Gegenteil gewinnt. Seiendes *ist*. Abstrahiert man dieses *Ist*, so erkennt man reines Sein, das von sich aus mit Nichtsein in keiner Weise zu tun hat[52], auch nicht mit Nichtsein in Form von ursprünglicher Unbestimmtheit. Deshalb kann man nach Thomas von Aquin *Seiendes*, insofern es das Sein selbst bezeichnet, als die erste und eigentliche Benennung (*nomen proprium*) Gottes betrachten[53].

7. Philosophische und trinitarische Ontologie

Den vorangegangenen Überlegungen ist zu entnehmen, daß Siewerth auf philosophischem Weg zur Einsicht in die Positivität des Seins sowie zur Erkenntnis der Existenz und der ersten Bezeichnung Gottes gelangt[54]. Insofern ist Siewerths Auseinandersetzung mit Hegels Trinitäts*philosophie* auch von

---

[49] Vgl. GW IV, 574–580. Siewerth macht in seiner Stellungnahme zur Bedeutung des Nichts für die Seinserkenntnis eine Entwicklung durch. In der ersten Auflage von Der Thomismus als Identitätssystem (1939) erwecken viele Formulierungen den Eindruck, daß das Nichts von prinzipieller dialektischer Bedeutung für das Erfassen des Seins sei. An diesem Punkt setzt auch eine deutliche Kritik an Siewerth ein. In der zweiten Auflage (1961) relativiert Siewerth die Bedeutung des Nichts für die Seinserkenntnis und für die Selbsterkenntnis Gottes, ebenso in Das Schicksal der Metaphysik. S. dazu Schulz, Sein und Trinität (1997) 270–279; Tourpe, Siewerth „après" Siewerth (1998) 396-399.

[50] Vgl. GW II, 83, 95; GW I, 681. Zu Hegels Verständnis des Seins nach Siewerth vgl. GW II, 237f, GW IV, 354–364.

[51] GW IV, 366.

[52] Eine derartige Abstraktion endet also nicht bei einem abstrakten, leeren Seinsbegriff. Ein Seins*begriff* kann nicht der Grund des *Realseins* des Seienden darstellen. *Abstraktion* versteht Siewerth als Eindringen in den Grund einer Entität, als Elevation dessen, was „das *je Seiende* re *am Ding*" ist, nicht aber als Abheben vom Realen oder Verlassen des Wirklichen zugunsten eines Eintauchens in abgehobene Begriffe. Durch Abstraktion erreicht man das Eigentliche einer Sache. Das Entscheidende eines Seienden ist, daß es überhaupt *ist*. Vgl. GW I, 591; GW I, 658-661.

[53] Vgl. Thomas von Aquin: S.th. I q 13,11.

[54] Die entscheidenden Gedankenschritte faßt Siewerth in GW I, 657-680, prägnant zusammen.

philosophischer Qualität; sie erfolgt nicht einfach nur vom Standpunkt des Glaubens aus. Mit der philosophisch vermittelten Einsicht in die Positivität des Seins ist ebenso die erste wesentliche Voraussetzung einer trinitarischen Ontologie abgesichert und ein Weg der Vernunft zu ihr geebnet. Darüber hinaus ist ein Kriterium etabliert, das jede Trinitätstheologie zu berücksichtigen hat, will sie nicht den Anspruch auf Wissenschaftlichkeit verlieren. Würde man die innergöttlichen Hervorgänge als Fortbestimmungsprozesse des göttlichen Seins deuten, dann hätte man das Kriterium der Positivität des Seins verletzt und könnte auch nicht mehr Gott in eminenter Weise als Sein betrachten. Es wäre nämlich ein absolutes Sein denkbar, das sich immer schon in reiner Fülle besitzt und sich nicht erst in seiner Fülle konstituieren muß. Auch ein trinitätstheologischer Subordinatianismus ist ausgeschlossen: Im einen und vollkommenen Sein Gottes kann es keine unterschiedlichen Intensitäten und Grade geben.

Die für die trinitarische Wirklichkeitsauffassung zentrale Einsicht in die Positivität der Differenz ist für Siewerth ebenfalls philosophisch zugänglich[55]. Alles, was Gott erschaffen kann, muß immer *des* Seins sein. Andernfalls hätte Gott nichts erschaffen. Insofern ist alles, was Gott erschaffen kann und erschafft, endliches Sein und – in dieser Hinsicht zumindest – etwas Positives, d.h. ein Gleichnis Gottes. Folglich ist auch die Differenz von Gott, die mit der Existenz des Nichtgöttlichen gegeben ist, etwas Positives. Die Differenz ist *des* Seins, sagt Siewerth mit Thomas von Aquin[56]. Die Differenz ist in ihrer Positivität ein Transzendentale des Seins[57]. Etwas Positives sind ebenso die vielfältigen Differenzen, die das existierende Nichtgöttliche notwendigerweise als das Andere gegenüber Gott kennzeichnen, der Einer und einfach ist.

Auch die Differenz von Akt und Subsistenz, die ‚früher‘ ist als jede andere Differenz und die Siewerth dem Mysterium der Trinität abliest, erschließt er in einer philosophischen Vorform, nämlich als Differenz von Akt und Realität[58]. Was dem philosophischen Blick verwehrt bleibt, ist der Letztgrund der Positivität der Differenz: das dreifaltige Leben Gottes. Wenn Siewerth die *positive* Differenz von Akt und Subsistenz als seine entscheidende Antwort auf Hegels Verständnis der Differenz versteht[59], nach dem Differenz zuerst die *Negation* vorausgesetzter Formen des Unbestimmten und noch Unvermittelten darstellt und die bleibende (letztendlich nie zu bewältigende[60]) Aufgabe

---

[55] Vgl. GW II, 146ff; Cabada Castro, Maunel: Sein und Gott bei G. Siewerth, 269-284.

[56] „ipsa enim differentia quoddam ens est": de pot 3 a 16 ad 3; GW II, 106, 108, 117, 131, 156, 168, 205; vgl. auch v. Balthasar, Hans Urs:: Theodramatik IV, 66.

[57] Vgl. Tourpe, Siewerth „après" Siewerth (1998) 97-102.

[58] Vgl. GW II, 137ff, 142 bes. Anm. 30a (!), 145f. Vgl. Cabada Castro, Manuel: Sein und Gott bei G. Siewerth, 289.

[59] Vgl. GW IV, 367.

[60] Die berühmte Frage, ob mit Hegels ‚absolutem Denken‘, das die Kategorien der Wirklichkeit und aller geistgeschichtlichen Konstellationen deduziert, ein ‚Ende der Philosophiegeschichte‘ erreicht sei, kann in die Gegenfrage umgewandelt werden, ob die nie endgültig zu bewältigende Überwindung jeder Form von Unmittelbarkeit im Prozeß der Negation und

zur Fortbestimmung des göttlichen und endlichen Seins markiert, dann ist eben auch diese Antwort nicht allein theologischer Natur; sie ist philosophisch mit der Akt–Realität–Differenz begründet. Da sich also schon philosophisch die Positivität der Differenz erweisen läßt, ergibt sich bereits aus dieser Perspektive eine Begründung für die Möglichkeit, daß sich der in sich differente Gott im Endlichen zu offenbaren vermag. Mit philosophischen Mitteln ist demnach die Basis einer trinitarischen Ontologie zu erstellen. Dadurch wird die Zirkularität überwunden, die sich ergibt, wenn man ausschließlich mit Hilfe einer trinitarischen Wirklichkeitsdeutung die Möglichkeit der Trinitätsoffenbarung erschließen würde; denn die Trinitätsoffenbarung wird von jeder trinitarischen Ontologie bereits vorausgesetzt und argumentativ in Anspruch genommen.

8. Das Endliche als Gleichnis des dreifaltigen Gottes

Ist also das göttliche Sein reine Fülle an Bestimmtheit, dann bedeutet dies, daß weder der Vater den Sohn aus sich hervorbringen muß, um sich durch ihn fortzubestimmen, noch daß Gott eine Welt erschaffen muß, um in die Fülle seiner Bestimmtheit zu gelangen. Hätte Gott etwas von Mensch und Welt, dann hätten Mensch und Welt nichts von Gott. Nur weil Gott nichts von der Welt hat, weil er die Fülle selbst ist, kann er menschliche Freiheit an sich selber frei geben. Mensch und Welt sind in ihrem unverzweckbaren Eigen–, Frei– und Ansichsein Gleichnisse des Ansichseins göttlicher Seinsfülle[61]. Wegen des gleichnishaften Ansichseins des Menschen kann sich Gott in seinem göttlichen Ansichsein in einem Menschen definitiv offenbaren und sich in seiner Seinsfülle gegen den Mangel an Sein einsetzen, den die Sünde im Menschen verursacht. Ebenso kann sich ein Gott der Fülle an Sein und der absoluten Freiheit nur in einer endlichen Freiheit darstellen, die ihren Namen verdient.

Balthasar, der die Hegelkritik Siewerths teilt, hat es des weiteren unternommen, Bestimmungen, die an sich typische Merkmale des Endlichen sind,

---

Aufhebung, die immer ein Bewahren des Unmittelbaren und Unbestimmten bedeutet, nicht auf einen ewigen Prozeß der Selbstwerdung des Absoluten durch Endliches und Geschichte hinausläuft, so daß ein Ende gar nicht in Sicht kommen kann; stets sind neue Formen der Vermittlung denkbar, die die alten variieren. Zu einem ‚Ende‘ der Geschichte kann es nur kommen, wenn Anfang und Ende der Endlichkeit durch eine absolute Seinsfülle bestimmt sind: durch einen Gott der Lebensfülle. Nur dann stellt sich das Problem der iterativen Vermittlung nicht mehr.

[61] Vgl.GW II, 294. Vgl. Cabada Castro, Manuel: El Dios que da que pensar, 278-281. Cabada Castro sieht in Siewerths Rekurs auf das Ungeschaffensein und die Aseität des Menschen einen wichtigen Beitrag, der zeigt, wie menschliche Freiheit, die das Ansichsein des Menschen in besonderer Weise erkennbar macht, *theologisch* zu denken ist und wie ein Widerspruch zwischen Autonomie und Theonomie des Subjekts überwunden werden kann.

durch die Brille der Positivität des Seins zu betrachten und sie in Beziehung gesetzt zum innergöttlichen Leben[62].

Daß die Differenz Gleichnis des dreifaltigen Gottes ist, wurde erläutert. Wichtig ist dabei, daß man die Differenz nicht als Negation oder Gegenteil des Seins denkt, sondern als eine Weise versteht, wie die Positivität des Seins wirklich ist. Sagt man, die Differenz zwischen Vater, Sohn und Geist sei Ausdruck des Beziehungsreichtums göttlichen Lebens und nicht Resultat einer innergöttlichen Fortbestimmung, dann hat man Gott *Differenz* in rechter Weise zugesprochen, nämlich nach dem Maßstab der Positivität des Seins.

Ist Gott beziehungsreiches Leben, so können auch menschliche Beziehungen als Gleichnisse des dreieinen Gottes begriffen werden. Die Kirche als Beziehungsgeflecht ist Bild der Trinität wie auch eine Familie. In der Fruchtbarkeit der menschlichen Liebe entdeckt Balthasar einen Hinweis auf die Liebe von Vater und Sohn, die sich im Hervorgang des Heiligen Geistes – nicht vollendet, aber in ihrer Vollkommenheit darstellt[63].

Beziehung setzt Empfänglichkeit voraus, Rezeptivität, Passivität: Man empfängt sich vom Anderen. Kann man vom beziehungsreichen Gott auch Rezeptivität oder Passivität aussagen?

Zunächst würde man denken, Rezeptivität und Passivität passen nicht zu Gottes Sein. Denn Rezeptivität und Passivität sind allem Anschein nach das Gegenteil von Aktivität, sind also Formen von Nichtsein, von Begrenztheit und Einschränkung. Doch wir können genauso feststellen: je aktiver der Geist eines Menschen ist, desto empfänglicher und offener ist er auch für all das, was um ihn herum geschieht. Der unendlich aktive Geist Gottes steht gerade wegen seiner Aktivität offen für alles. Zwar empfängt Gott nicht passiv Informationen von der Welt wie ein menschlicher Geist. Gottes aktives Erkennen trägt vielmehr die Existenz der Welt. Aber gerade so ist er allem gegenwärtig, für jeden Menschen empfänglich. Diese aktive Empfänglichkeit Gottes ist grundgelegt im göttlichen Wort, in dem Gott sich selbst erkennt und anschaut, in dem er sich selbst empfängt als Ausdruck seines Höchstmaßes an Selbsterkenntnis, in der er auch alles Nichtgöttliche, das er erschaffen will und erschaffen hat, miterkennt und mitempfängt.

Die Begriffsbildung im menschlichen Geist ist daher ebenfalls ein Gleichnis des Begriffs, den Gott von selber macht in der Zeugung des Wortes, des ewigen Sohnes.

Auch im Werden des irdischen Lebens kann man ein Bild Gottes erkennen – ein Bild für das ewige, zeitlose Werden der innergöttlichen Hervorgänge.

Mit Balthasar könnte man auch den Akt der Zeugung als Raumgewähren auslegen: Der Vater gewährt dem Sohn im einen göttlichen Wesen Raum. Dieser Eigenraum des Sohnes ist Vorausbild für den Raum, in dem der Mensch lebt und der vom Schöpfer eingeräumt wird.

---

[62] Vgl. v. Balthasar, Hans Urs: Theodramatik IV, 57–83.
[63] Vgl. v. Balthasar, Hans Urs: Theologik II, 54-57.

Karl Rahner sieht im Licht der Trinität die endliche Wirklichkeit von einer durchgängigen Symbolizität bestimmt[64]. Der Sohn ist das Symbol des Vaters, weil er als ein Anderer dennoch ganz den zeugenden Vater re–präsentiert (präsent macht). Die Welt, vor allem der Mensch ist Repräsentant Gottes. Denn auch der Mensch repräsentiert sich in seinem Wort wie der Vater im Sohneswort. Und der Mensch repräsentiert Gott, weil der Mensch in seinem Geist über alles Endliche hinausgreift auf das Unendliche und so selber als endlicher Mensch das Unendliche symbolisiert. Der Mensch ist darum auch besonders Symbol des Seins, das, für sich betrachtet, grenzenlos und unendlich ist und außer sich nur das Nichts hat.

9. Die ontologische Möglichkeit der Offenbarung Gottes

Alle diese Überlegungen zur Gleichnishaftigkeit von Welt und Mensch, die sich in ihrer Basis philosophisch absichern lassen, zeigen nicht nur Aspekte einer trinitarischen Wirklichkeitsauffassung. Sie haben darüber hinaus den Sinn, die Offenheit von Welt und Mensch für den dreifaltigen Gott zu zeigen. Dieser Nachweis ist zentral, um zu begründen, daß Gott sich in seiner Fülle ein für alle Mal in einem Menschen definitiv darzustellen vermag und daß endliche Aspekte dieser Wirklichkeit zu Zeichen der Nähe Gottes werden können.

Wäre das Sein als Geben nicht Verweis auf Gottes Sein, das nur im und als Sicheinandergeben der göttlichen Personen subsistiert, so könnte sich Gott nicht im geschaffenen Sein offenbaren. Wäre der Mensch nicht offen für das Unendliche, könnte sich der unendliche Gott nicht im Menschen ausdrücken: Menschliche Freiheit könnte nicht zum Medium für Gottes Handeln werden. Wäre das menschliche Wort nicht hineinbezogen in die Dynamik des menschlichen Geistes auf Gott hin, so könnte Menschenwort niemals Gotteswort vermitteln. Das Sein als Gleichnis Gottes öffnet aber den menschlichen Geist für die Offenbarung, die sich nicht jenseits des Seins ereignet und ermöglicht deren Verständnis. Das Sein begründet darum die Möglichkeit der Theologie als Wissenschaft. Die auf Gott gleichnishaft verweisende Welt allein schafft die Voraussetzung für die in Christi Wort und Tat wurzelnde Realität von Sakramenten. Wasser, Wein und Brot können Symbole werden für Gottes Nähe, diese enthalten und mitteilen. Die auf Gottes inneren Beziehungsreichtum verweisende Beziehung einer Ehe kann zum wirksamen Zeichen für die Beziehung Gottes zum Menschen im fleischgewordenen Wort erhoben werden. Weil der Mensch in seinen Beziehungen die Beziehung Gottes zu Welt und Geschichte zu vermitteln imstande ist, kann die Kirche wirksames Zeichen sein für die Vereinigung von Gott und Mensch und der

---

[64] Vgl. dazu den bereits zitierten Aufsatz Zur Theologie des Symbols aus dem Jahr 1959 (s.o. Anm. 28).

Menschen untereinander[65]. Weil der Mensch offen ist für Gott, darum ist es auch die menschliche Geschichte. Die eigene Lebensgeschichte kann zur ganz persönlichen Geschichte mit dem dreifaltigen Gott werden. Insofern sich die Voraussetzungen des geschichtlich begründeten Christentums philosophisch und, daran anknüpfend, trinitätsontologisch erschließen lassen, läßt sich der Wahrheitsanspruch des Christentums rechtfertigen.

Das Sein ist Gleichnis der Trinität, damit der Mensch zu erfassen vermag, daß er durch den menschgewordenen Logos und kraft des Heiligen Geistes seine gleichnishafte Bezogenheit auf Gott auch gegen die Macht des Bösen zu realisieren und das erlöste Ebenbild des dreifaltigen Gottes zu werden vermag[66].

---

[65] Vgl. Vatikanum II, Lumen gentium Nr. 1.

[66] Mit dem Ausdruck „imago ad Deum" bringt G. Siewerth: Bildung und Glaube, in: Vierteljahreszeitschrift für wissenschaftliche Pädagogik 37 (1961) 97, die dynamische Dimension der menschlichen Gottebenbildlichkeit zum Ausdruck. Diese ist Siewerth zufolge auf eine progressive Angleichung an die göttlichen Personen und deren Relationalität ausgerichtet: GW III, 137.

„Sich im Einfachsten und Ganzen zu halten ...":
Überlegungen zur Sinnfrage nach Gustav Siewerth

Josef Reiter

Die folgenden Überlegungen richten sich naturgemäß an ihrer Einbindung in das umfangende Ganze eines Symposions aus, das unter der Rahmenthematik „Das Schicksal der Metaphysik" dem „Sinn des Lebens im Blick auf die Seinsfrage bei Gustav Siewerth" nachspürt. Inhalt und insbesondere Stil meiner Darlegungen werden aber vor allem durch die „Verortung" am Ende einer gemeinschaftlichen Denkbemühung geprägt, bei der Person und Denken Siewerths in beeindruckender Verbindung von thematischer Konzentration und Vielfalt der Perspektiven vergegenwärtigt wurden. Eine abschließende Zusammenfassung oder gar ein - philosophisch immer verdächtiger - „Abschluß"verbietet sich, vielmehr soll schlicht zu einer „philosophischen Meditation" eingeladen werden.

Diese stellt sich durchgehend dem Erfordernis sachlichen Auf- und Ausweises, beschränkt aber die ansonsten „fach"-philosophisch übliche und notwendige Arbeit des detaillierten und unmittelbar textbezogenen Belegens bewußt auf ein sich am Fluß des Gedankens orientierendes Mindestmaß. Dabei sei ausdrücklich betont, daß sich die folgende „Meditation" - nicht dem Buchstaben und der Argumentation im einzelnen nach, wohl aber hinsichtlich der generellen Offenheit für das Siewerthsche Anliegen und der Verortung spekulativen Denkens im realen Lebensvollzug - dem umfassend „be-gabenden" Denken Ferdinand Ulrichs verdankt weiß.

Die Frage nach dem Sinn des Lebens nach Gustav Siewerth wird unter der Leitlinie „Sich im Einfachsten und Ganzen zu halten .." abgehandelt.

1. Das metaphysische Vor-Spiel möglicher Sinnerfahrung:
Der Vorrang des Ganzen in der Siewerthschen Selbst- und Weltdeutung

Im Verlauf des Symposions ist Gustav Siewerth als Gestalt von hohem und eigenständigem Rang hervorgetreten. Ich spreche bewußt von eigenständig und - auch im Blick auf für uns heute vielleicht gelegentlich ungewohnte Eigenheiten seines Sprachduktus und seiner Sprachbilder - nicht von eigenwillig oder eigensinnig. Denn ihm, dem originären, anspruchsvollen, den Leser wie den Hörer wirklich fordernden Denker lag rhetorisch akzentuierte Originalitätssucht auf Kosten der zu bedenkenden Sache gänzlich fern. Siewerth entfaltet in spekulativ eigenständiger und - bei aller im Detail möglichen und auch nötigen Kritik - in großartiger Weise die thomanische - von der Theologie her befruchtete, auf sie hin offene und von daher gegebenenfalls auch problembeladene - Metaphysik in ihrer radikalen Universalität und reflexiven Schärfe. Er leistet dies - mehr negativ akzentuiert - vor allem in abgrenzender Auseinandersetzung mit dem denkerischen Ansatz des Descartes, der die Einheit des Seins, der Welt und des Menschenwesens nicht nur differenziere, sondern leider spalte, wobei freilich zu beachten ist, daß Siewerth in puncto methodischer Strenge und Verlangen nach klarer und gesicherter Erkenntnis dem Bestreben des Descartes sehr nahe steht. Und Siewerth leistet diese Aufgabe - mehr positiv akzentuiert - mit Hilfe des Systemgedankens des Deutschen Idealismus, insbesondere in seiner hegelschen Ausprägung und will dadurch zugleich Anspruch und Erbe des Deutschen Idealismus vor (wirklich oder vermeintlich unheilvoller) „Subjektivierung" retten. Und Siewerth leistet diese Aufgabe schließlich auch und gerade im kritischen Zugriff auf das Seins- und Sprachdenken Martin Heideggers, durch einen Zugriff freilich, der um der zu klärenden Sache willen heftige Kontroversen um eben diese Sache notwendigerweise einschließt.

Es geht Siewerth also nicht um vordergründige Effekthascherei, durch die Thomas mittels einiger terminologischer Anleihen bei Hegel, Heidegger und anderen um jeden Preis re-aktualisiert und restauriert, sozusagen für die Moderne schmackhaft gemacht werden soll. Deshalb rechnete sich Siewerth auch nicht so ohne weiteres der sogenannten Neuscholastik zu, da diese - bei aller Anerkennung ihrer Verdienste - doch in Gefahr war, sich zu sehr als Brückenschlag „nach rückwärts" zu verstehen und damit ihr Anliegen durch historisierenden Traditionalismus in der Lehre und/oder durch einen korrekten, aber abstrakt-lebensfernen Begriffsformalismus zu verdunkeln. Selbstverständlich vollzieht sich auch für Siewerth Philosophieren, in möglichst genau definierten Begriffen, aber eben nicht um willen dieser Begriffe, sondern um willen dessen, was es mit diesen Begriffen zu klären gilt. Siewerth möchte deshalb die thomanische Position entfalten, nicht weil ihr per se verpflichtende Autorität zukomme - ein solcher Gedanke ist dem Philosophieren fremd! - , sondern weil sie sich durch Konturierung und Profilierung auch und gerade im kritischen Gespräch mit den großen Vertretern der nachfolgenden Denkgeschichte bestens bewähre und den angemessensten Ansatz für unsere Selbst- und Weltdeutung biete.

Nach einer eher fragmentarischen, generalisierenden Kennzeichnung des Siewerthschen Anliegens nehme ich die Frage auf, was denn die bisherigen Ausführungen mit der Frage nach dem Sinn des Lebens nach Siewerth zu tun haben. Davon war offensichtlich noch nicht die Rede. „Doch, doch!", halte ich dagegen, denn es ging bereits darum, überhaupt erst einmal den gemäßen Zugang zur Sinnfrage bei Siewerth zu finden. Wie das?

Diesbezüglich gilt es die zunächst sicher merkwürdig anmutende Tatsache zur Kenntnis zu nehmen, daß wir bei Siewerth keine Monographie, keinen Aufsatz, auch keinen längeren Abschnitt in seinen gesamten Arbeiten finden, wo explizit und in einem gängigen, augenfälligen und klar identifizierbaren Vokabular unmittelbar die Sinnfrage aufgeworfen wird. Er schrieb keine jeder-

zeit abrufbare Anleitung zum „guten" Leben, dieses verstanden als gelingen-
des, glückendes und insoweit vielleicht auch glückliches Leben. Spielt die
Sinnfrage bei Siewerth also keine oder allenfalls eine gänzlich nebensächliche
und nachrangige Rolle? Wird demnach die entsprechende Thematik nur
künstlich an Siewerth herangetragen? Als entsprechender sachlicher Befund
ergibt sich im aktuellen Erörterungszusammenhang in aller Klarheit: Für Siewerth kann es – wenn überhaupt - einen gemäßen Zugang zur Sinnfrage nur
auf dem Fundament und im Rahmen einer soliden Metaphysik, also eines umfassenden denkerischen Hinblicks auf Sein und Seiendes in seiner Gänze geben. Eine solche These bedeutet gerade keine perspektivische oder schulmä-
ßige Verengung, denn: „Metaphysik bedeutet hier die Eröffnung des weitesten
und ursprünglichsten Horizontes, aus dem her und auf den hin alles
Menschsein sich ereignet, in welchem es, aufgelichtet durch das Sein als Sein,
allein zu seiner Wahrheit gelangen kann. Eine solche Erkenntnis ist notwendig
ein Enthüllen von Wesenszügen, sofern sie dem gründenden und aktuierenden
Sein im Ganzen entspringen"[1]. Mit anderen Worten: Verläßliche Erkenntnis
bedarf jeweils der Entgrenzung unserer Wahrnehmungs- und Denkfähigkeit,
bedarf der Entgrenzung unseres Hinblicks auf isolierte Objekte und Situationen, oder positiv gewendet, sie bedarf der Einordnung in ein je größeres Ganzes, denn nur von daher erhält jedes Einzelwirkliche Kontur als Voraussetzung der Frage nach seiner eigenen Sinnhaftigkeit. Dieser Bezug auf das Ganze als Voraussetzung für die Konstitution sinnhafter Entitäten durchzieht alle
menschliche Wahrnehmungs- und Denktätigkeit: „Schon unserer sinnlichen
Welterfahrung rundet sich die Welt zum Ganzen. Wir begegnen ihr nur aus
dem Umfänglichen eines Horizontes, in dem alles Gesehene als ein Ganzes
sich darbietet. Jede Landschaft ist ein solches Ganzes. ... Solchermaßen lebt
und atmet, schaut und bewegt sich der Mensch im Ganzen"[2]. Zugespitzt ausgedrückt: Wer vorgibt, ausschließlich und im strikten Sinne nur einen Punkt
zu sehen, sieht buchstäblich gar nichts.
Doch eine derartige Verklammerung von Metaphysik und Sinnfrage, wie sie
sich in der eben angeführten „Rundung der Welt" zum Ganzen und in der geradezu „kosmischen" Verortung alles Einzelwirklichen ausdrückt, erweckt sie
nicht den Verdacht, daß sich das Denken hier buchstäblich überhebe, daß es
sich in spekulativ verbrämte Schwärmerei versteige und in solcher „Überheb-
lichkeit" in der Dimension eines Pseudo-Erhabenen ohne jeden Realitätsbezug
lande? Können wir überhaupt je im strikten Sinne aufs Ganze gehen, liegt ein
solches Ganzes je in der Reichweite unseres auch nur möglichen Zugriffs?
Eine klarstellende Abgrenzung ist dringend vonnöten.
Selbstverständlich kann der von Siewerth postulierte Ganzheitsbezug nicht
meinen, daß wir je die Fülle des Wirklichen uns in quantitativer Vollständig-

---

[1] Siewerth, Gustav: Metaphysik der Kindheit, 7.
[2] Siewerth, Gustav: Hinführung zur exemplarischen Lehre. Aufsätze und Beispiele von Gustav
Siewerth, Freiburg i. Br., 1965, 26.

keit vergegenwärtigen können, weder in einem zeitlich gestreckten additiven Verfahren noch in einer punktuellen Momentaufnahme. In dieser gegenständlichen Dimension ist der Abstand zwischen Ist und Soll grundsätzlich nicht zu schließen. Noch viel weniger haben wir eine Chance, die Fülle des Wirklichen je in qualitativer Vollkommenheit in unsere Erkenntnis einzuholen. Und doch hat sich für Siewerth philosophisches Denken, soll es tragfähig und aussagekräftig sein und bleiben, unverzichtbar am systematischen Gedanken der Ganzheit auszurichten, denn jede Einseitigkeit im Sinne grundsätzlicher sektoraler Beschränkung in materialer oder formaler Hinsicht würde nur eine scheinrationale Präzision durch Ausklammerung entscheidender Wirklichkeitsaspekte erkaufen. Der prinzipielle Anspruch der Wahrheit auf „grenzenlose Ganzheit" ist weder in gegenständlicher noch in begrifflicher Sicht auch nur annähernd oder gar in erschöpfender Weise einzuholen. Es kann sich also nur - und dieses „nur" ist nicht in einem abwertenden, sondern in einem auszeichnenden Sinne gemeint - um die Ortung der Wirklichkeit unserer selbst und alles anderen Wirklichen in jenem „weitesten und ursprünglichen Horizont" handeln, den zu eröffnen Siewerth - wie vorhin angeführt - als Aufgabe und Leistung genuiner Metaphysik herausgestellt hat.

Dazu aber ist „die Anstrengung des spekulativen Gedankens und die reinigende Sammlung des Geistes in der einigenden Mitte des Seins" unabdingbar[3] - wie Siewerth in der Auseinandersetzung um „Thomismus als Identitätssystem" gegenüber Erich Przywara betont. An Hegels bekanntes Diktum: „Das Wahre ist das Ganze" gemahnend kann Siewerth im Blick auf unser eines systematischen Geltungsaufweises bedürftiges Erkennens - und Gleiches gilt für philosophisch verantwortetes Reden von Sinn und Sinnhaftigkeit - formulieren, daß es - auch wenn es „unsere höchste Kraft" beanspruche - letztlich und entscheidend darauf ankäme, „sich im Einfachsten und Ganzen zu halten"[4]. Dabei erweisen sich Ganzes und Einfachstes insofern als selbig, als das Ganze das entfaltete Einfachste und dieses das in seiner intensivsten Einheit gefaßte Ganze darstellt.

Was in dieser generellen Kennzeichnung nicht nur aufgrund eventuellen sprachlichen Ungenügens, sondern vor allem aus sachlichen Gründen abstrakt und schwierig klingt, soll in einem zweiten Abschnitt im Seitenblick auf Siewerths „Metaphysik der Kindheit" doch noch etwas eingängigere Konturen erhalten. Denn mit der von Siewerth anfänglich spekulativ gesetzten und im weiteren Denkvollzug nie in Frage gestellten Maxime: „Sich im Einfachsten und Ganzen zu halten" ist natürlich noch nicht alles und schon gar nicht alles auf einfachste Weise über Sinn und Sinnhaftigkeit gesagt.

---

[3] Siewerth, Gustav: Antwort auf Przywaras Kritik am „Identitätssystem". (Unveröffentlicht, verfaßt um 1950, 65).
[4] Ebd. 65.

2. Sinn im An-Spiel:
Ein Seitenblick auf Siewerths „Metaphysik der Kindheit"

In ihrer unauflöslichen Verklammerung mit der Metaphysik durchzieht die Sinnfrage das gesamte Siewerthsche Werk, sie manifestiert sich damit aber weniger als ein auffälliges Phänomen an der Oberfläche, sondern wirkt sozusagen mehr „subkutan" als beständiges Motiv. Warum? Weil sie eben keine beliebig abstreifbare Äußerlichkeit und Nebensächlichkeit darstellt, sondern - um im Bild zu bleiben - buchstäblich „unter die Haut geht". Diese Dimension ist freilich nur einem ursprünglichen Denken zureichend zugänglich, d.h. einem Denken, das keineswegs regressiv in den Ursprung zurückfällt und sich aufgibt, sondern das von diesem Ursprung her sich in freier, verantwortlicher Entscheidung seinen Aufgaben stellt. Wer aber zum Ursprung eines Flusses gelangen will, muß bekanntlich gegen den Strom schwimmen. So ist es nicht verwunderlich, daß das Denken Siewerths nicht eigentlich quer zur Zeit, sondern zum sogenannten Zeitgeist steht. Der möchte gerne schnelle, glatte und in der Umsetzung nicht beunruhigende und belastende Antworten. Doch Siewerth weiß, daß die Philosophen keine berufsmäßigen Repräsentanten einer Agentur für die Lieferung eingängig -gefälligen Sinns sind und sein dürfen, und er verhält sich diesem Wissen gemäß. Die ironische, leider nicht unberechtigte Kritik, die Hans Blumenberg in dem soeben postum erschienenen Buch „Die Verführbarkeit des Philosophen" durch einen - wie er es sarkastisch und treffend formuliert - „höheren Opportunismus" übt, trifft auf Siewerth sicher nicht zu.

Was nun Siewerths „Metaphysik der Kindheit" anbelangt - erstmals 1957 und in 2. Auflage 1963 erschienen - , so ist es wohl das Werk, das am weitesten über den philosophischen Bereich hinaus gewirkt hat, und dies nicht obwohl, sondern weil es ein durch und durch philosophisches Werk ist. Ich kann nur dem generellen Urteil F. Pöggelers zustimmen, wenn er im Blick auf den unbestreitbaren „pädagogischen Impetus" Siewerths schreibt, daß dieser „durch die philosophische Frage nach Sinn und Bestimmung des Menschen sozusagen zwangsläufig zur Frage der menschlichen Entfaltung mittels Erziehung und Bildung vorgedrungen ist, nicht deshalb, weil er eine praktische Philosophie, etwa Ethik verträte und im Raum der Erziehung und Bildung ein Experimentierfeld seiner Philosophie suchte, sondern weil er in Ansehung menschlicher Personalität Erziehung und Bildung als Konstituenten des Menschseins begreift"[5].

Wenn Metaphysik in ihrer von den Griechen her grundgelegten Struktur auf die Erhellung der „archai", der Ursprünge, Urgründe und Urformen aller Wirklichkeit und damit insbesondere des Seins und Denkens unserer selbst als Menschen zielt, dann liegt es nahe, sich am Beispiel der Kindheit dem Anfang oder - da der Ausdruck „Anfang" allzuleicht die Assoziation des Punktuellen,

---

[5] Pöggeler, Franz (Hg.): Innerlichkeit und Erziehung. In: Memoriam Gustav Siewerth, Freiburg – Basel – Wien. 1964, 12.

schlechthin Gewesenen und schon Abgeschlossenen mit sich führen könnte - sagen wir besser: dem Anfangen des Menschseins annähern zu wollen. Denn wann und wo, wenn nicht als Kind, beginnen wir als Menschen da zu sein. Auch wenn man hinsichtlich Deutung und Schlußfolgerung Siewerth nicht immer oder nur bedingt folgen mag, wird man dem Zusammenklang einer empfindsam-gewahrenden In-Blick-nahme der entsprechenden Wirklichkeitsbereiche - auch von zunächst unscheinbaren Gegebenheiten und Vorgängen - mit einer ebenso offenen wie unbestechlichen denkerischen Schärfe die verdiente Anerkennung nicht versagen.

Der Siewerthsche Ansatz, Sein und Bestimmung des Menschenwesens von seinem Ursprung als Kind her erhellen zu wollen, bedeutet sicherlich eine Korrektur jener Auffassungen, die den - wie auch immer vorweg normierten - Status des Erwachsenseins als undifferenzierten und durchgängigen Maßstab des Menschseins überhaupt nehmen, also im Kind notwendigerweise nur den anfangenden, kleinen und somit also naturgemäß und leider noch unfertigen und noch allseits defizitären Erwachsenen, also ein verkleinertes Faksimile des Erwachsenen sehen. Mit solcher Kritik geht es Siewerth freilich gerade nicht um eine bloße Umkehrung etwa derart, daß nunmehr der undifferenzierte Status des Kindseins zum durchgängigen Maßpunkt alles Menschseins genommen wird, d.h. der Erwachsene nichts anderes als das „ausgewachsene", eben fertige, große Kind, also das vergrößerte Faksimile des Kindes darstellen soll. Der in den beiden kritisierten Sichtweisen verborgene und verbogene berechtigte Kern wird durch eine ganz einfache, korrektere sprachliche Fassung deutlich. Denn natürlich „wird" und „soll" das Kind zum Erwachsenen werden, natürlich ist der Erwachsene das groß „gewordene", das erwachsen „gewordene" Kind - und der Nachdruck liegt hier auf „wird" und „geworden": Es geht um denselben Menschen, doch der steht offensichtlich in einer Geschichte seines Werdens und somit in der Spannung von Identität und Anderswerden, ja von Identität im Anderswerden und durch Anderswerden. Dies heißt für Siewerth aber auch: Menschliches Leben ist immer und auf jeder Stufe vollwertiges Menschsein in je eigener Ausprägung.

In dieser Hinsicht leitet eine klare Grenzziehung Siewerths gegenüber der von ihm ansonsten hochgeschätzten Maria Montessori[6] zu einem weiteren wichtigen Aspekt über. Deren Auffassung, wonach das Kind die Menschheit „aufbaue", sei in ihrer Einseitigkeit zumindest mißverständlich in dem Sinne, als ob eine vollendet angelegte Entelechie - sofern keine widrigen Umstände einträten - sich auch „im Sinne tierhafter Artvollendung" realisiere. Hier wird die prinzipielle Statik einer Lebensstruktur nur oberflächlich durch das Element einer zeitlichen Streckung „optisch" dynamisiert. Wir hätten es - paradox formuliert - mit einem Anfang zu tun, der nichts wirklich anfangen ließe, der sozusagen „geizig" in sich verschlossen bliebe und nichts aus sich entlasse. Solchen in mancherlei Spielarten auftretenden Einschätzungen setzt Sie-

---

[6] Metaphysik der Kindheit, 14f.

werth lapidar die Einsicht entgegen: „Die Menschheit wird nicht vom Kind erzeugt; sondern der Mensch erzeugt das Kind. Die Erzeugung ist ein Werk des gesamten Menschen"[7].

Damit wird zunächst einmal aller schwärmerischen und irrationalen Mystifizierung des Kindes der Boden entzogen. Natürlich ist ein Kind - und jedes Kind - in sich auf sein Anfangen hin betrachtet ein absoluter Anfang, aber eben nicht Anfang absolut „aus sich selbst" heraus. Gerade in seinem ureigensten Anfangen ist und bleibt das Kind verdankt, weshalb Siewerth mit diesbezüglich nicht mehr überbietbarer Klarheit und Radikalität formulieren kann: „Darum ist das Kind in jedem Betracht Gabe und Empfängnis"[8]. Da erhebt sich natürlich die Frage: Degradiert Siewerth mit einer solchen Aussage den Menschen nicht anfänglich und bleibend zu einem rein passiven Vorkommnis? Fällt er nicht hinter die hart kritisierte Auffassung einer entelechial fixierten und gesteuerten bio-physikalischen Entwicklung zurück?

Doch solche Unterstellungen liefen nach Siewerth darauf hinaus, die wirkliche Bedeutung von Gabe und Empfängnis gröblich mißzuverstehen. Eine Gabe annehmen und etwas empfangen, gar „sich" als Gabe annehmen und empfangen, ist im strikten Sinne gerade nur einem Wesen mit dem Vermögen „selbstursächlicher Freiheit" möglich. Wir dürfen uns hier den Sachverhalt nicht durch einen zwar üblichen, aber nicht genügend differenzierenden Sprachgebrauch verwischen lassen. Ein Stein z. B empfängt keinen Stoß, sondern er wird gestoßen; er empfängt keine Form, sondern er wird geformt und zubehauen. Es bedeutet deshalb ganz und gar keinen Widerspruch zur vorigen Aussage, wenn Siewerth den Schluß zieht: „Darum ist der Mensch in seinem Sein eine geheimnistiefe Einheit von Freiheit und Empfängnis; er erzeugt sich ganz und kommt nur zum hervorbringenden Vollzug oder Mitvollzug dieses Ganzen, indem er sich in Freiheit empfängt und übernimmt, sei es, daß er dies als Kind oder als Vater und Mutter vollbrächte"[9].

Diese inhaltsschwere Aussage bedarf weiterer Erläuterung durch den Rückgriff auf die frühere Aussage Siewerths, wonach die „Erzeugung" des Menschen ein „Werk des gesamten Menschen" sei. Damit wurde bereits unterstrichen, daß - ohne die Bedeutung des biologisch-leiblichen Geschlechtsaktes abzuwerten - Zeugung im Vollsinn über ein individuell zurechenbares Geschehen hinaus in die umfassendere Dimension personal verantworteten Handelns der unmittelbar Beteiligten verweist. Auch diese Dimension wird - gut thomanisch - gleichsam auf den „sozialen Uterus" hin ausgedehnt, der über die natürliche Dreiheit von Vater, Mutter und Kind hinaus die sich weitenden Lebenskreise des Kindes als entscheidende Erfahrungsräume - auch auf absolute Transzendenz hin - mit einbezieht. Denn wenn ein der Wirklichkeit angemessenes Denken sich „im weitesten und ursprünglichsten Horizont" zu bewegen hat, muß es - aus Treue zu sich selbst - im Sinne der erörterten

---

[7] Ebd. 15.
[8] Ebd. 16.
[9] Ebd. 17.

Leitidee des Ganzen auch auf das Absolute und den Absoluten hin offen bleiben, wenngleich an dieser äußersten Grenzmöglichkeit das endliche Denken mit seinem Part des Offenbarmachens einer unverfügbaren, aber deswegen keineswegs denkresistenten Offenbarung begegnet.

Ich begnüge mich mit einem konzentrierten Hinweis auf die Bedeutung, die Siewerth dem „Haus" des Menschen als „Grundgefüge des Daseins", als „Erzeugnis, Dar-stellung und Ausfaltung des sorgenden In-der-Weltseins" gibt[10]. In sprachspielerischer Verbindung mit Hut und Huld, in verbaler und sachlicher Assoziation mit Wohnung, Heim, Wärme, Licht, Nahrung, bergendes Nest, Ehe, Familie, Fürsorge, Liebe, Um- und Einfriedung, Frieden, Alltag und Fest, Gemeinschaft, Schutz, Vertrauen etc. erweist sich das Haus des Menschen als „Urraum des Lebens"[11]. Bei solchen Charakterisierungen liegen Siewerth falsche Romantisierung oder gar kosmischer Harmonietaumel fern. Er weiß, daß „das weite Haus der Natur"[12] zu weit ist, um den hier angedeuteten Ansprüchen menschlichen „Wohnens" genügen zu können, ja daß das „Haus ... dem Walten der Welt abgerungen, gegen es erdacht und errichtet" ist[13]. Er wendet auch seine Augen nicht ab vor „ins Enge und Dunkle" verschließender Lebensangst und Schwermut, vor Heimsuchungen und Schickungen, deren Lastcharakter sich in diesem Lebensraum noch intensiviert. Doch insgesamt - so kann Siewerth zu recht konstatieren - „ist die Wohnstatt des Menschen auch das Ethos seines Daseins, wie die Griechen das ursprüngliche Wohnen nannten", in dem „Fug und Fügung" sich ereignen und über „Fug und Unfug" entschieden wird[14]. Das heißt aber: Menschliches Dasein ist und bleibt eingebunden in das Netz der physischen, biologischen und der sozialen Bezüge, öffnet dieses Netz aber - vom inneren Anspruch des sich in ihm vollziehenden Geschehens her - auf die Sphäre des Sittlichen hin. Diese Weitung mag - in einer für uns heute wahrscheinlich sprachlich ambivalenten Mischung von berechtigtem Überstieg und fraglicher Übersteigerung - folgendes Zitat verdeutlichen: „Solchermaßen ist der Fug des Hauses als schützende Begrenzung wie als errichtete Ordnung für das Kind eine Einweisung und eine Zurecht-weisung; es ist eine verwehrende Eingrenzung, ein sicherer Halt und zugleich ein Anruf, sich einzufügen und der fügenden Sorge und Huld und ihrer mehrenden Güte teilhaft zu werden. Die Fügsamkeit ist daher ein Grundakt kindlichen Lebens"[15].

Im Sinne der skeptischen Zwischenbemerkung zum eben angeführten Zitat ist z. B. der Ausdruck „Fügsamkeit" als Wesensmerkmal des Kindes - und dies gilt natürlich auch für viele andere markante Bezeichnungen - strikt im Siewerthschen Kontext zu verstehen, sonst leitet man daraus gar die Forderung

---

[10] Ebd. 85f.
[11] Wagnis und Bewahrung, 83.
[12] Wagnis und Bewahrung, 57.
[13] Metaphysik der Kindheit, 86.
[14] Metaphysik der Kindheit, 86.
[15] Metaphysik der Kindheit, 87.

nach Drill, Dressur und Gehorsam um jeden oder fast jeden Preis ab. Hier nur soviel: Der Fügsamkeit des Kindes korrespondiert natürlich die elterliche Fürsorge, die - nach dem bisher Gesagten - sich nicht im bloßen Versorgen erschöpfen darf, sondern sich ihrerseits in einer gesamtmenschlichen Dimension zu realisieren hat. Denn der Mensch erscheint ja nicht als „abstraktes" Individuum, sondern „von Anfang an" als gemeinschafts-verdanktes und gemeinschafts-bezogenes Wesen, d.h. als Person in wesenhafter Einheit - wenngleich nicht einfachhin in faktischem Einklang - mit der Natur und stellt für sich den Anspruch an leibliche und soziale Eltern auf menschengemäße Fürsorge dar, nicht im Sinne „naturhafter Nötigung", sondern als Anruf zur „freien Übernahme des Gesollten"[16]. Genau darauf zielte ja die von Siewerth beschriebene „Haus-verfassung" des menschlichen Daseins, nämlich die Ermächtigung und Befähigung der Eltern „zur Erzeuger-, Mehrer- und Wächterschaft ihrer Kinder" aufzuzeigen[17]. Dies verweist auf den Weg einer Erziehung und Bildung, auf dem nicht einseitig und passiv Kinder von allein aktiv verfügenden Erziehern erzogen werden, sondern auf den Einbezug aller - bei konkreter Unvertauschbarkeit der Aufgaben im jeweiligen Vollzug - in einen das Verhältnis von Kind/Erwachsener weit übersteigenden und nie endenden Prozeß des Sich-bilden-könnens und Sich-bilden-müssens, wie abschließend in einem dritten Abschnitt nochmals verdeutlicht werden soll.

3. Sinn als Zusammen-Spiel:
Die tätige Einheit von Identität und Differenz

Der eben angerissene umfassende menschliche (Selbst-)Bildungsprozeß übergreift jegliche - auch und gerade intellektualistische - Sektoralisierung. Die Frage nach dem Geltungsgrund des hier aufscheinenden Anspruchs und der ihm entsprechenden Verpflichtung hat uns - über die unverzichtbaren Erträge der Biologie, Pädagogik, Psychologie, Soziologie, der Rechtswissenschaft etc. hinaus - auf den Weg der Metaphysik geschickt, hier auf den der „Metaphysik der Kindheit" im besonderen: „Die Kindheit ist in ihrem Wesen nicht aufhellbar, ohne daß die geheimnisreichen Tiefen des Seins und des Daseins in den Blick kommen: die Einheit von selbstbestimmender Freiheit und naturhafter Empfängnis, die Wesenseinigung des einfachen Geist- oder Seelengrundes mit einer besonderen und verleibten Natur, die Überwaltung aller naturhaften Notwendigkeit und des sittlichen Gesetzes durch die überschwengliche Spontaneität der Liebe ... Aus diesen Kenntnissen konnte das metaphysisch Gegensätzliche einer ursprünglichen Naturvollendung und ihrer universalen substantiellen Empfänglichkeit ausgefaltet werden ..."[18].

---

[16] Metaphysik der Kindheit, 22.
[17] Metaphysik der Kindheit, 86
[18] Metaphysik der Kindheit, 131.

Der Verweis auf „die überschwengliche Spontaneität der Liebe", welche die „naturhafte Notwendigkeit" und sogar noch das „sittliche Gesetz" überwaltet, markiert einen Kulminationspunkt, der die Höhen spekulativen Denkens mit dem schlichten Vollzug des Alltags zusammenschließt, und gibt uns einen weiteren Fingerzeig auf die Weise, in der nach Siewerth die Frage nach dem Sinn des Lebens angemessen gestellt und möglicherweise beantwortet werden kann. Denn Liebe, wirkliche Liebe gibt es nicht „im allgemeinen", sondern allein im konkreten Tun und Verhalten. Dem gilt es sich - auf einigen nötigen Umwegen - anzunähern.

Kindheit stellt in unserem Leben selbstverständlich eine begrenzte Phase mit fließendem Übergang zum Erwachsensein dar; doch der „Kindschaft" - betrachtet „als der begründende Ausgang wie als wesenhafte Auszeichnung des menschlichen Daseins überhaupt"[19] - können wir in einem absoluten Sinne nicht „entwachsen", es sei denn um den Preis unseres Lebens: denn erst mit dem Tod sind wir - und auch dies nur in der Perspektive einer rein äußerlich bemessenen Zeit - unseres Kindseins „endgültig" ledig, seiner entwachsen. Deshalb bleibt „Kindheit" als anfänglich-währende, durch und durch personale Seinsweise ein fortwährendes Konstitutiv unseres konkreten Menschseins, und d.h. - von der Bedeutung des lateinischen Wortes concrescere als „in sich zusammenwachsen", „sich verdichten" her - , daß wir unablässig in einer Geschichte „des Empfängnis-, des Auszeugungs-, Begabungs- und Reifevollzugs des menschlichen Daseins"[20] stehen.

Das besagt - in sprachspielerischer Fassung eines realen dynamischen Geschehens - , daß wir sehr wohl aus der Kindheit herauswachsen können und müssen, dieses „aus ... heraus" freilich notwendigerweise in einem doppelten und doch zusammengehörenden Sinne verstanden: „aus .. heraus" als „Weiter"- und „Darüber-hinaus-gehen", aber auf dem tragenden Boden und auch kraft dessen, was überschritten wird. Anders formuliert: Kindheit ist in diesem Sinne sehr wohl eine „vorläufige" Phase, die sich gerade vom innersten Kern ihrer je unverwechselbaren Eigenheit her nicht in sich verschließen darf und somit ihrer je erreichten aktuellen Gestalt immer schon vorausläuft. Die Frage nach der Einheit von Identität und Differenz stellt deshalb nach Siewerth nicht nur ein unausweichliches Thema für ein konsequentes spekulatives Denken dar, sondern benennt die vom Leben selbst unablässig uns - im Blick auf uns wie auf andere und anderes - gestellte Aufgabe und somit den maßgeblichen Rahmen für eine sinnerfüllte Lebensgestaltung.

Vor dem insbesondere im Blick auf die „Metaphysik der Kindheit" exemplarisch an- und aufgerissenen Hintergrund gilt es - ohne Anspruch auf durchgehende Systematik - nochmals einige Grundworte Siewerths in der Perspektive der Sinnfrage aufzugreifen. So nennt er - im Anschluß an Thomas von Aquin - „das Wesen des Menschen ... eine substantia potentialis, d.h. ein In-sich-Seiendes, das wesenhaft und vom Ursprung durch ein anderes, als es selber

---

[19] Metaphysik der Kindheit, 133.
[20] Metaphysik der Kindheit, 134.

ist, in den Akt, in die Verwirklichung oder die Existenz kommt. Also ist es von Grund aus nicht bei sich selbst, sondern besitzt sich und sein Leben nur in dem Maße, als es sich auf das Sein des Seienden hin überstiegen hat. Demzufolge ist der Mensch vom Sein her und auf das Sein hin"[21]. Dem Menschen kommt notwendigerweise Selbstand in sich selber zu, aber eben nicht in der - von Siewerth so gesehenen und heftigst kritisierten - Weise eines überzogenen modernen Subjektivismus, der die eigene Existenz sozusagen allein aus dem Nullpunkt des eigenen Existierens heraus autonom konstituieren will; denn dieses Menschenwesen bleibt in aller Selbständigkeit stets ein empfängliches und empfangendes Wesen. Wir erfahren uns - im Verhältnis zu uns selber wie zu anderen - als letztlich überraschende Gabe und Besitz zugleich, stehen - solange wir leben - in einem mit Um- und Mitwelt verwobenen Bildungsprozeß unserer selbst.

Daraus wird deutlich, daß die schon angesprochene „Fügsamkeit" des Kindes bereits urbildlich das „Eingefügtsein" und „Sich-einfügen" der Erwachsenen-Existenz ins Ganze der sozialen - sei es physisch-physiologischen, sei es geistigen - Bezüge vor-gibt. Dies ist der sachliche Ertrag dessen, was Siewerth in - zugegebenermaßen für heutige Leser und Hörer wohl etwas manieriert anmutenden - Sprachbildern wie „Fug des Hauses" oder „Reif und Ring" des Daseins und des Herzens etc. nahe bringen wollte. Derartiges Verfügtsein bietet aber für Siewerth die einzige Chance für die „freie Selbstverfügung" unseres Willens, denn dieser „verfügt sich selbst nur, wenn er sich fügt und einfügt und anderes in seine Verfügung bringt"[22]. Der darin sich tätig bekundenden „Entschlossenheit zum Guten" liegt allerdings unsere „Erschlossenheit zum Guten" voraus. Die schon angeführte Charakterisierung des Menschen als „geheimnisvolle Einheit von Freiheit und Empfängnis"[23] gründet darin, daß sich nach Siewerth das Sein „in seinem letzten Wesen" als „Liebe" enthüllt[24]. Wir sind, insofern wir überhaupt da sind, als ein in sich eines und identifizierbares Etwas immer schon in ein umfassenderes Wahrsein und Gutsein eingelassen. Die „Liebe" benennt dieses Band des Seins, das seinen Gang in die Unterschiedlichkeit der vielen Seienden und ihrer Bezüge ermöglicht, ohne sie distanzierend aus der ursprünglichen Einheit auszugrenzen: „Liebe ist solchermaßen umfassender als das Sein selbst, das Transzendentale schlechthin, das die Wirklichkeit des Seins, der Wahrheit und der Güte zusammenfaßt"[25]. Sie ist die real dynamisierte Idee des Guten, das sich nicht in sich verschließt, sondern - gemäß dem klassischen scholastischen Lehrsatz: „bonum est diffusivum sui" - sozusagen „überflüssig" wird im Sinne eines sein-lassenden Überfließens und Mit-teilens, das in diesem seinem Mit-teilen gerade nicht

[21] Wagnis und Bewahrung, 39.
[22] Thomas von Aquin: Die menschliche Willensfreiheit. Texte zur thomistischen Freiheitslehre, ausgewählt und mit einer Einleitung versehen von Gustav Siewerth. Düsseldorf 1954, 90.
[23] Metaphysik der Kindheit, 17.
[24] Siewerth, Gustav: Das Schicksal der Metaphysik (1959) 397.
[25] Metaphysik der Kindheit, 63.

ärmer wird, sondern die eigene innere Fülle wirklich werden läßt: „Die Einheit ist nur durch den Unterschied das, was sie ist"[26].

Dieser Befund beantwortet auch die Frage nach einer eventuellen inneren „Entwicklung" des Siewerthschen Denkens. Dies geschieht auf der Basis unveränderter Grundintentionen in dem Sinne, daß zweifelsohne beim „frühen" Siewerth die Idee der Identität in ihrer idealen Ganzheit dominierte und daß gerade im strikten Ernstnehmen dieser ursprünglichen Identität die Differenz in Gestalt der Positivität des einzelnen Seienden nach und nach stärker hervortrat: d.h. aber in der Einheit von Identität und Differenz, denn im Sein gibt es weder eine nötigende Verspannung noch eine zerspaltende Tendenz. Wenn aber das Sein nur im Seienden seine volle Wirklichkeit gewinnt, so bedeutet das zugleich, daß die von Siewerth im Rahmen seines strikt metaphysischen Ansatzes aufgezeigten Grundsätze einer möglichen und gesollten Sinnrealisierung nicht mit einem abgehobenen und gleichsam in horizontaler Erstreckung für allgemeingültig erklärten Bild vom Menschen „an sich", „als solchen" oder „im allgemeinen" verwechselt werden dürfen, das man als Maß menschlicher Wirklichkeit und seiner Sinnerfüllung schematisch anlegen könnte.

Das Sein ist - unbeschadet seiner möglichen Fülle - im Bereich endlicher Wirklichkeit nur „ganz" da im jeweiligen Seienden, das hinwiederum - nicht seiner komplexen Wirklichkeit nach, wohl aber im Vergleich zur möglichen Fülle des Seins - sich als Einfachstes erweist. Der anfangs herausgestellte Vorrang des Ganzen in der Siewerthschen Selbst- und Weltdeutung wird nicht aufgehoben, aber um eine ebenso notwendige Perspektive ergänzt. Mit anderen Worten: „Sich im Einfachsten und Ganzen zu halten": das kann von uns nur mitten in der Welt in der Orientierung am metaphysisch aufgelichteten Ganzen versucht werden. Hegels Einsicht: „Das Wahre ist das Ganze" behält ihr Gewicht, muß aber mit einer weiteren Einsicht zusammen gedacht, genauer: zusammen gelebt werden, der Einsicht nämlich, die Goethe - in seinen „Maximen und Reflexionen" - kurz und bündig wie folgt formulierte: „Was ist das Allgemeine? Der einzelne Fall". Denn der „einzelne Fall" ist der „Ernstfall" des Allgemeinen, dieses nicht nur die abgehobene Denkfolie des Einzelnen.

Deshalb schickt uns eine Metaphysik im Stile Siewerths unweigerlich und unablässig auf den Weg einer konkreten Einheitsstiftung: Es geht um die Einheit von selbstbestimmender Freiheit und naturhaftem Empfangen, von Geist und Leib - weshalb z.B. Siewerth den Leib als „Urhandlung des Menschen"[27] herausstellt -, es geht um das zusammenbindende Überwalten von naturhafter Notwendigkeit und sittlichem Sollen in unserer je eigenen Geschichte „des Empfängnis-, des Auszeugungs-, Begabungs- und Reifevollzugs des menschlichen Daseins"[28]. Denn nach Siewerth ist Sein „wesenhaft immer schon eine

---

[26] Siewerth, Gustav: Grundfragen der Philosophie im Horizont der Seinsdifferenz. Düsseldorf 1963, 143.

[27] Siewerth, Gustav: Der Mensch und sein Leib. Einsiedeln 1953, 34.

[28] Metaphysik der Kindheit, 134.

Identität des Nichtidentischen. Dann aber gehören Sein und Nichtsein, Selbigkeit und Verschiedenheit, Einheit und Mannigfaltigkeit gleichursprünglich ins Sein des Seienden"[29]. D.h. aber auch zugleich: Sinn ist nie einfach vorfindbar und gegeben und schon gar nicht in voller Gänze gegeben, er bleibt, gerade in einem sinnerfüllten menschlichen „Dasein in der Welt", „Dasein in Wahrheit" und „Dasein im Guten" immer aufgegeben. Dies läuft auf die nüchterne und ernüchternde Einsicht hinaus, daß ein geschichtlich verfaßtes Wesen mit der Realisierung bestimmter Lebensmöglichkeiten zwar jeweils weitere Möglichkeiten erschließt, aber ebenso andere Möglichkeiten erschwert und verschließt. In dieser metaphysischen Perspektive enden wir somit bei einem Ergebnis, das sich nicht in unmittelbare Ratschläge zur Lebenshilfe auflisten läßt, das erst recht keine Klischees bietet und keine dekorative Sinnkruste des Lebens im Rückgriff auf einen bei Bedarf bereitliegenden Sinn-Knigge liefert.

Auf zwei bei diesem „Ergebnis" naheliegende Fragen und Einwände sei noch stichwortartig verwiesen. Zum einen: Überhöht und verklärt Siewerth nicht in „Metaphysik der Kindheit" die Wirklichkeit? Ist er zu wenig empfänglich, ja blind für das Böse in der Welt, für die Zerbrechlichkeit und die reale Gefährdung von Sinn? Geht er von einer Welt aus, die es so gar nicht - vielleicht in nostalgischer Sicht leider nicht mehr - gibt? Siewerth stellt sich selber derartige Fragen. Seine hier nur in nuce andeutbare Antwort lautet, daß es ihm als Metaphysiker nie um eine - in vielerlei Hinsichten unverzichtbare - empirische, pädagogische oder soziologische oder ansonsten einzelwissenschaftlich ausgerichtete Bestandsaufnahme der Wirklichkeit, ja nicht einmal um eine dezidiert sozialphilosophische Analyse, sondern um den Aufweis gehe, daß „man außerhalb einer metaphysischen Durchhellung des empfangenen und reifenden Lebens nicht in der Lage ist, Vorgänge in ihrem Wesensgehalt zu erkennen und zu ordnen. ... Nur das Wesen enthüllt die Unmacht des Unwesens; nur das Wesensgerechte trägt und ermöglicht Besinnung und hat Vollmacht des Gerichtes"[30]. Mit Blindheit gegenüber der Wirklichkeit hat eine solche Einstellung wahrhaftig nichts zu tun, wohl aber mit dem Bemühen um eine Einstellung, von der her Wirklichkeit überhaupt erst in ihrer unverstellten Maß-geblichkeit in den Blick kommen kann.

Zum andern: Haben wir es am Ende dieser metaphysischen Besinnung nicht mit einem dürren und dünnen Ergebnis zu tun? Die Bewertung „dürr" möchte ich für Siewerth und für mich strikt zurückweisen, denn „dürr" legt die Assoziation von etwas „Abgestorbenem" nahe, also von etwas, aus dem sich nichts mehr ergibt, nichts mehr erwächst. Die Bewertung „dünn" akzeptiere ich dagegen bewußt in einer metaphysischen Perspektive, die in Treue zu sich selber sich zumeist auf „dünne" und feine Orientierungslinien beschränken und der Versuchung zu ungemäßer Ausweitung zu widerstehen hat. Heißt das aber nicht - sei es aus Unvermögen oder sei es aus undurchsichtiger Absicht - im

---

[29] Siewerth, Gustav: Grundfragen der Philosophie im Horizont der Seinsdifferenz. Düsseldorf 1963, 146.
[30] Metaphysik der Kindheit, 134f.

Unverbindlichen zu bleiben oder - wie man anschaulich zu sagen pflegt - zu schwimmen? Sind die Philosophen - frei nach Blumenberg - nicht „notorische Nichtschwimmer"? Das könnte - etwas zugespitzt - im vorliegenden Zusammenhang besagen: Die Sinnfrage ist auch und gerade für Philosophen eine schwierige, vielleicht sogar gefährliche Frage, weil sie sich nun einmal auf die Klärung des Sinns von Begriffen und Theorien besser verstehen als auf die Frage nach dem Sinn des Lebens. Nicht, daß etwa die Philosophen diese Frage nicht ernst nähmen! Das tun sie seit den Tagen der Griechen sehr wohl mit ihrem Bemühen um eine zureichende Bestimmung des „guten", gelingenden und vielleicht auch glücklichen Lebens, nur leider - so der Vorwurf Blumenbergs - unter innerem und/oder äußerem Erwartungsdruck oft viel zu schnell. Damit ist freilich nichts gegen das grundsätzlich doch nötige Standnehmen gesagt. Denn im Leben stehen, heißt zwar durchaus im strikten Sinne, daß man gerade nicht steht, sondern auf dem Weg ist. Wenn das Leben steht, hat es aufgehört. Blumenberg polemisiert deshalb dagegen, sich den Horizont - bildlich gesprochen - durch das nächstliegende Ufer grundsätzlich beschränken zu lassen und in der Folge aus Denkfaulheit und Bequemlichkeit vorschnell im Halbtiefen, im Flachen Stand zu nehmen. Andererseits gilt freilich auch: Wer könnte schon dauernd schwimmen? Womit wir wieder mitten in der Metaphysik, mitten im Leben und unmittelbar vor der Aufgabe einer prekären Einheitsstiftung als Realisierung unseres Lebenssinnes stehen.

4. Nach-Spiel

Der Schlußgedanke wird in der offenkundigen Dissonanz eines Vergleiches den bestimmenden Siewerthschen Grundton - gleichsam in einem kurzen Nach-Spiel - zu Gehör bringen. Elias Canetti, ein sicherlich nicht grundsätzlich auf die Positivität des Seins gestimmter Denker, schreibt: „Die Kernfrage aller Ethik: soll man den Menschen sagen, wie schlecht sie sind? Oder soll man sie in ihrer Unschuld schlecht sein lassen? Um diese Frage zu beantworten, müßte man erst entscheiden können, ob die Kenntnis ihrer Schlechtigkeit den Menschen die Möglichkeit beläßt, besser zu werden, oder ob es eben diese Kenntnis ist, die ihre Schlechtigkeit unausrottbar macht. Es könnte ja sein, daß das Schlechte schlecht bleiben muß, sobald es einmal als solches ausgesondert und bezeichnet worden ist: es vermöchte sich dann zwar wohl zu verbergen, aber es wäre immer da"[31].

Ohne auf Canettis hintergründige Formulierungen weiter einzugehen, kann man sich einfach auf das Gedankenexperiment einlassen, wie wohl Siewerths Antwort auf die eben gestellte „Kernfrage" in etwa ausfiele? Sicherlich würde er differenzieren, indem er - von seiner Auffassung der Positivität des Seins her, aber auch den Bedenken Canettis Rechnung tragend - die Menschen kei-

---

[31] Canetti, Elias: Die Provinz des Menschen. Aufzeichnungen 1942 – 1972. Frankfurt am Main 1976, 112.

neswegs als gänzlich schlecht hinstellte. Diese Zurückhaltung hielte ihn aber bestimmt nicht davon ab, im konkreten Fall das leider häufig schlechte Tun mit deutlichen und überdeutlichen Worten auch als solches zu bezeichnen. Wandeln wir Canettis Frage etwas ab: Soll man den Menschen sagen, wie gut sie sind? Auch da wäre nach Siewerth Zögern am Platz. Zwar sind für ihn die Menschen von ihrem Sein her gut, aber sie einfachhin gut zu nennen, liefe auf eine Vermengung von unterschiedlichen Ebenen des Seins, Denkens und Tuns und vor allem auf große Naivität im realen Erfahrungsbereich hinaus. So könnte Siewerths wiederum differenzierte Antwort etwa wie folgt lauten: Nein, man kann und darf ihnen leider nicht einfach sagen, wie gut sie sind; aber man kann und muß ihnen unbedingt sagen, wie gut sie sein können und sollen.

Diese verbal fiktive, sachlich sicher zutreffende Antwort Siewerths stimmt über die Differenz der Zeiten hinweg mit Marc Aurel, dem Philosophen auf dem römischen Kaiserthron, überein, der in seinen „Selbstbetrachtungen" die entscheidende Sinnfrage wie folgt stellt: „Was ist deine Aufgabe, dein Beruf?"[32] Und er antwortet schlicht: „Gut zu sein". Damit ist alles gesagt, aber noch fast nichts getan. Denn die Realisierung dieser kurzen Antwort füllt ein ganzes Menschenleben aus und entscheidet über seinen Sinn. Gerade deshalb müssen wir die Antwort auf Canettis Frage je selber geben.

---

[32] Im Text: (Technae) Festigkeit, Kunst – Marc Aurel: Wege zu sich selbst. Übers. Von R. Michel. Düsseldorf 1998 (= Tusculum Studienausgaben), 11. Buch, 5; 275.

Erinnerungen an meinen Vater

Irene Joekel-Siewerth

Mein Vater ist nun schon seit 37 Jahren tot, aber ich sehe ihn so lebendig vor mir, als ob es gestern gewesen wäre.

Er war ein gütiger, froher Mensch von großer Ausstrahlung. Ich höre noch meine Mutter sagen: „Wenn er ins Zimmer tritt, dann erfüllt sich der ganze Raum mit Leben." Ja, er nahm an diesem Leben aktiv teil. Er konnte sich über jede Blume freuen oder mit Andacht dem Gesang einer Amsel lauschen. Mit Lust kostete er eine reife Erdbeere oder das gute Essen meiner Mutter.

Für mich war er ein liebevoller Vater. Ich kann mich nicht erinnern, daß er jemals mit mir schimpfte. Er schickte mich in die Montessori-Schule, wo ich wunderbare und sorgenfreie Grundschuljahre verbringen durfte. Dort bekam ich auch die meisten Impulse für meine künstlerische Tätigkeit. Als ich später vom Gymnasium einmal eine „4" nach Hause brachte, tröstete er mich und gab mir noch eine Mark „Schmerzensgeld", mit der Wirkung, daß diese Notenprobleme sich bald auflösten.

Leider war mein Vater für mich selten ansprechbar. Entweder verbrachte er seine Zeit in der Hochschule oder hinter seinem „Riesenschreibtisch" im Studierzimmer, das bis unter die Decke mit Büchern angefüllt war. Trotzdem geschah es bisweilen, daß ein eigens dafür hergerichteter Tisch dafür aufgeklappt wurde, und er mit mir eine Runde Tischtennis in seinem Arbeitszimmer spielte. Sich zu bewegen, machte ihm große Freude. Ich erinnere mich noch an ein Wettschwimmen mit ihm in der Adria und ein Fußballspiel, ausgetragen an der Pädagogischen Hochschule Freiburg zwischen Professoren und Studenten. Sein Einsatz war so groß, daß er sich dabei einen Muskelriß zuzog und monatelang am Stock gehen mußte. Aber dieser Einsatz war es ihm wert. Er fühlte sich der Hochschule sehr verbunden, insbesondere den Studenten. Traf er eine Studentin auf der Straße, so begrüßte er sie herzlich mit den Worten: „Da kommt die Akademie" und aus der Begrüßung wurde meist ein langes Gespräch. Diesen leichten Zugang zu den Menschen konnte er als siebtes von zehn Kindern in der temperamentvollen Familie üben. Ich erinnere mich an eine lange gemeinsame Zugfahrt von Aachen nach St. Blasien. Er hatte die Gabe, fremde Menschen freundlich anzusprechen und sie stundenlang in tiefgründiges Gespräch zu verwickeln. Dabei nahm er eine schlichte Bauernfrau genauso ernst wie einen Intellektuellen.

Das einzige, was mich beim Gedanken an meinen Vater traurig macht, ist, daß er so wenig Zeit für mich übrig hatte. Nach einer anstrengenden Hochschulwoche fuhr er auch noch häufig zu Vortragsreisen fort, die sich oft über das ganze Wochenende ausdehnten. Dabei versäumte er es nie, Museen zu besuchen, und er brachte mir von jeder Reise Kunstkarten und Bücher mit.

Da mein Vater sehr gutmütig war, brachte er es nicht über's Herz, Studenten abzuweisen, die ihm mit ihren Sorgen und Fragen allzu viel Zeit wegnahmen. In Ruhe konnte er nur nachts arbeiten. Dabei wurde es oft 2 bis 3 Uhr unter großem Zigarettenkonsum. Daß ich nicht rauche, verdanke ich einem einzigen Satz meines Vaters: „Kind, ich kann es nicht mehr lassen, fang Du es doch gar nicht erst an". Damit er wenigstens in den Semesterferien in Ruhe philosophieren und schreiben konnte, schuf ihm meine Mutter ein Refugium in St. Blasien im Schwarzwald, ganz ohne Telefon ...
Dort konnte ich ihn eher von Zeit zu Zeit von seinem Schreibtisch loseisen und zu einem Spaziergang verführen. Dabei philosophierten wir und rezitierten gegenseitig Gedichte. Sein phänomenales Gedächtnis verdankte mein Vater nicht zuletzt der Tatsache, daß auf seinem Nachttisch immer ein Lyrikband lag und er jeden morgen zwei Strophen eines Gedichtes lernte. So wurde er zum glänzenden Unterhalter, nicht nur dadurch, sondern auch, weil er treffend Witze erzählen konnte. Ich erinnere mich noch an einen Abend in St. Blasien, der als Lyrikabend geplant, plötzlich in einen Witze-Abend umkippte. Unser kleines Holzhaus wackelte bedenklich, als 20 Philosophie-Studenten bei jeder Pointe in lautes Gelächter ausbrachen.

Als Hochschulprofessor war er ein faszinierender Redner. Er sprach so eindringlich und anschaulich, daß man gar nicht weghören konnte. Das habe ich in Aachen bei einer Semester-Eröffnungsansprache (über das Wesen des Bildungsauftrags) miterlebt. Leider gehörte ich nicht zu seinen eingeschriebenen Studenten, denn ich studierte an der Kunst-Akademie in Düsseldorf. Ich tröstete mich mit dem Gedanken an mein Philosophikum für das Künstlerische Lehramt 1964. Dann wollte ich seine Privatstudentin sein und mich mit seiner Hilfe gründlich vorbereiten. Aber dann war es zu spät. Mein Vater starb im Herbst 1963. Bei allem Leid war es tröstlich für mich, daß sein guter Freund Walter Warnach an der Kunstakademie in Düsseldorf Philosophie-Professor war und mir gestattete, mein Philosophikum über meinen Vater zu machen.

Wenn ich an den Sommer 1963 in St. Blasien zurückdenke, verdichtet sich in mir die Vermutung, daß mein Vater damals schon Todesahnungen hatte. Ich höre ihn noch Hölderlin zitieren: „Nur einen Sommer gönnt Ihr Gewaltigen, nur einen Herbst zu reifem Gesange mir ..." und „Das ist der Herbst, der bricht mir noch das Herz." Am 5. Oktober 1963 erlag mein Vater in Trient auf einer Tagung der Görres-Gesellschaft einem Herzinfarkt. Sein Körper war geschwächt, weil er kurz zuvor das Rauchen aufgegeben hatte, und ich vermute, daß sein Herz schwer gelitten hat, als ihm schließlich klargeworden war, daß zwischen Thomas von Aquin und Martin Heidegger kein Konsens bestehen kann.

Seine letzten Worte in Trient wurden mir so übermittelt: „Meine Tochter ist eine Malerin". Vielleicht eine Prophezeiung? Denn 1963 studierte ich noch in einer Bildhauerklasse und meine ersten Aquarelle aus der Provence hat mein Vater nicht mehr gesehen. Für seinen Grabstein auf dem Bergäcker-Friedhof in Freiburg-Littenweiler entwarf und gestaltete ich ein ravennatisches Mosaik. Dies konnte ich, da ich im Alter von 18 Jahren die Chance hatte, mit meinem Vater ganz alleine einen Tag lang die herrlichen Mosaiken Ravennas in aller Intensität zu erleben. Das Mosaik thematisiert den Geist der Liebe und die Gaben des Geistes in Gestalt von Tauben, die sich vor dem Kreuz verneigen und zugleich in der Welt da sind. Als Hinweis auf die Geisteshaltung meines Vaters.

So konnte ich ihm ein letztes Liebeszeichen über den Tod hinaus geben.

Zwischen Erinnerung und Abschied

Peter Reifenberg

Nicht jeder Rückbesinnung ist es beschieden, ein direktes Zeitzeugnis, noch weniger einen unmittelbaren Zeitzeugen aufnehmen zu können. Im Falle des Textes von Irene Joekel-Siewerth, der Tochter von Gustav Siewerth, liegt eine sehr persönlich gehaltene Erinnerung vor, mit der das wissenschaftliche Genre des vorliegenden Buches bewußt durchbrochen wird.

Mehrfach beziehen sich die Autoren auf den nur schwer zugänglichen, beeindruckenden Text „Abschied von Gustav Siewerth" von Hans Urs von Balthasar, der treffsicher wie lehrreich die Persönlichkeit Gustav Siewerths charakterisiert und äußerst scharfsinnig das Grundanliegen seines Denkens widerspiegelt.

Auch gerade der Eindruck der vollendeten Sprachästhetik von Balthasars, die der Text vermittelt, erlaubt ein umfangreicheres Zitieren dieses Abschiedswortes, das zudem als „Zwischentext" die beste Überleitung zur Beschäftigung mit den Gedanken Balthasars darstellt:

„Vor der Zeit hingemäht durch eine ihn aufreibende Arbeit, für die er nicht geschaffen war, und durch das ebenso aufreibende Bewußtsein, seiner eigentlichen Sendung nicht nachleben zu dürfen, weil die Mitwelt ihm den Ort nicht gönnte, wo er sie hätte ausüben können, hat Gustav Siewerth uns verlassen. Nicht viele nehmen es wahr, was für ein glühendes Gestirn mit ihm untergegangen ist; seine zahlreichen Schriften gaben immer schon und geben künftig nur ein unvollkommenes Bild von der Potenz dieses Riesen. Er war vor allem strömende Fülle, kein Brunnenrohr, sondern eine Fontäne, unter gewaltigem Druck heiße heilende Quellen aus unzugänglich inwendigem Herzbereich hervorpressend. Er war Philosoph von Natur; es dachte Tag und Nacht in ihm fort, von alltäglichster Begegnung und Beobachtung sprang sein Gedanke sogleich in Tiefen, wo alles Wahre geballt unter höchstem Atmosphärendruck versammelt ist; wer es erlebte, verstand nicht, wie ein Mensch diesen Druck dauernd ertrug. Visionen aus der Mitte des Seins warfen sein schutzloses, bewußt entblößtes Herz immerfort durch Höhen und Abgründe. Seine Kraft der Versammlung war einzigartig. Sie zeigte sich zuerst an einem phänomenalen Gedächtnis an. Von Heraklit, Parmenides, Plato und Aristoteles über Thomas zu Cusanus. Leibniz, Böhme, Kant, Hegel und Heidegger war ihm das Universum des Denkens wie eine Orgel mit tausend Registern verfügbar, der Aufbau eines Werkes nicht minder als der exakte Wortlaut der entscheidenden Stellen und ihre Deutung aus der Totalität abendländischen Denkens: alles war ihm, zur Verwunderung und Beschämung des Zuhörers, der höchstens verschwommene Erinnerungen bereithielt, quicke Gegenwart. Jeder Denkschritt der Hegelschen Logik war ihm präsent. Und doch zitierte Siewerth eigentlich nie: Jedesmal, wenn er im Akt des Philosophierens war, ereignete sich das Denken – fremdes wie eigenes – gleichsam zum ersten Mal, entfaltete sich aus dem intuitiven Kern, legte sich auseinander, wie ein Baum sein Geäst und Blätterwerk organisiert. Dazu kam die Fülle der großen abendländischen Dichtung: Sprach man ihn auf Homer an, so sprudelten fünfzig griechische Verse hervor, mit blitzendem Auge vorgetragen; erwähnte man Sophokles, so warens die Chorlieder der Antigone, mit Gestik des ganzen Körpers; er konnte aber auch

Abende lang aus der Edda, aus Shakespeare und unerschöpflich aus Goethe vortragen, den er ob seiner Fülle und Welthaltigkeit besonders verehrte. Den Divan etwa schien er auswendig zu wissen; noch eine Woche vor seinem Tod überraschte er uns mit den schnurrigsten Paralipomena-Versen zum Faust, wie überhaupt das Humorvolle, Wohlige, Bequeme [im Goethischen Sinn] sein Wesen auszeichnete [die Fülle seiner Witze war stupend]. Sein Gedächtnis hielt ihm dies unübersehbare Instrumentar des Denkens zur Verfügung, überall griff er ins Volle. Sein Denken aber war, wie das Goethes, primär warme, exakte, untrügliche Anschauung; aus dem klaren Erblicken stammte die geschliffene Präzision seiner Begriffe. »Du hast nicht recht hingesehen!« hielt er dem Partner entgegen. Um ihrer groß offenen Augen auf die Wirklichkeit willen waren ihm Aristoteles, Thomas und Hegel die Säulen der Philosophie. Im Intuitus ruht alles; Form, Begriff, Kategorie sind abkünftig. Wo dies verkannt wurde, konnte Siewerth ein grimmiger Gegner sein. So focht er Herkuleskämpfe gegen die Anmaßungen der modernen Naturwissenschaftler, die Wirklichkeit der Natur, gar alle Wirklichkeit mit »Gesetzen« zu domestizieren [man lese die Akten der Paulus-Gesellschaft von 1962 nach, es lohnt sich]. Wo aber der Mensch, der junge zumal, in die herzlosen Schemen der modernen Leistungswelt geschnürt werden sollte, kämpfte er um Würde und Freiheit des Menschen wie eine Mutter um ihr einziges Kind. Seinen letzten Waffengang führte er gegen den, der die Seinsfülle verbegrifflicht, an Stelle des thomanischen »esse« den »conceptus entis« setzt – sein schwarzes Schaf war vor allem Suarez – und über Descartes und Leibniz notwendig bei Kant endet. Aus Kants Gefängnis versuchten wohl im Gefolge Fichtes, den er als »Kirchenvater der Neuscholastik« zu bezeichnen liebte, die »Jesuiten« auszubrechen, indem sie mit Blondel, Maréchal, K. Rahner, Metz, Lotz, Max Müller usf. einen transzendierenden Aktdynamismus setzen, der freilich, selbst leerbleibend, auch die Schemen der »Erscheinungen« nicht wahrhaft durchbluten kann. Seinem Groll darüber hat Siewerth in dem destruierenden »Schicksal der Metaphysik von Thomas zu Heidegger« [1959] Luft gemacht. Den Intuitus, auf den er alles stellte, hat er zuerst in schwierigsten und nur wenigen zugänglichen Büchern systematisch begründet [»Metaphysik der Erkenntnis nach Thomas von Aquin« 1933, »Der Thomismus als Identitätssystem« 1939, ²1961, »Die Apriorität der menschlichen Erkenntnis« 1936, 1949], um dann in einer zweiten Werkphase den Ton immer mehr auf die Fülle des Seins und darin auf das Verhältnis zwischen der absoluten Gottfülle und der aus Gott ausströmenden Weltfülle zu verlegen [was ist der thomanische »actus essendi«, und welches ist sein Verhältnis zur limitierenden potentia der Einzelwesenheiten?], so in Werken wie »Das Sein als Gleichnis Gottes« [1958], »Die Abstraktion und das Sein nach der Lehre des Thomas von Aquin« [1958], aber auch in der wahrhaft inspirierten kurzen Schrift »Wort und Bild« [1952] und ihrer Fortsetzung »Die Sinne und das Wort« [1956]. Daß diese beiden jetzt in »Philosophie der Sprache« [1962] aufgenommen wurden, zeigt, wie für Siewerth mit dem Blick auf die Fülle des Seins die verwirklichenden Tiefen des Geistes immer mehr in den Blickpunkt kamen: die Sprache, die für ihn jenseits alles Essentialen [Bild, Typos, Begriff] im Umgreifenden des Esse wurzelt, und die Freiheit, der er sich leidenschaftlich zuwandte [»Die menschliche Willensfreiheit nach Thomas von Aquin« 1959, »Die Freiheit und das Gute« 1959]. Freiheit wird bei ihm nie existentialistisch-abstrakt verstanden, sondern immer – im Sinn des aristotelischen ethizesthai und der thomanischen Tugendsumma – als die Durchlichtung des gesamten menschlichen Kosmos durch die passiones hindurch in die tiefste Leiblichkeit hinab [»Der Mensch und sein Leib« 1953, ²1962].

Alles aber drängte aus dieser zweiten in die dritte und abschließende Phase, an deren voller Entfaltung Siewerths amtliche Beschäftigung mit der Pädagogik starken Anteil hatte. Erweckt wird das Kind zum Menschen, zur Erfahrung von Nicht-Ich und Mitwelt und Sein im Ganzen und damit zu sich selber als Geist durch den blitzhaft erkannten, verstandenen Liebesblick der Mutter. Der alles fundierende Intuitus ist die Gewahrung der Liebe und darin der Seligkeit auf dem Grund des Seins. Hiermit hat Siewerth die für uns unwiederbringliche griechische Theoria des Göttlichen im geordneten Welt- und Gestirnslauf heutig, persönlich, christlich überhöht und geborgen: in der Liebe ist alle sachlich richtige Welt- und Gotteserkenntnis ermöglicht und grundgelegt; mit der Gefährdung und Zerstörung der Liebe in der mechanisierten, »unterkühlten« und kaltschnauzigen modernen Welt schien ihm der Mensch im Ganzen apokalyptisch bedroht. Lieben aber heißt in der Exponiertheit des Herzens leben, heißt notwendig leiden; ohne Leid kein Zugang zum Herzen Gottes, auch nicht für den paradiesischen Adam, keine Erlotung der Tiefe und Herrlichkeit des weltlichen Daseins. Die passiones, pathē des Menschen erscheinen als der [im Herzen zentrierte] Ort, wo das Lebendige immerfort, in den Geist übersteigend, zu sterben und verwandelt aufzuerstehen hat, damit Menschsein sich wahrhaft ereigne. Schau ins Sein ist somit zuletzt Blick des sichtigen Herzens, das sich nicht schont, sondern bereit ist, alle Pfeile und Wunden der Wirklichkeit zu bestehn. Hier liegt das Band zwischen Siewerth und seinem Freunde Hans André, den er auslegend vorgestellt hat, und damit auch zu Konrad Weiß [»Andrés Philosophie des Lebens« 1959], hier der Kern seines wegweisenden pädagogischen Schrifttums [vor allem: »Metaphysik der Kindheit« 1957, ³1963, »Wagnis und Bewahrung, Zur metaphysischen Begründung des erzieherischen Auftrags« 1958, und viele vereinzelte Aufsätze] sowie seiner prägenden Wirkung an der katholischen Pädagogischen Akademie Aachen [1945-1962] und der eben gegründeten Pädagogischen Hochschule in Freiburg, deren erster Leiter er war. In dieser dritten Phase – die mehr sachlich als zeitlich so genannt sei, denn die Grundintuitionen Siewerths walten durch alles hindurch – liegt die von Anfang an intendierte Überhöhung Hegels und all seiner materialistischen und funktionalen Folgen heute: nicht absolutes Wissen, dem Herz und Person geopfert werden, sondern Wissen durch Liebe und für Liebe [Siewerth stellte sich scharf gegen den intellektualistischen beatitudo-Begriff des Aquinaten], nicht die Einsamkeit des allwissenden göttlichen oder menschlichen Geistes, sondern die dialogische trinitarische Tiefe von Geist und Sein.

Siewerth dachte immer einbergend, nie ausschließend. Darum war ihm alles verhaßt und verdächtig, was von einer primär negativen Formel ausging. Eine ursprüngliche Affinität zur »Kugel des Seins« von Parmenides, zur Gott-Welt-Totalität von Aristoteles und Hegel zeigt wohl den tiefsten Grund, warum er sich so entschieden dem Aquinaten verschrieb. Denn Siewerth war kein »Thomist«, er liebte nur jenen christlichen Denker, der das meiste bejaht und darum das Tiefste gedacht und das Lebendigste geliebt hat: »weit, hoch, herrlich der Blick / rings ins Leben hinein«. In der »Kugel des Seins« lagen wohl die Schwierigkeiten seines Denkens: Schöpfung wird formell zur Synthesis zwischen dem ausgegossenen actus illimitatus [als emanatio totius entis a causa universali I a q 45 a 1] und den bestimmten endlichen Ideen und Wesenheiten, in denen jener allein stufenweise zu sich selbst »zurückkehren« kann; wenn es dem demütig kirchlich Gläubigen niemals einfiel, pantheisierend zu denken, so liebte er doch die Vorstellung, die auch Solowjew in Schellings Gefolge christlich zu fassen pflegte: daß Gott die Abgründe seiner Liebesfreiheit im realen Erfahren seines Abstiegs in die Gegen-Abgründe der Endlichkeit, Sünde und Verlorenheit ausloten wollte und »mußte«. Menschwerdung des Gott-Wortes, fast mehr noch Eingehen des ewigen Liebesgeistes in die dumpfen Kerker endlicher Geister, um von dort her der Erlösung entgegenzustöhnen: dies waren krönende Zinnen seiner Gedankentürme ... Wie Hegel interessierte auch ihn eine von Theologie sich abscheidende Philosophie nicht; wie für Thomas galt auch für ihn Aristoteles als »der letzte Philosoph« [alles Spätere denkt wohl oder übel, zustimmend oder ablehnend, zu seinem Heil oder Unheil immer schon im Raum der ergangenen Offenbarung]: alle große griechische Philosophie war ja identisch mit Theologie.

Siewerth hinterläßt ein reiches Vermächtnis, einen ewigen Vorrat deutscher Philosophie. Er, dem die Nazis seine Hochschullaufbahn so gründlich verdarben, daß er jahrelang in die Industrie ausweichen mußte, empfand und dachte immer bewußt deutsch: er liebte zärtlich den deutschen Geist und war überzeugt, daß das germanische Weltalter im Guten und Schlimmen durch Kant, Hegel, Marx, auch Mozart und Goethe, die Welt von heute geprägt hat. So tat er sein Denkwerk aus tiefster deutscher Verantwortung: als Werk der Sühne und Wiederherstellung. Möge eine Nachwelt an ihm gutmachen, was die Mitwelt an ihm versäumt hat!"[1]

---

[1] Balthasar, Hans Urs: Abschied von Gustav Siewerth, in: Hochland, 56, 1963/64, 182-184.

IV

HANS URS VON BALTHASAR –
DAS GEHEIMNIS DES MENSCHEN

Hans Urs von Balthasar (1905 – 1988)

Erinnerungen an Hans Urs von Balthasar

Bischof Karl Lehmann, Mainz

Stets war ich dankbar, daß ich viele namhafte und zugleich recht verschiedene akademische Lehrer in Philosophie und Theologie hatte. Es ist leichter, bei einem Meister allein zu schwören. Aber man wird dadurch auch ärmer. So war ich dankbar und froh, nach den vielen Begegnungen mit meinen Lehrern während eines langen Studiums und der Assistentenzeit bei Karl Rahner während und nach dem Zweiten Vatikanischen Konzil in meiner Freiburger Zeit (1971 bis 1983) aus der Nähe zu Basel Hans Urs von Balthasar genauer kennen zu lernen. Wir hatten immer mehr miteinander zu tun, nämlich durch die gemeinsame Arbeit in der Verantwortung als Herausgeber für die Internationale katholische Zeitschrift Communio. Wir haben über viele Jahre die deutschsprachige Communio bei den internationalen Herausgebertagungen gemeinsam vertreten. Er war natürlich der ganz unbestreitbare geistliche sowie geistige Vater und „spiritus rector", der im Austausch mit unseren vielen Freunden zugleich die katholische Bestimmtheit und Weite dieser Zeitschrift förderte. Über zehn Jahre durfte ich mit ihm in der Internationalen Theologenkommission beim Heiligen Stuhl zusammenarbeiten. Wir sind oft miteinander in kleineren Arbeitsgruppen zusammen gewesen. Die gemeinsamen Flüge und Aufenthalte haben viele denkwürdige Gespräche zustande kommen lassen.

So einfach war das freilich nicht. Zur damaligen Zeit galt Balthasar weithin noch als Außenseiter. Er war kein Schultheologe im üblichen Sinne des Wortes, der Theologie als Wissenschaft lehrte. Im Unterschied zu vielen strebte er nicht nach einem Professorentitel. Manche Berufungen lehnte er ab. Er galt eigentlich eher als Schriftsteller, wobei er sich – bei aller Differenz nicht ohne Seitenblick auf Kierkegaard – als eine merkwürdige Existenz vorkam. Viele konnten ihn deshalb nicht so recht orten. Mit Leib und Seele war er eigentlich immer nur Jesuit – und doch schon lange nicht mehr im Orden. Es gab auch lange Mißtrauen ihm gegenüber. So hat ihn etwa kein Bischof unmittelbar als Konzilstheologe nach Rom mitgenommen, und er hat auch später niemals eine offizielle Berufung in eine der vielen Konzilskommissionen erfahren. Und doch spürte man damals schon, daß es ein Problem war, daß dieser Mann nicht dabei war.

Nun wurde Balthasar eben immer mehr gelesen als gesehen. Das Buch, das ich selbst zuerst von ihm gelesen habe, war „Das betrachtende Gebet", 1955 erschienen, kurz vor meinem Abitur. Im Anschluß daran habe ich viele Bibelauslegungen von ihm gelesen. In unserer Spiritualitätsbibliothek im Germanikum in Rom stieß ich auch schon früh auf Adrienne von Speyr, obgleich ich mich damals auch ziemlich an manchen Ausführungen rieb. Ein Buch hat es mir damals besonders angetan, nämlich „Die Gottesfrage des heutigen Menschen" aus dem Jahr 1956. Ich habe mit Hans Urs von Balthasar immer etwas gehadert, warum er dieses Buch nicht mehr herausgab. Noch einige Zeit vor dem Tod erklärte er mir, er würde dieses immer wieder verlangte Buch demnächst doch mit einem längeren Vorwort nochmals veröffentlichen. Er hat nicht gerne darüber gesprochen. Vermutlich war er der Überzeugung, seine Ausführungen über die Nächsten- und Gottesliebe sowie besonders ihre Identifizierung könnten angesichts mancher Moden, wie diese Identifizierung publizistisch vertreten worden ist, mißbraucht werden. Übrigens hat Kardinal Ratzinger fast zur selben Zeit ein kleines, wertvolles Buch über die christliche Brüderlichkeit geschrieben, das eine ähnlich Ausrichtung hatte und das er ebenfalls bis heute nicht mehr auflegen ließ.

Balthasars Übersetzungen von Paul Claudel und Charles Péguy, vor allen Dingen aber die großen Werke von Henri de Lubac, die er zum einem Teil schon mitten im Zweiten Weltkrieg übersetzt hatte, stellen eine kaum zu überschätzende Umsetzungsarbeit dar zwischen dem deutschen und dem französischen Geist. Fasziniert hat mich nicht weniger ein großer Auszug aus seiner bekannten Doktorarbeit, unter dem Titel „Prometheus" (Heidelberg 1947) später wieder zugänglich gemacht. Jetzt ist das gesamte Werk wieder erhältlich. Die großen, kühnen Synthesen der abendländischen Geistesgeschichte haben mich freilich immer auch etwas erschreckt.

Auch wenn ich mit Karl Rahners Gedanken im Detail enger vertraut war, ging immer wieder ein Seitenblick auf Hans Urs von Balthasar. Als Karl Rahner wieder an eine Katholisch-Theologische Fakultät gehen wollte und zum 1. Mai 1967 tatsächlich nach Münster umzog, fragte er mich nach einem Thema für ein dogmatisches Seminar. Ich habe ihm vorgeschlagen, sich doch einmal mit Balthasars Einwänden gegen seine Konzeption einer allgemeinen Heilsgeschichte zu beschäftigen. Tatsächlich ist dies auch erfolgt. Prof. Dr. Albert Raffelt hat das entsprechende Referat gehalten. Allerdings wollte sich Karl Rahner nicht näher auf eine Diskussion einlassen. Er meinte entschieden, Hans Urs von Balthasar habe ihn kaum verstanden (vgl. Cordula oder der Ernstfall, Einsiedeln 1966). Es lohne sich nicht, näher darauf einzugehen. Er wollte sich auch nicht mehr mit fundamentalen Anfragen an die Grundlagen seines eigenen Denkens beschäftigen. Es ist mir nicht gelungen, trotz mancher Anläufe, die beiden großen Männer zu einem wirklichen Gespräch miteinander zu bringen.

Hans Urs von Balthasar hat es genossen, daß wir uns wegen der unmittelbaren Nähe von Freiburg und Basel, aber auch wegen der engeren Zusammenarbeit immer wieder sehen konnten. Es hat mich immer wieder überrascht und schockiert, daß ein so großer Mann und Theologe so isoliert sein konnte. Immer wieder ist er gerne nach Bollschweil gekommen und fühlte sich – übrigens ähnlich wie Karl Rahner – ausgesprochen wohl. Ich habe ihm immer wieder Literatur besorgt, die er in Basel nur schwerlich erhielt. Es war für mich eine beglückende Zeit, ihn – ähnlich wie Karl Rahner zuvor – aus dieser Nähe noch besser kennen zu lernen.

Es kam die große Zeit, in der ich Balthasars umfangreiche „Trilogien" las. Ich habe fast alle Bände mit einer persönlichen Widmung von ihm. Manches ließ ich auch in die Vorlesungen einfließen. P. Werner Löser SJ, heute Professor in St. Georgen und damals einer meiner Assistenten, promovierte über ihn und seine Stellung zu den Kirchenvätern. Hans Urs von Balthasar war auch deswegen für mich eine große theologische Entdeckung, weil darin eine andere Art des theologischen Sehens und Denkens zum Ausdruck kam: Es war befreiend, wie bei ihm nicht nur Formulierungen des Lehramtes als Ausdruck des Glaubens der Kirche galten, sondern daß jeweils auf eigene Weise Kunst, Literatur, Musik und andere Zeugnisse der Spiritualität vom Glauben sprechen. Die Theologie ist durch diese Erweiterung des Sehens viel reicher geworden an Themen und Stilen. Man denke nur an die großen Bände „Herrlichkeit". Freilich war es mühsam, diesen erdrückenden Reichtum, den Balthasar als genialer Schriftsteller Revue passieren lassen konnte, in die notwendigerweise etwas engere und gedrängte Systematik schulmäßiger Vorlesungen zu bringen.

Hans Urs von Balthasar kam immer schon gerne – längst schon vor meiner Zeit als Bischof – nach Mainz. Er war lange mit Kardinal Volk befreundet. Herr Prälat Walter Seidel ist es gelungen, ihn über Jahrzehnte immer wieder für Vorträge zu gewinnen, nicht zuletzt zu den großen Reihen im Mainzer Dom. So wollte er nach seiner Erhebung zum Kardinal, die ihm wohl eher etwas peinlich war (er suchte keine Ehren irgendwelcher Art), direkt von Rom nach Mainz kommen. Es war Ende Juni 1988.

Ich bin in jenen Tagen ziemlich beklommen nach Salzburg zum Pastoralbesuch des Heiligen Vaters gefahren. Mein verehrter Vorgänger, Hermann Kardinal Volk, war nämlich schwer krank. Man mußte das schlimmste befürchten. Als ich nach dem großen Gottesdienst des Heiligen Vaters zum Mittagessen in die Residenz ging, etwa gegen 11.30 Uhr, kam Franz Kardinal König auf mich zu: „Weißt Du, daß Hans Urs von Balthasar heute morgen gestorben ist?" Ich konnte dies einfach nicht glauben. Kurze Zeit später traf der Heilige Vater ein, dem man es vor dem Gottesdienst noch in der Sakristei sagen konnte. Er war sehr bewegt und sprach beim Essen darüber. Der Heilige Vater hat mir dann vor der Abfahrt aus Salzburg einen letzten Gruß für Hermann Kardinal Volk mitgegeben. Am Montagabend kam ich in Mainz an, froh, daß mein Vorgänger noch lebte. Am Mittwoch erst hat sich Kardinal Volk ins Bett gelegt. Er hat sich immer dagegen gewehrt. Nun mußte er einsehen, daß er nicht mehr aufstehen konnte. In der Nacht vom Donnerstag zum Freitag ist er am 1. Juli 1988 gestorben. Ich eilte nachts an das Bett des sterbenden Kardinals und mußte wenige Stunden später, als die wichtigsten Vorbereitungen zur Beerdigungen geregelt waren, zum Abschied von Hans Urs von Balthasar nach Luzern fahren. Es war eine besonders bewegte Zeit.

Wir sind Hans Urs von Balthasars weit über den Tod hinaus unendliche Schuldner. Er hat uns ein riesiges Werk hinterlassen, das man wahrscheinlich überhaupt erst anfängt, einigermaßen kennen zu lernen. Dankbar war ich immer schon für eine andere Beziehung zu Hans Urs von Balthasar. Weihbischof P. Dr. Peter Henrici SJ, heute in Zürich, war nach dem Tod von Prof. P. Dr. Alois Naber SJ Doktorvater für meine philosophische Dissertation über Martin Heidegger. Er ist eng mit Hans Urs von Balthasar verwandt und ist heute, nicht zuletzt auch im Blick auf Communio, nicht nur einer der Verwalter des Nachlasses, sondern wirklich auch ein bedeutender Vermittler seines Erbes. Ich freue mich, daß Peter Henrici, nicht zuletzt auch durch die Zusammenkunft der Blondel-Forscher nach Mainz kommt.

Als ich diese Worte sprach, kam ich unmittelbar von Rom. Am selben Tag hatte ich noch um 13.00 Uhr beim Heiligen Vater Audienz. Als ich mich verabschiedete, habe ich ihm erklärt, ich würde zu einem Symposion über Hans Urs von Balthasar nach Mainz fahren, das am selben Abend beginnen würde. Auf meine Bitte, einen Gruß mitnehmen zu dürfen, erklärte er mir umgehend: „Sagen Sie den Leuten, man soll ihn weiter lesen." Diesen Ratschlag möchte ich gerne weitergeben.

Ignatianische Spiritualität in ihrer anthropologischen Durchführung

Erhard Kunz SJ

Daß das theologische Denken Hans Urs von Balthasars in hohem Maße von der ignatianischen Spiritualität geprägt ist, steht fest und ist allgemein anerkannt. Jacques Servais hat dies in seiner Dissertation „Une Théologie des ›Exercices Spirituels‹. Hans Urs von Balthasar, Interprète de Saint Ignace" (Rom 1992) überzeugend nachgewiesen. Und Werner Löser, ebenfalls ein ausgezeichneter Kenner der Balthasarschen Theologie, stellte schon vorher in seinem Artikel „Die Ignatianischen Exerzitien im Werk Hans Urs von Balthasars"[1] fest: „Nicht nur hat Balthasar immer wieder Texte und Motive aus den ignatianischen Exerzitien aufgegriffen und aus großen theologischen Zusammenhängen heraus gedeutet, er hat auch seinen eigenen theologischen Entwurf aus dem Geist der Exerzitien gestaltet. Daß dies so ist, bringt er hier und da zur Sprache. In der Regel bleibt es unausgesprochen. Wer freilich die Exerzitien des Ignatius kennt, begegnet in Balthasars theologischem Entwurf deren Grundentscheidungen der Sache nach auf Schritt und Tritt"[2].

Welches sind bezüglich der Anthropologie, also des Verständnisses des Menschen, die Grundentscheidungen der ignatianischen Spiritualität? Und wie begegnet man ihnen in der Theologie von Balthasars? Dieser Frage möchte ich ein wenig nachgehen; allerdings äußerst fragmentarisch, sowohl im Hinblick auf die ignatianische Spiritualität als auch – erst recht – im Hinblick auf das Werk von Balthasars. Wenn in den Fragmenten entfernt doch etwas vom Ganzen ansichtig werden sollte, wäre dies die Bestätigung eines Balthasarschen Axioms, nach dem das Ganze im Fragment gegeben ist und aufscheint.

I. Die Mitte

Die Begegnung des zwiespältigen Menschen mit dem zu ihm kommenden und sich für ihn hingebenden Schöpfer und Herrn

Gibt es eine Mitte, von der aus sich am ehesten und umfassendsten bestimmen läßt, wer in der ignatianischen Spiritualität und vielleicht auch in der Theologie Hans Urs von Balthasars der Mensch ist, und wie die Anthropologie in dieser Spiritualität zur Geltung kommt?

---

[1] In: Karl Lehmann, Walter Kasper [Hg.], Hans Urs von Balthasar. Gestalt und Werk, Köln 1989, 152–174 (= Lehmann, Gestalt und Werk (1989).
[2] Ebd. 172.

Man kann – so meine ich – diese Mitte schon finden, wenn man bei der Ursprungserfahrung des Ignatius, bei seiner Bekehrung ansetzt. Am Anfang eines geistlichen Weges leuchtet ja oft – wenn auch noch verhalten – das auf, was den weiteren Weg prägen wird. Der geistliche Weg des Ignatius beginnt bekanntlich auf dem Krankenlager in Loyola. Ignatius – schwer verwundet, knapp dem Tod entgangen, in seinen Wunschphantasien den „Eitelkeiten der Welt" ergeben – wird durch die Lektüre zweier Bücher mit dem Leben Jesu und dem Beispiel der Heiligen konfrontiert. Dies löst in ihm eine tiefe innere und dann auch äußere Bewegung aus. Es wächst in ihm das Verlangen, wie die Heiligen sein Leben in den Dienst Jesu zu stellen und Jesus nachzufolgen. Dieses „heilige Verlangen"[3] erfüllt und tröstet ihn auf die Dauer mehr als die weltlichen Wünsche, die auch in ihm lebendig sind; es entspricht also mehr dem, was er selbst in seiner Tiefe eigentlich ersehnt und will. Im Blick auf Jesus und in der dadurch ausgelösten und ermöglichten Unterscheidung der inneren Bewegungen und Wünsche sucht Ignatius in einem langen Prozeß seinen Weg der Nachfolge Jesu, des Dienstes mit Jesus für die Menschen.

In dieser Ursprungserfahrung werden bereits wichtige Aspekte ignatianischer Spiritualität und Anthropologie sichtbar. Der Ausgangspunkt ist die zwiespältige Situation des Menschen: Ignatius ist von einem starken Lebenswillen erfüllt und erfährt doch die Bedrohtheit und Brüchigkeit des Lebens (im wörtlichen Sinn: sein Bein ist gebrochen). Er hat große Pläne und Ziele, die ihn aber überfordern und unerreichbar sind, was er jedoch vor sich selbst verdrängt (Sehr bezeichnend heißt es im Bericht des Pilgers, Nr. 6: „Und er war damit [d. h. in seinen Wunschplänen] so voll Eitelkeit, daß er nicht beachtete, wie unmöglich es war, es erreichen zu können."). Der zweite, zentrale Aspekt ist die Begegnung mit Jesus Christus, der durch menschlich-kirchliche Vermittlung gleichsam in der Gemeinschaft der Heiligen auf ihn zukommt und ihn innerlich anspricht. Dieses Kommen Jesu veranschaulicht sich für Ignatius während seiner Bekehrungszeit auch sinnenhaft in einer nächtlichen Schau, die er bezeichnenderweise „Heimsuchung" (visitación, Besuch) nennt: „Eine Nacht war er wach und sah deutlich ein Bild unserer Herrin mit dem heiligen Jesuskind, bei deren Anblick über einen beachtlichen Zeitraum er sehr übermäßige Tröstung empfing"[4]. (Hier wird schon deutlich, wie wichtig für Ignatius auch die geistliche Durchdringung der Sinne ist. Der ganze Mensch mit all seinen Sinnen ist in die Begegnung mit Gott, der zu unserem Heil Mensch geworden ist, einbezogen). Die Begegnung mit Jesus löst in Ignatius – dies ist der dritte wichtige Aspekt – eine existentielle Bewegung aus. Der zunächst am Gehen Gehinderte wird durch die Begegnung mit Jesus in Bewegung gesetzt und zum Gehen eines Weges (innerlich und äußerlich) angeregt und befähigt. „Weg" ist fortan ein Grundwort ignatianischer Spiritualität. Ignatius bezeichnet sich als Pilger, was für sein geistliches Selbstverständnis sicher charakteristisch ist. „Heiliges Verlangen" (desiderium), geistliche Unterscheidung der inneren Regungen (discretio), Ent-

---

[3] Vgl. Bericht des Pilgers, Nr. 10.
[4] Bericht des Pilgers, Nr. 10.

scheidung für einen Lebensweg in der Nachfolge Jesu (electio) sind wesentliche Elemente dieses Weges. Innere Voraussetzung und bleibende Grundhaltung des Weges ist die Offenheit und Bereitschaft für Jesus Christus, den Schöpfer und Herrn (indifferentia).

Bevor etwas näher auf die genannten Aspekte eingegangen wird, soll noch auf einen Text der Geistlichen Übungen (Exerzitien) hingewiesen werden, in dem sich die drei Aspekte ebenfalls finden und der auf das Denken Hans Urs von Balthasars einen großen Einfluß ausgeübt hat. Es ist das Gespräch mit dem gekreuzigten Christus am Ende der ersten Betrachtung der Ersten Woche (Exerzitienbuch = GÜ 53f.). Der Exerzitant ist sich in der Meditation zuvor seiner zwiespältigen, auch von Schuld belasteten Situation, die ihn ratlos und verwirrt sein läßt, bewußt geworden (1. Aspekt). In dieser Situation soll er sich in die Gegenwart des ans Kreuz gehefteten Christus begeben und auf ihn schauend, Aug' in Auge mit ihm, „ein Gespräch halten: Wie er als Schöpfer gekommen ist, Mensch zu werden, und von ewigem Leben zu zeitlichem Tod, und so für meine Sünden zu sterben" (2. Aspekt). Indem der Exerzitant so das Kommen Jesu Christi von Gott her und seine Hingabe bis in den Tod „für mich Sünder" bedenkt, vermag er den Blick auf sich selbst zu wenden und „sich selbst anzuschauen". Dazu lädt ihn der Text der Geistlichen Übungen ausdrücklich ein: „indem ich mich selbst anschaue". Das eigentliche, wahre Verständnis des Menschen entspringt der Begegnung mit dem Schöpfer, der als Mensch bis in die Abgründe menschlicher Existenz – Tod und Sünde – gekommen ist, um darin für mich dazusein; es entspringt der Begegnung mit dem „Sohn Gottes, der mich geliebt und sich für mich hingegeben hat"[5]. In aller Verlorenheit bin ich von Gott gesucht und geliebt. Gott selbst setzt sich für mich ein, so daß ich in eine vertrauensvolle Beziehung, in ein freundschaftlich-ehrfurchtsvolles Gespräch mit ihm eintreten kann.[6] Das Verhältnis des Menschen zu Gott – hier vor dem Gekreuzigten wird es eindeutig – ist ein Verhältnis ehrfurchtsvoller Anerkennung und hingebenden Dienens. Gott bejaht den Menschen, auch den Verlorenen, und verhält sich ihm gegenüber wie ein Dienender.[7] So kann auch die Antwort des Menschen nur Bejahung, Anerkennung und Dienstbereitschaft gegenüber Gott sein. Die Bestimmung des Menschen, wie sie im „Prinzip und Fundament" der Geistlichen Übungen formuliert wird („Der Mensch ist geschaffen, um Gott, unseren Herrn zu loben, ihm Ehrfurcht zu erweisen und zu dienen ...": GÜ 23), ist in der Begegnung mit Jesus Christus dem Gekreuzigten, in dem mein Schöpfer und Herr liebend für mich da ist, grundgelegt.

Vor dem Gekreuzigten bedenkt der Exerzitant deshalb seine Antwort auf Gottes Einsatz für ihn. Er erwägt sein vergangenes, gegenwärtiges und zukünftiges Handeln. Die Frage „was ich für Christus tun soll", die sich hier im Gespräch

---

[5] Gal 2,20; ein Vers, den v. Balthasar z. B. in „Pneuma und Institution", 160f, mit ausdrücklichem Verweis auf GÜ 53 erwähnt.

[6] GÜ 54: Man soll mit Christus sprechen, „wie ein Freund zu einem anderen spricht oder ein Diener zu seinem Herrn".

[7] Vgl. GÜ 236.

mit dem für mich gestorbenen Sohn Gottes stellt, wird dann während der weiteren Bewegung der Geistlichen Übungen in der Zweiten Woche lebendig bleiben, bis es in der „Wahl" (electio) zu einer konkreten Entschiedenheit kommt (3. Aspekt).

Ist die in diesen drei Aspekten gegebene Struktur nicht auch kennzeichnend für von Balthasars Denkform und für seine Anthropologie? Wenn von Balthasar über den Menschen spricht, weist er oft (oder sogar meist?) zunächst auf die Paradoxie des menschlichen Wesens hin, auf seine Gebrochenheit, Zweideutigkeit, seine Spannungen und Gegensätze, seine Zerrissenheit.[8] Die Lösung dieser tragischen Situation ist vom Menschen her nicht konstruierbar;[9] sie ist am menschlichen Wesen nicht „ablesbar";[10] sie erfolgt nicht „von unten", vom Menschen her durch intellektuelle oder moralische Anstrengungen irgendwelcher Art, sondern wird im Christusmysterium mit seiner Mitte im Kreuzesgeschehen geschenkt. In der Beziehung zum Christusmysterium wird der Mensch „Aug' in Auge zum Mysterium Gottes selber gestellt"[11]. Indem der tragisch zerrissene Mensch im gekreuzigten Christus von Gott selbst liebevoll-erbarmend angeschaut wird, kann er in seinen Gegensätzen die Versöhnung finden. Er wird „erlöst von der undurchführbaren Aufgabe, sich von seiner Gebrochenheit her als ungebrochen zu entwerfen, ohne dabei einen Wesensaspekt seiner selbst fallen zu lassen" (314). Er ist von dieser unmöglichen Aufgabe erlöst, weil er im Vorhinein von Gott seinem Schöpfer bejaht und erwählt ist, und ihm von Gott her seine endgültige Bestimmung und Erwählung *gegeben* ist. Jedoch schaltet die im Voraus gegebene Bejahung und Erwählung Gottes das Handeln des Menschen nicht aus, sondern ruft es hervor und setzt es frei. Wir haben Gottes Wahl, Gottes Erwählung zu wählen. „Was aber Gott für uns wählt, ist auf jeden Fall eine Sendung in der Nachfolge Christi, innerhalb seiner Kirche"[12]. Die Übereinstimmung mit der ignatianischen Struktur, dem ignatianischen Dreischritt, dürfte deutlich sein: Der Mensch im Zwiespalt – versöhnende Begegnung mit Jesus Christus dem Gekreuzigten – Freisetzung eines Weges, einer Sendung in der Nachfolge Jesu.

Im zweiten Teil sollen zu diesen drei Aspekten von den Geistlichen Übungen her noch einige erläuternde Bemerkungen gemacht und so die ignatianische Anthropologie noch etwas erhellt werden.

---

[8] Vgl. z. B. Theodramatik II/1, 306ff.: „Der Mensch".

[9] Ebd. 41.

[10] Ebd. 315.

[11] Ebd. 315; m.E. eine indirekte Anspielung auf das Aug' in Auge mit dem Gekreuzigten in GÜ 53!

[12] Homo creatus est, 33.

II. Entfaltung

1. Anthropologische Vorgegebenheit: Der Mensch im Zwiespalt

In welcher Situation befinden sich die Menschen, wenn man davon absieht, daß Gott selbst doch rettend und erlösend auf sie zukommt und sich selbst um ihr Heil müht? Ignatius läßt den Exerzitanten in der Betrachtung über die Menschwerdung einen weiten Blick auf das „Angesicht der Erde" tun und konstatiert zunächst einmal die „große Verschiedenheit der Trachten wie der Gebärden", also die Unterschiedlichkeit und Vielfalt der Verhaltensweisen, der Gewohnheiten, der Kulturen, der biologischen und gesellschaftlichen Gegebenheiten: „die einen weiß und die anderen schwarz; die einen in Frieden und die anderen in Krieg; die einen weinend und die anderen lachend; die einen gesund, die anderen krank; die einen geboren werdend und die anderen sterbend, usw." (GÜ 106). Die ganze spannungsreiche Fülle menschlichen Lebens und menschlicher Kultur ist im Blick (wer dächte nicht an Balthasars umfangreiche Darlegungen zu fast allen Dimensionen menschlichen Lebens!); alles Menschliche soll beachtet und meditiert werden. Aber man soll nicht bei der vielleicht glänzenden Oberfläche stehen bleiben. Tiefer betrachtet herrscht unter den Menschen jedenfalls auch Zynismus (die Menschen „lästern": GÜ 107), Ausdruck von Verzweiflung; es herrschen Rivalität und Feindschaft: Die Menschen verletzen und töten einander; sie sind auf dem Weg ins totale Verderben; sie gehen zur Hölle (GÜ 108). Warum? Weil sie der Bestimmung, die Gott als Schöpfer den Menschen gegeben und in sie gelegt hat, nicht entsprechen. In dieser Diskrepanz zwischen der Bestimmung, dem Plan Gottes, und dem tatsächlichen Verhalten des Menschen besteht der eigentliche Zwiespalt, die tiefste Zerrissenheit des Menschen.

Die Bestimmung, auf die der Mensch innerlich ausgerichtet ist, legt Ignatius im „Prinzip und Fundament" der Geistlichen Übungen dar (GÜ 23). „Der Mensch ist geschaffen, um Gott, unseren Herrn zu loben, ihm Ehrfurcht zu erweisen und zu dienen und mittels dessen seine Seele zu retten." Gott loben, ihm Ehrfurcht erweisen und ihm dienen heißt im ignatianischen Verständnis: Gottes Liebe, in der er sich dem Menschen schenkt und für ihn einsetzt, dankend annehmen und sie erwidernd in sich und in der Welt wirksam werden lassen (vgl. 230-237). Darin besteht das Heil des Menschen. Alles übrige ist auf dieses Ziel hin auszurichten. Daraus ergibt sich die innere Notwendigkeit der „Indifferenz", der Freiheit gegenüber allem Geschaffenen, damit in allem Gottes Wille, sein Liebeswille bestimmend sein kann. Statt der Ausrichtung auf Gott und der inneren Freiheit gegenüber dem Geschaffenen erfährt sich der Mensch aber sowohl von den ihn umgebenden Mächten und Gewalten und von der menschlichen Geschichte her als auch durch eigenes Verhalten in Schuld verstrickt und in vielfältiger Weise versklavt. Die kosmische, geschichtliche, gesellschaftliche Dimension der Sünde wird von Ignatius beachtet. Der Mensch ist „gegen die unendliche Güte angegangen" (GÜ 52) und hat

Weltlichem (Ehre, Ansehen, Reichtum) den Vorzug vor dem Dienst Gottes gegeben. Dadurch hat er die Freiheit verloren; er ist wie angekettet, eingekerkert und verbannt (vgl. GÜ 47). Er stürzt sich und andere ins Verderben (vgl. GÜ 58).

Aber ist das Verderben absolut? Findet der Blick auf die vorfindliche Situation des Menschen keinen Lichtpunkt? Ist alles bis ins Tiefste hinein korrupt, wie man vielleicht in lutherisch-reformatorischer Perspektive meinen könnte? Ignatius läßt den Exerzitanten, der die Sünde der Welt und die eigene Sünde betrachtet hat und darüber zutiefst beschämt und verwirrt ist, mit Erstaunen feststellen, daß er dennoch lebt. Trotz aller Schuld, aller Wirrnis und Zerrissenheit - er ist nicht im total hoffnungslosen Unheil versunken; denn er lebt. Das muß mit großer Verwunderung wahrgenommen werden:

„Ausruf, staunend mit gesteigertem Verlangen, indem ich alle Geschöpfe durchgehe, wie sie mich am Leben gelassen und darin erhalten haben:
- die Engel, da sie doch Schwert der göttlichen Gerechtigkeit sind, wie sie mich ertragen und bewahrt und für mich gebetet haben;
- die Heiligen, wie sie bedacht waren, für mich einzutreten und zu beten;
- und die Himmel, Sonne, Mond, Sterne und Elemente, Früchte, Vögel, Fische und Tiere;
- und die Erde, wie sie sich nicht aufgetan hat, um mich zu verschlingen, indem sie neue Höllen schafft, um für immer in ihnen zu quälen" (GÜ 60).

Im Wirken der Geschöpfe, die mich leben lassen und für meine Lebenserhaltung sorgen, ist es Gott selbst, der in seiner Barmherzigkeit „mir bis jetzt das Leben geschenkt hat" (GÜ 61).

Dieser Hinweis ist anthropologisch besonders wertvoll: Solange Menschen leben, sind sie nicht ganz verloren (und dürfen deshalb auch nicht als verloren betrachtet oder mißachtet werden); denn das Leben ist Gottes Gabe. Im gewährten Leben ist Gottes schöpferische Liebe (!) beim Menschen und im Menschen wirksam. Das ist Grund für „gesteigertes Verlangen", für neue Sehnsucht nach Gott, für Hoffnung. Solange Menschen *leben*, sind sie nicht von Gottes Liebe verlassen, sondern von Gottes Liebe getragen.

Und – so kann man über Ignatius hinaus weiterfragen – leben die Menschen denn nicht auch noch in der Hölle, die sie sich durch eigene Schuld bereiten? Die schöpferische, sich mühende, vergebende Liebe Gottes und folglich Hoffnung also noch bei denen, die sich in einer Hölle verschließen? So wird Balthasar dann fragen. Ignatius hat in dieser Richtung nicht (mehr) gedacht. Aber wenn Gott, der Schöpfer, „unendliche Güte" ist, wird man dann nicht so fragen dürfen?

2. Theologische Gegebenheit: Der zum Menschen kommende und für ihn sich mühende Gott

Der in Schuldzusammenhänge verstrickte, in Zerrissenheit lebende Mensch ist von Gott nicht verlassen. Gott hat sich definitiv und unwiderruflich zum Heil und zur Rettung des verlorenen Menschen entschieden und diesen Heilswillen in der Menschwerdung des Sohnes Gottes, in dessen Mühen bis zum Tod am Kreuz offenbar und wirksam werden lassen. Diese theologische Gegebenheit ist Basis des gesamten Weges der Geistlichen Übungen.

So sollte hier nur auf einen anthropologisch bedeutsamen Punkt ignatianischer Spiritualität hingewiesen. In einer langen Tradition abendländischer Theologie erwählt Gott aus der Masse der verlorenen, verdammungswürdigen Menschen nicht alle Menschen zum Heil. Vielleicht sogar der größte Teil wird von vornherein nicht erwählt und erreicht deshalb das ewige Heil nicht, sondern wird schließlich zur ewigen Verdammnis verurteilt. Dieses Verständnis, das in der Reformationszeit eine Zuspitzung erfährt (vor allem bei Calvin), wirft einen düsteren, dunklen Schatten auf Gott, der in der Bibel als Liebe, als Huld und Güte bezeichnet wird. Was ist das für eine Liebe, die Menschen von vornherein nicht zum Heil erwählt oder sogar positiv vom Heil ausschließt?! Ein solches ambivalentes Gottesverständnis hat eine innere Tendenz, im Menschen eine tiefgreifende Angst und Verunsicherung zu erzeugen, die man dann durch eine gesteigerte Heilsgewißheit zu überwinden sucht. Es ist nun auffallend, daß sich in den Geistlichen Übungen des Ignatius von einer solchen geheimen Einschränkung des göttlichen Heilswillens nach meiner Kenntnis keine Spur findet. Im Gegenteil: Angesichts des allgemeinen Unheils – so legt Ignatius es in der Betrachtung über die Menschwerdung dar – entschließt sich der dreifaltige Gott „das Menschengeschlecht" zu retten (GÜ 102). Gott will also nicht nur eine begrenzte Zahl von Menschen aus der Masse der Verlorenen herausführen, sondern sein Erlösungswille richtet sich uneingeschränkt auf die gesamte Menschheit, auf alle Menschen. Der dreifaltige Gott schaut „das ganze Angesicht oder die Rundung der Erde und alle Völker ...: in so großer Blindheit und wie sie sterben und zur Hölle hinabsteigen" (GÜ 106). Voll Erbarmen entschließt er sich: „Laßt uns Erlösung des Menschengeschlechts (!) bewirken." (GÜ 107). Das Menschengeschlecht, das aus den vielen in so großer Verschiedenheit und Gegensätzlichkeit lebenden Personen besteht (GÜ 106), will Gott retten. Entsprechend richtet sich dann auch der Ruf Christi an „die gesamte Welt ... und einen jeden im einzelnen" (GÜ 95: Betrachtung vom Ruf des Königs). Jesus Christus als „der Herr der ganzen Welt" sendet seine Jünger „über die ganze Welt hin" und empfiehlt, „allen helfen zu wollen" (GÜ 145f.); denn sein „Wille ist es, die ganze Welt und alle Feinde (sc. des Heiles) zu erobern" (GÜ 95). Die in Jesus Christus wirksame Entschiedenheit Gottes zur Rettung der ganzen Welt bildet den Horizont, innerhalb dessen der Exerzitant seine eigene Entscheidung trifft. Weil Gott uneingeschränkt zum Heil aller Menschen entschieden ist, kann sich der Mensch seinerseits mit uneingeschränktem Vertrauen öffnen wie zu einem Freund ohne versteckte Angst vor einem Deus absconditus, einem verborgenen Gott, der vielleicht doch nicht uneingeschränkt die Verlorenen retten, sondern an einigen oder vielen seinen gerechten Zorn erweisen will. Übrigens ist in den Exerzitien, wenn ich es recht sehe, nirgendwo vom Zorn Gottes die Rede. Der Sünder erschrickt nicht vor dem Zorn Gottes, sondern ist beschämt wegen der inneren Bosheit und Häßlichkeit der Sünde und wegen der Gemeinheit, die darin liegt, daß er gegen die Weisheit, Allmacht, Gerechtigkeit (GÜ 59) und vor allem „gegen die unendliche Güte" Gottes (GÜ 52) angegangen ist. (Damit soll nicht abgelehnt werden, daß das biblisch begründete Sprechen vom „Zorn Gottes" einen guten Sinn hat; aber es muß so verstanden werden, daß dabei die von vornherein vergebungsbereite Barmherzigkeit und „unendliche Güte" Gottes in keiner Weise eingeschränkt wird.) In den von Peter Knauer herausgegebenen Briefen des hl. Ignatius ist laut Index nur an einer Stelle vom Zürnen Gottes die Rede. Juan de Vega, Vizekönig von Sizilien, hatte in einem Brief an Ignatius den Tod seiner Frau als Zeichen dafür gedeutet, daß sich der Zorn Gottes gegen ihn wegen seiner Sünden gerichtet habe. Ignatius weist den Gedanken an den Zorn Gottes nicht einfach zurück, stellt ihn aber in den umfassenderen Zusammenhang der Güte und Barmherzigkeit Gottes: „Es sei gepriesen unser weisester Vater, der so gütig ist, wenn er straft, und solche Barmherzigkeit anwendet, wenn er zürnt"[13].

3. Theologisch-anthropologische Vermittlung:
Gottes Wirken im Menschen – des Menschen Bereitschaft und Entscheidung für Gott

Wie wird der in Jesus Christus offenbare Heilswille Gottes im zwiespältigen, verlorenen Menschen wirksam? Wie kommen theologische Gegebenheit (Gottes Heilswille) und anthropologische Vorgegebenheit (der verlorene Mensch) zusammen? Anders ausgedrückt: Wie ereignet sich die Rechtfertigung des sündigen Menschen? In ignatianischer Perspektive geschieht es dadurch, daß Gott zugleich mit dem Heilshandeln in der Geschichte (in Jesus Christus und im Dienst der Kirche) durch seinen Geist auch im Menschen selbst wirkt (vgl. GÜ 365) und ihn einen Weg führt, und der Mensch sich führen läßt. Gottes gnadenhaftes Wirken im Menschen und des Menschen selbsttätiges, freies Wirken sind in der Sicht des Ignatius nicht zwei getrennte Wirklichkeiten, sondern Gott wirkt ermöglichend *im* Wirken des Menschen. Gott wirkt, *indem* der Mensch sich ein eigenes Wirken, ein eigenes Gehen und Voranschreiten geben läßt. Gottes (rechtfertigende) Gnade ist eine bewegende Kraft und Dynamik im Menschen. Das allem zuvor-kommende, alles ermöglichende Wirken der Liebe Gottes geschieht im Wirken der Geschöpfe. Es ist nicht irgendwo unvermittelt gegeben und greifbar, sondern Gott ist tätig, „indem er Sein gibt, erhält, belebt und wahrnehmen macht" (GÜ 236). Er ist den Menschen liebend nahe und teilt sich mit, indem er Menschen zu sich hinzieht und sie zur Gottesliebe bewegt. In der glaubend-hoffend-liebenden Ausrichtung von Menschen auf Gott hin, also in menschlichem Handeln (in Anthropologie!), ist Gottes liebendes, gnadenhaftes Heilswirken gegeben (vgl. GÜ 316). Gott kommt auf die Menschen zu und schenkt sich ihnen, indem (nicht: weil) Menschen zu Gott hin geöffnet wer-

---

[13] Ignatius von Loyola, Briefe und Unterweisungen, übersetzt von Peter Knauer, Würzburg 1993, 319f.

den und zu Gott hinstreben. In der Sehnsucht des Menschen nach Gott ist Gott bereits dem Menschen nahe, ist er beim Menschen, im Menschen. Sie ist schon „das vom Heiligen Geist in der Seele gewirkte lebendige Echo auf die absteigende Agape Gottes"[14]. Diese Sehnsucht des menschlichen Herzens „trägt in sich bereits das Kennmal der göttlichen Kenose"[15]. Man verachte deshalb die Sehnsucht nicht! Vielleicht bleibt uns am Ende nur dies: der Schrei der Sehnsucht („Gott, mein Gott ...!"), die sehnsüchtige Bitte: „Gib mir nur deine Liebe und Gnade! Das ist genug." (GÜ 234). So jedenfalls enden die Exerzitien. Wer so rufen und beten kann, in dem ist Gott liebend da; in ihm ruft und betet der Geist Gottes selbst (Röm 8,26).

Wenn Gott in den Bewegungen und Handlungen des Menschen wirksam ist, drängt sich die Frage auf, ob dies denn uneingeschränkt für alles Handeln des Menschen gilt. Offensichtlich ist doch längst nicht jede menschliche Tätigkeit und Regung Erscheinung des göttlichen Heilshandelns. Ignatius weiß um die Ambivalenz menschlichen Handelns. Es gibt Bewegungen im Menschen und in der Menschheit, die vom „bösen Geist" kommen, die von der Macht der Sünde beherrscht sind. Längst nicht alles, was gut und gottgefällig erscheint, ist wirklich gottentsprechend. Das Böse tritt nur allzu oft unter dem Schein des Guten auf. Weil Ignatius überzeugt ist, daß Gott durch menschliches Handeln in der Welt wirksam ist, muß ihm daher an einer Unterscheidung der verschiedenen Bewegungen im Menschen gelegen sein. In welchen Bewegungen ist wirklich Gott zum Heil der Menschen wirksam? Welche Bewegungen entsprechen dem göttlichen Heilswillen? Und umgekehrt: Welche Bewegungen beziehen ihr Sein und ihre Wirkkraft zwar auch aus Gottes Schöpfermacht, bleiben aber hinter den in ihnen grundgelegten guten Möglichkeiten zurück und mißbrauchen ihre gottgegebene Kraft, so daß sie tatsächlich Gottes Heilswirken entgegen sind?

Es sei hier nur auf ein wichtiges Unterscheidungsmerkmal hingewiesen: Im menschlichen Handeln kommt nur dann Gottes Handeln zur Geltung, wenn das menschliche Handeln bei aller Aktivität zugleich von einer inneren Empfangsbereitschaft geprägt ist. Der Handelnde muß sich sein Handeln geben und „in die Seele legen" lassen (GÜ 180). Er muß bereit sein, das zu wählen und sich für das zu entscheiden, was mehr zur Ehre Gottes und zum Heil der Menschen ist. Diese Bereitschaft für den Willen Gottes ist nicht zu erzwingen; sie ist zu erbitten (GÜ 180). Wenn die Entscheidung des Menschen von solcher Bereitschaft getragen ist und aus ihr entspringt, ist sie kein eigenmächtiges und eigenwilliges Bestimmen des Menschen, sondern in der Entscheidung des Menschen wird der Wille Gottes wirksam. Der Mensch wählt selbsttätig und in Freiheit, was Gott wählt.

Und nur weil es die Wahl Gottes selbst ist, die man wählt, kann man angesichts der eigenen Wankelmütigkeit überhaupt eine endgültig gemeinte Entscheidung treffen. Die Geistlichen Übungen wollen zu einer ernsten Lebensentscheidung, in der man vorbehaltlos über sein weiteres Leben verfügt, hinführen. Die Mög-

---

[14] Homo creatus est, 28.
[15] Ebd. 30.

lichkeit zu einer solchen Lebensentscheidung wird gerade heute angesichts des Scheiterns vieler Bindungen und Beziehungen und der dadurch gesteigerten Bindungsängste nicht als selbstverständlich gelten. Die Geistlichen Übungen rechnen mit der Möglichkeit derartigen die Zukunft bindenden Entscheidungen. Die Bedingung zu einer solchen „Wahl" besteht nach Ignatius aber darin, daß Gott selbst, also der in seiner Treue beständige Gott, den Willen des Menschen bewegt. Es kommt alles darauf an, daß Gott selbst „in meine Seele legt, was ich ... tun soll" (GÜ 180). Die detaillierten Angaben der Exerzitien zum Vorgang einer „Wahl" wollen helfen, daß die Einzelnen in ihrer Entscheidung von Gottes Liebe bewegt werden: „Jene Liebe, die mich bewegt und diese Sache erwählen läßt, soll von oben herabsteigen, von der Liebe Gottes ..." (GÜ 184). Nur indem ich mich von Gottes unwiderruflicher Liebe bewegen lasse, kann ich meiner Liebe eine konkrete bindende Gestalt geben. Nicht ich selbst, sondern nur Gott selbst kann Grund und Garant einer solchen Lebensentscheidung sein. Aber auch eine in rechter Weise getroffene „Wahl" ist immer noch eine Entscheidung auf dem Weg. Das kommt in den Exerzitien dadurch zum Ausdruck, daß eine „Wahl" der nachfolgenden „Bestätigung" durch Gott bedarf: „Nachdem diese Wahl oder Entscheidung getroffen ist, soll derjenige, der sie so getroffen hat, mit großem Eifer zum Gebet vor Gott, unseren Herrn, gehen und ihm diese Wahl anbieten, damit seine Majestät sie annehmen und bestätigen wolle, wenn es ihr größerer Dienst und Lobpreis ist." (GÜ 183).

Warum bedarf es der „Bestätigung", wenn die „Wahl" doch in rechter Weise getroffen wurde? Worin besteht die „Bestätigung"? Und wann ist sie abgeschlossen? Dazu sagt der Text nichts Weiteres. Offenbar ist Ignatius der Meinung, daß ich auch meine guten Entscheidungen noch abgeben muß oder besser: abgeben darf an den immer größeren Gott, dessen ich mich auch durch meine Entscheidung nicht bemächtigen kann. In der weiteren Lebensgeschichte, in der der unverfügbare Gott ermöglichend dabei bleibt, wird die eigene Entscheidung vertieft, konkretisiert, vielleicht auch modifiziert. Jede menschliche Entscheidung trägt – so hat es Michael Schneider treffend ausgedrückt – „eine unvermeidliche Unabgeschlossenheit bei sich." „Leben mit der eigenen Wahl ist ein Reifungs- und Lernprozeß, der die Wahrheit und Entschlossenheit des Anfangs immer neu zu bewahren und durchzuhalten sucht. Kraft der Sehnsucht des Herzens, die zur Wahlentscheidung gedrängt hat, wird der einzelne auch künftig die Korrekturen und Vertiefungen seiner Entscheidung vornehmen und entschieden seinen Weg weitergehen."[16]

So bleibt der Mensch in der Treue zu seinen Entscheidungen doch der Pilger, der nicht aufhört zu suchen, was mehr dem „Dienst und Lobpreis" Gottes in der Nachfolge Jesu entspricht. Die Entschiedenheit auf dem Weg der Nachfolge Jesu hebt die Offenheit und Unfeststellbarkeit, die das Wesen des Menschen ausmacht, nicht auf. Sie heilt deren innere Gefahr, nämlich das bindungslose Herumirren oder als dessen Gegenpol die Unbeweglichkeit und Borniertheit.

---

[16] M. Schneider, Unterscheidung der Geister, Innsbruck 1983, 213.

Aber die konkrete Entschiedenheit in der Nachfolge Jesu zerstört die Offenheit des Menschen nicht, sondern „bestätigt" sie, wie von Balthasar es dargelegt hat. Durch die Beziehung zum Christusmysterium wird die „Unfeststellbarkeit" des Menschen insofern bestätigt, „als der Mensch sich durch diese Beziehung Aug' in Auge zum Mysterium Gottes selber gestellt sieht und damit positiv klar wird, daß er als das ›Bild und Gleichnis‹ des wesenhaft Unbekannten und Unobjektivierbaren an sich selber etwas von diesem mysterialen Charakter tragen *muß*"[17]. Die Bindung an Jesus Christus, das „Aug' in Auge" mit dem Gekreuzigten, befreit den Menschen aus der „Ratlosigkeit des Nichtbestimmenkönnens" und richtet ihn aus „auf das positive uneinholbar Je-Größere Gottes"[18].

Damit sind wir wieder bei dem angelangt, was sowohl bei Ignatius wie bei von Balthasar die Mitte ist: bei der Begegnung mit Jesus Christus dem Gekreuzigten. Im Blick auf ihn, den Sohn Gottes, „der mich geliebt und sich für mich hingegeben hat" (Gal 2,20), kann der in Zwiespalt, Verwirrung und Schuld verstrickte Mensch erkennen, wer er eigentlich ist: Empfänger der sich mitteilenden, zur Antwort rufenden und befähigenden Liebe Gottes. [19]

---

[17] Theodramatik II/1, 315f.
[18] Ebd. 316.
[19] Vgl. GÜ 230-237: Betrachtung, um Liebe zu erlangen.

Hans Urs von Balthasar –
ein katholischer Kierkegaard?

Weihbischof Peter Henrici SJ

Eine Einführung in Gestalt und Werk Hans Urs von Balthasars zu geben, käme einer unzulänglichen Doublette gleich, denn es gibt ja bereits ein Buch, das den gleichen Titel trägt[1] – und alles, was ich Ihnen hier dazu sagen könnte, könnte man dort besser und ausführlicher nachlesen.

Man könnte nur die Befriedung bieten, festzustellen, daß ich wirklich das sage, was alle bereits wissen.

Das Entscheidende jedoch ist dies: Die mehr als 22.000 Seiten der eigenen Werke v. Balthasars (von seinen Übersetzungen und von den Werken, die er herausgegeben hat, ganz zu schweigen) sind für einen Normalleser derart unüberschaubar, daß er sich alle zehn Jahre veranlaßt sah, seinen Lesern mit einem „Hans Urs von Balthasar stellt sich vor", einem „Kleinen Lageplan zu seinen Büchern", einer „Rechenschaft", einem „Rückblick" zu Hilfe zu kommen. Diese hilfreichen „Durchblicke" finden Sie nun in dem schmalen Bändchen „Mein Werk"[2] gesammelt – und ein Vortrag über Werk und Gestalt Hans Urs von Balthasars könnte eigentlich nichts Besseres tun als diese Selbstresümees nochmals resümieren.

Deshalb habe ich einen anderen Weg gewählt – einen Umweg –, den ich der Arbeitsweise v. Balthasars selbst abgeschaut habe. Er war Germanist und hatte ein ungeheures (ungeheuer ist in diesem Fall das passendste Wort) literarhistorisches Wissen auf allen ihn interessierenden Gebieten: Weltliteratur, Philosophie und Theologie. Deshalb kleidet (oder versteckt) er sein eigenes Denken - wie es auch seine Lehrer Przywara und de Lubac getan haben - zu einem großen Teil in kritische Porträts der großen geschichtsträchtigen Autoren der Literatur-, Philosophie- und Theologiegeschichte. Dabei ist v. Balthasar nicht nur ein genialer Ausleger von Texten – die er fast immer nur wie mit einem Blitzlicht anleuchtet –, sondern vor allem ein noch genialerer Verknüpfer von Textbezügen, ein Vorläufer der heute so beliebten Intertextualität, wodurch die einzelnen Texte im kontrastreichen Nebeneinander eine ungeahnte Tiefenschärfe erhalten.

In diesem Sinne möchte ich versuchen, das Eigene v. Balthasars aus seiner Auseinandersetzung mit einem Autor zu erheben, der zu den entscheidendsten und entschiedensten Denkern des Christentums gehört: mit Sören Kierkegaard.

---

[1] Lehmann, Gestalt und Werk (1989).

[2] von Balthasar, Hans Urs: Mein Werk. Durchblicke. Einsiedeln-Freiburg: Johannes, 1990. Alle im folgenden zitierten Werke v. Balthasars sind, wenn nicht anders vermerkt, im Johannes-Verlag erschienen oder neu aufgelegt. (= Mein Werk).

Von Balthasar hat ihm keine ausführliche und ausdrückliche Darstellung gewidmet, aber man spürt es immer wieder: Er kommt von Kierkegaard nicht los. Fast immer ist Kierkegaard in seinem Denken gegenwärtig, als hintergründiger Bezugspunkt für v. Balthasars Denken, als das große „videtur quod non", dem man doch seine ganz eigene Wahrheit nicht absprechen kann. Und am Ende unseres Durchblicks werden wir uns vielleicht fragen müssen – wie es schon der Titel meines Beitrags andeutet –, ob v. Balthasar nicht für das katholische Denken eine ähnliche Rolle spielen könnte, wie sie Kierkegaard für das protestantische gespielt hat und immer noch spielt. Daß Kierkegaard diese Rolle erst mehr als ein halbes Jahrhundert nach seinem Tod zufiel, ist zunächst einfach seiner dänischen Muttersprache zuzuschreiben; doch vielleicht könnte sein Schweizer-Dialekt für den Europäer v. Balthasar – wenn es je einen Europäer gab! – ein ähnliches Schicksal bereithalten.

I

An drei entscheidenden Wendepunkten seines Schaffens hat sich v. Balthasar Aug in Aug zu Kierkegaard gestellt. Zum ersten Mal in seiner *Doktorarbeit* „Geschichte des eschatologischen Problems in der modernen deutschen Literatur", die dann ein Jahrzehnt später zum dreibändigen „Riesenkind"[3] „Apokalypse der deutschen Seele" ausgewachsen ist. In der Doktorarbeit war das dritte Kapitel „Die Alternative: Kierkegaard und Nietzsche" überschrieben, und dieses Kapitel wurde zum Leitbild für die ganzen folgenden Untersuchungen. Gerade dieses Kapitel ging nun fast wortwörtlich unter dem neuen Titel: „Der Zweikampf. Kierkegaard und Nietzsche" als Schlußkapital in den ersten Band der „Apokalypse" ein; nur stellenweise wurde es leicht erweitert und verdeutlicht. So wurde es wiederum zum Leitbild für den zweiten und dritten Band des Werkes. V. Balthasar selbst schreibt dazu: „dieses Kapitel bestand als erster Kern der vorliegenden Studien im wesentlichen schon vor 9 Jahren, also bevor [...] andere die ja naheliegende Parallelisierung unternommen hatten. [...] Ich lasse es denn hier als Schlüsselpunkt zwischen beiden Bänden stehen, weil es nicht um bedeutsame ideelle Entdeckungen geht, sondern um den Mythos des 19. Jahrhunderts, der in diesem Kampfe Bild wird wie sonst nirgends"[4].

Um einen Zweikampf geht es in der Tat, zwischen zwei sich zutiefst verwandten Gegnern. V. Balthasar schildert diesen Kampf in sehr dichten Seiten als Abfolge von drei Waffengängen, in denen Kierkegaard jeweils mit knapper Not obsiegt. Beide Duellanten waren Überwinder der Neuzeit; Nietzsche zunächst der näherliegende und plausiblere, weshalb der zweite Band der „Apokalypse" „Im Zeichen Nietzsches" überschrieben wird. Der Name Kierkegaards dagegen,

---

[3] Mein Werk, 12.
[4] Apokalypse der deutschen Seele. [3]1998, I, 696, Anm. 4.

und auch das ist bezeichnend, taucht im zweiten und im dritten Band der „Apokalypse" nur noch im Hintergrund auf. Und das, weil gerade er es ist, der die eigentliche, die ungesagte Intention v. Balthasars vertritt.

Schon in der Schilderung des Gemeinsamen der beiden Denker und Streiter entdeckt der Leser bald einmal autobiographische Züge. Schon die kurze Bemerkung: „Das Musikalisch-Erotische, als der verführendste Zugang, wird für beide zum Ausgangspunkt"[5] verweist auf diese Wahlverwandtschaft. Deutlicher noch das Doppelporträt, das v. Balthasar von Nietzsche und Kierkegaard zeichnet:

„Sie sind Schwertbrüder, Zwillinge des Schicksals. Entwachsen religiösem, ja puritanischem Elternhause, wo schon dunkle, religiöse Erlebnis die Jugend beschatten (Kierkegaards Stellung zum Vater, Nietzsches Ringen mit dem bekannten und unbekannten Gott). Dann wachsende Einsamkeit, Vereinzelung im Leben, Entfremdung und Distanz vor aller eigenen Unmittelbarkeit, unbürgerlich, unverheiratet, skeptisch gegen alle Jünger, wiewohl im Unbewachten sehnsüchtig nach Mitwissern, Mitliebenden ausschauend, wissend, daß der pädagogische Eros dort erwacht, wo sich ein Leben schon 'mit einem Fuße jenseits des Lebens' weiß. Weiter die Jahre, wo sie sich an das ihnen Ungemässe, Fremde vergeben, mit der Hingabe, die sie unerschöpflich bereit haben: an den Traum des Wissens (Hegel, Schopenhauer), an den Traum der Verklärung (Mozart, Wagner). Dann erschrecktes Auffahren wie vor Gift, Preisgabe dessen, was in ihnen doch unlöschbares Brandmal hinterlässt und zum leidenschaftlichen Kampf und Löken gegen den Stachel reizt (Satire auf Hegel, Wagner). [...] Zu Beginn des literarischen Schaffens für beide die griechische Antike, in neuer, gefährlicherer Beleuchtung, und mit fast nachtwandlerischem Gespür die Erfassung des Wendepunktes: Sokrates und das Problem der Ironie, das in dieser Sicht auch ein Angelpunkt ihrer geistigen Welt bleibt. Dann ein rasendes, rauschartiges Schaffen, anekdotisch im Stil, aller Systematik feind, immer aufs Eine und Einzige drängend, 'man soll nicht bauen, wo keine Zeit mehr ist' (Nietzsche). Beide aus allen Idealen zur Tat, aus allem Idealismus zur Existenz strebend, das Konkrete umkreisend, fast vergötternd, und doch paradoxerweise mehr Kritiker als Dichter, mehr sagend als singend, wiewohl sie doch singend das Beste geben. Das wissen sie und fürchten dabei nichts mehr, denn als Dichter gewertet zu werden. Denn sie zeigen im Dichten die Existenz, – und dichten ihre Existenz bis zur völligen Untrennbarkeit der Elemente. [...] Dieselben Waffen im Kampf: Überwindung des Feindes auf dessen Feld [...], Rückzug in unbezwingliche, weil unsichtbare Zwingburgen der Maske, der Anonimität, der Pseudonyme, des privaten Geheimnisses ('Das Eine bin ich, das Andre sind meine Schriften', Nietzsche), sich entlarvend (und so die Kriegslist tiefer spinnend) als solche, die beide Schlachtreihen in der eigenen Brust haben, ja sich feindlicher sind als ihr Feind. Indem sie *so* siegen, wird ihnen jede Schlacht zum Pyrrhussieg, aber damit zur tieferen Selbstüberwindung. So sind sie existentielle Schauspieler ('Das Problem des Schauspiels hat mich am längsten beunruhigt', Nietzsche), unersättlich und unerschöpflich in Verstellungen [...], im Verschleiern und darum im Entlarven die Verwegensten ihres Jahrhunderts. [...] Parallel zu [den] Nachteilen der Historie entdecken sie die Fragwürdigkeit dessen, was sich Christentum nannte, und hegelianisch (Grundtvig, Martensen) oder positivistisch (Renan, Strauss) die Gestalt einer zu nichts verpflichtenden Spekulation oder hausbackenen Moralität angenommen hatte: diesem Gebilde galten die letzten Verwünschungen des 'Augenblicks' und des 'Ecce Homo'. Es ist nicht die Schuld Christi, auch für den 'Antichrist' ist 'Christus am Kreuz das

---

[5] Apokalypse, I, 708.

erhabenste Symbol – immer noch', aber während Nietzsche sich diesen Titel 'Antichrist' selbst beilegt, verleiht ihn Kierkegaard dem offiziellen Christentum".[6]

Sehen wir einmal vom heroisierenden Tonfall ab, so zeichnet diese Schilderung fast Zug für Zug das Charakterbild v. Balthasars: Auch er aus religiösem Elternhaus, auch er der letztlich Einsame, Unverstandene, auch er zuerst den Traum des Wissens und der Verklärung träumend, auch bei ihm „erschrecktes Auffahren" und „rasendes, rauschartiges Schaffen", „aus allem Idealismus zur Existenz strebend, das Konkrete umkreisend... und doch paradoxerweise mehr Kritiker als Dichter, wiewohl sie doch als Dichter das Beste geben". V. Balthasar allerdings vor allem als Nachdichter, als Übersetzer der Lyrik Claudels, und als Dichter in Prosa im „Herz der Welt". Vor allem aber: „Dieselben Waffen des Kampfes: Überwindung des Feindes auf dessen Feld".

Und doch ist das Tiefste, was v. Balthasar mit Kierkegaard und Nietzsche verbindet, nicht der Kampf gegen den Zeitgeist (auf diesen werden wir noch zurückkommen), sondern das Ringen um das wahre Christentum, welches sie fasziniert. V. Balthasar schildert dieses Ringen in drei „Schwertgängen" – in denen sich Kierkegaard jeweils um Haaresbreite als der bessere Kämpfer erweist. V. Balthasar nimmt auf diesen Seiten fast prophetisch vorweg, worum es ihm selbst in seinem Werk gehen wird. Denn schon im ersten Waffengang wird um die rechte Gestalt der Liebe gekämpft. Die titanische „Machtliebe" Nietzsches „begegnet der absteigenden, sich dem Tode anbietenden Macht Liebe" des Gekreuzigten bei Kierkegaard.

„Und für Nietzsche ist auch der Mensch getötet, geopfert – dem Übermenschen. Für Kierkegaard aber kann der Einzelne 'in Selbstvernichtung vor Gott' untergehen und durch Gott als neue Kreatur auferstehen. Und doch als derselbe Mensch. Denn Natur und Übernatur sind *ein* Mensch. Mensch und Übermensch aber sind zwei. Und doch ist auch der Übermensch noch Mensch, während die Übernatur nicht mehr Natur ist"[7].

Das ist noch formal und ein bißchen wortspielerisch gesagt. Die Hinordnung der Natur (und damit des Menschen) auf die Übernatur wird jedoch ein Grundthema der Philosophie und Theologie v. Balthasars bleiben – wobei er hier schon deutlich macht, daß er unter dem „Übernatürlichen" vor allem den liebenden Abstieg Gottes versteht.

Deshalb geht es im zweiten Waffengang, vertiefend, um das Verhältnis der menschlichen Existenz zu Gott. „Vom sokratischen Problem der Wahrheit geht der Weg ins ethische Problem des Guten"[8]. Wahrheit und Gutes aber gibt es nur im Dialog; deshalb wird der Zweikampf als Dialog ausgetragen:

---

[6] Apokalypse, I, 697-699.

[7] Apokalypse, I, 717.

[8] Apokalypse, I, 723.

„Unser Verhältnis zu Gott ist nur Unwahrheit, ruft Nietzsche. Ja, antwortet Kierkegaard, und wird es sogar immer mehr, je mehr wir mit ihm umgehen. Aber Gottes Verhältnis zu uns ist Wahrheit – *unsere* Wahrheit! – Wahrheit ist *in* uns, kommt nicht von außen heran, entgegnet Nietzsche. Gott ist *in* uns, kommt vom innen her in uns hinein, pariert Kierkegaard. Dann ist Gott *mein* Seelengrund, meint Nietzsche. Dann ist der Grund meiner Seele die Quell-Offenheit zu Gott, antwortet Kierkegaard. Welche Zweideutigkeit! ruft Nietzsche aus...".[9].

Um weiterzukommen, muß v. Balthasar das imaginäre Gespräch hinterfragen. Dann sieht man:

„Was sich hier zuletzt vollzog, war *Dialogik*, in einem entscheidenden Sinn und in einer entscheidenden Tiefe. Dann aber muß sich an Nietzsche der genaue Ort aufweisen lassen, wo er dieser Kategorie nicht mehr gewachsen ist. Dann muß ein Primat von Dialogik hinabreichen durch die Antithetik von Gut-Böse bis zu der von Wahrheit-Unwahrheit"[10].

Als Echo auf diese frühe Einsicht wird es in der „Theodramatik" heißen:

„Denn der Mensch, dies Gebilde des Logos, ist von Grund auf dialogisch entworfen, und jede monologische Selbstdeutung muß ihn zerstören. Kierkegaard hat in seiner 'Krankheit zum Tode' (1849) diese ganze Struktur unübertrefflich dargestellt..."[11].

Die endgültige Entscheidung zwischen Kierkegaard und Nietzsche ist jedoch noch nicht gefallen. In einem dritten und letzten Waffengang geht es nicht mehr nur um ihr Werk, sondern um ihr persönliches Leben. So wird dieser Zweikampf mehr zu einem Ringen mit sich selbst als mit dem Partner; denn es gilt, die eigene Existenz mit der vorgetragenen Existenzauslegung in Einklang zu bringen. So wird das Existieren beider Denker „zum *Zeichen* der ganzen, innerdialogischen Wahrheit". Das führt in „die abgrundtiefe Tragik des Menschen ein, dessen Existieren ein Zeichen sein soll"[12], und in die Not, die eigene Existenz „dichten" zu müssen.

„Hier gibt es nur noch *einen* Trost: daß dieses *Ganze*, Dichter und Dichtung, im entscheidenden Dialog die *eine* Wahrheit sind, oder besser, als solche befunden, berechnet werden, daß diese Qual durch eine *Berufung* zur sinnvollen gemacht werde, daß das Feuerzeichen wirklich *zeige*"[13].

Das aber bedeutet Selbstverzehrung des Selbst in die Berufung hinein.

In der dreifachen Überlegenheit Kierkegaards gegenüber Nietzsche und in seinem dreifachen Obsiegen – bezüglich Liebe, Dialogik und Berufung – sind so geheimnisvollerweise bereits die Hauptthemen von v. Balthasars eigenem Denken vorgezeichnet. Mehr noch: alles spitzt sich zu auf die Einheit von Werk und Leben, wie sie sich bei Kierkegaard findet, und um die auch v. Balthasar ringt.

---

[9] Apokalypse, I, 725.
[10] Apokalypse, I, 726.
[11] Theodramatik III, 133.
[12] Apokalypse, I, 728.
[13] Apokalypse, I, 730.

Wenn dem so ist, dürfen wir auch nach seiner tieferen Seelenverwandtschaft mit Kierkegaard fragen. Beide kommen vom Literarischen, vom Ästhetischen her und beider Werk besticht zunächst einmal durch seine Sprachkunst. Gerade so, mit diesen (von Kierkegaard aus gesehen völlig unangemessenen) Waffen der Literatur kämpfen sie für das wahre Christentum – denn beide wollen das Christentum wieder in die Christenheit einführen.

II

Das Sichtbarste an diesem Kampf ist bei beiden zunächst die *Polemik* – wie könnte es anders sein? Kierkegaard braucht nicht mehr eigens als Polemiker vorgestellt zu werden; schon lange vor seiner Auseinandersetzung mit Bischof Martensen bestand sein Werk vorwiegend aus Polemik. Aber auch v. Balthasar wurde in der Nachkonzilszeit vorwiegend als bissiger, manchmal sarkastischer Polemiker bekannt. Schon vor dem Konzil hatte er sich mit seiner heute vielgepriesenen (und selten wirklich gelesenen) „Schleifung der Bastionen" reichlich unbeliebt gemacht; die Nachkonzilspolemik setzte dann 1965 mit einem Bändchen ein, das den an Kierkegaard anklingenden Titel trägt: „Wer ist ein Christ?" Andere polemische Aufsätze und Schriften folgten, von denen „Cordula oder der Ernstfall" und „Der antirömische Affekt" zumindest ihrem Titel nach sprichwörtlich geworden sind – nicht anders als manche der Schriften Kierkegaards.

Zu v. Balthasars 60. Geburtstag konnte ich ihm 1965, in Anspielung auf seinen doppelten Vornamen, sagen, die Hauptsache seines Werkes spreche zwar von der Liebe des Johannes, bekannt geworden seien jedoch vor allem die Bändchen, in denen er sich als Ursus, als Bär erweise. Prompt erhielt ich wenige Wochen später das neue Bändchen „Rechenschaft" mit der Widmung: „Hans, einstweilen Urs". In diesem Bändchen legt v. Balthasar tatsächlich an erster Stelle Rechenschaft ab über seine Polemik gegen das gängige Christentum (noch vor dem Erscheinen der „Cordula"), und zwar mit ausdrücklichem Bezug auf Kierkegaard:

„Zu meinem Unglück hatte ich, dessen Jugend in die Kierkegaard-Welle fiel – Guardini erklärte ihn uns in Berlin –, bei Kierkegaard gelesen, der Apostel Christi (und wer erhebt heute nicht Anspruch auf diesen Titel?) sei einer, der sich für Christus totschlagen lasse. Für den Dänen kann auch einfach Paulus stehen, der die Wundmale des historischen Jesus an seinem Leibe trägt und einzig für Den leben und sterben will, der ihn geliebt und sich für ihn dahingegeben hat. Ist so etwas Leitbild, dann gibt es doch wohl keinen anonymen Christen, so viele Menschen im übrigen – hoffentlich alle! – durch Christi Gnade das Heil erlangen. Aber die Gnade für alle hängt an der Lebensform Dessen, der durch die Schande seiner Armut, seiner Folgsamkeit und seiner leiblichen Verschnittenheit (Mt 19,12) Gottes Gnade verkörpert hat und vom Anfang (Maria) über die Mitte (Apostel) bis ans Ende (die Frauen in Bethanien, am Kreuz, am Grab) immer schon Teilnehmer an seiner Lebensform wollte. Weit entfernt nur ein, wie man heute beschwichtigend sagt, 'eschatologisches Zeichen' für die Allgemeinheit zu sein, ist diese Lebensform vielmehr die Urgestalt aller christlichen Existenz, die als solche im Absterben mit Christus für die alte Welt (Röm 6) begründet ist. Diese Lebensform ist das 'Salz der Erde', das nicht schal werden darf, nur sie kann als 'Sauerteig' die 'weltliche Welt' durchsäuern, durch Stehen am 'letzten Platz', durch Torheit, Schwäche, Verächtlichkeit, Verflucht- und Verleumdetsein, bis dahin, als 'Misthaufen der Welt' und 'Latrine für alle' zu dienen (1 Kor 4,10-13)"[14].

Sogleich folgt denn auch der Hinweis auf v. Balthasars eigene, persönlichste Sendung:

> „Diese Existenzform gewinnt heute eine neue kirchliche Gestalt in den Weltgemeinschaften (*Instituta saecularia*); sie sind daher, als Gestaltgebung, zweifellos die verbindende Mitte der Kirche: sie bilden die Brücke zwischen Weltstand und Gottesstand, Laien und Religiosen und zeigen damit nicht nur die existentielle Einheit der Kirche, sondern auch ihre immerwährende und 'modernste' Sendung in die Welt".[15]

III

Nachfolge des erniedrigten Christus: das ist das dreifache Stichwort, das die tiefste Verwandtschaft der existentiell-theologischen Intention v. Balthasars mit jener Kierkegaards aufzeigt. In der Mitte des Denkens und Lebens beider steht *Christus.* Erst von dieser Mitte aus ist alles, auch die scheinbar peripherste Kirchenpolemik zu verstehen. Ohne das christologische Herzstück seines Schaffens, die Climacus- und Anticlimacus-Schriften und die „Erbaulichen Reden", wäre Kierkegaards Kirchenkampf nichts anderes als die Überreaktion eines Emarginierten. Er wäre nicht mehr ein „Gestikulieren mit der ganzen Existenz", wie es Kierkegaard von Johannes Chrysostomus gelernt hatte. Für v. Balthasars radikale Christozentrik würde man dagegen seine freundschaftlichen und theologischen Kontakte mit dem Kierkegaardianer Karl Barth verantwortlich machen, wenn man nicht wüßte, daß ihre Wurzeln viel tiefer hinabreichen: zu Ordensvater Ignatius von Loyola, wie ihn Adrienne von Speyr ausgelegt hat.

Der Christus, der im Zentrum ihres Denkens und Lebens steht, ist jedoch nicht der in seiner Herrlichkeit thronende Kyrios; es ist der *erniedrigte* Christus, der Verachtete, der Herabsteigende – das heilsgeschichtliche „id quo maius cogitari nequit" der sich selbst aufopfernden Liebe Gottes, wie v. Balthasar einmal sagt. Hier, in dieser kenotischen Christologie – die in der „Einübung ins Christentum", in der christlichen Antiklimax des Anticlimacus, ihren kaum zu überbietenden Ausdruck gefunden hat – kommen sich v. Balthasar und Kierkegaard zweifellos am nächsten. Eben deshalb kann für beide ihr Verhältnis zu Christus nur ein existentielles sein; denn dieses Verhältnis heißt Nachfolge.

---

[14] Mein Werk, 46.
[15] Mein Werk, 47.

Nachfolge allerdings in zweifacher Gestalt, oder wohl besser mit verschiedener Akzentsetzung: auf der einen Seite als heroischer Zeugendienst eines Einzelnen, als Martyrium für die Wahrheit bis wirklich zum Tode (die Lebensform Kierkegaards, der v. Balthasar höchste Achtung zollt), auf der andern Seite als Lebensstand in einer Gemeinschaft in Armut, Ehelosigkeit und Gehorsam (vor der auch Kierkegaard wiederholt seine Hochachtung bezeugt hat). In dieser Verschiedenheit tritt nun erstmals das Katholische an v. Balthasars kierkegaardianischem Christentum zutage. Schon am Ende des Nietzsche-Kierkegaard-Kapitels seiner Doktordissertation hatte er angemerkt:

> „Freilich, die allgemeine Eschatologie bleibt [bei Kierkegaard und Nietzsche] negativ und hypothetisch: 'Wenn die Nivellierung fortschreitet, droht der Untergang'. Aber eine positive war von diesen Denkern nicht zu erwarten: Keiner erfaßte die Möglichkeit und Bedeutung einer Gemeinschaft, eines überindividuellen, kulturellen oder religiösen Ziels"[16].

Als er diesen Satz niederschrieb, konnte der Vierundzwanzigjährige noch nicht ahnen, daß es seine Lebensaufgabe sein werde – über alle Schriftstellerei hinaus, die letztlich doch nur „Stroh" blieb – eine solche religiöse Gemeinschaft zu gründen: eine Lebensgemeinschaft in der Nachfolge des erniedrigten Christus, und zwar paradoxerweise gerade in der Verfolgung kultureller, ja gegebenenfalls ästhetischer Ziele. Noch weniger konnte v. Balthasar ahnen, daß ihn dieser Auftrag, diese Sendung, in eine Einsamkeit hineinführen würde, die jener Kierkegaards ähnlich sah, und daß er, wie Kierkegaard, der Angst, ja der Höllenangst ins Auge sehen müsse – allerdings, auch dies wiederum spezifisch katholisch, in zweifacher Stellvertretung: stellvertretend für Adrienne von Speyr, die stellvertretend für Andere litt.

IV

Und darum ist, bei aller Seelen- und Sendungsverwandtschaft, bei v. Balthasar doch alles ganz anders als bei Kierkegaard. So sehr, daß sich sein Hauptwerk, die *Trilogie* aus „Herrlichkeit", „Theodramatik" und „Theologik", geradezu aus dem Gegenzug gegen Kierkegaard heraus entfaltet hat. Anstoß zu dieser Gegenbewegung war bei v. Balthasar, dem Musiker, Kierkegaards religiöses Nein zu Mozart und folglich auch zur Ästhetik (zu Mozart, von dem doch auch Kierkegaard begeistert war, und zur Ästhetik, aus der doch auch Kierkegaard lebte). In diesem Nein zu Kierkegaards Nein war Karl Barth v. Balthasar vorausgegangen. Er schreibt in seinem Barth-Buch:

> „Wie das Christentum im ganzen, so ist Barth, der es nachzeichnet, die Widerlegung der kierkegaardschen Grundthese von der Trennung zwischen dem Ästhetischen und dem Religiös-Ethischen. Das Religiöse ist darum ästhetisch, weil es in sich das echteste ist. Der

---

[16] von Balthasar, Hans Urs: Geschichte des eschatologischen Problems in der modernen deutschen Literatur (1930) 33; (^{2}1998) 48.

Widerspruch zu Kierkegaard, der diesbezüglich schon im frühen Barth vorhanden und ausgebildet ist, führt sich auf eine letzte Entgegensetzung zurück. Für Kierkegaard ist das Christentum unweltlich, asketisch, polemisch. Für Barth ist es die ungeheure, über aller Natur aufstrahlende und alle Verheißung erfüllende Offenbarung des ewigen Lichtes, das ewige Ja und Amen Gottes zu sich selbst und zu seiner Schöpfung. Nichts dürfte kennzeichnender sein als die Art, wie beide zu Mozart stehen. Für Kierkegaard ist Mozart der Inbegriff des Ästhetischen und deshalb des Gegensatzes zum Religiösen. Er muß ihn dämonisch interpretieren, unter dem Gesichtspunkt des Don Juan. Ganz anders der Mozartliebhaber Barth. [...] 'Mozart der Unvergleichliche', der 'die beste Musik aller Zeiten gemacht hat' [5,465], wird in feierlichen Augenblicken beschworen. Um seiner Liebe zu Mozart willen kann man einem so schlechten Theologen wie David Friedrich Strauss vieles verzeihen. [...] Und bevor Barth seine Lehre vom Chaos beginnt, das so oft mit der guten Schattenseite der Schöpfung verwechselt werde, um dessentwillen die Schöpfung oft verleugnet worden sei, wendet er, um die rechte Einstellung zu behalten, den Blick wieder auf Mozart:
'Warum und worin kann man diesen Menschen unvergleichlich nennen? Warum hat er für den, der ihn vernehmen kann, fast mit jedem Takt, der ihm durch den Kopf ging, und den er aufs Papier brachte, eine Musik hervorgebracht, für die 'schön' gar kein Wort ist: Musik, die dem Gerechten nicht Unterhaltung, nicht Genuß, nicht Erhebung, sondern Speise und Trank ist, Musik voll Trost und Mahnung, wie er sie braucht, nie ihrer Technik verfallene und auch nie sentimentale, aber immer 'rührende', freie und befreiende, weil weise, starke und souveräne Musik? [...] Er hat eben das gehört und läßt den, der Ohren hat zu hören, bis auf den Tag eben das hören, was wir am Ende der Tage einmal sehen werden: die Schickung im Zusammenhang. Er hat von diesem Ende her den Einklang der Schöpfung gehört [...] Und es war bei ihm auch das von Grund aus in Ordnung, daß er nicht etwa einen mittleren, neutralen Ton, sondern den positiven stärker hörte als den negativen... Er hörte nie abstrakt nur das eine, er hörte *konkret*, und so waren und sind seine Hervorbringungen *totale* Musik [...]'."

Und v. Balthasar schließt: „Man wird gut daran tun, Klänge Mozarts im Ohr zu haben, wenn man Barths Dogmatik liest"[17].

Wenig später wird sich v. Balthasar in einem Aufsatz über „Offenbarung und Schönheit" auch selbst mit Kierkegaards Ästhetikkritik auseinandersetzen – und damit den Grundstein zu seiner Trilogie legen, die ja eben mit einer „Theologischen Ästhetik" einsetzt:

„Offenbarung und Schönheit. Das 'und' des Titels wird die meisten, die auf ihn treffen, befremden, zumindest ein tiefreichendes und weitausgreifendes Unbehagen wachrufen. Zwei Sphären werden durch dieses 'und' von neuem aneinandergerückt, die auseinanderzurücken die vielfache und von der Billigung der Besten, schließlich dann auch der meisten begleitete Anstrengung einer von den unseren noch nicht weit entfernten Generation gewesen ist. Daß die Königin bei einer Audienz Kierkegaards diesem ihre Glückwünsche aussprach zu seinem unvergleichlichen Werk 'Entweder *und* Oder', unterstreicht mit einem Bombenwitz jenen pathetischen Ausfall des 'Und', jedes mögliche Und zwischen den beiden Titelbegriffen, die seit dem Einbruch des Dänen in das protestantische und das katholische Denken unseres Jahrhunderts als ungekrönte Häupter die Ideologie beherrschten. Das erste, was ein ernsthafter Jünger jener Epoche sich merken mußte, war die Unterscheidung des Ästhetischen und des Ethisch-Religiösen, zumal wenn dieses das Christliche war. [...] Und so wurde denn auch

---

[17] von Balthasar, Hans Urs: Karl Barth. Darstellung und Deutung seiner Theologie. (⁴1976), 35-38.

312

tüchtig auf katholisch gekierkegaardelt, genauso wie man heute tüchtig auf katholisch picasselt. Beides gehört innerlich zusammen. Die Dämonie des Ästhetischen, die Kierkegaard in seiner als genial gerühmten und doch so unglaublich verzeichneten Analyse Mozarts vorgetragen hat, in seinem 'Ästhetischen Stadium' ist sie eben gegenwärtig, wozu der antireligiöse Zynismus ebenso gehört wie die Notwendigkeit des unvermittelten dialektischen, existentiellen Umschlags. Das einzige, was dieser Dämonie hier unbedingt fehlt (die Groteske auf Goethe beweist es noch einmal), ist ein Wissen um das, was für Platon der Daimon war"[18].

Im Licht dieser beißenden Kritik muß nicht nur die „Herrlichkeit", sondern auch die „Theodramatik" (auch das Drama ist ja ästhetisch), und somit die ganze Trilogie in ihrer Grundanlage[19], als ein gewaltiges „Adversus Kierkegaardianos" gelesen werden – ein „Adversus Kierkegaardianos", das allerdings erst dadurch möglich wurde, daß es die Herzstücke der Theologie Kierkegaards, seine kenotische Christologie und die liebende Christusnachfolge bis zum Tod, in sich aufgenommen und sie ernstgenommen hat. Denn erst und gerade in der kenotischen Liebe Gottes, in der Verlassenheit des Sohnes am Kreuz, im „ökonomischen id quo maius cogitari nequit", strahlt die Herrlichkeit Gottes „ästhetisch", das heißt sichtbar und erfahrbar auf. Es geht nicht an, die „theologia gloriae" von der „theologia crucis" zu trennen und die eine gegen die andere auszuspielen; denn das Kreuz, die Manifestation einer menschlich unausdenkbaren Liebe, ist selbst schon das Aufscheinen der Gottesherrlichkeit. In dieser Sicht wird man es besonders bedauern, daß der ökumenische Schlußband der Theologischen Ästhetik, in dem diese Zusammenhänge zur Sprache gekommen wären, ungeschrieben geblieben ist.

Entsprechend der Kreuzesherrlichkeit Gottes scheint dann auch die Herrlichkeit der Kirche gerade in ihrer Ungestalt auf, wenn sie als „Casta Meretrix"[20] um ihr Versagen und um die reine Gnade Gottes weiß, und wenn sie sich in Erfüllung ihrer Sendung in die Welt hinein sozusagen in diese Welt verliert und darin „verschwindet". Deshalb ist die „unsichtbare" Nachfolge Christi im gottgeweihten Laienstand für v. Balthasar höchste Form kirchlichen Lebens. Dementsprechend hatte auch er zu verschwinden – wir gedenken seines zehnten Todestages – bevor ihn der Kardinalspurpur vor aller Welt verherrlicht hätte. Das unversehene Sterben v. Balthasars ist, wie das Sterben Kierkegaards, der folgerichtige Abschluß seines Lebens – und seiner Theologie. Und ebenso stimmig war es für ihn, daß das Weihnachtsgeschenk für seine Freunde, dessen abgeschlossenes Manuskript bei seinem Tod auf seinem Schreibtisch lag, den Titel trug: „Wenn ihr nicht werdet wie dieses Kind". Hier wird noch einmal der ganze „katholische" Abstand zu Kierkegaard deutlich. Kind hätte Kierkegaard, bei all seiner emphatischen Kenotik, nie werden können.

---

[18] von Balthasar, Hans Urs: Offenbarung und Schönheit, in: Verbum Caro (³1990), 100-102.
[19] Vgl. dazu meinen Aufsatz: La structure de la Trilogie de Hans Urs von Balthasar, in: Transversalités 63 (1997) 15-22.
[20] Vgl. dazu den gleichnamigen Aufsatz in: Sponsa Verbi (²1971) 203-305.

V

Die Parallelitäten in Verschiedenheit zwischen Leben und Werk v. Balthasars und jenem Kierkegaards, die unübersehbar sind, genügen jedoch noch nicht, um v. Balthasar zu einem „katholischen Kierkegaard" zu machen. Es genügt auch nicht, daß v. Balthasars Trilogie die monumentalste katholische Auseinandersetzung mit Kierkegaards (angeblich lutheranischer) Antinomie zwischen Ästhetik und Christentum darstellt. So unprofessoral dieses Hauptwerk v. Balthasars auch sein mag, als systematische theologische „Summe" geht es Wege, die jenen Kierkegaards geradezu entgegengesetzt sind. Die Frage ist vielmehr, ob er vielleicht, mit seinem Leben und Werk, in Zukunft für die katholische Theologie zu einem ähnlichen Anstoß werden könnte – im doppelten Sinne des Anstößigen und des Antreibenden – wie es Kierkegaard schon seit langem für das protestantische Denken ist. Oder, einfacher gesagt: ob v. Balthasars Werk für das katholische Denken einmal so heilsam sein könnte, wie das Werk Kierkegaards für den Protestantismus.

Vieles spricht für eine bejahende Antwort. V. Balthasars Werk stand und steht so quer zum „zeitgemäßen" theologischen Denken, daß es für die gängige katholische Theologie nicht nur eine Ergänzung, eine willkommene Abwechslung bietet, sondern ihr vor allem Anstoß gibt. Daß dieser Anstoß noch kaum wahrgenommen wird, ist wohl der relativen Unzugänglichkeit des Werkes zuzuschreiben. Sein „Sprengstoff" (ohne falsche Bescheidenheit hat v. Balthasar selbst einmal diesen Ausdruck gebraucht) verbirgt sich schonungsvoll im Unüberschaubaren der 22.000 Seiten. Und wo die polemischen Schriften etwas von diesem Sprengstoff bewußt machen, ärgert er mehr als daß er Anstoß gibt. Doch vielleicht entdeckt man einmal, daß auf den 22.000 Seiten eigentlich immer nur Eines gesagt wird und zudem etwas sehr Einfaches, das im Leben v. Balthasars nicht weniger als in seinem Werk Ausdruck gefunden hat – dann könnten Leben und Werk zu einem echten Anstoß für das katholische Denken werden, und v. Balthasar übernähme die Rolle eines katholischen Kierkegaards. Das alles bleibt vorderhand reine Zukunftsmusik – auch wenn es jetzt schon nach *Musik* klingt. Bleiben wir für heute beim Fragezeichen.

Der Christ und seine Angst erwogen mit Hans Urs von Balthasar

Jörg Splett

Den ersten Band des großen Frühwerks *Apokalypse der deutschen Seele*, aus der Züricher Dissertation von 1930 hervorgegangen, beschließt 1937 ein Kapitel „Der Zweikampf: Kierkegaard und Nietzsche"[1]. Auf einer knappen Seite kommt dort auch die Angst zur Sprache (708f). Wie für Nietzsche der Rhythmus des Lebens „zwischen der Beglückung des Erreichens und der Angst vor dem Möglichen pendelt", so ist für Kierkegaard Angst die Bestimmung der Unmittelbarkeit: des Glücks[2]. Näher geht jedoch v. Balthasar auf die Thematik nicht ein[3]. Greifen wir also gleich nach der Schrift *Der Christ und die Angst*, 1951 erschienen[4]. Sie nennt im ersten Satz der Einführung „Kierkegaards ebenso tiefsinnige wie durchsichtige Studie über den ‚Begriff Angst'" als „den ersten und letzen Versuch einer theologischen Bewältigung dieses Themas" (7), stellt aber bedauernd ihre doppelte Säkularisation fest: von Kierkegaard zu Freud und dann von Freud zu Heidegger. In die theologische Lücke seien schließlich vor allem die Dichter getreten; für Frankreich fallen die Namen Léon Bloy, Georges Bernanos und Paul Claudel, für Deutschland der Gertruds von Le Fort.

Doch sieht auch bei ihnen v. Balthasar Klärungsbedarf. Ihm will er dadurch entsprechen, daß er „von der Fragwürdigkeit der gegenwärtigen Zeit und Menschlichkeit", in Distanz zu „jenem fiebernden Problematisieren der modernen Seele", (9) erst zu den Quellen der Offenbarung geht. Das dem Wort Gottes Entnommene soll dann theologisch durchdrungen und erschlossen werden (wobei die Tradition hier „wenig beizufügen" habe – 11), ehe dann

---

[1] ²1947: Prometheus, 696⁴ der Hinweis, daß dies Kapitel den ersten Kern des Gesamtwerks bilde und schon 1928 vorgelegen habe, also vor anderen Büchern, durch welche die Parallelisierung beider geläufig geworden sei, allerdings auf eine Anregung R. Guardinis hin: Geschichte des eschatologischen Problems in der modernen deutschen Literatur, Zürich 1930, 211. (Zu den Genannten: Vetter, Guardini, Thust, wäre noch Jaspers zu zählen, der 1935 von seinen fünf Groninger Vorlesungen „Vernunft und Existenz" die erste der philosophischen Situation nach Kierkegaard und Nietzsche widmet: „In der Beschäftigung mit ihnen ist für den Einzelnen gleich groß die Gefahr: ihnen zu verfallen, und: sie nicht ernst zu nehmen" (Vernunft und Existenz, München 1960, 38). - Kritisch zum Kapitel: A. Bösl, Unfreiheit und Selbstverfehlung, Freiburg i. Br. 1997, 26.

[2] Das unausgewiesene Zitat rückt Sätze aus *Krankheit zum Tode* zusammen, jetzt in der Diederichs-Ausgabe 21f (SV XI 139). Das verwunderliche „meist" zeigt sich hier als „am meisten" (HIRSCH: „am bänglichsten").

[3] So schon nicht darauf, daß es um die Unmittelbarkeit eines Geist-Wesens geht, um Angst als Geist-Bestimmung. *Der Begriff Angst* (= BA) spricht vom „träumenden Geist" (42 [IV 315]).

[4] Einsiedeln (Christ heute II/3). Hier zitiert nach der dritten Aufl. von 1954.

ein dritter Schritt zur „Begegnung mit den philosophisch-theologischen Deutungsversuchen Kierkegaards und seiner Nachfahren" getan wird (12). Folgen wir schlicht dem theologischen Lehrer, von Fall zu Fall dazwischenfragend, – bis zu einem Rückblick dann unsererseits nach beinahe einem halben Jahrhundert.

I. Das Wort Gottes und die Angst
1. Alter Bund

1. Oft und offen ist, ohne „Angst vor der Angst", von ihr die Rede (13). „Angst ist angesichts des Wortes Gottes zunächst so etwas wie eine allgemeine und neutrale Grundbefindlichkeit des menschlichen Daseins überhaupt ... der gemeinsame Nenner, auf den die Wirklichkeit des Tages und die Unwirklichkeit des Traumes zu bringen sind ..." (14). Umgrenzt durch Geburt und Tod als die „beiden Grenzen zur Finsternis", hat der Mensch im Licht Gottes zu stehen, in Freude – seinen vergänglichen Tag lang – an dessen unvergänglichem Licht (15).
Unbefangen zitiert v. Balthasar Kohelet (9,4-9; 11,7f), während ich das Buch eher als Negativ-Folie von Gottes Wort zum Menschen sehen möchte[5]. Für ihn zeigt sich in dieser Irdischkeit nicht unser Unvermögen, sondern Gottes positiver Wille und der „Gehorsam des Menschen, der nicht mehr sehen will, als ihm gezeigt wird" (15f; so allerdings Sir 41,3f). Darum gehört die Angst zum Leben; Weisheit heißt nur, in ihr nicht zu krampfen.

2. Konkret indes begegnet solch „neutrale" Daseinsangst fast nur in durchgreifendem Gegensatz: als Angst der Bösen oder der Guten. Für die der Bösen zieht v. Balthasar das 17. Kapitel des Weisheitsbuches heran. Es meditiert die ägyptische Finsternis, während der in Israels Siedlungen heller Tag war (Ex 10,21-23): Flucht in die Nacht und Verlorenheit in ihr, ihren Schrecken ausgeliefert. „Schilderung einer totalen Angst" (18), in deren Selbstqual Nacht, Angst, Sünde sich einander verstärkend durchdringen. Müßig darum der Versuch, in der umfassenden gespensterhaften Angstwelt zwischen „objektiv" und „subjektiv", real und irreal zu unterscheiden.
Und doch wird sogar diese ausweglose Angst zuletzt noch in einer Schwebe gehalten (Weish 11). Vor schlimmeren Bestien, wirklichen wie gar noch möglichen, bewahrt Gott die Bösen, weil er liebt, was er geschaffen, und sein Eigentum schont.

3. Den Guten demgegenüber wird nun zunächst immer neu untersagt, sich zu ängstigen. „Legst du dich nieder, so brauchst du nicht Angst zu haben. Ruhst

---

[5] Vgl. etwa P. Kreeft, Three Philosophies of Life, San Franciso 1989, 23: „It is divine revelation precisely in being the absence of divine revelation ... It is, what Fulton Sheen calls ‚black grace' instead of ‚white grace'." 53: Die Bibel sei ein Diptychon. „Ecclesiastes is the first panel, the question. The rest of the Bible is the second panel, the answer."

du, so schlummerst du süß ..." (23: Spr 3,24f). Und vor der Schlacht ist es das Amt des Priesters, Angsterfüllte heimzuschicken (24: Dtn 20,2-4.8).

„Aber dieser Bezirk der Angstlosigkeit wird hergestellt von einem Gott, der selbst von allen Schaudern der Angst umwittert ist" (24). Immerfort ist von der Angst der Guten um das Gottesverhältnis die Rede. Ehe er Mensch wird, erscheint Gott als der erschreckende Ganz-Andere, und zwar gerade nicht als fernes Geheimnis, sondern aufgrund seiner niederstoßenden Nähe. „Jahwe in seiner Gottmajestät ist im Alten Bund dem Menschen näher als im Neuen" (25)[6]. Dem Furcht-Verbot (Jes 8,12) schließt sich abstandslos das Gebot von Furcht und Schrecken an: vor Gott (8,13).

Vom unheimlichen Bundesschluß mit Abraham (Gen 15) an über die gewaltsame Hinausnahme aus Ägypten (Dtn 4,34) und das bedrohliche Geschehen am Berg Sinai bis in die Zeiten der Propheten und weiter spielt sich Israels Geschichte als ein Drama ab zwischen dem „Zwingen Gottes (mit allen Mitteln der Angst) in die Angstlosigkeit hinein" und dem „zagenden Fürchten des Menschen", ob der gebrochene Bund noch gelte, „im ängstlichen sich Herauskämpfen aus der Angst" (26).

Von Balthasar geht den Phasen dieses „Kampf[es]" der Angst um die Angstlosigkeit vor Gott" nach (27). Die erste Stufe, aus vielen Psalmen bekannt, bildet das Leiden unter der Gewalt und Übermacht der Gottesfeinde. Auf der zweiten führt Gott selbst den allzu sicheren „Gerechten" in Nöte und Anfechtungen, um ihm „den Angstschrei nach Gott zu entlocken" (28). Und hier mag sogar jene Schonung entfallen, die noch den Ägyptern gewährt war. So steht Ijob vor Gott „in der Nacktheit der Angst" (30). Nach seinem Recht bei ihm schreiend, appelliert er „von Gott an Gott" (31), in einer Lage, da die „alttestamentliche Endlichkeit" nicht mehr allein an ihren Rändern, sondern gänzlich überflutet wird. In dieser Aufhebung der Grenzen zum Chaos kommt für Balthasar „der Neue Bund in Sicht" (32).

4. So eignet beiden Angstgestalten eine eigentümliche Vorläufigkeit. Die Angst der Bösen ist phantastisch und vom Licht des Guten aus lächerlich, die Angst der Guten bildet einen Gottesweg. In der Angst des Bösen kündigt andererseits sich schon die Finsternis der Unterwelt an, die der Guten führt ins Licht. Zugleich aber ist weder der Böse schon unrettbar verloren noch der Gute sicher gerettet.

Dieser dramatische Ernst läßt es nicht zu, die alttestamentliche Existenz als eine Gleichgewichts-Schwebe zwischen Angst und Hoffnung zu schildern. Es handelt sich vielmehr um ein Unterwegs in „unverwandt einzuhaltende[r] Richtung" (32). „Im Nichtirrewerden liegt alles" (33).

---

[6] Die Metaphorik ist drastisch: Erst in der Menschwerdung werde zum schonungslosen Überfall die Werbung nachgeholt, indem die nackte Gottheit sich ins Menschsein kleidet (25).

2. Neuer Bund

1. Er hebt die Mehrdeutigkeit der Angst nicht auf. Überhaupt geht es nicht um Aufhebung, sondern um Vollendung. Daher vertieft sich die Angst (Mal 3,2 -> Lk 21,25f; Offb 6,16f). Die Angst der Bösen steigert sich, indem die Unterwelt sich zum Abgrund der Hölle verfinstert. Die Geheime Offenbarung überbietet die Visionen des Weisheitsbuches „ins Unvorstellbare" (35) – und erhält zugleich, als Vision, „eine besondere Form von (göttlicher, absoluter) Wahrheit". Höchste Steigerung erfährt nicht minder die Angst der Guten. Von Balthasar weist auf den nächtlichen Kampf der Jünger im Boot hin, mit dem Erscheinen Jesu als „Gespenst" (35: Mt 14,24-27). Für ein Gespenst halten dann die Apostel auch den Auferstandenen (Lk 24,37), Paulus zittert und bebt (Apg 9,6), und der Seher auf Patmos bricht wie tot zusammen (Offb 1,17).

2. Doch wird das alles unwichtig gegenüber der Angst des Erlösers selbst. Gott erhört ihn (Hebr 5,7) „nicht, indem die Angst ihm erspart, sondern indem sie ihm bis aufs letzte geschenkt und überlassen wurde" (37). „In Wellen" vom Lazarus-Grab (Joh 11,33-38) über den Zuruf im Tempel (Joh 12,27) zum Ölberg: Leiden des unendlich Reinen vor allem, was Gott verabscheut, stellvertretendes Leiden in der Gerichtsangst, Leiden um die verlorengehende, ja eben jetzt ganz verlorene Welt, zutiefst erlitten in der Verlassenheit am Kreuz, ermißt doch einzig der Sohn, was es heißt, vom Vater verlassen zu werden, weil niemand ihn in seiner Liebe und Nähe so kennt wie er[7].
Noch das Buch Ijob gehört zu den Büchern der Weisheit; am Kreuz ist die Weisheit Gottes zur Torheit geworden. Die Finsternis läßt sich nicht mehr von einem im Licht verbliebenen Außen betrachten.

3. Eben so aber – Sonnenverfinsterung, Erdbeben, Aufbruch der Gräber – „deutet sich der Vorgang selbst im Bild der Angstwehen der Geburt" (39). Damit beschwor der Alte Bund schon die Ängste von Gottes Gerichtstag (Jes 13,8; 26,17f) und fruchtlose Angst überhaupt (Jer 4,31; 49,24; 50,43; Mi 4,9f).
Jetzt aber wird die Vergeblichkeit fruchtbar, die Angst führt – bereits in den Abschiedsworten Jesu – zur Freude (Joh 16,21). Und das nun wertet alle nachfolgenden Ängste um, indem es die Möglichkeit zur Teilnahme an der Angst des Kreuzes erschließt. v. Balthasar sammelt die Paulus-Texte zu Schwäche, Not und Gebären (1 Kor 2,3; 4,15; 2 Kor 6,4; 11,29; 12,9; Röm 8,19-27). Und das Psalm-Paradox „*in tribulatione dilatasti mihi* – da mir eng

---

[7] Hier liegt die Antwort auf die Schwierigkeit vieler Christen, als Gottessohn könne Jesus letztlich doch nicht so gelitten haben wie wir. So wäre es bei einem gegenständlich-reflektierten Gott-(Selbst-)Bewußtsein. Ein ungegenständliches aber ermöglicht genau diese Qual.

war, hast du mir's weit gemacht"[8] mündet in das Zeichen der Gebärerin am Himmel (Offb 12).

II. Der Christ und die Angst

Der Neue Bund hat also einen doppelten Wandel gebracht: die Verschärfung und Klärung der Angst bis ins äußerste – und ihre Erlösung durch die stellvertretende Angst Jesu Christi. Dies stellt die Basis für alles Weitere dar.

1. Sieg über die Angst durch das Kreuz

1. „Was nie machtvoll und triumphierend genug gesagt werden kann, ist die vollkommene und endgültige Besiegung der menschlichen Angst durch das Kreuz" (42). Die Trennwände sind eingerissen, Mächte und Gewalten besiegt, der Tod überwunden, der Teufel hinausgeworfen (Joh 12,31). „Und zwar nicht bloß juridisch und von Rechts wegen, sondern für den, der zu Christus gehört, seinshaft und im Wesen" (43).

Bei Paulus und Johannes wandelt sich sogar die Angst vor dem furchtbaren Tage des Herrn „in helle Zuversicht" (44: 1 Joh 4,6-18; 2 Kor 1,19f; Eph 4,12): „ich ströme über vor Freude in all unserer Bedrängnis" (2 Kor 7,4).

2. Dies strikte Gebot der Angstlosigkeit will v. Balthasar nun auch auf all das bezogen wissen, womit uns zeitgenössische Philosophie und Psychologie über die Herrschaft der Angst unterrichten. Durchaus im klaren darüber, wie „grotesk" ein solches Verbot angesichts der Tatsachen wirkt, setzt er Aufrufen zur Bejahung der Angst und zu entschlossenem Durchleiden ihrer, wie in jenen Jahren üblich, „nur ein radikales Nein" entgegen: „Der Christ hat zu dieser Angst schlechterdings keine Erlaubnis" (46).

Das gilt auch für Programme einer falsch verstandenen Solidarität, „angstvoll zu sein mit den Ängstlichen", um sie mitleidend zu erlösen. „Brüder, wir sind es dem Fleische nicht schuldig, nach dem Fleische zu leben" (46: Röm 8,12). Wie seinerzeit die jungen Christen „ohne Ansteckung durch den Existentialismus der zerfallenden Antike schritten", brauchen heute die Menschen das Zeugnis einer Lebens-Kraft aus ganz anderen Quellen.

3. Deutlich beklagt der Gründer der Johannesgemeinschaft[9], daß neurotische Angst so viele christliche Berufungen zerstöre – „die immer ein angstloses Ja zur Gnade verlangen" – (47). Er widerspricht der Verklärung der Angst, „auch

---

[8] 4,2 [statt 2,4] (in der Neuübersetzung: sublevasti), deutsch nach B. Welte (vgl. K. Hemmerle [Hg.], Fragend und lehrend den Glauben weit machen, Freiburg/Zürich 1987); Einheitsübersetzung: „Du hast mir Raum geschaffen, als mir angst war."
[9] 1950 ist es für ihn „zu dem schwersten Opfer" gekommen, „'das von mir verlangt werden konnte': dem Verlassen der Gesellschaft Jesu" (Unser Auftrag, Einsiedeln 1984, 46), und erst sechs Jahre später wird der Bischof von Chur ihn in sein Bistum inkardinieren.

wenn jeder, der das Bild dieses Tieres nicht anbetet, aus dem Handelsumsatz der in der Angst Verständigten ausgeschlossen wird". Und diese apokalyptische Wendung (Offb 13,17) ist gewiß recht konkret, d. h. auch persönlich gemeint, trifft also – „hart und schneidend" – den kirchlichen Bildungsmarkt mit (47).

2. Gnade der Angst vom Kreuz her

1. Erst wenn das klargestellt ist, kann es weitergehen – wirklich weiter, „keineswegs zurück oder seitwärts" (47): Daß nämlich der neue Friede und seine Freude und alle Gnade vom Kreuz stammt. Christlich zeichnet das Kreuz alle Freude, und Kreuz sagt auch Angst (freilich anders als auf jenem Markt). So kann vom Kreuz her die Gnade es schenken, „innerhalb der Angst Christi sich mitängsten zu dürfen" (48)[10].

Solche Angst aber ist gänzlich umgewertet: anstatt ichverkapselter Verengung, in der Sünde gründend, ein Sich-Ausgeliefert-haben, Über-sich-verfügen-lassen aus äußerstem Mut. Von Balthasar stellt dem fragenden Ijob die Jesus befreundeten Schwestern des Lazarus gegenüber, die (in vorgreifender Teilnahme am Kreuz) ohne Aufbegehren bereit sind „mitten im Nichtsehen und im Erschaudern" (50: Joh 11).

2. Diese Teilnahme bedingt, daß „eine isolierte Buße für eine isolierte persönliche Schuld christlich nicht mehr denkbar" ist, gilt doch im Leibe Christi das Liebesgebot nicht bloß für einige Schritte, sondern restlos, bis zum Anerbieten der Liebe, „weggeflucht zu sein von Christus für meine Brüder" (51: Röm 9, 3).

In der Annahme solchen Angebots öffnet nun Gott dem Liebenden die Augen für die Wirklichkeit der Sünde (wovon naturgemäß am wenigsten die [sich entschuldigenden] Sünder wissen, die jedoch auch dem Glaubenden meistens gnädig verhüllt bleibt). Ihre erdrückende Last begräbt sozusagen den Einzelnen unter sich, indem dies „nichts anderes als absolute Angst hervorrufen kann" (52).

Dabei werden Glaube, Hoffnung und Liebe von ihm keinen Augenblick lang in Frage gestellt; denn dieses Leiden ist ja gerade die Weise ihres Vollzugs. Aber sie werden nicht mehr erfahren, kennen sich selbst nicht, werden gelebt nur im Angst-Schmerz ihres Entzugs, in der Verlorenheit baren Gehorsams. (Bei Karl Rahner heißt es: „entsetzlicher Sprung ins Bodenlose", „entsetzliche Dummheit"[11]).

---

[10] Unser Auftrag 85f: Bernanos, „aber natürlich noch mehr [die] Erfahrungen übernatürlicher Angst" Adriennes v. Speyr haben auf die Darlegungen gewirkt. „Auferlegte, äußerste Angst bis an den Rand des Wahnsinns", deren Ende jeweils erst „ihren natürlichen, angstlosen Charakter wieder erscheinen" läßt.

[11] Schriften zur Theologie III 106f; XIII 240.

3. Sündenangst des Erlösten?

So hat der Sohn es gelebt, zu deutlicher Unterscheidung derart erlösender Angst von jener ersten des Sünders. Doch welcher Christ wäre sündlos? Damit wird ein neuer Schritt nötig.

1. Das „simul iustus et peccator" birgt eine schmerzliche Wahrheit für jeden, der „seine ständigen Rückfälle, seine hoffnungslose Lauheit, sein tiefes Nichtentsprechen ... kennt oder ahnt" (54). Solch „unmögliche[s] Sowohl-Als-Auch, und deshalb Weder-Noch" muß ängsten. „Und ist das vielleicht gerade die spezifisch christliche Angst?" – auf die sich Nietzsches bekannte Kritik am Aussehen der Erlösten[12] bezieht?

So kehrt im Neuen Bund das Noch-nicht des Alten wieder – jetzt aber, nach dem Erfüllungs-Geschehen in Christus, zerstörerisch potenziert. Daher so viel Überspanntheit und Verschrobenheit (55), Folge einer, wie es scheint, ausgangslosen Dialektik, in deren „Dickicht Religion zum eigentlichen Inferno wird"?

2. Die Fakten sind unbestreitbar; doch Balthasar bleibt dabei: „Dieses Bodenverlieren ist nicht dem Christentum zur Last zu legen, sondern ausschließlich dem Menschen, der mit dem Christentum nicht ernst machen will" (56). Der Glaube bietet keinen Abgrund, sondern festen Boden, allerdings derart, daß hier der Glaubende nicht auf sich steht, sondern auf Gott. Und dies nicht eigentlich stehend, sondern einzig im Gehen: auf „unter seine Füße geschobene[m] Grund" (56)[13].

Bodenlosigkeit entdeckt, wer aufhört zu gehen. Das schlechte Gewissen und dessen Angst bei vielen Christen kommt nicht aus ihrer Sündigkeit, sondern aus Mangel an Glauben, indem man ihn wie von außen betrachtet, statt aus ihm zu leben; aus Zweifel an der Kraft von Hoffnung und Liebe: indem man auf sich selbst blickt anstatt unverwandt auf Ihn. (Zum unausgesprochenen Hinweis auf Petrus – Mt 14, 28ff – siehe später [88] III 3.)

3. Der Glaube wird im Neuen Testament „als etwas handgreiflich Sicheres" und „Sicherndes" beschrieben, „keineswegs als eine flackernde Dialektik zwischen Sündenangst und Heilsgewißheit" (57). Von Balthasar sieht hierin Luther „allzunah beim Alttestamentlichen", wobei aber dessen Verheißungs-Noch-Nicht nun in ein zerreißendes Sowohl-Als-Auch umschlägt.

Ein fatales Interesse des Predigers und Seelsorgers an diesem „Zwischen" des Subjekts führt „dann, in einer echten Fortsetzung der lutherischen Dialektik, zum kierkegaardschen Begriff der Angst": „dem Schwindel des endlichen

---

[12] Menschliches, Allzumenschliches II 98 (Krit.Stud.Ausg. II 418); Zarathustra II Von den Priestern (KSA IV 118).

[13] Vgl. Guardini, Romano: Vom lebendigen Gott, Mainz o. J., 54: Der Lebensweg des Menschen unter Gottes Willen ist „nicht Weg, der vorgezeichnet läge, und wenn man ihn verließe, wäre Weg-Losigkeit. Es ist ein Weg, der sich von Gott her dem Menschen unter den Füßen erzeugt, aus jedem seiner Schritte heraus neu."

Geistes vor sich selbst, vor dem Sprung in ihm ..., vor der Bodenlosigkeit seiner Freiheit" (58).

Die Angst herrscht in Kierkegaards „Psychologie", die er selbst außerhalb der Dogmatik verortet, eben „*weil* sie nicht Dogmatik ist", und so „weder die Naivität des glaubenden Adam noch die dem Christen vorgeschriebene Furchtlosigkeit des Schreitens zu Gott hin"[14].

Weil katholisch verstanden die „objektive Erlösung" nicht nur glaubend wahrzunehmen, sondern tätig anzueignen ist, geht hier der Christ einen wirklichen Weg von der Sündenangst hinter zur Kreuzesangst vor sich. – Doch gibt es einen nun doch sozusagen „dialektischen" Punkt: nie darf und kann der Berufene „sich selbst in einer Einheit mit dem Erlöser, den Sündern gegenüber, erblicken" (59). „Auf dem Kreuzweg ist nur Christus das Opfer" (60), und dem Geängstigten bleibt dies bewußt.

4. Geist-Unterscheidung zwischen Angst und Angst

1. Weil so der Christ einen wirklichen Weg geht, ist es (60) „unmöglich, daß ein Mensch von der Sündenangst unmittelbar in die Kreuzesangst hineingeführt wird, ... ohne daß er die volle Herrlichkeit christlicher Befriedung erfahren hätte" (61).

Christlich ist die mystische Nacht nicht zuerst ein „Phänomen der Reinigung", eine Läuterungs-Phase, sondern eine vom Gott Jesu zuerteilte, und so wesentlich „soziale Gnade". Sie setzt die tiefe Erfahrung von Gottes Licht in Glaube, Hoffnung und Liebe voraus; ist sie doch „nichts anderes als die Entbehrung *dieses* Lichts". Wieder wird auf die Frauen von Bethanien verwiesen (siehe auch oben Anm. 7).

2. Hier kommt der Theologe auf die Gestaltung christlicher Angst durch katholische Dichter zu sprechen. Erst verteidigt er Bernanos gegen den Vorwurf, er übertreibe die Nacht. Bei „aller Neigung zur Grandiloquenz und allem Gebraus der Leidenschaft (nicht weniger heftig als bei seinem geistlichen Ahnen Bloy)" walte hier eine „unbestechliche Sicherheit in den Dingen der Kirche" (62). Seit Kindeszeiten mit der Angst vertraut, hat er ihr seinen „sieghaften und ritterlichen Mut" entgegengesetzt, „nackt und wehrlos vor Gott zu sein wie die Heiligen, die er schildert"[15].

---

[14] Bei Calvin steht zwar nicht der Abgrund des eigenen Geistes im Blick, sondern Gottes Prädestination; die aber erscheint in verheerender Doppelheit aufgrund „der tief individualistischen, eine letzte Solidarität ausschließenden Auffassung vom menschlichen Heil" (58). Diese Verendlichung der Erlösung zeichnet die Angst in die Geschichte des französischen Jansenismus ein. - Und im Vor- bzw. jetzt Rückblick bis auf die letzten Konflikte unseres Lehrers wäre hier auch von katholischer (Höllen-)Angst-Verkündigung zu reden: Was dürfen wir hoffen? Einsiedeln 1986; Kleiner Diskurs über die Hölle, Ostfildern 1987.

[15] Vgl. Gelebte Kirche: Bernanos, Einsiedeln ²1956. Das eindrucksvolle Notat aus seiner Agenda von 1948 dort (ebenso ohne Angabe, offenbar aus von A. BÉGUIN zur Verfügung Gestelltem [12; vgl. Unser Auftrag (Anm. 10)] 164f. An bestimmender Stelle begegnet es

Bei G. v. Le Fort jedoch ist zu bemängeln, daß in ihrer berühmten Novelle eine sogar deutlich „neurotische Angst die Grundlage der mystischen bilden soll und jedenfalls bruchlos in sie übergeht" (63). Ähnliche Vorbehalte gibt es zu Claudels ‚L'Otage – Der Bürge'.

Sind schon hier Konturen christlicher Angst anzumahnen, von der Freude der Sendung bis zum Sieg am Kreuz[16], so wird das vollends bei der Verunklärung nötig, die „Karl Rahner als falsche und verhängnisvolle ‚Sündenmystik' gebrandmarkt hat (von der auch ein großer Dichter wie Graham Greene oder Gertrud von Le Forts ‚Kranz der Engel' nicht freigesprochen werden kann)" (65f).

Die Aufsichnahme von Schuld kann niemals erlösen. „In Gott ist keinerlei Finsternis [er ist kein gemischtes Sakrales], und in der Schuld ist keinerlei Licht" (66). Ein Doppelsatz, den ich nach Jahrzehnten prophetisch heutiger finde denn je – und nicht zuletzt bezüglich der inneren Einheit der Hälften. Zu nüchterner Prüfung von Literatur-(Pastoral-)Theologien, für die Dichtung und Kunst nicht bloß die Situation sichtbar machen, in der Verkündigung statthaben soll, die sie vielmehr obendrein zu Richte und Maß der Botschaft selber erklären (als wäre diese nur Antwort anstatt allererst Anruf, zur Umkehr rufende Frage).

III. Das Wesen der Angst

Nach solcher Grundlegung läßt sich die Angst nun auch philosophisch erhellen, ohne daß sie von vornherein nur verkürzt zu Gesicht kommen müßte (insofern die „Menschen-Natur" konkret-faktisch niemals natürlich war, ist oder sein wird: zwischen ursprünglicher Berufung, Sündenfall, Erlösung und eschatologischer Hoffnung).

1. Unselbstverständlichkeit

1. Wenn seit PLATON die Philosophie ihren Grundakt in der Bewunderung sieht[17], dann hat es „nicht Heideggers bedurft", um deren „Nähe zur Angst" zu entdecken (69). *Thaumázein* heißt in intransitivem Gebrauch: Sich wun-

---

auch in einem Aufsatz zu Ängstlichkeiten in der Kirche: Durch geschlossene Türen (1961), in: Spiritus Creator, Einsiedeln 1967, 439-448, 440f.

[16] Siehe: Die Wahrheit ist symphonisch, Einsiedeln 1972, 131-146 (Die Freude und das Kreuz).

[17] Sokrates (Theätet 155 c [Schleiermacher]): „Gar sehr ist dies der Zustand eines Freundes der Weisheit, die Verwunderung; ja, es gibt keinen andern Anfang der Philosophie als diesen, und wer gesagt hat, Iris sei die Tochter des Thaumas, scheint die Abstammung nicht übel getroffen zu haben." O. APELT zur Stelle (Leipzig 1911, 161f): „Iris, als Götterbotin, bietet dem Platon ein treffendes Bild für den Beruf der Philosophie als Vermittlerin zwischen Himmel und Erde. Sie ist nach Hesiod die Tochter des Thaumas, der Bewunderung ..."

dern, zweifeln, nicht verstehen[18]. Der Aquinate erörtert diese Spannung anhand von Aristoteles' einschlägiger Bemerkung zu Beginn der Metaphysik: Starres Betroffensein (*stupor*) hindert die Philosophie; Bewunderung, die nur jetzt nicht zu urteilen wagt, bewegt zu weiterer Untersuchung und ist so das „principium philosophandi"[19]. Die einigermaßen künstliche Unterscheidung weist voraus auf die Gründung der Philosophie – wie des Geistes als solchen – in Ent-setzen und Schwindel, also eher in einer Fluchtbewegung als im Vertrauen.

Tatsächlich stehen sich Hoffnung und Angst seit alters entgegen. Und nun gerät der Leser zunächst in eine überraschende Kehre: Während die Hoffnung „mit dem Begriff der Erreichlichkeit" (70) die Subjektivität einschließt, schafft die „Absatzbewegung der Angst" dem Objekt(iven) Raum. Überwältigt vom Gegenüber schmilzt das Ich „gleichsam zu einem Punkt oder Nichts". Das Ereignis reiner Sachlichkeit ist so zugleich der Punkt der Angst.

2. Die natürliche Furcht gilt dem zerstörenden Übel, dessen Inbegriff der Tod ist; allerdings nicht schlechthin, er muß vielmehr nahe – und doch nicht unausweichlich erscheinen[20]. Damit „stößt die alte Philosophie der Angst an ihre Grenzen" (72). Es geht hier um konkrete Bedrohung; so rechnet man die Angst zu den „passiones animae", wo sie mehr zum Streben gehört als zum Aufnahmevermögen und dort mehr zum sinnlichen als dem des Geistes. „Das Seinsvertrauen des mittelalterlichen Menschen ist so groß, daß die Angst als eine das endliche, kreatürliche Sein in Frage stellende gar nicht gesichtet wird".

Erst als die Bedrohung des endlichen Geistes ihn als Ganzen in Frage stellt, kommt es zum Anschluß an die alttestamentliche Angst. Die Sinnlichkeit ist durch ihre Begrenztheit geschützt; so bleibt die Angst des Tieres „ein von der geistigen Angst ... gänzlich unterschiedenes Phänomen" (73). Zu Recht allerdings hat die alte Philosophie die menschliche Angst statt rein geistig als geist-leibliches Geschehen verstanden.

3. Im Geist ist der Ort der Angst „die wechselseitige Beziehung von Transzendenz und Kontingenz" (74). Das wird nun aus klassisch metaphysischer

---

[18] Apelt ebd.: „Man hat darüber gestritten, ob die Philosophie aus dem Zweifel oder der Bewunderung entstanden sei. Hegel ist der ersteren Ansicht." („Es ist eine Verwirrung, mit der die Philosophie eigentlich anfangen muß und die sie für sich hervorbringt. Man muß an allem zweifeln, sagt Cartesius" - hier nach: Vorlesungen 7 [P. Garniron/W. Jaeschke], Hamburg 1989, 140). „Das wußte Platon besser. Wer zweifelt, muß schon gedacht haben ... Der Anblick des gestirnten Himmels in seiner stillen Erhabenheit, die Größe, Macht und Herrlichkeit der Natur weckten die Bewunderung des empfänglichen Geistes ..."

[19] Met I 2 (982 b 12); Sth I-II 41, 4, ad 5 (Aristoteles freilich stellt Staunen mit Zweifel und Ratlosigkeit zusammen [15: *diaporésantes*]; philosophiert wird ihm zufolge also, „um der Unwissenheit ledig zu werden" (19f - so daß der Wissende nichts mehr bewundert?).

[20] I-II 42, 2 c. - Davon unterschieden wird das „betrübendes Übel"; es bedroht statt des Lebens unsere Wünsche, die Furcht davor heißt darum nicht-natürlich I-II 41, 3 c.

Perspektive entwickelt, die heute eher befremdet. Trotzdem sei die Vermittlung gewagt[21].

Transzendenz (= Übersteigen, Überstieglichkeit) besagt die Ausgespanntheit des Geistes, dem das *Seiende* (erst recht „als solches") einzig vor dem unbegrenzten „Hinter"grund des *Seins* begegnen kann: auf einer „Bühne, die leer ist und so groß, daß alles auf ihr erscheinen und gespielt werden kann". Diese Leere nun läßt sich weder einfachhin als „Nichts" bezeichnen noch als „Etwas", noch als Inbegriff aller Dinge; denn einerseits räumt sie die Möglichkeit für alles Seiende ein, andererseits ist sie durch wieviele Seiende immer weder zu verkleinern oder einzuschränken noch zu erschöpfen oder auszufüllen. So zeigt die „ontologische Differenz" zugleich die Kontingenz (= „Un-notwendigkeit", Nichtselbstverständlichkeit) des Seienden „gegenüber" dem tragenden Sein[22].

2. Zwischen All und Diesem, Sinn und Fakt

Um konkretes, kategoriales Seiendes zu erkennen, muß der Geist es vom „Sein" aus erfassen. Dabei ist „Sein keine Kategorie, kein Begriff" (75). So lebt Erkennen in sich entziehendem Zwischen: Das Sein entgleitet – als unfaßliche Bedingung allen gegenständlichen Erfassens – ähnlich, wie in Platons Höhle sich allein die Schatten-Bilder zeigen, nicht die Lichtquelle [noch die Dinge] im Rücken. – Damit entgleitet indes auch das Seiende selbst; denn voll verstanden wäre das Erblickte erst, wenn man es in seinem Verhältnis zum Seins-Licht, in seinem Wie und Warum erfaßt hätte. – Die „ontologische Differenz" ist nicht jene von Besonderem und Allgemeinem (verdanken sich doch Allgemeinheit wie Besonderheit dem Sein), doch findet Balthasar sie nirgends derart eindrücklich gespiegelt wie hier[23].

1. In der Tat ist Faktizität ein besonderer Anstoß[24]. Warum begegnet mir eben dieses statt möglicher anderer Phänomene? Weder läßt es selbst und sein zu-fälliges Erscheinen sich aus einer umfassenden Sinn-Gesetzlichkeit (deduzierend) begreifen, noch gelange ich in Gegenrichtung (induktiv) aus den „Erfahrungen" zu einem Sinn-Gesetz.

---

[21] Nota bene dazu: „Dem wahrhaft Liebenden sind auch die verstiegensten Probleme der Metaphysik stets praktisch und aktuell, etwa die Frage de Individuation, der Seinsanalogie, des Verhältnisses zwischen Universal und Partikular. Diese Fragen begleiten all sein Tun und Denken: lebend löst er sie und schürzt sie zugleich immer von neuem." Das Weizenkorn, Einsiedeln (1944) ³1958, 31.

[22] Zu deren Dramatik Thomas (De aeternitate mundi: Selecta opusc. I [M. de Maria] Romae 1886, 376): „Eher ist jedem eigen, was ihm in sich zukommt, als was es nur aus anderem hat. Das Sein nun hat die Kreatur nur ex alio, sich überlassen ist sie in sich betrachtet nichts: daher ist ihr eher (das) nichts natürlich als (das/zu) sein - prius naturaliter est sibi nihilum quam esse."

[23] Siehe auch: Theologik I, (1947) Einsiedeln 1985.

[24] Siehe Henrici, P.: Aufbrüche christlichen Denkens, Einsiedeln 1978, 27-35: Die metaphysische Dimension des Faktums.

Und für Leser, die das zu ausgedacht finden, wird der Autor sozusagen „persönlich": Welcher Mensch, den man trifft, verkörpert die große „Idee des Menschen"? Tut es aber keiner, woher der Normanspruch jener Idee? Oder anders herum: Wenn ich wirklich Mensch bin, also den Gedanken ‚Mensch' verwirkliche – samt dem Einmaligsein, das dazugehört: wieso gibt es dann noch Milliarden anderer? Bin ich also auswechselbar? – Dann wäre das Eidos ‚Mensch' in mir nicht echt verkörpert. Es sei denn, zu dieser Idee würde just die Unwichtigkeit des jeweils konkreten „Beispiel"-Falles gehören. Dann entfielen jedoch – und das wird ja vertreten – die Begriffe Persönlichkeit und Person.

So reich und vielfach vernetzt die Vermittlungen zwischen Faktizität und Norm sich auch zeigen: schließlich hängen doch die Enden „unverknüpfbar lose" (77). Der Idee Mensch ist es offenkundig versagt, ihre Möglichkeitsfülle auch wirklich zu präsentieren; und umgekehrt bietet kein Mensch ein erfüllendes Bild von Menschsein. Zwischen Begriff [Kant nennt ihn „leer"] und [beliebiger; Kant: „blinder"] Anschauung wie hin und hergerissen: wozu die Erkenntnisbemühung, wenn man ihre Unerfüllbarkeit einsieht?

2. Das wird (nun wirklich, berührend, persönlich), an der Weltenttäuschung des Heranwachsenden anschaulich gemacht. Aus der „kindlichen Versunkenheit ins Einzelne" folgt er dem Lockruf des Allgemeinen, tieferen Sinnes – um zu erkennen, daß der „Gang zu den Müttern" nirgendwohin führt, sondern „unversehens" wieder in das Einzelne zurück. Das aber hat seinen alten Zauber verloren und erscheint in seiner Kontingenz zugleich geheimnislos und unheimlich. Sein wie Dinge sind gleichermaßen gewichtlos geworden: *abstrakt*. Und diese Erfahrung führt erkenntnistheoretisch zum „Phänomenalismus" (78 – heute stünde hier „Konstruktivismus"). Solcher Weltverlust aber macht Angst.

3. Doch ist die Angst nicht eigentlich in der Vernunft zuhause, sondern im Willen, in der Freiheit. „Sein (das All und Ganze) überhaupt" stellt keinen Gegenstand möglicher Wahl dar; was anderseits soll man innerhalb dieses umgreifenden Horizonts wählen, wenn bei ausnahmslos allem irgend etwas dafür spricht wie stets anderes dagegen ... mit erneutem Für-und-Wider auf der (Meta-)Ebene der Gründe und so weiter ohne Ende? Derart steht den ‚Möglichkeiten' „keine Wirklichkeit, das heißt keine Notwendigkeit des Zuwählenden gegenüber" (79).
Das redet (wie hier nicht ausgeführt werden kann) keinem Relativismus das Wort, zeigt aber die schwindelnde Höhe, das Ausgesetztsein einer Freiheit, die zur Selbstbestimmung gerufen [J.-P. Sartre: „verdammt"] ist.

3. Zeichen eines Bundes

1. Damit stellt sich die Frage: Wird mit dem Gesagten das Wesen des Menschen als solches beschrieben – oder nicht doch die Situation einer Differenz

zu seinem ursprünglichen Sein, in die das Geschöpf durch „Sündenfall" und „Erbsünde" geraten ist? (Kant und die Denker des deutschen Idealismus bestreiten das ,oder'; für sie geschieht die Menschwerdung im Sündenfall.) Träfe das zweite zu, „dann hätte Gott die Angst nicht der Natur eingeschaffen" [anders etwa E. Drewermann und jetzt auch E. Biser], und die geschilderte Verlorenheit „wäre in ihrer Konkretheit durch die Distanz des Sünders vor Gott, die Fallbewegung der Schuld mitbedingt" (80). Die „sich öffnende Leere" verwiese zurück auf eine „Abwesenheit".
Dies für das menschliche Erkennen durchzuführen, zögert auch v. Balthasar; findet es aber „möglich, ja unausweichlich", dem für die Freiheit nachzusinnen. Und dafür erhält Kierkegaard das Wort: „Die Freiheit anheben lassen als freien Willensschluß, als ein liberum arbitrium ..., das ebenso gut das Gute wählen kann wie das Böse, heißt von Grund auf jede Erklärung unmöglich machen"[25]. In die „schlimme Neutralität und Indifferenz zwischen Gut und Böse ... hat Gott sein Geschöpf nicht eingesetzt" (81).
Natürlich wird im Paradies nicht Gott geschaut; dann wäre ein Abfall unmöglich; doch muß es ein Raum gewesen sein, „den Gott ursprünglich für sich geschaffen und mit seiner geheimnisvollen ... Gegenwart gefüllt" hat. Darum schreiben die Alten, auch Thomas, Adam ein intuitives Erkennen zu, das „man weniger als ein ,eingegossenes Wissen' denn als ein Wissen aus dem konkreten Glaubensleben in Gott zu verstehen hätte" (82 [womit doch wohl auch unser – abstraktives – Erkennen zu befragen wäre]).

2. Der Übergang nun aus dem Wesen ins (Welte) „Unwesen" verlangt tatsächlich eine „Zwischenbestimmung". Kierkegaard nennt die Angst, als Bestimmung des träumenden Geistes, der die Möglichkeiten ahnt, die das Verbot in ihm aufweckt. Geist als einendes Drittes zu Leib und Seele, ihnen freund wie feind, und dies so auch – in Angst – sich selbst. Das sind „Kategorien der Romantik und des deutschen Idealismus" und lassen fast „die Hauptsache vergessen ...: das Verhältnis zu Gott" (83).
Zugleich wird die katholische Urstandslehre verworfen, die Adam einen Sonderstatus zuspricht. Dafür will von Balthasar zwei kirchliche Traditionen verbinden: Einerseits kann „man (realistisch) nicht ohne Freiheitsentscheidung in der Indifferenz beginnen"; andererseits sieht er schon in der Realisierung dieser Indifferenz eine Entfremdung (von) der ursprünglichen Liebesgemeinschaft, „noch bevor der eigentliche Sündenfall stattfand" (85).
So gesehen entspringt die Angst nicht schlicht der inneren Leere des Geistes, sondern jener, in die er sich von der „Schlange" hat versetzen lassen. Nur die Möglichkeit zu solcher Leere ist ihm wesenseigen; betritt er sie aber, läßt sich die Angst nicht mehr bannen. Denn „diese Immanenz hat eine transzendente Voraussetzung: die Entfernung von Gott" (86). – Das Nichts der Angst ist so

---

[25] BA 115 (SV IV 38f). Ergänzend 47f (IV 320): „Die Möglichkeit der Freiheit ist nicht, daß man das Gute oder das Böse wählen kann. Solche eine Gedankenlosigkeit ist ebenso wenig im Namen der Schrift wie im Namen des Denkens. Die Möglichkeit ist das *Können*."

nicht einfach das der Endlichkeit, nicht das des Seins, das kein Seiendes ist, sondern das einer darin erfahrenen Abwesenheit.

3. Diese Leere hebt auch die Erlösung nicht auf, entäußert sich doch Gottes Fülle gerade in sie. Vom Christen ist so als erstes das Ja zu dieser in der Leere unfühlbaren Fülle gefordert. Dies ist dann christliche Indifferenz: „Überstieg ohne Geländer, Überstieg der Bootswand" (88), in restlosem Transzendieren, unabgelenktem Blick nur auf Ihn.

Darauf zu reflektieren („wie mache ich das?") läßt den Menschen sogleich versinken. Im (geschenkten) Hinblick aber wird er von der Selbsthingabe in Gottes eigenem dreieinen Leben getragen, uns offenbart in der rückhaltlosen Selbsthingabe Jesu Christi an seinen Vater und darin an uns.

In ihm und seiner Angst ist uns zugleich ein Äußerstes auch dieser erschienen: nämlich „das Bangen und Beben Gottes [selbst] um [seine] Welt" (89). Und wie das seine Seligkeit nicht mindert (außer man „hätte einen gar kurzen Begriff von Gott"), gilt dasselbe – objektiv – auch von der Teilnahme Berufener an dieser Angst, selbst wenn sie „subjektiv Todesangst" ist (90).[26] Darum wird Paulus zitiert (2 Kor 4,7-9; 12,9f): „... eingeengt, ängstigen wir uns nicht ... denn wenn ich schwach bin, bin ich stark." Göttlich gerüstet (Eph 6,14ff; 1 Thess 5,8) leuchtet der Glaubende auch in der Angst.

***

1. So weit die heute wie damals unzeitgemäße Herausforderung einer Theologie dramatischer Liebe. Michael Bongardt meint, von Balthasar bleibe, „trotz eines langen bibeltheologischen Angangs so ausschließlich ontologischen Kategorien verhaftet, daß ihm der Blick auf das Verhältnis von Angst und Freiheit nicht gelingt"[27]. Besonders zeige sich das an seiner Bestreitung der Reflexion auf den Glauben. Die apodiktische Gegenüberstellung von Glaube und Angst werde „dem Glauben als einem die Angst anerkennenden Freiheitsakt" nicht gerecht. Und wenn – rechtens – herausgestellt wird, daß der Glaube an Gottes Liebe die Angst untersagt, der Glaube könne nicht ausreichen, so werde doch „die Angst [vernachlässigt], die den stets neu erforderlichen Schritt in diesen Glauben begleitet" (351[457]).

Was die Kontrastierungen angeht, so scheint auch mir die Schrift überschärft. Zwischen der Sünden- und der mystischen Angst wäre wohl doch die angstweckende Gefährdung des geschöpflichen Unterwegs einzuzeichnen, wenn auch nicht so unausweichlich wie bei Kierkegaard selbst. Und weil die Gnade

---

[26] Abschließend ist von der Angst in der Kirche die Rede. Natürlich führt der „Mißbrauch des Besten zum Schlimmsten"; doch ist zugleich „das Kostbarste durch sich selber geschützt" (95). Zudem ist es neutestamentliche Lehre, daß im Maß und *wegen* der Gegenwart der Erlösung sich das widerständige Dunkel verdichtet. So bedarf es zum Christsein in der Kirche des Mutes (94); dessen entscheidende Probe jedoch ist der Gehorsam (96).

[27] Der Widerstand der Freiheit, Frankfurt/M. 1995, 350[454] (vgl. meine Rez. in: ThPh 72 [1997] 145-147).

auf diesem Weg die Natur nicht ersetzt, möchte ich mit Bongardt/Kierkegaard festhalten, daß der Glaube „das Verhältnis von Angst und Freiheit ... nicht aufzulösen" vermag (349), daß er die Angst „nicht beseitigt" (350f). Andererseits hieß es oben, selbst Christi Erlösung nehme die ängstende Leere nicht weg (III 3, 3: 87), nur daß sie aus dem Fall stammt statt von Natur. Würde so auch von Balthasar die Grenzen weniger deutlich markieren, als es mitunter in seiner Widerrede gegen Trends und Zeitgeist klingt? Trotzdem wohl noch immer zu scharf, wenn nämlich die Angst doch enger in die Möglichkeit gehörte. Jörg Disse: „Das Verhältnis des Menschen zur Möglichkeit ist nicht eine Unvollkommenheit, die mit dem Glauben wegfällt"[28]. – Ohne Dissens jedenfalls wird der Christ vom Glauben bezeugen, in Dankbarkeit wie in Hoffnung, wider äußeren Anschein, ihm sei gegeben, dieses Verhältnis „wesentlich zu verändern" (349); „die lähmende Kraft der Angst zu entmachten" (352).

Bezüglich der Selbst-Reflexion des Glaubenden schlage ich vor, zu unterscheiden: zwischen einmal einem Wissen-wollen, das dem „Dank wissen" dient (biblisch [Ps 8,5]: „Wer ist der Mensch ...?" oder [Lk 1,43]: „Wer bin ich, daß die Mutter meines Herrn ...?"), und sodann einer narzißtischen Befassung mit sich selbst, aus der tatsächlich nur Selbstbetrug vor dem Untergang retten könnte, angesichts dessen, was man hier erblickt.

2. Keinen Disput jetzt über die „ontologischen Kategorien" (vielleicht wurde doch erkennbar, daß sie sich durchaus [inter-]personal lesen lassen). Dafür erlaube ich mir zum Schluß einige eigene Hinweise zur interdisziplinären Vermittlung.[29]

Wenn sich Person einem Anruf verdankt (statt einem „Machen" – so vor allem R. Guardini[30]), dann ist sie zur Antwort gerufen. Zur Antwort der Annahme ihrer[31] als dankbarer Annahme dessen, der ihr nicht bloß sie, sondern darin vor allem sich selbst schenkt[32]. Hier wäre Neutralität in der Tat völlig unangemessen, darum unmöglich das erste.

Als was/wer indes zeigt sich in diesem Geschehen der Geber? Fraglos als Allmacht, kann doch einzig sie wirklich Freiheit begründen (jeder mindere Ursprung höbe sie auf)[33]. Zugleich als Liebe, denn eben das sagt/tut Liebe: Es soll dich geben (J. Pieper). Doch welcher Art ist die Liebe?

[28] Kierkegaards Phänomenologie der Freiheitserfahrung, Freiburg/München 1991, 147.

[29] Vgl. ausführlicher: Lernziel Menschlichkeit, Frankfurt/M. ²1981, Kap. 1: Freiheit - Angst - Aggressivität; Auf der Flucht vor sich? in: J. Splett/H. Frohnhofen (Hg.), „Entweder / Oder", Frankfurt/M. 1988, 82-100; Leben als Mit-Sein, Frankfurt/M. 1990, bes. Kap. 6: Grundgesetz Freigebigkeit; Spiel-Ernst, Frankfurt/M. 1993.

[30] Welt und Person, Würzburg ²1940, 115f.

[31] Nochmals Guardini: Die Annahme seiner selbst, (1960) Mainz 1987.

[32] F. v. Baader, Werke (1855), Aalen 1963, IX 387: „Danken ... ist die Praesenz des Gebers in der Gabe anerkennen" (Revision der Philosopheme der Hegelschen Schule ...).

[33] Kierkegaard, Die Tagebücher 1834-1855 (Th. Haecker), München ⁴1953, 239f bzw. in der Düsseldorfer Ausg.: Literarische Anzeige (Anhang) 124f (VII A 181).

Sie zeigt sich „an ihren Früchten", und diese sind endlich: endliche Freiheit. Deren Urheber kann zwar (obwohl sie endlich ist) nicht weniger als freie Allmacht sein, doch auch „All"-Liebe? Und diese erst wäre *anbetungs*-würdig. – Damit wird nicht ein „geschenkter Gaul" überprüft; ebensowenig statt mit Dank auf die Gabe nach dem (aus)geschaut, was es nicht gab. Ansteht jedoch: in den endlichen, begrenzten Zuwendungen (also mir und meinesgleichen) die sich darin auswirkende Zuwendung (Singular!) selbst als grenzenlos und unbedingt wahrzunehmen (= zu erkennen und anzuerkennen).

Verlangt aber dies – vor einem Geber, dem „nichts unmöglich" (Lk 1,37), angesichts unserer spürbaren Grenzen, zudem von unbegründbarem, schlicht hinzunehmendem Verlauf –, verlangt es nicht tatsächlich einen Sprung, ein sich riskierendes Sich-Verlassen? – Warum bin ich nicht ein wenig besser begabt mit dem und jenem, warum vor allem nicht ein wenig besseren, handsameren Charakters (und dies nicht bloß meinetwegen gefragt)? Aber das ist nur der Anfang. Hinter der Kontingenz meines So-Seins steigt erschreckend die meines Daß auf: Warum überhaupt, wozu bin ich da? – Aus Notwendigkeit? Welche Not hätte ich der Welt, dem All, vor allem Gott zu wenden? Und gäbe es die: was hieße dies für seine Liebe zu mir? – Bin und lebe ich aber nicht aufgrund von „need-love", dann aus einer Liebes-Laune[34]? Bedarf es hier erst einer Schlange, um das Geschöpf in die Enge und Angst der Entscheidung zu führen? (Zumal sich fragen ließe, wer zuvor die Schlange oder ihren Einflüsterer in diesen Kreuzpunkt gebracht hat). Also wäre Schöpfung als solche bereits die Versuchungs-Situation (d. h. nicht bloße Möglichkeit, sondern ein Sich-Nahelegen von Reserve) – wenn auch mitnichten der Fall oder auch nur die Unausweichlichkeit seiner.

3. Wie also, wenn die Angst des Geschöpfs und die Gottes um es doch schon zum Schöpfungsgeschehen als solchem gehörten? Sind Kierkegaards Analysen zu sehr (und zu wenig bedacht) von unserem (nach)sündlichen Zustand gezeichnet – als gehörte die jetzt erfahrene Angst zur Natur des menschlichen Geistes, so hat der gebotene Einspruch dagegen von Balthasar dazu verleitet, die Angst nur und erst dem Fall zuzusprechen.

Statt dessen wäre in der Angst selber zu unterscheiden: zwischen der Angst der Versuchung (d. h. jener, die sie begleitet und gewissermaßen *ist*) und dem, was sie dadurch wurde, daß das Geschöpf ihr/dieser nachgab. In der Angst versuchter Unschuld lädt zugleich die Liebe ein, an den sich zu halten, der – wie sein Sohn – sagt: Halt mich nicht fest[35]. Darum herrscht hier nicht bloß *Angst* und ihr Schwindel. *Freiheit* läßt sich der Einladung gegenüber vom *Mißtrauen* einnehmen („Kleinglaube" nennt es die Schrift).

---

[34] Dies ist ja wohl der Grund, warum auch bei christlichen Theologen immer wieder die Rede von göttlicher Sehnsucht begegnet. Ich nenne nur D. SÖLLE, Lieben und arbeiten, Stuttgart 1985, 27ff.

[35] v. Balthasar, H. U.: Sich halten - an den Unfaßbaren, in: GuL 52 (1979) 246-258.

Einerseits wahrt dies das Wahrheitsmoment in Entwürfen, die vom Schmerz des Weltenwerdens, von Schöpfung als Fall oder auch – abgeschwächt – von ihrer Tragik sprechen[36]. – Andererseits läßt sich ihnen damit um so entschiedener widerstehen, wo sie – nicht grundlos, und dennoch objektiv blasphemisch – die „freie Freiheit"[37] und Großherzigkeit des Schöpfers bestreiten (oder wenigstens in Frage stellen). – Es höbe zugleich das Wunder von Schöpfung in seiner/ihrer Gewagtheit klarer ins Licht, das im christlichen „Normalbewußtsein" so leicht hinter der „wunderbareren" Erlösung verblaßt. Erlaubt es uns schließlich sogar einen eschatologischen Ausblick? – Johannes zufolge vertreibt die vollkommene Liebe die Furcht (1 Joh 4,18); und tatsächlich ist auch die hier eingebrachte natürliche Angst eine solche noch unentschiedener Freiheit. Bleibt jedoch in der Vollendung nicht bloß die Liebe, sondern mit ihr auch der Glaube und sogar die Hoffnung, obzwar verwandelt[38], wieso dann nicht, gleichfalls selig verwandelt, auch die ihr verschwisterte Angst – ja, über jegliche „Erreichlichkeit" (s. o. [III 1, 1] 70) hinaus, sie vor allem? Schwindel im Reigen. Und schwanden Dante im Paradiso die Sinne, bedeutet Gott zu sehen den Tod (Ex 33,20) – doch ins Leben[39]: warum dann nicht jenes Leben (statt als schlußendliches „Arriviertsein" und Erlangthaben) als ewiges Er-sterben denken?[40]

Den Christen erwartet dann nicht seine triumphale Erlösung von aller Angst, sondern vielmehr deren Erlösung. Wie das Christsein, das Leben „in Christo", unsere Menschennatur im dreifachen Wortsinne „aufhebt", birgt es auch unsere Ängste in sich. Schöpfung, Abfall, Erlösung, Vollendung als Geschichtsepochen des Menschen sind damit ebenso die seiner Angst. Und diese „Stände" folgen einander nicht bloß in abgehobenem Nacheinander.

Also wäre auch die Erlöstheit der Angst, ihre Verklärung, („angeldlich") jetzt schon wirksam – nicht nur in mystischem Mit-sein am Ölberg, am Kreuz, sondern auch und erst recht in der Demütigung von uns täglich – wie nächtlich – heimsuchenden Ängste.

---

[36] Z. B. J. W. v. Goethe, Wiederfinden (Artemis-Ausg. I 510; C. F. v. Weizsäcker, Der Garten des Menschlichen, München 1977, 346-356); BA 58f (IV 329f) zu Schelling; zu Baader (auch BA 37f - IV 311) K. Hemmerle, Ausgew. Schriften 1, Freiburg 1996, 217f; E. Salmann, Neuzeit und Offenbarung, Rom 1986, 80, 107, 124, 126, 184; Der geteilte Logos, Rom 1992, 282, 500 (meine Rezensionen in: ThPh 63 [1988] 289-293 u. 69 [1994] 301-305). – Zur damit gestellten Theodizeefrage darf ich nur verweisen auf: Denken vor Gott, Frankfurt/M. 1996, Kap. 10: Sprachlos vor Leid und Schuld?

[37] Thomas v. Aquin, Sth I 44, 4, ad 1; J. Duns Scotus, De primo princ. IV 10.

[38] LThK ²X 79; K. Rahner, Schriften VIII 561-579 (Zur Theologie der Hoffnung).

[39] Siehe zu Moses Tod (Dtn 34,5) die rabbinische Lesart von „auf Gottes Mund (= nach seinem Wort)" als „durch seinen Kuß" (z. B. RASCHI). Vgl. M. J. bin Gorion, Die Sagen der Juden, Frankfurt/M. 1962, 537, bzw. E. Lévinas, Jenseits des Seins oder anders als Sein geschieht, Freiburg/München 1992, 388¹.

[40] Als jene wahre „Krankheit zum Tode" (Hl 5, 8; JUAN DE LA CRUZ: „Oh regalada llaga - wohltuende Wunde" Sämtl. Werke, Einsiedeln II [³1983] 192f; vgl. Spiel-Ernst [Anm. 29] 123f), deren ipsistisches Zerrbild Kierkegaard derart erweckend analysiert hat.

„Im Kleid steckt die ganze Anthropologie"

Mit Hans Urs von Balthasar von der Rolle zur Sendung

Thomas Krenski

1. Gesprächsweises Denken

„What we in everyday life lack and what the actor in a stage-play has is an author. Whereas the existence of a play has a completeness, an inevitability, a wholeness in its enactment, our own existence lacks these qualities altogether. We have no script according to which we can live our lives; we are both author and actor at once and it is precisely the freedom and openness, the unfinished character of our life-action and the unforeseeability of the consequences of our actions that distinguishes our experienced world of lived-time from that of aesthetic imagined tim."[1].

Mit diesem Statement benennt der in Cambridge lehrende Soziologe Richard Browns die zentralen Motive der multidisziplinär genutzten Theaterparabel. Die hier zu Gehör gebrachte säkularisierte Variante der überkommenen Welttheaterparabel entthront den göttlichen Autor, der dem Menschen seine Rolle zuwies, und befreit das Subjekt aus der rollengebenden Fremdbestimmung zur individuellen Selbstbestimmung. Das Subjekt aber scheint mit der dadurch gestellten Aufgabe, sich nun selbst das Drehbuch schreiben und die selbstgegebene Rolle spielen zu müssen, überfordert. Es ist, als verbündete sich das vom göttlichen Autor emanzipierte säkulare Subjekt insgeheim mit den sechs Personen Luigi Pirandellos, die – außer Stande sich selbst zu verwirklichen – einen Autor suchen[2].

In seiner 1993 erschienen Einführung in die Theatersoziologie[3] weist der an der Universität Tel Aviv lehrende Soziologe Uri Rapp auf Hans Urs von Balthasars Theodramatik mit der Bemerkung hin, daß Balthasar die Säkularisierung des einst im Gott-Welt-Verhältnis beheimateten Theatergleichnisses beklage: „Zu diesem Thema besonders wichtig ist Hans Urs von Balthasars Theodramatik. Band Prolegomena. Als Theologe sieht er diese Entwicklung negativ. Eine Art Abfall"[4]. Er charakterisiert den genannten Eröffnungsband

---

[1] Browns, R., A Poetic for Sociology. Toward a Logic of Discovery for the Human Sciences. Cambridge 1977, 70.
[2] Pirandello, L., Gesammelte Werke in sechzehn Bänden. Band 6: Sechs Personen suchen einen Autor. Trilogie des Theaters auf dem Theater und theaterkritische Schriften. Berlin 1997, 11-154. Dazu Balthasars Interpretation: Theodramatik I 226-229.
[3] Rapp, U., Rolle Interaktion Spiel. Eine Einführung in die Theatersoziologie. Wien 1993 (Edition Mimesis 3).
[4] Ebd. 75f.

der Theodramatik[5]: „Überwältigende Fülle, vollständige Übersicht theoretischer und dramatischer Texte, eingehende Analyse"[6].

Die zunächst überraschende Erwähnung Balthasars in dieser vom Institut für Theaterwissenschaft an der Universität Wien herausgegeben soziologischen Publikation ermutigt, seinen Versuch „aus dem Gleichnis des Theaters menschliches Dasein als Rolle"[7] zu begreifen, mit jenen Wissenschaftsdisziplinen in Verbindung zu bringen, die in der zweiten Hälfte unseres Jahrhunderts die Theaterparabel reflektiert in Anspruch nahmen. Dazu zählen insbesondere die Soziologie, die Kunstphilosophie, die philosophische Anthropologie und die Schauspieltheorie.

Bewußt wird nachfolgend verzichtet auf die scheinbar bruchlos-lineare, tatsächlich aber problematische, weil anachronistische Rückführung der in der Theodramatik entwickelten Anthropologie auf das sogenannte Welttheatergleichnis.

So sehr Balthasar sich in seinem Vorhaben, Theologie in den Kategorien des Theaters zu betreiben, auf Calderons „Großes Welttheater"[8], Claudels „Seidenen Schuh"[9] oder Hoffmannsthals „Salzburger Großes Welttheater"[10] berief, versäumte er doch nicht, vor einem „unmittelbaren Operieren mit dem Welttheatergleichnis"[11] zu warnen. Für ihn war selbstverständlich, „der veränderten psychologischen und soziologischen Fragestellung Rechnung"[12] zu tragen. Der Versuch, sich Balthasars theodramatischer Anthropologie mittels eines interdisziplinären Dialogs zu nähern, scheint durch die Tatsache gerechtfertigt, daß er selbst in enzyklopädischer Breite soziologische, psychologische und theaterwissenschaftliche Versuche wahrnahm, auswertete und zur Präzisierung seines Vorhabens zu Rate zog. Was er an anderer Stelle beteuert, daß „dogmatisches Denken gesprächsweises, fragendes und antwortendes, antwortendes und fragendes und nur in dieser Bewegung Erkenntnis vollziehendes"[13] sei, löst er in den Prolegomena ein. Er beginnt die Theodramatik mit dem Imperativ: „Der ersten Begegnung muß notwendig das Gespräch, die Aus- und Ineinandersetzung folgen, falls man nicht grüßend stumm aneinander vorbeigehen will"[14].

---

[5] Balthasar, H.U.: Theodramatik. Band I: Prolegomena. Einsiedeln 1973.

[6] Ebd. 283.

[7] Mein Werk. Durchblicke. Freiburg 1990, 24.

[8] Calderon de la Barca, Das Große Welttheater. Übersetzt von Hans Urs von Balthasar. Einsiedeln 1959. Balthasar diskutiert Calderons „El gran teatro del mundo in: Theodramatik I 148-160.

[9] Claudel,P., Der Seidene Schuh. Übertragung und Nachwort: Hans Urs von Balthasar. Salzburg 1939 ([11]1987).

[10] Ausführliche Besprechung in: Theodramatik I 197-213.

[11] Theodramatik I 197.

[12] Theodramatik I 196.

[13] Karl Barth . Darstellung und Deutung seiner Theologie. Einsiedeln [4]1976, 84.

[14] Theodramatik I 15.

Daß er seine Theodramatik diesermaßen im Gespräch mit verwandten zeitgenössischen Versuchen entwickelte, hat bisher kaum Beachtung gefunden. Das Gespräch hob Anfang der Vierziger Jahre an, da der Basler Studentenseelsorger Vorträge über die Dramatik des Christlichen hielt und das Gespräch mit Zeitgenossen suchte, die ihrerseits Interesse an der Theaterparabel zeigten. Das Thema lag in der Luft: 1941 erklärt Gerardus van der Leeuw in seinem in Basel erschienenen Werk „Der Mensch und seine Religion": „Die Philosophie der Kleider ist die Philosophie des Menschen. Im Kleid steckt die ganze Anthropologie"[15].

Balthasars Vorhaben, die Rollenparabel in den Dienst der Theologie zu stellen, verdankt sich sicher nicht vornehmlich der in der zweiten Hälfte unseres Jahrhunderts protegierten Rollentheorie[16]. Dennoch steht er mit seinem Vorhaben, das Motiv der Rolle für die theologische Anthropologie zu entdecken, in vorderster Reihe Seit an Seit mit jenen Zeitgenossen, die den Rollenbegriff für die Soziologie, die Psychologie, die Kunstphilosophie und die Philosophische Anthropologie entdecken. Die folgende Gesprächsskizze will einen ersten Eindruck davon vermitteln, daß Hans Urs von Balthasars Hauptwerk mittels dieses interdisziplinären Dialoges entstand und nicht als völlig singuläres Phänomen wahrgenommen werden darf.

Zur Verfahrensweise: Nach der gegebenen Einführung sollen in dem benannten Gespräch Einsichten der Soziologie, der Kunstphilosophie und der Theaterwissenschaft mit anthropologischen Positionen Hans Urs von Balthasars in Verbindung gebracht werden. In einem dritten Teil werden die lose geordneten Themen auf dem Hintergrund des geführten Gespräches systematisiert.

2. Im Gespräch mit der Theater- und Rollensoziologie

Theater- und Rollenparabel

Beginnen wir das Gespräch mit der Erörterung der für Balthasars Anthropologie grundlegenden Frage nach den Chancen und Grenzen der Theater- und Rollenparabel. Balthasars Gesprächspartner sind die Soziologen Uri Rapp und Ralf Dahrendorf.

In seiner „Einführung in die Theatersoziologie" stellt Uri Rapp ein der Theodramatik Hans Urs von Balthasars verwandtes Verfahren für die Soziologie vor. „Theatersoziologie" nenne er jene Disziplin, die das Theater als Aus-

---

[15] Der Mensch und seine Religion. Basel 1941, 23.
[16] Die literarischen Impulse für die Inanspruchnahme der Theaterparabel für die Theologie habe ich dargestellt in: Krenski, T., Hans Urs von Balthasar. Das Gottesdrama, Mainz 1995, 55-85.

gangspunkt für eine sozialwissenschaftliche Perspektive nehme und beide Bereiche prinzipiell aufeinander beziehe[17]. Er diskutiert die Theaterparabel und erkennt in ihr eine Grundmetapher[18] („root-metaphor"[19]), die als Metametapher die konkurrierenden im soziologischen Denken gebrauchten Metaphern umgreift und in sich aufnimmt. So sieht auch Hans Urs von Balthasar die in der Theologie seit den Vierziger Jahren auf den Plan tretenden und konkurrierenden methodischen Ansätze beim Ereignishaften, Politischen, Orthopraktischen, Dialogischen, Futurischen und Funktionalen „auf eben das hin konvergieren, was wir Theodramatik nennen"[20].

Rapp weist darüber hinaus darauf hin, daß das Theatergleichnis nicht ein dem homo sociologicus übergestülptes Kategoriensystem sei. Er spricht von der „theaterhaften Beschaffenheit menschlicher Interaktion", bei der es sich nicht um „eine rein kontingente, hier und da historisch anzutreffende Erscheinung" handle, sondern „um ein Anthropinum, also eine der gleichbleibend sich durchhaltenden, zeitlosen Grundstrukturen des Menschseins"[21]. Die Theaterparabel sei diesermaßen eine „essentiellen Metapher"[22], die aus der Wirklichkeit ein Begriffsraster herauskristalisiere, von dem sie sich verspreche, daß er ihr einen Zugang zu dieser Wirklichkeit verschaffe. Auch Hans Urs von Balthasar spricht von einem „vielfachen menschlichen Vorverständnis" von dem, was ein Drama ist: Wir „kennen es aus den Verwicklungen, Spannungen, Katastrophen und Versöhnungen des eigenen und jedes mitmenschlichen Daseins." Weil der Mensch derart in das Drama des eigenen Daseins verstrickt ist und nicht außerhalb seines Handelns existiert, bietet es sich an, Anthropologie in den Kategorien des Theaters zu betreiben: „In der Existenz selbst liegt offenbar eine begleitende Reflexion, die ihr immanent ist und im theatralischen Vorgang nur expliziter gemacht ist"[23].

---

[17] Rapp, U., Rolle Interaktion Spiel 14.

[18] Rapp, U., Rolle Interaktion Spiel 66: „Das Theatergleichnis ist weit mehr als eine *façon de parler*, es ist zwar nicht in allen Kulturen und Epochen zugänglich, aber für uns das bis heute adäquateste Modell der Sozialität. Es ist eine Grundmetapher."

[19] Browns, R.H., A Poetic for Sociology 70.

[20] Theodramatik I 23.

[21] Rapp, U., Rolle Interaktion Spiel 45.

[22] Der Terminus stammt von Bruce Wilshire (Role Playing and Identity. The Limits of Theater as Metaphor. Bloomingthon 1982) E. Goffman äußert sich bezüglich der Theaterparabel eher zurückhaltend: „Die Behauptung, die ganze Welt sei Bühne, ist so abgegriffen, daß die Leser ihre Gültigkeit richtig einschätzen und ihrer Darstellung gegenüber toleranter sein werden, weil sie wissen, daß sie nicht zu ernst genommen werden darf. Eine Handlung, die in einem Theater inszeniert wird, ist zugestanderer Maßen eine künstliche Illusion; anders als im Alltagsleben kann den gezeigten Charakteren nichts Wirkliches und Reales geschehen (...). Deshalb lassen wir nun die Sprache und die Maske der Bühne fallen. Gerüste sind letzten Endes dazu da, andere Dinge mit ihnen zu erbauen, und sie sollten im Hinblick darauf errichtet werden, daß sie wieder abgebaut werden." (Wir alle spielen Theater 232f.). Dagegen Balthasar: „Ein Gerüst wird aufgeschlagen, an dem später geturnt werden kann." (Theodramatik I 9).

[23] Theodramatik II/1. Die Personen des Spiels. Der Mensch in Gott. Einsiedeln 1976, 230.

Für das Motiv der Rolle erklärt Rapp: „Ohne hier mehr zu behaupten als eine für die Theatersoziologie adäquate These, möchte ich feststellen, daß die Rollenübernahme durch Personen eine in allen nur denkbaren menschlichen Gesellschaften, wohlbedacht: in historisch bedingter Form, eine allgemein definierbare Eigenschaft menschlichen Verhaltens darstellt"[24]. Deshalb solle der Rollenbegriff im „Brennpunkt einer Theatersoziologie"[25] stehen. Balthasar bläst ins gleiche Horn: „Die Idee der Rolle ist in Psychologie und Soziologie aktueller als je zuvor. Und wenn dies eine vergängliche Mode sein sollte, so bleibt hinter dem Bild das damit Gemeinte immer aktuell: der von jedem Menschen flüchtig oder dauernd, oberflächlich oder tief erfahrene Dualismus zwischen dem, was ich darstelle und dem, was ich in Wirklichkeit bin"[26].

1958 macht der Soziologe Ralf Dahrendorf in seinem Beitrag „Homo sociologicus" die in amerikanischen Soziologenkreisen florierende „Rollensoziologie" in Deutschland bekannt. Etwa zur gleichen Zeit erklärt Hans Urs von Balthasar, daß er „in vielen Vorträgen über den dramatischen Charakter des Christlichen versucht habe, aus dem Gleichnis des Theaters Zugang zu den Mysterien der Offenbarung zu gewinnen"[27]. Er will „menschliches, christliches Dasein als Rolle begreifen"[28].
Dahrendorf weist seinerseits auf die theatralische Herkunft des für die Soziologie entdeckten Rollenphänomens hin. Er versucht mittels des Rollenphänomens, den soziologisch relevanten Schnittpunkt zwischen Gesellschaft und Individuum zu beschreiben. Die Rollenparabel stellt ein Instrumentarium zur Verfügung, das die vorgegebene gesellschaftliche Rolle und die Situation des Rollenträgers analysieren hilft. Die theatralische ist dem Schauspieler als ihrem Träger vorgegeben, sie stellt ihn in ein Verhältnis zu anderen Rollenträgern, sie muß erlernt werden und ist eine unter vielen von einem Schauspieler dargestellten Rollen: „Die Analogie zwischen dem verdichteten und objektivierten Verhaltensmuster der Person des Dramas und den gesellschaftlich gesetzten Normen positionsbezogenen Sozialverhaltens liegt nahe"[29].
Dahrendorf versäumt bei aller Begeisterung für die Relevanz des theatralischen Rollenmotives nicht, darauf hinzuweisen, daß die im Sinne des Welttheaters verstandene „Schauspielmetapher" nur „sehr mittelbar"[30] auf die benannten gesellschaftlichen Konnotationen des Individuums angewandt werden dürfe. Eine unmittelbare Übertragung verbiete sich von daher, daß im Welttheater dem Einzelnen nur *eine* Rolle im Ganzen zukomme, während der moderne Mensch mehrere und wechselnde Rollen zu spielen habe. Ein unmittel-

---

[24] Ebd. 49.
[25] Ebd. 61.
[26] Theodramatik I 453.
[27] Mein Werk 24.
[28] Ebd. 25.
[29] Homo sociologicus 27.
[30] Ebd. 24.

barer Anknüpfungspunkt ergäbe sich laut Dahrendorf nur dort, wo „dem Einzelnen mehrere solcher Rollen zugeschrieben werden"[31]. Etwa in Shakespeares „As you like it", wenn Jacques in der siebten Szene des zweiten Aktes erklärt:

„All the world´s a stage.
And all the men and women merely players.
They have their exits and their entrances,
And one man in his time plays many parts ..."[32].

Rollendistanz und Indifferenz

Wenn aber ein Mensch im Laufe seines Lebens mehrere Rollen zu spielen hat, muß er zu der jeweils gespielten Rolle eine Distanz behalten, die ihm die Annahme einer neuen und die Ablegung einer bisher gespielten Rolle ermöglicht. Stichwort: Rollendistanz. Balthasars Gesprächspartner ist der Übervater der amerikanischen Soziologie Erving Goffman, auf dessen 1969 in deutscher Sprache erschienen Beitrag „Wir alle spielen Theater" Balthasar ausdrücklich hinweist.

Erving Goffman prägte den Begriff der Rollendistanz, die der Träger einer Rolle der von ihm gespielten Rolle gegenüber wahrt, um mittels ihrer zum Ausdruck zu bringen, daß er „anders und mehr ist als in der Rolle erwartet und ermöglicht wird". Man kann in diesem Zusammenhang auf zwei Äußerungen Balthasars hinweisen, von denen die erste von entscheidender Bedeutung ist, die zweite eher als eine interessante Randbemerkung gelten darf. Unbeschadet einer lebenslangen, vom Subjekt nicht ablösbaren Sendung kennt er das von Goffman angesprochene Motiv wechselnder Rollen, mit denen ein Mensch besetzt werden könne: „Der Spieler besteht nicht darauf, mit einer Rolle identisch zu sein; aber die Distanzierung geschieht im Blick auf die Zuweisung einer bestimmten und begrenzten Rolle"[33]. Rollendistanz hieße theologisch: so viel Distanz zu einer aufgetragenen, begrenzten Rolle zu behalten, daß ich jederzeit in der Lage bin, eine neue begrenzte Rolle zu übernehmen. Balthasar fordert diese Bereitschaft ausdrücklich ein, wenn er anläßlich seines Austritts aus dem Jesuitenorden schreibt: „Gott bleibt frei, sich des Menschen nach seinem Wohlgefallen so zu bedienen, wie er will. Ordensleben ist ja nicht ein Eingelaufensein in einen sicheren Hafen, sondern Stehen und Bleiben im ‚Heraus aus deinem Land!' (Gen 12,1) und im ‚Allesverlassen'. Soll das nicht Phrase sein, so muß der Jesuit immer und grund-

---

[31] Ebd. 24
[32] Shakespeare, W., Wie es euch gefällt. Zweisprachige Ausgabe. Deutsch von Frank Günther. München 1996, 84-86.
[33] Theodramatik II/1 53.

sätzlich bereit sein, einen neuen, auch unerwarteten Ruf zu hören und zu be-
folgen, der aus gewohnten, liebgewordenen Formen herausführt"[34].
Die zweite, eher nebensächliche Bemerkung, die ich mit dem Thema „Rollendistanz" in Verbindung bringe, handelt vom Priester, der, so Balthasar, trotz
aller Versuche, sich mit seinem Amt zu identifizieren, mit einer unüberbrück-
baren „Diskrepanz von Amt und Person"[35] zu rechnen habe. Nur so werde für
ihn selbst und für andere wahrnehmbar, daß sein Amt etwas von seiner Person
Verschiedenes ist.

Rollenbruch und Sünde

Während „Rollendistanz" nicht die Verweigerung gegenüber einer aufgetragenen Rolle, sondern die Kompetenz, mit einer Rolle souverän umzugehen,
meint, beschreiben die Termini „Rollenbruch" oder „Rollendiskordanz" das
Phänomen des Widerstandes gegen die aufgedrängte Rolle. Gesprächspartner
Balthasars ist wiederum Ralf Dahrendorf.

Dahrendorf gelangt im Laufe seines „Versuch[es] zur Geschichte, Bedeutung
und Kritik der sozialen Rolle"[36] zu der Auffassung, daß das Individuum, indem es die von der Gesellschaft als Verhaltenserwartung auferlegten Rollen
übernimmt und bejaht, sich selbst verliert: „Sie [die dem Individuum auferlegten Rollen] haben ihre Wirklichkeit außer ihm und entreißen ihn, indem er
sie annimmt, sich selbst. Sie lösen ihn auf. Was bleibt ist der Mensch als
Spieler von Rollen. Die Rollen werden ihm aufgebürdet; er wird durch sie
geprägt; aber wenn er stirbt, nimmt die unpersönliche Kraft der Gesellschaft
seine Rollen von ihm, um sie in neuer Verbindung einem anderen aufzuladen.
Der Mensch ist vom Einmaligen zum Exemplar, vom Einzelnen zum Mitglied, von der freien autonomen Kreatur zum Produkt seiner entfremdeten
Charaktere geworden"[37]. Dahrendorfs Frage: „Was kann er tun, ohne als Träger einer Position und Spieler einer Rolle seiner Individualität beraubt und
zum Exemplar entfremdet zu werden?" mündet in den Imperativ, der Einzelne
möge sich in permanentem Protest gegen die gesellschaftlichen Ansprüche zur
Wehr setzen.
Ein solcher Widerstand fordert mehr als Rollendistanz. Er insinuiert eine
Rollendiskordanz. Wer sich einer aufgetragenen Rolle und sich der mittels
ihrer an ihn herangetragenen Verhaltenserwartungen entzieht, verweigert sich
um seiner selbst willen dem an ihn gestellten gesellschaftlichen Anspruch.
Dazu bedarf es einer autonomen Freiheit, die das Individuum in die Lage versetzt, sich dem rollengebenden Prinzip Gesellschaft zu widersetzen. Läßt das

---

[34] Abschiedsbrief an die Gesellschaft Jesu. Abgedruckt in und zitiert nach: Guerriero, E., Hans
Urs von Balthasar. Eine Monographie. Freiburg 1993, 402-408. Hier: 405-406.
[35] Christlicher Stand. Einsiedeln 1977, 218.
[36] So der Untertitel seines „Homo sociologicus".
[37] Homo sociologicus 81.

rollengebende Prinzip solche Freiheit zu oder beschränkt es das Individuum derart, daß ein solcher Rollenbruch von vornherein nicht in Frage kommt?

Wie ergeht es dem Menschen bezüglich des rollengebenden Prinzips Gott? Balthasar weist immer wieder darauf hin, daß, wenn es zwischen Gott und Mensch ein Spiel der Freiheiten geben solle, wenn der Mensch also nicht die Marionette, sondern der Partner Gottes sein solle, der Mensch ganz und gar frei sein müsse. Wenn aber das rollengebende Prinzip Gott wirkliche, von ihm unabhängige Freiheit aus sich entläßt, nimmt es die Möglichkeit in Kauf, daß sich die geschaffene Freiheit der ihr zugemessenen Rolle widersetzt. Balthasar zitiert Kierkegaard: „Gott ist wie ein Dichter. Daraus erklärt es sich auch, daß er sich findet in das Böse und in all das Gewäsch ... So verhält sich ja ein Dichter auch zu seiner Produktion (die ja auch seine Schöpfung heißt): er läßt sie hervortreten. Man irrt, wenn man meint, was die einzelne Person in der Dichtung sagt oder tut, sei des Dichters persönliche Meinung ... Nein, Gott hat seine Meinung für sich. Aber dichterisch gestattet er, daß alles Mögliche hervortrete"[38].

Wenn der Mensch diese Möglichkeit nutzt und sich der von außerhalb seiner selbst gegebenen Rolle verweigert, verweigert er sich im Grunde seiner Geschöpflichkeit, der Rolle Mensch, in der er sich selbst gegeben ist. Er begibt sich seiner ontologischen Identität. Er verweigert sich darüber hinaus seiner von Gott unverwechselbar an ihn ergangenen Sendung, mittels derer ihm die Möglichkeit geboten würde, sich selbst an ihr zum Ausdruck zu bringen. Die Folge dieser Verweigerung, die „Nein" zu Gottes Autorenschaft und zu der von ihm zugewiesenen Rolle sagt, kann mit den psychologischen Termini Rollenverlust und Rollenunsicherheit beschrieben werden[39].

Die regulativ-interpretative Funktion der Rolle

In der Diskussion der Dahrendorffschen Position ergeben sich weitere Aspekte der Rollenparabel, die eine Übernahme des Motivs für eine theodramatische Theologie erst ermöglichen. Hans Urs von Balthasar entwickelt sie im Gespräch mit dem Anthropologen Helmut Plessner, dessen Aufsatz „Zur Anthropologie des Schauspielers"[40] Uri Rapps Versuch Pate stand, ein Begriffsmuster zu erarbeiten, das ermöglichen sollte, über der Gebundenheit des Rollenträgers dessen Freiheit zu bewahren. Dem Gespräch schließt sich Georg

---

[38] Tagebücher 1854. Übertragen von Th. Haecker o.O. [4]1953, 630. (zit. nach: Theodramatik I 256).
[39] Dazu: Christlicher Stand 410ff. / Reflektierter: Theodramatik II/2 244.
[40] Plessner, H., Zur Anthropologie des Schauspielers. In: ders., Zwischen Philosophie und Gesellschaft. Bern 1953, 180-192.

Simmel mit seinem aus dem Nachlaß herausgegebenen Fragment „Zur Philosophie des Schauspielers"[41] an.

Helmut Plessner protestiert gegen den Versuch der Dahrendorffschen Soziologie, „das Sein in einer Rolle von dem eigentlichen Selbstsein grundsätzlich zu trennen"[42] und erklärt, daß der rollenlose Mensch nicht existiere und existieren könne. Erst in seiner Rolle habe der Mensch die Chance, er selbst zu sein. Mit dieser Bemerkung schlägt Plessner einen Weg ein, auf dem in immer wieder neuen Begriffsbildungen versucht wurde, Rolle und Freiheit nicht weiter als sich ausschließende, sondern als sich bedingende Faktoren zu verstehen.

So will Uri Rapp mit dem Begriff der Rolle „der Soziologie ein Interaktionsraster unterlegen, das Individualität und Typisierung in einem einheitlichen Paradigma vereinigt"[43]. Er beschreibt das Verhältnis zwischen Schauspieler und Rolle als „regulativ-interpretativ". Regulativ insofern, daß die Rolle den Schauspieler reguliert und das „Rollenverhalten vom Akteur als von außen reguliert angenommen"[44] wird. Interpretativ insofern, daß die aufgetragene Rolle „von ihm je nach Situation und persönlicher Einstellung interpretiert"[45] wird. Rapp kritisiert die im Anschluß an Dahrendorf geführte deutsche Diskussion, die sich zumeist auf die regulative Funktion der Rolle, die als Entfremdung beschrieben werde, beschränkt habe. Man habe das Handeln des rollentragenden Subjekts als „Anpassung, Konformität, Einübung in das Vorgeschriebene"[46] desavouiert, ohne auf seiten des Rollenspielers die gestalterische Reflexion, die interpretatorische Kreativität und die auf das Publikum und den Spielpartner gerichtete kommunikative Initiative in Rechnung zu stellen. Die Rolle fordert im Rahmen des Regulativums Drehbuch die Kreativität und interpretatorische Kraft des rollentragenden Spielers.

Hans Urs von Balthasar entwirft seine Anthroplogie von der von Rapp „regulativ" benannten Funktion der Rolle aus. Daß die Rolle dem Spieler von außen gegeben wird, erinnert an das Welttheatergleichnis, dessen bleibende Gültigkeit darin besteht, daß Gott Autor des Spiels ist und als solcher die Rolle entwirft und besetzt. Das Regulativ Rolle steht also für das „extra nos" des rollengebenden göttlichen Autors, dessen Handeln den Ausgangspunkt einer theodramatischen Anthropologie markiert. Entgegen der von Dahrendorf

---

[41] Simmel, G., Zur Philosophie des Schauspielers. In: ders., Das individuelle Gesetz. Herausgegeben von Michael Landmann. Frankfurt 1968, 75-95.
[42] Plessner, H., Soziale Rolle und menschliche Natur. In: Erkenntnis und Verantwortung. FS für Theodor Litt/J.Derbolav/F.Nicolin. Düsseldorf 1960, 150.
[43] Rapp, U., Rolle Interaktion Spiel 49.
[44] Rapp, U., Rolle Interaktion Spiel 69.
[45] Ebd.
[46] Ebd. 70.

vorgetragenen pessimistischen Beurteilung des Regulativums Rolle erklärt Balthasar, daß der Schauspieler ohne dieses Regulativ nicht zur dramatischen Person avanciere. Die Rolle personalisiert. Der Mensch wird erst dann zur theologischen Person, wenn er die ihm unverwechselbar von Gott gegebene Sendung, die ihn aus der Gattung Mensch heraushebt und zum unverwechselbaren Individuum macht, in Freiheit bejaht und übernimmt. Erst im An-spruch Gottes erhält der Mensch die Chance zu sein, was er bei sich nicht sein und werden könnte: Person und Individuum. Genauso entschieden verteidigt Balthasar die interpretative Funktion der Rolle, wenn er erklärt, daß die menschliche Freiheit durch die Rolle in keiner Weise eingeschränkt werden dürfe, sondern im Gegenteil der menschlichen Freiheit zu einer Herausforderung werden müsse. Dem Menschen müsse nicht nur die Freiheit zugestanden werden, die Rolle anzunehmen oder abzulehnen, es müsse ihm vielmehr zugetraut werden, die frei angenommene Rolle in freier Improvisation zu gestalten: „Der Autor hat nicht alles über das Leben seiner Personen ausgesagt; der Schauspieler sucht, innerhalb des Folgerichtigen, das noch Unentdeckte zu erkunden: er sinnt dem Text und dem Ereignis entlang erfinderisch weiter"[47].

Ähnlich Georg Simmel in seinem aus dem Nachlaß herausgegebenen Fragment „Zur Philosophie des Schauspielers"[48] wenn er feststellt, „daß der Schauspieler nicht die Marionette der Rolle", und „Schauspielen keine reproduktive Kunst" sei. Er erinnert an die frühen Formen des Theaters, die keine vorgeschriebenen Rollen kannten, sondern nur einen Handlungsrahmen, innerhalb dessen der Schauspieler die von ihm dargestellte Person selber schuf. Die aufgetragene Rolle böte demnach dem Schauspieler geradezu die Möglichkeit, die ureigenste Kreativität und Individualität zur Entfaltung zu bringen. Er ist mittels der Rolle in der Lage, sich an einem von anderswoher gegeben Inhalt zum Ausdruck zu bringen. Daß dem so ist, beweist die Tatsache, daß der Schauspieler nicht eigentlich eine Rolle spielt, sondern anhand der Rolle eine Person zu verkörpern sich bemüht.

Kreativität und Inspiration

Im Gespräch mit Georg Simmel geht Balthasar der Frage nach, worin nun der schöpferische Akt des Schauspielens bestehe.

Versetzen wir uns in die Lage eines Schauspielers, der Hamlet spielen soll. Er kann Hamlet nicht spielen, wie ihn der Kollege spielt. Er kann ihn nur spielen, wie es ihm angemessen ist, ihn zu spielen. Die unverwechselbare Art und Weise, wie er Hamlet spielen muß, läßt sich weder auf die Rolle noch auf sein Naturell zurückführen. Es muß, so Simmel, ein drittes geben, das sich aus der

---

[47] Bonnichon, A., La Psychologie du Comédien. o.O. 1942, 148 (zit nach TD I 258f.).
[48] Simmel, G. Zur Philosophie des Schauspielers. (Vgl. FN 41) 1968, 75-95. Hier zitiert nach: Rapp, U., Rolle Interaktion Spiel. 75-79.

Beziehung zwischen Schauspieler und Rolle ergibt und das mit Notwendigkeit fordert, „wie diese bestimmte schauspielerische Individualität diese bestimmte literarische Rolle auszuformen hat"[49]. Diesem „Dritten" begegnet der Schauspieler, wenn er in den Wesensgrund hinabsteigt, aus dem heraus der Dichter die Persönlichkeit geschaffen hat und die ihm aufgetragene Rolle aus der schöpferischen Begegnung mit dieser Ur-Idee des Autors neu erschafft. Die Freiheit des Schauspielers besteht also darin, das wirklich zu wollen und sich dem ganz und gar zur Verfügung zu stellen, was er aus der Konfrontation mit der Idee des Autors soll.

Somit ist dem Schauspieler nicht nur die Aufgabe der Interpretation der Rolle Hamlet, sondern darüber hinaus die im schauspieltechnischen Fachjargon „Überaufgabe" genannte Aufgabe gegeben, den Sinnhorizont, den der Autor im Auge hat, schöpferisch nach- oder mitzuvollziehen. Dabei bedarf er der Hilfe dessen, der einen vermittelnden Dienst zwischen Autor und Schauspieler wahrnimmt. Also der des Regisseurs. Der Regisseur vermittelt dem Schauspieler die Ur-Idee des Autors und ermöglicht ihm eine schöpferische Begegnung mit derselben.

Mit Hans Urs von Balthasar auf die theologische Anthropologie umgesprochen heißt das: Indem der Mensch auf die Absicht Gottes hört und in diesem Sinne ge-horsam ist, begegnet er der Ur-Idee, dem Sinnhorizont, dem Wesensgrund, dem Willen des göttlichen Autors. Hier reihen sich existentielle Fragen des gottgläubigen Menschen ein: „Was ist Gottes Wille für mich?", „Was willst du, daß ich tue?", „Wie hast du mich gedacht?". Die Aufgabe des vermittelnden Regisseurs kommt dem Geist zu, der dem Sohn und seinen Jüngern die Intention des Vaters souffliert. Ohne daß der Schauspieler einer ihm von außen oder eben ganz innerlich vermittelten Inspiration folgt und so die Vision des Autors berührt und mitvollzieht, bleibt das Spiel bei aller technischen Perfektion stumm. Die Rolle verlangt also mehr als nur eine technische Übernahme: „Damit kann jetzt aus der Perspektive des Schauspielers nochmals gewonnen werden, was aus der des Dichters erhellte: die Vergegenwärtigung ist keine mechanische, sondern selbst eine schöpferische Tat, für die der Dichter in seinem Werk ausdrücklich und notwendig Raum offenläßt, sowohl was die Tiefe der Inspiration, wie was die Einzelheiten der Gestik, der Intonation usf. angeht. Auch der Schauspieler ist, als Nachgestalter der Figur des Dichters, ein freier Gestalter, der ebenso wie der Dichter aus einer einheitlichen Vision seine darzustellende Figur konzipieren und disponieren muß"[50].

---

[49] Zur Philosophie des Schauspielers 234.
[50] Theodramatik I 262f.

Brecht oder Stanislawski?

Bleibt das Gespräch mit der Theaterwissenschaft. Die Namen Brecht und Stanislawski stehen gegen den ausdrücklichen Protest Brechts[51] in der Diskussion um das Verhältnis von Autor und Rolle für die Alternativen der „Einfühlung in die Rolle" und der „überlegen technischen Beherrschung" derselben. Balthasar übernimmt die Position Stanislawskis, der er die Brechts gegenüberstellt.

Brecht erklärt, der von ihm geforderte „epische Schauspieler"[52] habe sich der „restlosen Verwandlung in die darzustellende Person"[53] zu enthalten: „Er ist nicht Lear, Harpagon, Schwejk, er zeigt diese Leute"[54]. Er solle „seinen Text nicht wie eine Improvisation, sondern wie ein Zitat"[55] bringen, das Technische seiner Darstellung herauskehren, möglicherweise die Spielanweisungen mitsprechen, um so mittels seiner Spielweise den kritischen Abstand zu dokumentieren, den er zu der darzustellenden Figur bewahrt. Damit ermöglicht er dem Zuschauer, seinerseits Distanz zu der dargestellten Person zu wahren. Der Zuschauer solle im „Lehrtheater" gezwungen werden, die handelnden Personen nicht als Darstellung des Unveränderbaren, sondern als aktiv veränderbar wahrzunehmen. Dazu bedürfe es entgegen der einfühlenden Identifikation der kritischen Distanz. Brecht empfiehlt zwar, daß man, um eine allzu impulsive Gestaltung der Charaktere zu vermeiden, Proben statt auf der Bühne vermehrt am Tisch durchführen solle. Er verlangt weiter, daß der „Schauspieler seine Rolle in der Haltung des Widersprechenden"[56] lesen solle, geht aber nicht so weit, daß er jeder Form von Einfühlung eine Absage erteilt. So erklärt er in seiner „Rede für die Stanislawski-Konferenz" 1953/54 selbst: „Wir arbeiten bei Brecht keineswegs ohne Einfühlung, wenn ihm auch Einfühlung allein nicht genügt"[57]. Wie dem auch sei: „Der Zuschauer mußte aus der Hypnose entlassen, der Schauspieler der Aufgabe entbürdet werden, sich total in die darzustellende Figur zu verwandeln. In seine Spielweise mußte, auf irgendeine Art, eine gewisse Distanz zu der darzustellenden Figur eingebaut werden. Er mußte Kritik üben können"[58].

---

[51] Brecht, M., Ausgewählte Werke in sechs Bänden. Jubiläumsausgabe zum 100.Geburtstag. Band 6: Schriften. Frankfurt 1997, 595-597 (Rede für die Stanislawski-Konferenz 1953/54).
[52] Brecht, M., Ausgewählte Schriften 6, 243-244 (Episches Theater, Entfremdung 1936/37), 243.
[53] Brecht, M., Ausgewählte Werke 6, 467-473 (Kurze Beschreibung einer neuen Technik der Schauspielkunst, die einen Verfremdungseffekt hervorbringt 1940/41), 469.
[54] Ebd.
[55] Ebd. 470.
[56] Ebd. 469.
[57] Brecht, M., Ausgewählte Werke 6, 595-597 (Rede für die Stanislawski-Konferenz 1953/54), 597.
[58] Brecht, M., Ausgewählte Werke 6, 261.

Konstantin Sergejewitsch Stanislawski bricht demgegenüber eine Lanze für die organische Einfühlung des Schauspielers in seine Rolle. Er sieht den ganzen Menschen von der entsprechenden Rolle in Anspruch genommen: „Erfüllt ein Schauspieler eine solche Rolle mit dem Verstand, kann er (in dieser Rolle) nicht leben und nichts erleben, sondern nur die Rolle referieren"[59]. Nur, wenn er sich selbst, sein bewußtes und unbewußtes Erleben, sein Fühlen, Wollen und Denken der Rolle zur Verfügung stellt, lebt, fühlt, will und denkt er selbst in ihr. Er erlebt in der Rolle „seine eigenen, authentischen Gefühle"[60]. Stanislawski bezeichnet die in der Rollenerarbeitung wichtigste und ausschlaggebenste Periode des Erlebens als ein organisches „Einswerden"[61] des Schauspielers mit seiner Rolle: „Die Tatsache, daß der Schauspieler als Mensch wie als Rollendarsteller ein und dieselben physischen und psychologischen Aufgaben braucht, ergibt die erste organische Annäherung zwischen dem Darsteller und der von ihm darzustellenden Person"[62].

Stanislawskis unter dem Titel „Die Arbeit des Schauspielers an der Rolle" posthum und als Fragment erschienenen Notizen lesen sich wie ein Handbuch der dem Menschen aufgetragenen Rollenerarbeitung. Der sich in seine Rolle einfühlende und mit ihr identische Schauspieler wird für Balthasar „zum durchsichtigen Transparent auf die Sendung und Existenz Christi, der wesentlich durchlassende Repräsentation des Göttlichen ist "[63].

3. Von der Rolle zur Sendung

Auf dem Hintergrund dieses bewußt assoziativ geführten Gespräches läßt sich die Anthropologie Hans Urs von Balthasars, weil sie immer schon im Gespräch gegenwärtig war, in wenigen Linien skizzieren. Dabei beschränke ich mich auf das Motiv der Rolle. Folglich auf die diesem Motiv zugänglichen Aspekte seiner Anthropologie.

Personalisierung und Individualisierung im An-Spruch Gottes

Beginnen wir mit einer programmatischen Aussage Balthasars: „In einer christlichen Theodramatik haben wir das Recht, den Satz aufzustellen, daß keine andere, mystische oder religiös-philosophische Anthropologie zu einer befriedigenden, alle Elemente integrierenden Idee des Menschen gelangen kann als eben die christliche. Sie allein erlöst den Menschen von der undurchführbaren Aufgabe, sich [selbst zu bestimmen]. Sie erlöst ihn von dieser Auf-

---

[59] Stanislawski, K.S., Die Arbeit des Schauspielers an der Rolle. Materialien für ein Buch. Berlin ²1996, 62.
[60] Ebd. 61.
[61] Ebd. 56.
[62] Ebd. 61.67.
[63] Theodramatik I 273.

gabe dadurch, daß sie ihn von vornherein in den dramatischen Dialog mit Gott einfügt, und ihn von Gott her seine endgültige Bestimmung erfahren läßt"[64]. Es ist der den Menschen unverwechselbar treffende An-spruch Gottes, der ihn aus der Gattung Mensch herausruft und zum Individuum macht. Der Mensch ist bereits vor aller Zeit erwählt. Gott spricht den Menschen im Akt seiner Erschaffung an und schenkt ihm eine unverwechselbare Sendung: „Ich habe dich bei deinem Namen gerufen! Mein bist du!" (Jes 43,1). Damit ist der Mensch von außen, durch den Anspruch Gottes als Mensch festgestellt und mit einer unverwechselbaren Rolle betraut. Freilich wird uns unsere Erwählung keinesfalls in unserem Geschaffenwerden oder -sein als Berufenheit bewußt, man wird „vielmehr in irgendeinem Zeitpunkt seines geschichtlichen Daseins gerufen und vielleicht im gleichen oder zumeist in einem späteren Zeitpunkt gesendet"[65].

Balthasar verweist auf die biblischen Gestalten des Alten und Neuen Bundes, die „mitten in ihrem Alltag von einer unerwarteten Berufung überfallen und mit einer theologischen Rolle betraut wurden"[66]. Sie führen als unverwechselbar Erwählte die individualisierende Funktion der Rolle eindrucksvoll vor Augen. Dafür sprechen insbesondere die Namen Abrams und Simons, die in ihrer Erwählung die Sendungsnamen Abraham und Petrus erhalten: „Person ist der neue Name, den Gott mir zuspricht und der einen Auftrag besagt"[67].

Die biblisch Erwählten sehen sich wie alle Erwählten vor die Entscheidung gestellt, die ergangene Sendung anzunehmen oder abzulehnen. Ihr Ja bedeutet das Moment ihrer Personalisierung. Ein mögliches Nein, wie im Falle des Judas, das der das Selbst tötenden Depersonalisierung.

Der Anspruch Gottes provoziert, personalisiert und identifiziert den Menschen. Er provoziert, insofern er den Einzelnen aus der Gattung Mensch herausruft. Er personalisiert, insofern er dem Menschen die Chance gibt, an der ihm aufgetragenen Rolle zur Person zu werden. Er identifiziert, indem er ihm durch die unverwechselbare Rolle Individualität verleiht. So etwa, wenn der Vater Jesus von Nazareth als seinen Sohn offenbart, indem er ihn anspricht: „Du bist mein geliebter Sohn!": „Die Person", so Balthasar, „leuchtet im Individuum dort auf, wo sie vom schlechthin einmaligen Gott ihren ebenso schlechthin einmaligen Namen zugesprochen erhält"[68]. Theologische Personalisierung vollzieht sich also an der Schnittstelle des Anspruchs Gottes und des angesprochenen Menschen, der diesen Anspruch und die darin enthaltene Rollenzuweisung in souveräner Freiheit akzeptiert und in eben die-

---

[64] Theodramatik II/1 314.
[65] Theodramatik II/2. Die Personen des Spiels. Die Personen in Christus. Einsiedeln 1978, 241.
[66] Ebd.
[67] Ebd. 191.
[68] Theodramatik II/1 368.

ser zugewiesenen Rolle „die höchste Chance sich zu personalisieren"[69] entdeckt.

Dynamische Personalisierung?

„Wenn die freie Annahme von Berufung und Sendung das Moment theologischer Personalisierung bedeutet, dann kann deren Ablehnung die Person nur im tiefsten bedrohen: sie wird sie im Menschen nicht vernichten, aber ihr Antlitz bis zur Unkenntlichkeit entstellen." Balthasar spricht in seiner 1977 unter dem Titel „Christlicher Stand" erschienen „Meditation über die Gründe und Hintergründe der Exerzitienbetrachtung vom ‚Ruf Christi'", von den Folgen der Ablehnung eines ergangenen Rufes. Dabei erklärt er, daß, wenn eine Sendung abgelehnt worden sei, Gott keine weitere Sendung bereithalte, die er dem „aus der Rolle" gefallenen Spieler zur Verfügung stelle. Eine endgültige Ablehnung des Rufes bedeutet Scheitern und Depersonalisierung.

Kann man aber vom Menschen, der sich grundsätzlich für die ihm aufgetragene Rolle entschieden hat, verlangen, daß er in vollständiger Deckung mit dieser Rolle lebt? Muß nicht Raum bleiben für die kreativen Prozesse, mittels derer der Mensch sich die ihm aufgetragene Rolle erarbeitet? Wenn Balthasar erklärt, daß die Heiligen, weil sie weitgehend in Deckung mit ihrer Sendung leben, die eigentlichen Interpreten des Theodramas seien, stellt sich das Unbehagen ein, der real existierende Mensch könne deshalb nicht als eigentlicher Interpret des Theodramas angesehen werden, weil er sich lebenslang in dem dramatischen Prozeß der Rollenerarbeitung befinde und niemals wirklich mit seiner Rolle identisch ist. Ist jede Rollendistanz per se Sünde? Das Bild des um seine Rolle ringenden Schauspielers schien gerade deshalb so brauchbar, die Situation des Menschen darzustellen, weil es die kreative Freiheit des rollentragenden Schauspielers, sprich Menschen, gewährleistete und einforderte und den Eindruck erweckte, daß Gott dem Menschen diese Freiheit lasse. Balthasar selbst sprach in diesem Zusammenhang von einer „inneren Dramatik"[70], die in der vom Schauspieler zu leistenden Aneigung der Rolle liege. Der kreative Prozeß der Rollenerarbeitung aber bedarf nicht nur beim Schauspieler der zeitweisen Rollendistanz, des phasenhaften Widerstandes, des Überdrusses, der Fort- und Rückschritte, bis daß der Rollenträger zur Person wird.

Ist es sinnvoll, im Anschluß an Balthasars Anthropologie einem dynamischen Personenbegriff das Wort zu reden und zu behaupten, daß der Mensch eben nur dann ganz und gar Person ist, da er sich mit seiner Rolle identifiziert, daß ihm dies aber nur phasenweise gelingt und er deshalb je nach dem Grad seiner Identifizierung einmal mehr und einmal weniger qualifiziert Person ist? Wenn Ja, dann wäre es von großer Bedeutung, daß dieses „mehr oder weniger" nicht einer moralischen Qualifizierung unterläge, sondern als legitimer Prozeß der

---

[69] Theodramatik II/2 241.
[70] Ebd. 248.

Rollenerarbeitung zugelassen würde. Ich denke, daß zumindest eine Bemerkung Balthasars über Maria diese Leseart ermöglicht: „Für alle aber (auch für Maria, die dem Gesetz der Erb-Sünde nicht unterliegt) wird das Spielen im Spielraum Christi darin bestehen, ... das eigene Ich immer restloser mit der gottgeschenkten Sendung zur Deckung zu bringen und in dieser Sendung die eigene, sowohl personale wie soziale Identität zu finden"[71].

Christologische, soteriologische und pneumatische Dimensionierung

Was fehlt, ist die im engeren Sinn christologische, die soteriologische und pneumatologische Dimensionierung der von Hans Urs von Balthasar vorgelegten Anthropologie.
Wieder die Kernthese: „Dort, wo Gott einem Geistsubjekt zusagt, wer es für ihn, den ewig bleibenden und wahrhaftigen Gott ist, wo er ihm im gleichen Zuge sagt, wozu es existiert – ihm also seine von Gott her beglaubigte Sendung verleiht – dort kann von einem Geistsubkjekt gesagt werden, daß es Person sei. Das aber ist einmal archetypisch, bei Jesus Christus geschehen, dem seine ewige Definition verliehen war – Du bist mein geliebter Sohn –, indem ihm seine einmalige Sendung unvordenklich geschenkt wurde und damit das genaueste Wissen, wer er nicht nur für Gott, sondern von Anfang an bei Gott ist"[72].
Balthasar bezeichnet, da bei ihm als Einzigem Person und Rolle zusammenfallen, Jesus Christus als den „vollkommensten Schauspieler"[73]. Sein Ich ist deshalb mit seiner Sendung identisch, weil seine unvordenklich geschenkte und von ihm immer schon bejahte Sendung innerhalb seines Hervorgangs aus dem Vater ergangen ist. Er ist also nicht aus dem Vater geboren und dann gesendet. Hervorgang und Sendung liegen vielmehr ineinander und bilden einen identischen Akt: „Der Identitätspunkt ist die Sendung aus Gott, die mit der Person in und als Gott identisch ist"[74]. Er ist der Gesandte. Mehr: er ist mit seiner Sendung identisch: „Er ist der, der von jeher den Auftrag hat, ja der Auftrag ist"[75]. Er tut den Willen des Vaters nicht akzidentiell, sondern er lebt davon, ihn zu tun. Er spielt nicht den Christus. Er ist Christus. Der Usus, den Namen Jesus fast ausschließlich mit der Rollenbezeichnung Christus zu versehen, gibt der Überzeugung Ausdruck, daß Jesus von Nazareth mit seiner Sendung, der Christus zu sein, identisch ist. Seine Sendung ist eine Modalität seines Seins, so daß er sie nicht als eine wie von außen auferlegte Pflicht, sondern mittels der Identität seines Ich- und Sendungsbewußtseins als die

---

[71] Ebd.
[72] Theodramatik II/2 190.
[73] Christ und Theater. In: Balthasar, H.U. v./Züfle, M., Der Christ auf der Bühne. Einsiedeln 1967, 7-31, 21.
[74] Theodramatik II/2 487.
[75] Ebd. 153.

Mitte seines Wesen wahrnimmt. Er ist mittels der Identifikation mit seiner Sendung Person.

Inwiefern hat nun diese Identität Jesu mit seiner Sendung soteriologische Relevanz? Die Aspekte liegen derart dicht beieinander, daß sie nur in Teilaspekte zerlegt benannt werden können.

Inklusion in Christus

Die theologische Personwerdung vollzieht sich durch die Identifizierung des Subjekts mit der von Gott aufgetragenen Rolle; und deshalb bezeichnet von Balthasar Christus in diesem Zusammenhang als „Urperson"[76]. Der Menschgewordene steht mittels seiner Menschwerdung in einem inklusiven Verhältnis zu allen menschlichen Geistsubjekten, die kraft dieser Inklusion teilhaben an der „Ur-Person"[77], die Christus aufgrund seiner Identität mit seiner Sendung ist. Es ist, als ob wir uns in ihn einleben. *In ihm* bewegen wir uns als an seiner Sendung teilhabende Geistsubjekte. *Durch ihn* erhalten wir das Charisma, uns mit dieser Sendung zu identifizieren, *mit ihm* sind wir in zu ihm abgestuften Weisen theologische Personen: „Alles was neben Jesus noch Anspruch auf die Bezeichnung Person verdient, kann ihn nur aufgrund einer Beziehung zu ihm und Abkünftigkeit von ihm erheben. Von der Identität zwischen Ich und Sendung, wie sie in Jesus besteht, kann bei keiner andern dieser Personen die Rede sein, wohl aber von einer Begabung ihrer Geistsubjekte mit einem Teil oder Aspekt seiner universalen Sendung. (...) Eine solche Teilgabe bedeutet das im christlichen Sinn personalisierende Moment für Geistsubjekte"[78]. Und weiter: „Die dem Bühnenvorgang entsprechende Wahrheit im wirklichen Leben, die rest-los gelingende Identifizierung der Person aufgrund ihrer rest-los durchgeführten Sendung wird im Fall Jesu Christi erreicht, weshalb er im Theodrama nicht nur die Hauptperson ist, der Höchstfall der Anthropologie, sondern die für alle übrigen Spieler urbildliche, von der her sie ihre Person-Identität erhalten"[79].

Rollentausch

Die Inklusion der Menschennatur in Christus ermöglicht Stellvertretung. Der Mensch probt den Aufstand. Er kommt mit seiner Rolle nicht zu Rande. Er rebelliert gegen seine Rolle. Er fällt aus der Rolle. Das Spiel scheint zu scheitern. Christus springt ein und tritt, eins mit der Menschennatur, an die Stelle der aus der Rolle gefallenen Geistsubjekte. Hier greift das traditionelle Motiv des Rollentausches. Er tauscht die Rolle des mit seiner Rolle nichtidentischen Menschen gegen die seine, mit der er identisch ist. Das heißt aber, daß er sich

---

[76] Ebd. 487.
[77] Ebd. 487.
[78] Ebd. 190.
[79] Ebd. 184.

tatsächlich an die Stelle des aus der Rolle gefallenen Menschen begibt und die Situation aushält, in die dieser dadurch geraten ist. So erleidet er in der Gott-verlassenheit einen subjektiven Identitätsverlust. Die geheimnisvolle Ver-wandlung der übernommenen Nichtidentität in die dem Menschen geschenkte Identität bleibt unausswortbar. Man könnte sagen: Christus tilgt unser Nein in der Kraft seines Ja. Oder: Er tritt in unsere Rollendifferenz, die durch seine so vollzogene Identität mit der Rolle des stellvertretenden Erlösers in Identität umschlägt. Weil er an *unserer* Stelle diesen Umschlag vollzieht, kommt diese Identität uns „nicht als ein Fremdes, sondern als das Eigenste, uns aus der Entfremdung in unser wahres Personsein Einführende"[80] zugute.

Pneumatologie

Was versteht man unter einer „trinitarischen Inversion"? Balthasar benutzt diesen Terminus, um verständlich zu machen, daß die immante Trinität, in der der Geist das verbindende Wir zwischen Vater und Sohn ist, sich in der Öko-nomie vertikalisiert. Der Geist verbindet als „puissance intermédiaire" den menschgewordenen Sohn mit dem transzendenten Vater. Er hält den Sohn in der Intention des Vaters. So wird Jesus vom Geist empfangen, vom Geist in die Wüste geführt, der Geist ruht auf ihm und schwebt über ihm, da der Vater ihn identifiziert. Erfüllt vom Heiligen Geist fährt er zum Himmel. Der Geist vermittelt also die Intention des Vaters und bewahrt den Sohn in der größt-möglichen Ferne vom Vater in der Einheit mit ihm.
Diesen Geist teilt Christus seinen Jüngern mit, damit er sie in die Wahrheit führe. Wenn Wahrheit anthropologisch die Identität zwischen Person und auf-getragener Rolle ist, ist es also der Geist, der diese Identifizierung in uns be-wirkt: „So bezeugt der Geist selber unserem Geist, daß wir Kinder Gottes sind" (Röm 8,16). Der aus der Rolle gefallene und in Christus wieder in seine Rolle eingesetzte Spieler spielt sie im Geist Jesu. Schließlich ist es Christi und des Vaters Geist, der, dem Menschen geschenkt, den Riß zwischen Person und Rolle schließen hilft: „Der Einzelne würde seine Person entweder gar-nicht finden oder sie und seine wahre Freiheit nachträglich wieder verlieren, wenn er nicht die Demut aufbrächte, sich vom Geist in Regie nehmen zu las-sen"[81].

Vielleicht es ist mit diesen wenigen Bemerkungen zur Anthropologie Hans Urs von Balthasars deutlich geworden, daß die Problematik von Rolle und Freiheit „alle soziologischen und psychologischen Sphären überwächst in die Sphäre der Theodramatik", so daß wir nicht wie von Balthasar „vorweg", doch aber im Anschluß an das geführte Gespräch uns der von ihm vertretenen

---

[80] Ebd. 213.
[81] Ebd. 488.

Auffassung anschließen können, daß „keine andere Theologie als die christliche hier das erlösende Wort zu sprechen vermag"[82].

Es ist sicher im Sinne Balthasars, wenn ich mit Paul Claudel ende, der dem Gesagten einen gehörigen Schuß Humor beimischt:

> „Ich will auf meine einfältige Art den lieben Gott einem dramatischen Dichter vergleichen, der einen Plan verbrochen hat, einen schönen, lange, liebevoll, subtil, bis ins einzelne ausgesponnenen Plan, den man bloß noch auf die Bühne zu bringen braucht. Und nun: welches Versagen! Allgemeine Sabotage! Was für Ausleger hat sich der Autor da selbst zugelegt! Der Souffleur mit seinem Heftchen, das er einfach verlegt hat: wo kann das nur hingeraten sein? Und das Ärgste: das Ganze hört nicht mehr auf. Viel zu lang, viel zu verworren! Und alle diese Mehlsäcke und Tröpfe, die kein Wort von ihrer Rolle wissen! Der Autor bekommt einen Wutanfall. Ich selber, sagt Gott, werde die Sache in die Hand nehmen. Höchste Zeit."[83]

---

[82] Theodramatik I 44.
[83] L Evangile d'Isaie, o.O. 1951,7. (zit. nach: Theodramatik I 257)

Woraufhin sterben wir? Hans Urs von Balthasar und der Dialog mit fernöstlichen Traditionen

Martin Bieler

1. Meditation als Verrat?

Das Gespräch zwischen Buddhismus und Christentum wird heute so intensiv wie nie zuvor geführt – vor allem von christlicher Seite her[1]. Das ist wohl kein Zufall. Während es zunehmend schwieriger erscheint, modernen Menschen christliche Inhalte verständlich zu machen, nimmt die Faszination fernöstlicher Weltanschauungen und Meditationspraktiken nach wie vor zu. Besonders bei Jugendlichen läßt sich dies deutlich beobachten. Es ist deshalb verständlich, wenn von christlicher Seite gefragt wird, ob wir von fernöstlichen Erfahrungen lernen können. Dies ist umso naheliegender, als Leute wie Enomya Lassalle offensichtlich eine glaubhafte Verbindung von Christentum und Zenmeditation gelebt haben und ausdrücklich bezeugen, durch Zenmeditation einen neuen Zugang zur eigenen christlichen Tradition gefunden zu haben[2]. Wenn mangelnde Erfahrung ein Grunddefizit heutiger Theologie ausmacht, wie Gerhard Ebeling in einem vielbeachteten Aufsatz festgestellt hat[3], dann müssen wir uns tatsächlich fragen, wie ein neuer Zugang zur Erfahrung des Christlichen zu gewinnen ist. Können dabei fernöstliche Mediationsformen eine Hilfe sein?

Gegen den Einbezug fernöstlicher Meditationsformen in die christliche Spiritualität hat Hans Urs von Balthasar als einer der besten Kenner christlicher Tradition immer wieder Stellung bezogen, weil er befürchtete, daß mit ihnen eine unchristliche Haltung in die Kirche einziehen würde. Programmatisch ist dafür der Titel eines einschlägigen Aufsatzes, der „Meditation als Verrat" lautet[4]. In diesem Aufsatz schreibt er:

---

[1] Vgl. M. von Brück/ Wh. Lai, Buddhismus und Christentum: Geschichte, Konfrontation, Dialog, München 1997; B. Sommer/ C. Colpe, Aus 20 Jahren buddhistischer Literatur in Deutschland, in: Verkündigung und Forschung 42 (1997), 19-54.

[2] H. M. Enomiya-Lassalle, Mein Weg zum Zen, hg. von R. Ropers und B. Snela, 1988.

[3] G. Ebeling, Die Klage über das Erfahrungsdefizit in der Theologie als Frage nach ihrer Sache, in: ders., Wort und Glaube, Bd. 3, 1975, 3-28. Mit der Betonung der Bedeutung der Erfahrung soll das, was Balthasar über die „Erfordernis einer objektiven Offenbarungsgestalt" sagt (Herrlichkeit I, 1961, 413-417), in keiner Weise relativiert werden. Vgl. die nachdenklich stimmende Bemerkung K. Barths: „Erfahrungen dagegen sind, sowie sie auch nur einen Augenblick lang als solche mitgeteilt werden und gelten wollen, ein Moorgrund, auf dem weder der Prediger noch der Hörer stehen oder gehen kann, und darum keine Gegenstände christlicher Verkündigung" (Kirchliche Dogmatik I,2, [4]1948, 272).

[4] Meditation als Verrat, Geist und Leben 50 (1977), 260-268.

„Es könnte deshalb der Kirche keine intimere und tödlichere Wunde zugefügt werden, als wenn Orden den exponierten Ort ihrer christlichen Meditation, die sie stellvertretend für die ganze Kirche und die Welt auszuüben haben, verlassen würden, um sich in den Windschutz nichtchristlicher Meditation zurückzubegeben und es sich dort wohl sein zu lassen. Dieser Abfall könnte nicht anders bezeichnet werden denn als Verrat an der gekreuzigten Liebe Gottes, und da es um inkarnierte Liebe geht, als Ehebruch, in einem weit schrecklicheren Sinn als dieses Wort auf die Synagoge zutraf (Ez 16)"[5].

Man kann fragen, ob ein derart harsches Urteil der Sache wirklich angemessen ist und nicht unnötig dramatisiert. Gehören östliche Meditationsformen oder Meditationstechniken nicht zu den guten Gaben der Schöpfung, von denen schlicht ein vernünftiger Gebrauch zu machen ist? Wer wollte beispielsweise ernsthaft das Zähneputzen in Frage stellen, weil dieses das Vertrauen auf Gott gefährde? Katsuki Sekida bezeichnet Zen „schlicht und einfach" als „Praxis, die dazu verhilft, seinem Nervensystem eine klare Ordnung und Disposition zu schenken". Zen stelle „die normale Funktion des zerrütteten Nervensystems wieder her"[6]. Das Mißtrauen gegenüber einer solchen Praxis, die als solche in verschiedene Kulturkreise übertragbar ist, wäre dann in erster Linie ein Indiz dafür, wie unterentwickelt der Westen im Hinblick auf die Kultur einer gelebten Leiblichkeit im Vergleich zum Osten ist. Die Sachlage ist allerdings zugegebenermaßen nicht ganz so einfach.
Balthasar bindet zu Recht die Praxis an die Weltanschauung zurück:

„Das erste, was es zu verstehen gilt, ist, daß die östlichen Meditationsmethoden von einer bestimmten Weltanschauung nicht isolierbar sind. Sie wurden als die geeigneten Wege für die praktischen Ziele erfunden und ausgebaut, die dieser Weltanschauung als die Heilsziele für den in der Welt verlorenen und vom Göttlichen abgeirrten Menschen erschienen. Sie sind als Methoden so sehr von diesen Zielen beherrscht und sozusagen durchtränkt, daß ihre Logik und Angepaßtheit durchaus bewundernswert ist"[7].

Entscheidend für Balthasars Beurteilung östlicher Meditationsformen ist deshalb sein Verständnis der östlichen Weltanschauungen. Den Buddhismus betrachtet er im Kern als desinkarnatorische Gnosis, die die Welt verneinen muß[8], zu einer Entsinnlichung führt[9] und im Dienste einer versuchten Selbsterlösung steht, die Meditation als „Technik" betreibt[10]. In dieser Gestalt ist der

---

[5] Ebd. 266. Zum ganzen Fragenkomplex vgl. R. Gawronski, Word and Silence. Hans Urs von Balthasar and the Spiritual Encounter between East and West, 1995.
[6] Zen-Training, 1993, 253.
[7] Meditation als Verrat, 262-263.
[8] Christliche „Mystik" heute, in: Der Weg zum Quell. Teresa von Avila 1582-1982, hg. von J. Kotschner, 1983, 15-16.
[9] Ebd. 44. Vgl. dazu auch J.A. Cuttat, Asiatische Gottheit-Christlicher Gott, 1965, 27f. Balthasars Sicht der östlichen Religionen ist stark von diesem Buch beeinflußt (vgl. Meditation als Verrat, 266).
[10] Die Wahrheit ist symphonisch. Aspekte des christlichen Pluralismus, 1972, 156-157; Christen sind einfältig, 1983, 109-118; Zur Ortsbestimmung christlicher Mystik, in: W. Beierwaltes/ H.U. von Balthasar/ A. M. Haas, Grundfragen der Mystik, 1974, 52ff.; Christlich meditieren, 1984, 11; Kleine Fibel für verunsicherte Laien, [2]1980, 22; Sponsa Verbi, [3]1971,

Zen-Buddhismus der Inbegriff des nachchristlichen Heidentums, dem als jüdisches Gegenstück der Weg der Weltveränderung zur Seite steht[11]. Beiden gegenüber steht das Christentum als dritter Weg, der allein Immanenz und Transzendenz im rechten Gleichgewicht zu halten vermag, weil nur der trinitarische Gott als der Ganz-Andere wirklich der Nicht-Andere ist, der alles Geschaffene unterscheidend eint[12].

2. Das Tao ist die Technik

Besonders gravierend ist nach Balthasar der Versuch östlicher Meditationsformen, „sich trotz der konstitutiven Endlichkeit des Wesens durch religiöse ‚Technik' mystischer Ekstase des Absoluten zu bemächtigen"[13]. An die Stelle der Zwiesprache mit Gott im Gebet, das Gott die Freiheit läßt, sich so zu zeigen, wie Gott es will, „tritt die Technik der Entschränkung, das heißt der systematischen Überwindung aller sinnlichen und aller geistigen Inhalte, die mein Bewußtsein besetzt halten, und schließlich die Überschreitung dieses Bewußtseins, sofern es als das meinige eine letzte und hartnäckige Grenze bildet". Das Nichts, in das der Meditierende dabei gerate, sei weder mit Gott noch mit Heideggers Sein zu vergleichen[14]. So erscheint die Technik östlicher Meditation letztlich als Machtmittel[15], das der Bereitschaft für Gott widerspricht[16], der sich von sich her zeigt und alle Stufenschemen religiöser Entwicklung durchbricht[17].

Es ist nicht zu bestreiten, daß in den östlichen Meditationsformen technische Erwägungen eine große Rolle spielen. Die richtige Sitzhaltung, Visualisierungen, bestimmte Atemtechniken etc. erfordern schon nur deshalb Beachtung, weil intensive Formen der Meditation gesundheitlich nicht ungefährlich sind

---

373; Theodramatik III, 1980, 208; Pneuma und Institution, 1974, 78; Homo creatus est, 1986, 48; Stellungnahme zum Aufsatz von P. Klaus Riesenhuber S.J.: Zum Verständnis ungegenständlicher Meditation, in: IkZ 15 (1986), 320-331; ebd. 574-575.

[11] Pneuma und Institution, 82-96.

[12] Vgl. Nikolaus von Kues, De non-aliud, in: ders., Philosophisch-theologische Schriften, Bd. 2, hg. von L. Gabriel, 1966, 443-565.

[13] Christen sind einfältig, 1983, 105.

[14] Ebd. 111. Ob das für Heidegger zutrifft, ist zweifelhaft (vgl. Balthasar selber: Herrlichkeit III,1, 1965, 978; R. May, Ex oriente lux. Heideggers Werk unter ostasiatischem Einfluß, 1989; Japan und Heidegger: Gedenkschrift der Stadt Messkirch zum hundertsten Geburtstag Martin Heideggers, hrsg. von H. Buchner, 1989).

[15] Ebd. 113.

[16] Christliche „Mystik" heute, 40.

[17] Zur Ortsbestimmung christlicher Mystik, 60ff. Zum Stufenschema Reinigung-Erleuchtung-Einigung äußert sich auch einer der besten Kenner der Tradition des Jesusgebetes kritisch: K. Ware, Weisen des Gebetes und der Kontemplation. I. In der Ostkirche, in: Geschichte der christlichen Spiritualität, Bd. 1: Von den Anfängen bis zum 12. Jahrhundert, hg. von B. McGinn, J. Meyendorff und J. Leclercq, 1993, 400.

und deshalb bestimmte Vorsichtsmaßnahmen erfordern[18]. Ebenfalls unbestreitbar ist, daß es bei der Meditation bestimmte Stufen gibt, die durchlaufen werden müssen, weil durch Meditation der ganze Organismus umgestellt wird. Gerade letzteres ist aber ein Hinweis darauf, daß es z.B. in der Zenmeditation nicht um *Ent*leiblichung geht, sondern um *Ver*leiblichung. Davon kann sich jeder überzeugen, der selber Zen oder eine ähnliche Meditationsform praktiziert. Auf den Vorwurf, Zen sei eine Technik, würde der Bogenmeister Kenran Umeji schlicht mit der Feststellung reagieren, das Tao *sei* die Technik[19]. Wer Klavier spielen will, muß zuerst das Instrument mit seinen Tasten kennenlernen, bevor er spielen kann. Ebenso muß der Meditierende zuerst das Alphabet gelebter Leiblichkeit kennenlernen, bevor er üben kann. Je mehr er sich in Demut und Geduld der Technik widmet, desto stärker wird er sich verändern, desto stärker wird ihn das Tao der Technik prägen, das im Gabecharakter des geschaffenen Seins begründet ist[20]. Es ist deshalb grundsätzlich möglich und notwendig, die Gesetzmäßigkeiten der Meditation in den Alltag zu übernehmen. So ließe sich z.B. auch aus dem Bleistiftspitzen eine Meditationsübung machen. Cuttats Bemerkung, in einer Fabrik könne man ein Heiliger werden, aber kein Yogi[21], vermittelt deshalb ein ganz schiefes Bild, wenn man sie auf östliche Meditationsformen insgesamt überträgt. Die um die Zenmeditation angelagerten Künste wie das Blumenstecken, die Teezeremonie, das Schwertfechten, das Bogenschießen etc. zeigen deutlich, wie stark der Alltagsbezug des Zen ist[22].

---

[18] Vgl. z.B. Yang Jwing-Ming, The Root of Chinese Chi Kung. The Secrets of Chi Kung Training, 1989.

[19] „Es gibt ein ‚Tao der Technik'. Die zur rechten Haltung vollendete Technik einer Übung (gyo) ist in sich selbst eine Bekundung von Tao. Im Tao der Technik ist die Technik selbst Tao und Tao ist die Technik. Also Technik = Tao und Tao = Technik": K. Graf Dürckheim, Wunderbare Katze und andere Zen-Texte, [3]1975, 67.

[20] Vgl. die bemerkenswerten Ausführungen Balthasars zu einem konstruktiven Gebrauch des Begriffes „Tao" in: C.S. Lewis, Die Abschaffung des Menschen, 1979, 10-12. Ob und inwiefern der Zen-Buddhismus tatsächlich im Gabecharakter des Geschaffenen gründet, müßte im Detail aufgezeigt werden, was hier nicht möglich ist (vgl. aber unten die Bemerkung zur „Fülle des Nichts").

[21] Asiatische Gottheit – Christlicher Gott, 82. Ein außerchristliches Beispiel dafür, wie man auch unter widrigsten Umständen meditieren kann, bietet Kôichi Tôhei, Das Ki-Buch. Der Weg zur Einheit von Geist und Körper, [3]1989, 52-74.

[22] Vgl. H.M. Enomiya-Lassalle, Zen und christliche Mystik, [3]1986, 79, 94-100, 133-143. „Noch überraschender erscheint es, dass es auch ausserhalb der Meditation ein Zanmai [Versenkung; M.B.] gibt... Das geschieht z.B. bei einer Beschäftigung, auf die man sich konzentriert. Dieses Zanmai während der Arbeit wird im Zen sehr hoch eingeschätzt": Ders., Kraft aus dem Schweigen. Einübung in die ZEN-Meditation, [3]1992, 50. Dieses Beispiel zeigt, daß eine schlichte Entgegensetzung von gegenständlicher und ungegenständlicher Meditation viel zu simpel ist und das Zanmai grundsätzlich in einen personalen Kontext übertragbar ist, wie ihn Balthasar eindrücklich in „Das betrachtende Gebet" ([3]1965) beschrieben hat! Zu den damit verbundenen Bewußtseinszuständen vgl. C. Albrecht, Psychologie des mystischen Bewußtseins, 1976; ders., Das mystische Erkennen. Gnoseologie und philosophische Relevanz der mystischen Relation, 1982.

Das eigentlich Wichtige an der Beschäftigung mit der Technik ist die *Übung*. Wenn heute in den Kirchen über mangelnde Gotteserfahrung geklagt wird, dann liegt das Problem wesentlich in der mangelnden Bereitschaft zur Übung. Das hat z.b. Graf Dürckheim ganz richtig erkannt, was immer man auch sonst gegen ihn einwenden mag[23]. Seiner Forderung, daß der Alltag als Übung zu leben sei, in der grundlegd die Leiblichkeit einzubeziehen ist, kann man nur zustimmen[24]. Er steht damit nicht allein, sondern nimmt ein wesentliches Anliegen christlicher Tradition auf. Das Gebet ohne Unterlaß (1 Thess 5,17), das Sich-Halten in der Gegenwart Gottes bedarf der immerwährenden Übung, die wesentlich den Leib einschließt, weil Gott ja von ganzem Herzen und mit aller Kraft geliebt werden will (Mk 12,30). Auch Balthasar sieht die Notwendigkeit menschlicher Mitwirkung bei der Entfaltung von Gaben des Heiligen Geistes[25]. Die Frage ist nur, wie diese Mitwirkung auszusehen hat.

Der erste grundlegende Streitpunkt in der Frage nach einem Einbezug östlicher Meditationsformen in die christliche Spiritualität ist die Bedeutung gelebter Leiblichkeit und deren konkreter Vollzug. Es ist grundsätzlich nicht einsichtig, warum Christen von den Griechen für die Philosophie und durch sie für die Theologie lernen können, von den Asiaten aber für die gelebte Leiblichkeit keine Hilfe annehmen sollen[26]. Daß es dabei zu Transpositionen des Übernommenen kommen muß, wie Balthasar es analog für die Philosophie gefordert hat[27], ist unbestritten, denn in geistlichen Dingen gibt es tatsächlich keine Neutralität[28], und bei aller Ähnlichkeit zwischen christlichen und zenbuddhistischen Erfahrungen bleibt der jeweilige geistesgeschichtliche Kontext bestimmend, wie Alois M. Haas gezeigt hat[29]. Es gilt aber auch die durch die Schöpfung bedingten Gemeinsamkeiten wahrzunehmen, die gerade im Hinblick auf das, was als Technik bezeichnet wird, von Bedeutung sind. Deutlich wird dies in einem Vergleich zwischen fernöstlichen Meditations-

---

[23] Vgl. J. Sudbrack, Anfragen an Graf Dürckheims (1896-1988) „Initianische Therapie", in: Geist und Leben 69 (1996), 4-19.

[24] Der Alltag als Übung, [9]1991.

[25] Christliche „Mystik" heute, 22.

[26] Dies ist auch gegen G. Bunge einzuwenden, der einen Kanon christlicher Gebetshaltungen aus der Tradition zu eruieren sucht und von daher dem Einbezug fernöstlicher Traditionen kritisch gegenübersteht: Irdene Gefäße. Die Praxis des persönlichen Gebetes nach der Überlieferung der heiligen Väter, [2]1997, 161-165. Den ein für allemal gültigen Kanon christlicher Gebetshaltungen gibt es nicht. Schon allein die kategorische Behauptung, nicht das bequeme Sitzen, sondern das eher anstrengende Stehen kennzeichne den Beter (ebd. 121), läßt Bunges Unterfangen fragwürdig erscheinen. F. Dodel hat gezeigt, wie wichtig gerade das Sitzen für die Wüstenväter war und auf welche biblischen Traditionen sie sich dafür berufen konnten: Das Sitzen der Wüstenväter, 1997.

[27] Von den Aufgaben der katholischen Philosophie in der Zeit, in: Annalen der Philosophischen Gesellschaft der Innerschweiz 3 (Nr. 2/3, Dez./Jan. 1946/47), 1-38.

[28] Cuttat, Asiatische Gottheit – Christlicher Gott, 150.

[29] A.M. Haas, Das Ereignis des Wortes: Sprachliche Verfahren bei Meister Eckhart und im Zen-Buddhismus, in: ders., Gottleiden-Gottlieben. Zur volkssprachlichen Mystik im Mittelalter, 1989, 201-240.

formen und dem christlichen Hesychasmus, der in der Betonung der Notwendigkeit der Übung, die den Leib einbezieht, enge Parallelen zum Zen-Buddhismus aufweist. In „Aufrichtige Erzählungen eines russischen Pilgers" wird z.b. großes Gewicht auf die *Wiederholung* des Gebetes gelegt:

> „Aber um deutlicher zu zeigen, daß der Mensch vom Willen Gottes abhängt, und um ihn tiefer in die Gesinnung der Demut zu versenken, überließ Gott dem Willen und den Kräften des Menschen lediglich die Quantität des Gebetes, indem er ihm auftrug, unablässig zu beten: zu jeder Zeit an jedem Ort. Dadurch wird auch die geheimnisvolle Art und Weise offenbart, das wahre Gebet zu erlangen und damit auch den Glauben und die Erfüllung der Gebote und das Heil überhaupt"[30].

Der Pilger steht damit nicht allein. Auch ein so ausgewogener und sicherer Seelenführer wie Johannes Tauler schätzt die Übung sehr hoch ein:

> „Denn üben mußt du dich, willst du ein Meister werden. Doch erwarte nicht, daß Gott dir die Tugend eingieße ohne deine Mitarbeit. Man soll nie glauben, daß Vater, Sohn und Heiliger Geist in einen Menschen einströmen, der sich der Tugendübung nicht befleißigt. Man soll von solchen Tugenden auch nichts halten, solange der Mensch sie nicht durch innere oder äußere Übung erlangt hat"[31].

Bezeichnenderweise nennt Tauler als Beispiel für solche Übung einen Mann, der beim Dreschen seines Korns in Verzückung geriet. Er sieht dies aber nicht im Gegensatz zur Beschauung, in der sich ein Mensch ohne Bilder und Formen in Gott versenkt. Auch dazu soll sich der Mensch Zeit nehmen, ohne deswegen die Tugendübung als äußere Arbeit zu vernachlässigen. Insbesondere auch in der letzteren kann „eine innere Berührung" erfahren werden, weil es in ihr um etwas Sachliches geht[32], bei dem der Übende *nicht* auf Erfahrung aus ist. So bilden schließlich Alltag und Meditation, Arbeit und Ruhe eine ungebrochene Einheit, wobei für die Gestaltung des Rhythmus von Arbeit und Ruhe auf die Weisung des Heiligen Geistes zu achten sei[33]. Das war bereits bei den Wüstenvätern so, die ein meditatives Sitzen in Verbindung mit Handarbeit praktizierten[34]. Aber auch im Zen-Buddhismus gibt es immer wieder Beispiele von Mönchen, die bei der gewöhnlichen Arbeit, wie z.B. beim Fegen, die Erleuchtung erlangten.

Gestalten wie Hildegard von Bingen sind im Westen rar gesät. Wenn es um die Notwendigkeit des Bücherlesens geht, ist man bei uns in Theologie und Kirche sofort bereit, nicht geringe Anstrengungen auf sich zu nehmen, um sich fundierte Kenntnisse anzueignen. Wenn es aber darum geht, etwas diffe-

---

[30] Aufrichtige Erzählungen eines russischen Pilgers, hg. von E. Jungclaussen, 1993, 194. Die bloße Quantität genügt allerdings nicht, wie Bunge zu Recht mit Evagrios feststellt: Irdene Gefäße, 103-104.
[31] Predigten, Bd. 2, hg. von G. Hofmann, 1979, 363.
[32] Zum Ethos der Sachlichkeit vgl. F. Künkel, Einführung in die Charakterkunde, [17]1982, 5-10 und J. Pieper, Die Wirklichkeit und das Gute, [7]1963, 83-88.
[33] Tauler, Predigten, Bd. 2, 363-364.
[34] Dodel, Das Sitzen der Wüstenväter, 98-104.

renzierter und bewußter mit seinem Leib umzugehen, ist man mit der Geduld schnell am Ende und begnügt sich mit allzu wenig, weil man meint, es sei ausreichend, die eigene leibliche Existenz nicht abzulehnen und überlieferte Konventionen zu respektieren. In einer solchen minimalistischen Haltung ist wohl eher subkutaner Cartesianismus als echtes spirituelles Unterscheidungsvermögen am Werk. Insgesamt dürfte Enomiya-Lassalles Feststellung, die Menschen im christlichen Altertum und im Mittelalter seien im Religiösen somatischer gewesen[35], zutreffen. Die Rückgewinnung des Somatischen und die Entwicklung einer Kultur gelebter Leiblichkeit ist heute dringend notwendig, denn wer nicht einmal das kleine religiöse Einmaleins leiblicher Präsenz gelernt hat, von dem ist nicht zu erwarten, daß er wirklich ein ernsthafter Hörer des Wortes sein kann. Was Balthasar selbst anbelangt, so dürfte seine eigene musikalische Praxis nicht gering für seinen Werdegang als Denker veranschlagt werden[36]. Im folgenden werde ich denn auch zu zeigen versuchen, daß ein kritischer Einbezug östlicher Meditationsformen in die christliche Spiritualität der Intention Balthasars eigentlich zutiefst entspricht. Aber zuerst soll noch ein Einwand Balthasars gehört werden, der ernst zu nehmen ist. Balthasar ist der Auffassung, bei aller Meditationstechnik handle es sich letztlich doch um ein subtiles Besitzstreben, um eine Selbstbereicherung, der es nur um die eigene Entwicklung und nicht um den Dienst an Gott und dem Nächsten geht[37], um den eigenmächtigen Griff nach dem Heil, weil man nicht bereit ist, sich dieses von Gott her schenken zu lassen. Östliche Meditation läge dann auf derselben Linie wie das von Balthasar treffend geschilderte westliche „Bewältigungsdenken", das nicht auf das begegnende Wirkliche hört, sondern es vergewaltigt[38]. Das Ziel vieler uns als stumpfsinnig erscheinenden Übungen im östlichen Bereich wird aber dort ausdrücklich als Hinführung zum Aufgeben solchen Bewältigungsdenkens verstanden. Dieses Aufgeben ist von uns nicht „machbar". Wer es zu erzwingen versucht, bleibt vielmehr dem egoistischen Selbst erst recht verhaftet. Was Balthasar als östliche Meditationstechnik kritisiert, ist deshalb ungefähr das Gegenteil dessen, was z.B. im Zen intendiert wird. In einem sehr eindrücklichen Bericht seiner Erfahrungen mit dem japanischen Bogenschießen schildert Eugen Herrigel seine Mühe mit dem Erlernen dieser Kunst. Nachdem er beträchtliche Fortschritte gemacht hatte, fehlte ihm noch das richtige Lösen des Schusses. Der Pfeil

---

[35] Enomiya-Lassalle, Zen und christliche Mystik, 387.

[36] E. Guerriero, Hans Urs von Balthasar. Eine Monographie, Freiburg 1993, 31ff.

[37] Meditation als Verrat, 267-268; Neue Klarstellungen, 1979, 90. Das Argument, der Gebrauch von Meditationstechnik sei Selbstbereicherung, ist fragwürdig, denn jede Form von Kultur ist dieser Gefahr ausgesetzt. Als Theologe wird man sich diesbezüglich mit Vorteil nicht nur an die paulinische Warnung vor der Erkenntnis, die aufbläht (1 Kor 8,1), sondern auch an die Problematisierung der Wissenschaft und des Umgangs mit Büchern durch Franz von Assisi erinnern! Vgl. Franz von Assisi, Legenden und Laude, hg. von O. Karrer, 1975, 107-110, 171-172, 210-215.

[38] Cordula oder der Ernstfall, ²1967, 53ff. Balthasar rechnet zu den „Methoden der Bewältigung" (Christen sind einfältig, 1983, 81) auch die Meditationstechniken (ebd. 109-118).

sollte „von selbst" von der Sehne schnellen, er sollte sich wie eine reife Frucht zur rechten Zeit ohne Absicht des Schützen lösen. Trotz aller Bemühungen will dies nicht gelingen, und so versucht Herrigel es mit „Technik":

> „Wenn ich, nachdem ich den Bogen gespannt hatte, die über die Daumen geschlagenen Finger behutsam und nur ganz allmählich streckte, kam der Augenblick, in dem der Daumen, durch sie nicht mehr festgehalten, wie von selbst aus seiner Lage gerissen wurde; so konnte es geschehen, daß sich der Schuß blitzartig löste und offenbar ‚abfiel wie die Schneelast vom Bambusblatt'"[39].

Als der Meister das sieht, nimmt er dem Schüler wortlos den Bogen aus der Hand und setzt sich mit dem Rücken gegen den Schüler auf ein Kissen. Er weigert sich, Herrigel weiter zu unterrichten mit der Begründung, dieser habe gegen den Geist der „Großen Lehre" verstoßen und ihn, den Meister, zu hintergehen versucht[40]. So wird also das, was Balthasar als Technik kritisiert, von einem Zenbuddhisten quittiert. Und der bereits zitierte Meister Kenran Umeji doppelt nach: „Aber das Schwerste für alle ist: Im Schießen das eigenwillige, sich eigenständig dünkende Ich restlos *sterben* zu lassen." Es geht dabei nicht um den physischen Tod.

> „Das ‚restlose Sterben des Selbst' ist recht verstanden, vielmehr jener Tod, der einen in die Freiheit von Leben und Tod stellt, über Leben und Tod hinaushebt und einen dazu bringt, sein wahres Herz, sein eigentliches ‚Wesen' zu entdecken und in jenem unendlichen Leben aufzugehen, das jenseits von Leben und Tod ist. Es geht um das Sterben desjenigen Ichs, das im Widerspruch zum Absoluten wie zum Relativen befangen ist"[41].

M.E. wird damit deutlich, daß der Vorwurf, mit einer Meditationstechnik werde versucht, eine Erfahrung des Absoluten zu erzwingen, nicht zutrifft. So spitzt sich das Problem der Vereinbarkeit von christlicher Spiritualität und östlicher Meditation auf die Frage zu: „Woraufhin sterben wir?" Wie ist dieser Tod zu verstehen, von dem Kenran Umeji spricht, und was verstehen Christen unter dem Sterben Jesu, das wir nach Paulus allezeit am Leib herumtragen (2 Kor 4,10)?

3. Das Kreuz und der „große Tod"

Die Frage, woraufhin der Mensch stirbt, ist nicht erst für den relevant, der als kranker oder alter Mensch kurz vor seinem Tod steht, sondern für jeden Menschen, denn diese Frage thematisiert das Ziel unseres Lebens. In was wird unser Leben einmünden? In der Frage nach dem Wohin unseres Sterbens beschäftigen wir uns also zugleich mit dem Wohin unseres Lebens. Woraufhin

---

[39] Zen in der Kunst des Bogenschießens, [17]1975, 62.
[40] Ebd. 63-64.
[41] Wunderbare Katze, 67-68.

können wir und sollen wir leben? In der Betrachtung des Todes[42] als Ausdruck der Begrenztheit unseres Lebens sind wir mit dem Ganzen unseres Lebens konfrontiert, das von uns aus gesehen vorerst nur als Fragment faßbar ist[43]. Nicht nur das Woraufhin unseres Lebens kommt in den Blick, sondern auch das, was auf den Tod zugeht, also nicht nur das Ziel, sondern auch wir selbst und unser Verhältnis zu unserem Ziel. In seiner Rede „An einem Grabe" schreibt S. Kierkegaard, daß Ernst die Konfrontation mit dem Tod sei: „Der Ernst ist, daß du wirklich den Tod denkst, und daß du somit ihn denkst als dein Los, und daß du somit vollziehst, was der Tod ja nicht vermag, das du bist und der Tod ebenfalls ist"[44]. Ernst ist die Konfrontation mit dem Tod, weil sie den Lebenden ein gutes Sterben ermöglicht.

> „Sterben ist ja jedes Menschen Los, und insofern eine recht geringe Kunst, jedoch wohl sterben zu können, ist ja höchste Lebensweisheit. Worin liegt der Unterschied? Darin, daß im einen Fall der Ernst der des Todes ist, im andern der des dem Tode Gehörenden. Und die Rede, welche den Unterschied setzt, kann sich ja nicht an den Toten wenden, sondern an den Lebenden"[45].

In der Frage nach dem „Daß" und dem „Wohin" unseres Sterbens geht es zentral um das rechte Sterben der Lebenden, einem Sterben, das nicht erst am Ende des Lebens stattzufinden hat, sondern hier und heute, denn:

> „Wer nicht stirbet, eh' er stirbet,
> Der verdirbet, wenn er stirbet"[46].

Das rechte Sterben, das Angelus Silesius in diesem Zweizeiler im Blick hat, ist der Selbsteinsatz des Menschen. Kierkegaard formuliert ganz ähnlich in einer Tagebucheintragung: „Ich wäre zugrunde gegangen, wenn ich nicht zugrunde gegangen wäre"[47]. Im sterbenden, d.h. im sich selbst mitteilenden, Zu-Grunde-Gehen beziehen wir uns auf unseren Grund. Auf welchen Grund hin ein Mensch in Wahrheit seinen Lebenseinsatz wagt, entscheidet über das Gelingen oder Mißlingen seines Lebens.

Die Frage nach dem Wohin des Sterbens ist verbunden mit dem Woher unseres Lebens, denn mit dem Tod sind wir wieder dem Ursprung überantwortet, der als Geber des Lebens auch Macht über den Tod hat. Nach christlichem Verständnis ist die Grenze des Todes nicht im Sinne einer 50 zu 50 Chance zweideutig, so daß wir sagen müßten: Auf der anderen Seite, d.h. nach dem Tod, kann uns mit gleicher Wahrscheinlichkeit das nihil negativum oder Gott begegnen, denn die Erfahrung der Grenze steht immer schon im Kontext unse-

---

[42] Vgl. zum Folgenden Theodramatik I, 1973, 345-382; Theodramatik III, 108-124, 454-468.
[43] Vgl. Das Ganze im Fragment, 1963.
[44] Erbauliche Reden 1844/45, übers. von E. Hirsch, 1964, 178.
[45] Ebd. 178f.
[46] Angelus Silesius, zit. nach L. Oeing-Hanhoff, Zur thomistischen Freiheitslehre, in: Scholastik 31 (1956), 176.
[47] Tagebücher, Bd. 1, hg. von H. Gerdes, 1962, 309.

res Lebens, das als Gabe zu betrachten ist[48], so daß Karl Barths Rede von Gott selbst als dem Jenseits des Menschen[49] schon auf philosophischer Ebene sinnvoll ist. Die Frage, woraufhin wir sterben, kann deshalb schlicht mit dem Verweis auf Gott beantwortet werden: Wir sterben auf Gott hin. Wer aber ist Gott, und wie verhält er sich zu uns? Will er uns wirklich über die Todesgrenze hinaus bewahren? Die Macht dazu hat er, denn als Ursprung unseres Lebens ist er auch Herr über den Tod, der sowohl als natürliche Begrenzung unseres Lebens erscheint als auch als eine Katastrophe, die Beziehungen zerstört[50]. Die durch letzteres bedingte Zweideutigkeit der Todesgrenze, von der B. Welte spricht[51], steht deshalb nicht isoliert für sich, sondern ist eingebettet in die Gottesfrage, durch die die genannte Zweideutigkeit des Todes eine Schlagseite erhält, die Hiob bei allem Zweifel an Gott letztlich doch an diesem festhalten läßt, indem er auf die Antwort Gottes hin fragt. Es ist nicht eine blinde Wahrscheinlichkeit, die über Sein oder Nicht-Sein der Toten entscheidet, sondern Gott selbst, der sich als Geber des Lebens grundsätzlich als der Gute erweist. Erst die Antwort auf die Gottesfrage ermöglicht uns deshalb, ganz und gar auf Gott hin sterben zu *wollen* und im Sinne Kierkegaards *positiv zugrunde zu gehen*. Damit kehrt sich die Betrachtungsweise um, und hier ist Balthasar in seinem Element.

Balthasar wird nicht müde zu betonen, daß im Christentum vor allem Gottes Bewegung auf uns zu von entscheidender Bedeutung ist[52]. Das betrifft schon die Schöpfung, denn nur weil Gott uns unser Sein verliehen und damit von sich aus den Anfang gemacht hat, können wir uns suchend auf ihn hin bewegen. Höhepunkt der Bewegung Gottes auf uns zu ist die Sendung des Sohnes, der für uns alle den stellvertretenden Sühnetod am Kreuz gestorben ist. Indem Christus sich in die Gottverlassenheit jedes Menschen begeben hat, hat er die Situation aller grundlegend verändert. Er hat den, der sich in die Einsamkeit der Hölle zurückgezogen und sich von Gott, den Mitmenschen und sich selbst entfernt hat, aufgesucht[53]. Damit hat er dem Verlorenen nicht nur die Nähe zu Gott, sondern auch die Nähe dieses Menschen zu sich selbst zurückgeschenkt und vertieft. Am Kreuz hat Christus uns in der Hölle aus dem schlechten Tod der Hölle in den guten Tod der Liebe überführt, weil er uns durch seine Verbindung mit uns in der Entfremdung von Gott als zur Liebe Fähige gesetzt hat.

„Gott, der, ob wir wollen oder nicht, immer schon der Raum ist, in dem wir leben, uns regen und sind, bricht im verflüssigten Leib seines menschgewordenen Wortes in uns ein, um uns von unserer vermeintlichen, entfremdeten Einsamkeit zu befreien ...“[54].

---

[48] Vgl. M. Bieler, Freiheit als Gabe. Ein schöpfungstheologischer Entwurf, 1991.

[49] Kirchliche Dogmatik III, 2, ³1974, 770.

[50] E. Jüngel, Tod, ³1973, 98-101.

[51] Zeit und Geheimnis, 1975, 126ff.

[52] Homo creatus est, 11-30.

[53] Pneuma und Institution, 387-409.

[54] „Du krönst das Jahr mit deiner Huld“, 1982, 133. Vgl. Leben aus dem Tod, 1984, 26.

Mit Paulus ist deshalb zu sagen, daß wir in Christus bereits gestorben sind (2 Kor 5,14).

> „Was Paulus jedenfalls meint und mit aller Klarheit sagt, ist etwas ganz anderes: daß mein versagendes, schuldiges Ich, all meinem Wissen und Tun vorweg, von Christus in sein Kreuz und Sterben hineingenommen worden ist, daß es geradezu dort, in jenem Geschehen, erledigt und hinter mich gebracht worden ist, und mein eigentliches, wirkliches, geglaubtes und erhofftes Ich *in ihm* lebt und von ihm her auf mich zukommt"[55].

In Christus, unserem Ort in Gott[56], sind wir also bereits gestorben, und zwar so, daß wir durch ihn in das „Leben in der Einheit von Leben und Tod"[57] versetzt worden sind, das er selbst in Person ist. Von diesem Leben her sterben wir [58]. Auf dieses Leben hin sterben wir. In diesem Leben sterben wir, und durch dieses Leben sterben wir.

> „Keiner von uns lebt ja sich selbst, und keiner stirbt sich selbst, denn leben wir, so leben wir dem Herrn; sterben wir, so sterben wir dem Herrn. Wir leben nun oder wir sterben, so sind wir des Herrn. Denn dazu ist Christus gestorben und lebendig geworden, damit er sowohl über Tote als über Lebendige Herr sei" (Röm 14,7-9).

Sterben heißt in diesem Zusammenhang, sich selbst mitzuteilen. Dieses Sterben, dieser Verlust des Lebens um Christi willen ist identisch mit dem Gewinn des Lebens (Mk 8,35), so daß hier von der *Einheit* von Leben und Tod gesprochen werden muß, wie Balthasar mit Ferdinand Ulrich bekräftigt[59]. Diese Einheit macht die Vollgestalt menschlicher Freiheit aus, die nur von Christus her empfangen werden kann.

> „Die Freiheit des Christenmenschen erringt sich wie Luther richtig verstanden hat, im Tod. Im Tod Christi für mich, der nur mit meiner Todesbereitschaft für ihn, nein, durch mein Gestorbensein in ihm beantwortet werden kann"[60].

Sterben heißt annehmen, daß wir in Christus bereits gestorben *sind*.
Wie soll es aber möglich sein, daß wir in Christus bereits gestorben sind? Wenn es wahr ist, daß Christus in seinem Tod, der die Grenzen von Raum und Zeit sprengt, jeden Menschen, der gelebt hat und leben wird, erreicht hat, dann ist seine Zuwendung zu uns als ein unmittelbares Verhältnis zu denken, das jeden und jede von uns zuinnerst betrifft. Nach Thomas von Aquin „wird" der

---

[55] Einfaltungen. Auf Wegen christlicher Einigung, 1969, 123. Vgl. Cordula oder der Ernstfall, ²1967, 18; Theodramatik II,2, 1978, 117; Theodramatik III, 363f., 376; Theologik III, 1987, 247.
[56] Theodramatik II,1, 236-247.
[57] F. Ulrich, Leben in der Einheit von Leben und Tod, 1973.
[58] „Nicht der Tod tötet, sondern das lebendigere Leben...": J.G. Fichte, Die Bestimmung des Menschen, Stuttgart 1981, 190.
[59] Theodramatik IV, 1983, 74.
[60] Cordula oder der Ernstfall, 28.

Liebende das Geliebte, d.h. er nimmt die Form dessen an, was er liebt[61].
Wenn nun Gott sich in Christus dem zuwendet, der sich von Gott abgewendet
hat und sich entsprechend in der Gottverlassenheit befindet, dann kann sich
Gott dem Gottverlassenen nur so zuwenden, daß er sich in die Form der Gott-
verlassenheit *dieses speziellen* Menschen begibt (Gal 3,13), wenn er dessen
Freiheitsentscheidung wirklich respektiert:

> „Das ,Für uns' ist keineswegs bloß juristisch-moralisch-satisfaktorisch gemeint, sondern
> darüber hinaus real und in gewisser Weise ,physisch'; es ist meine Gottverlassenheit, die
> in meiner Sünde steckt, mein Sterben in der Gottferne ins Dunkel ewigen Todes hinein,
> das Christus im ,Geliefertsein' erfährt, und zwar notwendig tiefer und endgültiger als ir-
> gendein bloßes Geschöpf solches erfahren könnte"[62].

Indem Christi Herz auf diese Weise auf uns hin flüssig wird, verbindet er sich
unlöslich mit uns und verflüssigt uns als Erstorbene damit zugleich von innen
heraus, so daß wir durch seinen Geist in den Tod der Liebe[63] hinein aufgebro-
chen sind: Omne agens agit sibi simile. In der Angleichung an uns gleicht er
uns an sich an[64].
Auch im Zen-Buddhismus wird die Notwendigkeit des Sterbens als Loslassen
der Ichverhaftung betont. In einem bemerkenswerten Aufsatz weist Shizuteru
Ueda darauf hin, daß der Mensch angesichts des Todes einerseits im Zurück-
schrecken vor dem Ende umso leidenschaftlicher sich selbst ergreift, andererseits aber durch die geahnte Ichlosigkeit eine neue Beziehung zum Menschen
und zur Natur gewinnt[65]. „Der Tod läßt ahnen, daß die Ichlosigkeit die Bestimmung des Menschen ist"[66]. Mit Ichlosigkeit ist nicht gemeint, daß der
Mensch sich selber in einem schlechten Sinn wegwirft, sondern daß er die
Einkrümmung in sich selbst aufgibt. Der Mensch soll im Lassen seines Ichs
gründlich sterben, „allerdings nicht um in die Nichtigkeit zu entschwinden,
sondern zur Verwirklichung des ichlosen wahren Selbst"[67]. Das wird der
„große Tod" genannt, der näherhin als Einkehr ins Nichts charakterisiert wird,
aus dessen Fülle das wahre Selbst ersteht. Ueda spricht in diesem Zusammen-

---

[61] „Amor dicitur transformare amantem in amatum, in quantum per amorem movetur amans ad
ipsam rem amatam": De malo 6,1 ad 13.
[62] Pneuma und Institution, 219.
[63] „Indem die caritas uns neu mache und jung, so sagt zum Beispiel Augustinus, bringt sie uns
in bestimmtem Sinne auch den Tod, ‹facit in nobis quamdam mortem›. Ebendas ist auch der
Sinn der jedermann bekannten Bildrede, welche die caritas, weil sie alles verzehre und um-
wandle in sich selbst, ein Feuer nennt": J. Pieper, Über die Liebe, [4]1977, 182.
[64] Ausführlicher dazu M. Bieler, Befreiung der Freiheit. Zur Theologie der stellvertretenden
Sühne, 1996, 387-407.
[65] Der Tod im Zen-Buddhismus, in: Der Mensch und sein Tod, hg. von J. Schwartländer,
1976, 162.
[66] Ebd. 163.
[67] Ebd. 164.

hang von Auferstehung und vergleicht das Ausatmen mit dem Sterben, während das Einatmen für die Auferstehung steht[68].

Wenn ein Mensch im Sterben seiner selbst ledig wird, dann verzichtet er auf Sicherungsversuche durch die Frage nach einem Wohin.

> „Ein Mensch stirbt beim Sterben, wie er stirbt, ohne zu fragen: was dann? Oder er stirbt zwar fragend, aber ohne eine Antwort zu erwarten, ohne eine Antwort erwarten zu müssen. Fragen ist hier fast nurmehr Erstaunen: Sterben, oh, wohin?"[69]

Er stirbt – einfach so, weil mit dem Sterben als Durchbruch ins wahre Selbst alles gut ist. Und doch ist da ein Staunen, das nicht Festklammern, sondern ein Loslassen ist, das für Begegnung sowohl zum Unbegrenzten wie zum Konkreten hin öffnet[70]. Im Zen-Buddhismus ist immer beides zu finden, das Durchsichtigwerden des sinnlich Wahrnehmbaren auf die alles durchdringende „Fülle des Nichts"[71], das nicht direkt zu greifen ist, und die Betonung des Singulären, in dem diese Fülle erscheint[72]. Das kann eine Tasse Tee oder ein Baum sein. Das Loslassen jeder Form geht deshalb im Zen mit höchster Formprägung einher, wie z.B. aus der Kalligraphie ersichtlich ist. Der Stellenwert der Form – im Gespräch zwischen Buddhismus und Christentum der zweite wesentliche Streitpunkt, für den Balthasar von Evagrius Ponticus[73] und Johannes vom Kreuz[74] her sensibilisiert ist – wird im Zen-Buddhismus also durchaus berücksichtigt.

Sucht man im westlichen Bereich nach einer Parallele für die zenbuddhistische „Fülle des Nichts", so stößt man auf das thomanische Sein, das von Thomas als ein completum et simplex, sed non subsistens, als ein Vollständiges und Einfaches, das in sich selbst keinen Bestand hat, beschrieben wird[75]. Das completum et simplex ist die *Fülle* des Nichts, die alles trägt, während die Nichtsubsistenz des Seins die Rede vom Nichts verständlich macht. „Nichts" ist das Sein, weil es immer schon in die Seienden hinein *entäußert* ist und dergestalt *nicht* subsistiert. Als „Gleichnis der Güte Gottes" (De veritate 22,2,2) ist das thomanische Sein das Herzstück der Philosophie Balthasars, wie u.a. aus dem Schlußteil von Herrlichkeit III,1 hervorgeht. Wenn das Gespräch mit den fernöstlichen Traditionen von dieser Perspektive her (und

---

[68] Ebd. 169.

[69] Ebd. 170.

[70] Ebd. 169.

[71] Shinichi Hisamatsu, Die Fülle des Nichts: vom Wesen des Zen. Eine systematische Erläuterung von Hôseki Shinichi Hisamatsu, Stuttgart [5]1994.

[72] Shitzuteru Ueda, Leere und Fülle. Shûnyâtâ im Mahâyâna Buddhismus, in: Oneness and Variety. Einheit und Verschiedenheit. L'un et le divers, hg. von Adolf Portmann und Rudolf Ritsema, Leiden 1980, 135-163.

[73] Metaphysik und Mystik des Evagrius Ponticus, in: Zeitschrift für Aszese und Mystik 14 (1939), 31-47.

[74] Herrlichkeit II,2, [2]1969, 518-531.

[75] De potentia 1,1c. Vgl. Homo abyssus.

nicht vor allem im Hinblick auf die negative Theologie[76]) geführt würde, dann ließen sich m.E. viele Mißverständnisse ausräumen. Balthasars Hinweis, das Licht des Heiligen Geistes könne auch auf Gestalten menschlichen Denkens fallen und so Menschen zu Gott führen, ist m.E. für vieles, was an echter Erfahrung aus dem Zen-Buddhismus überliefert wird, ernsthaft in Erwägung zu ziehen[77].

Nun steht das Sein im Kontext trinitarischer Selbstmitteilung, ohne die auch die Schöpfung nicht verständlich wird. Es ist deshalb eine Gabe, die auf den *Geber* verweist, der durch das Sein dem Geschaffenen zuinnerst gegenwärtig ist. Aus diesem Grund ist die Frage „Woraufhin sterben wir?" im christlichen Bereich unverzichtbar. Sie ist auf die Frage „Auf *wen hin* sterben wir?" zuzuspitzen, denn allein der trinitarische Gott bringt uns durch sein absolutes Ja zum Menschen in Jesus Christus wirklich so zu uns selbst und vor allem zu ihm selbst, daß wir uns ganz und gar loslassen können. Nur im Gegenüber zu Gott kann der Mensch das restlose Sterben der Selbstmitteilung vollziehen, weil er sich nur auf Gott in letzter Radikalität verlassen kann. Deshalb bedeutet Gottes Offenbarung die größtmögliche Herausforderung des Menschen[78]. Dort, wo Buddhisten die Kategorie der Substanz nicht mehr gelten lassen und damit das Gegenübersein von Gott und Mensch aufheben wollen, ist zu fragen, wieweit sie wirklich verstanden haben, was „Substanz" im guten Sinne bedeutet[79]. Für Christen ist diese Kategorie jedenfalls unverzichtbar, wie Balthasar zu Recht auch gegen Ueda festhält[80]. Dieser Gesichtspunkt zeigt, daß das Gespräch mit dem Osten durchaus keine Einbahnstraße ist, und das

---

[76] Bibel und negative Theologie, in: Sein und Nichts in der abendländischen Mystik, hg. von W. Strolz, 1984, 13-31.

[77] Herrlichkeit I, 149. „Die Frage ist dann: Wohin zieht der Ich-lose, der Selbst-lose aus? Ich habe selbst bereits seit langem vertreten, daß derjenige, der ‚nicht weiß und wissen kann, daß nicht das Endliche sich dem unbewegten Unendlichen gegenüber bewegt, sondern daß der lebendige Gott Abrahams, Isaaks und Jakobs aus freier Gnade zu dem in Endlichkeit verlorenen Menschen hin aufbricht' (263), gerade weil er dem Gott der Offenbarung nicht wissend begegnet ist, das Wohin nicht benennen kann. Es bleibt ihm dann nur die Möglichkeit, daß er das Wohin negativ bezeichnet als ‚Offenheit', ‚Gelassenheit', ‚Leere', ‚absolutes Nichts' – wie übrigens auch Berhard Welte es inzwischen versucht hat. Gerade aus der Sicht Balthasars selbst aber folgt doch dann, daß dem Nichtwissenden Gott in seiner freien Gnade und Erbarmung, nicht zuletzt, weil er das Heil aller Menschen will, schon in der Verhüllung und Namenlosigkeit entgegengekommen sein kann. Wer wollte hier nicht Gott das letzte Wort lassen?": H. Waldenfels, Meditation als Verrat? Nachgedanken zu einem Aufsatz von Hans Urs von Balthasar, in: Christ in der Gegenwart 29, Nr. 51 (18.12.1977), 421. Das Zitat bei Waldenfels ist aus Balthasars Aufsatz „Meditation als Verrat". Zur Frage nach dem personalen Charakter des Absoluten im Gespräch mit dem Buddhismus vgl. die instruktiven Bemerkungen von H. Dumoulin, Begegnung mit dem Buddhismus, 1991, 156-175.

[78] „So entsetzlich, rein menschlich gesprochen, ist Gott in seiner Liebe, so entsetzlich, rein menschlich gesprochen, ist es, von Gott geliebt zu werden und Gott zu lieben, der Folgesatz zu dem Satz: Gott ist Liebe, heißt: er ist Dein Todfeind": S. Kierkegaard, Der Augenblick, übers. von H. Gerdes, 1971, 176.

[79] Vgl. Ulrich, Homo abyssus.

[80] Theodramatik IV, 301f.

Christentum von seinem Zentrum her (der auferstandene Gekreuzigte im trinitarischen Kontext) dem Osten sehr viel zu bieten hat[81].

Wenn wir in Christi Leben in der Einheit von Leben und Tod geborgen sind und mithin innerhalb der Todesgestalt Christi sterben[82], der in uns Gestalt gewinnen soll (Röm 8,29), dann gewinnt unser Sterben notwendig Kreuzesgestalt. Dann bedeutet Sterben Einsamkeit und das tägliche Tragen des Kreuzes[83]. Das will nicht heißen, daß christliche Existenz freudlos zu sein hat, sondern daß der Mensch gewürdigt wird, von der Auferstehung her kraft des Heiligen Geistes Christus nachzufolgen und die Radikalität göttlicher Liebe nachzuvollziehen. Dies impliziert nicht zuletzt auch die Erfahrung der Einsamkeit *in der Kirche*[84] und den *Verzicht auf Erfahrung*[85]. Zuhöchst impliziert es die Erfahrung der dunklen Nacht der Gottverlassenheit in der Kreuzesnachfolge[86]. Ob eben dies durch östliche Meditationstechniken nicht gerade verhindert werde[87], ist die schärfste Anfrage Balthasars an alle Versuche, Anregungen aus dem Osten für die christliche Spiritualität zu übernehmen.

Wenn es aber zutrifft, daß Gott den Menschen zum Stehen bringt, „indem er ihm mitten im Raum der Sinne als der Menschgewordene begegnet"[88], dann verstehen wir gar nicht, um was es in Kreuz und Auferstehung geht, wenn wir uns nicht zutiefst leiblich engagieren. Es ist tatsächlich unangemessen, sich „vom Leiblichen zum ‚Reingeistigen'" erheben zu wollen[89]. Kakichi Kadowaki hat sehr eindrücklich dargelegt, wie er durch die Zen-Meditation gelernt hat, die Bibel mit dem ganzen Leib zu lesen und erst durch *diesen* Umgang mit der Bibel verstehen konnte, daß die Gestalt des Vaters, der das Kreuz Christi zuläßt, die Gestalt höchster Barmherzigkeit und Liebe ist[90]. Dieser leibliche Zugang zum Evangelium führt letztlich zu großer Einfachheit, zu einer Reduktion, die das geschriebene und gesprochene Wort nicht loswerden

---

[81] Wichtig ist, daß von christlicher Seite deutlich gemacht werden kann, daß die Trinitätslehre M. Heideggers Verdikt der „Onto-Theologie" (Identität und Differenz, ⁶1978, 46-67) nicht verfällt: Theologik II, 1985, 125-126.
[82] Theodramatik IV, 444.
[83] Ebd. 308.
[84] „Und nie ist in der Kirche etwas fruchtbar geworden, das nicht aus dem Dunkel langwährender Einsamkeit ans Licht der Gemeinschaft getreten wäre": Cordula oder der Ernstfall, 24. Pneuma und Institution, 252-287.
[85] „Glaube als Haltung ist Weggabe eigener Erfahrung in die Erfahrung Christi hinein": Herrlichkeit I, 398.
[86] Zur Ortsbestimmung christlicher Mystik, 60ff.; Mysterium Paschale, in: Mysterium Salutis, Bd. 3,2, 1969, 178-182; Theodramatik IV, 273-293; Theologik II, 314-329.
[87] „Eins wird daran ablesbar: es gibt christlich keinen Weg zu Gott – sei dieser Weg ein ‚mystischer' Weg oder ein anderer –, der nicht vom Kreuzesereignis mitgeprägt wäre. Davon hört man in den zahlreichen christlichen Werken über Zenmeditation beinah nichts": Neue Klarstellungen, 95. Vgl. auch: Christen sind einfältig, 115ff.; Licht des Wortes, 91; Theodramatik III, 208.
[88] Herrlichkeit I, 392. Vgl. Zur Ortsbestimmung christlicher Mystik, 46-47.
[89] Christlich meditieren, 1984, 23.
[90] Kaikichi Kadowaki, Zen und die Bibel, 1980, 98-111.

will, sondern das Schweigen im Wort selbst als dessen innere Tiefe wahrnimmt[91]. Er führt auch dazu, daß – wenn er echt ist – die Begegnung mit dem Mitmenschen[92] neue Dringlichkeit erhält und der Glaubende u.U. dem Kochen eines Süppleins gegenüber der Meditation den Vorzug gibt[93]. Zum betrachtenden Gebet braucht es im Grunde nur die liebende Aufmerksamkeit auf die Gegenwart Gottes in allen Dingen und die Inkarnation dieser Aufmerksamkeit im Herzen oder im Hara, wie die Japaner die Leibmitte des Menschen nennen. „Alles übrige ist Beiwerk und führt nicht zum Wesentlichen", wie Theophan der Einsiedler sagt[94]. (Bis man *wirklich* zu dieser gesamtmenschlichen Einfachheit gelangt, ist es allerdings ein weiter Weg!) Diese Haltung liebenden Aufmerkens ist in jede menschliche Tätigkeit (Kochen eines Süppleins) übernehmbar und begleitet folglich den Menschen auch bei der Arbeit. Nadals „in actione contemplativus"[95] wird so konkret. Wie die Erfahrungen oder Nicht-Erfahrungen dann im Rhythmus von Tod und Auferstehung kommen und gehen[96], können wir getrost Gott selbst überlassen.

---

[91] Zur Ortsbestimmung christlicher Mystik, 68. Vgl. Balthasars Diskussion der negativen Theologie in Theologik II, 80-113.

[92] Vgl. Herrlichkeit I, 409.

[93] „Wäre der Mensch so in Verzückung, wie's Sankt Paulus war, und wüßte einen kranken Menschen, der eines Süppleins von ihm bedürfte, ich erachtete es für weit besser, du ließest aus Liebe von der Verzückung ab und dientest dem Bedürftigen in größerer Liebe": Meister Eckehart, Deutsche Predigten und Traktate, hg. von J. Quint, 1979, 67.

[94] Schule des Herzensgebetes, [2]1989, 58.

[95] Ignatius von Loyola, „Gott suchen in allen Dingen", hg. von J. Stierli, 1981, 13.

[96] Vgl. Zur Ortsbestimmung christlicher Mystik, 70; Der Christ und die Angst, [4]1953, 60-66.

Person und Wahrheit in der Theologie Hans Urs von Balthasars

Jörg Disse

Jesu Aussage im 14. Kapitel des Johannesevangeliums – „Ich bin die Wahrheit" – bringt eine enge Verflechtung von Person- und Wahrheitsbegriff zum Ausdruck, die sowohl in der Philosophie als auch in der Theologie bis heute höchstens ansatzweise denkerisch bewältigt wurde. Von einem philosophischen Wahrheitsverständnis geprägt, demnach einerseits Wahrheitsfindung intellektualistisch als ein reiner Vernunftakt, andererseits Wahrheit wesentlich als Übereinstimmung von Aussagen mit Sachverhalten verstanden wird, ist die abendländische Auseinandersetzung über die Wahrheitsfrage an Jesu Selbstaussage meistens völlig vorbeigegangen. Mit Hilfe Balthasars, der im Gegensatz hierzu und in ausdrücklicher Anlehnung an das biblische Wahrheitsverständnis den personalen Aspekt ins Zentrum rückt, möchte ich Dimensionen der menschlichen Wahrheitsfindung aufweisen, die das geläufige, insbesondere das heutige Wahrheitsverständnis unterbelichtet oder ignoriert, die aber für eine umfassende Bestimmung der 'conditio humana' und ihrer eigentlichen Möglichkeiten unerläßlich sind. Dabei bewegt man sich auf dem Grenzgebiet zwischen Anthropologie und Erkenntnistheorie. Um den Ansatz zu einer *theologischen* Anthropologie und Erkenntnislehre aber handelt es sich in dem Sinne, daß die Ausführungen vor allem das Verhältnis des Menschen zur Wahrheit *Gottes* im Blick haben.

Drei Prinzipien, an denen Balthasar durchgehend festhält, liegen seinen Überlegungen zu diesem Thema zugrunde. Das Erste, vielleicht *das* Grundprinzip christlicher Anthropologie überhaupt, ist das biblische der Auferstehung des Fleisches, demnach der gesamte Mensch in die Gegenwart Gottes gerufen ist. Balthasar läßt sich weder durch den antik-griechischen Intellektualismus noch durch das neuzeitliche Gefälle in Richtung eines religiösen Irrationalismus von diesem Prinzip abbringen. Ebenso konsequent aber wird ein zweites, von der Trinität her gewonnenes Prinzip aufrechterhalten, daß es nämlich keine andere Beziehung zur Wahrheit, sei es zu weltlicher oder zu göttlicher Wahrheit, geben kann, als durch einen Akt liebender Hingabe. Drittens gibt es für Balthasar keine Ausnahme zu dem Prinzip, daß die Wahrheit für den Menschen etwas radikal Unerschöpfliches ist und im Bewußtsein dieser Unerschöpflichkeit angestrebt werden muß.

Diese Prinzipien erscheinen auf den ersten Blick sehr disparat. Alle drei jedoch finden in gewisser Weise unter dem gemeinsamen Nenner des Personbegriffs zusammen. Die Wahrheitsfindung ist vom Prinzip der Auferstehung her gesehen als eine Bewegung der, wie es bei Balthasar selbst heißt, Gesamtperson mit all ihren Fähigkeiten anzusehen. Einer rein theoretischen Wahrheit wird in diesem Sinne eine Wahrheit, die personal erschlossen wird, entgegengesetzt. Wahrheitsfindung erweist sich, was das zweite Prinzip betrifft, in dem Sinne als eine personal-dialogische Beziehung zu ihrem Gegenstand, daß der menschliche Erkenntnisakt analog zu einem von der Trinität her gewonnenen relationalen Personverständnis zu denken ist. Beide Prinzipien aber können theologisch nicht durchgehalten werden, wenn nicht auch der Gegenstand der Wahrheitsfindung sich in dem Sinne als personal erweist, daß er eine auf ein gegenständliches Erfaßtwerden irreduzible Wirklichkeit ist, daß er uneinholbar ist, wie es Personen aufgrund ihrer Einmaligkeit für uns grundsätzlich sind. Also sowohl der Ausgangspunkt, die Beziehung, als auch der Gegenstand der Beziehung sind in je verschiedenem Sinne – Balthasars Personbegriff ist vielschichtig – personal zu denken. In einem ersten Teil sollen die beiden ersten Aspekte, die Gesamtperson und die personale Beziehung, in bezug auf das Verständnis weltlicher Wahrheit untersucht werden, in einem zweiten Teil in bezug auf die spezifisch christliche Glaubenserkenntnis, ein dritter Teil schließlich befaßt sich mit dem Aspekt der Uneinholbarkeit, durch den erst die beiden ersten Aspekte, wie sich zeigen wird, eschatologisch fundiert werden.

Erster Teil: Weltliche Wahrheit

a) Kritik der theoretischen Wahrheit

Ein grundlegender Aspekt von Balthasars Lehre der weltlichen Erkenntnis ist die explizite Absage an ein rein theoretisches Wahrheitsverständnis, dies vor allem im ersten Band der *Theologik*, also zu Anfang des dritten Teils seiner Trilogie, aber auch im ersten Teil dieser Trilogie, in *Herrlichkeit*.

Die Grundlage für diesen Ansatz bildet Balthasars Anknüpfung an die scholastische Transzendentalienlehre. Transzendentale Bestimmungen des Seienden, d.h. Bestimmungen, die im Gegensatz zu solchen, die nur von gewissen Gegenständen aussagbar sind, allem Seienden zukommen, sind für Balthasar vor allem das Wahre, das Gute und das Schöne. Alles was ist, ist wahr, gut und schön. Mit der Übernahme der scholastischen Transzendentalienlehre will Balthasar vor allem zum Ausdruck bringen, daß das Wahre, Gute und Schöne nicht als drei voneinander getrennte Wirklichkeitsbereiche betrachtet werden dürfen, wie dies im Denken der Moderne wesentlich der Fall ist. Bei Kant etwa verteilen sich das Wahre, das Gute und das Schöne auf die drei Kritiken als auf drei völlig voneinander getrennte Forschungsbereiche. Die „Kritik der reinen Vernunft" befaßt sich allein mit dem Bereich des Wahren, die „Kritik der praktischen Vernunft" mit dem des Guten und die „Kritik der Urteilskraft" u.a. mit dem Schönen. Dabei wird jeder dieser Aspekte unter Ausschluß der beiden anderen Perspektiven betrachtet. Das Wahre hat nichts mit dem Guten, und das Gute nichts mit dem Wahren zu tun, aber auch den Begriff des Schönen versucht Kant „'rein' zu destillieren", d.h. indem er vom Zusammenhang dieses Transzendentals mit Wahr und Gut völlig absieht[1]. Im Gegensatz hierzu verlangt Balthasar, die Transzendentalien wieder unter dem Aspekt ihrer gegenseitigen Austauschbarkeit zu betrachten, d.h. als aufeinander bezogene Bestimmtheiten des einen Seins[2]. D.h. es handelt sich um Eigenschaften, die letztlich nicht gegeneinander abgrenzbar sind, sondern im Sinne einer 'circumincessio' einander durchwohnen und durchstimmen[3], so daß die Betrachtung aus der Sicht eines der Transzendentalien zwar ein besonderes Licht auf das eine Sein wirft, aber so, daß die beiden anderen Sichtweisen implizit immer mitthematisiert sind.

Dieser Ansatz wirkt sich insbesondere auf Balthasars Wahrheitsverständnis aus, indem er sich aufgrund der Einheit des Wahren, Guten und Schönen gegen ein Wahrheitsverständnis allein nur aus der Sicht der Bestimmung des Wahren, d.h. gegen ein rein theoretisches Wahrheitsverständnis ausspricht. Die Reduktion der Wahrheitserkenntnis auf eine rein theoretische Evidenz bedeutet, so Balthasar in seinen programmatischen Äußerungen zu Anfang des ersten Bandes der *Theologik*, eine so empfindliche Einengung des Feldes der Wahrheit, daß sie schon allein dadurch ihrer Universalität beraubt wird[4]. Insbesondere Newman hat, so Balthasar, zu Recht erkannt, daß das theologische Problem von Glaube und Wissen nie in angemessener Weise gelöst werden kann, wenn nicht die Einheit von Wahrheit und Entscheidung, d.h. von theoretischer und ethischer Haltung gedacht wird. Doch betrifft diese Reduktion nicht nur die ethische Dimension des Guten, sondern auch diejenige des Schönen. Es ist, so Balthasar, eine Frucht des modernen Rationalismus, das Feld der Wahrheit auf ein vermeintlich isolierbares rein Theoretisches einzuengen, so daß das Gebiet des Guten, aber auch das des Schönen dadurch außerhalb des erkenntnismäßig Überprüfbaren gerät und einer wie immer gearteten subjektiven Willkür oder doch privaten Glaubens- und Geschmackswelt überlassen wird. Die tiefsten Wahrheitsfragen können ohne Entscheidung und ohne Geschmack nicht berührt werden[5].

Was diese programmatischen Aussagen für das weltliche Erkennen bedeuten, kann am Beispiel der im Mittelalter so strittigen Frage des Rangverhältnisses von Wille und Vernunft aufgewiesen werden, zu der Balthasar im ersten Band der *Theologik* implizit Stellung nimmt. Ich möchte den Inhalt dieses Streits

---

[1] Herrlichkeit. Eine theologische Ästhetik. Bd. III. 1. Im Raum der Metaphysik, Einsiedeln 1965, 841 (= Herrlichkeit III 1,841).
[2] Ebd.
[3] Herrlichkeit III 1,22.
[4] Theologik. Bd. I. Die Wahrheit der Welt, Einsiedeln 1985, 19 (= Theologik I, 19).
[5] Ebd.

kurz anhand der gegensätzlichen Positionen von Thomas von Aquin und Duns Scotus skizzieren[6].

Thomas von Aquin steht noch ganz im Rahmen des antiken Intellektualismus und entscheidet die Frage dieses Rangverhältnisses eindeutig zugunsten der Vernunft: 'Intellectus altior et prior voluntate'[7]. Dabei begründet er seine Auffassung u.a. durch folgende Argumente: 1) Es gibt kein Wollen, ohne daß die Vernunft dem menschlichen Streben ein Sein darbietet, auf das es sich als sein Ziel richtet. Das menschliche Streben ist überhaupt nur aufgrund der Vernunft, die ihr den Gegenstand des Wollens darbietet, ein freies, über dem natürlichen Streben hinausliegendes Wollen[8]. 2) Nicht im Akt des Wollens selbst ruht für Thomas von Aquin die höchste Tätigkeit, sondern das letzte Ziel ist das Ruhen in der Erkenntnis Gottes, in der 'visio divinae'. Der Wille ist wesentlich ein Moment auf dem Weg zu diesem Ziel. Er bringt das Nochnichthaben des Zieles zum Ausdruck und ist damit gegenüber dem Erkenntnisakt mit einem grundsätzlichen Mangel behaftet[9].

Im Gegensatz hierzu vertritt Duns Scotus aus voluntaristischer Sicht die Auffassung, der Wille sei nicht aufgrund der Vernunft frei, sondern in sich selbst. Der Wille selbst ist das, womit der Mensch sich über die Natur erhebt, während der Verstand vom Gegenstand, auf den er sich bezieht, abhängig ist, weil er gezwungen ist, was er als wahr erkennt, auch als wahr anzuerkennen, d.h. weil er dem gegebenen Sachverhalt gegenüber einer natürlichen Notwendigkeit unterliegt. Der Verstand ist nur eine *potentia naturalis*, der Wille als solcher hingegen *potentia libera*. Zwar kann auch für Duns Scotus nur gewollt werden, wenn der Verstand dem Willen ein Ziel zeigt, weil aber erst der Wille als solcher die *potentia libera* ist, wird umgekehrt auch der Erkenntnisakt durch den Willen bestimmt. Die sündige Willensrichtung etwa ist Ursache für Verblendung, für das Verkennen von Werten. Aber auch die Richtung, in die wir unser Erkennen entwickeln, ist vom Willen bestimmt. Wir können uns diesem oder jenem Wirklichkeitsbereich, diesem oder jenem Argument zuwenden[10]. Der Wille erweist sich also für Duns Scotus als das Übergreifende, als die höhere, ursprünglichere, letztlich entscheidende Macht für das menschliche Handeln. So versteht er auch die Vereinigung mit Gott im Gegensatz zu Thomas wesentlich als einen Willensakt: Auch die allerhöchste

---

[6] Vgl. hierzu den Überblick in: H. Heimsoeth, Die sechs großen Themen der abendländischen Metaphysik und der Ausgang des Mittelalters, Stuttgart [5]1965, 204-251.
[7] Vgl. Sth, I, 82, 3.
[8] Vgl. Sth, I, 83, 1.
[9] Vgl. Sth, I, 82, 3. Zwar fällt der Wille aus der 'visio divinae' als dem Ziel aller menschlichen Tätigkeit nicht völlig heraus, denn 'ad voluntatem pertinet delectatio beatitudinem consequens', dennoch gilt: 'essentia beatitudinis in actu intellectus consistit' (Sth, I-II, 3, 4).
[10] Vgl. Opus Oxoniense, 2, 25, 1, no 7.

Tätigkeit des Menschen, die Liebe bzw. die Liebe zu Gott ist eine Willensbestimmung[11].

Balthasar nun hält, sich auf Thomas berufend, zunächst daran fest und betont immer wieder, daß es kein Wollen ohne einen Gegenstand geben könne, den der Verstand dem Wollen präsentiert,[12] daß das Wollen sich nicht aus sich selbst heraus bestimmen könne, etwas zu wollen. Er anerkennt aber zugleich das gegenseitige Sichbeeinflussen von Wollen und Verstehen. Nicht nur der Verstand präsentiert dem Wollen seinen Gegenstand, sondern wie bei Duns Scotus bestimmt auch umgekehrt der Wille den Inhalt unserer Erkenntnis, indem der Mensch eine Freiheit der Zuwendung bzw. der Abwendung hat, d.h. er hat die Freiheit, sich jenen Dingen erkennend zuzuwenden, die er in sich aufnehmen will[13]. Der Geist kann gewisse Elemente vorziehen, er kann sogar ganze Bereiche übersehen. Es ist, so Balthasar, konstitutiv für den menschlichen Geist, daß er mit jedem Erkenntnisakt eine Auswahl gegenüber dem Gegebenen vornimmt, daß er sich nicht wahllos mit allem abgibt[14]. D.h. alles Erkennen reicht in den Bereich einer Entscheidung zwischen Alternativen und damit letztlich in den des Ethischen hinein, denn – diese Begründung bleibt allerdings unterschwellig – alle Entscheidung ruht letztlich auf der Differenz von Gut und Böse. Die bloße Auswahl dessen, was man erkennen will, bringt bereits eine ethische Einstellung zum Ausdruck, eine Einstellung, die Auswirkungen bis hin zu den letzten Fragen des Daseins haben kann, bzw. umgekehrt kann eine besondere Erkenntnis aufgrund von bereits getroffenen Entscheidungen bezüglich allgemeinerer Fragen in ihrem Inhalt variieren[15]. In diesem Sinne gibt es für Balthasar kein rein theoretisches Erkennen. Alles Erkennen ist zugleich bestimmt von einem den gerade gegebenen Erkenntnisakt übergreifenden Willensakt und damit ein ethisch bestimmter Vorgang. Allgemeiner ausgedrückt: Alles Erkennen ist ein Akt personaler Erschließung, d.h. ein Akt, der mehr als nur die menschliche Vernunft als solche in Anspruch nimmt.

b) Personale Hingabe

Ein zweiter Aspekt seines Wahrheitsverständnisses ist die Bestimmung von Wahrheitsfindung als einen Akt der Hingabe. Die Trinität bildet hierzu die Verständnisgrundlage, und zwar auch für das Verständnis weltlicher Wahrheit, um das es zunächst ausschließlich geht.

---

[11] Vgl. Reportata Parisiensia, 4, 49, 3, no 7. Opus Oxoniense, 4, 49, 3, nos 5 ff.
[12] Vgl. Theodramatik, Bd. II.1. Die Personen des Spiels: Der Mensch in Gott, Einsiedeln 1975, 190 (= Theodramatik II 1, 190).
[13] Theologik I, 115.
[14] Ebd.
[15] Theologik I, 116.

Konstitutiv für das christlich-trinitarische Gottesverständnis sind die personalen Beziehungen zwischen den drei göttlichen Personen. Diese Beziehungen versteht Balthasar grundsätzlich und insgesamt als Liebesbeziehungen.
Gott ist die Liebe aufgrund, und zwar, ich führe dies hier nicht näher aus, allein nur aufgrund der innertrinitarischen Beziehungen als Liebesbeziehungen
gedacht. Die Liebe aber deutet er vom Kreuz Jesu Christi her als einen Akt
der Hingabe, und zwar als „Totalhingabe"[16], d.h. als einen Akt radikalen, un-
eingeschränkten Für-den-Anderen-Seins. Dabei läßt der ökonomische Auftrag
des Sohnes, „die bis ans Ende gehende Liebe des Vaters zu offenbaren", einen
Rückschluß auf die immanente Trinität zu: Die Vaterschaft Gottes gegenüber
seinem Sohn ist wie die Hingabe am Kreuz eine Hingabe all dessen, „was der
Vater ist, somit der ganzen Gottheit ..."[17] Balthasar geht hier so weit, die Hingabe des Vaters als einen Akt der Verschenkung zu verstehen, bei dem der
Vater seine Gottheit nur noch „als verschenkte besitzt"[18]. Diese „Selbstüber-
gabe"[19] an das reale Du des Sohnes als das wahrhaft Andere gegenüber dem
Vater ist jedoch nicht so zu verstehen, als würde er dabei seine eigene Gottheit aufgeben. Vielmehr ist er als der, der sich je schon weggegeben hat, er
selbst. Diese Einheit von Selbstsein und Selbstaufgabe deutet etwa folgende
Stelle an: „Man kann zwar abschützend sagen, der Vater habe zeugend 'seine
Substanz dem Sohn nicht so übergeben, daß er sie dabei nicht selbst behalten
hätte' (DS 805), aber das Gegenteil ist ebenso wahr: daß er nämlich nur so der
ewige Vater bleibt, weil er ewig all das Seine, die Gottheit inbegriffen, dem
Sohn übergeben hat"[20]. Balthasar betont hier zwar den zweiten Aspekt, macht
aber deutlich, daß er dies so verstanden haben will, daß der Vater sich dennoch – der Konzilsaussage gemäß – „selbst behält". Selbstsein und Selbstaufgabe bilden eine dialektische Einheit.

Dieses personale Beziehungsverständnis, das sich nicht auf das Verhältnis von
Vater und Sohn beschränkt, sondern das gesamt-trinitarische Geschehen auszeichnet, findet nun in Balthasars Auffassung *weltlicher* Erkenntnis, wie er sie
wiederum im ersten Band der *Theologik* entfaltet, sein Analogon. Grundlegend hierfür ist der Begriff der Rezeptivität. Jedem spontanen Erkenntnisakt
geht eine radikale Rezeptivität, d.h. eine radikale Aufnahmebereitschaft des
erkennenden Subjekts gegenüber der zu erkennenden Gegenstandswelt voraus. Mit Rezeptivität aber meint Balthasar nicht nur die Fähigkeit, die objektive Beschaffenheit des Gegenstandes in sich aufzunehmen, sondern mehr
noch eine Art heideggerisches In-die-Welt-der-Gegenstände-Hineingestellt-
sein noch vor aller spontanen, freiwilligen Zuwendung zu den Dingen. Das
erkennende Subjekt befindet sich immer schon „mitten in einem Stimmenge-

---

[16] Theologik. Bd. III. Der Geist der Wahrheit, Einsiedeln 1987, 145 (= Theologik III, 145).
[17] Theodramatik II 1, 475.
[18] Ebd.
[19] Theologik. Bd. II. Wahrheit Gottes, Einsiedeln 1985, 127 (= Theologik II, 127).
[20] Theologik II, 126.

wirr von sich äußernden und ihre Wahrheit anbietenden Objekten" vor[21]. Doch auch, wenn in einem zweiten Schritt die spontane Erkenntnis tätig wird, d.h. wenn die Vielfalt der auf das Subjekt einstürmenden Sinneseindrücke durch das Urteilsvermögen geordnet werden, geht es nicht darum, das rezeptiv erfaßte Material einem vorgegebenen Denkraster des menschlichen Verstandes anzupassen, im Sinne einer „Projektion der Erkenntnisstruktur in das Sein"[22], sondern das spontane Erkennen fällt seine Urteile dieser rezeptiven Haltung gemäß, macht sich die Rezeptivität zur Aufgabe, wird zur, wie es bei Balthasar heißt, spontanen Rezeptivität. Die Grundhaltung des erkennenden Subjekts ist somit in jeder Hinsicht die „volle, indifferente Aufnahmebereitschaft, die zunächst nichts wünscht, als das Phänomen so rein wie möglich aufzunehmen und zu reproduzieren"[23].

Diese Rezeptivität jedoch, die, so Balthasar, gerade nicht als eine Unvollkommenheit des menschlichen Geistes angesehen werden darf[24], wird eine Haltung „der Hingabe, nicht der interessierten Bemächtigung" genannt[25]. Diese kognitive Hingabe ist zwar nicht wie die trinitarische aktive Selbstverschenkung im Sinne einer Selbstmitteilung des Subjekts an das Objekt, sondern es ist der Wille, das Objekt, so wie es an sich ist, in sich aufzunehmen. Die kognitive Hingabe ist auch nicht, wie in Gott, ständiger Besitz der Wahrheit in dieser Hingabe, sondern nur „Bereitschaft zu deren jeweils neuem Empfang"[26]. Dennoch ist sie selbstvergessener Dienst am Objekt, d.h. es geht dem rezeptiv eingestellten Subjekt nicht um die Bereicherung seiner eigenen Subjektivität, sondern um die Erkenntnis der objektiven Wahrheit um ihrer selbst willen. So wie der Vater reines Für-den-Sohn-Sein ist, so ist in diesem Sinne auch das erkennende Subjekt reines Für-den-Gegenstand-Sein. Liebe kann selbstlose Mitteilung des Eigenen sein, wie in der Trinität, oder sie ist selbstlose Aufnahme des Andern im Erkenntnisakt[27].

Aus dieser Perspektive gesehen ist weltliches Erkennen als ein quasipersonaler Akt zu bezeichnen. Der Akt der Hingabe als solcher ist personal, aber es gibt keine Person, auf die er bezogen ist. Daß im ersten Band der *Theologik* seltsam anthropomorphistisch auch von einer Hingabe des Objekts an das Subjekt die Rede ist[28], so daß die menschliche Gegenstandsbeziehung in einem noch weiteren Sinne, als hier dargestellt, als personal ausgegeben

---

[21] Theologik I, 67.
[22] Theologik I, 50.
[23] Theologik I, 74.
[24] Theologik I, 39.
[25] Theologik I, 68.
[26] Theologik I, 47.
[27] Theologik I, 132.
[28] Theologik I, 118.

wird, ist ein für mich äußerst problematischer Aspekt von Balthasars Ansatz, den ich hier unberücksichtigt lassen möchte.

Zweiter Teil: Glaubenserkenntnis

a) Glaubenshingabe

Die beiden im ersten Teil entfalteten Aspekte der Wahrheitsfindung bestimmen auch Balthasars Verständnis der Glaubenserkenntnis. Im ersten Band von „Herrlichkeit" setzt er sich zunächst vom neuscholastischen Glaubensverständnis als einem Akt des Führwahrhaltens von Glaubensinhalten rein aufgrund göttlicher Autorität ab. Die Vernunft führt nicht lediglich zum Glauben hin, der dann in einem zweiten Schritt, unabhängig von der Vernunft ein reiner Gehorsamsakt ist, sondern ausgehend von der Schrift wird deutlich gemacht, daß Glaube und Erkenntnis sich nicht ausschließen, daß vielmehr jeder Glaubensakt – gemäß 1 Kor 8,7 – „eine echte christliche Erkenntnis" enthält[29]. Vornehmlich bei Johannes ist für Balthasar eine wahrhafte „Zirkuminzession von Pistis und Gnosis" gegeben[30]. Es besteht eine Einheit von Glaube und Wissen „im gleichen Gesamttakt des Menschen"[31]. Der Glaubensakt als solcher ist also schon ein Stück dessen, was eschatologisch die unverhüllte Anschauung Gottes sein wird. Der Glaube selbst ist bereits „inchoatio visionis"[32].

Ich kehre nun die Reihenfolge des ersten Teils um und beginne in bezug auf die Glaubenserkenntnis mit dem Aspekt, den ich im ersten Teil zuletzt behandelt habe, d.h. mit dem Erkenntnisakt als einem personalen Akt im Sinne einer Bewegung der Hingabe. Die Glaubenserkenntnis unterscheidet sich von der weltlichen Erkenntnis zunächst einmal dadurch, daß sie anders wie diese nicht nur quasi-personal ist. Die Glaubenserkenntnis ist ein Akt der Begegnung von Person zu Person im vollen Sinne des Wortes. Sie ist uneingeschränkt personal,[33] nicht nur, weil Gott selbst Person ist, sondern auch weil der Glaubensakt immer zugleich ein Akt der Anbetung ist[34]. Allerdings genügt es nicht, die Glaubenserkenntnis als einen Akt der Beziehung auf Gott als Person zu verstehen, denn diese Beziehung ist im Glauben nur dann wahrhaft gegeben, wenn zugleich Gott selbst im gläubigen Subjekt gegenwärtig wird. Balthasar spricht diesbezüglich von einer Einheit des Personalen und

---

[29] Herrlichkeit I, 126.
[30] Herrlichkeit I, 127.
[31] Herrlichkeit I, 125.
[32] Herrlichkeit I, 154.
[33] Herrlichkeit I, 185.
[34] Ebd.

des Ontologischen[35], die sich deshalb zwingend ergibt, weil „Gott (...) nur durch Gott erkannt (wird)"[36]. Der neutestamentliche Glaube an Gott setzt notwendig das „im Menschen aufleuchtende Licht Gottes" selbst voraus[37]. Mit anderen Worten: Es muß eine „Eingestaltung" der Wirklichkeit Gottes im Glaubenden stattfinden, so daß der Glaubende „in seiner lebendigen Existenz die Wahrheit Gottes" selber wird[38]. Gotteserkenntnis ist nur dann gegeben, wenn Gott selbst vom Menschen Besitz ergreift.

Ein Besitzergreifen findet auch im Rahmen weltlicher Erkenntnis statt. Der aristotelischen Terminologie folgend, an der Balthasar selbst festhält, nimmt der 'intellectus agens' im Akt weltlicher Erkenntnis den geistlichen Gehalt, den er am Sinnlich-Wahrnehmbaren abstrahierend abliest, in sich hinein. Er tut dies zwar dem 'intellectus passivus' gemäß bzw. der grundlegenden Hingabehaltung gemäß, dernach der Geist nur das in sich aufzunehmen trachtet, was im Gegenstand selbst gegeben ist. Dennoch kommt der Erkenntnisakt immer der Inbesitznahme eines geistigen Gehalts durch das erkennende Subjekt gleich. Im Glaubensakt aber verhält es sich im Unterschied zur weltlichen Erkenntnis primär so, daß hier nicht das erkennende Subjekt von etwas Besitz ergreift, sondern von dem Gegenstand der Erkenntnis, d.h. von der Person Gottes selbst in Besitz genommen wird. Allein aufgrund dieses Inbesitzgenommenwerdens ist der Mensch überhaupt erst zur Glaubenserkenntnis fähig. Der Glaubensgehalt ist nicht primär etwas, dessen der Mensch qua Mensch sich in einem natürlichen Glaubensakt vergewissert – Balthasar sieht sich hier ausdrücklich im Gegensatz zu den psychologischen Erklärungsmustern des Glaubensaktes bei Augustinus und Thomas von Aquin[39] –, der Glaube ist vielmehr ein Akt, bei dem das Ich, so Balthasar, seinen eigenen Boden verliert[40], es ist eine „Bewegung weg von mir", es ist eine „Expropriation" hin zu Gott, so daß Gott mich mit seiner eigenen Wirklichkeit ergreift. Es findet noch anders gesagt ein Übergang vom Psychischen zum Pneumatischen statt. D.h. der Glaubende, der seinem Glauben in sich wahrhaft Raum läßt, existiert nicht mehr aufgrund seiner eigenen, geschaffenen Psyche, sondern er existiert aus Christus selbst bzw. aus dem Geist Gottes heraus, der gemäß Gal 4,19 im Glaubenden Gestalt gewonnen hat[41].

Dabei betont Balthasar bezüglich der Aussage von 2 Kor 13,5, dernach „Christus in euch lebendig (oder mächtig) ist", das Adjektiv „lebendig" bzw. „mächtig". D.h. Gott selbst wird zum eigentlich vollziehenden Subjekt im

---

[35] Herrlichkeit I, 227.
[36] Herrlichkeit I, 173.
[37] Herrlichkeit I, 149.
[38] Herrlichkeit I, 221.
[39] Herrlichkeit I, 215 f.
[40] Herrlichkeit I, 185.
[41] Herrlichkeit I, 216.

Menschen. Erst hiermit ist Hingabe im vollen Sinne verwirklicht. Glaubenshingabe ist ein Von-sich-Weg, das zugleich einer gewissen Enteignung der
rein geschöpflichen Subjektivität gleichkommt. Balthasar drückt dies wie
folgt aus: „Die ganze Kraft des Beweises", gemeint ist der Beweis des christlichen Glaubens durch die Heiligkeit des gläubigen Menschen, „liegt in dem
'Nicht ich lebe, sondern Christus lebt in mir' (Gal 2,20), in dem objektiven,
unüberholbaren Überspieltsein der ganzen Ich-Sphäre durch die Sphäre
Christi"[42].

Hiermit ist allerdings nicht gesagt, daß der Mensch sich ganz verlieren soll,
daß Gott gewissermaßen völlig an die Stelle des kreatürlichen Subjekts tritt,
vielmehr „wird ihm in der Erfahrung des Geistes die tiefstmögliche Selbster-
fahrung zuteil"[43]. D.h. die im Glaubensakt gegebene radikale Expropriation
auf Gott hin ist zugleich tiefste *geschöpfliche* Selbstfindung. Im zweiten Band
der *Theodramatik* äußert sich Balthasar diesbezüglich am drastischsten, indem
erst durch die Einwohnung Gottes das Subjekt im eigentlichen, im letztlich
entscheidend theologischen Sinne des Wortes zur Person wird. Mit Marheine-
kes Worten heißt es dort: „Von der Urpersönlichkeit Gottes gehalten, wird der
Mensch wahrhaft persönlich"[44]. Paradigma ist die Person Jesu Christi, deren
Personsein dadurch definiert ist, daß sie ganz in ihrer Beziehung zum Vater
aufgeht, radikales Für-den-Vater-Sein ist, und zugleich – dem Johannesevan-
gelium gemäß – eins mit dem Vater ist. Die Einwohnung Gottes im Menschen
erst verleiht dem Menschen diesem Paradigma gemäß seine Identität im Sinne
eines auf Gott Bezogenseins durch eine von Gott an den Menschen ergangene
Sendung, in der Gott selbst sich dem Menschen mitteilt. Der Mensch muß die
von ihm radikal unterschiedene Wahrheit werden, um auch als Geschöpf
wahrhaft Person zu sein bzw. die göttliche Wahrheit wird nur da erreicht, wo
sie in ihrer personalen Selbstmitteilung erfaßt wird.

b) Glaubenserfahrung

Dieser die geschöpfliche Subjektivität nicht aufhebende, sondern verwirkli-
chende Glaubensakt wird nun von Balthasar – und hiermit gehe ich zum
zweiten Aspekt über – ausdrücklich als ein Akt der Glaubens*erfahrung* dargestellt, wobei der Begriff der Erfahrung zum Ausdruck bringen soll, daß es sich
nicht um einen reinen Verstandesakt, sondern um einen Akt des ganzen Menschen handelt, um einen Akt, der alle seine Vermögen miteinbezieht, d.h. um
ein „Verhalten der Gesamtperson"[45]. Auch die Wahrheit Gottes erschließt sich
uns nicht allein auf der Ebene eines betrachtenden Erkennens, sondern der
Glaube ist eine Begegnung des ganzen Menschen mit Gott: „Gott will ja doch

---

[42] Herrlichkeit I, 238.
[43] Herrlichkeit I, 222.
[44] Theodramatik II 1, 191.
[45] Herrlichkeit I, 159.

den ganzen Menschen vor sich stehen haben. Er will den ganzen Menschen als Antwort auf sein Wort. Den Menschen nicht nur mit seinem Verstand (...), sondern sofort auch mit seinem Wollen, nicht nur mit seiner Seele, sondern auch und genauso mit seinem Leib"[46]. Erfahrung ist somit ein umfassender Begriff für Verstehen, Wollen und leibgebundene Empfindung zugleich. Der Glaube wird mit allen Vermögen, die der Mensch als leibseelische Einheit besitzt, erfaßt[47].

Die Möglichkeit einer so verstandenen Glaubenserfahrung sieht Balthasar darin, daß letztlich alle menschlichen Vermögen im Menschen in einem Punkt zusammenfinden. Er schließt sich hierin Pascal und Newman an. Pascals Begriff des Herzens bzw. seine „raisons du coeur" bringen nach Balthasars Verständnis etwas zum Ausdruck, „das dem Intellekt nicht gegenübersteht, sondern ihn und alle Sonderfähigkeiten gemeinsam begründet". Aber auch der für Newman zentrale Akt des „Realisierens" ist Balthasars Auffassung nach ebenfalls nicht antiintellektualistisch zu verstehen, sondern als das „Eintiefen" zu einer „gesamtpersonalen Apperzeption"[48]. D.h. es gibt im Menschen einen Punkt, den „Herzpunkt menschlicher Ganzheit, wo alle seine Vermögen in der Einheit seiner 'forma substantialis' einwurzeln, ob diese Vermögen nun geistiger oder sensitiver oder vegetativer Art seien"[49]. Balthasar setzt diesen Herzpunkt polemisch gegen Schleiermachers Gefühl ab[50], meint aber m.E. etwas sehr Ähnliches wie Schleiermacher, der sein unmittelbares Selbstbewußtsein ebenfalls als einen Punkt der Identität zumindest von Denken und Wollen versteht. Aufgrund dieser Beschaffenheit aber ist der Mensch „nicht durch ein vereinzeltes Vermögen nur erkennend und liebend zum Du, zu den Dingen, zu Gott hin offen; er ist als ganzer (durch seine Vermögen hindurch) der Gesamtwirklichkeit eingestimmt"[51]. Und zwar noch vor allen besonderen Akten, die er vollzieht, ist er immer schon als ganzer Mensch, d.h. als Person zu allem hin offen[52].

Die Glaubenserkenntnis beinhaltet damit auch ein Moment des *Fühlens*. Dabei ist die Glaubenserfahrung kein Fühlen im Sinne eines von Wille und Verstand getrennten Einzelaktes, sondern ein sie einschließendes Spüren als ein „Angerührtwerden von außen und oben"[53]. Das von Gott ergriffene Subjekt erspürt im Glaubensakt die göttliche Wirklichkeit, den Geist Gottes selbst. Es gibt ein Geschmackfinden und eine Freude an der Gnade des Heili-

---

[46] Herrlichkeit I, 211.
[47] Vgl. Theologik II, 28.
[48] Herrlichkeit I, 160.
[49] Herrlichkeit I, 234.
[50] Ebd.
[51] Herrlichkeit I, 233.
[52] Herrlichkeit I, 235.
[53] Herrlichkeit I, 237.

gen Geistes, eine Empfindung ihrer inneren Wahrheit und Richtigkeit[54]. Balthasar hebt an dieser Stelle das bei den Kirchenvätern thematisierte Moment der „sapor divinus" als Teilhabe am Fühlen des Heiligen Geistes hervor[55].

Das von Wille und Verstand unlösbare Empfinden und Fühlen aber weist auf die Analogie hin, die zwischen Glaubensakt und ästhetischem Empfinden besteht. D.h. nachdem Balthasar auf der Ebene der weltlichen Erkenntnis vor allem die Einheit des Wahren und des Guten betont hat, wird auf der Ebene der Glaubenserkenntnis die Einheit des Wahren und des Schönen herausgestrichen. Die wichtige Funktion des Schönen gegenüber dem Wahren und auch dem Guten aber ist, daß das Schöne eine „totalisierende Funktion" ausübt[56], d.h. daß in der Erfahrung des Schönen sich immer auch alle anderen Momente, also auch Vernunft und Wille bzw. das Wahre und das Gute einfinden. In der Glaubenserfahrung leuchtet die Schönheit Gottes immer zugleich mit der göttlichen Wahrheit und Güte auf, während es möglich ist, daß die Aspekte des Wahren und des Guten für sich betrachtet werden. Von daher bildet die ästhetische Dimension für Balthasar den „Abschluß im Gefüge der transzendentalen Eigenschaften des Seins"[57].

Den Abschluß bildet sie aber auch, weil erst das Moment des Gefallens am Schönen die *Objektivität* des Erkannten gewährleistet[58]. Balthasar vollzieht hier eine regelrechte Umkehrung unseres geläufigen Objektivitätsverständnisses. Nicht ohne Empfinden, sondern gerade aufgrund eines gewissen, d.h. eines ästhetischen Empfindens sind wir fähig, objektiv zu erkennen. Er drückt dies in bezug auf das Wahre wie folgt aus: „Fehlt dem Verum jener splendor, der für Thomas das Merkmal des Schönen ist, dann bleibt die Wahrheitserkenntnis sowohl pragmatisch wie formalistisch"[59]. In bezug auf das Gute heißt es sehr ähnlich: „Fehlt aber dem Bonum jene voluptas, die für Augustinus das Anzeichen seiner Schönheit ist, dann bleibt auch der Bezug zum Guten sowohl utilitaristisch wie hedonistisch: es geht bei ihm dann lediglich um die Befriedigung eines Bedürfnisses durch einen Wert, ein Gut ..."[60]. D.h. einzig das Interesse am Schönen ist ein objektives Interesse, ein Interesse für den Gegenstand nicht um meiner willen und nicht um etwas anderes willen, sondern ein Interesse am Schönen des Gegenstandes um des Schönen selbst willen. Für eine objektive Betrachtung bedarf es mit anderen Worten einer „geistigen Distanz"[61], die allein die ästhetische Empfindung zu gewährleisten ver-

---

[54] Ebd.
[55] Herrlichkeit I, 240.
[56] Herrlichkeit I, 238.
[57] Ebd.
[58] Herrlichkeit I, 144 ff.
[59] Ebd.
[60] Ebd.
[61] Ebd.

mag und die nicht schon durch die Dimension des Wahren und des Guten, isoliert genommen, gegeben ist. Balthasar bezieht sich diesbezüglich ausdrücklich auf Kant: „Das ist es, was Kant einigermassen missverständlich die Interesselosigkeit des Schönen nennt: die Evidenz, dass hier eine Wesenstiefe in die Erscheinung emportaucht, *mir* erscheint, und dass ich diese erscheinende Gestalt weder theoretisch in ein Faktum oder in ein beherrschendes Gesetz auflösen und sie damit bewältigen, noch sie durch mein Streben in meinen Gebrauch nehmen kann"[62]. Erst das ästhetische Interesse, weil es alle Vermögen totalisiert, weil es immer eine Haltung der Gesamtperson voraussetzt, ermöglicht es also, sich der Wahrheit unvoreingenommen zuzuwenden. Eine rein theoretische, bzw. rein verstandesmäßige Wahrheit ist keine objektive Wahrheit.

Dritter Teil: Der Gegenstand der Wahrheit

a) Einmaligkeit

Ich komme jetzt auf den dritten Aspekt von Balthasars Wahrheitsverständnis zu sprechen. Dem klassischen philosophischen Verständnis nach ist Wahrheit wesentlich im wahren Urteil gegeben, das wir uns über einen Sachverhalt machen. Die Aussage, das Urteil, „Der Erbacher Hof liegt in Mainz" ist wahr, weil dieses Urteil mit der Sache, mit der Wirklichkeit selbst übereinstimmt. Balthasar negiert dieses klassische Wahrheitsverständnis nicht, ja bekräftigt sogar dessen Unverzichtbarkeit. Wahrheit beinhalte notwendig auch die Dimension des Urteils über ein Sein[63]. Er versucht aber aufzuweisen, daß Wahrheit zugleich wesentlich über das in einem Urteil Festgehaltene hinausreicht. Es erstaunt daher nicht, daß er sich zunächst eng an Heidegger anlehnt, indem er Wahrheit im ersten Band der *Theologik* als „die Enthülltheit, Aufgedecktheit, Erschlossenheit, Unverborgenheit (a-letheia) des Seins" definiert[64]. Für Heidegger besagt diese Definition von Wahrheit, daß die Urteilswahrheit in einer ursprünglicheren, vorsprachlichen, vorprädikativen Wahrheit gründet[65]. Die Wirklichkeit ist uns erschlossen, noch bevor wir darüber ein theoretisches Urteil bilden. D.h. in dieser Erschlossenheit bzw. Unverborgenheit ist uns, so drückt Balthasar dies aus, Wahrheit als etwas gegeben, was uns völlig durchsichtig ist, sich zugleich aber jeglicher begrifflichen Festlegung entzieht[66].

Balthasar bleibt jedoch nicht bei diesem heideggerischen Moment stehen, sondern ergänzt es durch einen Aspekt des alttestamentlichen Wahrheitsver-

---

[62] Ebd.
[63] Theologik I, 33.
[64] Theologik I, 28.
[65] Vgl. M. Heidegger, Vom Wesen des Grundes, Frankfurt a.M. 1929, 11.
[66] Theologik I, 31.

ständnisses[67]. Der Begriff „Wahrheit" ('emeth') steht im Alten Testament für Treue, Beständigkeit und Zuverlässigkeit[68]. Gott etwa ist in dem Sinne wahr, daß man seinen Verheißungen aufgrund seiner bereits erfolgten Zuwendung zu den Menschen vertrauen kann. Anders gesagt: Die bereits geschehene, gegebene Wahrheit ist zugleich Verheißung weiterer, noch größerer Wahrheit; alle Wahrheit transzendiert sich auf weitere Wahrheit hin.

Diesen Aspekt überträgt Balthasar auf den allgemeinen Prozeß menschlicher Wahrheitsfindung. Jede gegenwärtig gewordene Wahrheit, jede durch Evidenz gewonnene Einsicht verweist auf eine Fülle noch verborgener Wahrheit. Die Wahrheitsfindung ist generell ein niemals abgeschlossener Prozeß[69]. Von daher kann es kein Urteil geben, das einen Sachverhalt erschöpfend beschreibt. Wahrheit bleibt mit anderen Worten stets Geheimnis: „Es ist nicht so, daß jeweils ein Stück Wahrheit für den Erkennenden so durchsichtig wäre, daß an diesem Stück nichts weiter mehr zu erkennen verbliebe, (...) und daß nur die Endlichkeit dieses Wahrheitsfeldes anzeigte, daß jenseits seiner noch weitere, nicht erkannte Gegenstände möglicher Erkenntnis verbleiben. Ein solches Geheimnis wäre ein rein vorläufiges, durch fortschreitende Forschung progressiv überwindbares, das die Hoffnung bestehen ließe, eines Tages alle Geheimnisse der Welt in geheimnislose aufgeklärte Tatsachen umwandeln zu können"[70]. Das Geheimnis ist im Verhältnis zur Wahrheit „nicht transzendent, sondern immanent"[71]. Anders gesagt: Die Wirklichkeit ist „nicht nur faktisch und zufällig, sondern wesenhaft und notwendig immer reicher (...) als jedes sie erkennende Wissen"[72].

Auch dieser Aspekt des Wahrheitsverständnisses Balthasars aber ist mit dem Begriff des Personalen in Verbindung zu bringen. Alle begriffliche Erkenntnis ist eine Erkenntnis mit Hilfe von Allgemeinbestimmungen. Wir können nur aufgrund von Begriffen, die Allgemeines ausdrücken, Aussagen über etwas machen. Was uneinholbar das begriffliche Erkennen übersteigt, ist somit das am Gegenstand, was dessen letzte Individualität ausmacht. Individualität allerdings kann in zweierlei Hinsicht verstanden werden. Einerseits handelt es sich um die Einheit all der Merkmale, die ein Einzelwesen von allen anderen Einzelwesen gleicher Art unterscheidet. Diese Merkmale, obwohl sie die Besonderheit eines Gegenstandes ausmachen, sind aber immer noch allgemeine Merkmale, die je für sich genommen auch anderen Einzelwesen der gleichen

---

[67] Theologik I, 30ff.

[68] Vgl. A. Kreiner, Ende der Wahrheit? Zum Wahrheitsverständnis in Philosophie und Theologie, Freiburg 1992, 307ff.

[69] Ebd.

[70] Theologik I, 143f.

[71] Ebd.

[72] Theologik I, 86.

Art zukommen können[73]. Andererseits aber gibt es die von Balthasar sogenannte Personalität eines Einzelwesens, und hiermit ist diejenige Individualität gemeint, die sich jeglicher begrifflichen Bewältigung entzieht. Durch den
Aspekt der Personalität erhält das Seiende „einen Innenraum, der als solcher
unendlichen Wert hat, dessen Haupteigenschaft es ist, unvergleichbar, unverwechselbar zu sein, jeder Einreihung in das Allgemeine, jeder Unterordnung
durch eine Kategorie zu widerstehen"[74]. Hiermit wird ein weiterer, für Balthasars Personverständnis zentraler Aspekt berührt: Person ist mehr als eine allen
Menschen gemeinsame Beschaffenheit des Menschen, Person ist, so ausdrücklich in *Das Ganze im Fragment*, das jeweils Einmalige[75]. Personal ist
der Akt der Wahrheitsfindung also auch in dem Sinne, daß er stets über sich
hinaus auf weitere Wahrheit und schließlich auf ein begrifflich und damit
durch Allgemeinbestimmungen nicht mehr einholbares Moment verweist, wie
dies auch bei Personen grundsätzlich der Fall ist. Die Wahrheit kann nie zu
einem vom Subjekt völlig kontrollierten Gegenstand werden, es bleibt bei
einem Gegenüber, das in Analogie zu einer interpersonalen Beziehung in seiner Uneinholbarkeit für das menschliche Begreifen zu respektieren ist.

b) Wahrheit und Eschatologie

Dieses Wahrheitsverständnis wendet Balthasar, gerade was die Wahrheit
Gottes betrifft, konsequent an. Ich möchte zum Schluß drei auf das Eschatolo-
gieverständnis bezogene Aspekte hervorheben, an denen dies deutlich wird,
Aspekte, die zugleich zu erkennen geben, daß, was in den beiden ersten beiden Teilen über die Einheit von Person und Wahrheit ausgesagt wurde, nicht
als vorläufig gegenüber einer alles weltliche Erkennen letztlich überholenden
'visio Dei' angesehen werden kann.

Erstens kann die 'visio Dei' bzw. 'visio beatifica', mit der der eschatologische
Zustand traditionell bezeichnet wird, aufgrund des eben beschriebenen Wahrheitsverständnisses nicht als eine vollständige, in sich fertige Anschauung
Gottes betrachtet werden.[76] Vor allem mit Gregor von Nyssa beharrt Balthasar
auf der Unerkennbarkeit Gottes auch im Reich Gottes. Eschatologische Gotteserkenntnis ist eine Erkenntnis, die wie die weltliche auch stets über sich
hinausweist auf das bleibende Geheimnis der göttlichen Wahrheit. Gott wird
für den Menschen niemals ein überblickbarer Gegenstand. Die menschliche
Gotteserkenntnis ist niemals fertig in ihrem Erkennen Gottes.

---

[73] Theologik I, 207ff.
[74] Theologik I, 212. Ausführlicher zu dieser Unterscheidung siehe J. Disse, Metaphysik der
Singularität. Eine Hinführung am Leitfaden der Philosophie Hans Urs von Balthasars, Wien
1996, 156ff.
[75] Das Ganze im Fragment. Aspekte der Geschichtstheologie, Einsiedeln 1963, 64.
[76] Theodramatik. Bd. IV. Das Endspiel. Einsiedeln 1983, 362 (= Theodramatik IV, 362).

Der zweite Punkt bezieht sich auf das in den beiden ersten Teilen Gesagte, indem Balthasar deutlich macht, daß, im Gegensatz etwa zu Thomas von A-quin, auch der eschatologische Zustand nicht als eine 'visio Dei' im Sinne eines reinen Vernunftaktes unter Ausschluß aller anderen menschlichen Vermögen konzipiert werden kann. Thomas von Aquin behauptet zumindest an der Stelle der *Summa theologica*, wo die 'visio Dei' als solche ausdrücklich thematisiert wird, sie sei kein Willensakt. Man will nur, was man nicht besitzt, die 'visio beatifica' aber bestehe im Besitz des im irdischen Leben willentlich Angestrebten, und ein solcher Besitz könne allein ein Vernunftakt sein[77]. Der Wille bleibt allerdings in der 'visio beatifica' in gewisser Hinsicht erhalten, denn 'ad voluntatem pertinet delectatio beatitudinem consequens'[78], jedoch nicht im Sinne eines bleibenden Strebens nach dem, was man besitzt, d.h. nicht im Sinne dessen, was den geschöpflichen Willensakt als solchen eigentlich auszeichnet. Balthasar macht demgegenüber in seinem Aufsatz „Fides Christi" geltend, das Prinzip der Auferstehung des Fleisches sei das Prinzip der „inneren Verklärung und Verewigung all der Momente, die die wesentlichen zeitlichen Ausdrucksformen des Gottesverhältnisses sind"[79]. Dies ist, wie aus der *Theodramatik* hervorgeht, so zu verstehen, daß auch die Freiheit schöpferischen Wirkens und damit auch das Wollen in seiner Beschaffenheit als Streben nach noch nicht Verwirklichtem eine irdische Erfahrung ist, die eschatologisch in das Leben in und mit Gott eingeboren zu denken ist[80]. Nur indem die Gabe des Gestaltenkönnens und -dürfens als etwas wesentlich zum ewigen Leben Dazugehöriges gedacht wird, kann das immer wieder Beschenktwerden von Gottes Wahrheit im eschatologischen Leben aufrechterhalten werden. Der eschatologische Zustand ist zu beschreiben als ein Zustand fassungsloser Freude „angesichts eines immer neuen und unvermutbaren Beschenktwerdens aus fremder Freiheit, das durch unsere eigene Erfinderfreude von Gegengeschenken erwidert werden kann"[81]. Demgegenüber huldigen das antike und auch jüdische Ideal der Visio, des Genießens, der Sabbatruhe, so Balthasar, „doch wohl zusehr einen unbewußten Epikuräismus"[82].

Der letzte, dritte Punkt aber ist, und hierin entfernt Balthasar sich ebenfalls von einer langen, theologischen Tradition, daß im eschatologischen Zustand alle drei theologischen Tugenden erhalten bleiben, d.h. nicht nur die Liebe sondern auch die Hoffnung und der Glaube. Wenn man mit Gregor von Nyssa das ewige Leben als eine Einheit von Ruhe und Bewegung denkt, besteht ebensowenig ein Grund die Hoffnung und den Glauben aus dem eschatologi-

---

[77] Summa Theologica I-II, 3, 4.
[78] Vgl. Fußnote 9.
[79] Sponsa Verbi. Skizzen zur Theologie II. Einsiedeln 1960, 66 (= Sponsa Verbi 66).
[80] Theodramatik IV, 368f.
[81] Ebd. 370.
[82] Ebd.

schen Zustand auszuschließen wie den Willen. Dieser Auffassung scheinen allerdings gewichtige theologische Einwände zu widersprechen. Argumentiert wird etwa mit 1 Kor 13,13. Geläufig wird dieser Vers übersetzt mit „Für jetzt bleiben Glaube, Hoffnung und Liebe", für jetzt, d.h. für den irdischen Zustand. D.h. Glaube und Hoffnung vergehen wie in 1 Kor 13,8f. Prophetie, Zungenrede und Erkenntnis vergehen, die Liebe aber bleibt, bleibt als einzige für immer. Dieser Auslegung gemäß hat auch die Einheitsübersetzung diesen Vers übersetzt. Balthasar aber wendet demgegenüber ein, daß das griechische 'nuni de' – er schließt sich hier einer sehr alten Auslegung an – nicht zeitlich, nicht im Sinne von „für jetzt" verstanden werden könne. Nicht für jetzt bleiben Glaube, Liebe und Hoffnung, vielmehr ist 'nuni de' mit „denn" zu übersetzen, also „so bleiben denn Glaube, Hoffnung und Liebe". 'Nuni de' ist adversativ gemeint, d.h. steht im Gegensatz zu den unvollkommenen, vorübergehenden Gaben der Prophetie, des Zungenredens und der Erkenntnis. Letztere haben ein Ende, die Liebe aber, die (so 1 Kor 13,7) alles glaubt und alles hofft, wird niemals untergehen. D.h. Glaube und Hoffnung sind Bestandteile dessen, was niemals vergeht. 1 Kor 13,13 muß also lauten, ich wiederhole: „So bleiben denn Glaube, Hoffnung und Liebe, diese drei"[83]. Unter diesen drei christlichen Tugenden ist zwar die Liebe die hervorragende: Die Liebe ist die größte unter ihnen, wie das Kapitel 13 des 1. Korintherbriefes endet, jedoch nicht in dem Sinne, daß sie allein den eschatologischen Zustand ausmacht.

Auch die Bedenken, die aufgrund der Aussagen Benedikts XII. bezüglich derselben Frage vorgetragen werden (DH 1000 f.), entkräftet Balthasar. In der Konstitution „Benedictus Deus" von 1336 heißt es, die Anschauung und der Genuß des göttlichen Lebens würden die Akte des Glaubens und der Hoffnung überholen, was Balthasars Auffassung zu widersprechen scheint. Der Kontext dieser Aussage ist allerdings folgender: Es ging Benedikt XII. darum, der Meinung entgegenzuwirken, die abgestorbenen Seelen müßten die allgemeine Auferstehung abwarten, um zur Anschauung Gottes zu gelangen. Für Benedikt XII. gelangen sie gleich nach dem Tode zu dieser Anschauung. Der Auffassung der Gegner nach aber wurde dieses Warten auf die allgemeine Auferstehung so verstanden, daß sie davor im Glauben und in der Hoffnung verharren würden. Balthasar jedoch versteht Glaube und Hoffnung nicht, wie diese Gegner, als unvollkommene Zustände *vor* der Schau Gottes, sondern als Bestandteile dieser Schau selbst. Und dies wird von der Aussage Benedikts XII. nicht ausgeschlossen. Sie besagt nur, daß „die an den Erdenzustand gebundenen Aspekte vergehen werden"[84], daß also Glaube und Hoffnung vergehen werden, soweit es sich um irdisch unvollkommene Akte handelt.

---

[83] Sponsa Verbi 70f.
[84] Theodramatik IV, 375.

Aufgrund des bleibenden Geheimnisses göttlicher Wahrheit konzipiert Balthasar auf diese Weise einen, wie es bei ihm heißt, „dynamischen Begriff des ewigen Lebens"[85], der dem Menschen eschatologisch die Einbezogenheit seiner Gesamtperson in das göttliche Wahrheitsgeschehen zusichert. Das letzte, positive Fundament für dieses Konzept aber ist auch hier das innertrinitarische Leben selbst. Auch innergöttlich fällt nicht alles in einer „luftlosen Identität" zusammen, sondern es gibt zwischen den trinitarischen Personen Freiräume. Sie ermöglichen die „Freuden des Erwartens, des Erhoffens und Erfüllens, die Freuden des Von-einander-Empfangens, tiefer noch die Freuden des sich im Andern immer neu Findens, des steten übertreffenden Erfülltwerdens durch ihn, schließlich – da wir von Gott sprechen – der gegenseitigen Anerkenntnis und Anbetung des Gottseins"[86]. D.h. in Gott selbst ist „des Neuseins, des Überrascht- und Überwältigtwerdens durch das Maß-lose kein Ende"[87]. Gott selbst ist „immer größer als er selbst aufgrund seiner dreieinigen Freiheit"[88].

Wahrheit ist also, wenn wir abschließend noch einmal einen Blick auf das Ganze zurückwerfen, weder Sache eines reinen Vernunftaktes noch beschränkt sie sich auf die auf Sachverhalte bezogene Aussagenwahrheit. In Anlehnung an ein biblisch fundiertes Personverständnis, das zunächst den gesamten Menschen als Person versteht, sowie an ein dialogisches, das Personsein in zwischenpersönlicher Beziehung gründen läßt, und schließlich ein ontologisches, das den Personbegriff mit dem Begriff der Einmaligkeit verbindet, erweist sich, daß – auf eine kurze Formel gebracht – alle Wahrheit in der personalen Beziehung des ganzen Menschen auf ein personales Gegenüber gründet. Selbst die weltlich-theoretische Wahrheit im Sinne der Naturwissenschaften ist in Analogie zu dieser umfassenden Wahrheitsbestimmung zu konzipieren. Balthasar hat auf diese Weise den personalen Aspekt der Wahrheit philosophisch und theologisch konsequent und m.E. insgesamt gesehen in die richtige Richtung weisend entfaltet. Sein Ansatz gibt zu verstehen, inwiefern die in Joh 14,6 zum Ausdruck kommende Verflechtung von Person und Wahrheit für das menschliche Wahrheitsverständnis unverzichtbar ist.

---

[85] Sponsa Verbi 73.
[86] Theodramatik II.1, 233.
[87] Theodramatik II.1, 234.
[88] Theodramatik II.1, 235.

Wahrheit und Spiel

Zur Philosophie und Ethik Hans Urs von Balthasars

Stephan Grätzel

Es ist zu Beginn unseres Jahrhunderts das besondere Anliegen der kulturphilosophischen Richtungen und später auch der Existenzphilosophie gewesen, die durch das starke Vordringen der Naturwissenschaften begünstigte zunehmende Versachlichung der menschlichen Existenz und der Lebenswelt zu kritisieren und ihr die gewachsenen Werte der abendländischen Kultur entgegenzuhalten. Dabei wurde auch lebhaftes Interesse an anderen Kulturen und Religionen und ihrer Symbolik genommen, wie die Lebhaften der Religionswissenschaft und Ethnologie zeigen. Diltheys berühmt gewordene methodische Unterscheidung zwischen Erklären und Verstehen schien einen neuen Weg aufzuzeigen, die Eigentümlichkeit der menschlichen Lebenswelt zu erfassen, ohne dabei auf die Gefahr einzugehen, diese Lebenswelt zu versachlichen. Die verstehenden Geisteswissenschaften – im Gegensatz zu den erklärenden der Naturwissenschaften – sollten sich für Dilthey durch den Einbezug der Sinnfrage in die Forschung hervorheben, die gleichsam einen roten Faden durch den historischen Ablauf legt und damit Kulturgeschichte von Naturgeschichte unterscheidet.

Kulturgeschichte setzt sich danach aus menschlichen Handlungen zusammen und unterscheidet sich darin von einem Naturvorgang. Während der Naturvorgang ein, wie man sagt, blindes Ereignis ist, das nach Naturgesetzen abläuft und deshalb auch mithilfe dieser Gesetze erklärbar und sogar rekonstruierbar ist, ist eine menschliche Handlung mit diesen Mitteln nicht erfaßbar. Die Handlungen sind völlig anders strukturiert, so daß zwar auch Triebe und Affekte eine Rolle spielen, aber in einer anderen Form als im Naturvorgang. Handlungen sind wesentlich durch das „Woraufhin", durch das „Wozu" und „Wofür", also durch die Ziele, Wünsche, Hoffnungen oder Träume geleitet. Diese an der Zukunft orientierten Motive bestimmen wesentlich die Wirkung des Vergangenen mit, so daß nicht von einer kausal-linearen Bestimmung der Vergangenheit auf die Gegenwart gesprochen werden kann, sondern von einem hermeneutischen Zusammenhang zwischen den verschiedenen Zeitformen des Vergangenen, Gegenwärtigen und Zukünftigen. Diese Konzeption einer sinnstrukturierten Zeitlichkeit ist dann von Heidegger zu einem zentralen Punkt seiner Existentialanalytik ausgearbeitet worden.

Die hohe Kultur philosophischer Reflexion im Kampf gegen die Versachlichung hatte, bei aller Unterschiedlichkeit der einzelnen Positionen, das gemeinsame Ziel, einer drohenden Enthumanisierung entgegenzuwirken, die nicht aus politischen Ideologien entstammte, sondern aus der bloßen Methodik eines seine Gebiete weit überschreitenden Wissenschaftsstiles der Naturwissenschaften. E. Husserl fand hierfür in seinen letzten Werken (1935-37) den Ausdruck: „Krise der europäischen Menschheit", später „Krise der europäischen Wissenschaften."

Aus heutiger Sicht kann gesagt werden, daß diese Analysen der Enthumanisierung, trotz breiter Wirksamkeit gerade der Existenzphilosophie, nicht dazu geführt haben, den Siegeszug des Positivismus aufzuhalten. Ein Reihe aktueller Beispiele zum Thema „Ethik und Neurowissenschaften" dokumentieren das Vorrücken naturwissenschaftlicher Prinzipien in Bereiche der Ethik und Moral, und zwar mit dem Anspruch, auch hier die ausschlaggebende Kompetenz zu haben. Diese ganze Situation, daß heute Mikrobiologen und Neurobiologen Ethik betreiben, ist nicht nur den totalitären Intentionen dieser Wissenschaftler allein anzulasten, sondern auch der Ideenlosigkeit und Tatenlosigkeit der Geisteswissenschaftler, die in großer Zahl die verschiedenen ‚Wendungen' mitgemacht haben und mitmachen, statt sich humanwissenschaftlich zu engagieren.

Wenn wir in diesen Tagen den zehnten Todestag von Hans Urs von Balthasar begehen, so gedenken wir eines Menschen, der philosophisch nicht nur aus dieser Tradition der Humanwissenschaft kommt, sondern sie auch wesentlich bereichert und weitergebracht hat. Wir sollten diese Tage des Angedenkens an Hans Urs von Balthasar zum Anlaß nehmen, uns auch seiner philosophisch-humanwissenschaftlichen Innovationen zu erinnern und sie in ihrer großen Bedeutung zu würdigen. Sein Einsatz für die Erkenntnis des Menschlichen, des Humanum, muß uns heute wertvoll sein, in Anbetracht einer zunehmenden Verwilderung der ethischen Kultur. Welches sind die neuen Perspektiven, die v. Balthasar der Wissenschaft und Ethik gegeben hat?

Von Kant stammen die berühmt gewordenen Fragen einer kritischen Vernunft, d.h. eines im Skeptizismus stehenden und diesen überwindenden Menschen. Die vier Fragen lauten: „Was kann ich wissen?", „Was soll ich tun?", „Was darf ich hoffen?", „Was ist der Mensch?". Kant gliederte nach diesen Fragen seine kritische Selbstbetrachtung der Vernunft und behandelte die ersten drei Fragen in den „drei Kritiken". Die letzte Frage: „Was ist der Mensch?" weist er der Anthropologie zu. Damit wurde, wie man heute zu sagen pflegt, ein Paradigma, ein Grundbild, entworfen, das die Richtung der Wissenschaften vom Menschen wesentlich ausrichtete. Diese Richtung, die seither die Wissenschaft vom Menschen nahm, war und ist weitgehend immer noch die der *Sachlichkeit*.

Einen starken Auftrieb, der bis heute spürbar ist, erhielt diese Sichtweise der Sachlichkeit durch die großen Theorien des ausgehenden 19. und beginnenden 20. Jahrhunderts: durch die Evolutionstheorie Darwins und durch die Psychoanalyse Freuds. Hier war es dann vor allem Max Scheler, der mit seiner philosophischen Anthropologie diese Frage nach dem Menschen wesentlich differenzierte und sie von der Sachfrage abhob. Mit seiner Differenzierung der Sachwerte von den „Personwerten" konnte er auch im Bereich der Ethik Neuland entdecken und den wohl bedeutendsten Beitrag zur Ethik seit Kant leisten. Die Frage „Was ist der Mensch?" war danach nicht mehr an ein in irgendeiner Weise bestimmtes Subjekt gebunden, sie hatte vielmehr ihre Richtung auf die Besonderheit und Einmaligkeit und damit auch auf die Würde der *Person* genommen. Doch auch die Konzeption der Person ist nicht fundiert genug; „Personwerte" können zu Sachwerten pervertiert werden. In den ganzen Diskussionen heute um Schwangerschaftsabbruch oder Lebensrecht von Hirntoten wird zumeist mit dem Begriff der Person argumentiert, wobei dann letztlich sachlich definiert wird, was unter Person zu verstehen ist. Der Status der Person wird dann zumeist von einem bestimmten biologischen oder psychologischen Reifegrad abhängig gemacht. Allein diese Diskussionen zeigen, daß der Begriff der Person nicht haltbar ist, wenn er nur auf das Subjekt bezogen und nicht in einem weiteren Zusammenhang gebraucht wird.

Um diesen weiteren Zusammenhang geht es v. Balthasar in seiner Konzeption der *Theodramatik*. Dieser Ansatz kann zeigen, daß die Person keine Sache, auch keine im höchsten Maß veredelte Sache ist, wenn sie von ihrer Rolle als „ein Spieler in einem Spiel" verstanden wird, als ein Mensch in seiner Rolle. V. Balthasar lenkt also die Frage nicht in die Richtung „Was ist der Mensch?", sondern: „Wer ist der Mensch?".

Mit der Frage: „Wer ist der Mensch?" wird die Frage über den Begriff der Person hinaus auf die Rolle gelenkt, die der einzelne im Leben spielt. Hierbei geht es noch nicht einmal so sehr um ein Wiederaufleben der Vorstellung vom Welttheater (theatrum mundi) des Barock, obwohl dies für v. Balthasar natürlich eine große Bedeutung hat. Hier geht es vielmehr darum, das menschliche Leben von seiner *Handlung* her zu erschließen und nicht von seiner *Faktizität* her. Diese, auch in Kontroverse mit der Existentialontologie Heideggers kommende, Konzeption v. Balthasars hebt hervor, daß Wahrheit (aletheia) nicht nur Unverborgenheit heißen kann, ja diese Auslegung eher einem technischen Verständnis von Wahrheit nahe kommt, daß Wahrheit vielmehr auch Zuverlässigkeit, Beständigkeit und Treue bedeutet. Dieser in seiner *Theologik* zu findende „Vorbegriff der Wahrheit" zeigt klar sein Verständnis von Wahrheit als Offenheit in einem interpersonalen Bezug. Wahrheit ist danach erst dann als solche erwiesen, wenn sie soweit vertrauenswürdig ist, daß sie einlädt, „sich dieser Verheißung des Offenbarseins anzuvertrauen, der Gewißheit, die die Wahrheit vermittelt, zu folgen und der eingeleiteten Bewegung sich hinzugeben" (Theologik I, 30f.). In dieser Auslegung ist der sachliche Gehalt der Wahrheit durchaus nicht aufgehoben, aber klar eingeschränkt. Er hat seine personale Beziehungsfähigkeit auf die Probe zu stellen und sich in diesem Punkt zu bewähren. Eine sachliche *Richtigkeit* ist erst dann auch *wahr*, wenn sie sich in diesem Punkt bewährt hat. Sie muß soweit vertrauenswürdig sein, daß der Erkennende sich dieser Wahrheit anvertrauen kann, sich ihr hingeben kann.

Dieser ethische Aspekt, den v. Balthasar hier für die Wahrheit fordert, ist aber nur verständlich und einlösbar, wenn die dramatische Situation der menschlichen Existenz dabei in Betracht gezogen wird. Dabei wird die Frage nach dem Menschen und seiner Stellung in der Welt als Rolle in einer Handlung, als Drama erfaßt. „Drama, so zeigt sich, ist wesentlich menschliche Handlung als Sinnentwurf der Existenz, die sich selbst zu verwirklichen sucht. Dieser Entwurf hat als seine Dimension die Zukunft; in sie hinein legt sich das Dasein, (das seine Vergangenheit und Gegenwart in sich hat) selber aus. Dieses Tun ist von einem rein biologischen Prozeß wesenhaft verschieden" (Theodramatik I, 387). Die Versuche, zumeist im wissenschaftlichen Verständnis vom Menschen, das aus Handlungen bestehende menschliche Drama auf blinde Ereignisse biologischer Prozesse zurückzuführen, scheitern letztlich an der menschlichen Wirklichkeit selbst, und zwar sobald hier die Frage nach dem „Wer" gestellt wird. Hier zeigt sich dann, daß der Mensch sich nicht in den Sachvorgängen als Akteur wiederfinden kann: „Gäbe man mir zur Antwort: Du bist ein Fall von Mensch (und alle Wissenschaft wird mir in dieser Weise antworten), so wüßte ich, daß meine Frage entweder mißverstanden oder unbeantwortbar wäre" (Theodramatik I, 455). Der Mensch findet sich in solchen Antworten nicht wieder. Zwischen einem Handlungsvorgang und einem Sachvorgang muß also ein grundsätzlicher Unterschied gesehen werden.

Zur Differenzierung zwischen Sachvorgängen und Handlungsvorgängen gibt v. Balthasar in seinem Buch über die Wahrheit der Welt eine Reihe von Anhaltspunkten. Ist das Kriterium für Wahrheit nicht der Sachgehalt, sondern die Hingabemöglichkeit an diesen Gehalt, dann wird die Wahrheit für dieses spezielle Genre von Ereignissen, Vorkommnissen oder Aussagen reserviert, die diesen interaktiven Handlungsraum zulassen. Dies bedeutet, daß man gar nicht von der Wahrheit einer *Sache* reden kann, wohl aber von einer an Fakten gebundenen oder von ihnen ausgehenden Wahrheit. Die Fakten sind aber nicht genug, sie können nicht an sich wahr sein, sondern bekommen Wahrheit erst im Rahmen des menschlichen Dramas, und zwar erst dann, wenn hier die Sachgehalte einen inchoativen Charakter bekommen. Alles Fertige und Abgeschlossene widerspricht dem Anspruch von Wahrheit, wie v. Balthasar immer wieder herausstellt. Ein Sachverhalt kann also vielleicht richtig oder falsch sein, er kann aber nie wahr oder unwahr werden. Dieses Prädikat bekommt er erst durch den Umgang, also durch die Art der Mitteilung: „Im Augenblick, da die Wahrheit ganz zu sich selber kommt, [...] hört Wahrheit auf, eine allgemein zugängliche Sache zu sein, um zu einer freien, personalen Wirklichkeit zu werden" (Theologik I, 97).

Solche Sätze sind nicht nur schwer verständlich, sondern auch schwer vertretbar in einem modernen Wissenschaftsbetrieb, weil sie antidemokratisch anmuten könnten. Doch eine solche Auffassung wäre mißverständlich.

Was v. Balthasar hier gewahrt sehen möchte, ist die schon erwähnte Ausschließlichkeit eines interpersonalen Wahrheitsbegriffes. Wahrheit ist in der *Mitteilung*, nicht im *Mitgeteilten*: „Im Mitteilenden, der frei über seine Wahrheit verfügt, beginnt die Mitteilung mit einem freien Entschluß, das, was ihm zu eigen gehört, mit einem anderen zu teilen" (Theologik I, 97). V. Balthasar macht ganz deutlich, worauf es ihm ankommt, nicht auf ein elitäres und vielleicht sogar esoterisches Wahrheitsverständnis, sondern auf die Bewahrung der Freiheit in der Mitteilung.

Und auch ein weiterer Vorwurf, der hier sofort entstehen könnte, wird von v. Balthasar mit in Betracht gezogen und entkräftet. Es soll mit diesem freien Entschluß auch nicht der persönlichen Willkür Partei gesprochen werden: „Die Freiheit des Geistes bestünde dann einzig darin, sich zu entschließen, ob er sein Eigengut für sich behalten oder als eigenes preisgeben wolle. [...] Seine ganze Freiheit würde sich darauf beschränken, zu entscheiden, ob er sich versachlichen wolle oder nicht." (Theologik I, 97-98) Nicht von Geheimniskrämerei ist die Rede, sondern vom freien Umgang mit den Fakten. Dieser ist erst dann gewahrt, wenn der Mensch auch in und nach der Mitteilung noch frei ist, sich also mit der Mitteilung noch identifizieren kann: „Soll der Geist wirklich frei sein, so muß er nicht nur vor der Mitteilung, sondern auch in ihr und nach ihr frei sein." (Theologik I, 98) Hier ist der Punkt, an dem der Mensch seine Freiheit pervertieren kann, indem er die Freiheit in und nach der Bestimmung des Humanum nicht mehr mit vollzieht. Die Folge dieser Pervertierung ist Festlegung der Formel des „Nichts anderes als", die die Versachlichung ausdrückt. (Theologik XVI)

Sich-zur-Sache-machen, darin liegt noch ein freier Entschluß, doch er endet mit der Durchführung dieses Entschlusses. Die Beispiele hierfür sind unzählig. Nehmen sie nur die schon erwähnte Mikrobiologie oder Neurobiologie, die im Moment die autorisierten Aussagen über den Menschen zu treffen sich anmaßen. Doch welcher Mensch kann sich mit seinen neuronalen Prozessen oder seinen genetischen Abläufen identifizieren? Er kann sie in seine Geschichte hinein nehmen, er kann sie aber nicht zu seiner Geschichte machen. Für v. Balthasar erreichen solche Sachaussagen nie den Status der Wahrheit. Aber dies ist noch nicht das Ende des Problems der Versachlichung. Schlimmer als solche Sachaussagen über den Menschen ist der mit ihnen getroffene *Entschluß, sich versachlichen zu wollen.* Haben die Sachaussagen nichts mit Wahrheit zu tun, weil sie den Menschen (das Drama) nicht betreffen, so hat dagegen dieser Entschluß sehr viel mit Wahrheit zu tun. Er ist der freie Entschluß, sich zur Sache zu machen, ein Entschluß, von dem man weiß, daß er nicht durchführbar ist. Doch dieses Wissen hat keine Auswirkung auf den Entschluß.

Ausschlaggebend an diesem Entschluß ist nicht das Ergebnis, sondern die Intention und der Versuch der Durchführung von Versachlichung. Dahinter verbirgt sich die moderne Barbarei, wie sie von den Wissenschaften, aber auch von der Politik dieses Jahrhunderts ausgegangen ist und noch immer ausgeht. Problematisch ist, daß das Übel viele Gesichter hat. Zu Beginn unseres Jahrhunderts waren es vor allem die Rassentheorien, die auch v. Balthasar zu seinen sehr kritischen Äußerungen über Anthropologie gebracht haben.

Heute sind es eher die Kognitionswissenschaften, die weitgehend Ethik auf Gehirnfunktionen reduzieren und die Menschenwürde für eine – immerhin bedeutende – Erfindung halten. So unterschiedlich diese Ansätze sein mögen, sie haben gemeinsam, daß sie inhuman sind. Sie entstammen, um mit v. Balthasar zu reden, dem Entschluß, den Menschen versachlichen zu wollen. Damit liefern sie nicht nur die Theorie, sondern auch die Legitimation zur Grausamkeit und Barbarei, denn Erfindungen sind immer etwas völlig Unverbindliches und haben allenfalls einen technischen Wert.

Soweit man als Geisteswissenschaftler sich auch als Ethiker versteht, sollte man auf solche Tendenzen sehr empfindlich reagieren. V. Balthasar jedenfalls kann hier Vorbild sein: „Wo der Einzelne seinen Anspruch auf die einmalige Würde seiner Person großmütig aufgibt, kann er nicht verlangen, daß die Gesellschaft, zumal die technokratische, auf diese Würde achtet. Das milliardenmal vorkommende Individuum kann dann nur noch das Material dieser Gesellschaft sein, die über dessen Erhaltung, Dezimierung und auch fabrikmäßige Vernichtung verfügt. Das ist unser Zeitalter" (Theodramatik III, 119).

Mit v. Balthasars Konzeption der dramatischen Verfassung des menschlichen Daseins wird aber noch ein weiterer Schritt zur Erhellung der eigenartigen Intention der Versachlichung deutlich. Denn es steht ja eigentlich die Frage im Raum, warum der Mensch diese Tendenz zur Versachlichung hat, warum er in einem freien Entschluß seine Freiheit aufgeben will, warum er sich selbst nur noch als Produkt blinder Prozesse und seine Handlung auf kausalmechanistische Vorgänge reduziert sehen will. Liegt hier nicht ein selbstzerstörerisches Element vor, oder vielleicht eine Art der Erkrankung, vergleichbar Binswangers Krankheitsbildern der „Verstiegenheit", „Verschrobenheit" oder „Maniriertheit"? Wie Ludwig Binswanger zeigt, ist ein auf die Versachlichung reduziertes menschliches Leben „mißglückt", es wird verstiegen, verschroben und maniriert[1]. Ein Leben als rein faktisches Geschehen wäre ein nacktes Grauen, wenn es überhaupt lebbar wäre[2]. Aus der theodramatischen Perspektive v. Balthasars ergibt sich ein anderes Bild. Hinter der Versachlichung der eigenen Existenz steckt der Wunsch nach *Selbstvergottung*.

V. Balthasar hat dieses Phänomen in seiner großen Studie zur „*Apokalypse der deutschen Seele*" dargestellt. Er unterscheidet hier zwischen dem Prometheus-Prinzip und dem Dionysos-Prinzip. „Der vom Geier des Zeus zerfleischte Prometheus maß sich im Raum der 'Idee' mit Christus, der von den rasenden Menschen zerrissene Dionysos mißt sich im Raum der 'Existenz' mit demselben Christus. Und er hat Prometheus voraus, selbst schon 'gekreu-

---

[1] Binswanger, L.: Drei Formen mißglückten Daseins. Ausgewählte Werke, Band 1. Heidelberg 1992.

[2] Binswanger, L.: Grundformen und Erkenntnis menschlichen Daseins. Ausgewählte Werke, Band 2, Heidelberg 1993, 401ff.

zigter Dionysos' zu sein, als der Erlöser dieser konkreten, endlichen, zeitlichen Welt" (Apokalypse II, 11f.).

Im Prometheus-Prinzip sieht sich der Mensch als eigener Schöpfer seiner Rolle, hierin liegt die Selbstvergottung. Hinter diesem Prinzip versteckt sich das moderne Selbstverständnis des Menschen, wie wir es im Prometheus Goethes finden, erst recht dann im Faust. Nach v. Balthasar kannte die Antike ein solches Prinzip nicht: „Ein solches Prinzip (Prometheusprinzip) ist, trotz Aischylos, der alten Welt unbekannt, so wie auch das Faustische in ihr undenkbar ist" (Theodramatik II/1,386). In dieser Selbstübernahme der Autorenschaft wird das *Werk* zum zentralen Anhaltspunkt der Identität. Hierin liegt auch die Tragik des modernen Prometheus/Faust, die Erlösung nur in einem unermüdlichen Streben zu erhalten und doch den Augenblick in seiner Einmaligkeit festhalten zu wollen. Letztlich kann dieser Konflikt nur in einer radikalen Versachlichung der eigenen Rolle ertragen werden. Dabei identifiziert sich der Autor/Spieler restlos mit seinem Werk. Er verwirklicht sich, indem er seine Pläne in Werke umsetzt und sich selbst als Urheber dieser Werke erkennt. Die Handlung ist das In-das-Werk-setzen der eigenen Vorstellungen. Unter diesem Prinzip repräsentieren die Werke den Menschen auch vollständig. Dies geht so weit, daß, wie bei Engels, die Arbeit den Menschen nicht nur verwirklichen, sondern ihn überhaupt zum Menschen machen soll. Doch gerade auf der anderen Seite des Konflikts, in dem Wunsch nach dem Verweilen des Augenblicks, wird die Verlogenheit der prometheischen Selbstinszenierung deutlich. Das ewige Streben ist ein Prinzip, das zur Attitüde des „leeren Aufwärts" führen kann, wie es v. Balthasar in Ibsens Baumeister Solneß wiederfindet (Theodramatik I, 193). Hier kreuzen sich v. Balthasars Analysen des Prometheus-Prinzips mit denen des schon erwähnten Psychiaters Binswangers, der in Ibsens Dramenfigur das Grundbild der Verstiegenheit wiedererkennt[3].

Das Übersichhinausstreben dieses Fortschrittsdenkens ist also von Verstiegenheit bedroht, weil es sich ganz an die Sache – nicht an die Wahrheit – hingegeben hat. An die Sache gibt sich dieses Streben hin, weil es sich als Autor erweisen will und beweisen muß, um ganz der eigene Schöpfer seines Dramas zu sein. Doch gerade in der Hingabe an die Sachen scheitert diese Dramaturgie. Die Sachen machen in diesem Prometheus-Spiel nicht mit, sie fangen nicht an zu interagieren, mitzuspielen: sie bleiben stumm, sie werden schnell uninteressant. So bleibt nur die Enttäuschung und der paradoxe, dem Streben entgegengesetzte Wunsch: „Verweile doch, du bist so schön."

In der Apokalypse sieht v. Balthasar die Unlösbarkeit der Prometheusrolle in ihrer Struktur, dem „doppelten dia", dem „Durch und durch" der prometheischen Selbstbestimmung. Die Inszenierung dieser Situation beschreibt v. Balthasar wie folgt: „Mit der Welt ist er (das prometheische Ich) als Ganzer zu Gott hin, mit Gott als Ganzer zur Welt hin. Sein Wesenssinn, sein Logos

---

[3] Binswanger, L.: Ausgewählte Schriften, Band 1, 241ff.

ist dieses doppelte dia, ist Dia-logos" (Apokalypse I, 142). Diese doppelte Bewegung ist die notwendige Folge der prometheischen Selbsturheberschaft der eigenen Rolle. Der Einzelne muß sowohl die Autorenschaft, als auch die Rolle im Spiel übernehmen. Diese Doppelrolle dieses „heldischen Großichs", wie v. Balthasar dies auch nennt (Theodramatik I, 186), ist aber letztlich undurchführbar. Sie führt notwendig zu der Zerrissenheit des selbst bestimmten Menschen, der alle dialogischen Grundbewegungen seines existentiellen Dramas in diskursiver Weise, also in Form von hintereinander und gegeneinander gesetzten Monologen zu führen hat.

Aus der dialogischen Verfassung des menschlichen Dramas wird eine dialektische Gegensätzlichkeit: „Denn jede der zwei Grundbewegungen kann sich nur *gegen* die andere vollziehen. Indem sich die Bewegung der Natur zu Gott hin im Menschen vollendet, indem er ganz sich öffnender, hingebender und aufnehmender Spiegel des Urfeuers wird, ist er das Absolute an der Grenze seiner Hingabehaltung:" (Apokalypse I, 144). Die Hingabehaltung repräsentiert die eine Rolle im Drama der Existenz, die reflexive Aufnahme der Natur in dem Wissen, daß der Mensch als Spiegel der Natur deren Vollendung ist. In dieser pathischen und pathetischen Haltung spielt der Mensch die Rolle des Lyrikers, der die Natur und ihre Schönheit besingt. Diese steht im Gegensatz zur Tathaltung: „Indem der Mensch aber vom Gottzentrum aus schaffend in die Welt hinaus wirkt, bis die peripherischste Tat sein inneres Feuer zum höchsten Aufglanz schürt, ist er das Absolute an der Grenze seiner Tathaltung" (ebd.). In der Tathaltung übernimmt also der Mensch eine göttliche Position, hier ist er der Schöpfer und muß dessen Rolle übernehmen. Die Tragik der prometheischen Haltung liegt nun in der Unvereinbarkeit dieser Rollen: „Beide Haltungen kreuzen sich in der Dialektik des Herzens, und es gibt nur einen Ausweg, je eine durch die Verneinung der anderen zu ermöglichen. Schöpferische Ganzheit muß zum Verrat an der Hingabeganzheit, diese zum Verrat an jener werden" (ebd.).

Das Drama wird hier zu einem inneren Monolog, ein Monolog allerdings, der infolge seiner gegensätzlichen Fundierung den Einzelnen auseinanderreißt. Er muß Geschöpf und Schöpfer gleichzeitig sein und dies auf einer Bühne, auf der kein Dialog mehr stattfindet, weder mit der Natur, die er als Geschöpf und Spiegel der Natur selbst zu sein hat, noch mit Gott, der er als Tatmensch, als Schöpfer und Gestalter ebenfalls selbst zu sein hat. Aus dem Dialog mit der Natur oder mit Gott ist die Selbstdarstellung des Geistes geworden, wie sie dann auch Hegel in seiner Phänomenologie nachvollzieht. „Das absolute Wissen ist der Tod der Theodramatik" sagt v. Balthasar (Theodramatik II/1,80) und sieht damit in der Philosophie Hegels und ihrer Pervertierung des Dialogs in Dialektik den Beginn der Entdramatisierung und Episierung des menschlichen Daseins.

Das Drama der Existenz wird in der Episierung zur Geschichte des absoluten Geistes, zu seiner Selbsterzählung, wie man sagen könnte. Doch Hegel ist erst der Anfang. Er legt den Grundstein zu einer endlosen Zahl von Historisierungen, Anthropologisierungen, Biologisierungen, generell zur Systematisierung des existentiellen Dramas und damit zu seiner linearen Darstellbarkeit. In der Kritik der Entdramatisierung folgt v. Balthasar dem Begriff des Theaters bei Nietzsche. Auch Nietzsche sieht in der Rationalisierung des dramatischen Epos bei Euripides das Sokratische und damit rationalistische Prinzip. Im historischen Verständnis ist der Mythus nicht mehr gegenwärtig. Er ist Vergangenheit geworden, und keine Episierung und Rationalisierung kann ihn mehr vergegenwärtigen: „Denn dies ist die Art, wie Religionen abzusterben pflegen: wenn nämlich die mythischen Voraussetzungen einer Religion unter den strengen, verstandesmäßigen Augen eines rechtgläubigen Dogmatismus als eine fertige Summe von historischen Ereignissen systematisiert werden und man anfängt, ängstlich die Gläubigkeit der Mythen zu verteidigen. Wenn also das Gefühl für den Mythus abstirbt und an seine Stelle der Anspruch der Religion auf historische Grundlage tritt"[4]. Die Historisierung setzt den Verlust an Gegenwart voraus, in der allein der Mythos lebendig sein kann. Deshalb ist auch für Nietzsche die Wahrheit dramatisch, sie wird bei den Dionysos-Festen aufgeführt. V. Balthasar folgt Nietzsche sogar in der Bedeutung, die Dionysos in diesem Zusammenhang hat. Hören wir zunächst Nietzsche: „Diesen absterbenden Mythus ergriff jetzt der neugeborene Genius der dionysischen Musik: und in seiner Hand blühte er noch einmal, mit Farben, wie sie noch nie gezeigt, mit einem Duft, der eine sehnsüchtige Ahnung einer metaphysischen Welt erregte. Nach diesem letzten Aufglänzen fällt er zusammen"[5]. Dionysos ist also für Nietzsche die Figur, die den absterbenden Mythus noch einmal aufleben läßt. Die Tragödie ist damit das letzte Lebenszeichen des Mythos in seinem Todeskampf: „Durch die Tragödie kommt der Mythus zu seinem tiefsten Inhalt, seiner ausdrucksvollsten Form; noch einmal erhebt er sich, wie ein verwundeter Held, und der ganze Überschuß von Kraft, samt der weisheitsvollen Ruhe des Sterbenden, brennt in seinem Auge mit letztem, mächtigen Leuchten."[6] Somit ist für Nietzsche die Tragödie mit ihrer Vergegenwärtigung ein Dekadenzphänomen. Das Dionysos-Prinzip zeigt die Religion im Absterben, aber, und dies ist entscheidend, diese Agonie wird dramatisch erfahren in der Tragödie und ihrer Theoria. Das Dionysos-Prinzip als Agonie des Prometheus-Prinzips, so sieht es auch v. Balthasar. Das leere Aufwärts des Prometheus wird von den konkreten Züchtungsgedanken eines dionysischen Übermenschen abgelöst. „Nietzsches Züchtungsgedanke tritt an die Stelle der idealistischen Transfiguration in Geist" (Apokalypse II, 8). Dionysos bekommt hierbei das Gesicht des Menschenbildes, wie es dann im 20. Jahrhundert immer stärker hervortritt. V. Balthasar spricht zwar noch von Nietzsche, der heutige Leser denkt aber auch an Gentechnologie und ist in ganz anderer Richtung betroffen. Dionysos hat ebensoviel Gesichter wie Prometheus, wohlgemerkt, moderne Gesichter, nicht antike. Und greift man den

---

[4] Nietzsche, F. Kritische Studienausgabe, Band 1, Berlin 1980, 74.
[5] Nietzsche, F. ebd.
[6] Nietzsche, F. ebd.

Gedanken v. Balthasars vom Dionysos-Prinzip von der Machbarkeit des Lebens, das das Prometheus-Prinzip von der Machbarkeit des Geistes abgelöst hat, so zeigt sich, daß sowohl der Typus des Geist-Machers wie der Typus des Lebens-Machers eines gemeinsam haben, sie nehmen sich sehr ernst und wollen auch sehr ernst genommen werden. Doch hier gibt uns die Perspektive von v. Balthasars Theodramatik die Möglichkeit, zu sehen, was von diesem Ernstnehmen zu halten ist: denn ein sich auch noch so ernst nehmender, also sich sachlich verstehender Prometheus oder Dionysos bleibt Mythos. Er bleibt Mythus von der Sachlichkeit der Wahrheit, also der scheinbare Glaube, den Menschen allein über sein „Was" zu erfassen und zu verstehen. Doch gerade damit macht er sich lächerlich. Denn der Mythos von der Sachlichkeit der Wahrheit will natürlich kein Mythos sein. V. Balthasars Methode ist also nicht mehr und nicht weniger, als dieser scheinbar mythenlosen Sachlichkeit ihren Mythos zu zeigen, ihr also den Spiegel vorzuhalten. Damit wird aber gezeigt, daß auch sie Spiel sind: „Weil aber unsere Methode, dem inhaltlichen Mythus zu entsprechen, die mythische war, müssen wir diese Sätze in einem letzten Bild festhalten" (Apokalypse III, 442). Dieses in der Apokalypse letzte Bild des *Spiels* charakterisiert die Theodramatik des Geisteslebens seit der Klassik (Prometheus und Dionysos) und ihres Anspruches auf absolute Wahrheit: „Denn Spiel sagt, daß die Welt das ist, was Nietzsche in ihr sah: das schwerelose Gleichgewicht von Kräften, ein Tanz von Wellen, die in allem Bäumen ein Geheimnis der Lust verbergen, etwas, was in allem pathetischen Gebaren zu Tanz und Torheit wird" (Apokalypse III, 442).

Auch die absoluten Theorien sind ein „Spiel vor Gott" und können nach dem Prinzip der Theodramatik entschlüsselt werden. Die Selbstvergottung als Prometheus oder Dionysos kann hierdurch das eigentliche Motiv für die Versachlichung der Existenz erkannt werden. Prometheus und Dionysos sind Vorstellungen, vielleicht Entwürfe vom „Wer" der Rolle, sie geben eine Antwort auf die Verteilung der Rollen: „Es ist die Frage, wer das dramatische Spiel der Existenz in Wirklichkeit spielt. An der Antwort, die man darauf gibt, entscheidet sich's, welchen Sinn das Spiel hat, bzw. ob es überhaupt einen solchen hat" (Theodramatik I, 454).

Aufgrund der dramatischen Verfaßtheit der menschlichen Existenz wissen wir, daß die Identität der Rolle und damit die Würde des Menschen nicht sachlich festgestellt werden kann. Sachfragen betreffen die Wahrheit nicht. Auch die Selbstvergottung ist letztlich ein Versuch, das „Wer" der Rolle inhaltlich, also durch das „Was" zu bestimmen. V. Balthasars Theodramatik geht den umgekehrten Weg, sie will das „Was" durch das „Wer" bestimmt sehen. Die philosophische Erkenntnis reicht soweit, diesen Umstand einzusehen, zu sehen, daß wir, wie Plessner sagt, in einer „exzentrischen Position" zu uns selbst eine Rolle spielen. Das „Wer" dieser Rolle, aber auch der Autor des Stückes und die Bedeutung des Stückes, dürfen nicht sachlich entschlüsselt werden und müssen somit Geheimnis bleiben.

V

ULTIMO

Walter Seidel als ökumenischer Weggefährte

Bischof Paul-Werner Scheele

Der Weg zur vollen Einheit der Christen ist lang und beschwerlich. Um so wichtiger sind zuverlässige Weggefährten. Walter Seidel gehört dazu. Er hat sich nicht gelegentlich auch einmal auf ökumenische Pfade begeben, wie manche es tun, die man als Freizeit- oder Teilzeitökumeniker kennzeichnen kann. Walter Seidel ist ein Ganzzeitökumeniker. Er ist es buchstäblich Tag und Nacht, jedenfalls gehört manches abendliche und selbst nächtliche Gespräch zu seinen ökumenischen Aktivitäten.

Als Weggefährte hat er sich nicht erst dann bewährt, wenn es galt, in bestimmten ökumenischen Gremien verantwortlich mitzuwirken. In seinem gesamten priesterlichen Dienst, in der Verkündigung, in der Liturgie, in der Bildungsarbeit sowie in etlichen Einzelgesprächen geht es ihm um die Einheit, wie Jesus Christus sie erbetet und erstrebt hat. Das "Haus am Dom" und der "Erbacher Hof" sind nicht lediglich in einigen Sonderveranstaltungen ökumenisch ausgerichtet; sie sind es rund um die Uhr und in allen Programmen. In beiden Häusern war und ist Walter Seidel ein hilfsbereiter, entgegenkommender Gastgeber für die verschiedensten Gemeinschaften aus der weiten Ökumene. In der Regel hat er sich nicht damit begnügt, die vorhandenen Räume zur Verfügung zu stellen; er hat auch seine Zeit, besser gesagt: er hat sich selber in die diversen Veranstaltungen eingebracht. Daß viele auf solche Weise auf dem Weg zur Einheit Einkehr halten, sich besinnen und Kraft schöpfen können, ist eine ökumenische Hilfe erster Klasse.

Walter Seidel hätte allen Grund gehabt, unter Hinweis auf seine vielfältigen diözesanen Verpflichtungen von weiteren Einsätzen in ökumenischen Gremien abzusehen. Er hat das nicht getan. In der Arbeitsgemeinschaft Christlicher Kirchen Rhein-Main hat er jahrelang maßgeblich mitgewirkt. Von 1975 - 1978 war er ihr Vorsitzender. Als die katholische Kirche 1974 Vollmitglied der Arbeitsgemeinschaft Christlicher Kirchen in der Bundesrepublik wurde, gehörte Walter Seidel zu den ersten katholischen Delegierten. Er blieb es bis zum Jahr 1991. In dieser Zeit gewann er besonders die Sympathie der aus zahlenmäßig kleineren Gemeinschaften stammenden Vertreter. Sie fanden in ihm einen beredten und beherzten Anwalt ihrer Anliegen. Dank seines Engagements begannen manche von ihnen, die katholische Kirche mit neuen Augen zu sehen.

Als die Deutsche Bischofskonferenz 1976 erstmals ein offizielles theologisches Lehrgespräch mit der Vereinigten Evangelisch-Lutherischen Kirche Deutschlands aufgenommen und dazu eine Arbeitsgruppe berufen hat, wurde aus gutem Grund Walter Seidel den Professoren Peter Bläser, Erwin Iserloh, Walter Kasper, Rudolf Schnackenburg und Paul-Werner Scheele zugesellt. Acht Jahre lang war er in den theologischen Dialog einbezogen, der zu der

Studie "Kirchengemeinschaft in Wort und Sakrament" geführt hat. Ausdrücklich hat sie "eine Bestandsaufnahme ,auf dem Wege'[1] versucht. Am Beginn des letzten Abschnitts heißt es: „Ziel des Weges, auf dem wir miteinander sind, kann nur die volle Kirchengemeinschaft sein"[2]. Die abschließenden Worte entsprechen der Grundeinstellung Walter Seidels und dem sich daraus ergebenden Engagement: "Dies Ziel wird für unsere Kirchen nie nur Selbstbestätigung sein, es fordert Erneuerung und Bekehrung (UR 7), vom Heilswerk Gottes in Jesus Christus her, dem einen und einzigen Grund der Kirche. Die Einheit der Kirche ist eine Gnadengabe Gottes. Die Verheißung Christi, daß er die Kirche, seine Braut, in das eschatologische Reich führen wird (vgl. Apk 21), bleibt; uns aber gilt der Aufruf: ‚Keiner, der die Hand an den Pflug gelegt hat und nochmals zurückblickt, taugt für das Reich Gottes' (Lk 9,62)"[3]. Zu der Solidarität mit allen Weggefährten gehört bei Walter Seidel die Fähigkeit und Bereitschaft, aufmerksam zuzuhören. Seine Partner können spüren, daß er an ihnen Interesse hat, daß er ihre Anliegen ernst nimmt und ebenso die Erfahrungen und Erkenntnisse, die sie selber in die Ökumene einzubringen haben. Mit dem Hören verbindet sich das Charisma des geistvollen Erzählens. Oft verwandelt es abstrakt anmutende Lehrsätze in lebendige Gestalten und bewegende Ereignisse. Es täte der gesamten Ökumene gut, wenn sie mehr als bislang auch eine Erzählgemeinschaft würde. Das könnte dazu beitragen, daß auch in anderen Bereichen das Mitteilen mehr und mehr praktiziert wird. Angesichts der Gefährdung des christlichen Miteinanders durch tierischen Ernst und eifernden Fanatismus einerseits und immer wieder virulent werdende Resignation andererseits sind Christen gefragt, die Freude und Zuversicht vermitteln. Walter Seidel hat das auf originelle Weise immer wieder getan. Sein Humor hat wer weiß wie oft Zusammenhänge in einem besseren Licht sehen lassen als es Griesgrämigkeit, Wehleidigkeit und Verkrampfung tun. Im ökumenischen Lernprozess konnte und kann Walter Seidel die lebenswichtige Erkenntnis weitergeben: "Die Freude am Herrn ist eure Stärke" (Neh 8,1 0). In einer Situation, in der es vielfältig am Sauerstoff Hoffnung mangelt und hektische Kurzatmigkeit die Folge ist, sagt Walter Seidels ökumenisches Zeugnis: "Vergeßt es nicht: Durch unsere Berufung ist uns eine gemeinsame Hoffnung gegeben" (vgl. Eph 4,4). Karl Barth ist zuzustimmen, wenn er in seiner Römerbriefauslegung schreibt: "Was nicht Hoffnung ist, das ist Klotz, Block, Fessel, schwer und eckig ... Es befreit nicht, sondern es nimmt gefangen. Es ist nicht Gnade, sondern Gericht und Verderben ... Es ist nicht Gott, sondern ein Spiegelbild des unerlösten Menschen."[4]   Das gilt auch für die Ökumene. Die getrennten Kirchen haben darum ihre Einheit erst gefunden, wenn sie in der Hoffnung leben. "Hoffnung und Einheit sind nicht zwei verschiedene

---

[1] Bilaterale Arbeitsgruppe der DBK und der VELKD; Kirchengemeinschaft in Wort und Sakrament, Paderborn und Hannover 1984, 96 (n. 83).
[2] A.a.O. 99 (n. 88).
[3] Ebd.
[4] K. Barth, Römerbrief, München [10]1967, 298.

Themen. Einheit ist Teil der Hoffnung, die die Kirche zu verkündigen hat. Jedes Bemühen um die Einheit ist darum immer zugleich ein Bemühen darum, daß die Hoffnung sichtbarer und lebendiger werden kann."[5] Walter Seidel sei aufrichtig dafür gedankt, daß er ein glaubwürdiger und liebenswürdiger Helfer zur Hoffnung ist, ohne die wir auf dem ökumenischen Weg nicht weiterkommen.

---

[5] L. Fischer, in: G. Müller-Fahrenholz (Hg.), Bangalore 1978, Frankfurt 1979, 27.

Weggemeinschaft über Jahrzehnte

Weihbischof Wolfgang Rolly

Es gibt viele Stationen der Weggemeinschaft für Walter Seidel und mich.

1. Priesterseminar

Unter den damals sehr zahlreichen Alumnen, Theologiestudenten, die im Priesterseminar sich auf die Priesterweihe vorbereiteten, gab es einige, die man gut kennenlernte, andere, die man nicht übersehen konnte, zum Beispiel Walter Seidel, geb. am 22.2.1926 in Waldenburg/Schlesien. Er kam nach seinem Studium in Frankfurt in das Mainzer Seminar. Er reihte sich in einen Kurs ein, der ein Jahr nach mir die Priesterweihe empfing (1954). Er fiel mir auf: seine große Gestalt mit großem Haarschopf, seine Begabung zu reden und durch sein Violinspiel – bei festlichen Anlässen wie auch in der Fastnacht-Sitzung.

2. Kaplanszeit

Dann gab es eine Pause bis 1956. Meine zweite Kaplansstelle war Gießen, St. Bonifatius. Diese große Pfarrei – 16.000 Gläubige – die die Stadt Gießen und mehre Orte im Umfeld umfaßte, hatte damals einen Pfarrer, Herrn Geistlicher Rat Karl Deuster, viele Jahre schon im Amt, und zwei Kapläne. Einer davon war seit 1954 Walter Seidel. Er führte mich rasch in die Aufgaben in Gießen ein. Es begann bei einem Abendessen, zu dem wir mit seinem Lloyd-Plastikauto fuhren. Die Aufgaben der Kapläne waren in Gießen klar festgelegt. Er hatte über 20 Stunden Religionsunterricht in den Schulen der Stadt und in den Filialorten, er war zuständig für die Verbandsarbeit der Erwachsenen, eine große Kolpingfamilie zum Beispiel war entscheidender Träger der Pfarrarbeit, er war da ein starker inspirierender Präses. Ferner war er für die Seelsorge in drei Filialorten zuständig. Viel Zeit und Bettelkunst brachte er auf, um in einem der Orte, in Hausen, ein kleines Kirchlein zu errichten. Mein Part bestand in der Jugendarbeit, zahlreiche Jugendverbände gab es damals, dazu eine große Zahl von Meßdienern, ferner hatte ich die Sorge für zwei weitere Filialen und auch an die 20 Stunden Religionsunterricht an mehreren Schulen.

Jeder von uns hatte also einen großen Bereich zu verantworten und dabei viele Helferinnen und Helfer, Gott sei Dank. Oft war es später Abend, daß wir uns im Pfarrhaus treffen konnten, zum Austausch, zu einem Schluck, zum „Dampf ablassen". Das waren wichtige Momente, hier konnte ich aus seiner Gießener Erfahrung immer wieder neu lernen.

Im September 1957 wurde Walter Seidel als Studentenpfarrer nach Mainz versetzt. Unsere gemeinsame Gießener Zeit war leider zu Ende.

3. Akademiearbeit

Walter Seidel wurde nach seiner Studentenpfarrertätigkeit 1969 Diözesanreferent für Akademiker und Akademiearbeit. Ich kam 1959 als Religionslehrer nach Mainz. Einige Kontakte über Studentinnengruppen zur Studentengemeinde gab es dann. Aber Walter Seidels Tätigkeit im Haus am Dom und die Vorträge im Dom waren gute Gelegenheiten zur Begegnung. Vieles habe ich da persönlich und für meine Tätigkeit in der Schule in über 13 Jahren erhalten.

4. Erbacher Hof

Seit 1972 Weihbischof in Mainz, wurde ich 1973 unter anderem zum Bischofsvikar für Weiterbildung/Erwachsenenbildung berufen. Damit begann eine neue, sehr intensive Zusammenarbeit mit Prälat Seidel. Galt es doch neben der wichtigen Erwachsenenbildung in den Pfarrgemeinden und in der Diözese die Akademiearbeit weiter auszubauen. In der gemeinsamen Mitarbeit in den Gremien der Katholischen Akademie Rabanus Maurus der Diözesen Limburg, Fulda und Mainz und auch im Bistum selbst haben wir in diesen Jahren vieles miteinander eingebracht. Aber neben den inhaltlichen Fragen und Planungen gab es immer wieder das Suchen nach einer baulichen Lösung, um neben dem Haus am Dom und dem kleinen Kettelerhaus Möglichkeiten zu erschließen, um Tagungen mit Übernachtungen durchzuführen und um ausreichend Konferenz- und Tagungsräume für die Bildungsarbeit zur Verfügung zu haben. Seit 1972 gab es Planungen und vielerlei Ansätze, Vorschläge, Bauplanung, Finanzierungsvorschläge, städtebauliche Überlegungen. All das brauchte viel Zeit, bis im Januar 1984 die gemeinsamen Arbeiten und Pläne von der Stadt Mainz die Baugenehmigung erhielten. Eine Baukommission, der Prälat Seidel angehörte, tagte nun jede Woche zur Begleitung des Bauvorhabens. Auch in den Jahren zuvor war Walter Seidel Mitglied der Planungskommission. Denn wichtig war uns, den Verantwortlichen für die inhaltliche Arbeit sehr frühzeitig mit einzubeziehen, wenn es um die bauliche Gestaltung, Planung und Ausführung des Hauses ging. Vier Jahre, bis zur Einweihung 1988, fanden jeden Dienstagnachmittag diese Bausitzungen statt, in den Jahren zuvor in etwas größeren Zeitabschnitten. Hier hat Walter Seidel seine vielfältigen Erfahrungen und Kenntnisse der Akademiearbeit immer wieder eingebracht, überzeugend, humorvoll, unbeirrt. Gemeinsam holten wir uns Erfahrungen anderer Einrichtungen in Deutschland ein.

Er entwarf Perspektiven für die künftige Arbeit der „Bildungseinrichtung", sowohl was das eigene Programm betraf, als auch was die Kooperation mit anderen Partnern betraf: die Katholische Frauengemeinschaft Deutschlands (kfd), die den Erbacher Hof als zentrale Bildungsstätte mitnutzt, als auch die verschiedenen Bereiche wie Fort- und Weiterbildung, die diözesanen Gremien, für die der Erbacher Hof inzwischen eine gute Adresse geworden ist.

Mit der Eröffnung des Hauses am 1.3.1986 wurde Prälat Seidel Mitglied der Leitung und nach einer Neuordnung der Leitungsstruktur ernannte ihn Bischof Dr. Karl Lehmann am 1.7.1992 zum Direktor des Bildungszentrums.

Die Entscheidung, die Akademiearbeit der Diözesen Limburg und Mainz in jeweils eigenen Einrichtungen, in Kooperation, zu gestalten, führte dann dazu, daß Walter Seidel zum 1.1.1998 zum Direktor der Akademie des Bistums Mainz Erbacher Hof ernannt wurde.

Über 14 Jahre hat Walter Seidel die inhaltliche Arbeit des Hauses geprägt, deutlich gemacht, „daß der Glaube eine unüberhörbare Provokation an die Welt ist und wir in unserer Arbeit die Aufgabe haben, die Herausforderung aus der Fülle des Evangeliums in einem anspruchsvollen und redlichen Dialog zur Sprache zu bringen" (W. Seidel 1997).

Durch seine Persönlichkeit, seine Art der Zuwendung zu den Mitarbeiterinnen und Mitarbeitern, zu den Gästen prägt Walter Seidel den Erbacher Hof in unverkennbarer Weise. Er hat großen Anteil, daß der Erbacher Hof bald Heimat für viele Bistumseinrichtungen, besonders die diözesanen Räte, aber auch viele Gremien aus dem deutschen kirchlichen Raum und aus der Ökumene wurde. Sitzungen von Kommissionen der Deutschen Bischofskonferenz und zweimal die Vollversammlung der Deutschen Bischofskonferenz fanden im Erbacher Hof in diesen Jahren statt. Und auch für viele Gruppen und Verbände außerhalb des kirchlichen Feldes, vor allem aus dem Bereich sozialer und humaner Dienste, ist der Erbacher Hof ein beliebtes gastliches Haus geworden, eine gute Bleibe, wo Menschen ohne Angst und Mißtrauen einander begegnen und engagierte, tolerante Gesprächspartner finden können.

5. Dom

1993 ernannte Bischof Dr. Karl Lehmann Prälat Walter Seidel zum Ehrendomkapitular. Als Domdekan begrüße ich diese Berufung sehr, denn die langen Jahre der Domvorträge und die sonntägliche 11.30 Uhr-Eucharistiefeier sind zwei, seine Domzugehörigkeit prägende Dienste, für die viele sehr dankbar sind.

Fast 50 Jahre Weggemeinschaft verbinden mich mit Prälat Dr. theol. h. c. Walter Seidel. Ich konnte viel von ihm lernen, vieles gemeinsam mit ihm in Bewegung setzen. Er war immer offen bei Problemen, von denen es nicht wenige gab. Diese konnten wir dann gemeinsam angehen. Zu seinem 75. Geburtstag erbitte ich ihm Gottes reichen Segen, weiterhin geistige Wachheit und Stabilität bei seiner angegriffenen Gesundheit. Ich danke ihm von Herzen für dieses lange persönliche und dienstliche brüderliche Miteinander.

Zum 75. Geburtstag von
Prälat Dr. h.c. theol. Walter Seidel

Bischofsvikar Martin Luley

Über sein Leben und Wirken läßt sich wohl sagen, was Gott, der Herr, zu Abraham sprach: „Ich werde dich segnen und ein Segen sollst du sein".

Prälat Seidel hat dem entsprochen. Eine volle Würdigung seines Lebens und Schaffens ist mir jedoch nicht möglich. Dies geschieht durch berufenere Persönlichkeiten. Einige Randnotizen sollten es sein, meinten die Herausgeber dieser Festschrift.

Im Priesterseminar lernten wir uns kennen und freundeten uns sehr bald auch an. Musisch sehr begabt trug er sehr viel bei zur Gestaltung unserer Seminarfeste und auch der Seminarfaßnacht.

Aufgrund seiner Größe und wallenden Haarpracht – auf die ich manchmal fast neidisch wurde – fiel er bei den sonntäglichen Gottesdiensten im Dom besonders auf – vor allem, wenn er bei der Ministration eingeteilt war. Einer der älteren Herren Domkapitulare fragte ihn dann einmal in der Sakristei: „Ist der Herr so arm, daß er nicht zum Frisör gehen kann? Dann will ich ihm gerne fünf DM dafür geben." Wir haben alle darüber gelacht. Die Spendung der Tonsur hat er gut überstanden, obwohl unser damaliger Bischof Dr. Albert Stohr ihm sehr viel Haare abschnitt, mehr als von den anderen, die auch die Tonsur empfingen, zusammengenommen. Übrigens, ein Birett hat er schon besessen aber nur in der Hand getragen. Von gemeinsamen Erlebnissen bei der Studentenverbindung möchte ich lieber schweigen. Auf jeden Fall hat es uns geholfen, Seminar und Universität gut zu überstehen.

Nach der Seminarzeit trennten sich unsere Wege. Doch bald schon fanden wir uns wieder in Mainz. Er war Hochschulpfarrer an der Universität Mainz geworden und ich Diözesanjugendseelsorger. Eine weitere Eigenschaft von Prälat Seidel lernte ich damals kennen auf dem Weg vom Jugendhaus Don Bosco entweder zum Stahlberg oder zum Bischöflichen Ordinariat. Abends wurde es bei Seidel oft spät und morgens die Zeit wohl etwas knapp. Daher überquerte er die Saarstraße, um noch rechtzeitig zum Gottesdienst in der Uni-Kapelle zu kommen. Eine Ampelanlage gab es damals noch nicht, und so bahnte er sich im Eiltempo den Weg durch die in die Stadt einwärts fahrenden Autos; manche hupten hinter ihm her, doch das hörte er kaum.

Bekannt und sehr gesucht war und ist er als Offiziant bei der Eucharistiefeier sonntags um 11.30 Uhr in unserem Dom. Prälat Seidel versteht es, die mitfeiernde Gemeinde zur „participatio actuosa", d. h. lebendigen Mitfeier, anzuregen. Eröffnung und Hinführung zur Mitfeier dauern schon etwas länger. Besondere Aufmerksamkeit finden seine Predigten. Sie sind so lebendig gehalten und dialogisch aufgebaut, daß er alle in seinen Bann zieht. Den Dialog führt er zwar mit sich selbst. Der Zuhörer aber weiß sich in seinen Anliegen angesprochen.

Die Mitfeiernden nehmen es mit der Pünktlichkeit oft nicht so genau wie auch Herr Seidel es getan hat und noch tut.

Um Ferien machen zu können, sucht er im Sommer immer eine Vertretung. Auch ich hatte die Ehre, von ihm ausgewählt zu werden. Nun kannte ich es nicht anders: Im Dom beginnt der Gottesdienst wie in allen Pfarrgemeinden pünktlich, und die Predigt dauert in der Regel, vor allem in der Ferienzeit, etwa 10 bis 12 Minuten. Doch mußte ich es erleben, daß am Anfang nur wenige Besucher anwesend waren und daß diese dann noch bis zum Ende meiner Predigt kamen. Man schaute sich erst erstaunt an, bis man erkannte, Herr Prälat Seidel ist nicht da, also die Folgerung, die Gemeinde mußte sich während der Urlaubszeit ein wenig umstellen.

Neben diesen „Randnotizen" leichterer Art darf ich noch auf einen Wesenszug seiner Persönlichkeit hinweisen, den er meistens verbirgt: Seine Innerlichkeit und Frömmigkeit. Vor Jahren war Prälat Seidel sehr schwer erkrankt und lag wochenlang auf der Intensivstation unseres Krankenhauses. Ärzte und Pflegepersonal waren sehr bemüht um seine Genesung. Doch es war sehr fraglich, ob er es schaffen würde. In der kritischen Phase habe ich ihn regelmäßig, fast jeden Tag, besucht. Wir haben nur wenige Worte gewechselt, aber gebetet, er mehr mentaliter, ich habe ihm aus Psalmen und anderen Gebeten der Kirche vorgebetet. Aus unserem Kirchenlied „Wir sind nur Gast auf Erden" haben wir den Vers „Und sind wir einmal müde, dann stell ein Licht uns aus, o Herr in deiner Güte, so finden wir nach Haus". Und er sprach gefaßt: „Ich bin bereit ... doch wenn ich noch etwas tun kann, ebenso!" Er hat mit Hilfe von Ärzten, Pflegepersonal, aber auch mit eigenem Wollen die Krankheit überwunden und ist nach langer Rehabilitationszeit genesen. Er nützt die ihm geschenkte Zeit zum Heil der Menschen und der Ehre Gottes.

So wünsche ich meinem Freund Prälat Walter Seidel Gottes Segen zum Geburtstag und sage ihm "ad multos annos".

Prälat Dr. theol. h. c. Walter Seidel

B. Lebensstationen von Prälat Dr. theol. h. c. Walter Seidel

| geb. 22.2.1926 | Waldenburg/Schlesien |
| gew. 27.2.1954 | (1952) Mainz (Bischof Stohr) |

16.08.1954	Kaplan in Giessen
01.09.1957	Studentenseelsorger Mainz
01.01.1960	Studentenpfarrer Mainz
01.01.1963	Pfarrer St. Albertus, Mainz
22.05.1969	Diözesanreferent für Akademikerarbeit
1970	zugl. Diözesanreferent für Priesterfortbildung
09.03.1972	zugl. Diözesanbeauftragter für Ökumene
01.04.1973	Ordinariatsrat
1975	Referent für Hochschulseelsorge
1975	Vorsitzender der Arbeitsgemeinschaft Christlicher Kirchen Rhein-Main
10.05.1978	Ernennung zum Prälaten
01.03.1986	Mitglied der Leitung des Bildungszentrums Erbacher Hof und Direktor der Bildungseinrichtung
29.04.1992	Prior der Rhein-Main-Provinz des Ritterordens vom Hl. Grab zu Jerusalem
01.07.1992	Direktor des Bildungszentrums Erbacher Hof, Mainz
01.08.1993	Ehrendomkapitular
12.06.1996	Dr. h. c. der Katholisch Theologischen Fakultät der Johannes Gutenberg-Universität Mainz
01.01.1998	Akademiedirektor der Akademie des Bistums Mainz „Erbacher Hof"

C. Nachwort

Das bescheidene Nachwort gibt Möglichkeit, allen Autoren, die zugleich auch immer Freunde des Erbacher Hofs sind, herzlich zu danken. Die Arbeit der Katholischen Akademie lebt durch ihre Referentinnen und Referenten. Hierdurch erfährt nicht nur der Jubilar, sondern die gesamte Akademiearbeit besondere Würdigung.

Dem Mitherausgeber, Dr. Anton E. van Hooff, sei an dieser Stelle ein herzlicher Dank ausgesprochen, vor allem für den freundschaftlichen Beistand und die fachliche Hilfe in bedrängter Zeit, wie die zum Teil hier dokumentierte gemeinsame Arbeit belegt.

Das Erscheinungsbild des Buches, die sorgfältige Betreuung der Manuskripte sowie die unermüdliche „Fronarbeit" am Computer besorgte Monika Möglich, Mitarbeiterin der Akademie. Hierfür gilt ihr ein besonderer Dank, genauso wie den Studienleiterinnen der Akademie, Frau Dr. Veronika Schlör und Frau Dipl.-Theol. Claudia Sticher und wiederum Dr. Anton E. van Hooff, die halfen, die Korrekturen gründlich zu lesen.

Dem Matthias-Grünewald-Verlag, Mainz sei für die Aufnahme in das Verlagsprogramm gedankt.

Peter Reifenberg
Weihnachten 2000

Martin Bieler, geb. 1954, Dr. theol., evangelisch-reformierter Pfarrer, Regensberg (Schweiz), Privatdozent, lehrt in Bern.

Monseigneur Olivier de Berranger, geb. 1938, seit 1996 Bischof von St. Denis, Paris.

Peter Bexell, geb. 1946, Dr. theol., lutherischer Pfarrer, Lund (Schweden).

Jörg Disse, geb. 1959, Dr. phil. Dr. theol. habil., Privatdozent, Freiburg, lehrt Philosophie in Luzern.

Michael Figura, geb. 1943, Dr. theol. habil., Privatdozent, Bistumstheologe, Mainz.

Stephan Grätzel, geb. 1953, Dr. phil., Prof. für Philosophie am Philosophischen Seminar der Johannes Gutenberg-Universität Mainz.

Ferdinand Graf, geb. 1931, Dr. phil., Prof. em. für Pädagogik an der PH Freiburg, Leiter des Eugen-Fink-Archivs, Mitarbeiter am Gustav-Siewerth-Archiv, (1963 Assistent bei Gustav Siewerth).

Weihbischof Peter Henrici SJ, geb. 1928, Dr. phil., Prof. em. für Philosophie an der Päpstlichen Universität Gregoriana, Rom; Generalvikar und Weihbischof des Bistums Chur in Zürich.

Anton E. van Hooff, geb. 1944, Dr. theol., Studienleiter, Referent für Lehrerfort- und -weiterbildung sowie Seelsorger für Religionslehrer/innen, Akademiker und Führungskräfte im Bistum Mainz.

Irene Joekel-Siewerth, geb. 1940, Malerin (Tochter von Gustav Siewerth), Konstanz.

Thomas Krenski, geb. 1961, Dr. theol., Hochschulpfarrer an der Universität Mainz.

Erhard Kunz SJ, geb. 1934, Dr. theol., o. Prof. für Dogmatik, Philosophisch-theologische Hochschule, Frankfurt – Sankt Georgen.

Ulrich Kuther, geb. 1963, Dipl.-theol., promoviert über die Schriftauslegung von Henri de Lubac, Mainz.

Julien Lambinet, geb. 1976, Lic. Phil., Forscher an der Katholischen Universität von Louvain-La-Neuve, Promovend.

Bischof Karl Lehmann, geb. 1936, Prof. Dr. phil. Dr. theol. Dr. theol. h.c. mult., Bischof von Mainz, Vorsitzender der Deutschen Bischofskonferenz.

Martin Luley, geb. 1925, Bischofsvikar, längjähriger Generalvikar des Bistums Mainz.

Monika Möglich, geb. 1955, Layout und Redaktion, Mainz

Walter M. Neidl, geb. 1930, Dr. phil., o. Univ. Prof. em. für Christliche Philosophie an der Kath.-Theol. Fakultät der Universität Salzburg.

Hugo Ott, geb. 1931, Dr. phil., o. Prof. em. für Wirtschafts- und Sozialgeschichte an der Universität Freiburg.

Peter Reifenberg, geb. 1956, Dr. theol., Dipl.-Theol., Studiendirektor und stv. Akademiedirektor der Akademie Erbacher Hof des Bistums Mainz, Habilitand (Freiburg).

Josef Reiter, geb. 1937, Dr. phil., o. Prof. für Philosophie, Universität Mainz, seit 1991 Präsident der Johannes Gutenberg-Universität Mainz.

Weihbischof Wolfgang Rolly, geb. 1927, Domdekan, Weihbischof und Bischofsvikar, Dezernent Erwachsenenbildung im Bistum Mainz.

Bischof Paul-Werner Scheele, geb. 1928, Prof. Dr. theol., Bischof von Würzburg.

Michael Schulz, geb. 1960, Dr. theol., Wiss. Assistent am Institut für Dogmatik der Universität München. Habilitand (München).

Roman Siebenrock, geb. 1957, Dr. theol., wissenschaftlicher Assistent am Institut für Fundamentaltheologie und am Karl Rahner-Archiv der Universität Innsbruck, Habilitand (Innsbruck).

Jörg Splett, geb. 1936, Dr. phil., o. Prof. für Religionsphilosophie an der Philosophisch-theologischen Hochschule, Frankfurt – St. Georgen.

Xavier Tilliette SJ, geb. 1921, Dr. phil., Dr. theol. h.c., Dr. phil. h.c., o. Prof. em. am Institut Catholique, Paris, am Centre Sèvres, Paris sowie an der Päpstlichen Universität Gregorina, Rom,

Emmanuel Tourpe, geb. 1970, Dr. phil., Forscher an der Katholischen Universität von Louvain-La-Neuve, Habilitand (Louvain-la-Neuve).

Andrzei Wiercinski, geb. 1961, Dr. phil. Dr. theol., Toronto, Kanada, Research Professor an der St. Bonaventura University, NY, USA.